Andreas Goppold

Noologie und das Spannungsfeld von Liebe, Wissen und Macht

Andreas Goppold

Noologie und das Spannungsfeld von Liebe, Wissen und Macht

Die Noo-Serie: Band I

Bibliographische Information Der Deutschen Bibliothek:
Die Deutsche Bibliothek verzeichnet diese Publikation in der Deutschen Nationalbibliographie; detaillierte bibliographische Daten sind im Internet über <http://dnb.ddb.de> abrufbar.

Layout und Umschlaggestaltung: Andreas Goppold
Herstellung und Verlag: Books on Demand GmbH, Norderstedt

ISBN 3-8334-2651-9

Inhalt

0. Einleitungen

0.1. Einteilung

Die Gestaltung dieses Textes basiert auf einem Attraktor- und Kohäsionsprinzip, das ich "*Das Design in Spannungsfeldern*" nenne. Die Attraktoren bilden Nuclei, um die sich die vier Haupt-Teile oder Themen-Kreise der Arbeit gruppieren:

Teil I: Eine Strukturtheorie des Wissens
Teil II: Das Design der Welt als Tripolares Spannungsfeld
Teil III: Eine Strukturtheorie von Wissen und Macht
Teil IV: Natürliche Führerschaft und Charisma

0.2. Übersicht

Teil I: Eine Strukturtheorie des Wissens:
Im ersten Haupt-Teil werden die Grund-Prinzipien und -Techniken der Noologie entwickelt. Diese sind das Prinzip des *Sapere Aude*, das *Struktur-System von Meta-Wissen*, das *Design in Spannungsfeldern*, die *Meta-Morphologie* und die *Noologischen Märchen*. Die folgenden Haupt-Themen sind: "*Das Wissen vom Leiden*" (*Nosologie*) und "*Die Leiden des Wissens*" (*Noo-Pathologie*).[1]
Das Werk des Ken Wilber dient mir als Rahmen, von dem man sich sowohl abheben kann, auf den man sich andererseits stützen kann. ->:BEZUG_WILBER, p. 10
Weiterhin wird in diesem Teil auch eine Praxis-Methode vorgestellt: "*Advaita-Noesis*". Dies ist essentiell, um eine praktische Annäherung an die Bereiche des "Spirit" zu finden, die dem Werk Wilbers zugrunde liegen.
->:ADVAITA_NOESIS, p. 45

Teil II: Das Design der Welt als Tripolares Spannungsfeld
Hier werden einige der Techniken der Noologischen Märchen in einem Szenario von alternativen Kosmologien und Denkstruktur-Systemen ausgeführt. Die Tripolarität wird als Alternative zu den vorherrschenden Schemata von Dualismus und Monismus entwickelt.
->:EN_ARCHAE, p. 211

Teil III: "Eine Strukturtheorie von Wissen und Macht" entwickelt ein einheitliches Begriffssystem für das *Spektrum der Gregationen* welches in anderer Form und anderer Intention bei Wilber als *Holons* vorkommt, sowie allgemeine Prinzipien ihrer Steuerung, die *sozio-kybernetische Theorie*.
->:WISSEN_MACHT, p. 275

Teil IV: "Natürliche Führerschaft und Charisma" ist in der augenblicklichen Fassung eine Inhalts-Programmatik für eine spätere ausführliche Schrift in der Noo-Serie, wie die Handlungs- und Macht-Theorien von Teil I bis III in einem Modell der Führerschaft weiter geführt werden können.
->:NOO_CHARISMA, p. 351

---

1 ->:NOSOLOGIE, p. 141; ->:NOO_PATHOLOGIE, p. 158

Teil V liefert Materialien und Ergänzungen zu den o.g. Themen.
->:NOO_BITS, p. 361

0.3. Der Bezug zum Werk des Ken Wilber

@:BEZUG_WILBER

Das ungeheure enzyklopädische Denksystem des Ken Wilber, welches in breiten Kreisen bekannt ist, dient mir vor allem als Orientierungs- und Referenz-Rahmen, um einige ansonsten schwer verständliche Themen der Noologie zu entwickeln. In einem ganz Un-Hegelschen Sinne fühle ich mich in diesem Referenz-Rahmen "aufgehoben", auch wenn ich ihn meist benutze, um mich davon "abzuheben".[2] In der Sprechweise von Derrida würde ich meinen Bezug zum System des Ken Wilber so charakterisieren: "Vive la différance!". Strukturell ist der "kleine Unterschied" zwischen Wilbers Denkweise und der Noologie mit Nietzsches Differenzierung von "Apollinisch" und "Dionysisch" zu markieren. Wilber tendiert eher zur *apollinischen* Sicht, deutlich ausgedrückt etwa in WSG, während die Noologie eher *dionysisch* ausgerichtet ist.

Als Informatiker und Multimedia-Theoretiker habe ich mich eingehend mit dem Design von Welt-Wissens-Repertorien beschäftigt. In diesem Sinne dient mir Wilbers System als Vorbild für eine Datenbank-Struktur. Das Kernprinzip buddhistischer Denk-Systeme, auf die sich Wilber ebenfalls bezieht, ist die Shunyata, oder in anderer Fassung: "Form ist Leere, Leere ist Form". Das Design von Datenbank-Strukturen kann durchaus von diesen philosophischen Errungenschaften profitieren. Da Wilber versucht, das gesamte Weltwissen in seinem System "aufzuheben", ist dieser Ansatz immerhin beachtenswert, auch wenn er nicht immer alle Ansprüche einlöst. Mit der Orientierung auf Leerstrukturen erspare ich mir auch, mich mehr als nötig mit inhaltlichen Aspekten von Wilbers Werk auseinanderzusetzen. Frei nach Hegel: "In der Nacht des Absoluten sind alle Katzen grau". Ich glaube, dass mir Wilber darin kaum widersprechen kann.

Ich kann in diesem Text keine ausführliche Einführung in das Werk des Ken Wilber geben, und muss eine gewisse Kenntnis seiner Grund-Konzepte voraussetzen. Glücklicherweise gibt es viele Quellen, mit denen man sich schnell eine Übersicht über seine hauptsächlichen Themen verschaffen kann. In der Auswahl-Literatur werden die wesentlichen Zugangswege gelistet. ->:AUSWAHL_LIT, p. 375
Von Wilber selber empfehle ich dazu den Artikel "An Integral Theory of Consciousness", Journal of Consciousness Studies
http://www.imprint.co.uk/Wilber.htm
Ausgiebige Diskussionen der Pro's und Kon's zu Wilber finden sich insb. bei:
http://www.kheper.net
Meine weiteren thematischen Diskussionen zu Wilbers Werk konzentrieren sich an folgenden Stellen:
->:LEIT_LEIDMOTIVE, p. 15; ->:WILBER_QUADRANT, p. 27; ->:NOO_AUFHEBEN, p. 48; ->:MYTHOS_MAERCHEN, p. 56; ->:NOO_HYBRIS, p. 69; ->:WILBER_NOOLOGIE, p. 74

---

[2] Meine emotional-empathische Haltung zu Wilbers Werk ist: Endlich mal wieder ein Denker, der es wagt, gewaltige Trans-Temporale Perspektiven aufzuzeigen!
->:VISION_PANORAMA, p. 135; ->:EREIGNIS_LANDSCHAFT, p. 248

0.4. Technisches, Formales und Konventionen

Die WWW-Recherche-Methode mit HTTrack

Zu vielen der hier angesprochenen Themen wie etwa der Arbeiten Wilbers finden sich umfangreiche Materialsammlungen im WWW. Mit ein paar Google-Searches kann man (mit einer DSL-Verbindung) innerhalb von ca. 1 Stunde einige Megabyte Daten einsammeln. Ein gutes Tool zum Einsammeln ist der Website Copier von HTTrack: HTTrack Website Copier - Offline Browser:

http://www.httrack.com/

Mit ihm kann man sich die Google-Resultate schnell auf die eigene Platte kopieren und in Ruhe weiter bearbeiten. Dies ist auch meine hauptsächliche WWW-Recherche-Methode.

WWW-Struktur und Materialien

Die Noologie ist als offene Struktur geplant, die sich komplementär zu einer Material-Sammlung mit Hypertext-Struktur im WWW entwickelt. Die Materialien liegen z.Zt. unter zwei URLs: http://www.noologie.de/
und:
http://www.uni-ulm.de/uni/intgruppen/memosys/

Wesentliche ergänzende Texte sind hier zu finden (oder unter http://www.uni-ulm.de)/
http://www.noologie.de/neuro.htm
http://www.noologie.de/desn.htm
http://www.noologie.de/infra.htm
http://www.noologie.de/symbol14.htm
http://www.noologie.de/symbol23.htm

Die Methode der Text-Organisation wird als "Pyramidal Book" bezeichnet.
Eine genauere Beschreibung des Prinzips und der Technik findet sich unter:
http://www.noologie.de/desn05.htm
http://www.noologie.de/desn14.htm#DARNTON_PYRA

Hypertext-Prinzipien, CD-ROM

Zur Realisation der Hypertext-Struktur sind in den Text Hypertext-Verweise eingebettet, die in der Papier-Version auf Seitenzahlen verweisen, und im WWW-Format auf Hyperlinks. Das Format der Hypertext-Verweise sieht so aus:

->:XXX, p. y
bedeutet: Hypertext-Verweis auf Hypertext-Marke @:XXX auf Seite y.

Zum Lesen und Informieren ist die Papier-Version bequemer, aber für eine systematische Weiterarbeit mit dem vorliegenden Text ist die CD-ROM Version erheblich praktischer, da man sich so viel Blätterarbeit ersparen kann. Aus verlags-technischen Gründen kann die CD-ROM nicht mit dem Buch ausgeliefert werden, sondern muss separat bestellt werden. Kontakt entweder über den Verlag oder über den Autor persönlich, unter folgender Email: eas123@arcor.de

Das Imho-Prinzip

@:IMHO_PRINZIP

Wenn ich Aussagen aus den verwendeten Quellen zitiere und interpretiere, so geschieht das strikt nach dem Imho-Prinzip der WWW-Netiquette: "In my humble opinion". Gerade bei dem Werk von Ken Wilber, der sich auf Bewusstseins-Phänomene beruft, die dem Normalmenschen nicht zugänglich sind, wäre es vermessen, anzunehmen, dass man verstehen kann, was und wovon er spricht. Weiterhin ist sein Werk so gewaltig, dass man wohl kaum etwas anmerken kann, was er nicht irgendwo schon einmal erwähnt hat.

Zitate und Abkürzungen

Ich zitiere mich selber mit "A.G.".
Die Werke von Wilber werden folgendermassen abgekürzt: "Eros, Logos, Kosmos" (Wilber 1996a) mit "EKL", "Mut und Gnade" (Wilber 1996b) mit "MG", "Das Wahre, Schöne, Gute" (2000) mit "WSG", "Integrale Psychologie" (Wilber 2001a) mit "IP", "Ganzheitlich handeln" (Wilber 2001b) mit "GH", und
http://www.imprint.co.uk/Wilber.htm mit "IMPR".

Für längere Zitate wird dieses Arial-Format verwendet. Hier ein Beispiel von Aristoteles:
dia gar to thaumazein hoi anthropoi kai nyn kai to proton aerxanto philosophein, ex archaes men ta procheira ton aporon thaumasantes, eita kata mikron houto proiontes kai peri ton meizonon diaporaesantes, oion peri te ton taes selaenys pathaematon kai ton peri ton haelion kai peri asteron kai peri taes tou pantos geneseos.
The sense of wonder was for humanity the source of philosophizing now as well as in earlier times. In the beginning they wondered about the immediately conspicuous things, then they gradually advanced, and started to wonder about larger things, like the appearances of the moon and the sun and the stars and about the origin of the universe.

Aristoteles, Metaphysics I, 2, 982 b, 11-18

Notationen

Es gelten folgende Notations-Konventionen:

Spannungsfelder
Spannungsfelder werden so dargestellt: (X <-> Y)
Das heisst: X steht im oppositionalen Spannungsfeld zu Y.

Konjugierte Spannungsfelder werden so dargestellt:

(X <-> Y)
^
|
v
(A <-> B)

Die Konjugation von zwei Spannungsfeldern wird durch die vertikale Anordnung und die verbindenden Pfeile ^ | v angedeutet, die äquivalent zu <-> sind.

Semantische Äquivalenz-Notation

(X / Y / Z <-> A / B / C)

Die semantische Äquivalenz-Notation in einem Spannungsfeld bedeutet:
(X <-> A) ist äquivalent mit (Y <-> B) und (Z <-> C).
Weitere Materialien dazu: ->:DESN_SPF1, p. 25; ->:NOO_SPF, p. 32; ->:DESN_SPF2, p. 53

Die Schreibweise griechischer Worte

Die Schreibweise für griechische Worte ist wegen Vereinfachung der Hypertext-WWW-Darstellung in latinisierter Transkription, mit *ae* für *aeta* und *ou* für *oy*. An manchen Stellen, wo es auf den Unterschied zwischen omega und omikron ankommt, steht **o** für *omega*.

0.5. Die neo-griechischen Begriffe der Noologie

@:TENSEGRITY

Ich präge im folgenden Text eine Anzahl neo-griechischer Begriffe, um die Zentralkonzepte der Noologie zu markieren. Es gibt zwei wesentliche Gründe warum ich versuche, diese Zentralbegriffe eng an alte griechische Formen zu halten. Erstens ist man damit vor Fehlern und Eigenmächtigkeiten von Übersetzern geschützt. (Das Traduttore - Traditore Dilemma). Zweitens ist m.E. in diesen alten Ur-Worten (Goethe) eine semantische Logik enthalten, die ich in den neuen Vokabularien nicht mehr finden kann. Diese semantische Logik ist wesentlicher Teil der Arbeitsmethode der Noologie. Siehe "Das Semantische Feld".[3] Ich möchte auch anmerken, dass ich die Bedeutung meiner Begriffe nicht immer am konventionellen philosophischen, philologischen und etymologischen Kanon ausrichte. Nach meiner Intention formt das hier geformte Semantische Feld ein in sich tragendes System, eine "Tensegrity" oder "Tensional Integrity"-Struktur,[4] die durch die Methode validiert ist, und daher nicht abhängig von 2000-3000 jähriger Interpretation ist. Diese Interpretation durch die Jahrtausende hindurch unterliegt ebenso dem Traduttore - Traditore Dilemma, wie die Übersetzung aus einer wesentlich anders strukturierten Sprache, wie dem klassischen Chinesisch in moderne europäische Konzept-Systeme. Dazu kommt, dass m.E. die griechischen Ur-Begriffe mehr Einflüsse der alt-weltlichen (mesopotamischen bis indischen) Kosmologien

---

[3] ->:NOOS_SEMFELD, p. 51

[4] Diese Begriffe wurden von Buckminster Fuller im Rahmen der Architektur und Konstruktion entwickelt, und für Denksysteme verallgemeinert. In Deutschland hat Frei Otto diese Methodik wesentlich weiter entwickelt, ohne aber den Begriff zu verwenden. Siehe: "The Aesthetics and Architectonics of Tensegrity Structures" http://www.noologie.de/symbol01.htm

enthalten, als es der heutige wissenschafliche Konsensus zulässt, so dass in ihnen das alt-weltliche Denken noch recht gut "aufgehoben" ist.[5]

Altgriechisches und Mythologisches Denken aus dem "Jetzt"

@:THEORIE_AVANT

Die vielfachen Bezüge zum Mythos und zur antiken Prä-Platonischen Philosophie sind nicht der Versuch, etwas Uraltes und Vergessenes wieder hervorzuholen,[6] sondern es ist ein wesentlicher Akt der Neuschöpfung. Bazon Brock formuliert es in seiner "Theorie der Avantgarde",[7] wie die kulturelle Tradition aus dem "Jetzt" bestimmt wird:

Traditionen sind nichts anderes als die sich aus der jeweiligen Zeitgenossenschaft nach rückwärts ergebenden Auffassungen von den Zusammenhängen historischer Ereignisse... Traditionen wirken nicht, wie der gesunde Menschenverstand behauptet, aus der Geschichte in die jeweiligen Gegenwarten, sondern aus der Gegenwart in das Gefüge historischer Sachverhalte, insofern sie sie zur "Geschichte" zusammenschließen.[8]

Unter Verweis auf Klotz führt Bazon Brock weiter aus:

Das Neue in den Künsten der jeweiligen Zeitgenossenschaften wird nur substantiell erfahren in den jeweils neuen Kunstgeschichten. Die Funktion des zeitgenössisch Neuen besteht darin, dasjenige Alte aneignen zu können, zu dem wir ansonsten keinen Zugang hätten. Erst darin werden auch die alten Bestände über ihre historische Faktizität hinaus zu geschichtlichen Ereignissen in ihrer Unverwechselbarkeit und jeweiligen Einmaligkeit. Die historischen Bestände werden erst aus der Blickrichtung des zeitgenössisch Neuen als unwiederholbare und deswegen bewahrenswerte bestimmbar. Deshalb unsere These: Avantgarde ist nur das, was uns veranlaßt, die angeblich gesicherten Bestände der Tradition auf neue Weise zu sehen, d. h., neue Traditionen aufzubauen.

---

[5] Dies ist eine lange Diskussion mit vielen Faktoren der "political in-correctness" (i.e. liebgewordene abendländische Ideologien von "european supremacy"), die u.a. von Martin Bernal angefacht worden ist (1987-1991). Es wird zwar heute gerade so akzeptiert, dass die Kosmogonie des Hesiodos eine Parallele (und wohl Vorläufer) im levantinischen Sanchunjaton-Epos hat, aber alles andere würde zu weit gehen. Platon spricht es aber in "Phaidros" direkt aus, dass seine Protagonisten ihr Wissen von den Ägyptern entlehnt haben.

[6] Als Kurzform für "wieder hervorholen" verwende ich auch "wieder-holen" oder "nach-holen".

[7] Brock: "Theorie der Avantgarde"
http://www.uni-wuppertal.de/FB5-Hofaue/Brock/Schrifte/AGEU/Avantrad.html
Brock, AGEU, p. 344-349, "Sind Lebensformen gestaltbar?"
http://www.uni-wuppertal.de/FB5-Hofaue/Brock/Schrifte/AGEU/Lebensfo.html
Brock: "Begriff und Konzept des Sozio-Design"
http://www.uni-wuppertal.de/FB5-Hofaue/Brock/Schrifte/AV/SozioDes.html

[8] Brock: .../Avantrad.html

Siehe dazu auch:
"Kultur im Spannungsfeld von Tradition und Innovation"
http://www.noologie.de/desn11.htm

0.6. Noologie - Ziel und Zweck, Leit- und Leidmotive

@:LEIT_LEIDMOTIVE

Das Ziel der Noologie: Das Spannungsfeld von Liebe, Wissen und Macht
In Einklang mit der Intention von Ken Wilber gibt es heute gute Gründe, die geistigen Grundlagen des herrschenden Weltsystems (das Im-Perium)[9] neu aufzugreifen und in eine einheitliche Perspektive zu bringen (oder zu zwingen). Zu offensichtlich sind die enormen Kostenfaktoren des heute herrschenden Systems, und für viele erscheint es unvermeidlich, dass eine weitere Fortsetzung des jetzigen Kurses die Zivilisation, wie wir sie kennen, in den Untergang treiben wird. Nach einer weit verbreiteten Denkweise, die auch Ken Wilber vertritt, kann eine Umkehrung des Kurses (kata-strophae) nur dadurch erreicht werden, dass der "Spirit" oder "Geist" wieder seine (oder eine neue) Würdigung im Leben der Menschen erhält. Die Position der Noologie ergänzt dies mit der Bedingung, dass vor allem das Element der "Liebe" einen neuen Platz in diesem System finden muss. Daher wird das Thema der Noologie als das Spannungsfeld der Beziehungen von "Liebe, Wissen, und Macht" dargestellt. Damit wird es vielleicht auch nötig, eine neue Perspektive und eine neue Definition von "Geist" zu finden, denn nur zu oft in der Geschichte hat sich herausgestellt, dass "der Geist der Widersacher der Seele"[10] war. Und gerade solche Menschen, die sich als Vertreter und Verkünder des "einzig wahren und guten" Geistes sahen, verursachten in ihrer Absicht, nur "das Beste" für alle Menschen zu bezwecken, oft mit Nachwirkungen über Jahrtausende hindurch, millionen- und milliardenfach nur tiefstes und schwärzestes Leid, ein Leid, das ohne diese "Gutmenschen" wohl nie in die Welt gekommen wäre.[11] Hier erscheint eine fundamentale Imbalance zwischen den Kräften von "Liebe, Wissen und Macht", die sich in den tiefsten und verborgensten Ur- und Un-Gründen des heute herrschenden Weltsystems festgesetzt hat. Dieses System zu "dekonstruieren", ist ein wesentliches Ziel der Noologie. Mehr dazu unter dem Thema "Pera-Noesis". ->:PERA_NOESIS, p. 103

Die Leitmotive:
Hier möchte ich mit den folgenden Zitaten einige Leitmotive vorstellen. Der nächste Absatz aus dem Werk von Gotthard Günther illustriert, was wohl die treibende Kraft im Leben und Arbeiten von einigen speziellen Charakteren unter den Menschen schon immer war und immer sein wird: Die Suche und die Sucht nach dem Absoluten.

Günther (1976: 31-32): In nie ermüdendem Anlauf werden immer neue Systeme des Absoluten entworfen, und immer wieder sinkt das Denken enttäuscht und erschöpft zurück, um in unbeirrbarer Hoffnung frische Kräfte zum nächsten Angriff auf die göttliche Transzendenz zu sammeln. Das bizarr fremdartige, im wesentlichen unverstanden

[9] ->:IM_PERIUM, p. 106
[10] Klages (1981)
[11] Das ist das Programm des Luzifer-Ahriman-Projekts.
->:LUZIFER_AHRIMAN, p. 173; ->:ELEND_PROPHET, p. 179

gebliebene Zwischenspiel des spekulativen Idealismus unterbricht zeitweilig diesen Leidensgang einer kosmologischen Metaphysik von naiv drängender Direktheit...
Und soll in einem solchen peinlichen und schmachvollen Bankrott wirklich die prometheische Geschichte des Denkens enden? Soll diese das geistige Ziel des Menschen sein, sich irgendwo am Weg mit einem blinden Halb- und Aberglabuen müde anzusiedeln? Nein, raffen wir uns noch einmal auf, und geben wir uns Rechenschaft, ob wirklich alle Chancen des Denkens erschöpft sind und nirgends mehr ein Ausweg aus dem Labyrinth logischer Vexierfragen und transzendentaler Antinomien zu entdecken ist![12]

Ken Wilber scheint in der heutigen Epoche einer dieser seltenen Exemplare zu sein, die sowohl von dieser Suche/ Sucht getrieben sind, und was noch seltener ist, dass er ein kohärentes kognitives System geschaffen hat, und damit noch einem gewissen Erfolg im sozialen Feld erzielt hat. Seine Werke werden in breiten Kreisen lebhaft diskutiert, wenn auch wohl am wenigsten in den akademischen Zirkeln, die sich auch mit der Thematik beschäftigen: Der Philosophie, der Theologie, und der vergleichenden Religionswissenschaft. Das folgende kritische Zitat beleuchtet das Misstrauen, das grosse Teile der "Academic Community" dem Unternehmen Wilbers entgegenbringen, und es listet auch einige seiner bekannteren Vorläufer in der Bewusstseinsgeschichte der Menschheit:

By the way, this essay focuses on "mystic", or, in modern parlance, "transpersonal" aspects of Wilber's work, neglecting the much discussed synthesizing effort- an attempt to assimilate and integrate multifarious realms of knowledge, mainly in the fields of psychology, philosophy, anthropology, sociology plus somehow diluted behavioral and cognitive sciences (the exact sciences, except for a few passing references on a history of sciences and amateurish juggling with quantum physics, are wisely left alone).
Since any modern-day Hegel is at best an eclectic read bubbling with old ideas in new guise, and at worst a travesty of that extinct species, the great universalist originals and polyhistors of the past (Aristotle, Ibn-Sina/Avicenna, Descartes, Leibniz, even Rudolph Steiner), I shall completely ignore this fiercely debated (and, effectively, greater part of Wilber's acribia) topic as a cognitively irrelevant subject and virtually a blind alley not deserving a meticulous dissection.

www.kheper.net/topics/Wilber/atman_fiasco.html

Auch wenn die wissenschaftlichen Argumente für eine solch negative Einschätzung der Wilberschen Arbeit durchaus ihre Berechtigung haben, ist hier auch die massenpsychologische Komponente der Aussage zu beachten: Aus diesen Sätzen spricht nämlich auch die Abwehr des sozialen Tabu-Bruchs, den Wilber mit seiner Arbeit begangen hat: Systeme des Absoluten sind nach heutiger Sprechweise "mega-out", und es ist qua Konsensus der "Academic Community" niemanden mehr erlaubt, ein solches Unterfangen anzugehen, und jemand, der es dennoch wagt, macht sich genauso zum Geächteten wie die Ketzer zu den Zeiten der alten christlichen Herrschaft im Abendland. Mit dem obigen Zitat spricht der Geist der Gerechten die Verdammung

[12] Mehr von Gotthard Günther: ->:GUENTHER_EPOCHE, p. 269

über den Apostaten aus, und hier spricht auch der Neid und die Furcht, die hinter dieser Verdammung lauern. Es ist ein Abwehrzauber, der hier über das Werk von Wilber als Bannspruch gesprochen wird. Es ist auf jeden Fall lohnend, zu untersuchen, welche Konfigurationen und Kräfte des Massen-Bewusstseins hinter dieser Abwehr stehen. Dies wird noch ausführlicher unter "Pathologien des Massen-Bewusstseins" behandelt werden.[13] Historisch ist unübersehbar, dass solche Versuche in einer ähnlichen Spannung zum heutigen sozio-politischen Mainstream stehen, wie die Arbeiten von G. Bruno, G. Galilei, Descartes und Newton zu den Macht- und Herrschafts-Strukturen des 17. und 18. Jh. standen.[14] Ich interpretiere Gotthard Günthers Ausspruch so, dass das Konstruieren von Systemen des Absoluten anscheinend eine Schicksalsaufgabe ist, von der Menschen auch dann nicht ablassen können, wenn die Umstände, wie in unserer heutigen Zeit, denkbar ungünstig erscheinen.[15]

Das Leid-Motiv:
Nach und hinter dem Leit-Motiv gibt es ein zentrales Leid-Motiv, das Dharma: Das ist (eine Anlehnung an) die Programmatik, die der Buddha mit seiner Lehre des Dharma formuliert hat: Ein System des Wissens zur Befreiung vom Leiden. Es mag zwar sein, dass die philosophisch-wissenschaftliche Tradition der letzten 2500 Jahre einen ungeheuren Zuwachs an Verfügungs-Wissen geschaffen hat, in dem Sinne von "Wissen ist Macht",[16] aber diese Macht erzeugt in unübersehbarer Weise mehr und mehr Leid, und hat damit den gegenteiligen Effekt, den Bacon mit seinem empanzipatorischen Programm intendiert hat.[17] Die abendländische Wissens-Tradition hat in den letzten 1500 Jahren seit der Christianisierung recht wenig hervorgebracht, was an die Seite (geschweige denn im Ausbau) des Dharma-Systems des Buddha gestellt werden könnte, mit rühmlichen Ausnahmen wie "Sein und Zeit" von Heidegger oder Kirkegaard und den Literaten Kafka und Dostojewski.[18]

---

13 ->:NOO_PATHOLOGIE, p. 158; ->:MASSEN_PATHOLOGIE, p. 173

14 In der geschichtlichen Abfolge kann man einen Reflexions-Fortschritt feststellen, der auf Lateinisch so formuliert wird: "Si tacuisses philosophus mansisses". Newton hat sich am besten über seine "hintergründigen" Motive ausgeschwiegen, und deshalb wurde er wohlverdienterweise auch als (einer) der grösste(n) Wissenschaftler der Menschheit bekannt.

15 Allerdings kann man annehmen, dass es schon immer "politically incorrect" war, neue "Systeme des Absoluten" zu konstruieren. Jede neue Theorie musste die anderen irgendwie übertrumpfen, und da die etablierten "Systeme des Absoluten" meistens mit einer etablierten Religion verbunden waren, war ein neues System auch eine tödliche Konkurrenz für die gerade herrschende Priesterschaft, aber auch für das soziale System von Herrschaft, "Recht und Ordnung", das sich darauf stützte.
->:WISSEN_MACHT, p. 275

16 Dieser Ausspruch ist eine falsche Übersetzung aus Francis Bacons Schrift.

17 Siehe: "Für ein Neo-Baconsches Programm"
http://www.noologie.de/neuro03.htm

18 Erläuterung: Es war ein Ziel der antiken Philosophie als Weisheitstradition, die "conditio humana" zu erfassen, und damit auch eine Antwort auf das Leiden und Wege zur Befreiung von Leid zu finden, wie die Stoa oder die Epikuräer. Aber nachdem im

Der Zweck:
Der Zweck des vorliegenden Entwurfs der Noologie ist: Eine Neu- und Zusammenfassung von ca. 3000 Seiten Text zu verschiedenen Aspekten des Generalthemas, die ich in den letzten ca. 30 Jahren geschrieben habe, und von denen ca. 10 MB auf dem WWW liegen.

0.7. Die Genealogie der Noologie

Zwar beruht mein Arbeits-Grundprinzip auf dem Kantischen Imperativ - "Sapere Aude: Habe Mut, dich deines eigenen Verstandes zu bedienen!", aber die hier ausgeführten Denkansätze haben auch eine Genealogie, eine Linie von Dichtern und Deutern, Philosophen und Denkern, bei denen ich wesentliche Ansätze, Vorüberlegungen und Ideen entlehnt habe. Diese Linie reicht zurück in die ersten Ursprünge der Philosophie zu Anaximandros und Heraklit.[19] Ich habe diese Ansätze noch weiter in die mythologischen Tiefen des Aoide-Denkens von Hesiod und Homer zurückverfolgt, und mich dabei wesentlich auf die Forschungen von Hertha v. Dechend und Joseph Campbell gestützt. Daher sind meine Bezüge im Themenbereich von *En-Ergeia* und *Ergon* etwas verschieden von dem, was ich aus konventionelleren Ansätzen der Philosophie dazu kenne.[20] Das Spannungsfeld von En-Ergeia und Ergon ist in der Tiefenstruktur des Hesiodschen Mythos der Kosmogonie, sowie in Goethes Faust-Drama "aufgehoben", diese beiden Werke bilden daher so etwas wie die "Kraftzentren" der Noologie.

Weitere zentrale Bezugspunkte meiner Arbeit sind die Goethesche Philosophie der Morphologie und der Metamorphosen, das dionysische Prinzip Nietzsches,[21] Spenglers Arbeiten zur Morphologie in der Nachfolge Goethes, seine Arbeit zu Heraklit, und seine "Physiognomie der Bewegung". Weiterhin habe ich Ansätze aus der kulturmorphologischen Denklinie von Frobenius und Ruth Benedict entlehnt, und aus neuerer Zeit, den Arbeiten von Gotthard Günther, Gregory Bateson und Christopher Alexander. Bei Cyrill v. Korvin-Krasinski finden sich wichtige Ansätze für das Prinzip der Tripolarität. Wesentlich beeinflussend bei der Formulierung der Noo-Pathologie war die Arbeit von Ludwig Klages, "Der Geist der Widersacher der Seele". Hier finden sich wichtige Hinweise auf die "Leiden des Wissens", die im Prinzip des "Geistigen an Sich" verborgen liegen, und die leicht pathologisch werden können, und es in der Menschheitsgeschichte auch oft genug geworden sind.

Abendland die christliche Religion das Monopol für die Befreiung von Leid übernommen hatte, wurde dieses Thema der Philosophie aus der Hand genommen.

[19] Weitere Informationen: Google-Search "Heraclitos".

[20] Eine ausführliche Diskussion der Entstehung naturphilosophischer und kosmologischer Konzepte aus heutiger wissenschafts-philosophischer Sicht findet sich bei Leiber (1996).

[21] Dies ist ebenfalls ein "Kraftzentrum" der Noologie:
->:IM_WINKEL, p. 162; ->:NOSOLOGIE, p. 141

0.8. Synopsis

Daß ich erkenne, was die Welt im Innersten zusammenhält,
Schau' alle Wirkenskraft und Samen,
Und tu' dann doch in Worten kramen

(adaptiert nach Goethe, Faust 382-385)[22]

Mit dieser leicht ironischen Paraphrase aus Goethes Faust möchte ich noch eine synoptische Übersichts-Perspektive über den letzten Stand des Projekts der Noologie geben, die man konventionell in ein Buch als Schlusswort einfügt. Das anfangs schon erwähnte Attraktor- und Kohäsionsprinzip des Text-Designs ist für mich der Grund, dies als "Synopsis" hier einzufügen.

Das vorliegende Buch stellt notwendigerweise wie jeder andere Stapel bedrucktes Papier etwas "*Gewordenes*" dar, ein "*Ergon*" (Wergon, oder Werk). Die Noologie ist ein offenes Programm, und damit nie abgeschlossen, aber irgendwo muss man eben einen Punkt setzen. Es gibt im folgenden Text viele "open ends" und "dangling links" von skizzierten Gedanken, die ich in den nächsten Bänden fortsetzen will, aber dieser vorliegende Entwurf kann auch für sich selbst stehen. Meine Intention ist es, die Kräfte der "*En-Ergeia*" zu erforschen, so wie Goethe es seinem Faust in den Mund legt.[23] Aber die lassen sich nicht in Form von "*Ergon*" fassen, und so muss man zur Darstellung immer auf Parabeln, Metaphern, Poesie, und Mythologie zurückgreifen. In der logischen Formulierung der buddhistischen Catuskotika[24] könnte man die *En-ergeia* so "Un-bestimmen":
WEDER "ist sie" "Sein",
NOCH "ist sie" "Nicht-Sein",
NOCH "ist sie" ("Sein" UND "Nicht-Sein"),
NOCH "ist sie" (WEDER "Sein" NOCH "Nicht-Sein").

Ergon verhält sich zu *En-Ergeia* wie ein Platonischer Schlagschatten in dem bekannten Höhlengleichnis zu dem, was diesen Schatten erzeugt. Dieses er-zeugende "Un-Bestimmte" entstammt aber auch nicht einer Jenseitigen, Ewigen Platonischen Welt von Ur-Ideen, sondern sein "Territorium" liegt sogar noch ausserhalb solcher Denkbarkeiten.[25] Und so ist der Schatten alles, was uns in dieser Welt zur Verfügung steht.[26] Mit den buddhistischen Denktechniken der Shunyata und den Prinzipien von "Form ist Leere, Leere ist Form", wie auch der Güntherschen Kenogrammatik lassen sich aber strukturelle Leer-Systeme erstellen, innerhalb derer man mit En-Ergeia als Imaginären Denk-Konzept umgehen kann, auf ähnliche Weise wie man mit Imaginären Zahlen real

---

[22] http://www.noologie.de/desn27.htm

[23] ->:ENERGEIA_ERGON, p. 55; ->:EN_ARCHAE, p. 211; ->:EX_ARCHAE, p. 236

[24] nach Sturm (1996)

[25] In griechischer Terminologie liegt es im "eschaton".

[26] Siehe Leiber (1996, 30) zu ähnlichen Ansätzen bei Leibniz: "Die mechanische Kausalität oder Determination besitzt ... lediglich phänomenalen Charakter und ist insofern eine Kategorie unseres Erkenntnisvermögens von Welt."

Rechnen kann. Einige solcher Techniken entwickele ich im Rahmen der Noologie, im Wesentlichen unter dem Thema: "Das Design in Spannungsfeldern" und Meta-Morphologie. Die Denk-Technik der Spannungsfelder folgt einer Analogie zu den Attraktor- und Repulsor- Prinzipien, wie sie in den Elektronen-Raumladungs-Wolken-Modellen der Molekular-Chemie verwendet werden. Die Transformations-Technik der Meta-Morphologie ist ein System der Struktur-Veränderung solcher Spannungsfelder.
->:DESN_SPF1, p. 25; ->:NOO_SPF, p. 32; ->:DESN_SPF2, p. 53
->:NOO_MORPHOLOGIE, p. 87; ->:META_MORPH, p. 101

In den folgenden Abschnitten werden die Kernthemen in einer notwendigerweise linearen Folge behandelt, auch wenn sie eher in einem gegenseitigen Bezugsverhältnis zueinander stehen, und Eins das Andere bedingt. Diese Quasi-Parallelität der Gedankengänge wird mit den Hypertext-Verweisen markiert, die anzeigen, dass in einem anderen Kapitel der Gedankengang wieder aufgenommen wird, oder in ähnlicher Weise aufgearbeitet wird. Der Abschnitt "Das Bedeutungsfeld der Noologie" enthält so etwas wie die "zentrale Schaltstelle" der Noologie. Hier finden sich alle Schlüsselthemen, die im weiteren Text ausgeführt werden.
->:BEDEUT_NOOS, p. 30

Die weiteren Focus-Themen der Noologie sind: *Werden und Wirken statt Gewordenes. Spannungsfelder statt Gegensätze. Tripolarität statt Dualismus oder Monismus. Kommunizierende Mehr-Polare Hierarchien statt Monistische Hierarchien oder Heterarchien. Pragmatische Wahrheiten mit Verfallsdatum statt ewige Wahrheiten. Penible, unpathetische Analyse des Leidens mit Buddha statt Grössenwahn-Phantasien vom All-Geist und Weltenherrscher / Pantokrator / Parabrahman* (Wilber, WSG 128-129). *Lieber einmal Fünfe gerade sein lassen, als alle Gleichungen ausgleichen zu müssen* (Die Matrix, der Architekt). *Dionysisch statt Apollinisch.* Diese letzte Formulierung von Nietzsche trifft m.E. den Kern des Ganzen am besten. *Man muss noch Chaos in sich haben, um einen tanzenden Stern gebären zu können.* Das Unternehmen des Ken Wilber ist (imho) *apollinisch, wohlgeordnet, alles schön ausbalanciert, hierarchisch, geometrisch, rational* (ratio := logos) genauso wie der *Timaios* des Platon, und die christliche *Genesis*-Interpretation aus Joh. 1.1. In der modernen Mythologie der *Matrix* (Gebr. Wachowski) ist es der *Architekt der Matrix*, der das *apollinische* Prinzip verkörpert. Seine Gegenspielerin (Ant-Agon / Ant-Agentia) ist das *Orakel* (Gnothi se Auton), aber im Kontrast zum Apollinischen Delphi ist es ein *dionysisches Orakel.* Sie ist die *Mnaemosynae* des Hesiodos, aus dem *Reich der Mütter* bei Goethes Faust. *Matrix* bedeutet *Hylae* (Aristoteles), *Materia*, *A-Peiron* (Anaximandros), *Chaos* (Hesiodos), eine *unausgeglichene Gleichung* (Matrix, der Architekt).

Audae Thespin: Das Lied von den An-Fängen, den Ur-Sprüngen, und den Auf-Gängen:
ex archaes, hoti proton genet auton, eirousai ta t' eonta ta t' essomena pro t' eonta
verkündend, was ist, was sein wird, und was vorher war.
Und höre auch den Widerhall, das Lied von den Ab-Schieden und Unter-Gängen, vom Ragnarök, dem Wal-Hall, und der Kata-Strophae!

Und dies ist die ultimate Prophesie des Orakels der Matrix: *Das Im-Perium, das heute die Menschheit in seinen Bann geschlagen hat, führt in seiner logischen Konsequenz*

dazu, dass der Planet Erde innerhalb der nächsten ca. 50 Jahre in genau die radioaktive Wüste verwandelt wird, die das Ausgangs-Szenario des Matrix-Films ist.
->:MATRIX_PATTERN, p. 153; ->:EN_ARCHAE, p. 211; ->:EX_ARCHAE, p. 236; ->:DESN_TRIPOLAR, p. 240; ->:RECHT_UND_ORDNUNG, p. 226; ->:UR_SPRUNG, p. 325

Das vorweggenommene Fazit der Noologie ist: "Liebe", "Emotionale Intelligenz" und "Empathie" sind wesentliche Wirkfaktoren von "Geist". Ohne sie ist "Geist" einseitig, kalt, steril, und sogar tödlich. Die Liebe ist auch ein essentielles Element der christlichen Religion, und im ersten Brief an die Korinther sagt Paulus: "Und wenn ich in den Sprachen der Menschen und Engel redete, hätte aber die Liebe nicht, wäre ich ein dröhnendes Erz oder eine klingende Schelle..." Was aber ist mit diesem ominösen Wort "Liebe" gemeint? Paulus hatte eine sehr eigenartige Vorstellung davon. Leider ist dieses Wort mindestens genauso abgegriffen und korrumpiert, wie Geist, Gerechtigkeit, Freiheit, Weisheit, Treue, Ehre, Mut, und so viele andere. Im antiken griechischen Sprachgebrauch gab es noch drei Worte für "Liebe": Agape, Philia, und Eros.[27] Die christliche Interpretation beruht aber auf der einseitigen Betonung von Agape. So schlich sich in die massgeblichen Texte der Christen und damit in ihre gesamte Denktradition eine schwerwiegende Imbalance ein. Eros wurde durch die wohlmeinenden Anstrengungen der Kirchenväter von Paulus bis Augustinus aus dem kirchlichen Denk-System verbannt, mit fatalen Folgen. In der Folge wurden im Namen der "alleinseligmachenden Liebe" wohl mehr Untaten und Grausamkeiten begangen, als mit jedem anderen Motiv.[28] Das strukturelle Hintergrund-Motiv der Probleme der *Agape* ist eine *Perversion des apollinischen Prinzips*, nämlich der Zwang zu "Recht und Ordnung", zur unbedingten, totalitären Harmonie, die sich in jeder holarchischen Form des Totalitarismus, damit auch in jeder *Vision vom Gottesstaat*, vor allem abrahamitischer Prägung, äussert. (Bestes Beispiel: Der Chomeini-Iran). Somit verkehrt sich die erhabene Vision vom "Wahren, Schönen, und Guten" (Wilber WSG) sofort in ihre grausame Zwillings-Schwester, die ultimate Tyrannei. Dies ist das *Monster 666* aus der Johannes-Apokalypse.

Es ist ein weiteres Ziel der Noologie, eine neue alte Facette in der Bedeutung des Wortes "Philo-Sophie" zu entdecken: Philosophen sind "die Liebhaber der Sophie".[29] Sophia war (nach einer bestimmten Interpretation) der Name für eine Weisheits-Tradition, in der der kosmogonische Eros noch nicht von Logos / Nous / Geist / Spirit abgespalten worden war.[30] Newton hätte sein Prinzip der universalen Anziehungskraft im Universum anstatt *Gravitation* auch *Eros* nennen können, und damit hätte die west-

---

[27] Diese Begriffe formen ein Tripolares Spannungsfeld:
->:AGAP_PHIL_ERO, p. 41; ->:DESN_TRIPOLAR, p. 240;
oder auch Trinity: ->:TRINITY, p. 156

[28] Dazu Deschner: Die Kriminalgeschichte des Christentums.

[29] Nach Schütt (1989) "Die Liebhaber der Sophie".

[30] Hier beziehe ich mich besonders auf die Tiefenstrukturen in Hesiods Theogonie und Goethes Faust. ->:EROS_KOSMOGONOS, p. 233
Aufgrund der Abneigung der Christen gegen den kosmogonischen Eros sind leider nicht allzu viele brauchbare Dokumente der Sophia-Tradition überliefert.
->:LIMITATIONEN, p. 300; ->:GIORDANO_BRUNO, p. 303; ->:CHRISTENTUM, p. 314

liche Kosmologie und die Wissenschaft und Technik vielleicht eine etwas andere Richtung genommen. Aber das war das letzte, was er sich im damaligen geistigen Klima des England des 17.-18. Jh's hätte erlauben können, das gerade den Puritanismus hervorgebracht hatte.[31]

Damit charakterisiert das "Spannungsfeld von Liebe, Wissen und Macht" die Integrations-Aufgabe, die zukünftige Wissens-Systeme einer nachhaltigen Weltzivilisation erfüllen müssen: Unter dem Leit-Thema der "Liebe" stehen alle Erfordernisse des ethischen Umgangs der Menschen untereinander und mit ihrer Lebens-Umwelt in der Biosphäre: allen "beseelten Lebewesen", die Buddhanatur besitzen. Die Prinzipien der "Liebe" müssen in Einklang mit dem Programm von "Wissen und Macht" gebracht werden, den ungeheuer mächtigen und hochentwickelten Repräsentations- und Manipulations-Systemen des Objektbereichs, die die Naturwissenschaften und die Technik der letzten 300 Jahre hervorgebracht haben: Das rational-mentale, formale und mathematische Denken. Wenn diese Integration nicht gelingt, droht die Welt in einem Strudel von Gier, Ausplünderung, Gewalt und Zerstörung zu versinken.

Die Noologie ist ein Denk-System, das bestimmte Wesens-Elemente der "Liebe" aus dem alten mythologischen Motiv des "Kosmogonischen Eros" in neuer Form und Fassung wieder aufgreift. *Eros*, *En-Ergeia* und *Spannungsfelder* sind nur etwas variierte Ausdrucksformen für dasselbe Generalthema von denktechnischen Prinzipien.

Mit den folgenden Worten aus dem Schatz der Weisheits-Tradition der Menschheit möchte ich dann zur konkreten Bearbeitung der Themen der Noologie überleiten.

Und meine Schmerzen fanden keinen Ausweg
aus der Welt der Erkenntnis bis zu dem Tag,
an dem die Liebe die Schleuse meines Herzens öffnete
und seine Träume erleuchtete.

Khalil Gibran[32]

---

[31] Für die formale mathematische Struktur seines Systems hätte es keinen Unterschied gemacht, und in der Tat weigerte Newton sich ja, etwas dazu auszusagen, was Gravitation denn nun eigentlich sei. Dazu prägte er seinen bekannten Ausspruch: "Hypotheses non fingo". ->:SUCHT_FRUST, p. 151

[32] Khalil Gibran, Rüdiger Waser: Liebe ist ein Wort des Lichts, Herder, Freiburg (1998)

Noologie, Teil I: Eine Strukturtheorie des Wissens

1. Kernthemen der Noologie

1.0. Immanuel Kant: Beantwortung der Frage: Was ist Aufklärung?

@:KANT_AUFKLAERUNG

Auszug aus den Artikel von Immanuel Kant: "Beantwortung der Frage: Was ist Aufklärung?" (1784).

AUFKLÄRUNG ist der Ausgang des Menschen aus seiner selbstverschuldeten Unmündigkeit. Unmündigkeit ist das Unvermögen, sich seines Verstandes ohne Leitung eines anderen zu bedienen. Selbstverschuldet ist diese Unmündigkeit, wenn die Ursache derselben nicht am Mangel des Verstandes, sondern der Entschließung und des Mutes liegt, sich seiner ohne Leitung eines andern zu bedienen. Sapere aude! Habe Mut, dich deines eigenen Verstandes zu bedienen! ist also der Wahlspruch der Aufklärung.

Faulheit und Feigheit sind die Ursachen, warum ein so großer Teil der Menschen, nachdem sie die Natur längst von fremder Leitung freigesprochen | (naturaliter maiorennes), dennoch gerne zeitlebens unmündig bleiben; und warum es anderen so leicht wird, sich zu deren Vormündern aufzuwerfen. Es ist so bequem, unmündig zu sein. Habe ich ein Buch, das für mich Verstand hat, einen Seelsorger, der für mich Gewissen hat, einen Arzt, der für mich die Diät beurteilt usw., so brauche ich mich ja nicht selbst zu bemühen. Ich habe nicht nötig zu denken, wenn ich nur bezahlen kann; andere werden das verdrießliche Geschäft schon für mich übernehmen. Daß der bei weitem größte Teil der Menschen (darunter das ganze schöne Geschlecht)[33] den Schritt zur Mündigkeit, außer dem daß er beschwerlich ist, auch für sehr gefährlich halte, dafür sorgen schon jene Vormünder, die die Oberaufsicht über sie gütigst auf sich genommen haben. Nachdem sie ihr Hausvieh zuerst dumm gemacht haben und sorgfältig verhüteten, daß diese ruhigen Geschöpfe ja keinen Schritt außer dem Gängelwagen, darin sie sie einsperreten, wagen durften, so zeigen sie ihnen nachher die Gefahr, die ihnen drohet, wenn sie es versuchen, allein zu gehen. Nun ist diese Gefahr zwar eben so groß nicht, denn sie würden durch einigemal Fallen wohl endlich gehen lernen; allein ein Beispiel von der Art macht doch schüchtern und schreckt gemeiniglich von allen ferneren Versuchen ab.

---

[33] Zur Richtigstellung soll hier gesagt werden, dass Kant als rein mentaler und kognitiver Denker eben kaum eine Ahnung davon hatte, wie Frauen wirklich denken. Wie den meisten Philosophen, war ihm entgangen, dass es neben der *Rationalen Intelligenz* (OBJint) noch eine ganz andere Form gibt, die *Emotionale Intelligenz* (SEMint). Anders ausgedrückt: Frauen sind eher Common-Sense Denkerinnen, sie machen zwar generell nicht soviele intellektuelle *Salti Mortali* wie die Männer (und vor allem wie die Philosophen) aber dafür produzieren sie auch nicht so viel abstrusen Unsinn. ->:SUB_OBJ_SEM, p. 39; ->:ORTE_SUB_OBJ, p. 108

1.1. Die Prinzipien der Noologie

to gar auto noein estin te kai einai
Denn dasselbe ist Erkennen und Sein.
Parmenides,[34] Vom Wesen des Seienden, B3

prejudices are found by contrast, not by analysis
P. Feyerabend (1975, p. 31)

It requires a very unusual mind to undertake the analysis of the obvious.
A. N. Whitehead

Kein Mensch kann Euch irgend etwas enthüllen,
ausser dem, was schon in der Morgendämmerung
Eures Bewusstseins schlummert.
Denn die Vision eines Menschen
leiht einem anderen Menschen nicht ihre Flügel.
Khalil Gibran

Die Vernunft ruft Ideen ins Leben, der Verstand findet Wahrheiten, Wahrheiten sind leblos und lassen sich mitteilen, Ideen gehören zum lebendigen Selbst ihres Urhebers und können nur mitgefühlt werden. Das Wesen des Verstandes ist Kritik, das Wesen der Vernunft ist Schöpfung. Die Vernunft erzeugt das, worauf es ankommt, der Verstand setzt es voraus.
Spengler (1980, 570)

Mit dem Begriff **Noologie** bezeichne ich meinen Ansatz eines Struktur-Systems von **Meta-Wissen**. Meta-Wissen ist Wissen über Wissen. Das Wort Noologie ist gebildet aus den griechischen Worten Noos / Nous und Logos. Diese haben im Deutschen einen gemeinsamen Bedeutungsbereich: **Geist**. So gesehen bedeutet Noologie: Die selbst-rekursive Anwendung von Geist auf Geist.

Mein Arbeits-Grundprinzip ist der Kantische Imperativ des "**Sapere Aude:** Habe Mut, dich deines eigenen Verstandes zu bedienen!"[35] In anderer Formulierung: "Selber Denken macht schlau." Dieses Arbeitsprinzip hat eine gewisse Verwandtschaft mit der englisch-amerikanischen Tradition der Common Sense Philosophy (C.S. Peirce, W. James). In wieder etwas anderer Formulierung findet sich das Prinzip bei Cusanus, als "docta ignorantia". Das Motiv dieser Fassung beinhaltet eine Vorsichtsregel, die vor allem für alle diejenigen wichtig ist, die (glauben, dass sie) viel wissen. Denn ein grosses angehäuftes Wissen ist oftmals eine sehr effektive Abwehr gegen das Hinterfragen von "Selbstverständlichkeiten". Eine ganz besonders hintergründige versteckte

---

[34] ->:PARMENIDES_SCHRIFT, p. 361

[35] Siehe oben: ->:KANT_AUFKLAERUNG, p. 23
Dies wird auch formuliert in Nachfolge der Denkwege, die Paul Feyerabend (1975) vorgezeichnet hat.

"Falltür" solcher Selbstverständlichkeiten ist die alte Bedeutung des lateinischen Wortes "sapere", das nicht nur "denken" bedeutet, sondern auch "schmecken". Somit beinhaltet der Kantische Imperativ noch einen ganz unauffälligen Bezug zu jenem anderen "unheimlichen" Imperativ aus der Genesis: "Von den Früchten des Baumes der Erkenntnis sollt Ihr nicht naschen"[36]. "Sapientia" ist wiederum äquivalent mit "Sophia", und somit finden wir uns sofort mitten drin in einem recht verwickelten Semantik-Rhizom, das irgendwie, wir wissen nur nicht so genau wie, im Ur-Sprung all unserer existentiellen Verwicklungen von "Geist und Welt" liegt.

Mit dieser "verwickelten" Programmantik stütze ich mich zwar auf die mir bekannten ortho- und heterodoxen philosophischen Traditionen, nehme mir aber die Freiheit, sie so zu interpretieren, wie ich sie verstehe(n möchte).[37] (Siehe: Das Imho-Prinzip).[38] Die Begründung hierfür ist das *Nicht-Identitäts-Prinzip* der Noologie: Ein Gedanke, einmal reflektiert, ist ungleich dem Gedanken, wie er original gefasst wurde.[39] Weiterhin hat sich der Reflexions-Kontext aller Gedanken im Prozess der immer weiter schreitenden gesellschaftlichen und individuellen Reflexion ebenfalls geändert. Nach dem *Abhängigkeits- oder Relativismus- Prinzip*[40] der Noologie ist die Bedeutung von Gedanken immer auch von ihrem Reflexions-Kontext abhängig, und der ist oft wesentlich verschieden von dem, als sie entstanden sind.

1.2. Strukturthemen und Bedeutungsfeld der Noologie

1.2.1. Das "Design in Spannungsfeldern"

@:DESN_SPF1

Denktechnisch basiert das Arbeitsprinzip der Noologie auf einer Methode, die ich "das Design in/ von Spannungsfeldern" nenne. Wesentliche Bedeutung haben vor allem "Tripolare Spannungsfelder".[41] Das Aufeinander-Einwirken von konzeptuellen Span-

36 ->:BAUM_ERKENNTNIS, p. 150

37 Selbstredend kann man auch nichts anderes tun als etwas so zu interpretieren, wie man es verstanden hat. Definieren wir "interpretieren" einmal ad hoc als: Das Verständnis eines vorliegenden Textes mit dem Allgemein-Verständnis zu verknüpfen, das man von allen Texten hat, die sich mit dem Umkreis der Thematik befassen, die der gerade vorliegende Text hat, und daraus einen neuen Text zu knüpfen.
Textum (lat)/ Histion (griech): Das Gespinst, Gewebe.

38 ->:IMHO_PRINZIP, p. 12

39 ->:STRUKTUR_SYSTEM, p. 49

40 Siehe "Semantischer Relativismus": ->:SEMF_RELATIVISM, p. 52

41 Weitere Erläuterungen unter ->:DESN_SPF2, p. 53
Diese Methode habe ich in meiner Dissertation 1999 erstmals mit vielen Beispielen formuliert:
http://www.noologie.de/desn.htm
http://www.bib.uni-wuppertal.de/elpub/fb05/diss1999/goppold/

nungsfeldern[42] und ihre letztliche Entladung führt zu Strukturen. Diese Strukturen formen Muster, und dieser Musterformation wohnt eine Logik inne. Das System des Ken Wilber mit seinen Quadranten und Holons ist ein Beispiel für ein solches logisches Struktur-System. Mit der Methode der Spannungsfelder sind aber auch andere strukturell äquivalente Musterbildungen möglich, und es kommt darauf an, sich hier eine gewisse Flexibilität zu schaffen und zu bewahren. Die Welt der Erfahrung und die Welten des Geistes, sowie ihre Vereinbarkeit oder Unvereinbarkeit, lassen sich m.E. nicht mit einem einzigen Super-Muster "einrahmen". Es ist zu erinnern, dass es die wohl grösste geistige Errungenschaft der heutigen Wissenschaft ist, dass jede neue Erkenntnis zumindest prinzipiell alles über den Haufen werfen kann, was die gesamte Menschheit bis jetzt gedacht und für "ewig wahr" befunden hat.[43]

Wie in der Einleitung schon gesagt, stelle ich nicht den Anspruch, Wilber so zu verstehen, wie er selber sich darstellt und von anderen verstanden werden möchte.[44] Sein System ist viel zu gewaltig, als dass irgend jemand behaupten könnte, es zu verstehen oder gar kritisieren zu wollen. Stattdessen kann man ihm dankbar sein, dass er diese gewaltige Synthese-Aufgabe aufgenommen hat, und sogar, wenn er damit gescheitert sein sollte, ist dieses Unterfangen doch "*heroisch*" zu nennen. (Nach G. Bruno: Heroische Leidenschaften). Mit Nietzsches Differenzierung von "Apollinisch" und "Dionysisch" lässt sich ziemlich elegant das Moment der *Energeia* einflechten, das ich in Wilbers grossem Werk vermisse. Nietzsches Philosophie streift er nur in ein paar Nebensätzen (452: Antimodernist, 503: mystische Öffnungen). Im Index von EKL gibt es nur 8 Einträge zu Nietzsche, und von denen sind 3 falsch. Zu Heraklit hat er praktisch nichts zu sagen (EKL: 411), und das ist m.W. auch falsch. Das ist ein bedeutsames Indiz für eine einseitige Ausrichtung seines Systems.

Der hier abgebildete Wilber'sche Quadrant dient weiterhin als Beispiel für die Errichtung von perspektivischen, pyramidalen Hierarchie-Strukturen, die auch eine wesentliche Arbeitsmethode der Noologie sind. Ich möchte dabei auch anmerken, dass es nicht ganz zufällig ist, dass dieser Quadrant in seiner Form den heutigen technologischen Waffen-Zielgeräten mit ihren Fadenkreuzen sehr ähnlich sieht. Diese Tiefen-Bezüge zwischen Denken (Symbolisierung) und Waffentechnik, insbesondere der Ballistik (Syn-Ballein) habe ich in anderen Artikeln der Symbolator-Serie schon herausgearbeitet. Hier ein wesentlicher Text dazu: "Neuronal Resonance and User Interface Technology", http://www.noologie.de/symbol12.htm

---

[42] Es sind gleichzeitig auch die Spannungsfelder der neuronalen Aktivität, also der Substrukturen und -Prozesse unseres Denkens.

[43] "Natürlich" nur nach Radio Eriwan: Im Prinzip ja, aber in der Praxis sieht das dann doch ein wenig anders aus. Dazu hat sich Paul Feyerabend ausgiebig geäussert.

[44] ->:BEZUG_WILBER, p. 10; ->:NOO_AUFHEBEN, p. 48

@:WILBER_QUADRANT

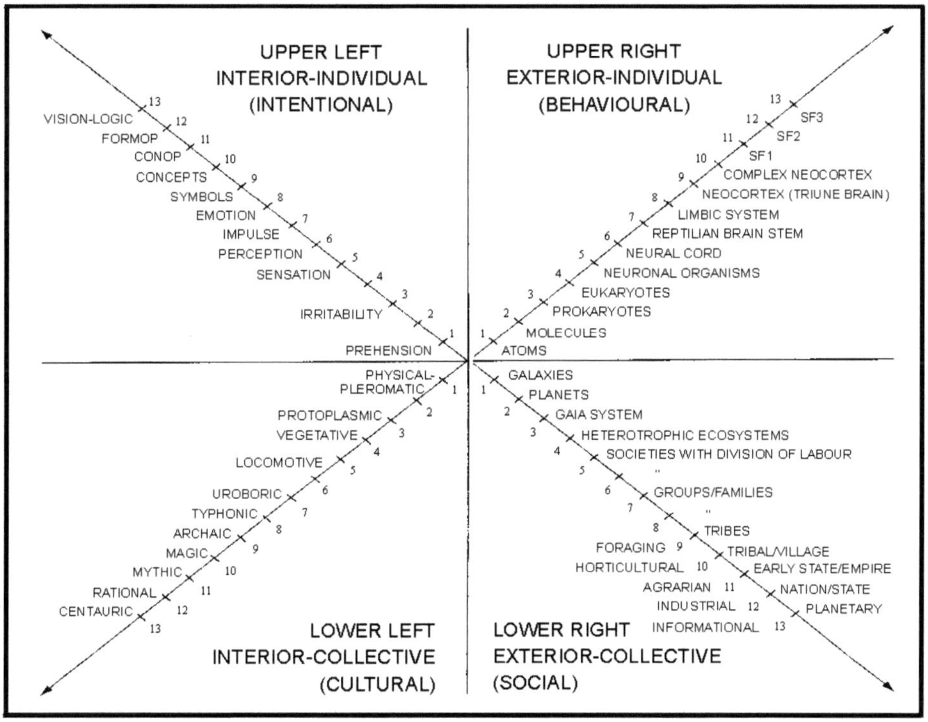

Abb.: Das Wilbersche Quadranten-System (aus Wilber IMPR)

Der Vergleich mit und der Kontrast zu dem Wilber'schen System ist hilfreich, um das "Design in Spannungsfeldern" der Noologie zu erläutern: Sowohl das Quadranten-Prinzip wie auch die Holons basieren auf einem Spannungs-Prinzip von (Zusammen-Halt / -Hang) versus (Disintegration / Distinktion).[45] Die Spannungsfeld-Notation dafür ist:

(Kohäsion / Synbolae <-> Disintegration / Distinktion / Differenz / Diabolae)

In anderer Form steht dies als das Motto der Alchimie:

(solve <-> coagula)

Diese grundlegenden Phänomene finden sich sowohl im Sinnes-System, d.h. in der Arbeitsweise des Nervensystems, als auch in der physikalischen und belebten Natur.[46]

[45] Der Zusammen-Halt und -Hang, der ein Holon konstituiert, ist in der Noologie ein Thema der Morphologie und des Kräftespiels der Gregationen:
->:WILBER_NOOLOGIE, p. 74; ->:NOO_MORPHOLOGIE, p. 87;
->:META_MORPH, p. 101; ->:WISSEN_MACHT, p. 275; ->:SPEKTRUM_GREGATIONEN, p. 278

[46] Ein bekanntes Beispiel dazu ist die Katastrophentheorie von Rene Thom. Er bezieht sich in der Motivation seiner Arbeit auf die Vorsokratiker Anaximandros und Heraklit.

Die wichtigste Anwendung und Ausformung dieses Prinzips ist die *Dichotomie*, eine Grundfunktion neuronaler Prozesse.[47] Der "Dualismus" ist die Sichtweise, die man erhält, wenn man nur das "Gewordene" betrachtet, also wenn sich die Spannungsfelder entladen haben. (Siehe Korvin-Krasinski: 1986, 12-14). Fatal wird der Dualismus, wenn es um moralische Kategorien, also "Gut" und "Böse" bzw. die "wahre" oder die "falsche" Lehre geht. Dichotomie ist auch ein Grundphänomen der Handlung, denn eine jede Handlung zu einem bestimmten Zeitpunkt schliesst alle anderen möglichen Handlungen aus. In ähnlicher Weise enthält das Prinzip der *Bifurkationen* bei Laszlo (und in der Systemtheorie) eine Ausformung der Dichotomie. In der Aristotelischen Darstellung wird das Feld der "Potentialität" (aller nur möglichen Entwicklungen) durch den "Actus" (die Handlung) eingegrenzt.
->:DUALISMUS, p. 224

Ein Quadranten-Schema basiert auf einer doppelten Dichotomie, in der Diktion der Noologie: Zwei *konjugierte Spannungsfelder*. Bei Wilber ist es die zwischen Innen und Aussen (Left / Right), und zwischen Individual und (Cultural / Social / Relational) (Upper / Lower). Die Spannungsfeld-Notation dafür ist:

(Innen / esos / emisch <-> Aussen / exos / etisch)
^
|
v
(Individual <-> Cultural / Social / Relational)

Die Konjugation der zwei Spannungsfelder wird hier durch die vertikale Anordnung und die verbindenden Pfeile ^|v angedeutet. Dies liesse sich zwar noch graphisch ausgefeilter darstellen, aber das Prinzip sollte auch mit der hier verwendeten ASCII-Zeichen-Darstellung sichtbar werden.[48]

Der Zusammen-Halt / -Hang von Holons wird davon determiniert, welche Stellung der "Kampf" (agon, ant-agonismus) zwischen den disintegrierenden Fliehkräften (Zentrifugal) und den einigenden Ordnungskräften (Zentripetal) gerade innehat.[49] Das wurde oben schon so dargestellt:

---

[47] Ein Neuron hat wie ein Schalter zwei elektrische Zustände: Ruhepotential und Aktionspotential. Die dichotome Wirkungsweise neuronaler Prozesse lässt sich am besten mit den bekannten Gestalt-Kipp-Bildern illustrieren: ->:BORING_FRAUEN, p. 97
http://www.noologie.de/desn07.htm#Heading12
Siehe auch: Feyerabend (1975, p. 226-227).

[48] Man sollte sich nicht dadurch verwirren lassen, dass die Spannungsfeld-Notation die graphischen Verhältnisse von Wilbers Quadranten invertiert, i.e. was im Quadranten (Left / Right) ist, ist hier (Oben / Unten) und umgekehrt. Das ist nur ein Thema der Notation, die hier aus "Convenience" dem normalen Textfluss (links-rechts) folgt.

[49] Dieser primoridale Kampf ist in allen Ur-Mythen der Menschheit zu finden. Z.b. bei Anaximandros: "Time, Anticipation, and Pattern Processors"
http://www.noologie.de/symbol08.htm
"Noo-logy and Kalypto-logy"

(Kohäsion / Synbolae <-> Disintegration / Distinktion / Differenz / Diabolae)
Es lässt sich analog auch formulieren:

(Der Weg zum Einen <-> Der Weg zu den Vielen)

Siehe dazu auch weitere Erläuterungen unter:
->:HOLON_ARCHIE, p. 79; ->:SPEKTRUM_GREGATIONEN, p. 278

Wilbers Zentralthemen von "Aufstieg" von der Materie-Ebene hin zum "absoluten Geist" (oder "Spirit" in Wilberspeak) und "Abstieg" von der "absoluten Geist"-Ebene hin zur Materie)[50] werden in der Noologie mit den griechischen Original-Begriffen "Anabasis" und "Katabasis" bezeichnet. Dies ist in gewisser Weise eine Wieder-Holung und Anders-Formulierung (Paraphrase, Metamorphose) des letzten Spannungsfelds. Es ist das ewige Drama, das auf allen Ebenen des Kósmos vom Beginn an (ex archaes), bis in alle Ewigkeit weitergespielt wird (eirousai ta t' eonta ta t' essomena pro t' eonta).[51]

(Anabasis <-> Katabasis)

Die graphische Darstellung der Bewegung der Anabasis ist in dem Quadranten zentrifugal (also vom Zentrum des Fadenkreuzes mit der Bewegungs-Richtung nach aussen) markiert. Die Katabasis geht von aussen nach innen (zentripetal). Hier verbirgt sich ein kleines graphisches Missverständnis, da nach Wilber der "Spirit" im Zentrum seines Denksystems steht, und nicht die untersten Holons (Materie, Prehensions). Man kann noch eine andere Perspektive auf den Quadranten entwickeln, in dem man ihn als eine hohle, umgekippte Pyramide ansieht, auf deren Basis wir von oben schauen, und in ihrer tiefsten Tiefe befinden sich die untersten Holons. Das ist zwar als Visualisations-Aufgabe etwas unkonventionell, aber es erläutert die Konstruktionsprinzipien des Wilber'schen Systems bestens. Zur Eingewöhnung an solche morphologischen Transformationen empfehle ich die Übungen in einem späteren Kapitel:
->:GENERAL_NN, p. 94; ->:BORING_FRAUEN, p. 97; ->:AUGE_PYRAMIDE, p. 99

Ein wesentlicher Unterschied zwischen dem noologischen "Design in Spannungsfeldern" und Wilbers System ist der: Wilber liefert etwas "Gewordenes" (ergon)[52], das sich zwar zwischen seinen aufeinander abfolgenden Büchern immer wieder verändert,[53] aber er stellt jedesmal ein in sich geschlossenes System vor (oder versucht es wenigstens). Das "Design in Spannungsfeldern" stellt sich eine andere Aufgabe. Hier versuchen wir, direkt in den kreativen Prozess des "Werdens" (en-ergeia) einzusteigen

---

http://www.noologie.de/symbol14.htm#Heading108

[50] Ich verweise hier auf den Index von EKL, wo die vielen Stellen von "Aufstieg" und "Abstieg" gelistet werden. Weitere Diskussionen der Wilberschen Konzepte finden sich im späteren Abschnitt: "Ken Wilber und die Noologie". ->:WILBER_NOOLOGIE, p. 74

[51] Das sind die essentiellen Schlüsselbegriffe bei Hesiodos.

[52] ->:ENERGEIA_ERGON, p. 55

[53] Er hat inzwischen ein System von Verständnis- und Abstraktionsphasen eingeführt, von Wilber I, II, III, IV, und V, und wahrscheinlich immer so weiter, solange er seine schriftstellerische Tätigkeit fortführt. Warum sollte man auch einen Grund haben, seine jeweils neuen Bücher zu kaufen, wenn er nicht immer wieder etwas neues herausbringt?

und auch die Leser/in mit in diesen Prozess einzubinden. Das ist natürlich ein etwas unkonventionelleres Verfahren, und mag am Anfang auch schwieriger zu verstehen sein, aber da die Noologie auch auf ein Handlungs- und Praxis-System zielt, ist das erforderlich. Um Handlung und Praxis zu be-handeln, muss man den Prozess als solchen in das System mit einbeziehen, dafür muss man ein paar Kunstgriffe anwenden. Die sollen im Folgenden entwickelt werden.

Die Tensional Integrity der Spannungsfelder

Ein weiterer Kontrast zur "gewordenen" Darstellung bei Ken Wilber ist hier, dass die Spannungsfelder "von selbst" dafür sorgen, dass eine bestimmte geometrische / räumliche Konfiguration "aufgespannt" wird.[54] Dies verhält sich analog zu den Elektronen-Raumladungswolken von Molekülen. Die Konjugation von zwei Spannungsfeldern mit demselben "Landungspotential" ist in der Ebene notwendigerweise quadratisch, und im Raum ein Tetraeder. Auf diese Weise lassen sich die Konfigurationen, die den Platonischen Körpern zugrundeliegen, auch logisch und quasi-physikalisch fundieren. Wenn sich etwas in der Konfiguration der Spannungsfelder ändert, dann ordnen sie sich auch wieder "von selbst" in eine neue räumliche Position. Dies ist wiederum ein Prinzip der Meta-Morphologie, die die Logik der Transformationen (Metamorphosen / Metaballein) einsichtig macht.

1.2.2. Das Bedeutungsfeld der Noologie, ein Struktur- / Transformations-System des Noos

Es ist für mich das Gleiche,
von wo ich anfange; denn dahin kehre ich wieder.

Parmenides

@:BEDEUT_NOOS

Der folgende Abschnitt enthält so etwas wie die "zentrale Schaltstelle" der Noologie. Hier finden sich alle Schlüsselthemen, die in den folgenden Kapiteln weiter ausgeführt werden. Und hierhin kehre ich in der rekursiven Reflexion auch immer wieder zurück.

Noologie ist der Umriss / Entwurf eines Struktur-Systems des Nous / Noos,[55] sowie eines Struktur-Transformations-Systems, das ich *Meta-Morphologie*[56] nenne. Ich beziehe mich in der Formulierung des Noos historisch auf die Schrift von Parmenides "Vom Wesen des Seienden", ohne aber den Anspruch zu stellen, dass ich mit Nous / Noos dasselbe meine wie er.[57] Die Grundthemen des Noos sind: *Erkennen, Unterscheiden, Erinnern, Reflexion* und *Selbst-Reflexion.* Weiterhin umfasst die Noologie in meiner Diktion noch folgendes Bedeutungsfeld: Wissen, Denken, Verstand, Vernunft,

---

54 ->:TENSEGRITY, p. 13

55 Sinn, Besinnung, Denkkraft, Verstand, Vernunft, Geist, Einsicht, Klugheit, Gemüt, Herz, Gesinnung, Denkweise, Wille...
Weitere Diskussion, siehe: Parmenides (1974, p. 99-104)

56 Der Begriff der Meta-Morphologie leitet sich historisch von Goethes Lehre der Metamorphosen ab. ->:NOO_MORPHOLOGIE, p. 87; ->:META_MORPH, p. 101

57 ->:PARMENIDES_SCHRIFT, p. 361
Siehe dazu auch den nächsten Abschnitt.

Bewusstsein, Vorstellung, Spirit(uell), Geist, Logos, Intellectus, (co-)gnoscere[58], Kognition, Mind, Gedächtnis, Erinnerung,[59] (Selbst-) Reflexion, Common Sense, aber auch Emotion, Empfinden, Empathie,[60] Leiden,[61] Lügen, List, Gedanken-Verdreherei oder Tropo-Noesis,[62] Humor,[63] Phantasie, Poesie, Intuition, Mythos, Mystik, Prophesie und sogar Märchen.[64] Unter der Bezeichnung "Spirit" taucht ein ähnliches Thema auch bei Wilber an zentraler Stelle auf.[65]

Der Noos der Noologie und die philosophische Tradition

Ich versuche hier, ein System zu entwerfen, das möglichst unabhängig von dem Gebrauch des Wortes "Nous" in der philosophischen Tradition bleibt, wie etwa bei Plotin. Inhaltlich geht die Noologie eher in die entgegengesetzte Richtung zu Parmenides. Während Parmenides sich vor allem auf das "ewig und unveränderlich Seiende" bezieht, und dies zum Thema seines Diskurses macht, behandelt die Noologie vor allem die Aspekte des Werdens, der Wirk-Kräfte, und des Prozesses.

Parmenides hat in seiner Schrift m.W. auch gar nicht von "Nous" gesprochen, sondern nur von "Noein". Dies ist bedeutungsvoll, da hier noch "Noein" als Handlung thematisiert wird. In meiner Sichtweise ist es nur als Konventions-Mittel erlaubt, "Nous" als Begriff zu verwenden. Vor allem ist es möglichst zu vermeiden, ihn sachlich oder dinglich zu verstehen. Verdinglichung und Substanzialisierung ist ein Problem mit dem Gebrauch von "Geist" und "Spirit", das sich trotz aller Vorsichtsmassnahmen in die Philosophie (bzw. das populäre Verständnis) einschlägiger Werke von Hegel bis Wilber eingeschlichen hat. Die Verdinglichung von "Geist" und "Spirit" birgt ein ontologisches Grundproblem: Welchen ontologischen Ort soll "Geist" im Kontrast zu den "Dingen der Welt" und den "Empfindungen des Subjekts" annehmen? Das soll später unter "Einzelthemen der Noologie" wieder aufgegriffen werden.[66] Eine ausführliche Einführung zu der Rolle von Noos und Logos in der altgriechischen Philosophie findet sich bei Leiber (1996, Teil I, p. 57-124). In Übereinstimmung mit Wilber behandele ich das Thema des Noos als Shunyata-Konzept, also als Leere.

---

58 (co)gnoscere ist ein direkt aus dem griechischen (g)noein abgeleitetes lateinisches Wort.

59 ->:NOO_ERINNERUNG, p. 93

60 ->:EMOT_INTELL, p. 66; ->:MENTAL_EMOTIONAL, p. 41

61 ->:POIE_PATHE, p. 33; ->:NOSOLOGIE, p. 141

62 ->:META_MORPH, p. 101; ->:NOO_PATHOLOGIE, p. 158; ->:LUEGE_LIST, p. 171

63 ->:ZEN_KOANS, p. 367; ->:NOO_HUMOR, p. 367

64 ->:MYTHOS_MAERCHEN, p. 56; ->:NOO_PARADIES, p. 142; ->:NOO_MAERCHEN, p. 205

65 Selbstredend ist meine Behandlung des Themas ein wenig verschieden von dem, was Wilber daraus macht: "Vive la differance!" Wilber liefert mit seinem Upper-Left Quadranten auch einen Ansatz zur Ordnung und Systematisierung eines Teils des Bedeutungsfeldes der Noologie. Weiteres dazu unter: ->:SPEKTR_BEW, p. 58

66 ->:SUB_OBJ_SEM, p. 39; ->:ORTE_SUB_OBJ, p. 108

Das "Aristo Telos" der Noologie

In Anlehnung an den Dharma-Weg des Buddha orientiert sich die Noologie hin auf ein Fernziel, ohne aber den Anspruch zu stellen, dass dies hier oder überhaupt erreichbar wäre. Es kommt hier nicht darauf an, dass man ein Ziel (telos) nennt, das man im leistungsorientierten Sinn erreichen kann oder möchte, sondern dass ein "Höchstes Ziel" (aristo telos, peras) existiert, an dem man sein Bemühen ausrichtet, auch wenn man genau weiss, dass man es (nach menschenmöglichen Masstäben) nie erreichen kann.[67]

Das *Aristo Telos* der Noologie ist:
1) richtiges Wissen (Ortho-Noesis),
2) richtiges Können (Ortho-Dynamis),
3) richtiges Handeln (Ortho-Poiesis) und
4) richtiges Betrachten oder Reflektieren (Ortho-Dia-Noesis).[68]

Ortho (gr) := aufrecht, gerade. Es ist ein Ziel der Noologie, Wege zu einer Formulierung der "Ecology of Mind" nach Bateson zu finden, ohne in dieselben Denkfallen zu geraten, in die praktisch alle existierenden Ortho- Systeme geraten sind, die apodiktisch den Anspruch stellen, "die Wahrheit" oder "das Absolut Richtige, Gute und Schöne" zu formulieren. Im Hintergrund besteht hier ein Spannungsfeld zwischen dem, was aus irgendeinem Kontext einmal erkannt und gesagt worden ist, und wie gut und pragmatisch zutreffend es für den gegebenen Kontext vielleicht ist, das besagt noch nichts darüber, dass das in späteren und anderen Kontexten noch gültig ist. Hier ist insbesondere das Nicht-Identitäts-Prinzip der Noologie von Bedeutung: Durch die progressive Reflexion werden Gedanken "aufgehoben", und somit auch ihrer ursprünglichen Wirk-Kraft (dynamis) entkleidet. Oder anders ausgedrückt: Der menschliche Verstand ist so "vielgewunden" (poly-tropos), dass er es immer wieder geschafft hat, mit wenig Anstrengung die "Grösste Wahrheit" zum "Grössten Irrtum" der Menschheitsgeschichte umzufunktionieren (en-tropia). ->:LUEGE_LIST, p. 171

1.2.3. Die Spannungsfelder der Noologie

@:NOO_SPF

Man führt zur Betrachtung der Welt simultan zwei komplementäre Blickwinkel ein, von denen sich jeder unzweideutig in klar verständlicher Sprache ausdrücken lässt und die beide, voneinander getrennt, falsch sind.

Nils Bohr: Das Prinzip der Komplementarität

---

67 Dazu mehr unter den Abschnitten: ->:NOO_HYBRIS, p. 69; ->:NOO_SCHEITERN, p. 74

68 D.h. Wissen und Handeln stehen im Kreislauf der Reflexionsphänomene. Nach der Tat sollte man die Gelegenheit suchen, und darüber reflektieren, was man da gerade angerichtet hat. In der Genesis steht dazu die wiederkehrende Passage nach jedem Handlungsschritt: "Und Gott sah, dass es gut war."
->:RECHT_UND_ORDNUNG, p. 226

Das Bedeutungsfeld der Noologie soll jetzt mit der Methode der Spannungsfelder systematisiert werden. Eine weiter vertiefende Diskussion der Methode der Spannungsfelder folgt noch unter: ->:DESN_SPF2, p. 53

1.2.3.1. poiesis <-> pathesis

@:POIE_PATHE

Das erste Spannungsfeld der Noologie ist, wie unter "Leit- und Leidmotive" schon angedeutet, das von "poiesis" und "pathesis", auf Deutsch: Das (Er-)Schaffen und (Er-)Leiden. Der poiesis- Aspekt der Noologie umfasst auch noch das Bedeutungsfeld von *dynamis* und *energeia*, auf Lateinisch: *potentia*. Diese Aspekte charakterisieren, wie das Wort *Potential* auch andeutet, die Fähigkeit, zu (Er-)Schaffen. Diese Fähigkeit lässt sich allerdings nur anhand von etwas real (Er-/Ge-) Schaffenen (dem *ergon*, *wergon*, oder *Werk*), er- be- und auf-weisen. Die poiesis ist wesentlich das Programm, das die Wissenschaft und Technik seit ca. 300 Jahren verfolgt hat: "Wissen als Macht", zuerst das Erkennen und dann das Verfügungswissen über die Welt.[69] Weniger polemisch formuliert ist dies das Appetenz-Prinzip des Wissens (-Erwerbs), welches in neo-freudianischer Sprechweise also den Antrieb des Sich-Einverleibens auf die noetische Ebene *translatiert* (Wilberspeak).[70]

(Noologie <-> Nosologie <-> Noo-Pathologie)

Der pathesis- Aspekt ist das Leidens-Vermeidungs-Prinzip von Wissen, das im Volksmund auch so ausgedrückt wird: "Durch Schaden wird man klug". Etwa zeitgleich mit Parmenides vor ca. 2500 Jahren hat der Buddha mit der Dharma-Lehre den Grundstein für die systematische Erforschung des pathesis- Aspekts gelegt. Naheliegend gibt es das griechische Wort "Nosos" für "Krankheit", "Leiden", und damit können wir den passenden Begriff "*Nosologie*" prägen.[71] Nosologie ist das Wissen vom und über das Leid(en). ->:NOSOLOGIE, p. 141

(Ortho-Noesis <-> Noo-Pathesis)

Ein weiteres Leidens-Prinzip von Wissen wird durch das Spannungsfeld von (Ortho-Noesis <-> Noo-Pathesis) ausgedrückt. Dies lässt sich so interpretieren: Die Philo-

---

[69] Ein anderer paradigmatischer Ausspruch stammt von Heraklit: "Der Krieg ist der Vater aller Dinge." Das Ziel der Beherrschbarkeit der Natur taucht als Pre-Skript schon deutlich in der Genesis auf. Nach Leiber (1996, 27, 36) findet sie sich noch nicht ausgeprägt in der antiken griechischen Naturphilosophie sondern erst in der Neuzeit.

[70] Wilber, EKL 87.

[71] Der ebenfalls nahe liegende Begriff "Pathologie" ist leider schon von der Medizin mit einer bestimmten Interpretation belegt. Hieran lässt sich beispielhaft ein Wilbersches Thema des "Flatland" illustrieren, wie die natur-wissenschaftlich (physikalistisch) orientierte Denkweise die Medizin dominiert. Die alte Bedeutung des Wortes pathe- heisst "Er-leiden" als (Wilberspeak-) Upper-Left-Side Phänomen, also von der Innensicht. Die Medizin hat es aber umgekrempelt im Sinne von (äusserlich wahrnehmbaren) Upper-Right-Side Ausfalls-Erscheinungen.

sophie versucht in ihrer kollektiven Anstrengung, sich möglichst an Themen der Wahrheit aus- und aufzurichten, daher der Begriff Ortho-Noesis.[72] Es ist unmittelbar einsichtig, dass es wohl nur wenige (aber bestimmt nicht nur eine einzige) Formen und Darstellungen von Wahrheit gibt, aber dass die Zahl der Dar- und Vor-Stellungen des Falschen unendlich ist. Trotzdem kann man eine Systematik des Falschen erstellen, die nicht unendlich ist: Die "Noo-Pathologie". Es handelt sich dabei um die Pathologien des "Wissens an Sich". Pathologie wird dabei so verwendet, wie es der heute gebräuchlichen medizinischen Sprechweise entspricht. Dies wird in einem späteren Kapitel als ein wesentliches Fokusthema der Noologie weitergeführt.
->:NOO_PATHOLOGIE, p. 158; ->:LUEGE_LIST, p. 171

1.2.3.2. anabasis <-> katabasis

@:ANA_KATABASIS

What goes up, must come down, that is the eternal merry-go-round.

A.G.

Schicksal und Kausalität verhalten sich wie Zeit und Raum.

Spengler (1980, 155)

Alles Gewordne ist vergänglich.

Spengler (1980, 216)

Das Spannungsfeld von (poiesis <-> pathesis) ist in etwas anderer Formulierung das Spannungsfeld von (anabasis <-> katabasis), auf Deutsch: (Hinauf <-> Herunter). Das ist eines der fundamentalsten Konzepte in Wilbers Begriffs-System, und bestimmt auch für die Noologie den Gang der Gedanken. Anhand des Beispiels lässt es sich so darstellen: "Nosologie" taucht in der westlichen Tradition auch unter dem Begriff "Soteriologie" auf, und steht damit im polaren Kontrast zu "E-soterik".[73] Während Esoterik ein Unternehmen der anabasis ist,[74] also ganz nach oben hinauf will (in die ultimaten Höhen des Non-Dualen Bewusstseins), ist die Soteriologie ein Unternehmen der katabasis, denn sie geht ganz nach unten, in die Niederungen des menschlichen Leidens und all der sonstigen Pathologien der "conditio humana". Die tibetische

[72] Analog zu dem Begriff Ortho-Dox(a/-ie).
Der Begriff der Wahrheit hätte als Diskussions- und Entscheidungskriterium nicht allzuviel Sinn, wenn es beliebig viele "Wahrheiten" gäbe. Denn da wären wir mit dem Begriff "Meinungen" genausogut bedient, also die SUBjektiven Standpunkte, die jeder aus seiner eigenen gerade optimal erscheinenden Bewertungsfunktion konstruiert. Eine ausführliche Diskussion zum Thema "Wahrheit" und "Realität" findet sich bei Leiber (1996, 38-54).

[73] Das ist zwar ein etwas un-etymologisches Konstrukt, denn Esoterik soll von "esos" (innen) abgeleitet sein, im Gegensatz zu "exos" (aussen), aber für die Diskussion passt es so besser.

[74] Man kann als Kritik an der heute populären Esoterik auch äussern, dass sie sich nicht die Finger schmutzig machen möchte, mit den täglichen Gemeinheiten und Widrigkeiten der conditio humana.

buddhistische Tonglen-Meditation ist ein Beispiel für katabasis.[75] Das Spannungsfeld von (poiesis <-> pathesis) ist ebenfalls in den Urmythen der Menschheit "aufgehoben", und zwar in der biblischen Genesis (dazu später mehr), und im Mythos der Zwillings-Kultur-Heroen Pro-metheus und Epi-metheus (Hesiod, ca. -700).[76]

In den spirituellen Traditionen ist anabasis der Weg des Yogi, Sadhu und des Arhant. Siehe EKL, 701: "Der frühe Buddhismus war praktisch eine reine Aufstiegs-Bewegung zum Kausalen... Das war in allen wesentlichen Belangen ein reiner Gnostizismus. Die Mahayana-Revolution, insbesondere in Nagarjunas Madhyamika-Lehre, war dagegen durch und durch nichtdual (advaya) und sah Nirvana und Samsara als 'nicht zwei'... [im Weiteren Nagarjunas Angriffe gegen] die frühen Schulen des Buddhismus (Theravada und Abhidharma), ... viele Übereinstimmungen mit Plotins Angriffen gegen die Gnostiker" ... "Es lässt sich wohl ohne grosse Übertreibung sagen, dass fast alle nicht-dualen Traditionen der Welt gänzlich oder teilweise auf Plotin und Nagarjuna zurückgehen."[77]

In der Noologie umfasst (anabasis <-> katabasis) auch noch:

(Werden / Er-Zeugen <-> Vergehen / Zerstören / Auflösung)

Dies berührt sowohl das Zentralthema des Kosmogonischen Eros als auch die Formulierung des Apeiron bei Anaximandros.

->:ANAXI_APEIRON, p. 105; ->:EROS_KOSMOGONOS, p. 233

1.2.3.3. Das Struktogramm von ais-thaesis und phai-no(e)sis, pragma und theoria

@:STRUKT_THEORIA

Eine etwas kompliziertere Anordnung liefert das Struktogramm von "ais-thaesis" und "phai-no(e)sis" das in etwa der Wilber'schen Differenzierung von Aussen- und Innen-Ansicht entspricht. Die Komplexität entsteht dadurch, dass wir hier wieder "konjugierte Spannungsfelder" vorfinden:

---

75 In den spirituellen Traditionen ist katabasis der Weg des Buddha und Bodhisattva. Eine Darstellung der Tonglen Meditation ist in Wilber, MG, p. 276-279.

76 Die schriftliche Fassung beider Mythen entstand ebenfalls etwa zur gleichen Zeit: In der babylonischen Epoche des Judentums, und in der griechischen Welt ca. 100 Jahre bevor der Schritt "vom Mythos zum Logos" vollzogen wurde.
Siehe "Anticipation, Meta-Morphology, and the Promethean Venture of Computing" http://www.noologie.de/symbol21.htm

77 Weiteres Material: Harris, Baine R. (Ed.): Neoplatonism and Indian Thought, Int'l Society for Neoplatonic Studies, Norfolk, Virginia (1982)
Als der Neoplatonist Julian Apostata zum Kaiser aufstieg, besuchten ihn viele indische Delegationen, aus so weit entfernten Gebieten wie Ceylon und von den Malediven. Die Pali-Schrift "Questions of Milinda" sollen ein Dialog mit Menander gewesen sein, dem König eines griechischen Territoriums in Indien um ca. -100.

(ais-thaesis <-> phai-no(e)sis)
^
|
v
(anabasis <-> katabasis)

In linearer Schreibweise sieht das so aus:
((ais-thaesis <-> phai-no(e)sis) <-> (anabasis <-> katabasis))

Ich verwende zur graphischen Darstellung statt des Quadranten nun ein Struktogramm.[78] Dieses stellt den Prozess der Dichotomie (das Auseinander-Schneiden)[79] von "Denken" (Noos) und "Welt" (Pragmata) dar.

Welt
^
pragma, chraema (ding-Gebilde)
^
ais-thaesis <-> phai-no(p)sis
^
phai-no-men-on <-> theatron .
v
phai-no(e)sis <-> theoria .
v
nou-menon (denk-Gebilde)
v
nous

Abb.: Das Struktogramm von "ais-thaesis" und "phai-no(e)sis"

Das Struktogramm ist so zu lesen: "ais-thaesis" umfasst alle Wahrnehmungen, die der Klasse der Aussen-Ansichten (Wilberspeak) zugeordnet werden, und "phai-no(e)sis" umfasst die Klasse aller Innen-Ansichten. Hierfür steht der bekannte philosophische Begriff der Phänomenologie. Das Wirken des Spannungsfelds von "Anabasis" und "Katabasis" führt dann zum Auseinanderfallen / Zertrennen (Dichotomie) in die Polaritäten von "Geist" / Nous und Welt. Die "Pragmata" / "Chraemata" ist der

[78] Ein Quadrant ist lediglich eine besondere geometrische Anordnung des Struktogramms.

[79] Siehe dazu auch die in allen alten Kulturen zu findenden literalen primordialen Dichotomie-Urweltmythen, wie in der Genesis die Trennung von Himmel und Erde, Land und Wasser, bei Hesiodos die Kastration des Ouranos, in Mesopotamien die Zerstückelung der Tiamat, dem Platonischen Mythos der Trennung von Mann und Frau, etc.

Gattungsbegriff für "alle Dinge dieser Welt", während die "Theoria"[80] das Gesamtsystem der Anschauungen und Vorstellungen[81] von der Welt ist, in anderen Worten die Kartographie, oder das Welt-Bild.

Das Vorhandensein eines weiteren Spannungsfeldes wird durch die griechische Wurzel the- angedeutet. Hier taucht die Komponente des *Theo*-logischen auf, welche ich hier etwas anders bezeichne: die *Gnoseologie*. Eine weitere Interprationen dieses Struktogramms finden sich in dem Kapitel "Peri mnaemae kai ana-mnaesis, peri aisthaesis kai phainosis".
->:LOGOS_SPERMATIKOS, p. 47; ->:PERI_MNAEME, p. 199

1.2.3.4. Vergessen <-> Gedächtnis / Er-Innern

@:MNEME_ANAMNESE

(laethae <-> mnaemae / anamnaesis / alaetheia)

Das Spannungsfeld wird durch diese griechischen Begriffe gebildet: (laethae <-> mnaemae / anamnaesis / alaetheia).[82] Der Term alaetheia hatte in der alt-griechischen Philosophie noch eine besondere Bedeutung, die aus der Mythologie stammt, nach der die Seelen aus dem Strome des Vergessens, der Laethae, trinken mussten, bevor sie die Wiederverkörperung erlangen konnten, und die A-Laetheia war im mythologischen Sinn die Wiedererinnerung an frühere Leben.[83] Im weiteren philosophischen Gebrauch wandelte sich die Bedeutung zu "Erkenntnis". Laethae, der Strom des Vergessens, wurde in der Thermodynamik zur Entropie umgedeutet. Im Rahmen der Noologie ist Entropie der Sammelbegriff dafür, dass mit dem Wirken des "Zahns der Zeit" alle Gedächtnisspuren wieder ausgelöscht werden. Vilem Flusser hat mit einer Glanznummer jüdischer talmudischer Logik die biblische Genesis als Ur-Skript von In-Formation und Entropie interpretiert.[84]

---

80 Der wissenschaftliche Begriff der Theorie ist analog zu dem obigen Begriff "Pathologie" wiederum ein Flatland-Konstrukt (in Wilberspeak), das ignoriert, dass "Theoria" dem Upper-Left Bereich entstammt.
->:KARTOGRAPHIE, p. 77

81 Nach Schopenhauer: Die Welt als Wille und Vorstellung.

82 "Noo-logy and Kalypto-logy": ->:KALYPTOLOGIE, p. 159
http://www.noologie.de/symbol14.htm#Heading108

83 Die Legende erzählt von Pythagoras, dass die Götter ihm ein besonderes Geschenk machen wollten. Leider konnten sie ihm aber nicht die Unsterblichkeit schenken, und so erbat er sich die Fähigkeit, seine Erinnerungen aus früheren Leben in allen seinen Inkarnationen wieder zu gewinnen. Das war die A-Laetheia. Pythagoras hatte die Götter damit überlistet, denn die A-Laetheia als Gedächtnisfunktion erreicht das "Ewige Leben" im Sinne von "Pattern Immortality" (Tipler). Das "Sterben" bedeutet hier nicht viel mehr als das Versinken in den Tiefschlaf, den normale Menschen jede Nacht durchmachen, um dann am nächsten Morgen mit gestärkter Selbst-Er-Innerung wieder aufzuwachen. Siehe dazu auch die eindrucksvolle Überleitungs-Szene, mit der Goethe die beiden Teile von Faust I und Faust II verbindet (4613-4727).

84 http://www.noologie.de/cunni03.htm#Heading8
->:NOO_MORPHOLOGIE, p. 87; ->:TEMPORAL_MORPHOLOG, p. 90

One in-forms (creates improbable situations), to counterposition the "spirit" against the matter which has the absurd tendency to gravitate towards thermal death [entropic equilibrium]. When inscribing or graphing, this "spirit" penetrates into a material object in order to "inspire" it, meaning to make it improbable. But the objects are treacherous, their tendency towards entropy will erase in time all the in-formations that have been engraved. Everything which the "spirit" imprints into the objects, will be forgotten in time... "Spirit" can only want to achieve that the time before its in-formations have withered away, will be very long...
Materials have the property that the longer they preserve the in-formation the harder it is to inscribe them...
There is a solution to the dilemma: One can inscribe a clay brick and bake it afterwards...
The invention of baking bricks for the purposes of hardening memory is a high achievement of "spirit" and the whole history of the west can be seen as a series of variations of this theme...

Vilem Flusser (1990: 14-17), transl. A.G.

Gedächtnis und Er-Innern berühren wohl die tiefsten und immer noch unergründlichsten Themen des Noos: Die Zeit. Hier ist aber eine andere Zeit gemeint als die physikalistische Newton/ Einsteinsche Zeitvorstellung: Nach Newton (und der in seinem Zeitalter massgeblichen geordneten Kosmo-Mechanik) fliesst die Zeit gleichförmig wie ein Fluss, sie ist der uniforme Hintergrund, vor dem sich alles ereignet, was nur Prozess sein kann. Bei Einstein hat sie den Charakter eines Raumzeit-Gefüges angenommen, und wird damit gemäss den Denk-Gewohnheiten der Mathematik prinzipiell reversibel. Aber die Thermodynamik und die tägliche Erfahrung lehren uns, dass nichts in der Welt reversibel ist. Das literarische Thema von Humpty Dumpty (Alice in Wonderland) illustriert die tagtägliche Erfahrung von Irreversibilität (Aussenansicht), andererseits macht die Erinnerung alles Erlebte ebenfalls irreversibel (Innenansicht). Daher gilt in der Welt der Erinnerung auch nicht das Grundprinzip der Mathematik: Die Identität. A zum Zeitpunkt t_0 ist nicht gleich A zum Zeitpunkt t_1, weil A_{t0} noch in der Erinnerung präsent ist, und A_{t1} damit sozusagen verdoppelt ist. Und wie Nietzsche bemerkte,[85] gibt es in unserer Welt keine Dinge, die absolut identisch gleich sind, so etwas kommt nur in dem idealisierten, zeitlosen, platonischen Denkraum der Mathematik vor.

Gedächtnis und Er-Innern bieten noch eine weitere Form des Spannungsfelds von (anabasis <-> katabasis). Im Deutschen ist das nicht mit festen Begriffen zu differenzieren, daher soll die Differenzierung von (mnaemae <-> anamnaesis) bei Aristoteles verwendet werden. Mnaemae (katabasis) ist der Gesamtbegriff für alle spontanen und automatischen Erinnerungsfunktionen, also all das, was uns das neuronale Gedächtnissystem in allen Prozessen des spontanen Wiedererkennens, bis hin zu den äusserst unwillkommenen Flashbacks einmal erlebter unangenehmer Situationen präsentiert, und Anamnaesis, (engl. recall) (anabasis) ist die bewusste Anstrengung, mit der man (oft vergeblich) sein Gedächtnis nach etwas durchsucht, von dem man weiss, dass es ei-

85 ->:IM_WINKEL, p. 162

gentlich irgendwo da sein sollte, aber man weiss nicht wo, oder wie man es gerade finden soll. Hier findet sich als Leit-Thema auch die Gedächtniskunst oder Mnemotechnik.

Ohne Gedächtnis gibt es keine (Erfahrung von)[86] Zeit, keine Vergangenheit, keine Gegenwart oder Zukunft. Dies ist ein weiteres essentielles Thema des Noos. Wilbers Zentralthema der Evolution ist eine Ableitung dieser Gedächtnis-Funktion.[87] Irgendetwas (z.B. ein Lebewesen) kann sich nur entwickeln, wenn es irgendwo, und irgendwie, eine Gedächtnisspur von dem aufbewahrt, was es einmal war, und was es einmal erlebt hat. Lebewesen zeichnen sich im Kontrast zu Dingen durch diese Fähigkeit aus, und man muss erst einmal eine plausible informationstechnische Funktion finden, die es denkbar macht, dass der Kósmos als Ganzes ein Gedächtnis hat.[88] Im Darwinistischen Konzept der Evolution stellt das Genom die Gedächtnisspur dar, die das Leben seit seiner Entstehung vor ca. 4 Mrd Jahren ungebrochen mit sich trägt. Es ist wissenschaftlich noch nicht geklärt, wie das Gedächtnis der Organismen funktioniert. Die Neuronen des Gehirns spielen da zwar eine Rolle, aber da alle Lebewesen (eine Art von) Gedächtnis aufweisen, ist das Nervensystem wohl nicht der Hauptfaktor der Gedächtnis-Funktion.

1.2.3.5. Subjective / Indvidual <-> Objective <-> Collective / Cultural / Relational

@:SUB_OBJ_SEM

(SUB <-> OBJ <-> SEM)

Zur Darstellung dieses Spannungsfeldes folgen wieder die entsprechenden Begriffe von Ken Wilber (IMPR): In seinem Quadranten steht Subjective / Indvidual in der "Upper Left", Objective ist "Upper Right", und seine "Lower Half" wird hier "SEM: Collective / Cultural / Relational" genannt.

Ich führe hier auch einen neuen Typ des Spannungsfelds ein: das tripolare Spannungsfeld. Dies sind in dem Diagramm die ontologischen Welten von SUB, OBJ, und SEM, die in gegenseitiger Kommunion stehen, die sich nach dieser Darstellung nicht in eine einzige Hierarchie zwingen lassen. Eine eingehendere Diskussion dieses Themas folgt in einem späteren Kapitel.

---

86 Ob es Zeit "an sich" gibt, ist eine philosophische Streitfrage. Bei Kant war die Zeit wie der Raum noch eine Erfahrungskategorie, und in der Physik der unbelebten Objekte ist die Raum-Zeit lediglich das Feld, in dem Prozesse ablaufen können, und das durch die gravitationalen Objekte verformt wird.

87 Wilber behandelt die zwei verschiedenen Vorstellungen von Zeit u.a. in EKL (23-31, 95) als "die zwei Zeitpfeile". M.e. hätte Wilber besser daran getan, seinen Begriff "Efflux", den er gleichbedeutend mit "Evolution" verwendet, als Zentralbegriff zu wählen, denn mit seiner Version von "Evolution" setzt er sich der berechtigten Kritik aus, dass er den wissenschaftlichen Ausdruck falsch verwendet.
->:EFFLUX, p. 84

88 Die hierfür angesetzten morphogenetischen Felder von Sheldrake überzeugen weder mich noch die meisten Wissenschaftler.

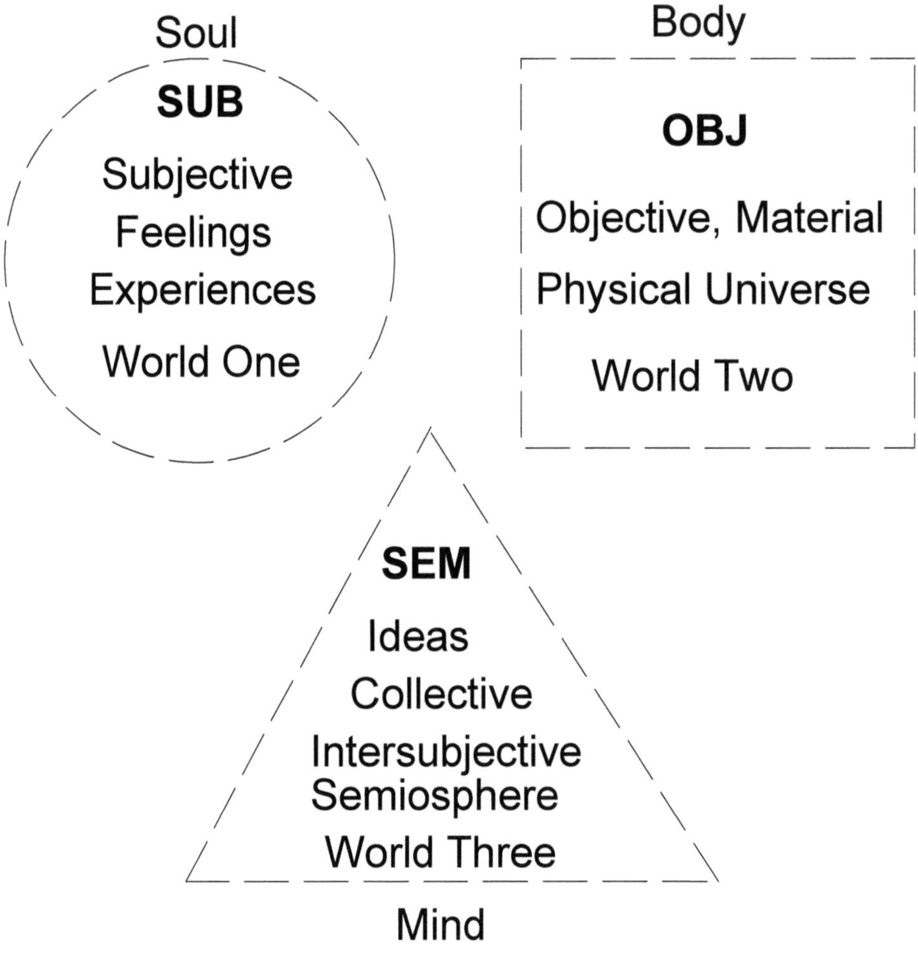

Abb.: Das Spannungsfeld von
(SUBjective / Indvidual <-> OBJective <-> SEM: Collective / Cultural / Relational)

SUB und OBJ entsprechen der "Upper Half" von Wilbers Quadranten, und die "Lower Half" heisst SEM. In der Alltagssprache nennen wir SEM auch: Das *Zwischenmenschliche*. Es ist zwar möglich, den Bereich SEM in zwei Hälften aufzuspalten, wie bei Wilber, aber das ist m.E. nicht nötig. In der Ethnologie spricht man zwar auch von unterschiedlichen Sichtweisen: "emisch" (Innen) (Wilberspeak: Interior Collective, Cultural) und "etisch" (Aussen) (Wilberspeak: Exterior Collective, Social).[89] Allerdings

[89] http://www.noologie.de/desn10.htm

haben SEM-Systeme kein Selbst- oder Ich-Bewusstsein wie höhere Organismen, und so kann das nur metaphorisch gelten. Die "Lower Left" ist auch der fragwürdigste Teil in Wilbers System. Die tiefere Diskussion über die Pro's und Kon's soll später geführt werden. Verkürzt lässt sich das so darstellen: Wilber konstruiert eine Hierarchische Monistische Ontologie, in der sich alles auf das Element "Spirit" begründet.[90] Das (SUB <-> OBJ <-> SEM) - Modell formuliert eine Triadische Ontologie, in der die Elemente in gegenseitiger Inter-Dependenz bzw. gegenseitiger Kommunion stehen.

1.2.3.6. Mental / Cognitive <-> Emotional / Empathic

@:MENTAL_EMOTIONAL

Unstet treiben die Gedanken / Auf dem Meer der Leidenschaft

Schiller, Gedichte: Würde der Frauen

Mit der obigen Unterscheidung der Bereiche OBJ und SEM tut sich ein weiteres wichtiges Spannungsfeld auf: Das von Mentaler / Kognitiver vs. Emotionaler Intelligenz (Mental / Cognitive <-> Emotional / Empathic). Wir können zwei verschiedene Grundtypen von Intelligenz unterscheiden, die sich entweder bevorzugt auf dem Bereich OBJ oder den Bereich SEM ausrichten. Ich kürze im Folgenden diese unterschiedlichen Ausrichtungen als OBJint und SEMint ab. Diese grundsätzliche Unterscheidung der Typen verschiedener Intelligenz-Ausrichtung entlang OBJ oder SEM ergibt dann einen fundamentalen Unterschied in der Konstruktion eines Gesamtsystems. Hier ist ein Punkt, an dem ich eine wesentliche Unterscheidung zu Wilbers System mache. Dies soll in einem späteren Kapitel wieder aufgenommen werden. Es wäre zwar theoretisch möglich, dieses Spannungsfeld auch als Variation des (poiesis <-> pathesis) -Feldes zu verstehen, aber da gerät man leicht in eine Denkfalle, in die vor allem die christliche Denktradition gefallen ist: Mitfühlen (Empathie) ist nicht gleich Mitleid(en). Dies hat besonders Nietzsche in seinen Polemiken gegen das Christentum herausgearbeitet.
->:EMOT_INTELL, p. 66

1.2.3.7. Liebe: Agape <-> Philia <-> Eros

@:AGAP_PHIL_ERO

Das Feld von *Emotion* und *Empathie* führt uns nun in einen weiteren Ur- und Un-Grund: Die "Liebe". Ich möchte dieses Wort hier nur sparsam verwenden, weil es wie kaum ein anderes so abgegriffen und korrumpiert ist, dass es nur noch für Schlagwort-Wechsel und Schlager-Texte (unter Ausschluss von Denken) zu gebrauchen ist. Im antiken griechischen Sprachgebrauch gab es noch drei Worte für "Liebe": *Agape* (Nächstenliebe), *Philia* (Zuneigung, Liebe, Freundschaft),[91] und *Eros* (erotische, geschlechtliche, leidenschaftliche Liebe, Begierde, und *Eros Kosmogonos* nach

---

http://www.noologie.de/desn18.htm

[90] Wie immer bei solchen Aussagen, unter dem Imho-Prinzip: "In my humble opinion".
->:IMHO_PRINZIP, p. 12

[91] Platon bevorzugte dieses Wort in seinen Dialogen, meist mit einem homo-erotischen Unterton der "Männerfreundschaft".

Hesiodos).[92] Diese unterschiedlichen Grund-Themen der "Liebe" stehen in einem "Tripolaren Spannungsfeld", ebenso wie (SUB <-> OBJ <-> SEM).[93]

Das Thema der "Liebe" steht wiederum im Spannungsfeld mit "Geist" (Wilberspeak "Spirit"), aus dem Grund, weil "Geist" das Thema der philosophischen und spirituellen Anstrengungen der Menschheit ist, die Sterblichkeit zu überwinden, und die Ewigkeit zu erlangen.[94] Das Prinzip Er**o**s beinhaltet als Strukturthema der Er-Zeugung aber notwendigerweise auch die Zerstörung und das Vergehen. Dieser Aspekt wurde aber aus verständlichen Gründen unterdrückt.

(Geist <-> Er**o**s)

So bildete sich in den philosophischen und spirituellen Traditionen der Menschheit eine gewisse Imbalance von (Geist <-> Er**o**s), was sich auch fatal auf das Thema der "Liebe" auswirkte, und im unbedachten Gebrauch und einseitiger Bevorzugung bestimmter Facetten dieses Komplexes entwickelten sich erhebliche Pathologien. Die Entwicklung des Zentralthemas der "Liebe" im Christentum ist dafür wohl ein sehr gutes Beispiel. In ihrer Auseinandersetzung mit den neo-platonischen, gnostischen und orgiastischen Strömungen des antiken Synkretismus formulierten sie ihre spezielle Adaption des Motivs der *Agape*. Das uneigennützige Mitgefühl war sicher zur damaligen Zeit ein wichtiges Thema (und ist es genauso noch heute), aber es wurde in einseitiger Bevorzugung dann zu einem eisernen Gesetz, das sich mit einer gewissen Rigidität in das System der christlichen Morallehre einschlich. Man kann auch sagen, Agape ist "Liebe", durch den moralin-sauren Filter gepresst. Das Prinzip Er**o**s wurde durch die Anstrengungen der Kirchenväter wie Augustinus aus dem christlichen Denk-System verbannt, mit fatalen Folgen für die Menschen der Christenheit.

Aufgrund dieser vielfältigen Missverständnisse möchte ich hier für den Kontext der Noologie den Komplex der "Liebe" darstellen als das Tripolare Spannungsfeld von:

(Agape <-> Philia <-> Er**o**s)

"Liebe" selber steht wiederum in einem Spannungsfeld von

(Attraktion <-> Repulsion / Revulsion):

(Liebe <-> Abneigung, Ekel, Hass)

Die strukturelle Basis der Unterscheidung der verschiedenen Aspekte von "Liebe" sind die Wesens-Komponenten von (Attraktion <-> Repulsion), die nicht nur den sexuellen Bereich, sondern auch Denkweisen, Ethiken, und andere (ethnische) Merkmale kennzeichnen. Diese können als das Spannungsfeld von homo, homoio, und heteros dargestellt werden:

(homo: gleich <-> homoio: ähnlich <-> heteros: andersartig)

---

92 ->:PRINZIP_SPANNUNG, p. 220

93 ->:DESN_TRIPOLAR, p. 240; ->:TRINITY, p. 156

94 Dies wird von Ken Wilber auch in dem Atman-Projekt thematisiert.
->:NOSOLOGIE, p. 141

Dies lässt sich am Beispiel von (Agape <-> Philia <-> Eros) so verdeutlichen:

Eros bezieht sich auf die Attraktion des "heteros", des komplementär-Andersartigen, das (in / nach / von) seinem Wesen die ideale Ergänzung sucht. Dies ist das Grundprinzip der Attraktion von Männlich-Weiblich, wie es in der Platonischen Mythologie der Ur-Trennung der Geschlechter dargestellt wird.[95] Die folgende Beziehung "verbindet" das Andersartige mit der Attraktion und Freundschaft:

(heteros: andersartig <-> heteiros / heteira: Freund/in)

Philia in der Form der "Männerfreundschaft" (oder initiatischen Bruderschaft) bezieht sich auf die Attraktion des "homo", also der Gewissheit der Gleichartigkeit, ein Grundvertrauen, das man(n) nicht gegenüber der "heteros / heteras" haben kann, weil man(n) das nicht in seinem Wesen kennt.

Agape ist ein nachgeordnetes Prinzip, das erst durch Reflexion entsteht: Die Erkenntnis, dass wir alle als Menschen irgendwie "homoio", also ähnlich sind, und dass wir bei all unserer Verschiedenheit doch die gleiche Basis von Empfinden und Leiden haben. Etwas verkürzt kann man auch sagen: "Wir sind alle darin gleich, dass wir so verschieden sind." Hier setzt sowohl die christliche wie auch die buddhistische Lehre der Compassion / des Mitgefühls an, wobei der Buddhismus etwas mehr "all inclusive" ist als die abrahamitischen Religionen, weil hier nicht das Joshua-Genesis-Syndrom im Wege steht.[96] Der Buddhistismus bezieht in seiner Version der "Agape" nicht nur die Glaubens-Brüder und -Schwestern ein, sondern alle Menschen, und sogar noch alle Lebewesen. Hier liegt auch eine humanistische Esszenz der Kat-Holisierung und der Oikumene[97]: Nämlich dass man die anderen Menschen nicht erst dann als Mit-Menschen ansieht, wenn man sie zu seiner eigenen Religion konvertiert hat.

Es ist interessant, dass der deutsche Titel von Ken Wilbers Werk "Eros, Kosmos, Logos" die "Traduttore - Traditore" Meisterleistung eines deutschen Übersetzers ist. Im

---

[95] Ken Wilber (MG) hat dieses Motiv in der schicksalshaften Begegnung mit seiner Seelenpartnerin Treya "erschöpfend" dargestellt, gleichzeitig wieder-holt er auch den Platonischen Mythos der (schmerzhaften) Trennung, bedingt durch ihren Krebs-Tod.

[96] ->:JOSHUA_GENESIS, p. 147

Als Kontrast-Skript wäre der Islam zu nennen, der recht ausschliesslich nur die Glaubens-Brüder und -Schwestern als Agape-würdig betrachtet. Die folgenden Passagen aus dem Koran lassen sich auch als paradigmatisches Programm der Intoleranz und als Aufruf zur Bekämpfung der "Ungläubigen" interpretieren:
II, 186, 187, 212, IV, 76, IX, 52, 88-89, 90, XLVII, 4-7, 37, LX 38.
So etwas wie Compassion mit Tieren kennt der Islam überhaupt nicht. Siehe dazu die Praxis des Schächtens der Schlacht-Tiere, also des Ausblutens bei lebendigem Leibe und bei vollem Bewusstsein, die nicht nur bei rituellen Handlungen, sondern bei jeder Schlachtung angewandt wird.
Weiteres Material zu meiner Einschätzung des Islam ist unter:
->:CHARISMA_ISLAM, p. 194; ->:ISLAM, p. 327

[97] ->:KATA_HOLON, p. 314

Original heisst es "Sex, Ecology, Spirituality".[98] Man könnte dies auch als jüngstes Beispiel für fatale Fehl-Interpretationen und Verwechselungen von Eros, Liebe, und Sex präsentieren. Das schwierige Verhältnis von "Geist" (Wilberspeak "Spirit") zu Liebe und Eros wird noch ein wesentliches Thema der Noologie sein.
->:EROS_SPIELE, p. 149; ->:EROS_KOSMOGONOS, p. 233

En-Ergeia / Eros <-> Orgae / Orgia

Der emotive Aspekt des *Eros* ist eine Form der *En-Ergeia*, die sich den Menschen als *Orgae* (Trieb, heftige Begierde, Leidenschaft) bemerkbar macht. Dies hatte im antiken Griechenland noch eine heilige (hiero-) Ausprägung, als *Orgia* in den heiligen Opferfesten des Dionysos, der Demeter und der Eleusinischen Mysterien.

(En-Ergeia / Eros <-> Orgae / Orgia)

Infolge der Verteufelung des *Eros* durch die Christen degenerierte auch die *Orgia* von einer heiligen Handlung zu der abscheulichen, perversen *Orgie*, als die sie dann in das moderne Denken eindrang. Die *Orgae* als heiliger Ur-Trieb und menschlich wahrnehmbare Form der *En-Ergeia* findet ihre ebenso menschlich wahrnehmbare Form der Entladung als *Orgasmus*.

(Orgae <-> Orgasmus)

1.3. Noologie und die Praxis der Non-Dualität

1.3.1. Das "Bodhisattva-Prinzip" der Noologie

@:NOO_BODHISATVA

Im Bezug auf Ergebnisse der mystischen Traditionen (Wilbers "Perennial Philosophy") soll hier eine Vorsichtsregel eingeführt werden, das "*Bodhisattva-Prinzip*" der Noologie: Solange Non-Duale Erfahrungen nicht allen Normalmenschen zugänglich sind, oder wenn man nicht eine Methode aufzeigt, wie sie zu erfahren sind, ist es zwecklos oder sogar gefährlich, mit Argumenten zu hantieren, die vorgeben, aus dem Non-Dualen zu entstammen. Leider hat die New-Age / Esoterik-Bewegung allzuviele, hauptsächlich korrupte, falsche, oder schlicht einfach nur inkompetente Gurus hervorgebracht, die sich alle auf die Autorität ihrer Erleuchtung berufen, und die Menschen damit zu Millionen in die Irre, und oft genug in die Psychose und sogar in den Tod geführt haben. Als soziale Bewegung hat sich die Anwendung des vorgeblichen Non-Dualen Bewusstseins leider weitgehend diskreditiert.[99] Solchen "Spintisierereien" soll durch die Betonung des Common Sense vorgebeugt werden. Auch wenn die hier vorge-

---

[98] So klingt der deutsche Titel erheblich prätentiöser als von Wilber ursprünglich intendiert. Man kann auch sagen, hier wurde Wilber die Petersilie ver-hegelt.

[99] Siehe Wilbers Gebrauch der Prä- / Trans-Verwechselung (EKL 259-261). Er zitiert Freud mit "die schwarze Schlammflut des Okkultismus" (EKL 259). Dazu gehörte zur damaligen Zeit u.a. die Theosophische Gesellschaft der Mme. Blavatski. EKL 260: "Freud war ein Reduktionist, Jung ein Elevationist - die beiden Seiten der Prä- / Trans-Verwechselung."

stellten Ideen und Konzepte ebenfalls etwas fremdartig erscheinen mögen,[100] sollen Zugangswege geschaffen werden, wie diese Prinzipien eingesetzt und nutzbar gemacht werden können. Mithin ist es ja der Anspruch, nicht nur ein elaborates Gedankensystem in die Welt zu setzen, sondern tatsächlich auch erweiterte und verbesserte Möglichkeiten zur Orientierung und für das Handeln in der Welt zu schaffen.

1.3.2. Advaita-Noesis, eine Meditationstechnik

@:ADVAITA_NOESIS

I'm fixing a hole where the rain comes in, to stop my mind from wanderin'
The Beatles, Yellow Submarine

Hier möchte ich einen Zugangsweg der Praxis aufzeigen, die nach Meinung aller Autoren, wie auch Wilbers,[101] unerlässlich ist um die Ergebnisse Non-Dualer Erfahrung nachvollziehen zu können. Dies nenne ich *Advaita-Noesis*. Es ist zwar eine Sprachvermischung, aber es klingt etwas weniger schwergewichtig als "A-dichotomische Noesis", wie man es auf Griechisch ausdrücken würde. Der Grund, warum ich es nicht "Non-Duales Bewusstsein" nenne, ist einerseits der oben genannte, dass er so diskreditiert ist, und (bei denen, die behaupten, Zugang dazu zu haben) in Wilberspeak mehrheitlich ein Prä- denn ein Trans-Phänomen ist (EKL 259-261), andererseits ist "Non-Duales Bewusstsein" ein sprachlicher Wolpertinger (oder Chimäre). Bewusstsein ist in seiner Funktion immer Bewusst-sein von irgend etwas, dem Objekt, und ist damit inhärent dichotomisch. Weiterhin impliziert der grammatische Substantiv, dass es ein "Sein" ist, das ist in Whiteheadscher Terminologie eine "fallacy of misplaced concreteness". Bewusstsein ist eher ein Prozess denn ein "Sein". Das englische Wort "awareness" wäre hier ein etwas besser passender Begriff. In Shankaras "Viveka Chudamani: Kleinod der Unterscheidung" ist der Praxis-Charakter des Advaita Vedanta auch klarer ausgedrückt.[102] Das folgende ist aber auch kein Versuch einer weiteren Neu-Auflage von Techiken des Advaita Vedanta.[103] M.E. gehört Advaita Vedanta in den alt-indischen, vedisch- hinduistischen Kulturkreis und seine tradierte Lebenspraxis, und muss da auch bleiben, denn er ist von wesentlichen gesellschaftlichen Voraussetzungen abhängig, die heute im Westen einfach nicht existieren, und nicht reproduziert werden

[100] Es hätte kaum einen Sinn, überhaupt etwas zu schreiben, wenn hier nicht einige neue Ansätze entwickelt würden. Siehe dazu auch das Spannungsfeld zwischen Tradition und Innovation. Weiteres in diesem Kontext: http://www.noologie.de/desn11.htm

[101] Wilber nennt es die Integrale Transformative Praxis, kurz ITP.

[102] Siehe die kurze Diskussion von "Viveka Chudamani" unter dem Kapitel: Die "Ontologie" des Advaita Vedanta. ->:ADVAITA_VEDANTA, p. 109

[103] Die letzte grosse Bewegung, die sich damit hervorgetan hat, ist die Nachfolgelinie von Ramana Maharshi, der über den Guru Poonjaji einen grossen Einfluss auf die damals (herren-/guru-)los gewordenen Bhagwan-Osho-Rajneesh-Sannyasi-Gemeinde genommen hat, nachdem ihr Guru gestorben war. Und diese Bewegung hat allerlei zweifelhafte Nachfolge-Satsang-Gurus hervorgebracht, vor denen man sich besser in Acht nehmen sollte.

können. Deshalb kann man heute als Westler kaum Advaita Vedanta modo Shankara (oder gar Ramana Maharshi) praktizieren,[104] und sollte es auch gar nicht versuchen.

Ein Bezug auf das "Non-Duale Bewusstsein" ist solange nutzlos, solange nicht eine praktische Technik mitgeliefert wird, wie man es oder zumindest einen Geschmack davon (*sapientia*)[105] erlangen kann. Hier soll also eine Meditations-Technik vorgestellt werden, die meinem Geschmack entspricht, und wohl vieler Menschen im Westen, und der Erkenntnis, dass es im praktischen Leben nicht immer einfach oder möglich ist, eine harte und anstrengende Meditations-Praxis ohne die stützende Gemeinschaft eines Klosters, Ashrams oder einer Sangha über Jahre hinweg kontinuierlich durchzuführen. Nach meiner Einschätzung ist die Meditation die beste, die die Praktizierende/n in die Lage versetzt, selbstständig zu weiteren Stufen vorzudringen, ohne dass man weitere Schub- und Zughilfen von Aussen benötigt (etwa in Form eines "erleuchteten" Meisters, einer Sangha, oder einem abgestuften System von Initiationen). In der Computertechnik spricht man analog von einem Bootstrap-Prozess, und nach Münchhausen ist es eine Methode, "sich am eigenen Zopf aus dem Sumpf zu ziehen".

Die Technik beruht auf einer Kombination einer abgespeckten Zazen- / Vipassana-Methode mit der Brahma-Kumaris Meditation.[106] Dazu braucht man sich nicht in irgendeine bestimmte Position zu setzen, und man kann es auch liegend oder im Gehen ausführen.[107] Man achtet wie beim Zazen oder Vipassana einfach auf den Atem, und behält ihn im Fokus der Aufmerksamkeit. Man konzentriert sich aber nicht auf den Atem, wie er durch die Nase streicht, sondern auf den Kontrollpunkt der Atemwelle. Der Kontrollpunkt wird ganz automatisch bewusst, sobald man sich auf den Atem konzentriert. Dieser Kontrollpunkt wandert mit dem Atemzyklus durch den Körper, in etwa in einer elliptischen Bewegung. Wichtig ist vor allem, dass man den Kontakt zu dem Kontrollpunkt bei den Umkehrungen des Atemzuges nicht abbrechen lässt. Gleichzeitig stellt man sich diesen Punkt als infinitesimal klein vor, und wenn man gerne eine Visualisation dazu machen möchte, kann man sich diesen Punkt als "Gott" oder ein sonstiges "Summum Bonum" vorstellen, welches der gerade präferierten Glaubensrichtung entspricht. Die einzige Bedingung dabei ist, dass der Punkt infinitesimal klein ist. Dies dient der Annäherung an und der Aufhebung des an sich unüberwindlichen logischen Paradoxons, dass Bewusstsein in seiner Funktion immer Bewusstsein von irgend etwas, dem Objekt ist. Wenn das Aufmerksamkeits-Objekt ein infinitesimal kleiner Punkt ist, hat man ein Objekt, das gleichzeitig kein Objekt ist. Ein ähnliches Prinzip hat Cusanus in "Docta Ignorantia" und Leibniz mit seiner

[104] In Indien, wo man kaum erfrieren kann, ist es auch leichter, fast nackt in einer Ecke zu liegen, und sich mit Almosen am Leben zu erhalten. Eine solche Lebensführung ist ja in der Jahrtausende alten Sadhu-Tradition Indiens eine gesellschaftlich akzeptierte Lebensweise.

[105] Korvin-Krasinski: 1986, 420

[106] Nagel, Stephan: "Brahmas geheime Schöpfung", Peter Lang, Frankfurt/M (1999), p. 301-302. Weiteres Material aus christlicher Sicht: Korvin-Krasinski: 1986, 416-434.

[107] Nach einiger Praxis stellt sich von selbst das Bedürfnis ein, sich gerade zu setzen, was natürlich förderlich ist, aber es ist keine notwendige Voraussetzung.

Differential-Rechnung eingeführt. Diese Technik lässt sich immer und überall durchführen, im Bus oder Bahn, im Warteraum, etc. nur beim Autofahren sollte man sie auf keinen Fall anwenden. Was die Effizienz von Meditations-Techniken angeht, gibt es grosse Unterschiede bei den Menschen, und was bei dem einen sofort Ergebnisse zeigt, wirkt bei anderen überhaupt nicht. Daher, sollte man den Kontrollpunkt nach ein paar Versuchen nicht finden, ist die Technik für die betreffende Person nutzlos und man muss sich auf dem Markt nach etwas anderem umsehen. Auf jeden Fall ist mein Rat, dass man keine Technik über Monate hindurch praktizieren sollte, wenn man nicht nach ca. einer Woche konkrete Ergebnisse erhält. Und die hier genannte Methode ist so einfach, dass man sie ohne weiteres in einer Woche etwa 1-2 mal am Tag für ca. 20-30 Min. probieren kann. Weiterhin sollte man sich durch den Begriff "Kontrollpunkt" nicht in die Irre führen lassen, dass hiermit eine Yoga-Atem-Kontroll-Technik gemeint ist (Pranayama). Der feine Unterschied ist, dass mit der Konzentration der Aufmerksamkeit der unbewusste, autonome Prozess des Atems aufgehoben wird, und es erscheint erst einmal praktisch unmöglich, den Atem nicht zu kontrollieren. Das ist soweit ok, solange man nicht glaubt, man müsste ihn kontrollieren, oder zu versuchen, irgendwelche psychischen Effekte durch die Kontrolle zu erzielen. Hier gilt die alte Zen-Regel, dass Lichterscheinungen und sonstige paranormale Dinge wie die Holz-Späne beim Drechsler sind. Sie sind das Abfallprodukt und nicht etwa Anzeichen eines Fortschritts.

In dem oben zitierten unscheinbaren Vers aus "Yellow Submarine" der Beatles findet sich eine andere Fassung dieser Technik, und sogar ein Grundprinzip des Systems: Denn der Kontrollpunkt ist nicht wirklich ein Punkt in unserer Realitätsebene, sondern ein kleines (schwarzes oder weisses) Loch, in physikalischer Analogie gesprochen ein sogenanntes "Wormhole". Denn alles, was sich in unserer Normal-Wahrnehmungs-Welt befindet, und das sind auch Gedanken, Konzepte, Visualisationen, etc. sind immer noch Objekte der Dualen oder Aristotelischen Welt. Dieses "Loch" ist von der einen Seite gesehen, das "Atman", und von der anderen, das "Brahman". Erst wenn man die "holiness / holeness" des Kontrollpunkts realisiert, ist man "drüben". Aber das ist ein Kapitel der fortgeschrittenen Meditationspraxis und man sollte das nicht vor einem Jahr erwarten. Deshalb ist es auch zwecklos, sich das schon von Anfang an vorstellen zu wollen, dann bleibt auch das nur ein Konzept.

1.4. Struktur, Reflexion und Semantik in der Noologie

1.4.1. Noos, "Logos Spermatikos", Gnothi se auton, Gnoseologie

@:LOGOS_SPERMATIKOS

Zu den alten Zeiten, als die Zentralbegriffe unserer heutigen Philosophie entstanden, galt noch das Diktum: "Nomen est Omen". D.h. der Name einer Person oder eines Dings ist das Zeichen seines Schicksals. Nach dieser Ansicht war Begriffs- oder Namenswahl eine extrem kritische Angelegenheit, und musste mit Bedacht vorgenommen werden. Der Name ist nach der damaligen Ansicht so etwas wie ein "logos spermatikos", und aus ihm lässt sich konsequent ein ganzes System entwickeln. Somit ist in den Begriff "Noologie" einiges an Bedeutung verpackt. Am prägnantesten lässt sich sein Ursprung mit der Anweisung darstellen, die über dem Tor des Apollon-Tempels von Delphi stand: "Gnothi Se Auton": Erkenne Dich selbst. (Und die Situation, in der Du steckst). Dieses Motto wird oft auch als Ursprung der Philosophie bezeichnet. Aus dem "Gnothi" entwickelte sich das Leitmotiv der spirituellen Tradition der Gnosis, und in Anlehnung an diesen Namen hat Noologie einen weiteren Aspekt: die *Gnoseologie*. Dies soll kein Ansatz für eine *Neo-Gnosis* sein,[108] sondern soll bestimmte strukturelle Themen der Gnosis neu aufzugreifen, und damit "aufheben".

1.4.2. Die iterative und reflexive Methode des Aufhebens

@:NOO_AUFHEBEN

Das "Aufheben" ist eine Arbeitsmethode Wilbers, die er von Hegel adaptiert hat, selbstredend wohl kaum so, wie Hegel es intendiert hat.

"I have one major rule: everybody is right. More specifically, everybody - including me - has some important pieces of the truth, and all of those pieces need to be honored, cherished, and included in a more gracious, spacious, and compassionate embrace."
"Introduction", Collected Works of Ken Wilber, vol. VIII, p. 49

Dieses Zitat illustriert Wilbers Methode des "Aufhebens". (In EKL 480-481 führt Wilber diese Methode auf Origines zurück, der die allegorische Interpretation = "Aufhebung" des Mythos "erfunden" hat.) Kritische Beobachter nennen das auch Eklektizismus, Synkretismus und Prokrusteanismus, aber wenn man alle "spirituellen" Traditionen der Menschheit unter einen Hut kriegen möchte, muss man hier und da schon ein paar Ecken und Kanten abschneiden. Nach diesem Zitat könne man meinen, dass Wilber mit seinem "everybody is right" in Richtung "anything goes" (Feyerabend) tendiert, aber bei genauer Lektüre seiner Texte und vor allem der Antworten, die er selber auf Kritiken seiner Arbeit gibt, wird bald klar, dass er wohl nach einer Version der Orwell'schen Maxime vorgeht: "All animals are equal, but some animals are more equal than the others". (Animal Farm). ->:MYTHOS_MAERCHEN, p. 56

Auch ich möchte keinem unbeschränkten Kultur-Relativismus ala "everything goes" das Wort reden.[109] D.h. auch wenn jeder das Recht haben sollte, sogar die abstrusesten und dümmsten Gedanken in seinem Kopf zu hege(l)n, erfordert es die praktische Vernunft, dass es ein Verfahren gibt nach dem die offiziell anerkannt abstrusesten, dümmsten und gefährlichsten Gedanken schön "aufgehoben" (im Hegelschen Sinne) werden, und in der realen Welt der menschlichen sozialen Getriebe nicht allzuviel Unheil anrichten können. Vergessen wir aber zuerst nicht, dass mehr Unheil damit angerichtet wird, dass die Menschen zu wenig denken, und erst in zweiter Linie, dass sie falsch(es) denken. Denn wenn man nur lange und intensiv genug nachdenkt, kommt

---

[108] Es ist sowieso zwecklos, die Tradition der Gnosis in irgendeiner Weise weiterführen zu wollen, da wir ihre Inhalte nur aus den Schriften ihrer Erzfeinde, der Christen, kennen, und aus denen irgendeinen positiven Inhalt destillieren zu wollen, halte ich für eine Aufgabe, die ich lieber anderen überlasse.

[109] Wilber auch nicht. siehe seine Diskussion von Charles Taylor, (EKL 48-53 und EKL 253-257). Weitere Materialien zu "anything goes": Feyerabend (1975: p. 28).

man schon von selbst darauf, dass irgendetwas falsch an dem ist, was und wie man denkt. Insofern finde ich Wilbers Methode, wie er Hegel mit dessen Methode des "Aufhebens" selber "aufhebt", sehr sympathisch, und ich mache mir das Prinzip zunutze, indem ich Wilber "aufhebe", und so das Spiel eine Runde weiterspiele.

1.4.3. Das Struktur-System

@:STRUKTUR_SYSTEM

Form ist Leere, und Leere ist Form

Buddhistische Weisheit

Form ist nicht Inhalt, und wenn sie nicht Inhalt ist, muss sie leer sein. Das ist ein einfacher sprach-logischer Schluss. Struktur ist eine rekursive, iterative, systematische Anwendung des Form-Prinzips, in anderer Sprechweise eine Systematik von Meta-Patterns. (Das ist auch ein Grundprinzip aller Wissenschaft).[110] Noologie ist ein Struktur-System, und daher nur sekundär Inhalts-orientiert. Das ist immer nur in gewissen Grenzen möglich, und das Abgleiten in Inhalte nicht zu vermeiden. (Daher auch das Prinzip der "Höheren Kunst des Scheiterns", s.u.). Die Noologie teilt damit einige Aspekte mit der Mathematik, nämlich ihren Minimal-Anspruch, nur ihren internen Regeln für innere Konsistenz zu genügen.[111] Natürlich können die formalen und logischen Regeln der Mathematik nicht auf die Noologie übertragen werden. Z.b. ist die Forderung nach Widerspruchsfreiheit unmöglich zu erfüllen.[112] Um ein Konsistenz-System für die Noologie zu entwerfen, muss man praktisch den ganzen Weg umkehren und zurück verfolgen, de- und re-konstruieren, den die Entwicklung der abendländischen Logik der letzten 2500 Jahre genommen hat. In der Ethnologie und der vergleichenden Religionswissenschaft findet man schon Ansätze dafür, die "emische" Sicht einer Kulturtradition mit ihrer eigenen, idiosynkratischen Konsistenz zu bewerten und zu würdigen. Es gibt natürlich erhebliche subtile Probleme dabei, die Orientierungssysteme von geistig, zeitlich und räumlich fernen und fremden Kulturen mit irgendetwas kommensurabel zu machen, was eine genuin europäische Entwicklung der letzten 2500 Jahre ist. Die ethnologische akademische Auseinandersetzung von "etisch"

---

[110] Wobei Wissenschaft noch den Anspruch erhebt, dass die Strukturen den Tatsachen entsprechen sollten.

->:NOO_MORPHOLOGIE, p. 87; ->:META_MORPH, p. 101

[111] Dazu sagte Hegel einmal: "Wenn die Tatsachen der Theorie widersprechen, ist das umso schlimmer für die Tatsachen". Dazu auch Feyerabend (1975), p. 29, 31.

[112] Dies lässt sich an einem trivialen logischen Beispiel illustrieren: Die Grundlage der Aristotelischen Logik ist die Identität: A = A. Ohne Identität ist der Widerspruch sinnlos. In der Noologie ist aber ein "A", das man einmal erblickt, gedacht, oder sonstwie in seiner Erinnerung "aufgehoben" hat, nie wieder "A" sondern es ist A' oder irgendetwas ganz anderes. Und wenn A =/= A ist, dann ist das ein Widerspruch in sich, und die gesamte Aristotelische Logik ist nicht anwendbar. Die Mathematik hat für Erinnerung keinen Platz in ihrem Gebäude, weil sie ursprünglich "Platonisch" ist, also das A=A eine ewig währende, unveränderliche Identität voraussetzt. (Z.b. als "Welt der Ideen", im Popper/Eccles Modell der "drei Welten").

und "emisch" dreht sich wesentlich um diese Frage.[113] Oder andersherum formuliert: Jedes Struktursystem ist "etisch" und muss den Inhalten, die es "aufheben" will, irgendwo Gewalt antun. Das scheint ein nicht aufzuhebendes Dilemma zu sein. Ich spreche das weiter unten auch unter dem Aspekt an: "Die Kunst der Selbst-Reflexivität als die höhere Kunst des Scheiterns".

->:NOO_SCHEITERN, p. 74

1.4.4. Selbst-Reflexion, Dia-Noesis

@:SELBST_REFLEX

Ein weiterer Aspekt der Noologie ist die *Selbst-Reflexion* (Dia-Noesis). Das ergibt sich aus dem "Gnothi Se Auton". Selbst-Reflexion führt entweder zu einem Struktur-System oder ins Chaos, da Reflexion (aka Denken) immer zwei Komponenten hat: Seine Inhalte, und den Prozess des Denkens selber. Selbst-Reflexion als philosophische Beschäftigung richtet sich auf den Prozess des Denkens und seine Voraussetzungen, nicht aber auf seine Produkte. Man kann spitzfindig argumentieren, dass auch Selbst-Reflexion ein Denk-Inhalt sein muss, und dass man einen Prozess nur vollziehen, nicht aber konservieren (oder "aufheben") kann, denn dann hat man den Prozess zerstört, und durch ein Ding ersetzt. Das ist richtig, und es ist einer der Grund-Widersprüche von Selbst-Reflexion, und wieso das den mehr traditionellen Wissenschaften suspekt erscheint. Daher bevorzugen die meisten modernen Wissenschaften die Erforschung von "Irgendetwas", das ausserhalb des menschlichen Bewusstseins liegt: Den Objektbereich. Wesentliche Vorarbeiten im Bereich der Selbst-Reflexion finden sich, wenn auch unter anderem Namen, in einem Teilbereich der Theologie. Dies kann man u.a. in den Konfessionen des St. Augustinus finden,[114] die sich zwar nominell mit der Betrachtung Gottes befassen, die aber geistesgeschichtlich eines der ersten, tiefsten, und systematischsten Zeugnisse menschlicher Selbst-Reflexion sind. Aufgrund der biblischen Injunktion aus der Genesis, sich nicht der Hybris der Versuchung zur Erlangung der Gott-Gleichheit hinzugeben, mussten die christlichen Denker in ihrer Selbst-Reflexion den Umweg über Gott gehen. (Siehe dazu auch die Geschichte des Sündenfalls in der Genesis in einem späteren Abschnitt).[115] Die religiös-moralische Injunktion hat überdies noch einen sehr wesentlichen praktischen Zweck: Wenn Denken sich auf sich selbst richtet, führt das leicht geradewegs in den (Grössen-)Wahnsinn. Logisch gesprochen, beruht dieses Problem auf dem "infiniten

---

[113] In Wilberspeak ist "etisch" die Sicht von aussen, und "emisch" die Sicht von innen.

[114] Siehe Wilber, EKL 434-439. Anekdotisch und persönlich am interessantesten finde ich in seinen "Confessiones" sein jeden Abend wiederholtes Gebet: "Lieber Gott, lass mich keusch werden, doch bitte nicht, schon diese Woche". Irgendwann wurde er dann doch keusch, aber mit fatalen Folgen für die Menschen der Christenheit. Anstatt so human zu sein, und allen anderen Christen auch dieselbe Unkeuschheit zuzubilligen, die er selbst jahrelang genossen hatte, stellte er (und die Kirche nach ihm) die Forderung auf, dass alle guten Christen immer schon gleich keusch sein sollten, womit er millionenfaches seelisches Elend, Gewissens-Leid und menschliche Zerrissenheit über die Christenheit brachte.

[115] Ein Noologisches Märchen: Der Sündenfall und die Sucht nach "Selbst-Reflexion"

->:NOO_PARADIES, p. 142

Regress", einer unendlichen Spiegelung, in den das auf sich selbst gerichtete Denken leicht gerät. In der einschlägigen spirituellen Literatur wird ein ähnliches Phänomen auch als "hyper-inflated Ego" bezeichnet, offenbar eine Berufskrankheit, von der praktisch alle modernen Gurus infiziert sind. Dies war auch ein Thema in Wilbers frühem Buch "Das Atman-Projekt", wenn auch unter etwas anderen Vorzeichen. Die Wissenschaft der Selbst-Reflexion wird in der Diktion der Hegel-Schule nach Gotthard Günther auch "Reflexions-Theorie" genannt.

1.4.5. Ein Ordnungs-System für Welt-Wissens-Repertorien und die Kenogrammatik

@:ORDNG_WELTWISS

Letztlich intendiert die Noologie auch einen konkreten Einsatzbereich: Datenbanksysteme für Welt-Wissens-Repertorien a la WWW. Es ist wohl unübersehbar, dass die letzte Periode von dreihundert Jahren exponentiell wachsender "Wissens"-Produktion der Menschheit schon lange unser Vermögen überholt hat, das akkumulierte Material adäquat zu ordnen und nutzbar zu machen. Für die Planung von Datenbanken kann Gotthard Günthers Denkansatz der Kenogrammatik wesentliche Impulse geben: Dies ist der Versuch, einen Formalismus zu entwickeln, um das "Flatland" (Wilberspeak) der Aristotelischen Logik mit mehrwertigen Stellenwert-Logiken zu überwinden. Dieses Projekt lief von den 1950er bis 1970er Jahren,[116] als der Einsatz von Computern hauptsächlich in numerischer Sichtweise definiert wurde. Kenogrammatik ist ein Ansatz, Leer-Konzepte wie die Madhyamika-buddhistische Shunyata in ein operationales System einzubinden. Eine allgemeine Kenogrammatik ist ein System von qualitativer Kategorisierung und Logik der Qualitäten. Hierzu gibt es in der Programmierung schon Ansätze, wie dem Konzept logisch gebundener oder typisierter Variablen, bei denen nur Operationen oder Methoden zugelassen sind, die sich auf genau diesen Typ beziehen. Bei relationalen Datenbanken existieren heute schon rudimentäre technische Ansätze für logische Stellenwertsysteme, und mit heutigen Arbeiten, arbeitsfähige Ontologien für das WWW zu entwickeln, bekommt dieses Thema eine ganz neue Aktualität.

1.4.6. Das Semantische Feld, Spirit, Geist, Mind, Vernunft, etc.

@:NOOS_SEMFELD

Die Begriffe "Spirit", "Spirituell" oder "Geist" sind die Zentralthemen eines Diskurses, der in der Philosophie und Theologie seit ca. 2300 Jahren geführt wird, und der die Grundlage verschiedenster "spiritueller" Systeme ist (die "perennial Philosophy" nach Wilber), zwischen denen man sich aber "trefflich uneinig" sein kann. Weitere Variationen dieses Begriffs mit leicht changierenden Bedeutungen sind: Logos (Heraklit), Intellectus (Leibniz), Vernunft (Kant), Geist (Hegel), Verstand, Wille & Vorstellung (Schopenhauer), Mind (Bateson), "Spirit" (Wilber), Bewusstsein, Denken, etc. Es gibt kaum einen philosophischen Begriff, der soviele Differenzen im Detail zulässt, wie "Geist". Das heisst pragmatisch wieder: Dieser Begriff ist für sachliche Diskussionen unbrauchbar. "Geist" ist der grosse "deus ex machina", mit und in dem sich alles "aufheben" lässt. Das hat Hegel so gemacht, und Ken Wilber hat es ihm nachgemacht. Er zwingt alle Variationen des "Geistigen" in ein System des "Spirit" zusammen. Aber

---

116 Mit einigen Nachfolge-Versuchen bis heute, wie Rudolf Kaehrs Arbeit.

wenn sie erst einmal dort "aufgehoben" sind, verschwinden sie unterschiedslos in der "Nacht des Absoluten, in der alle Katzen grau sind". (Analog dazu in heutiger Kosmologie: das Schwarze Loch).

Die Vorgehensweise der Noologie ist ein wenig anders: Man muss die Unterschiede "aufheben", und man muss die Differenzierungen bewahren, bevor sie in dem besagten Schwarzen Loch des Absoluten verschwinden. Das Konzept der Semantischen Felder beruht auf einer anderen Vorgehensweise im Umgang mit den Begriffen, der Grundlage alles konzeptuellen Denkens, das die Methode der westlichen philosophischen Tradition der letzten 2300 Jahre war. Die folgende Darstellung deutet dies an, indem das semantische Feld mit en-ergeia äquivalent gesetzt wird.

(Semantisches Feld <-> Begriff)
(en-ergeia <-> ergon)

Semantische Felder, semantische Unschärferelation, Relativismus

@:SEMF_RELATIVISM

Concepts, just like percepts, are ambiguous and dependent on background. Moreover, the content of a concept is determined also by the way in which it is related to perception.
Feyerabend (1975, 76)

Die Verwendung des "Noos" im vorliegenden Kontext ist daher keiner traditionellen (westlichen) philosophischen Tradition verpflichtet, die diesen Begriff in bestimmten Bedeutungen benutzt. "Noos" ist in meiner Arbeitsweise kein "Begriff" im linguistischen Sinn, sondern ein semantisches Feld, ähnlich wie eine quantentheoretische Elektronen-Raumladungswolke. Das nenne ich das *Onoma-Semaiophonische Feld.*[117] Wie in der Quantentheorie, lassen sich zwar gewisse formale Aussagen über diese Raumladungswolke machen, aber sie entzieht sich einer genauen Lokalisierung. Es gibt keine feste Definition. Das nenne ich die "*Semantische Unschärferelation*". In der Quanten-Physik beeinflusst die Messung den Ablauf des Experiments. Die erfolgreiche technische Anwendung der Quantentheorie zeigt, dass man auch mit unscharf definierten Objekten gut arbeiten kann. In der Welt der Semantik verändert der Kontext die semantische Bedeutungs-Ladungswolke: Je nach Kontext hat ein Wort eine mehr oder weniger subtil verschiedene Bedeutung.[118] Das nenne ich auch: *Semantischer Relativismus* oder *Abhängigkeits-Prinzip* der Noologie. Nur in rigoros definierten wissenschaftlichen Fachsprachen wie der Mathematik, oder der Chemie sind die Symbole kontextunabhängig. Aber genau genommen kann das nur für die Mathematik gelten, weil die Mathematik völlig unabhängig von den Gegebenheiten der Erfahrungswelt ist. Schon in der Chemie schleicht sich nämlich eine Kontext-Abhängigkeit ein, die sich heute als "Emergenz" tarnt. Emergenz bedeutet aber nichts anderes als dass hier ein Kontext-System am Wirken ist. Am Beispiel der molekularen Verbindung von Wasserstoff und Sauerstoff sieht das so aus: Flüssiges Wasser (als Grundvoraussetzung für

[117] http://www.noologie.de/desn24.htm#Heading120

[118] Wilber erwähnt in EKL, 62-63 die Bedeutung des Kontexts bei Derrida in der Interpretation von Jonathan Culler..

organisches Leben) erfordert für seine Existenz einen ganz anderen Kontext als atomares Hydrogenium und Oxygenium, und unter den kosmologischen Bedingungen, unter denen diese Elemente im atomaren Zustand vorkommen können, ist Wasser unmöglich, und umgekehrt. Heisse interstellare Wolken können kein Wasser enthalten, und wenn sie kalt sind, kann sich höchstens Eis bilden (Kometen). Auf dem Planeten Erde ist isoliertes atomares Hydrogenium und Oxygenium ausserhalb eines Labors nicht zu haben. In der Atmosphäre kann sich Oxygenium nur in Kombination mit N(i/eu)trogenium stabilisieren, weil es in reiner Form alles verbrennen würde.

Das Prinzip des semantischen Relativismus

Das Prinzip des semantischen Relativismus ist etwas komplizierter als das konventionelle philologisch- / linguistische Schema fester Begriffs-Verortungen (Topik). Dazu wieder das Analogon aus der Quantenphysik: Der Protein-Folding Mechanismus ist abhängig von den unterschiedlichen Bindungs-Energien der Elektronen-Ladungswolken der Teilmoleküle. Ein Protein kann meist nur zwei,[119] sehr selten aber mehrere verschiedene Zustände des Energie-Minimums annehmen. Aber die Art, wie die Moleküle des Proteins sich im Raum anordnen, ist mit keiner technischen Rechenmethode zu erfassen, sie ist computational überkomplex, wie der Fachausdruck heisst. In analoger Weise erzeugen Kontext-Strukturen wechselnde Bedeutungs-Facetten für Wörter. In den Sprachen und Erzählweisen des Orients werden solche Techniken souverän gehandhabt, während im Westen höchstens ein paar Schriftsteller wie James Joyce (Finnegan's Wake) in solche Sphären vorgedrungen sind. Für die Wissenschaftlichkeit sind solche Verfahren natürlich ein Anathema. Ein Grund für diesen andersartigen Umgang mit der Sprache liegt in einer sozialen Eigentümlichkeit vieler östlicher Kulturen: Dort gilt es als unschicklich, "die Dinge beim Namen zu nennen", und wenn das passiert, ist damit ein "Gesichtsverlust" der betreffenden Person verbunden. Daher hat die Kunst der Umschreibung verglichen mit westlicher Metaphorik und Euphemistik im Osten ungeahnte Höhen erreicht. Diese Umschreibungskunst ist sehr dienlich bei dem Unterfangen, sich sprachlich über Dinge zu äussern, die nicht zu dieser Welt gehören, also das Kernthema östlicher Mystik. Daher greifen westlich-philosophische Kriterien nicht in diesem Feld.

1.4.7. Konzeptuelle Spannungsfelder

@:DESN_SPF2

... die antike Mathematik des Kleinen betrachtet den konkreten Einzelfall, berechnet die bestimmte Aufgabe, führt die einmalige Konstruktion aus. Die Mathematik des Unendlichen behandelt ganze Klassen formaler Möglichkeiten, Gruppen von Funktionen, Operationen, Gleichungen, Kurven, und zwar überhaupt nicht hinsichtlich irgendeines Resultats, sondern hinsichtlich ihres Verlaufes. Es ist so seit zwei Jahrhunderten - was den Mathematikern der Gegenwart kaum zum Bewußtsein kommt - die Idee einer allgemeinen Morphologie mathematischer Operationen entstanden, welche man als den eigentlichen Sinn der gesamten neueren Mathematik bezeichnen darf.

Spengler (1980, 116)

---

119 Die beiden Varianten sind rechts-drehend und links-drehend. Auffallend dabei ist, dass Moleküle in Lebewesen meist von der links-drehenden Variante sind.

Das "Design in Spannungsfeldern" ist die hauptsächliche Denktechnik der Noologie. Hier möchte ich einen kurzen Abriss geben, was die Essentials der verwendeten denktechnischen Prinzipien der Noologie, das "Design in Spannungsfeldern", sind. Für die Leser/in mag dies einer der fremdartigsten und erklärungsbedürftigsten Aspekte der Noologie sein. Ich versuche es zuerst mit einer Analogie aus der Mathematik und der Physik: Die Noologie zeichnet im denktechnischen Bereich eine Entwicklung nach, die in der Mathematik mit der Ablösung von der euklidischen zu nicht-euklidischen Geometrien und zu Topologien vollzogen wurde, die Ergebnisse wurden dann auf physikalische und kosmologische Theorien übertragen. Dies führte zu den Formulierungen von Relativitätstheorie und Quantentheorie wie wir sie heute kennen.[120] Dies wird hier auf Denkräume bzw. Denk-Struktursysteme angewandt. Dabei werden hauptsächlich zwei physikalische Metaphern eingesetzt: Die Relativität, und verschiedene Attraktor-Prinzipien, wie sie etwa in den Elektronen-Raumladungswolken der Molekular-Chemie entwickelt wurden. Diese Prinzipien sind aber nur als Analogon zu verstehen. Das Prinzip der Spannungsfelder lässt sich insofern auch auf das Denken anwenden, weil die Prozesse des Aufteilens und Kategorisierens, mit denen wir unsere Denkräume "aufspannen", sich meistens auf Gruppierungen von Ähnlichkeit (Attraktoren) und Verschiedenheit (Repulsoren) zurückführen lassen. Weitere Anwendungen des Prinzips der Spannungsfelder sind hier zu finden:
->:DESN_TRIPOLAR, p. 240

In meiner Dissertation[121] habe ich diese Methode schon mit umfangreichen Beispielen und Quellen schon vorgestellt, deshalb genügt hier eine kurze, konzentrierte Übersicht. Alles was existiert, muss bei seinem Eintritt in die Existenz durch ein Spannungsfeld gehen. Am einsichtsvollsten ist das für Frauen, die durch eine Geburt gehen. Deshalb fällt dem Papst das Denken in Spannungsfeldern schwer, erstens, weil ihm diese Ur-Erfahrung nicht zugänglich ist, und zweitens weil ihm der Rest seiner Entscheidungen sowieso vom rechten Glauben vorgegeben ist. Aber normale Sterbliche können diese Spannung in allen alltäglichen Entscheidungsvorgängen feststellen, wenn sie nicht wissen, wie und nach welchen Kriterien sie sich entscheiden sollen. Und um die armen Männer dafür zu entschädigen, dass sie nicht das primordiale Spannungserlebnis des Geburtsvorgangs erleben dürfen, sorgen die Frauen schon zuverlässig dafür, dass die Männer möglichst viele Momente der Spannung erleben, bevor sie den Frauen zu eben jenem Erlebnis verhelfen dürfen.

Der praktische Sinn der Tripolarität

@:TRIPOLAR_FELD

Besondere Bedeutung haben vor allem "Tripolare Spannungsfelder". Der praktische Sinn dieser Denk-Technik lässt sich am besten wieder mit einem Vergleich aus der Elektro-Technik illustrieren: Der wesentliche Grund, warum man den elektrischen Drei-Phasen-Strom einsetzt, ist die grössere Effizienz, die man bei der Elektro-Magneto-

---

120 Das soll aber nicht den Anspruch erheben, dass alle diejenigen, die keine Theoretischen Physiker sind, das auch *verstehen*.

121 http://www.noologie.de/desn.htm

Kopplung der Motoren und Generatoren erreicht. Dies beruht auf dem einfachen Grund, dass ein Zweipolar-System einen höheren Anfahr- und Betriebs-Widerstand überwinden muss, weil die beiden Magnet-Pole nicht in Opposition stehen dürfen. Dies muss man ingenieurmässig unbedingt verhindern, weil der Motor dann nicht anläuft, und sofort durchbrennt. Dies wird mit einem analogen Prinzip wie der Unwucht bei Dampflokomotiv-Triebrädern erreicht. Das Tripolar-System verhindert zuverlässig eine oppositionale Selbst-Blockade und ist damit effizienter. Als Denk-Technik ist dies völlig analog: Ein Tripolar-System verhindert Blockierungen des Denkens, und wirkt so etwa wie ein "aus sich selbst heraus laufendes Rad".

En-Ergeia und Ergon

@:ENERGEIA_ERGON

Abstrakt gesprochen, ist das Spannungsfeld eine Anordnung von Attraktoren und Repulsoren, also Anziehungs- und Abstossungskräften. Es ist die Matrix für den Ur-Prozess, in dem *En-Ergeia* sich in *Ergon* entlädt. Strukturell analog zu dem dualen Prinzip von En-Ergeia und Ergon ist in der Literatur die Terminologie des Carlos Castaneda, der es als Nagual und Tonal bezeichnet.[122] Selbstredend ist hier keinesfalls beabsichtigt, irgendeine Anleihe bei den wundersamen Energie-Eiern und -Fäden, oder den beeindruckenden Zauberkräften zu nehmen, die Castaneda in seinen Romanen beschreibt, das soll in dem Märchenreich bleiben wo es herkommt. (Siehe Michael Ende, "Die Unendliche Geschichte": Phantasién). Hier kommt es nur auf strukturelle Ähnlichkeiten an. En-Ergeia ist in der Noologie der Fachausdruck für den Arbeits-Bereich der Pera-Noesis, der Erforschung der Genzen des Denkraumes, und was dahinter liegt. Damit wollen wir uns im nächsten Abschnitten beschäftigen. Alles was existiert, also was faktisch ist, ist Ergon. Der Bereich des Entstehenden, Werdenden, Vergehenden, Potentiellen, Imaginativen, liegt auf dem Territorium der En-Ergeia oder En-Archäa.[123]

1.5. Noologie und die "heterodoxen" philosophischen Traditionen

Die Noologie setzt an einem Punkt neu an, an dem sich die abendländische Philosophie vor ca. 2500 Jahren herauskristallisierte: Der Schritt "vom Mythos zum Logos". (So der Standard-Titel dieser Bewegung). Philosophie ist eine "Kunst der Begriffe"[124], und als real existierende soziale Bewegung in der Auseinandersetzung ihrer Praktiker untereinander und mit ihrer Gesellschaft hat die Philosophie in den letzten 1500 Jahren Strukturen entwickelt, die die Gegebenheiten der westlichen Denk- und Weltsicht in gewisser Weise verdeckt metaphysisch stabilisieren. Als Anthropologe auf Feldforschung der "Totems und Tabus der Eingeborenen der nordwestlichen weissen Rassen" (Popper 1962) kann man bestimmte ethno- / euro- / logo- / ratio- Zentrismen ent-

---

[122] 15.1.4. Die Welten der En-Ergeia oder des Nagual:
http://www.noologie.de/neuro07.htm#hdr2.1.4.
http://www.noologie.de/neuro07.htm#hdr2.1.5.
S.a. Feyerabend (1975, p. 190)

[123] http://www.noologie.de/neuro12.htm

[124] aus Kant: Kritik der Reinen Vernunft.

decken.[125] Das könnte (rein hypothetisch und imho) ein Grund sein, warum die akademische Philosophie Probleme hat, für die heutige Existenz-Problematik der Menschheit eine adäquate Fragestellung oder Ansätze für eine Antwort zu finden. Ein wichtiger Grund hierfür ist auch, dass die soteriologische Tradition der westlichen Philosophie abgebrochen ist, als die christliche Kirche in diesem Bereich die Monopol-Stellung übernahm. Es erscheint heute notwendig, erweiterte Denkansätze zu finden, um neue Ansätze für Fragestellungen und Antworten zu finden. Emotion und Intuition, Mystik und Mythologie sowie Märchen, sind Aspekte des Noos, die von der akademischen Philosophie aus ihrem Lehrgebäude abgespalten wurden, weil sie nicht den rationalen Kriterien genügen. (Siehe Korvin-Krasinski: 1986, 223-224). In diesem Sinne sind diese Bereiche "heterodox". Die Noologie versucht mit den hier entwickelten Methoden, wichtiges Material aus diesen Traditionen wiederzugewinnen und für die heutige Situation aufzubereiten.

1.5.1. Intuition, Mythos, Prophesie und Märchen

@:MYTHOS_MAERCHEN

According to the fairy-tale the success of science ist the result of a subtle, but carefully balanced combination of inventiveness and control. Scientists have *ideas*. And they have special *methods* for improving ideas. The theories of science have passed the test of method. They give a better account of the world than ideas which have not passed the test. The fairy-tale explains why modern society treats science in a special way and why it grants it privileges not enjoyed by other institutions.

Feyerabend (1975: 300)

... the knowledge of today may become fairy-tale of tomorrow and ... the most laughable myth may eventually turn into the most solid piece of science.

Feyerabend (1975: 52)

---

[125] Siehe Wilber, EKL 254. Nach ihrer Entstehung in Griechenland vor ca. 2500 Jahren war die Philosophie etwa 1000 Jahre die Zentral-Wissenschaft der griechisch-römisch-hellenistischen Kultur, geriet dann sozusagen in christliche Gefangenschaft als "ancilla theologiae", und wurde seit ca. 300 Jahren von den Einzelwissenschaften mehr und mehr ihrer traditionellen Inhalte beraubt. Und sie steht seitdem unter heftigstem Druck der positiven (Natur-) Wissenschaften, doch endlich von so fruchtlosen Unternehmen wie Metaphysik abzulassen. Der Zusammenbruch des deutschen Idealismus ist ein gutes Beispiel für diese Entwicklung. Philosophie als soziale Unternehmung ist auch ein Kampf der Philosophen um die knappen Mittel der Gesellschaft, und nur wenige konnten sich den Notwendigkeiten dieses Kampfes entziehen, wie Diogenes in seiner Tonne. Als symptomatisch für diesen Kampf können wir schon Platons Verbalkrieg gegen die Sophisten nehmen, wo der "Dialog" gar nicht so sachlich und rational bestimmt geführt wurde. Und daran hat sich in den letzten ca. 2400 Jahren auch nicht viel geändert. Dazu passend, wenn auch etwas einseitig und polemisch, siehe Schopenhauers Diskussion "Über die Universitäts-Philosophie" in "Parerga et Paralipomena".
http://www.noologie.de/plato07.htm#Heading42

My purpose is not to provide a scholarly account, my purpose it to tell a *fairy-tale* that might some day become a scholarly account ...

Feyerabend (1975, p. 209-210)

In den Punkten "Intuition", "Mythologie", und "Märchen" unterscheidet sich mein Standpunkt von dem Wilbers, weil er diese Aspekte des Noos als "Prä-" Phänomene ansieht (EKL 217-226, 259-261), und sie an eine defizitäre, untergeordnete Position stellt. In seiner evolutionären Sicht muss das Denken sich von der mythologie-gebundenen Struktur ablösen und durch die rationale Phase gehen, bis es schliesslich zur Vision Logic des Non-Dualen Bewusstsein des Advaita Vedanta oder ähnliche Errungenschaften der buddhistischen Meditations-Praxis oder anderer Mystiker "aufsteigen" kann. Und erst von dieser Position aus soll es dann in der Lage sein, als "Vision-Logic" "wirklich wirksam" zu werden. Solange aber solche Fähigkeiten nicht von allen Menschen erreicht werden können, ist ein solches Referenz-System m.E. sowohl denktechnisch wie auch ethisch nicht vertretbar. Das habe ich schon mit dem "Bodhisattva-Prinzip" der Noologie formuliert.
->:NOO_BODHISATVA, p. 44

Intuition, Mythos, Prophesie und Märchen, gehören nach heutiger akademischer Konsensus-Ansicht nicht zu den Arbeitsgebieten der Philosophie.[126] Die Noologie orientiert dagegen sich in der Ein- und Wert-Schätzung des Mythos an den Arbeiten von Feyerabend (1975: 47-50, 296), G. de Santillana, Hertha v. Dechend (1993) und Joseph Campbell (1972-1996). Abweichend von der Konstruktion des Origines (in EKL 480-481) lässt sich nach diesen Theorien der Mythos als ein Codierungsprinzip verstehen, das der Medialität der oralen Wissens-Tradition angepasst war. Er ist also weder wörtlich, noch moralisch, noch allegorisch, sondern als Code zu verstehen, ein Code, der aber nur von ausgebildeten Spezialisten verstanden werden konnte.[127] Im Unterschied zu H.v. Dechend nehme ich aber nicht an, dass es sich bei den alten Mythologien vor allem und hauptsächlich um archäo-astronomisches Material handelt. Es widerstrebt mir einfach, anzunehmen, dass sich alles, was unsere Ur-Ahnen gedacht und gewusst haben, vollkommen und ohne Rest in heutiger Wissenschaftlichkeit "aufheben" lässt. Die Erfindung der Schrift machte die orale und performative Wissens-Tradition

---

[126] Diese Themen werden von Spezial-Wissenschaften bearbeitet, entweder Ethnologie, Vergleichende Religionswissenschaft, Theologie (hier als Allegorien) und einige Bereiche der Grenz-Psychologie und Psychotherapie, insb. in der Nachfolge von C.G. Jung. Die Psychiatrie interessiert sich ebenfalls dafür, aber mehr um Systematiken und Strukturen der mentalen Pathologie zu finden.

[127] Ein Beispiel für die Anwendug dieser Methode wird unter "Die Mühle des Hamlet" gegeben: ->:HAMLET_CODIERUNG, p. 262
Die Bezüge zum Werk von H.v. Dechend ziehen sich durch viele meiner Schriften, und bilden ein eigenes semantisch-mythologisches Rhizom.
http://www.noologie.de/desn.htm
http://www.noologie.de/symbol.htm
http://www.noologie.de/neuro04.htm

überflüssig, und schon zu den Zeiten, als in Alexandria die philologischen Redaktionen der Homerischen Werke entstanden (also um -200), verstand niemand mehr diesen Code, er war schon seit ca. 500 Jahren in Vergessenheit geraten. Der letzte bekannte griechische Autor, der ihn beherrschte, war Hesiodos (-700), und vielleicht auch noch Parmenides (-500) der die Technik in seinem Proimion eingesetzt hatte. Mit Sicherheit kann man sagen, dass Origines um 200 AD keine Ahnung mehr davon hatte.[128]

Der Mythos ist nach Feyerabend ein Kontrast-Thema zu den heute im westlichen Denken vorherrschenden Methoden (dem Aristotelischen Denken nach G. Günther). Die hier vorgestellten *Noologischen Märchen* sind eine *Kreative Mythologie* nach J. Campbell, und dienen dazu, alternative Skripte und Kontrast-Szenarien für die heute vorherrschenden, als selbstverständlich geltenden und nicht hinterfragbaren Skripte zu konstruieren. Die hier dargestellten Denkstrukturen beruhen auf alternativen Kombinationen des heutigen Wissensstandes, und lassen sich daher auch nicht so ohne weiteres als pure Phantasie abweisen.
->:NOO_MAERCHEN, p. 205; ->:PERA_NOESIS, p. 103

Prophesie ist ein Phänomen, das in den antiken Kulturen engstens mit den Trägern des kulturellen Gedächtnisses verbunden war, mit den *Aoidoi*, den *Vates*, den *Druiden*, den *Nabijim* u.a. Daher war ihre Arbeit auf ganz andere Weise in das damalige soziale System eingebunden, als das bei den vereinzelt auftretenden "Propheten" in den späteren Zivilisationen der Fall war.[129]

Confusionists and superficial intellectuals *move ahead* while the 'deep' thinkers *descend* into the darker regions of the status quo...

Feyerabend (1975: 68)

1.6. Das Spektrum des Bewusstseins

1.6.1. Von Empfindung zum Denken zur Logik

@:SPEKTR_BEW

Das Denk-System des Ken Wilber ist hauptsächlich in dem Feld "Upper Left" seines Quadranten-Systems "aufgehängt".[130] In seiner Systematik nennt er diesen Quadranten auch: "Interior-Individual" und "Intentional".[131] Hier finden wir das Spektrum von "prehension" ... "perception" ... "symbols" ... "concepts" bis zu "formop" und "vision-logic". (Adaptiert von Piaget und Gebser: EKL 262-263). Dazwischen eingeschoben finden wir "emotion" und "sensation". Uneinsichtig ist allerdings, auf welche Weise

[128] Die aussereuropäischen Traditionen bewahrten dieses Erbe bis in unsere Tage, so etwa die australischen Aborigines mit ihren Traumzeit-Epen, oder in Zentral-Asien das Gesar-Epos.

[129] http://www.noologie.de/symbol17.htm

[130] Wilbers System ist vor allem Mental-Kognitiv. Das behaupte ich, obwohl Wilber immer und überall verkündet, dass es integral und trans-xyz sei.

[131] ->:DESN_SPF1, p. 25
http://www.imprint.co.uk/Wilber.htm, Figure 1.

diese Konzepte in seine Hierarchie oder in Wilberspeak: "Holarchie", eingebunden sind. "Emotion", "Empathie" und besonders "Intuition" sind wohl eher Noos-Formierungen parallel zu "Symbol" und "Konzept", nicht aber in ein hierarchisches System von Über- und Unter-Ordnung hinein zu zwingen. Dies mag ein blinder Fleck des westlichen Denkens insgesamt sein, in dem ausgeblendet wird, dass es auch höhere Formen des Noein gibt (oder geben kann), die nicht symbolisch und konzeptuell sind, mit denen es aber möglich ist, komplexe Operationalisierungen vorzunehmen, so z.B. eine "Logik der Empathie". Dies wird auch als "emotionale Intelligenz" bezeichnet, und ist eher dem Wilber-Quadranten Lower-Right zugeordnet. Es handelt sich nämlich um ein Phänomen der intersubjektiven Kommunikation, also der SEMsphäre der Noologie. Dieses Thema soll später ausführlicher behandelt werden.
->:EMOT_INTELL, p. 66

1.6.2. Empfindung und Selbst-Reflexion

Wenn wir den Quadranten "Upper Left" vom Anfang an aufrollen, fangen wir damit an, dass wir das semantische Feld des Wortes "Bewusstsein" damit umschreiben, dass ein Wesen Empfindungen (prehensions) hat, und dass es dazu noch eine spezielle Empfindung hat von sich selbst, als dem, der diese Empfindungen hat. Dies nennt man die "Reflexion des Bewusstseins". Ob reine Empfindung / Empfindsamkeit ohne Reflexion auch als Bewusstsein bezeichnet werden kann, ist wesentlich eine philosophische Klassifikationsfrage, es ist eben das, als was man es definiert.[132] Empfindung ist die erste Grundvoraussetzung der "Wesenhaftigkeit" (sentient beingness), ansonsten ist es ein Ding. Hier setzt auch die buddhistische Konzeption der "empfindenden Wesen" an, die Buddhanatur haben.

1.6.3. Unterscheidung, Gedächtnis und Erinnerung

"Empfindendes Wesen" an sich ist allerdings auch nicht viel wert, wenn nicht die weiteren Fähigkeiten des "Noein" hinzukommen. Das sind u.a. die Fähigkeiten der Unterscheidung, vor allem aber Gedächtnis und Erinnerung. Diese letzteren sind essentiell, weil sie die Zeitlichkeit induzieren. Physik und Mathematik kennen kein Gedächtnis, daher sind die Phänomene, die mit ihren Formalismen beschrieben werden können, generell reversibel. (Ausser in der Thermodynamik). Irreversibilität ist eine Anomalie in der mathematischen Physik, und daher ist die "great chain of being", die auch Wilber in sein System aufnimmt, kaum zu gebrauchen: Gedächtnis lässt sich aus keinem mathematischen Theorem der Physik ableiten.[133] Mathematik und mathematische Physik sind inhärent "platonisch",[134] da ihre Gesetze zeit-invariant, und damit auch anti-evolutiv sind. Wie an verschiedenen Stellen schon gesagt, ist "Emergenz" ein "deus ex machina", der nichts erklärt, sondern nur eine Leerstelle mit einer Worthülse kaschiert.
->:ORTE_SUB_OBJ, p. 108; ->:SEMF_RELATIVISM, p. 52

---

[132] Dazu die Philospohie von Whitehead in "Process and Reality", der die nicht-reflexive Empfindung "prehension" schon dem Feld des Bewusstseins zuordnet.

[133] Umgekehrt ist aber das Vergessen als "Entropie" formalisiert.

[134] Platon übernahm diese Anschauung aber von Parmenides, daher müsste es korrekter "parmenideisch" heissen.

1.6.4. Kategorisierungs-Systeme

Im folgenden Abschnitt verwende ich den Begriff "Kategorisierung" in einer speziellen Bedeutung, nämlich als "System der Unterscheidung und Ent-Scheidung". Dies wird mengentheoretisch begründet: Eine Kategorisierung erzeugt a) disjunkte Untermengen, und erfasst b) auch alle Elemente des Objekt-Bereichs. Eine n-polare Kategorisierung erzeugt somit n disjunkte Untermengen des Objekt-Bereichs. Dies unterscheidet sich ein wenig von dem konventionellen philosophischen Kategorie-Begriff, z.B. bei Aristoteles und bei Kant.

Dualismus ist eine spezielle Technik der Unterscheidung, und zwar die exklusive Anwendung von Dichotomie. Die Dichotomie ist die einfachste Form der Kategorisierung, nämlich die bipolare. Sie ist schon in die wesentlichen Grundfunktionen des Nervensystems eingebaut. Weil der Dualismus auch für die einfachsten Gemüter begreiflich ist, ist er in unserer Welt auch so weit verbreitet.[135] Und problematisch ist der Dualismus genau deswegen, weil dahinter oft vorgefertigte und unreflektierte Bewertungs-Schemata stehen. Es ist eben leichter, die Heiden und Ungläubigen als "Böse" zu bezeichnen, und sie zu erschlagen oder zu bekehren, als sich genauer mit dem auseinanderzusetzen, was ihre Ansichten wohl an Wert für sich haben könnten.

Mehrpolige Kategorisierungen sind sehr viel schwieriger zu erfinden und zu handhaben. Dabei ist eine Vierpol-Kategorisierung, oder ein Quadrant[136] wie Wilber ihn entwirft, wieder einfacher als eine tripolare oder penta-polare (fünf). Ein Vierpol-System ist eine verdoppelte (oder konjugierte) Dichotomie. Daher ist es sehr weit verbreitet, neben dem allbekannten cartesischen Koordinaten-System finden wir es z.b. im indianischen Medizinrad, wo die Himmelsrichtungen mit bestimmten Qualitäten besetzt sind, und in allen Kulturen, in denen das Kreuz eine Rolle spielt. In der indischen und anderen alt-asiatischen Kulturen wie der tibetischen, tritt es bevorzugt als Swastika, also Hakenkreuz, in Erscheinung.

Im Christentum hat die Tripolarität wenigstens eine religiöse Ehrenstellung gefunden, auch wenn sich das Abendland ansonsten mehr durch Dualismus hervorgetan hat. Als kultisches Symbol erscheint es im keltischen und japanischen Kulturkreis als Triskellion. (Nach Korvin-Krasinski 1986). Die einzige kulturell weit verbreitete pentapolare Systematik (wenn man das überhaupt Systematik nennen kann) ist die Fünf-Wandlungsphasen-Lehre der chinesischen Medizinphilosophie. Kategorisierungen mit mehr als fünf Polen sind praktisch inexistent. Wie oben schon angedeutet, geht das 10er Kategorien-System des Aristoteles in eine andere Richtung als die hier intendierte.

---

135 ->:BORING_FRAUEN, p. 97

136 Eine besondere Form des logischen Quadranten ist im System des Madhyamika-Buddhismus formuliert: Die Catuskoti. Siehe: Sturm (1996).

1.7. Noologie und Lebens-Praxis, Handlung, Emotionale Intelligenz

@:NOO_HANDLUNG

Gerade das ist ein Verhängnis später, viel schreibender und viel lesender Kulturen, daß der Gegensatz von Leben und Denken immer wieder verwechselt wird mit dem vom Denken über das Leben und Denken über das Denken. Alle Weltverbesserer, Priester und Philosophen sind einig in der Meinung, daß das Leben eine Angelegenheit des schärfsten Nachdenkens sei, aber das Leben der Welt geht seine eigenen Wege und kümmert sich nicht um das, was von ihm gedacht wird.

Spengler (1980, 576)

@:BERUFS_DENKER

Die großen Staatsmänner pflegen unmittelbar zu handeln und zwar aus einem sichern Sinn für die Tatsachen heraus. Das ist für sie so selbstverständlich, daß die Möglichkeit, über allgemeine Grundbegriffe ihres Handelns nachzudenken, ihnen gar nicht in den Sinn kommt, gesetzt daß es solche Begriffe überhaupt gibt. Sie wußten von jeher, was sie zu tun hatten. Eine Theorie darüber entsprach weder ihrer Begabung noch ihrem Geschmack. Denker von Beruf aber, die ihren Blick auf die von Menschen geschaffenen Tatsachen lenkten, standen diesem Handeln innerlich so fern, daß sie sich in Abstraktionen vergrübelten, am liebsten in mythische Gebilde wie Gerechtigkeit, Tugend, Freiheit, und danach dem historischen Geschehen der Vergangenheit und vor allem der Zukunft das Maß anlegten. Darüber vergaßen sie zuletzt den Rang bloßer Begriffe und kamen zu der Überzeugung, daß Politik da sei, um den Lauf der Welt nach einem idealischen Rezept zu gestalten. Da dergleichen nie und nirgends geschah, so erschien ihnen das politische Tun dem abstrakten Denken gegenüber so gering, daß sie sich in ihren Büchern darum stritten, ob es ein "Genie der Tat" überhaupt gebe.

Spengler (1980, 1107-1108)

1.7.1. Noos als Thema der Lebens-Praxis

Noologie interessiert mich wesentlich in der praktischen Anwendung. Seit dem Proimion des Parmenides[137] und dem berühmten Spruch von Descartes wissen wir alle, dass "Denken" und "Sein" in irgendeinem Zusammenhang steht. Ob die verschiedenen Darstellungen immer besonders brauchbar waren, wie bei dem "Cogito ergo sum" von Descartes, mag man diskutieren. Denn es ist zwar unbestreitbare Voraussetzung für "Denken", dass man existiert, aber besonders umwerfend ist diese Erkenntnis nicht. Ein anderer Philosoph hat zu dem "Cogito ergo sum" von Descartes bemerkt: "Den ganzen philosophischen Aufwand hätte er sich auch sparen können, wenn er sich nur auf das Gefühl eines kräftigen Zahnschmerzes konzentriert hätte."

---

[137] Das Lehrgedicht des Parmenides: "Vom Wesen des Seienden",
"to gar auto noein estin te kai einai" (verily, knowing and being are the same)
(Denn dasselbe ist Erkennen und Sein.), Parmenides (B1, 1,21)
->:PARMENIDES_SCHRIFT, p. 361
http://www.noologie.de/symbol14.htm
http://www.noologie.de/plato11.htm
http://www.noologie.de/infra09.HTM#Heading150

Hier wäre ein Ansatz zur Frage nach dem, was Bateson in seinem Buch "the ecology of mind" genannt hat.[138] Es ist in meinem Verständnis ein dringend nachzuholendes Unterfangen, nachdem in den letzten ca. 300 Jahren die Menschheit fast unrettbar in den Produkten und der Anwendung des Denkens, besonders formaler und technischer Art, versunken ist, aber die lebens-praktischen Methoden des Denkens haben damit nicht Schritt gehalten. Ich möchte die Errungenschaften der Mathematik und anderer formaler Systeme nicht unterschätzen, die diesen technischen Fortschritt ermöglicht haben, aber bei aller Mächtigkeit dieser Methoden sind ihre Probleme offensichtlich. Erstens schliessen die Formalismen 99% der Menschheit aus, und zweitens sind sie völlig unbrauchbar für die lebens-praktischen ethischen und sozialen Themen, die heute am dringendsten bewältigt werden müssten.

Parmenides spricht im Original seines "Proimion" von "Noein", übersetzt mit "Erkennen", welches der Ausgangspunkt seines philosophischen Diskurses ist. "Noein" ist die Tätigkeit, die dem "Noos" zugrundeliegt.[139] Ich stelle hier keine etymologischen Ansprüche, welches nun das Ur-Wort ist. Aber ich arbeite an vielen anderen Stellen heraus, dass eine Tätigkeit logischen Vorrang vor einem Produkt hat. D.h. bevor etwas ist, muss es geschaffen worden sein oder entstanden sein. Daher ist "Noos" der Sammelbegriff für alle Aspekte und Untertätigkeiten, die das "Noein" vollzieht. Hier finden wir auch die philosophische Grund-Unterscheidung zwischen En-ergeia und Ergon, welches wieder eine andere Formulierung des Begriffs der "Archae" ist.[140] Die "Archae" ist "En-ergeia" und damit der Ursprung von allem was existiert. Siehe auch: "En archae en ho logos".[141] Hiermit können wir das semantische Feld von "Noos" genauer markieren, ohne es, wie schon gesagt, definieren zu wollen. "Noein" ist die Tätigkeit des Unterscheidens und Einordnens, also der Klassifikation und Hierarchisierung der Lebens-Eindrücke. Weiterhin ist es eine Gedächtnistätigkeit. Ohne Erinnerung von etwas Ähnlichem kann es keine Klassifikation geben. Erinnerung ist damit eine der Grund-Voraussetzungen von "Noein". Diese Grund-Funktionen sind unserem Nervensystem schon eingebaut, so dass wir durch unseren neuronalen Apparat

---

138 "The ecology of mind": auf Deutsch etwa: "Der vernünftige Gebrauch des Verstandes".

139 Übrigens ist im Englischen das wort "know" noch ein Nachfahre von "Noein".

140 In den lateinischen theologisch- / philosophischen Texten steht für "archae" meist "principium" mit etwa demselben semantischen Feld wie das Wort "archae". Es umfasst:
1) Anfang, Beginn, Anfangspunkt, Ursache, erste Veranlassung, (phil.) Prinzip.
2) Anführung, Herrschaft, Obrigkeit
3) Reich, Gebiet, Statthalterschaft
4) Ur-Grund, Wesensgrund
http://www.noologie.de/infra09.htm#Heading180

141 Eine ausführlichere Diskussion der theologischen Konzeption von "archae" bei Johannes befindet sich unter:
http://www.noologie.de/desn08.htm#Heading22
und:
http://www.noologie.de/desn27.htm

schon mit einer Welt als Produkt von Millionen vorgefertigter Kategorisierungen konfrontiert werden, bevor wir überhaupt anfangen, wissentlich zu denken.[142]

Das, was man im Allgemeingebrauch "Denken" nennt, ist im wesentlichen das Arbeiten mit begrifflichen, sprachlichen und anderen Symbolen. In der Philosophie-Geschichte hatten Intelligenz-Äusserungen, die sich schwer verbalisieren oder formalisieren lassen, einen etwas schwierigeren Stand. So ist der riesige Bereich der performativen, kinesthetischen, technischen, artistischen und künstlerischen Traditionen ein weiteres wesentliches Thema der Noologie. Diesen Bereich habe ich in meiner Dissertation (Goppold 1999d) schon ausführlich beschrieben.
http://www.noologie.de/desn10.htm
http://www.noologie.de/desn24.htm

1.7.2. Das Handlungs-System

Der angebornen Farbe der Entschliessung / Wird des Gedankens Blässe eingekränkelt

Shakespeare, Hamlet, III, 1

"Der Handelnde ist immer gewissenlos; es hat niemand Gewissen, als der Betrachtende" (Goethe).

Spengler (1980, 1112)

Das Thema der Lebenspraxis führt direkt hin auf das Handlungs-System der Noologie. Hierfür formuliere ich das Konzept des LHWissens.[143] Dies wird auch in Anlehnung an die Dharma-Programmatik des Buddha formuliert.[144] Die Noologie zielt wesentlich auf die Kluft zwischen Wissen und Handeln. In meinem Verständnis von Noologie nützt Wissen allein überhaupt nichts, um irgendetwas praktisch umzusetzten, also ganz im

---

142 Diese vorbewussten neuronalen Funktionen werden nach Brunsvik auch als der "ratiomorphe Apparat" bezeichnet. (Siehe die Schriften von Rupert Riedl, sowie Leiber 1996, 40).

143 http://www.noologie.de/neuro03.htm
In der angelsächsischen Philosophie wird Handlungs-Wissen auch als Common Sense bezeichnet, und fand bei C.S. Peirce und W. James unter der Bezeichnung Pragmatism / Pragmaticism seine philosophische Ausarbeitung.

144 Das Dharma des Buddha ist ein System für richtiges Wissen, richtiges Können, und richtiges Handeln, mit dem Ziel der Befreiung von Leiden. Es muss seinen Erfolg an diesem Ziel messen lassen, und da ist seine Bilanz kaum besser als die von anderen Systemen. Zudem hat der Buddhismus, der einmal über fast ganz Asien verbreitet war, ca. 2/3 der Territorien und Bevölkerungen wieder verloren: Indien an den Hinduismus, Zentralasien und Indonesien an den Islam. So ist es gut möglich, wenn der Buddha heute zum Vorsitzenden der Buddhismus-Reform-Kommision berufen wäre, dass er die heute existierenden Schulen des Buddhismus erbarmungslos mit seinem berühmten "Neti-Neti"-Spruch abweisen würde. Aus diesem Grund stören mich auch nicht die bissigen Kommentare, die viele Religionswissenschaftler zu den Werken Wilbers machen, dass er diese oder jene Variante des Buddhismus falsch verstanden hat.

Gegenteil zu Bacons (falsch zitiertem) Diktum: "Wissen ist Macht".[145] Ich führe diese Thematik in Teil IV weiter aus: "Natürliche Führerschaft und Charisma: What They Can't Teach You at Harvard Business School". Eins der grössten Probleme der Menschheit war schon immer, dass die Leute, die zu wenig wussten, zu viel Macht hatten, und die Wissenden zuviel Skrupel hatten, irgendetwas von Konsequenz zu tun.[146] Dazu folgendes Zitat:

The problem is that the supreme enlightened (so far we can ascertain) are not very creative, let alone dwelling on the summit of such activity. On the contrary, one might cynically observe that trademarks of vita unitiva/sahaja samadhi/baqa, judging from lives of Ramana Maharshi, legendary Bodhidharma or Suso are lethargy, apathy or asocial quietism. The fact that a few realized mystics were also powerful and charismatic writers (Rumi, Angelus Silesius, Sri Aurobindo,..) doesn't alter the sobering truth: creativity, as we are used to understand the meaning of this word, is a specific activity of struggling human beings doomed to subject-object relational isolation. In this sense, neither God, nor the God-realized humans present epitomes of creativity.

www.kheper.net/topics/Wilber/atman_fiasco.html

Reflexion und Handlungsfähigkeit stehen oft in einem Antagonismus. Das mag auch damit zusammenhängen, dass es ein Charakter-Thema ist, welche Menschen sich der Reflexion, und welche sich dem "Feld des Handelns" widmen. In einem späteren Kapitel "Lust, Frust, Leid und die Sucht nach Ewigkeit" wird dies unter dem Thema der Galen'schen Charakter-Typen weiter ausgeführt.[147]

Denn es sind besonders Melancholiker, die sich der Reflexion widmen. Umgekehrt finden sich unter den Politikern eher Sanguiniker und Choleriker. Beispielsweise ist Platon als Politiker erbärmlich gescheitert, und sein Entwurf der "politeia" ist heute (nach Popper) eher ein Beispiel erzreaktionärer Gesinnung, denn ein Standardwerk politischer Philosophie.[148] Aristoteles war zwar der Erzieher von Alexander, aber er konnte ihm offensichtlich nicht die notwendigen ethischen und politischen Weisheiten beibringen, die er gebraucht hätte, um mit seinen Eroberungszügen einen dauerhaften Einfluss auf die Welt zu haben. Diese Diskrepanz wurde in neuerer Vergangenheit von Oswald Spengler genauer ausgearbeitet, und er selber war ein paradigmatischer Stubengelehrter und Schreibtischtäter. Er hatte den Antagonismus von Reflexion und Handlungsfähigkeit klar erkannt und theoretisch durchdrungen, und war ihm in seinem persönlichen Schicksal ebenso hoffnungslos verhaftet.

---

[145] http://www.noologie.de/neuro03.htm

[146] Dies ist auch nach der Galen'schen Charakterlehre zu erklären. Tatkraft ist besonders auffällig bei Cholerikern und Sanguinikern, während Wissen hauptsächlich eine Lieblingsbeschäftigung der Melancholiker ist. Siehe auch: Ein Noologisches Märchen: "Lust, Frust, Leid und die Sucht nach Ewigkeit"
->:NOSOLOGIE, p. 141

[147] ->:GALEN_CHARTYP, p. 148

[148] http://www.noologie.de/plato04.htm#Heading22

Es gibt geborene Schicksalsmenschen und Kausalitätsmenschen. Der eigentlich lebende Mensch, der Bauer und Krieger, der Staatsmann, Heerführer, Weltmann, Kaufmann, jeder, der reich werden, befehlen, herrschen, kämpfen, wagen will, der Organisator und Unternehmer, der Abenteurer, Fechter und Spieler, ist durch eine ganze Welt von dem "geistigen" Menschen getrennt, dem Heiligen, Priester, Gelehrten, Idealisten und Ideologen, mag dieser nun durch die Gewalt seines Denkens oder den Mangel an Blut dazu bestimmt sein.

Spengler (1980, 575)

So kann man die paar Wissenden der Menschheitsgeschichte, die Politik und Weisheit verbinden konnten, an den Fingern einer Hand abzählen: Etwa im Westen Marc Aurel und Nicolaus Cusanus, einige islamische Weise, die unter den Kalifen und in Zentralasien Beraterfunktionen ausübten, und im Osten Kung Fu Tse, der die Staatsphilosophie Chinas formuliert hat.[149]

@:WAHR_WIRKLICH

Wie man Politik macht? - Der geborene Staatsmann ist vor allem ein Kenner, Kenner der Menschen, Lagen, Dinge. Er hat den "Blick", der ohne Zögern, unbestechlich den Kreis des Möglichen umfaßt... Das Richtige tun, ohne es zu "wissen", die sichere Hand, die den Zügel unmerklich kürzer faßt oder fallen läßt - es ist das Gegenteil von der Begabung des theoretischen Menschen. Der geheime Takt allen Werdens ist in ihm und in den geschichtlichen Dingen ein und derselbe. Sie ahnen einander, sie sind für einander da. Der Tatsachenmensch... hat die Frage des Pilatus beständig auf den Lippen. Wahrheiten - der geborene Staatsmann steht jenseits von wahr und falsch. Er verwechselt die Logik der Ereignisse nicht mit der Logik der Systeme. "Wahrheiten" [existieren nur] ... hinsichtlich ihrer *Wirkung*, deren Stärke, Dauer und Richtung er überblickt und für das Schicksal der von ihm gelenkten Macht in seine Rechnung stellt.

Spengler (1980,1112)

Politische Fähigkeit liegt anscheinend in einem Feld menschlicher Intelligenz, das mit rein rationalen und logischen Kriterien schwer zu fassen ist. Hier kommen solche Trend-Begriffe aus der Management-Literatur vor wie: Emotionale Intelligenz, Social Competence, Leadership, etc. Die meisten Menschen lassen sich bei den meisten ihrer Handlungen nicht von kognitiven, logischen und kalkulatorischen Prinzipien (oder auch den Prinzipien des Homo Oeconomicus) leiten. Schlimmstenfalls werden sie gelenkt von blinden Impulsen, konditionierten Reflexen, und der Massen-Manipulation (Beispiele: Werbung und Ideologie). Wenn es besser kommt, dann folgen sie einem schwer zu definierenden Leitfaden, der *Common Sense* und *Intuition* genannt wird. Die Grundlagen behandele ich unter dem Arbeitstitel "Das neuronale, subsymbolische

[149] Natürlich sind die Grenzen fliessend, und was hindert uns, auch genügend politisch gesinnte und erfolgreiche Religionsführer und Charismatiker in die erlauchten Reihen mit aufzunehmen, wie Mohammed, die Renaissance-Päpste, den Dalai Lama, Papst Joh. Paul II, oder weitere weise Potentaten, etwa Harun al Rashid, oder König Ashoka, der den Buddhismus in Indien zur Staatsreligion machte.

Wissen".[150] Die Anwendung soll auch ausführlicher in der Fortsetzung der Schrift "Natürliche Führerschaft und Charisma" ausgearbeitet werden.
->:NOO_CHARISMA, p. 351

Im vorliegenden Kontext der Noologie steht vor dem Handeln, der Entscheidung, und der Tat, das Spannungsfeld von widerstreitenden Anforderungen, Zielen, Wünschen, zur Verfügung stehenden Mitteln, beteiligten politischen Interessen etc., das es zu erkennen gilt. (Gnothi Se Auton). Das Ziel der Handlung ist zuerst die Befriedigung (satias) einer inneren emotionalen Spannung (dis-satiation),[151] von der wir glauben dass wir sie durch eine Veränderung der äusseren Umstände erreichen können. Erst nachdem wir gehandelt haben, erkennen wir, dass sich damit immer neue Spannungsfelder auftun. Dies ist auch die Erkenntnis der asiatischen *Karma*-Lehre. Die *Sapientia* beinhaltet die Erkenntnis, dass die Zyklen von *Dis-satiation* und Handlung unendlich sind, und dass der Ausweg nur durch das Spannungsfeld von *Satias* und *Dis-satiation* führen kann.

Insofern entspricht auch die alte Weisheit "Politik ist die Kunst des Möglichen" durchaus dem Prinzip der Spannungsfelder. Was in der Noologie zusätzlich erfasst werden kann, ist eine flexiblere Technik im Erkennen von und im Umgang mit Spannungsfeldern. Der menschliche Normal-Verstand lässt sich leicht durch die Umstände und durch seine dualistische Predisiposition in den Eindruck treiben, dass in einer Situation unvereinbare Gegensätze vorliegen, wo manchmal ungeahnte Affinitäten liegen. Die Dynamik von mehrpolaren Spannungsfeldern erlaubt es, Gegensätze aufzulösen, wenn andere Formen von Koalitionen (Affinitäten) möglich sind.

1.7.3. Emotionale Intelligenz, die "Logik der Empathie", Charisma

@:EMOT_INTELL

Die besondere Bedeutung des Spannungsfelds von Mentaler und Emotionaler Intelligenz (Mental / Cognitive <-> Emotional / Empathic), der "Emotionalen Intelligenz", oder "Logik der Empathie" lässt sich am besten darstellen, wenn wir die "Zusammenwerfung" genauer untersuchen, die in Wilbers "Upper Left" seines Quadranten stillschweigend vorgenommen wird.
->:MENTAL_EMOTIONAL, p. 41; ->:WILBER_QUADRANT, p. 27

Die Themen von "emotion" und "sensation" sind dort unauffällig eingeschoben, und es ist unklar, auf welche Weise diese Konzepte in seine Hierarchie oder in Wilberspeak: "Holarchie", eingebunden sind. Emotion, Charisma, und Intuition sind höhere Formen des Noein, die nicht symbolisch und konzeptuell sind, mit denen es aber auch möglich ist, komplexe Handlungsgefüge zu vollziehen.

---

[150] Die Neuro-Serie:
http://www.noologie.de/neuro01.htm bis
http://www.noologie.de/neuro04.htm

[151] Populär von den Rolling Stones ausgedrückt: "I can't get no satis-faction".

Die westliche Tradition der Philosophie tendiert ebenso wie Wilber dazu, sich bevorzugt den Themen von Kognition, Rationalität, Logik, und Mentalität zu widmen. (Dies aus dem naheliegenden Grund, weil die meisten Philosophen Männer waren, s.u.) Wilber hat dies an verschiedenen Stellen in seinem Werk zwar thematisiert, aber er kann sich selber dem Einfluss dieser Pre-Skripte[152] nicht entziehen, und so ist auch sein System hauptsächlich Mental und Kognitiv. Zusammenfassend kann man dies als einen Komplex von ethno- / euro- / logo- / ratio- Zentrismen behandeln.

Das Hintergrund-Thema ist, dass es zwei verschiedene Grundtypen von Intelligenz gibt, die sich entweder bevorzugt auf dem Bereich OBJ oder den Bereich SEM ausrichten. Diese werden als OBJint und SEMint abgekürzt. In der Alltagssprache nennen wir SEM auch: Das Zwischenmenschliche. Diese Ausrichtung ist zudem noch geschlechtsspezifisch: Die Mehrheit der Männer tendiert eher zu dem Bereich OBJ während die Mehrheit der Frauen auf SEM ausgerichtet sind. Hier gilt übrigens auch die 70-90% Regel, die besagt, dass die Ausrichtung einer statistischen Verteilungsfunktion folgt, nach der etwa 70-90% der Fälle mehr zu dem einen Typ tendieren, als dem anderen, aber je nach Situation und Stimmungsschwankung auch mal anders reagieren können. Das kann jeder noch so rationalistischer "Hirni" selbst erleben, falls er einmal in die Situation kommen sollte, "verliebt" zu sein.
->:PROZENT_REGEL, p. 121

Ein wesentlicher Faktor in dieser Ausprägung ist anscheinend die (embryonale) Testosteron-Konzentration und ihr Einfluss auf die Entwicklung des limbischen Systems (nach Simon Baron-Cohen). Aus diesem Grund variiert die Orientierung von Frauen auch mit ihrem Hormonspiegel, je nach der augenblicklichen Phase ihres Zyklus. Bei Männern ist zu beobachten, dass Homosexuelle wiederum stärker SEMint orientiert sind als Heterosexuelle.

Neuere neurowissenschaftliche Befunde haben ergeben, dass für das SEMint auch verschiedene Gehirnregionen als für das OBJint involviert sind: Kürzlich (2004) ging ein Fall eines Mannes durch die Fachpresse, der aufgrund eines Gehirn-Traumas funktional blind geworden war. (Zur Erläuterung: sein Auge und der Sehnerv funktionierten normal, aber die höheren visuellen Zentren waren geschädigt). Obwohl er nichts sehen konnte, konnte er dennoch auf Personen-Photos erkennen, was der emotionale Zustand der abgebildeten Person war: eher freundlich, freudig, und offen gestimmt, oder aber feindlich, wütend und verschlossen. Dies gibt einen wesentlichen Hinweis darauf, dass emotionale und intersubjektive Signale der zwischenmenschlichen Kommunikation über eigene "Kanäle" geleitet werden, und dass es folglich auch eigene Hirn-Bereiche der Emotionalen Intelligenz und der "Logik der Empathie" geben muss. Ein besonders interessanter Bereich dieser Fähigkeiten ist das Charisma. Diese Thematik soll in einem späteren Abschnitt weitergeführt werden. ->:NOO_CHARISMA, p. 351

---

152 ->:PRE_SKRIPTE, p. 113

1.7.4. Noo-Pathologien

Im Rahmen der Noologie ist das Spannungsfeld von Mentaler und Emotionaler Intelligenz (Mental / Cognitive <-> Emotional / Empathic) eine besonders reiche Fundgrube für mögliche Noo-Pathologien, die durch Imbalancen zwischen diesen Noos-Faktoren entstehen können. Dies markiert ein Fokusthema, das später unter dem Thema "Die Pathologien des Massenbewusstseins" weiter ausgeführt werden soll.
->:NOO_PATHOLOGIE, p. 158; ->:MASSEN_PATHOLOGIE, p. 173

Dies ist der Bereich des Inter-Personellen (sozialen / kulturellen), der Bereich SEM als ultimates Manipulations- und Perversions-System. Die Problematik wird vor allem dann virulent, wenn eine extrem hochentwickelte technisch- materialistisch- mechanistisch- wissenschaftliche mental- kognitiv-Struktur mit einer unterentwickelten primitiven, und unreflektierten emotionalen Intelligenz zusammen auftritt, die von den niedrigsten Trieben der Gier beherrscht wird. Dies ist ungefähr das Bild, das das heutige kapitalistische Globalisations-Dominator-System bietet, aber auch in seinen komplementären Erscheinungsformen, den irrationalen, mythischen Gegenbewegungen, wie etwa des radikalen, fundamentalistischen Islam.

Wilber behandelt in EKL (210-236) die sozial-noetische Entwicklung, die ab ca. -1400 in den Zivilisations-Zentren der Menschheit einsetzte, als Ablösung von magisch-animistischen und stammesgebundenen Strukturen zu einer Form, die er mythisch-rational nennt (EKL 220ff). In der Sprache der Noologie wurden hier bestimmte geistige Durchbrüche zu Systemen gemacht, die im generischen Sinne "kat-holisch" (kata holon) waren, die also die Zugehörigkeits-Bedingung eines Ethnos überwanden. Es handelt sich um Ablösungs-, und Abstraktions-Prozesse, die gleichzeitig auch Formen der Entwurzelung (also des Sturzes aus früherer Geborgenheit) waren, und damit auch die Möglichkeit für universale(re) Systeme der Massen-Manipulation bargen, welche auch ausgiebig genutzt wurden.[153] Ich mache hier rein hypothetisch die Annahme, dass diese Entwicklung auch aufgrund bestimmter geistiger Durchbrüche des Buddhismus wie auch des Christentums möglich wurde. Und genau aus diesem Grund musste das Dharma-Programm des Buddha scheitern, weil sich hier eine völlig neue Dimension der geistigen Massen-Pathologie aufgetan hat, für die die Lehre Buddhas keine Antwort bieten konnte, weil sie durch ihn ja sozusagen erst in die Welt gesetzt worden war.[154]

---

153 Eine bestimmte Variante dieser kat-holisierung wird in einem anderen Kapitel wieder aufgegriffen:
->:DUALISMUS, p. 224; ->:KATA_HOLON, p. 314

154 Man kann allerdings auch argumentieren dass der Buddha als wohlabgeschirmter Königssohn keinerlei Erfahrungen vom wirklichen "Reiben und Treiben" der Menschen in der Gesellschaft sammeln konnte, und die berühmten überlieferten Beispiele seiner nächtlichen Ausflüge und Erfahrung menschlichen Leids ganz unspezifisch die Vergänglichkeitserfahrung ist, die alles Leben überschattet. Dies ist aber untypisch für menschliches Leid, weil das Leid, das sich die Menschen gegenseitig zufügen, in noch einer anderen Kategorie steht.

1.8. Das ultimate Spannungsfeld der Noologie

(Anspruch <-> Erreichbarkeit <-> Sinnhaftigkeit)

1.8.1. Noologie: noch ein Fall von intellektueller Hybris?

@:NOO_HYBRIS

Eine Programmatik von Leitmotiven wird vor allem dann zum Leidmotiv, wenn erkennbar ist, dass sie prinzipiell oder aufgrund der Begrenztheit menschlicher Fähigkeit unerfüllbar ist. So lässt sich argumentieren, dass das Unterfangen der Noologie aus prinzipiellen Gründen zum Scheitern verurteilt ist, und dass es genauso eine Hybris ist, wie die Projekte von Ken Wilber. Wenn man irgend etwas über "Alles" sagen will, sagt man genausogut "Gar Nichts". Hegel drückte das passend so aus: "In der Nacht des Absoluten sind alle Katzen grau". Weiterhin gibt es schon unzählige weitere Schriften, die sich diesen oder jenen Aspekten der obigen Generalthemen widmen. Was wäre der Nutzeffekt, diesem Berg noch ein Exemplar hinzuzufügen? Dies wäre das ultimate Spannungsfeld der Noologie: Zwischen Anspruch und Erreichbarkeit, und dann der Sinnhaftigkeit des Unterfangens. Dazu noch ein passendes Zitat bei kheper.net, das eine analoge Kritik an Wilber äussert:

There are two figures in the history of ideas that Ken Wilber reminds me of (from my superficial reading of these subjects). The first is Pico della Mirandola, the Renaissance Platonist and Humanist. Note that in those days "Humanism" was not at a secular reaction against religion, but focussed on the relation of the human to the divine, seeing in human beings the summit and purpose of God's creation. The second is H.P. Blavatsky, founder of the Theosophical Society, who single-handedly created modern western esotericism.

Just as Pico attempted to establish a universal religion and system of knowledge based on a synthesis of Christianity, Platonism, Aristotelianism, Averroism, Stoicism, Hebrew thought, Jewish Kabbala, and many other fields of knowledge, all incorporated into a single all-embracing religious and philosophical system, and publishing his 900 theses on all possible subjects, "Conclusiones philosophicae, cabalasticae et theologicae", so Wilber seeks to incorporate all current fields of human knowledge within the compass of a single "Integral" philosophy.

However, the "neo-Renaissance" Wilber also differs from the Pico and his contemporaries in at two important respects. First, the Renaissance scholars were romantics, a philosophical position that Wilber rejects as "pre-rational". The Wilberian approach to systematising and categorising is ironically much closer to the Aristotelian and Aquinian position. Second, as Richard Hooker observes "Renaissance Platonism cannot really be easily considered as a school or even a coherent movement, and apart from the Academy founded by Marcilio Ficino and Cosimo de'Medici, it had very little support as a distinct discipline.. It was more important for its diffusion into a variety of philosophies and cultural activities, such as literature, painting, and music." [Renaissance Neo-Platonism] In contrast Wilber has established a school, an institute, the Integral Institute, based on and around his own systematisation of all human knowledge.

...
An impressive claim. Wilber's critics may consider it a bit too impressive. But this is not to deny that Ken Wilber in some respects seems like a latter day Pico della Mirandola, unifyimg fields of knowledge that have for the most part been separate and isolated since the Renaissance at least (Pico was a Renaissance Neoplatonist who incorporated all fields of human knowledge into a single all-embracing philosophical-religious system). It is just a question of whether - giving the current exponential growth in human knowledge (in my mind a symptom of a coming technological singularity) such a synthesis is even possible, and if it is, how best to go about doing it? (and yes this is a subject that I myself am also concerned with).
...
For this reason, a better analogy to Wilber's revolutionary approach and synthesis, although perhaps one he and his students may feel less comfortable with, is Madame Blavatsky, perhaps the greatest esoteroic-exoteric synthesiser of the 19th century (Hegel of course was superior in philosophical systematisation, but Hegel did not deal with mysticism and esotericism). She also in 1875 (with the help of Henry Steel Olcott and William Q. Judge) founded an instiute - the Theosophical Society - "to collect and diffuse a knowledge of the laws which govern the Universe". What is interesting Blavatsky was the first to incorporate East and West in a way that gives primary emphasis and praise to the wisdom of the East. Many concepts that Wilber presents in his integral philosophy - the stratified reality with its manifold levels, the long, painstaking linear evolution of the self through all these stages to perfection in godhead, the monistic emphasis on the impersonal Absolute (Atman-Brahman) as the ground of all, the vedantic koshas and the trilogy of gross, subtle and causal states [see], the sympathy to and development of Tibetan Buddhist teachings, the harmony between and synthesis of science, philosophy, and mysticism..., all these and more are common to both the Theosophy of Blavatsky and her successors, and the Integral Philosophy of Wilber and his students.
...
Time and again, he takes widely divergent maps of consciousness and squeezes them into the same procrustean bed (for a good example of this, see the table of charts at the back of Integral Psychology). Perhaps because he reads so widely he does not have time to absorb in depth the intricacies and details of each scientific field, and each spiritual teaching. Because of this he tends to misunderstand evolutionary science, and teachers like Sri Aurobindo who go beyond the simple Zen and Advaita-based monism of his own belief-system

www.kheper.net/topics/Wilber/Wilbers_method.html

Dieser Kritik muss sich jeder Ansatz aussetzen, der ähnliche Ansprüche stellt. Nach meinem Eindruck ist Wilbers Werk aus stuktureller Sicht eine Neuauflage der Summa Theologiae des Thomas Aquinas (der sich wiederum auf Aristoteles beruft), mit dem konsequenten Abstraktionsschritt weg von der Konfessions- oder Religions-Gebundenheit.

Sachlich ist gegen den Vergleich mit Mme. Blavatski einzuwenden, dass Wilber nichts mit Okkultismus, Psycho-Phantasien und ätherischen Maitreya-Meistern im Sinn hat, sondern eine sehr mentale, rationale Linie fährt. Er macht einen ernstzunehmenden Versuch, die Shunyata-Logik wirklich einzusetzen. Und das ist Lichtjahre entfernt von den primitiven Phantasien einer Mme. Blavatski. Im Sinne einer Progression der Reflexions-Phänomene (oder kultureller "Evolution" in Wilberspeak) hat er auch die geschichtliche Lektion beherzigt, die Krishnamurti als der intendierte Maitreya-"Auserkorene" den Theosophen als kalte Dusche ins Gesicht geschüttet hatte.[155]

Hier noch einige Antworten auf den möglichenVorwurf von intellektueller Hybris:

1) Das Olympische Prinzip
Die erste Antwort ist analog zu dem "Olympischen Prinzip" nach Baron de Coubertin: "Dabeisein ist alles", oder wie schon angesprochen: "Die Kunst der Selbst-Reflexion ist die höhere Kunst des Scheiterns". Es kommt vor allem darauf an, dass man es versucht hat. Wissenschaft ist, wie so viele andere Phänomene der Menschheit, ein Nachahmungs-Effekt: Wo einer etwas gefunden hat, stürzt sich eine ganze Meute hinterher, und wie die Goldsucher gräbt man in denselben Gängen und Passagen immer weiter, auch wenn man nur noch winzige Krümel findet, die kaum reichen, den Aufwand zu bezahlen, den man getrieben hat, um sie zu finden. Zwar kann man nicht unbedingt behaupten, dass die Wissenschaft aufhört, Ergebnisse zu produzieren,[156] aber ein anderer Effekt ist unübersehbar: Z.b. werden die Atomar-Teilchenbeschleuniger immer grösser und teurer, dass sie irgendwann in absehbarer Zeit letztlich unbezahlbar werden. Die bekannte Mooresche Funktion, die Verdoppelungsperiode der Zahl der Transistor-Funktionen auf einem Chip steigt zwar konstant weiter wie vorhergesagt, aber ebenso steigen auch die direkten und indirekten Folgekosten der Chip-Produktion ins Exponentiale. Und solche weiteren Beispiele gibt es an allen Stellen zuhauf: Wissenschaft hat sich zu einer Materialschlacht entwickelt, die zunehmend desaströs wird.[157] Das einerseits durch die volkswirtschaftlichen Kosten der Forschung, andererseits durch die ökologische Zerstörung, die in der kapitalistisch- profit-maximierenden Anwendung der Ergebnisse der Wissenschaft verursacht wird. Wissenschaft wird zunehmend zum Patent- und Copyright-besetzten Territorium, das nur noch den Gross-Kapital-Eignern zugänglich ist. So liegen die limitierenden Grenzen der konventionellen Wissenschafts-Produktion weniger in der prinzipiellen Machbarkeit, sondern in den sozialen Nebenkosten und der Komplexitäts-Explosion, die sie erzeugt. Irgendwann werden bei der exponentiellen Rate der laufenden "Wissens"-Produktion die medialen Wissens-Speicher- und Abrufprobleme die Wissenschaft blockieren. Eine ausführliche Kritik an den tieferen Limitationen des Wissenschaftsbetriebs findet sich bei Feyerabend (1975).

155 ->:NEWAGE_SHAMAN, p. 190
Das Thema des Neo-Maitreya / Kalkin / Mahdi / Messias findet sich auch in der Matrix-Story, mit "Neo" als Protagonisten. ->:MATRIX_PATTERN, p. 153

156 Es gibt aber auch Stimmen, die mit guter Begründung behaupten: "The End of Science" (Horgan) steht irgendwann bald bevor. Das muss nicht in den nächsten 10-20 Jahren sein, kann aber durchaus in 100 bis 200 Jahren so kommen, falls die Zivilisation noch so lange durchhält.

157 Mehr dazu unter: http://www.noologie.de/neuro03.htm

Wenn klar ist, dass die Erfolgswege der letzten 300 Jahre Zivilisation zu Sackgassen werden, muss nach Auswegen gesucht werden, und man muss in Kauf nehmen, dass viele der Auswege-Sucher ebenfalls in Sackgassen enden werden. Insofern ist das Programm der Noologie nicht zu vergleichen mit dem Konstruktionsplan einer Brücke oder eines Schiffs, weil nicht zu erwarten ist, dass das Werk irgendwie vollendet werden wird. Hier geht es um Erweiterung von Grenzen, und diese definieren Geltungsbereiche von Kontexten, die wohl nie ausgefüllt werden können, aber dennoch ein noetisches Territorium abstecken.[158]

2) The Never Ending Quest
Dies war das Thema des Zitats von Gotthard Günther am Anfang. Es ist anscheinend das Schicksal bestimmter (relativ seltener) Charaktere in der menschlichen Rasse, sich Dingen zu verschreiben, die den praktischer und konkreter orientierten Zeitgenossen nur als "spintisieren" erscheinen. Es sind immer nur wenige, die diesem Drang verfallen, dafür aber umso unrettbarer. Wieso dieser unersättliche Drang aber entsteht, und wie er wirkt, ist eher rätselhaft. Diesem Thema habe ich eins der folgenden Kapitel gewidmet: "Der Sündenfall und die Sucht nach "Selbst-Reflexion"[159] Auch Ken Wilber scheint einer von denen zu sein, die diesem Drang verfallen sind, und er hat noch die besondere Gabe, seine Ergebnisse gut an das breite Publikum zu bringen und zu vermarkten, was die meisten anderen seiner Art nicht so gut können. Die Ikonisierung der "great universalist originals and polyhistors of the past" (s.o.) ist auch eine Immunisierungs-Strategie. Natürlich kann heute niemand mehr alles Wissen der Menschheit über- und noch weniger durchblicken, aber das sagt nichts über die Möglichkeit und Notwendigkeit, Struktur-Systeme (oder in technischer Sprache: Datenbanken und Ontologien) dafür zu entwerfen.

3) Vermischung von Substanz- und Prozess-Wissen, sowie von Struktur- und Inhalts-Wissen.
Nach den letzten Absätzen dürfte deutlich sein, dass auch bei einem Ansatz wie der Arbeit Wilbers das Scheitern als Teil des Prozesses billigend in Kauf genommen wird. Ich versuche daher, sein Prinzip "I have one major rule: everybody is right" so gut wie möglich zu nutzen, und anstatt ihn negativ zu kritisieren, versuche ich seine Methode weiter zu entwickeln, besonders sein Prinzip des "Aufhebens", das ja von Hegel stammt. Meiner Ansicht nach sind die Pre-Skripte westlicher Denk-Formen,[160] die man auch die "Medialität des Denkens"[161] nennen könnte, mit gewissen Strukturproblemen behaftet. Dies könnte man so bezeichnen: Die indo-europäische Sprachstruktur präformiert das Denken in Richtung auf eine Dinglichkeit (Substanzialisierung). Dies lässt

[158] ->:PERAS, p. 103
http://www.noologie.de/neuro07.htm
[159] Der Sündenfall und die Sucht nach "Selbst-Reflexion"
->:NOO_PARADIES, p. 142
[160] ->:PRE_SKRIPTE, p. 113
[161] Hier können wir Marshall McLuhan mit seinem Diktum: The medium is the message" anführen. ->:SEMIOSPHERE_PHIL, p. 126

sich mit der Indo-Europäschen Präferenz für Substantiv-Worte vor Verben deutlich machen, die das Denken unmerklich in diese Richtung festlegt. Whitehead nannte das "the fallacy of misplaced concreteness". Siehe dazu auch die Sapir-Whorf Hypothese. Die Konsequenzen daraus sind: *Fehlende Differenzierung zwischen Substanz- und Prozess-Wissen einerseits, und zwischen Struktur- und Inhalts-Wissen andererseits.* Nach meinem Verständnis der Weisen des Ostens wären sie wohl sehr ungehalten, wenn sie mit dem schriftlichen Nachlass ihrer Denk-Schulen konfrontiert würden, und würden ihn in der Luft zerreissen. (Ausgenommen vielleicht Kung Fu Tse). Was die Errungenschaft der Weisen des Ostens ausmachte, war Prozess-Wissen und nicht Substanz-Wissen, und m.E. hat auch Wilber in seinem System den "Spirit" irgendwo wieder substanzialisiert.[162] Zwar besagt Wilbers Zitat zu dem Atman-Projekt,[163] dass "Spirit" völlig ausserhalb (eschatos) dieser Welt ist, aber wie er dann in seinem System zu der Substanz wird, aus der die ganze Welt besteht, macht irgendwie den Eindruck einer "heiligen Wandlung" die er irgendwo vollzieht, wo sich das absolut Substanzlose dann doch in Substanz verwandelt. Das ist im wesentlichen auch der "Kunstgriff" des Advaita Vedanta,[164] durch den sich das Non-Duale Brahman vermittels "Maya" in den substanzlosen Epiphenomena (Überlagerungen) von Ego (Jiva) und Welt manifestiert. Und um das Verfahren zu verstehen, muss man wohl den Samadhi-Zustand der Non-Dual Awareness schon erreicht haben, was mithin die Vorbedingung wäre, um einen Durchblick durch Wilbers System zu bekommen.

Es geht das geflügelte Wort in spirituellen Kreisen, dass es für einen erleuchteten Meister und seine Realisation kein schlimmeres Schicksal gibt, als dass sich eine Schule nach ihm bildet.[165] Das kann ich zumindest nach meinem Verständnis der Le(e/h)re des Buddha behaupten. Für mich ist der zentrale Satz zum Verständnis des Buddhismus ein Ausspruch, den er machte, als er am Anfang seiner Laufbahn von seinen Jüngern gebeten wurde, zu predigen. Er sagte: "es ist eigentlich ziemlich sinnlos zu predigen, denn die, die das Zeug haben, meinem Weg zu folgen, werden ihn auch ohne mich

---

162 Wilber spricht in EKL 56-57 auch die Polarität von Dingen und Prozessen an, ordnet sie aber beide den Holons unter: "Die Wirklichkeit könnte in der Tat eher aus Prozessen als aus Dingen bestehen, aber auch alle Prozesse existieren in anderen Prozessen, sind also ausnahmslos Holons."
Die Vorstellung von ineinander-geschachtelten Prozessen könnte etwa so aussehen:
->:SIEBENFACH_SPIRALE, p. 216; ->:KOSMO_AXIS, p. 253

163 ->:ATMAN_PROJ, p. 83

164 ->:ADVAITA_VEDANTA, p. 109

165 Innis (1991: 4): A complex system of writing becomes the possession of a special class and tends to support aristocracies. A simple flexible system of writing admits of adaptation of the vernacular but slowness of adaptation facilitates monopolies of knowledge and hierarchies... Concentration on learning implies a written tradition and introduces monopolistic elements in culture which are followed by rigidities and involve lack of contact with the oral tradition and the vernacular. "Perhaps in a very real sense, a great institution is the tomb of the founder." "Most organizations appear as bodies founded for the painless extinction of ideas of the founders." "To the founder of a school, everything may be forgiven, except his school".

finden, und die, die nicht das Zeug haben, denen hilft auch noch so viel Predigen nicht." Nach meiner Einschätzung ist dies genau, was mit den vielen Schulen des Buddhisumus passiert ist. Der Buddha formulierte eine Praxis zur Befreiung vom Leiden, aber kein System des Wissens.

1.8.2. Noologie und die höhere Kunst des Scheiterns

@:NOO_SCHEITERN

Als Abschluss für diesen programmatischen Teil fällt mir noch ein passendes Zitat ein: Naturwissenschaftler steigen in ihrem Wissensfortschritt auf die Schultern ihrer Vorgänger, während Geisteswissenschaftler einander immer nur auf den Füssen herumtrampeln.

Es ist leicht, das Scheitern eines anderen Denkansatzes deutlich zu machen. Es ist schon schwieriger, systematisch zu zeigen, warum das Scheitern unvermeidlich ist. Und es ist am schwierigsten, einen Ausweg zu zeigen, mit dem das Scheitern überwunden wird.

1.9. Das System des Ken Wilber in der Perspektive der Noologie

@:WILBER_NOOLOGIE

1.9.1. Die Gotteskrieger sind wieder unter uns

Das Zentralthema von Wilbers Werk, der "Spirit", findet in der jetzigen Epoche eine ungeahnte Wiederkunft. Ich formuliere das mit einem geflügelten Wort:

"Wievele Schwalben braucht es, damit man merkt, dass es Sommer wird?"

Für einige Beobachter wird deutlich[166] dass gleichzeitig mit dem Aufstieg des materialistisch- / mechanistisch- / monetaristischen Dominationssystems, der heute mit der sog. "Globalisierung" in seine Vollendungs- und Erfüllungsphase geht, eine andere, antagonistische Entwicklung stattgefunden hat: Nämlich auch der Aufstieg verschiedener "spiritueller" Widerstands- und Gegenbewegungen, die sich auf die eine oder andere Weise unübersehbar machen. Am wenigsten zu übersehen ist wohl die Welle der islamischen Selbstmord-Attentate, die geradezu den Charakter einer Massenbewegung angenommen haben.[167] Weniger auffällig, aber genauso bedeutsam sind die Massen-Selig- und Heiligsprechungen, die unter Papst Joh. Paul II in seiner Amtszeit vorgenommen wurden. Ich habe die Zahlen gerade nicht parat, aber es sollen mehr gewesen sein, als in den letzten 400 Jahren davor insgesamt. Weiterhin erwähnenswert ist die entscheidende Rolle, die Papst Joh. Paul II bei der Zerschlagung der kommunistischen

---

[166] Ich interpretiere Wilbers Anspielung auf eine "World Gone Slightly Mad" aus "The Eye of the Spirit" als einen Hinweis in diese Richtung.
twm.co.nz/kwilb_eyspir.html

[167] Für eine etwas tiefer greifende Erklärung dieses Phänomens, siehe auch:
"Prolegomena to an Art Theory of Event-Scape Architecture"
http://www.noologie.de/symbol22.htm
Ich schrieb diesen Artikel etwas mehr als ein Jahr vor dem 11.9.2001.

Herrschafts-Systeme gespielt hat. Und ebenfalls von Bedeutung ist, dass der Führer des gewaltigsten Machtkomplexes dieser Erde, G.W. Bush, ein bekennender Evangelical Christ ist (und mittlerweile auch fast 50% der US-Bürger, die ihn zum Präsidenten wiedergewählt haben). Diese Entwicklung macht es unübersehbar: *Die Gotteskrieger sind wieder unter uns.*

Irgendetwas bricht sich mehr oder weniger gewaltsam seinen Weg durch den materialistischen Panzer, der das Menschheitsbewusstsein seit der Aufklärung eingekrustet hat. Was die Romantiker des 19. Jh.[168] erträumten, die Hippie-Blumenkinder des 20. Jh., und was Morris Berman vor ca. 20 Jahren als Wunsch nach der "Wiederverzauberung der Welt" formulierte, kommt heute viel eher in allerlei Formen von Schwarzmagie daher. Spiritualität ist eben nicht nur gut und freundlich, sondern genauso auch böse, grausam und hässlich.[169] Wir sehen heute eine Umkehrung der Fronten eines uralten geistigen Kampfes, in dem die Bewegung der Aufklärung in ihrer wissenschaftlich-rationalen Form mit den allerbesten ethischen Absichten der Emanzipation vor gerade 400 Jahren mit Bacon, Galileo, Descartes und Newton als schwacher, verwundbarer Keim damals immer in Gefahr stand, von den Herrschafts-Strukturen der Staatskirche erdrückt zu werden. (Dieses damalige Herrschafts-System der Staatskirche nenne ich auch "Ancien Regime"). Die geistige Fundamentierung des Ancien Regime war mit der "Summa Theologiae" von Thomas Aquinas im 13. Jh. geleistet worden: Einem kohärenten System, in dem alle Phänomene zwischen Himmel und Erde in die Gesamtperspektive eines christlichen Geistes gezwungen wurden. Und diese Perspektiv-Leistung wurde dann in der Renaissance von den Malern in ein räumliches Ordnungsprinzip umgesetzt. Ken Wilber hat in meiner Interpretation eine Fortsetzung des Werkes von Thomas Aquinas geschaffen, diesmal abstrahiert von einer bestimmten Konfession und einem bestimmten Glaubenssystem, und damit im erweiterten Sinne oikomenisch und kat-holisch.

1.9.2. Kartographien des Bewusstseins

1.9.2.1. Konventionelle und verallgemeinerte Perspektiven

@:PERSPEKTIV

Ken Wilber stützt sich in seinem System wesentlich auf Gebsers Arbeiten zur a-perspektivischen Weltsicht (EKL 236-244), und er stellt seine Formulierung des Resultats an die prominente Stelle in seinem System an die Spitze des Upper Left Quadranten unter dem Begriff "Vision-Logic" oder "Schau-Logik" (EKL 243). Mein Eindruck von seinem Unterfangen ist, dass es im wesentlichen im Upper Left Quadranten angesiedelt ist, also hauptsächlich (dyed in the wool) Mental und Kognitiv ist (obwohl er es selber lieber als "integral", "spirituell" und "allumfassend" verstanden wissen möchte).[170]

---

[168] Blake, Novalis, Hölderlin, Rilke...

[169] Siehe: "Pathologien des Massenbewusstseins":
->:NOO_PATHOLOGIE, p. 158; ->:MASSEN_PATHOLOGIE, p. 173

[170] Ein Hinweis für die Mentale Zentrierung ist, dass er den Bereichen "Emotion" und "Empathie", als Faktoren der "Sozialen Intelligenz" kaum Aufmerksamkeit widmet

Insofern stellt die "Vision-Logic" sozusagen "Das Auge auf der Pyramide" seines Systems dar.[171]

Ebenfalls ausgehend von Gebser, orientierten sich auch meine Arbeiten hin auf die Entwicklung eines abstrakten und verallgemeinerten Konzepts der Perspektive als Denk-Struktur-Schema oder -Technik. Die konventionelle Lehrmeinung zur Perspektive ist die einer Mal-Technik, die in der Renaissance entwickelt worden ist.[172] Formal und abstrakt interpretiert, ist die Perspektive aber ein Grund-Prinzip der Hierarchisierung und Ordnung.[173] In diesem Sinn ist "eine Perspektive gewinnen" die erste und ursprünglichste Verstandesfunktion, und jeder Erkenntnisfortschritt besteht im Gewinnen neuer Perspektiven. Ken Wilbers Arbeit ist in diesem geistigen Prozess ein weiterer Schritt in der Gewinnung neuer Perspektiven, wie er auch mit Hinweis auf Jean Gebser ausführlich darstellt.

Ähnlich ist es mit dem erweiterten Begriff der Perspektive: Dies ist ebenfalls eine Umformulierung der hierarchischen Methode, nämlich der Unterordnung des Sichtfeldes unter die Strahlengesetze des Blickpunktes. Bei der verständlichen Begeisterung für diese Methode, und besonders ihrer Macht-politischen Anwendung (z.B. das ideologisch-solarzentrische politische System des Roi Soleil, Lous XIV),[174] ist aber vergessen worden, dass der Mensch normalerweise zwei Augen zum Sehen hat, die Perspektive war also von Anfang an eine Zwangsmassnahme. Und so hat Gebser als bewusstseins-geschichtliche Nachfolge der perspektivischen Weltherrschaft das a-perspektivische Sehen eingefordert, was nichts anderes als eine Nach-Holung dieses offensichtlichen Versäumnisses ist. In meiner Interpretation besteht dieses Verfahren

---

(oder habe ich das nur überlesen). Sie sind zwar im "Lower Half" seines Quadranten "irgendwo" aufgehoben, aber mehr konnte ich nicht entdecken.

171 ->:AUGE_PYRAMIDE, p. 99
Dies ist ein Konstrukt, das ich an vielen Stellen benutze, um meine Methode zu erläutern, u.a. in dem Artikel: "Die neue Kunst der Perspektive"
http://www.noologie.de/symbol20.htm#Heading208
In EKL, 244 bringt Wilber die Pyramide auch in sein System ein: "Natürlich wäre es besser, das Diagramm als auf der Spitze stehene Pyramide zu zeichnen". Die quadratische Basis dieser Pyramide würde wiederum die Quadranten symbolisieren.

172 Das bedeutet aber nicht, dass die Menschen diese Prinzipien nicht schon vorher anzuwenden verstanden. Auch in der Antike konnte man schon perspektivisch malen. Aber bis zur Renaissance wurde dieses Prinzip in der Kunst nicht so wichtig genommen. S.a. die Arbeiten von Kim Veltman zur Perspektive.

173 Mehr zu nicht-konventionellen Perspektiven in:
Das Symbolator-Projekt: "A Spatio-Temporal Perspective Vision of Neuronal Resonance Technology, of Technological Ars Memoriae, and of the Aesthetics and Architectonics of Tensegrity Structures in Hypertext Node Networks"
http://www.noologie.de/symbol08.htm bis
http://www.noologie.de/symbol23.htm

174 Siehe dazu auch Foucaults Analyse des Pan-Opticums in "Überwachen und Strafen".

hauptsächlich in der Konstruktion von "mehrpolaren komplementären / kommunizierenden Perspektiv-Hierarchien". Das ist leider ein etwas sperriges Wort-Konstrukt, und ich habe es deshalb etwas umformuliert: "Das Design der Welt als Tripolares Spannungsfeld". ->:DESN_TRIPOLAR, p. 240

@:AUGE_ZYKLON

Die Denktechnik besteht darin, eine Methode zur Überwindung des Dualismus zu entwickeln, indem man eine Dreipolare Komplementär-Perspektiv-Hierarchie konstruiert, in der drei Hierarchien in einem Kommunizierenden Komplementär-Verhältnis stehen. D.h. es gibt keine ultimate Zentral-Hierarchie, wie Wilber es mit seinem System des (leeren) "Spirit" erstellt, sondern im Tripolaren System entsteht die Leere "von selbst" im Zentrum (Auge des Zyklons / Zyklops) der drei komplementären Hierarchien. Das visuelle Denkbild hierzu ist das alte keltische und japanische Symbol des Triskellion (Nach Korvin-Krasinski).[175] Dieses Auge in einem tripolaren zyklischen System ist wiederum "Das Auge auf der Pyramide".
->:AUGE_PYRAMIDE, p. 99

1.9.2.2. Über Kartographien, Koordinaten- und Mass-Systeme

@:KARTOGRAPHIE

"In other words, all of my books are lies. They are simply maps of a territory, shadows of a reality, gray symbols dragging their bellies across the dead page.."

"Foreword", in Frank Visser's Ken Wilber: Thought as Passion, 2000

Heute lassen sich die verschiedenen Ansätze zu Kartographien des Bewusstseins mit der Kartenzeichner-Kunst des Mittelalters vor Einführung der Mercator-Projektion und der Einführung des normierten rechtwinkligen (kartesischen) Längen- und Breitengrade-Systems vergleichen. Kartenzeichnen war eine "schwarze Kunst", die eifersüchtig gehütet wurde, und wenn das System der Karten nicht für den normalen Verstand sofort einsichtig war, umso besser, denn damit liess sich das Geheimnis der sicheren Passagen umso besser vor der Konkurrenz schützen. So waren die phantasievollen Ausschmückungen der alten Karten, über die sich spätere Generationen lustig machten, weil sie schon im Meridian-System zu denken gewohnt waren, nicht ganz so unnütz und phantasieverspielt, wie man glaubte. Man hatte nur die alten Codes vergessen. Portolankarten z.B. brauchten keine notwendige geo- / topographische Ähnlichkeit mit den Markpunkten der Erdoberfläche, weil auf ihnen z.b. dieselbe Distanz als längere Strecke eingezeichnet war, wenn auf dieser Strecke ungünstige Winde, widrige Strömungen, oder Untiefen eine längere Reise erforderten. All diese Informationen gingen mit der Einführung des normierten Koordinaten-Systems mehr oder weniger verloren, und galten nur noch als Seemansgarn. Natürlich hat das normierte Mercator-Meridian-System auch einen gewissen, kleinen Nachteil: Die Erde ist nicht flach, sondern eine Kugel, und lässt sich nicht in ein Quadranten-System einpassen, ohne den tatsächlichen Verhältnissen hier oder da ein wenig Gewalt anzutun (s.a. die Prokrustes-Methode). Allerdings ist es wohl ein Konsensus, dass die allgemeine Verbesserung des

[175] Korvin-Krasinski, C.v.: Trina Mundi Machina. Die Signatur des alten Eurasien, Grünewald, Mainz (1986)

Orientierungs-Systems durch die Normierung ihre Nachteile aufwiegt. Es gibt Beispiele zuhauf, wie durch die Einführung "moderner" Normierungs-Systeme subtile und schwerwiegende Nebenwirkungen auftauchten: Die alten human-orientierten Mass-Systeme (das Masswerk-System von Elle und Fuss) und die darauf trainierten Handwerker und Baumeister sorgten dafür, dass alle Gegenstände des menschlichen Gebrauchs und der Behausung in einer optimierten Proportion zum Körper standen, die sich vor allem in der Bewegungsrhythmik von Werkzeugen oder des Körpers in der (Sakral-) Architektur niederschlug. Die besten Beispiele für die Meisterschaft dieser selbstverständlich und geheim beherrschten Kunst finden sich in der griechischen Tempel-Architektur und den europäischen Kathedralen. Aber auch die profane mittelalterliche Stadtplanung war noch nach diesem System ausgerichtet, und was heute chaotisch, verwinkelt, und verworren wirkt, war einmal nach einem genau bedachten Plan in den "Massen und Proportionen" (Ratio / Logos) des "Humanen Kosmos" geschaffen worden.

Dieser Proportions-Kanon beruht wesentlich auf dem Goldenen Schnitt, der überall in der Natur, und damit in den Proportionen des menschlichen Körpers zu finden ist.[176] Nach Einführung des metrischen Systems ging dieses Wissen weitghend verloren, unter anderem weil der Goldene Schnitt eine irrationale Zahl ist. Le Corbusier hat versucht, dieses Manko mit seinem Modulor-System wieder auszubessern, aber wohl ohne grossen Erfolg. Im Masswerk-System liegen für Schrauben und ähnliche Teile die Masse von 1/2, 1/4, 1/8, 1/16, etc. natürlicherweise schon fest, bzw. man nimmt als Basis die menschlichen Proportionen von ausgebreiteten Armen, Ellen, Fuss, Spannen, und Fingerbreit. Im metrischen System hat man keinerlei vorliegenden Proportionen-Kanon. Ähnliches gilt für die Zeitmessung: Die Normierung auf das Sonnenjahr und genormte Stundenlängen übergeht die menschlichen Biorhythmen, insbesondere der Frauen, deren Biologie dem Mondzyklus folgt.

Bei Wilbers System und Ansatz sticht die Ähnlichkeit mit den Kartographie-Systemen sofort ins Auge: auch er führt ein rechtwinkliges Quadrantensystem ein, und viele Geisteswissenschaftler und Philosophen halten ihn für einen "Terrible Simplificateur". Aber diesen inner-wissenschaftlichen Konflikt kann man auch als eine Widerstandshaltung einer alteuropäischen philosophischen Gelehrsamkeit interpretieren, die in traditioneller Verehrung der geheiligten Worte und Gedanken ihrer Geistesväter "kein jota" an dem ändern möchte, was sie einmal produziert hatten. Wie bei den Kartographien, kann vielleicht auch hier ein "Terrible Simplificateur" helfen, eine neue Perspektive über das Dickicht von tausenden Lehrmeinungen und Interpretationen zu gewinnen, das die Geistesgeschichte der Menschheit in den letzten ca. 5000 Jahren nach dem mythischen Turmbau zu Babel aufgetürmt hat. (Siehe EKL 504.)

---

[176] Dieses Thema behandele ich unter etwas anderen Vorzeichen auch unter dem Namen "Neuronale Resonanz".
http://www.noologie.de/symbol12.htm
http://www.noologie.de/symbol13.htm
http://www.noologie.de/symbol17.htm

1.9.2.3. Kartographien sind nicht wahr sondern brauchbar

Eine Kartographie stellt keinen wissenschaftlich veri- oder falsi-fizierbaren Anspruch auf Wahrheit nach der Popper'schen Methode, da sie ein reines Produkt des Noos ist. Sie ist "nicht von dieser Welt" und wie wir an dem Beispiel gesehen haben, tut sie meist der "realen Welt" irgendwo ein wenig Gewalt an. Das wird in dem alten Spruch: "The map is not the territory" veranschaulicht. Der Bewertungs-Masstab für eine Kartographie ist vielmehr an zwei Kriterien auszurichten: Erstens, wie tolerierbar sind die unvermeidlichen Unpassbarkeiten der Kartographie, und zweitens wie leicht ist sie einer breiten Öffentlichkeit zu vermitteln. Für eine Massen-Seefahrt hatte das Meridian-System den Vorteil, dass es eine Uniformität relativer Positionen zu einem gemeinsamen normierten Rahmen bietet, die mit den alten Kartographien nicht (so effizient) erreichbar war.

1.9.3. Holons und Holarchien

@:HOLON_ARCHIE

Hierarchy, then, is simply an order of increasing holons, representing an increase in wholeness and integrative capacity. This is why hierarchy is so central to systems theory, the theory of wholeness or holism ("wholism"). And it is absolutely central to the perennial philosophy.

Ken Wilber, in: http://twm.co.nz/kwilb_eyspir.html

1.9.3.1. Holarchie und altweltliche Kosmologien

Ein Zentralthema in Wilbers System sind Holons und die Holarchie. Geistesgeschichtlich ist dies eine Wieder-Holung eines alten Schemas, das sich durch die Denksysteme der altweltlichen Kosmologien zieht. Das sprituelle Universum der altweltlichen Kulturen ordnete alle Phänomene in eine konzentrische Hierarchie ein (Wilber, EKL 38), in deren Mittelpunkt entweder Mount Meru, oder das jeweilige Summum Bonum des betreffenden Systems stand. Die alten Systeme waren wesentlich als Bilder spiritueller Welten intendiert, und nach dem Prinzip "Wie da oben so da unten" erstreckte sich ihre Gültigkeit auch auf die Dinge der materiellen Welt. Nicht zufällig assoziiert der englische Begriff "Whole" auch "Holy", und ein wesentlicher Bestandteil des semantischen Feldes von "Hieros" ist "Heilig". In der griechischen Diktion der Noologie ist dieser kosmologische Zentralpunkt die "Archae" oder "Energeia".

Wir finden die Holarchie des Himmlischen Reiches und der Hierarchie der Engel bei Dionysios Areopagita (Wilber, EKL 36, 412, 433, 494, 504). Diese Idee ist eine christianisierte Version der altweltlichen babylonischen Kosmologie, die sich auch in indischen und altamerikanischen Systemen nachweisen lässt. Dies lässt sich z.B. an dem Bauplan hinduistischer Tempel (z.b. Angkor Wat) und buddhistischer Stupas (z.b. Borobudhur), sowie der alten Stufenpyramiden, wie Ziggurats in Mesopotamien und China, oder der alt-amerikanischen Tempel der Maya, Azteken, Teotihuacan, und

Nazca, demonstrieren.[177] Eine andere Darstellungsform dieser Anschauung sind Mandalas. Damit haben wir sowohl den Begriff der "Hier-Archie" in den ihm gebührenden Kontext eingebettet, als auch die sprituellen Konzepte, die Wilber verwendet. Er hat damit seinen eigenen Anspruch voll eingelöst, mit seinem Werk in der "grossen Tradition" oder "perennial philosophy" zu stehen und sie fortzusetzen, und er hat ein Zentral-Element dieser grossen Tradition in seinem Werk in neuzeitlicher Formulierung präsentiert.

1.9.3.2. Holons: Zusammen-Halt / -Haftung, Gregationen, Gestalt, Strukturen

Das Prinzip der Holons hat vier Ausprägungen:
1) Im Bereich der physikalischen Phänomene,
2) im Bereich der belebten Natur, auf den Ebene von Zellen, Organen und Organismen,
3) im sozialen Bereich von Tieren und Menschen (Gregationen), und
4) im kognitiven / emotiven Apparat, dem Anschauungs- und Vorstellungssystem der Menschen.

Es ist zu untersuchen, ob alle vier Versionen auf identischen Prinzipien beruhen und wirklich unter einen Gattungsbegriff "Holons" zusammengefasst werden können. Hierzu wird in Teil III unter "Das Spektrum der Gregationen" eine Strukturtheorie von Gregationen entwickelt, die sowohl die physikalische Natur als auch die Gregationen von Organismen umfasst.
->:SPEKTRUM_GREGATIONEN, p. 278
In einer wichtigen Diskussion des Nicolaus Cusanus "*De Principio*" wird die "integrative capacity" von Holons, die Wilber erwähnt, auf den Ursprung, die Archae (lat. principium) zurückgeführt.
->:URSPRUNG_HERRSCHAFT, p. 326

1.9.3.3. Einwände gegen Holons

Es ist zu prüfen, ob das altehrwürdige Konzept der Holarchie auch den Gegebenheiten der modernen Wissenschaften entspricht, d.h. ob es brauchbar ist, wissenschaftliche Phänomene auch wissenschaftlich adäquat einzuordnen. Ich habe vor einigen Jahren schon einen Beitrag dazu für das "Wholeness Seminar" geschrieben:
"The Whole, the Parts, and the Holes"
http://www.newciv.org/ISSS_Primer/seminrzd.html

---

[177] Demnach ist die Stufenpyramide das Urmodell, und die gradlinige geometrische Pyramide der ägyptischen Pharaonen ein Sonderfall. Dies lässt sich etwa so interpretieren: Die glatten Linien der klassischen ägyptischen Pyramiden beseitigen die Abstufungen der Ebenen untereinander und illustrieren den absolutistischen Anspruch des Pharao, als einziger, alleiniger und privilegierter Vermittler zwischen der Menschen- und Götterwelt aufzutreten. Der Kern dieser Idee wird später in der Person von Jesus Christus als alleinigemVermittler zwischen "Gott dem Vater" und der Menschenwelt wiederholt.

In wissenschaftlicher Sichtweise kann man immer dann von Holons sprechen, wenn typische Zusammenballungen (Koaleszenzen)[178] existieren, die sich von anderen Koaleszenzen absetzen, und für bestimmte Zeit ihre Stabilität bewahren, wie es etwa bei Atomen, Planeten, Sternen und Galaxien der Fall ist.[179] Aber nach heutiger physikalischer Kosmologie formen diese Phänomene keinesfalls ein so schön geschlossenes Ganzes, wie es etwa der Platonischen oder Plotinischen Idee eines Kósmos entspräche. Atome, Planeten, Sterne und Galaxien stellen eher die Singularitäten des Universums dar, also die Ausnahmen. Es existieren grosse Lücken: Planeten sind nicht notwendigerweise Teil der Holarchie einer Galaxie, da Planeten nicht bei allen Sternen zu finden sind. Obendrein muss die Planeten-Materie zuerst durch Kernfusion in einem Stern und anschliessender Nova-Explosion "hergestellt" werden. D.h. der "Tod" von Sternen ist die notwendige Voraussetzung für die Existenz von Planeten. Weiterhin ist das Universum (vermutlich mehrheitlich) erfüllt von allerlei schwer fassbaren Dingen, die aber unabdingbar für den Zusammenhalt und seine Entwicklung sind: Etwa die interstellaren Staubwolken und die heute postulierte dunkle Materie und -Energie, die Hintergrundstrahlung, oder das Quantenvakuum, was alles kaum selber als Holons zu definieren ist, und daher kaum in einer wohlgeformten Universal-Holarchie unterzubringen ist.[180] Im Zusammenhang damit steht die kosmologische Frage von Gravitation vs. Rotation / Fliehkraft. Wie soll man sich erklären, dass fast alles im Universum sich genau so schnell dreht, dass es eben gerade noch nicht auf Grund der Zentrifugalkraft auseinanderfliegt? Bei subatomaren Teilchen sind das ungeheure Drehmomente (Spin).

Die Klasse der biologischen Holons bereitet weitere Schwierigkeiten: Zwar sind die Körper von Organismen separate Entitäten, und sind damit gute Beispiele für Holons, aber sie sind nicht holarchisch aufgebaut. Der Körper ist aus Organen und Zellen aufgebaut, aber alle diese Zellen entstehen durch Teilung einer einzigen Zelle, der Eizelle, und diese Einheit kann nicht durchbrochen werden. Wenn der Körper stirbt, sterben auch die Organe und Zellen ab, sie sind also nicht als unabhängige Sub-Holons existent. Die einzige Möglichkeit einer partiellen Weiterexistenz besteht in der Vermehrung, wenn also eine Samen- mit einer Eizelle verschmilzt und ein neues Lebewesen zeugt. Auch die komplexeren Protein-Moleküle zersetzen sich nach dem Tod, wenn sie nicht gleich gefressen werden, also in den organischen Recycling-Prozess eintreten. So gibt es also zwischen der Ebene von kürzeren Kohlenwasserstoffen und dem lebenden Organismus keine unabhängige Holon-Schicht. Dies steht im Gegensatz zur Darstellung Wilbers, etwa in EKL p. 39-40, 89-90.

Wieder anders verhält es sich mit den Unter-Holons der Materiepartikel. Hier kann man verschiedener Meinung sein, ob diese wirklich unabhängig existent sind. So existieren

---

[178] ->:SOZIO_KYBERNETIK, p. 278; ->:UNIVERSAL_MONOPOLY, p. 281

[179] Bei Wilber, EKL 64-71. Die vier Grundvermögen der Holons. Selbsterhaltung, Selbstanpassung, Selbsttranszendenz, Selbstauflösung. Wesentlich für das Thema der Selbst-Identiät von Holons ist das Muster oder "Pattern". Dazu mehr in der folgenden Diskussion: "Das holistische Prinzip im menschlichen Vorstellungssystem". ->:HOLON_PATTERN, p. 82

[180] ->:DARK_ENERGY, p. 362; ->:DARK_MATTER, p. 363

in unserer Welt keine einzelnen Atome, und schon gar keine Quarks oder andere Bauteile.[181] Nur wenn wir sie mit grossem Energie-Einsatz separieren und zerschlagen, können wir ihre Spuren wahrnehmen. Das ist aber ein sehr schwaches Kriterium für ein Holon, und widerspricht wiederum der Forderung, dass die niedrigeren Holons unabhängig vom Vorhandensein der höheren existieren können. Quarks benötigen für ihre Existenz unabdingbar die Technologie der Menschen, die Teilchenbeschleuniger bauen, um sie zu erzeugen.

Ähnliche Probleme finden wir bei den "Holons" der Gregationen, also Tier-Herden, Stämmen und Staaten. In der Wilber'schen Darstellung werden diese in eine Klasse mit den anderen "Holons" gesetzt. Aber solche Gregationen sind etwas ganz anderes als Organismen, und es sind schon viele Geschichts- und Sozialwissenschaftler der Versuchung erlegen, hier unzulässige Gleichsetzungen mit Organismen (wie etwa Spengler) oder als Super-Organismen (Soziobiologie) vorzunehmen. Darauf weist auch Wilber hin (EKL, 93-94). Er zitiert Habermas: "Der Staat ist kein Makrosubjekt".

So gibt es viele "Holons", die nur Teil unserer konzeptuellen Welt sind, d.h. die keinen ontologischen Ort in der Upper-Right Welt des Wilberschen Quadrantenmodells haben. Zwar sagt Wilber, dass jedes Holon "eine Entsprechung auf der rechten Seite" hat (EKL 451), aber das ist zu bezweifeln. Holons sind als Bestandteile der Karte nützlich: They belong to the map, not the territory. Der Schlüsselbegriff "integrative capacity" weist auf die begriffliche Dimension, auf die es wesentlich ankommt. D.h. es ist ein Abstraktionsschritt in der Kategorisierung, nicht mehr und nicht weniger. Eine solche Art von Holismus ist rein konzeptuell, also "in the eye of the beholder", und dürfte für die Wissenschaften auch weniger Probleme bereiten.

1.9.3.4. Das holonische Prinzip im menschlichen Vorstellungssystem

@:HOLON_PATTERN

Unbezweifelbar lässt sich das holonische Prinzip im Vorstellungssystem der Menschen finden. So existiert es unter anderem Namen in der Kunst-Theorie und Ästhetik, vor allem in der deutschen Literatur unter dem Begriff der "Gestalt". Bei genauerer Betrachtung beinhaltet das Wort Pattern oder Muster schon das Prinzip der "Wholeness", da das Wahrnehmungssystem ein Pattern immer als "Einheit" darstellt. Das ist trivial, weil es ansonsten "Vielheit" darstellen würde. Diese Thematik behandele ich eingehend unter dem Titel "Morphologie".[182] Weiterhin beinhaltet es eine emotive Komponente. Das menschliche Empfinden verlangt nach einer "Schliessung" im emotionalen Sinne, am bekanntesten vielleicht aus der Dramaturgie der Kriminal- und Liebes-Romane. Das Theater (siehe theatron)[183] ist eine der ältesten Ausdrucksformen dieses holistischen Dranges. Die dramaturgische "Schliessung" beinhaltet auf anderer, spiritueller Ebene den Effekt der Katharsis, welche wiederum den rituellen "theo"-

---

[181] Allerdings wird angenommen, dass im Inneren der Sterne oder in heissen interstellaren Gaswolken ein Plasma-Zustand herrscht, also dass dort Atomkerne und Elektronen separat auftreten.

[182] ->:NOO_MORPHOLOGIE, p. 87; ->:META_MORPH, p. 101

[183] "Das Struktogramm von ais-thaesis und phai-no(e)sis, pragma und theoria"

Aspekt des antiken Theatron illustriert. In anderen Worten: Man kann das menschliche spirituelle Verlangen auch als einen Drang zur "Wholeness" interpretieren, und die absolute Spitze dieser "Wholeness" ist eben in Konzepten wie "Gott", "Brahman", "Spirit", etc. "aufgehoben". Dass Wilber sich der "Wholeness" verschrieben hat, ist daher kein Wunder. Wissenschaftlich mag man höchstens einwenden, dass dadurch nichts "erklärt" wird. Und dass man im Drang der Suche / Sucht nach "Wholeness" dann überall nur noch "Wholes" oder Holons findet, ist quasi selbstverständlich.
->:STRUKT_THEORIA, p. 35

Wer nur einen Hammer hat, für den stellt sich die ganze Welt in Form von Nägeln dar.
Gerald Weinberg, "Secrets of Consulting"

1.9.3.5. Geistesgeschichtliche Einwände

@:ATMAN_PROJ

We seek for Spirit in the world of time; but Spirit is timeless, and cannot there be found. We seek for Spirit in the world of space; but Spirit is spaceless, and cannot there be found. We seek for Spirit in this or that object, shiny and alluring and full of fame or fortune; but Spirit is not an object, and it cannot be seen or grasped in the world of commodities and commotion.
In other words, we are seeking for Spirit in ways that prevent its realization, and force us to settle for substitute gratifications, which propel us through, and lock us into, the wretched world of time and terror, space and death, sin and separation, loneliness and consolation.
And that is the Atman project.
Ken Wilber, in: http://twm.co.nz/kwilb_eyspir.html

Meine Befürchtung ist, dass diese "Suche nach dem Spirit" selber eine Pathologie ist, die die Phänomene von "time and terror, space and death, sin and separation, loneliness and consolation" erzeugt und akzentuiert, und auftürmt zu der Monumentalität des menschlichen Leidens. So wird "Der Geist der Widersacher der Seele", und bringt seine Kraft der Separation (Dia-Ballein) in das gelebte Lebens, das zerrissen ist zwischen den "spirituellen" Ansprüchen und der Wirklichkeit vom Treiben und Getrieben-Werden der Conditio Humana. Dies behandele ich in einem späteren Kapitel.
->:NOSOLOGIE, p. 141

Eine Sammlung geistesgeschichtlicher Einwände gegen Wilber ist bei kheper.net zu finden: www.kheper.net/topics/Wilber/index.html

Nach meinem Eindruck und Vorkenntnissen in der Materie ist die Kritik nach westlich philosophischer Sichtweise berechtigt. Wie ich oben schon gesagt habe, kann man Wilber durchaus einen "Terrible Simplificateur" nennen. Meine Lösung zu dem Dilemma ist die Methode des semantischen Relativismus, die ich kurz in dem Abschnitt über "Noos" skizziert habe.[184] Das semantische Problem ist, dass Begrifflichkeiten relativ zu ihren Kontexten sind, aber in manchen Kontexten mehr als in anderen. Was

184 ->:SEMF_RELATIVISM, p. 52

in der abendländischen formalen Wissenschaft ein absolutes Sakrileg ist, ist in der mystischen blumigen Sprache des Ostens gang und gäbe. Die Schriften des Taoismus sind dafür das klassische Beispiel: Das Tao, das benannt werden kann, ist nicht das wahre Tao, etc. Wenn man danach geht, müsste auf den Deckel des Tao Te King stehen: "Vor dem Lesen verbrennen!" da man einer begrifflich formulierten mystischen Weisheit von vorneherein nicht trauen darf. Die Konsequenz der alten Weisen war ja schon seit jeher, nichts aufzuschreiben, vor allem nichts wichtiges.[185] Insofern ist auch der Ansatz von Wilber paradox. Das sagt er aber auch ganz offen:

"In other words, all of my books are lies. They are simply maps of a territory, shadows of a reality, gray symbols dragging their bellies across the dead page, suffocated signs full of muffled sound and faded glory, signifying absolutely nothing. And it is the nothing, the Mystery, the Emptiness alone that needs to be realized: not known but felt, not thought but breathed, not an object but an atmosphere, not a lesson but a life."

"Foreword", in Frank Visser's Ken Wilber: Thought as Passion, 2000

In der Welt des Gewordenen, des "ergon" ist der Ursprung nicht zu finden. Die "Archae" oder "En-ergeia" ist nicht von dieser Welt. Darum ist im Madhyamika-Buddhismus des Nagarjuna das Zentralthema die Shunyata, die Leere, die mit nichts zu (be-)greifen ist, was weltlicher Verstand erzeugen kann. Auch wenn wir das biblische Gebot in aller Konsequenz interpretieren: "Du sollst keine Bilder von mir machen" so ergibt das denselben Sinn: Alles was man sich Konkretes von und unter Gott vorstellen mag, ist schon Sakrileg. Nur die Theologia Negativa kann dem Göttlichen gerecht werden. Diese Theologia Negativa existiert sowohl im Buddhismus ohne personalen Gottesvorstellung unter dem Begriff "Shunyata", als auch in der griechisch-orthodoxen Praxis, in der römisch-katholischen Theologie findet man sie eher selten, wie bei Nicolaus Cusanus. Leerheit und Theologia Negativa sind aber meist nicht Bestandteil von Volksreligionen, da normale Menschen ihre Vorstellungen vom Heiligen lieber in irgendetwas kleiden, das ihnen geistig und vorstellungsmässig be-greifbar ist.

1.9.4. Efflux, Evolution, Gedächtnis, und Kumulative Reflexion

@:EFFLUX

Jede Modernität hält Abwechslung für Entwicklung.

Spengler (1980, 379)

Die Kernfrage der Evolution ist die des *Aristo Telos* oder der *Entelechie*. Im Verständnis der materialistisch- physikalistischen Natur-Wissenschaft darf Evolution nicht auf irgendeinen "Punkt Omega" hin zielen, da sie keine Intentionalität hat. Allerdings beinhaltet die Wortwahl und das Konzept schon eine Pseudo-Intentionalität, und die basiert auf einen semantischen Grund-Irrtum, den Darwin selber begangen hat: Er hatte sein Prinzip der "Selektion" von den englischen Gentleman- Pferde- Hunde- und Vogel-Züchtern ausgeborgt, und es stillschweigend in den Bereich der Natur "translatiert" (Wilberspeak). Die "Natur" der Physik und der Materie kann nichts "selektieren", weil für "Selektion" ein Unterscheidungskriterium und eine Intentionalität benötigt wird,

185 Siehe dazu auch Platon, in Wilber: EKL, 391.

nach dem oder für das man "selektiert". Die "Fitness" in Darwins Sprechweise heisst aber nur, das das überlebt und sich fortpflanzt, was eben überlebt und sich fortpflanzt. Es ist eine pure post-hoc Logik und damit eine Tautologie.

Die *Entelechie* ist ein Konstrukt des Geistes und des Spirituellen, und so sind Ideen wie der "Punkt Omega" des Teilhard de Chardin "natürlich" Konzepte einer Theologie, und in diesem Bereich müssen sie auch bleiben, und dürfen nicht mit den Evolutions-Ideen der Natur-Wissenschaften verwechelt werden. Daher muss man auch bei Ken Wilber untersuchen, wo evtl. unzulässige "Grenzüberschreitungen" stattfinden. Es dreht sich im vorliegenden Fall darum, die strukturelle Äquivalenz bestimmter Gedankenmuster im Bereich von Entwicklung, Gedächtnis, Reflexion, Evolution und Zeitlichkeit aufzuzeigen. M.E. korrespondiert das Zeitkonzept, das mit dem natur-wissenschaftlichen Ausdruck der "Evolution" verbunden ist, nicht mit dem Zeitkonzept von Spirit, Gedächtnis, und Reflexion. Wilber differenziert zwar die "zwei Zeitpfeile" (EKL 23-31, 95), aber differenziert das nicht konsequent in seiner Diskussion. Die Begriffe "Efflux" oder "Entfaltung" (EKL 95) wären für seinen Zweck besser passend, weil sie nicht schon durch das unpassende physikalistische Zeitkonzept "verbaut" sind. Ein paradigmatisches Beispiel, wie Wilber das Wort "Evolution" aus dem natur-wissenschaftlichen Kontext herausreisst, ist in EKL, p. 246 zu finden, wo er über den Irrweg des Marxismus spricht: "... was sich als derart abwegig herausstellte, dass sich die Evolution jetzt nach kaum einem Jahrhundert ernsthaft daran gemacht hat, diesen Irrtum aus der Welt zu schaffen." Wilber behandelt das Zentralthema der kulturellen "Evolution" in WSG (110-129), aber seine Argumentation besticht eher durch voll-tönendes Pathos als durch logische Konsistenz. Im Bereich des Menschlichen und Kulturellen ist das Leit-Phänomen die Reflexion, über die Spanne der *Kulturellen Er-Innerung*. Dies ist aber besser in dem bekannten Begriff des *Kollektiven Lernens* aufgehoben, als in einer verquasten Idee der "Evolution". Und das "Lernen" im Rahmen der *kulturellen Reflexion* ist ebenfalls ein tückisches Thema. ->:ZEIT_HERRSCHAFT, p. 293

Für eine weitere systematische Behandlung der Zusammenhänge von "Evolution", "Kultur" und "Gedächtnis" wäre es nötig, eine Ausarbeitung der phänomenologischen Struktur des individuellen und kollektiven Gedächtnisses zu machen, das sich in der Biosphäre erstreckt, und als Semiosphäre seine Kontinuität über ca. 4 Mrd. Jahre des Lebens auf der Erde bewahrt hat, und dann wäre es nötig, diese Kontinuität der kollektiven Selbst-Er-Innerung der Semiosphäre den natur-wissenschaftlichen Ideen der "Evolution" entgegenzuhalten. Weiteres dazu unter:
http://www.noologie.de/desn.htm, ->:URKNALL_EVOL, p. 117; ->:IMMORTAL_KOMPLEX, p. 137

1.9.5. Anwendungen der Wilberschen Arbeiten: Die Neti-Neti Methode

Eine der fruchtbarsten Weisen, Wilbers Arbeiten in der Praxis anzuwenden, ist die Neti-Neti Methode des Buddha. Neti-Neti heisst: weder dies noch das. Der Buddha hatte die essentielle Unmöglichkeit, eine Lehre im positiven, konzeptuellen Sinn zu formulieren, erkannt, und m.E. ist das meiste, was heute in den Büchern zum Buddhismus steht, ist nicht wegen ihm, sondern gegen seinen Willen und seine Intentionen geschrieben worden. Ich begründe dies damit, dass das, was der Buddha zu lehren hatte, hauptsächlich praxis-orientiert war, und in der alten Tradition der mündlichen, performativen, Person-zu-Person Überlieferung stand. Es tut dieser Tradition Gewalt an, und entle(e/h)rt sie ihrer Wirkung, wenn man sie in Konzepte in Bücher fasst. Im Kontrast dazu ist die Chan/Zen Tradition in ihrer nicht-schriftlichen praktischen Überlieferung eine lebendige, und den Intentionen des Buddha wohl eher entsprechende Form des Buddhismus. Die Neti-Neti Methode ist ein sehr brauchbares Prinzip, solche Lehren, die sich erheischen, eine positiv wissbare Doktrin zu formulieren, zu zerstören. Dies gilt insbesondere für die wild wuchernden Hirngespinste des New-Age- und Esoterik-Marktes. Zu deren Ausjätung hat Wilber viel Nützliches beizutragen.

1.9.6. Schluss-Gedanken zu Ken Wilber: Noch einmal die höhere Kunst des Scheiterns

In gewisser Weise haben die "spirituellen" Aspekte von Wilbers Arbeit eine Ähnlichkeit mit den Gleichungen der theoretischen Physiker, die für mich (und 99% der Menschheit) unverständlich sind: Solange man die Mathematik nicht versteht, muss man ihnen glauben, oder nicht, dass es stimmt, was sie sagen. Da es mittlerweile aber fast genauso viele verschiedene physikalische Modelle über die "letzten Ursachen des Universums, und die ultimaten Komponenten der Materie" gibt, alle aber wohlbegründet mit mathematischen Formeln, wie es zu den seligen Zeiten der Scholastiker noch Engel gab, die auf einer Nadelspitze tanzen konnten, kann man als Laie nur den Eindruck gewinnen, dass die mathematische Physik anscheinend in dieselbe Sackgasse geraten ist, wie damals die Scholastiker. Ebenso hat es den Anschein mit dem "Spirit" in Wilberspeak: Solange die höchste Phase des Non-Dualen Bewusstseins nicht als direkte greifbare Erfahrung vom Wirken des "Spirit" zugänglich ist, hält man sich lieber an das, was man als Durschnittsmensch erfahren kann, und nachvollziehen kann. (Der St. Thomas-Effekt). Das Wirken des Noos in unserer menschlichen Welt ist, ganz untranszendental und un-mystisch, das eines Ordnungsfaktors. Und die Optimierung dieser Ordnungsfunktionen, im Sinne von Bateson's "Ecology of Mind" ist sicher ein vordringliches Projekt für unsere Zivilisation. In diesem Sinne halte ich den Ansatz von Ken Wilber für einen brauchbaren Versuch, der in die richtige Richtung weist. In anderen Worten: Es ist die selbst-reflexive Anwendung von Noos auf Noos. Das war schon immer das Thema höherer Seminare der Philosophie, und letztlich auch ihr wesentlicher Daseinsgrund. Man kann zwar mit Recht sagen, dass alle, die das unternommen haben, irgendwie und irgendwo gescheitert sind - siehe Hegel und der deutsche Idealismus. Aber bei diesem Unterfangen kommt es nicht auf Erfolg im westlich-leistungsorientierten Sinn an: Die Kunst der Selbst-Reflexion ist eben die höhere Kunst des Scheiterns.

2. Einzelthemen der Noologie

2.1. Morphologie und Meta-Morphologie

@:NOO_MORPHOLOGIE

2.1.1. Patterns, Muster, Form, Gestalt und Neuro-Morphae

@:NOO_PATTERNS

Im folgenden Kapitel sollen einige Erläuterungen zu dem Begriff des Pattern, Muster, oder Morphae gemacht werden.

Morphae griech. Form, Gestalt, Geste, Muster, engl.: *pattern*[186], jap.: *Kata*.[187]

Es wird im vorliegenden Kontext keine starke Unterscheidung zwischen den verschiedenen möglichen Bedeutungen von *Morphae* gemacht: *Muster* (*pattern*) ist die allgemeine (generische) Bezeichnung für die unterscheidbaren Inhalte des Wahrnehmungsfeldes eines allgemeinen neuronalen Systems.[188] Mit *Form* oder *Gestalt* kann ein spezieller Bereich des gesamten Feldes bezeichnet werden, der mit einer Auswahlfunktion (z.B. Bewußtsein) gerade fokussiert wird.[189] Ein Muster ist ein Berkeleysches Gebilde (*esse est percipi*)[190]. Seine "Existenz" (sein *Sein*) ist nicht, wie von Berkeley postuliert, von Gott abhängig, sondern davon, ob es von einem allgemeinen neuronalen System (biologisch oder technisch, wird hier auch General Neuronal Net: GNN genannt) prinzipiell erkennbar ist.

2.1.2. Der morphologische Kanon

Alles, was existiert, findet seine Erscheinung in distinkten, also unterscheidbaren Mustern. Der Begriff "unterscheidbare Muster" ist eine Tautologie. Alles, was ein Muster darstellt, ist unterscheidbar, und was nicht unterscheidbar ist, kann auch kein Muster sein. Es ist müßig, zu spekulieren, ob diese Musterhaftigkeit der Erscheinung eine Eigenschaft der Dinge selbst ist, oder ob dies ein "Artefakt" der Wirkungsweise von Nervensystemen ist. In biologischer Sichtweise ist ein Nervensystem ein Muster-Unterscheidungs- und Verarbeitungs-System, das der Selbsterhaltung des Individuums dient. Das menschliche Erkenntnisvermögen ist völlig abhängig von der Leistung unseres Nervensystems. Ausserhalb seiner Wahrnehmungsfunktionen existiert "nichts". Die antike Naturphilosophie der Griechen unterschied die Bereiche des Unterscheidbaren als "Kosmos" und des Nicht-Unterscheidbaren als "Chaos" nach

---

[186] Das deutsche Wort "Muster" wird hier als Übersetzung des englischen Begriffs "*Pattern*" verwendet. *Pattern* weist in der genannten Literatur auf eine Gesetzmäßigkeit, und Regelmäßigkeit hin, die sich über alle Modalitäten der Wahrnehmung erstrecken kann.

[187] http://www.noologie.de/desn10.htm#Heading45 http://www.noologie.de/desn24.htm#hdr18.1.1.

[188] S.a. Thom (1975: 10)

[189] S.a. Roth (1996: 213-247)

[190] Popkin (1956: 200-208). In Kontradistinktion zu Parmenides: "to gar auto noein estin te kai einai" (wahrlich, dasselbe ist Erkennen und Sein). (B1, 1,21)

Hesiodos, bzw. als das "Apeiron" nach Anaximandros.[191] Mit der Einführung des Konzepts der Peras (Grenzen), stellte Anaximandros auch das wesentliche Wahrnehmungs-phänomenologische Prinzip jeder nur möglichen "Musterhaftigkeit" auf. Es muss irgendeine Art von Grenzen haben (oder vom neuronalen System eingegrenzt werden).

Dies soll hier der "morphologische Kanon" genannt werden. Dieser Begriff soll an die morphologische Denkweise Goethes anknüpfen. In ähnlicher Weise hat Christopher Alexander sein Thema der "Pattern Languages" umschrieben.

2.1.3. Meta-Morphologie: The Systematics of Patterns that Connect

In den folgenden Passagen sind einige wesentliche Punkte meiner Schriften zum Thema Morphologie auf dem WWW zusammengefasst. Die wesenlichen Vorgänger, auf die ich mich beziehe, sind: J.W. Goethe, L. Frobenius, O. Spengler, G. Günther, G. Bateson, C. Alexander.[192]

Meta-Morphology is a technical term defined for *the systematic study of patterns that connect, and their transformations*. (Goppold 1999d: 40-63, 128-138). It is used here in two variants of meaning:
1) as short form for *morphology of metapatterns* as introduced by Gregory Bateson, and
2) as *morphology of metamorphoses*, derived from Goethe's work (Goppold 1999d: 34-40, 236-246).
The term *metapattern* is central to the work of Gregory Bateson, since it encapsulates his perspective and working method in one word, and Bateson describes this from many different angles and aspects in his works (Bateson 1972-1986). A short definition is given in "Mind and Nature":
Bateson (1979: 12): The pattern which connects is a metapattern. It is a pattern of patterns.
Bateson (1979: 18): We *could* have been told something about the pattern which connects: that all communication necessitates context, that without context, there is no meaning, and that contexts confer meaning because there is classification of contexts... So we come back to the patterns of connection and the more abstract, more general (and most empty) proposition that, indeed, there is a pattern of patterns of connection.

---

[191] Siehe auch: Leiber (1996, 59-66).

[192] Ausführliche Einführungen in die Meta-Morphologie finden sich in folgenden WWW-Schriften:
http://www.noologie.de/desn09.htm
http://www.noologie.de/desn17.htm
http://www.noologie.de/symbol08.htm
http://www.noologie.de/symbol16.htm
http://www.noologie.de/symbol18.htm
http://www.noologie.de/symbol21.htm
http://www.noologie.de/neuro06.htm#Heading39

Stafford Beer describes the essence of pattern as a performance of the neuronal system: (In Sieveking 1974, preface): A pattern is a pattern because some*one* declares a concatenation of items to be meaningful or cohesive. The onus for detecting systems, and for deciding how to describe them, is very much on ourselves... A viable system is something we detect and understand when it is mapped into our brains, and I suppose the inevitable result is that our brains themselves actually impose a structure on reality.

Pattern has recently gained prominence as key term for mathematics. In his work "Impossibility", John Barrow points out the universal importance of pattern perception and generation as the foundation of mathematics, which he identifies as central to the modern exact sciences. (Barrow 1998: 5-6, 57-58, 89, 190-193):
Barrow (1998: 192): The inevitability of pattern in any cognizable Universe means that there can exist descriptions of all these patterns. There can even be patterns in the collections of patterns, and so on. In order to describe these patterns, we need a catalogue of all possible patterns. And that catalogue we call *mathematics*. Its existence is not therefore a mystery: it is inevitable. In any universe in which order of any sort exists, and hence in any life-supporting universe, there must be pattern, and so there must be mathematics.
A pattern definition of mathematics is quoted by (Allot (www)):
"A contemporary definition is that mathematics is the science of pattern and deductive structure (replacing an older definition of mathematics as the science of quantity and space)."
A very similar statement was already worded by the visionary Spengler:
Spengler (1980: 116): the idea of a general morphology of mathematical operations...
(p. 551): Mathematics ... as the quintessence of morphologically equivalent quantities, like the totality of quadratic numbers, or of all differential equation of a certain type, treated as a new entity, as a new number of higher order ... (transl. A.G.).
The cosmologist Tipler describes the importance of pattern continuity as criterium for identity (1994: 164, 282-284, 291-293).

2.1.4. Goethe, Morphology, and Metamorphosis

@:GOETHE_METAMORPH

Morphology is derived from the Greek word *morphae*, which is translated as: Gestalt, form, gesture, position, pattern. (Rost 1862: II,98; Goppold 1999d: 128-129). The Greek word *typos* has nearly the same meaning field, which re-appears in *typology*. Goethe coined the term *morphology* for the study of forms and their changes, his perception of the "*patterns that connect*". Bateson (1979: 17) refers to Goethe as source of inspiration. Severi (1993: 309, 311-315) describes the essentially holistic and dynamic character of Goethe's conception of morphology: For Goethe, the living organism is an entity which cannot be reduced to the sum of its components. The change of forms (the metamorphosis) of organisms follows a logic which is different from the laws of physics, and it can only be described by a systematic morphology. The Goethean *morphology* is based on the *Gestalt* principle. (Strube 1974: 540, Britannica: Gestalt psychology, Ehrenfels, Köhler, Koffka, Wertheimer). It traces back to earlier work of Herder and Vico. (Straube 1990: 168; Herder 1975: XVI-XVII; Berg 1990: 61). The temporal and dynamic character of the *Gestalt* was the leading criterium for Goethe's concept, which is poignantly expressed by the term *Metamorphosis*. (Cassirer 1957: 146-147, 152 f., Cassirer 1922: 345-351, 362, 375 f., 386). This is derived from Aristoteles, and Ovid's famous poem: Metamorphoses (Cramer 1993: 23 ff.). The morphological principles of Goethe (or a derivation of them) were taken up in Germany by a school of *cultural morphology*, whose best known proponents were Frobenius (Haberland 1973), and Spengler (1980), (Felken 1988: 53). Also, the school of *Gestalt* psychology (above: Britannica: Gestalt psychology), followed the lead of Goethe's work. The liberal use of the term "*Seele*" (soul) by workers of the various *Gestalt* schools, which may seem offensive to present-day scientific standards, is best understood as direct application of the ancient nature philosophical concept of *soul* as the "essence of (e)motion" as expressed by Aristoteles in his work "on the soul" (Picht 1987). A serious methodological problem for the *Gestalt* workers was the lack of suitable conceptual tools with which to approach their subject of study. In Goethe's time, the calculus of Newton and Leibniz had just been invented (Goethe had probably never learned it, and his mathematical understanding was weak). Riedl (1995, 1996c) describes the obligation of modern biology to Goethe's work:

Riedl (1996c: 105): *Morphology*: since Goethe (1795), the methodology of comparing Gestalt and to generalize the Typus; the cognitive basis for comparative anatomy, taxonomy and phylogeny.

Riedl (1995: 114)...Goethe... tried to understand the principle underlying his ability to discern pattern.

A morphological influence leading to Bateson's concepts can be shown through Ruth Benedict, whose work "Patterns of Culture" had been influenced by Spengler (Benedict 1934: 49-56), and her work in turn influenced Bateson, via the other famous female disciple of Franz Boas: Margaret Mead, who was Bateson's wife and collaborator at the time of his fieldwork in New Guinea. (Bateson 1979: 211-212). Because the tenets of the German school of cultural morphology, mainly of Spengler and Frobenius, are nowadays considered out of date, the term *morphology* needs to be re-formulated for the present purposes. Also to reach a differentiation in terms, the word *Meta-Morphology* has been coined.

2.1.5. Temporale Morphologie

Rekurrenz und Musik

@:TEMPORAL_MORPHOLOG

Eine Morphologie von *Mustern in der Zeit* steht in engster Beziehung zur *Musik*. Die morphologische Definition von *Rhythmus* ist die "*Erkennung / Erzeugung eines Musters der Rekurrenz*".[193] Rekurrenz basiert auf neuronalen Muster-Erkennungsfunktionen, die *Ähnlichkeit* feststellen. Absolut *Gleiches* gibt es, wie Nietzsche richtig bemerkte, in der Natur nicht, sondern nur in der platonischen Welt der Logik und der Zahlen. Ein *Ton* ist ebenfalls ein Muster der Rekurrenz, aber auf einer tieferliegenden neuronalen Ebene. Das Erkennen eines *Verhältnisses von Tönen*

[193] S.a. Klages (1981, III, 499-551): "Vom Wesen des Rhythmus".

(*Intervall*) ist demnach Ergebnis eines *Mustervergleichs höherer Ordnung* (*Metapattern* nach G. Bateson, *Meta-Muster*).[194] Musik basiert auf Erzeugung und Wahrnehmung von temporalen Mustern und Meta-Mustern. Das Pythagoräische System beruht auf dem Paradigma der Betrachtung und Interpretation aller Abläufe des Kosmos und der Menschenwelt auf der Basis solcher temporaler Muster.[195] Von besonderer Bedeutung sind hierbei die *Wendungen* bzw. *Kehren*: musikalische: *strophae*, (*kata-strophae*)[196], und kosmische: *Tropae* (*en-tropia*). Die Einbettung der Musik in die kosmischen Muster wird noch heute von der indischen Raga-Tradition praktiziert.[197]

Die Grenzen der Beobachtung temporaler Muster

Die Grenzen der Wahrnehmung / Beobachtung temporaler Muster werden auf der einen Seite durch die temporale Auflösung des menschlichen neuronalen Systems bestimmt, und auf der anderen Seite durch das Erinnerungsvermögen,[198] und die menschliche Lebensdauer. Kurz-periodische Muster bis ca. 10-20 KHz können als *Töne* akustisch wahrgenommen werden, während die untere Auflösungsgrenze des optischen Systems bei ca. 1/10 Sec. liegt. Erst mit elektronischen Hilfsmitteln wie Oszilloskopen und Spektrums-Analysatoren läßt sich die Musterwelt der höheren Frequenzen sichtbar machen. Bei sehr lang-periodischen Mustern, wie etwa Veränderungen des Sternenhimmels (z.B. die Präzession der Equinoktien) muß die Musterwahrnehmung über viele Generationen der Beobachtung und der kulturellen Transmission gehen. Dies wurde schon von vor-schriftlichen Kulturen beherrscht.[199] Es ist ein wesentliches Grundproblem der Geschichtsforschung, daß ihre Muster-Erkennung selbst ein Produkt der kulturellen Transmission ist, die damit auch der aktuellen Filterfunktion im Weltbild des Geschichtsforschers unterliegt.[200]

Metapattern, Hierarchie, spatio-temporale Perspektiv-Muster

Metapatterns oder *Metamuster* sind nach Bateson *Muster von Mustern.* Hierarchische *Metapatterns* sind eine spezielle Klasse, die rekursiv in einer Ordnungsrelation von 1:n stehen. Wissenschaft beruht auf Systemen von hierarchischen Metapatterns.[201] In

---

[194] Seashore (1967), Simon (1968)

[195] Godwin (1989), Haase (1998), Iamblichus: "Das Leben des Pythagoras", James (1993), Kayser (1930-1950), Kepler (1982), McClain (1978), Schneider (1951-1990)

[196] Thom (1975)

[197] Rudhyar (1988: 119, 132, 230-236)

[198] Erinnerung ist essentiell für das Erkennen der Musterhaftigkeit von temporal auseinanderliegen Ereignissen, also ihre Gruppierung unter einem Merk-mal.

[199] Hertha v. Dechend (1993).

[200] S. a. das Zitat von Bazon Brock "Theorie der Avantgarde", unter "Kultur im Spannungsfeld von Tradition und Innovation".
http://www.noologie.de/desn11.htm
->:THEORIE_AVANT, p. 14

[201] S.a. Gumilev (1990: 186): "grouping on the principle of similarity and causal succession"; die Anmerkungen von Spengler zur Morphologie der Wissenschaften (1972: 548-553); Schunk (1996); Riedl (1990); Barrow (1998: 5-6, 57-58, 89, 190-193). Heidegger (1976b: 244):

Verallgemeinerung des optischen Begriffs werden sie hier auch *Perspektiv-Muster* oder kurz *Perspektiven* genannt. Das Ziel der Morphologie ist die Erlangung von möglichst weit- und tiefgreifender Perspektiv-Muster-Erkennung *über Raum und Zeit* (spatio-temporale *Perspektiven*).[202] Der emotionale Erlebniswert der plötzlichen Eröffnung solcher Perspektiven, nach langen, mühseligen Anstrengungen, ist deutlich aus den Berichten Petrarcas,[203] Spenglers,[204] und Gumilevs[205] zu erkennen.

Die Zeitstruktur des menschlichen Erlebens

Alles, was im Leben eines Menschen stattfindet, all sein *Erleben*, *Handeln* und *Erinnern*, passiert im Moment des *Jetzt*, dem *Fokus des Augenblicks*.[206] Dieser Augenblick mit all seinen Geschehnissen und Erlebnissen, reißt den Menschen unwiderruflich den Strom des Lebens entlang. Von diesem unwiederbringlichen Augenblick handeln auch die schicksalsschweren Zeilen in Faust (11581-11594). In der Neurophysiologie spricht man von dem *Drei-Sekunden-Bewußtsein* des Menschen (Pöppel).[207]

Das *Handeln* und *Erleben* kann nur im Augenblick stattfinden. Alles andere ist *Erinnerung* und *Erwartung*, die ebenfalls nur im Augenblick stattfinden. *Erinnerung* ist mit der Vorstellung von der *Vergangenheit* verbunden, *Erwartung* mit der Vorstellung von der *Zukunft*. Die Zukunft ist uns im wesentlichen verborgen. Unsere *Erwartungen* bestehen im wesentlichen aus Extrapolationen unserer Erinnerung, und Schlußformen, die auf Mustervergleichen beruhen. Die bekanntesten davon nennt man *Induktion* und *Kausalität*, und sie lassen einige Aussagen über die Zukunft zu.[208] Heidegger hat in "Sein und Zeit" eine ausführliche phänomenologische Beschreibung des Seins in der Zeit und in der Welt gegeben.[209]

Epagogae meint nicht das Durchlaufen einzelner Tatsachen und Tatsachenreihen, aus deren ähnlichen Eigenschaften dann auf ein Gemeinsames und "Allgemeines" geschlossen wird. *Epagogae* bedeutet Hinführung auf Jenes, was in den Blick kommt, indem wir zuvor über das einzelne Seiende weg blicken...

[202] s.a. Karbe (1995: 296-355). In einer mehr informationstechnischen Sprechweise finden wir ein ähnliches Konzept unter dem Begriff "Conceptual Navigation". S.a. Veltman (1986, 1997, 1998)

[203] siehe: Gebser (1973), Brock, (AGEU: 198-214), Karbe (1995: 296)

[204] Spengler (1980: 65-70, 611-612)

[205] Gumilev (1987), (1990)

[206] s.a. Gumilev 1990: 98-100

[207] Pöppel (1978-1995).

[208] S.a.: Hume: zu Kausalität und Induktion (Straub 1990: 139-146), Nietzsche, Götzen-Dämmerung, Die Vier großen Irrtümer

[209] (373): "Die vergangenen und erst ankommenden Erlebnisse sind dagegen nicht mehr, bzw. noch nicht 'wirklich'...
Das Dasein durchmißt die ihm verliehene Zeitspanne ... dergestalt, daß es, je nur im Jetzt wirklich, die Jetztfolge seiner 'Zeit' gleichsam durchüpft. Bei diesem ständigen Wechsel der Erlebnisse hält sich das Selbst in einer gewissen Selbigkeit durch."

Bazon Brock stellt die Beziehung von Vergangenheit und Zukunft so dar:

Was in der Gegenwart von der Geschichte verwirklicht werden kann - und uns Zukunft garantiert - ist gerade die historische Einmaligkeit und Unwiederholbarkeit alles Gewesenen. **Das in der Gegenwart präsent gehaltene Vergangene** erzeugt uns gegenüber eine schauernmachende Wirkung, weil es uns auf die Kluft verweist, die unsere Vergangenheit und unsere Zukunft unüberbrückbar trennt. Was wir wollen, ist eines, was daraus wird, ein anderes. Niemand - das sagen uns die Zeugnisse der Vergangenheit - kann durch irgendwelche noch so heroische Anstrengungen dafür garantieren, daß sich die Zukunft als Verwirklichung seiner Pläne bestimmen läßt. Sie hat einen eigenen Plan, den erst zu erkennen vermag, wer das Ende der Geschichte in der völligen Stillegung des zeitlichen Vergehens erlebt hat. Das wird der Fall sein, wenn alles bisher Vergangene simultan die lebendige Gegenwart ausmacht und daher nichts Neues mehr geschehen kann. Da dieser Zustand menschlichem Bewußtsein niemals zugänglich sein wird, bleibt es den Menschen verwehrt, von einem Plan der Geschichte Kenntnis zu nehmen.[210]

Mnaemae, Gedächtnis, und Erinnerung

@:NOO_ERINNERUNG

Erinnerung basiert auf *Rekurrenz* ähnlicher Muster im neuronalen System. Das Gedächtnis wird intensiv erforscht, und die Grundfunktionen der neuronalen synaptischen Verbindung sind zwar prinziell bekannt, aber wie (und wo) die neuronalen Prozesse für welche Erinnerung(en) genau stattfinden, ist noch weitgehend ungeklärt.[211] Im vorliegenden Zusammenhang sind die allgemeinen Phänomene der Muster-Transmission vorrangig vor differenzierenden Unterscheidungen. *Erinnerung* wird als generischer Begriff für alle in diesen Bereich fallenden Phänomene gebraucht, seine *deut*sche Be-*deut*ung als *Er-innerung* wird mit Hegel[212] zur Akzentuierung ihres Prozesscharakters und der fortwährenden Neuschöpfung gewählt. Dies positioniert den Gebrauch vor allem gegen den *Speicher*-Aspekt, der in heutige Diskurse vor allem mit Computer-Metaphern eingedrungen ist, so der Verwechselung von *memory* und *storage* (bei Computer-Termini wie etwa RAM: Random Access Memory). Menschliche Erinnerung ist dynamisch, ein essentieller Lebens-Prozess, und kein Repositorium, oder Datenspeicher.

Vergangenheit und Selbst-Erinnerung

Selbst-Erinnerung ist der Schlüsselfaktor zur Selbst-Identität des Menschen, und die absolute Schranke der Selbst-Erinnerung ist der Tod, wenn man die Mythologie und die

---

(410) "An das Besorgte vielgeschäftig sich verlierend, verliert der Unentschlossene an es seine Zeit. Daher denn die für ihn charakteristische Rede: 'Ich habe keine Zeit'."

210 Brock, AGEU, p. 194

211 Z.B. Assmann & Assmann (1983-1995), Bergson (1919), Connerton (1989), Halbwachs (1985), Harth (1991), Loftus (1980), Norman (1970-1982), Roth (1996: 276), Schmidt (1991), Spitzer (1996)

212 Harth (1991: 99)

Esoterik einmal außer acht läßt. Erinnerung zeichnet sich wesentlich dadurch aus, daß sie unvollkommen und unzuverlässig ist. Generell ist festzustellen, daß Erfahrungen umso schlechter erinnert werden, je länger sie zurückliegen. Wenn es sich um Ereignisse handelt, die häufig vorkommen, wird das Einzelereignis ebenfalls schlecht erinnert.[213] Heftige Emotionen wirken sich verstärkend auf die Erinnerungsfähigkeit aus. Starke Schmerzen vergißt man so schnell nicht wieder, und vor allem, man vergißt auch ihre Begleitumstände nicht. Daher wurde Schmerz in vielen Kulturen systematisch als Mnemo-Technik par excellence eingesetzt.

Nietzsche stellte dies in seiner "Genealogie der Moral" so dar:
Vielleicht ist sogar nichts furchtbarer und unheimlicher an der Vorgeschichte des Menschen, als seine Mnemotechnik. "Man brennt etwas ein, damit es im Gedächtnis bleibt: nur was nicht aufhört weh zu tun, bleibt im Gedächtnis" - das ist ein Hauptsatz aus der allerältesten ... Psychologie auf Erden... Es ging niemals ohne Blut, Martern, Opfer ab, wenn der Mensch es nötig hielt, sich ein Gedächtnis zu machen; die schauerlichsten Opfer und Pfänder (wohin die Erstlingsopfer gehören), die widerlichsten Verstümmelungen (zum Beispiel die Kastration), die grausamsten Ritualformen aller religiösen Kulte (und alle Religionen sind auf dem untersten Grunde Systeme von Grausamkeiten) - alles das hat in jenem Instinkte seinen Ursprung, welcher im Schmerz das mächtigste Hilfsmittel der Mnemotechnik erriet... Je schlechter die Menschheit "bei Gedächtnis" war, um so furchtbarer ist immer der Aspekt ihrer Bräuche.

Zwischen der absoluten Schranke des *Todes* und dem *Jetzt*, steht noch die *kleine Schranke des Schlafes*, in dem sich jede Nacht die Selbst-Erinnerung ausschaltet, und dem Traumbewußtsein weicht. Normalerweise wacht man am nächsten Morgen wieder mit einer erneuerten Selbst-Erinnerung auf. Aber die *Qualität* der Erinnerung an die Erlebnisse des heutigen Tages unterscheidet sich merklich von der des letzten Tages. Es ist zwar noch die "Ich"-Erinnerung vorhanden, aber wie mit einem Schleier überzogen. Und je weiter wir in unserer Erinnerung zurückzugehen versuchen, desto schleierhafter wird diese.

2.1.6. Beispiele der morphologischen Technik

What Is It Like to be a General Neuronal Net?

@:GENERAL_NN

Hier soll ein kurzer Ausflug in die Welt der neuronalen Impulsfelder in unserem Gehirn folgen. Ein General Neuronal Net (GNN) ist ein allgemeines neuronales System. Die Überschrift erinnert an den bekannten Aufsatz von Thomas Nagel: "What Is It Like to be a Bat?" Die Idee ist hier, daß wir uns in einem Gedankenexperiment vorstellen wollen, "wie es wirklich ist", wenn wir existenziell der "blinde Passagier" in einem Braitenberg-Vehikel sind (Holthausen in Breidbach (1996: 92-110)), und uns plötzlich in dieser fremden Welt der neuronalen Impulsfelder vorfinden. Als bildliche

---

213 Wer erinnert sich noch an den speziellen Atemzug, den er vor 20 Jahren, am Sonntagmorgen, den x.x.xxxx, beim Aufstehen tat?

"Einstiegshilfe" verwende ich dazu das bekannte Bild von Flammarion, dessen Wirkung Karl Clausberg in seinem Buch: "Neuronale Kunstgeschichte" mit folgenden Worten beschrieben hat:

Clausberg (1999: 305): [Diese Aufgabe] "richtet sich auf die unbekannten, noch nicht benannten, kaum denkbaren Dinge jenseits des Sprachkokons, den Wilhelm von Humboldt als Mittler zwischen Mensch und Welt beschrieben hat"

und:

Clausberg (1999: 307): "Das ins Auge Fassen unbeschreiblicher Seherfahrungen".

Clausberg (1999: 289): In diesem noch heute so beliebten pseudomittelalterlichen Weltbild mit spektakulären Sphärendurchbruch hat die intellektuelle Mobilisierung neurokultureller Rückkoppelungsprozesse - eine wesentliche Voraussetzung unserer so erfolgreichen Technozivilisation - ikonenhafte Ausprägung gefunden.

In sehr ähnlicher Weise formulieren es McLuhan und McLuhan in "Laws of Media":

McLuhan (1988: 5): The obligation to explore, to find words for the inarticulate, to capture those feelings which people can hardly even feel, because they have no words for them...

In diesem Sinne möchte ich das Flammarion-Bild wörtlich nehmen, um einen "Einstieg" in eine ungewohnte Erlebniswelt zu finden.

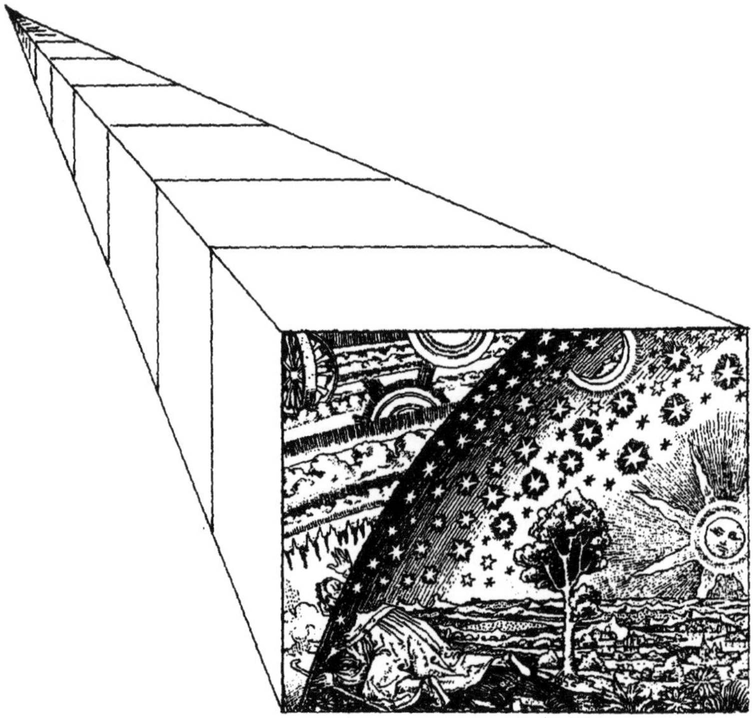

Abb.: Das pseudomittelalterliche Bild von Flammarion mit spektakulärem Sphärendurchbruch und Erweiterung durch A.G.

Um uns weiter einzustimmen, uns in die fremdartige Welt der neuronalen Impulsfelder in unserem Kopf zu begeben, möchte ich noch ein anderes Bild des "blinden Passagiers" verwenden, das von Maturana und Varela, aus "Baum der Erkenntnis" (p. 149-150) stammt, nämlich das *Uboot.* Es gibt wohl kein treffenderes Bild der operationalen Geschlossenheit (p. 146) des Nervensystems als das *Uboot.* Ich möchte dieses Bild vor allem deshalb einführen, um eine weitere Assoziation aufzubauen, und zwar zu den Beatles, deren Song "Yellow Submarine" wohl einen bestimmten Zeitgeist der 60er und 70er Jahre ausgedrückt hat.

Die Überleitungen der Gedanken-Bilder, die ich jetzt mache, sind Bestandteil der *morphologischen Methode*, die ich einführe. Analog dazu sind die entsprechenden computer-graphischen Anwendungen des "*Morphing*" allgemein bekannt. In der Kunst-theorie sprechen wir hier von *Meta-* und *Ana- Morphosen*, und in den Textwissenschaften spricht man von *Metaphern* und *Allegorien.*

Wenn wir an die Beatles und den Song "Yellow Submarine" denken, dann denken wir auch gleich an "Lucy in the Sky with Diamonds". (Zumindest diejenigen, die diese Zeit mitbekommen haben). Dies bietet uns dann den geeigneten Übergang, den wir noch brauchen, um eine Neuronen-Netz Interpretation des Flammarion-Bildes zu machen.[214] Also stellen wir uns vor, daß wir jetzt gerade der Missionar auf dem Bild sind, und wir machen einen Head-Trip der Manier "Lucy in the Sky with Diamonds" und so dringen wir jetzt in den inneren Kosmos unseres Nervensystems vor. Damit kann ich Sie auch gleich in weitere morphologische Techniken einführen, hier sind es *Umkehrungen* der *Projektionsrichtungen*, von *Konkav* nach *Konvex*, von *Innen* nach *Außen*, und von *Bild* und *Hintergrund* (Figure-Ground-Inversion). Die Kugelschale ist natürlich der Schädel, und das Flammarion-Bild ist morphologisch transformiert, und die Projektion umgekehrt. Dieses morphologische Instrumentarium war ebenfalls das Handwerkszeug der Exegeten und Allegoristen, und ist z.B. von McLuhan in seinen Werken beschrieben worden, wenn auch unter anderem Namen.

Die Boring-Frauen

@:BORING_FRAUEN

Zur Erläuterung dieses Mechanismus dient noch ein anderes bekanntes Figure-Ground *Kippbild..* Dieses Bild zeigt uns auch als Beispiel, wie das Nervensystem für uns automatisch morphologische Operationen durchführt, die auch als *neuronale Attraktoren* bezeichnet werden.

---

[214] Eine weitere Assoziation zu dem Beatles-Song "Yellow Submarine" ist das Buch von Jules Verne mit dem Uboot *Nautilus* (*nao-telos*) und dem Kapitän *Nemo*. Die Nautilus-Legende steht mit der homerischen Odyssee in Verbindung. Dies ergibt sich unter anderem über die Parallele des Griechischen *Outis-Oudeis-Odysseus* (*Niemand*, aus der Polyphem-Episode) = *Nemo*. Es lassen sich noch viele weitere interessante morphologische Affinitäten finden, wie *noo-telos* <-> *nao-telos*. Es ist interessant, was R.A.Wilson in seinem "Illuminatus" Epos daraus gemacht hat. Siehe auch:
->:PERI_PEIRASIS, p. 160
http://www.noologie.de/symbol08.htm

Abb.: Die Boring Frauen: Gestalt-Bild zur Demonstration neuronaler Attraktoren

Die Assoziation mit den Beatles-Songs löst unsere nächste Frage, als was wir uns nun die neuronalen Impulsfelder darstellen wollen. Nämlich nach "Lucy in the Sky with Diamonds" als ästhetisches Klang- und Lichterlebnis, bei dem die Impulse an Axonen und Synapsen mit kleinen farbigen Lichtblitzen aufleuchten, sowie als Töne. Akustisch können wir uns die Funktion des Nervensystems wie eine gewaltige vieldimensionale kontrapunktische Komposition vorstellen. Ich habe dieses Bild in einigen meiner Schriften weiter ausgeführt,[215] und es gibt ja in der Literatur ebenfalls diverse solcher Beschreibungen (z.B. das Pribramsche Hologramm-Modell des Gehirns). Wie ich festgestellt habe, ist diese Darstellung des Nervensystems den uralten pythagoräischen und orphischen Mythen morphologisch so nah verwandt, daß ich in diesem Zusammenhang von einer *Neo-pythagoräischen* Darstellungsweise spreche. Ich meine damit natürlich nicht, daß die alten Pythagoräer und Orphiker neuronale Modelle im Sinn hatten, sondern, daß zur damaligen Zeit nicht so strikt zwischen Innen- und Außenwelt unterschieden wurde, wie heute, und es einem Pythagoräer daher sehr leicht faßbar gewesen wäre, wenn man ihm die heutige neuronale Konzeption erklärt hätte. (Dazu auch die Arbeit von Julian Jaynes 1976). Ich möchte das gleich noch ein wenig verdeutlichen: Wenn Sie in einem absolut schall-isolierten Raum sitzen (z.B. in einer tiefen Höhle, wie Pythagoras auf Samos), hören Sie nach einiger Zeit zwei Geräusche, ein hohes Singendes, und ein dunkles, Brausendes, dies sind physiologisch die akustischen Peiltöne des Innenohrs und das Geräusch des pumpenden Blutes. Wahrscheinlich sind es diese Geräusche, die zum Ausgangspunkt der früheren Vorstellungen von der *Sphärenmusik* der Pythagoräer und des *Anahat Nadam* im Yoga wurden.

---

[215] Goppold (1999g - 2001a).

Dies also zur Einleitung: "What Is It Like to be a General Neuronal Net?" Eine ziemlich psychedelische Erfahrung. Natürlich kann ein GNN sich nicht selber "hören" und "sehen", sondern seine Impuls-Patterns sind das einzige, was es überhaupt "wahrnehmen" kann. Ich habe diese Situation in einem Aphorismus in Anklang an Whitehead als das "*reformed GNN Universe of Metapatterns principle*" bezeichnet:[216]

"Apart from the process patterns of General Neuronal Networks, there is nothing, nothing, nothing, bare nothingness."

Das Auge auf der Pyramide

@:AUGE_PYRAMIDE

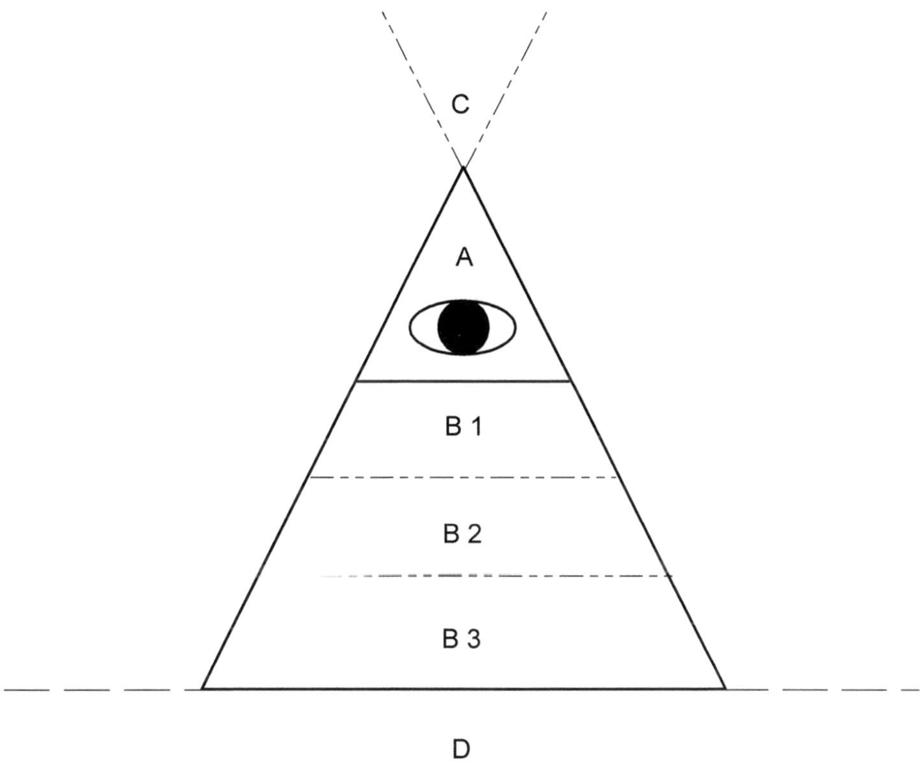

Abb.: Das Auge auf der Pyramide, schematisiert

Dieses Bild zeigt uns "Das Auge auf der Pyramide" aus dem Wappen der USA, wie es auf der US-Ein-Dollar Note dargestellt ist.[217]

216 Goppold (1999g, 1999h, 1999i, 2000a, 2000e, 2001a).

217 Weitere Erläuterungen und Materialien:
Goppold (1999d: 58-61, 109, 110-111, 196)

Wir alle kennen die geläufige Interpretation: *dies ist das Auge Gottes*, das in seinem ätherischen Strahlenkranz, alles sehend, und völlig unbeeinflußt, völlig transzendent, losgelöst über dem Weltgeschehen schwebt, das in der schweren Materie der Pyramide eingeschlossen ist. Wir brauchen uns nur die ungeheure Plackerei der ägyptischen Fronsklaven vorzustellen, die notwendig war, diese Pyramide zu errichten, und wir bekommen eine direkte empathische Erfahrung von der Macht des Projektionsmechanismus dieses Symbols, das uns die Härte und Trostlosigkeit dieses Erdendaseins deutlich macht, und die unendliche Ferne eines *Deus Absconditus*, der davon völlig losgelöst, in seinem Himmel der Ewigkeit schwebt.

An diesem Beispiel erkennen wir eine der grundlegenden neuronalen, empathischen Wirkungsweisen von Symbolen, die über konditionierte Reaktionen im Neuronalsystem des Beobachters standardisierte Erfahrungen auslösen. Je älter eingeübt und je "selbstverständlicher" die Bedeutung eines Symbols, desto tiefer seine neuronalen Wirkmechanismen, und desto unbewußter ist seine Wirkung.

Das wissen vor allem diejenigen am besten, die seit unzählichen Generationen ihre Macht über die Symbole souverän ausüben. Die hintergründige Bedeutung dieses Symbols ist folgende: Dieses Bild zeigt Gott in seiner ***Transzendenz***, in seiner Außerweltlichkeit, denn sein Auge ist durch den Stahlenkranz von dem massiven, materiellen Pyramidensockel abgetrennt. Man erinnere sich an eine ähnliche Diagrammatik, die in der heutigen Physik verwendet wird: Den Relativitäts-Lichtkegel als die Begrenzung aller möglicher Welterfahrungen. Ebenso läßt sich hier eine direkte Verbindung zu dem Objektivitätskriterium der Wissenschaft erstellen, denn auch der objektive Forscher muß, mit seinem Beobachterauge losgelöst, über den Dingen schweben. Die Verbindung von Methode und Technik finden wir in dem Namen für das Linsensystem der Kamera: Das *Objektiv*. S.a. Feyerabend (1975, 193).

Wenn wir dagegen die Pyramiden-Komposition auf Basis des Bildes von Flammarion ansehen, fällt auf, daß der Sucher dort den Kontakt mit der Pyramidenspitze ***von Innen*** aufnimmt. Dieses Bild zeigt Gott in seiner ***Immanenz***, denn hier finden wir beides, die materielle Welt, wie die kosmische, im ***Inneren der Pyramide***, damit auch innerhalb des menschlichen ***Seh- und Erfahrungsfeldes***. Dies ist von entscheidender soteriologischer Bedeutung, und stellt einen der größten Konfliktpunkte der Religionen dar. Z.b. war die gnostische Sicht die der *völligen Transzendenz Gottes*, nach der alle Materie sogar das Werk eines bösen Geistes war, des *Demiourgos*, wie er in völliger Verkehrung des Platonischen Originals aus Timaios genannt wurde.

---

http://www.noologie.de/desn15.htm
http://www.noologie.de/desn23.htm#BIBLIOSPHERE
Weiteres Material: Lippe (1997).

2.1.7. Meta-Morphologie, Eine allgemeine Systematik von Patterns, ihren Transformationen und Transmissionen

@:META_MORPH

Hier wird das Thema der Meta-Morphologie weitergeführt, im neuen Gewande der Neurowissenschaften, in Form von Fuzzy-Logik und Fuzzy-Topologie Systemen. Das *morpho-logische* Denken ist ein *Denken in Feldern von Semantischen Konnektivitäten*, die mit *morpho-logischen* Operatoren transformiert werden.

Meta-Morphologie ist in der Noologie der Fachausdruck für die Klassen von Transformationen, die in Konfigurationen von Spannungsfeldern möglich sind. Auch hier wieder eine physikalische Analogie, aus dem Protein-Folding Mechanismus, wo die Ladungsenergien der Molekular-Elektronenwolken der Aminosäuren auf einen energetischen Minimal-Zustand hinstreben, der die genaue geometrische Form des Proteins bestimmt, und damit auch seine biochemische Wirkung. In der Welt von Gedanken und Ideen gibt es eine wesentlich grössere Freiheit und Varianz von quasi-energetischen Ladungen, und Gedanken können je nach Kontext auch ihre Polarität wechseln. Insofern hat die Meta-Morphologie ein wenig den Charakter einer mathematischen Topologie, in der sich die Körper verdrehen und strecken lassen. Aber nur ein wenig, denn wenn man nicht absoluten Unsinn produzieren möchte, sollte man das Verdrehen der Gedanken mit Bedacht und Subtilität durchführen. Von diesem Thema handeln die berühmten Polemiken Platons gegen die Sophisten, und aus Platons Erfolg resultiert auch eine gewisse Abneigung der westlichen Philosophie gegen Gedanken-Verdreherei oder *Tropo-Noesis* (Eel-Wriggling).[218] Aristoteles hat dann seine Logik eingeführt, um weitere Gedanken-Verdrehereien dann für alle Zeiten unmöglich zu machen, aber leider ist seine Logik nur auf den allergeringsten Teil der alltäglichen Problematiken anwendbar.

Das *morpho-logische* Denken macht den Ansatz, die ursprüngliche *morphische* Denkstruktur mit den neueren Möglichkeiten des logischen Denkens in Übereinstimmung zu bringen. Hierbei muß die Rolle der Schrift im Prozess der Entwicklung des logischen Denkens berücksichtigt werden. Das *morphische* Denken ist der oralen, epischen Tradition angepaßt, und das *logische* Denken an die Schrift, bzw. sie ist ein Produkt derselben. Der letzte große Versuch zum *morpho-logischen* Denken war von Spengler gemacht worden. Sein großer Entwurf ist zwar gescheitert, aber das liegt nicht daran, daß seine Intuition falsch war. Und so finden sich unter den 1200 Seiten im "Untergang des Abendlandes" genügend Hinweise und Materialien, mit denen man an eine Neukonstruktion des Morphologischen Systems gehen kann.[219]

---

[218] Sturm (1996), p. 12 f.

[219] Die Basis der Arbeiten Spenglers dazu wird an anderer Stelle weiter ausgeführt. Siehe Goppold, A. (2001c) "Der unbekannte Visionär Oswald Spengler" ->:OSWALD_SPENGLER, p. 351

Hier einige der Charakterisierungen, die Spengler zu seiner Methode gemacht hat:

Spengler (1980: 68): ... diese Perspektive legt den wahren Grund der Geschichte bloß. Sie läßt sich... nur mit gewissen Anschauungen der modernsten Mathematik auf dem Gebiete der Transformationsgruppen entfernt vergleichen.

(1980: 68): Die Stellung Goethes in der westeuropäischen Metaphysik ist noch gar nicht verstanden worden. Er war Philosoph. Er nimmt Kant gegenüber dieselbe Stellung ein wie Plato gegenüber Aristoteles. Plato und Goethe repräsentieren die Philosophie des Werdens, Aristoteles und Kant die des Gewordenen.

(1980, 77): Natur ist das Zählbare. Geschichte ist der Inbegriff dessen, was zur Mathematik kein Verhältnis hat. Daher die mathematische Gewißheit der Naturgesetze, die staunende Einsicht Galileis, daß die Natur "scritta in lingua matematica" sei und die von Kant hervorgehobene Tatsache, daß die exakte Naturwissenschaft genau so weit reicht wie die Möglichkeit der Anwendung mathematischer Methoden.

Goethe, in Spengler (1980: 130-131): Die Gestalt ist ein Bewegliches, ein Werdendes, ein Vergehendes. Gestaltenlehre ist Verwandlungslehre. Die Lehre von der Metamorphose ist der Schüssel zu allen Zeichen der Natur.

(1980: 134): Richtung und Ausdehnung sind die herrschenden Merkmale, durch die sich der historische und der naturhafte Welteindruck unterscheiden.

(1980: 135): Alle Arten, die Welt zu begreifen, dürfen letzten Endes als Morphologie bezeichnet werden. *Die Morphologie des Mechanischen und Ausgedehnten, eine Wissenschaft, die Naturgesetze und Kausalbeziehungen entdeckt und ordnet, heißt Systematik. Die Morphologie des Organischen, der Geschichte und des Lebens, alles dessen, was Richtung und Schicksal in sich trägt, heißt Physiognomik.*

(1980: 135): Die physiognomische Art der Weltbetrachtung... Das bedeutet Morphologie der Weltgeschichte.

(1980: 137): Zur Naturerkenntnis kann man erzogen werden, der Geschichtskenner wird *geboren.*

@:GEDAECHTNIS_BILD

(1980: 138-139): "Das Bild der Geschichte - sei es die der Menschheit, der Organismenwelt, der Erde, der Fixsternsysteme - ist ein *Gedächtnisbild.* Gedächtnis wird hier als ein höherer Zustand aufgefaßt, der durchaus nicht jedem Wachsein eigen und manchem nur in geringem Grade verliehen ist, eine ganz bestimmte Art von Einbildungskraft, die den einzelnen Augenblick sub specie aeternitatis, in steter Beziehung auf alles Vergangene und Zukünftige durchlebt werden läßt; es ist die Voraussetzung jeder Art von rückwärtsgewandter Beschaulichkeit....

Heute spricht man in diesem Zusammenhang in der Nachfolge der Arbeiten von Bertalanffy, H.v. Foerster, Jantsch, Prigogine, in Begriffen wie *Offene Systeme*, *Irreversibilität*, und dem *Zeitpfeil.*

Ein wesentlicher Grund, warum Spenglers Arbeit zum Scheitern verurteilt war, lag m.E. darin, daß er seiner Zeit zu weit voraus war. Die Konzepte, die er zu denken versucht hatte, stießen noch zu sehr gegen die Eckpfeiler der Mentalität des 19. Jh.'s. In den knapp hundert Jahren nach der Erstfassung seines Werkes ging aber der Gang der

Denk-Evolution der Menschheit in eine Richtung, mit der das Denken Spenglers in neuer Form "aufgehoben" werden kann. Dabei ist besonders der Fortschritt der formalen Systeme der letzten Jahre zu beachten, die Entwicklung neuerer mathematischer Konzepte wie Neuro-Computing. Mit den formalen Hilfsmitteln der Schrift und der Mathematik der letzten 2300 Jahre ist *morphisches* Denken schlecht zu vereinen. Um den Schritt vom defizitär rudimentär *morphischen* zum *morpho-logischen* Denken zu bewältigen, benötigt man andersartige Hilfsmittel als *Denkprothesen*, um diese äußerst schwierigen geistigen Operationen zu unterstützen und vor dem Entgleiten ins Phantastische, Nebulöse, und Mystische zu bewahren. Das war auch die Falle, in die Spengler getappt ist, in schöner Gesellschaft mit Goethe, Novalis, und einer Menge anderer Romantiker. Hier kommen die neueren Entwicklungen des Neuro-Computing zum tragen. Die fundamentale Arbeitsweise des Nervensystems weist wesentliche Ähnlichkeiten mit den *morphischen* Prinzipien auf. Sie ist feldhaft, kontinuierlich, selbst-rekursiv, dies wird in neueren Arbeiten wie "Interne Repräsentationen" beschrieben. (Breidbach 1996). Heutige Neuro-Computing-Systeme sind in der Lage, die grundlegenden morpho-logischen Operationen formal und operational intersubjektiv gesichert zu realisieren, für Goethe und Spengler wäre das der ultimate Wunschtraum gewesen. Damit wird der formale Durchbruch von Pascal und Leibniz, zur mechanischen Beherrschung der Aristotelischen Formalstruktur, heute auch für die Post-Aristotelische Struktur möglich, in der Form morpho-logischer Maschinen.

2.3. Pera-Noesis

@:PERA_NOESIS

> My first task... would be to explore these limits and to venture beyond them.
>
> Feyerabend (1975: 73)

Im folgenden Kapitel möchte ich einen vertiefenden Exkurs in die Grenzbereiche des Denkens vornehmen. Die Methode wird entlang der Denklinien von Paul Feyerabend "Against Method" (1975) entwickelt, hat aber eine eigene Fundierung, nämlich die altgriechische, vorplatonische Philosophie und Mythologie.

2.3.1. peri peras

@:PERAS

Peira bedeutet: Versuch, gemachte Probe, Erfahrung (haben), aus Erfahrung wissen / belehrt sein. Das Klangfeld des griechischen *Morphogramms*[220] *per-* / *peir-* verbindet sich noch mit folgenden anderen Klangfeldern:

peirazo: Der, der an (oder in) *die Grenzen* führt: Er führt auf hohe Aussichtspunkte, wie Berge oder Turmspitzen, um weite Perspektiven aufzuzeigen. Gebser (1973: 38-59), (Matth 4,3-11; Luc. 4,3-13). Mit der *anabasis* ist eine Anstrengung verbunden, aber dann auch der Gewinn einer Perspektive, einer Übersicht. In der christlichen

220 Siehe: *Morphae - gramma*: die *Klang-Form*.
->:MORPHOGRAMM, p. 199

Mythologie muß er aber die undankbare Rolle des *Versuchers* spielen.[221] In der älteren Philosophie, vor dieser "Umwertung der Worte", hatte *peira-* mehr mit *Ausprobieren* (Empirie) und *Erfahrung* zu tun.

peirasis: das an (oder in) die Grenzen Führen. In christlicher Version: die Versuchung.
peirastaes = peirazo: Versucher, Verführer -> erastaes: Liebhaber -> philaes
peirastikos: zum Versuchen / Probieren gehörig. -> en-peiria / em-peiria
peirar / peiras / peiratos: Ende, Grenze, der höchste Grad, das Ziel, Vollendung
peirata technaes: Vollender der Kunst
pera: Ort: darüber hinaus, Zeit: länger
pera: Grenze[222]
peran: jenseits
peras: das Ende, das äußerste, Vollendung, Vollbringung, Vollziehung
perasis: Durchgehen, Darübergehen, Übersetzen
peratos: jenseitig
peratosis: Begrenzung, Endigung
peri- : rings herum

Im vorliegenden Kontext führt uns unsere *ana-basis* hin auf das nobelste und höchste Ziel, auf das *aristo*[223]*-telos*[224]. Dies ist äquivalent mit der Bedeutung von *peras*: "der

---

[221] Auf die naheliegende Frage, warum es denn nun plötzlich verboten sein sollte, sich den *Grenzen* (*pera*) zu sehr zu nähern, oder sie sogar zu untersuchen, ist die leicht einsichtliche Antwort: Da das *Im-Perium* sich nur dadurch erhalten kann und seine Machtstrukturen wirken lassen kann, wenn die Menschen sich tunlichst innerhalb der ihnen von der höchsten Autorität (*hieros-archae*) vorgegeben Grenzen halten, und nicht von den vorgeschriebenen Denk- und Verhaltensmustern abweichen. Wie wir alle wissen, entstand die christliche Religion aus einer sehr interessanten Verbindung jüdischer Mystik (Messias / M-Essener), mit hellenistisch-orientalischer Mystik (Chrysto- / Chresto- / Christo-logie: Joh. 1.1.), und einem mehr als gehörigen Zu-Schuß von römischen *Im-perialismus* (St. Paulus). Das weiter zu verfolgen ist hier nicht das Thema, aber wir können leicht sehen, wie das spirituelle (nicht von dieser Welt) *Im-perium* hier seine Fundamente findet. Der *Im-perator* (*hier-archon*) ist deshalb der, der alles schön in seinen vorbestimmten Grenzen festhält, und dafür sorgt, daß seine *Schäfchen* nicht auf anderen Wiesen weiden, und wenn schon, dann wenigstens daß sie zur *Schafschur* und zur *Schlachtung* wieder rechtzeitig im *heimischen Stall* sind. In dieselbe Richtung geht auch die vielsagende römische Legende Plutarchs von der Gründung des nachmaligen Imperiums durch Romulus und Remus, (Campbell 1996, III, 358-359). Es wurde eine runde Grube ausgehoben (chasm / chaos) und als mundus bezeichnet, dann wurde mit einem Pflug eine Furche (peras) darum herum (peri) gezogen. Wer diese Furche mutwillig überspringt, wird mit dem Tode bestraft.
[222] Siehe dazu auch Gennep (1960: 15-25), und das Konzept des *limen* als räumlich und zeitlich ausgedehnter Grenzbereich.
[223] aristos: bester, tüchtigster, edelster, vornehmster.
[224] telos: Ende, Ausgang, Ziel, Vollendung, Ausführung, Erfolg, Tod, Grenze -> peras. teleios: vollendet, beendet, vollkommen, endgültig.

höchste Grad, das Ziel, die Vollendung". Von Anaximandros stammt die älteste Überlieferung über das Werden und Vergehen der Dinge, und ihren Ursprung im Unbegrenzten.

2.3.2. Anaximandros: das apeiron

@:ANAXI_APEIRON

archaen ... eiraeke ton onton to apeiron /
Der Ursprung (oder: Anfang) der seienden Dinge ist das Unbegrenzte (apeiron).
ex on de he genesis esti tois ousi /
Aus welchen (seienden Dingen) die seienden Dinge ihre Entstehung haben.
kai taen phthoran eis tauta ginesthai kata to chreon /
dorthin findet auch ihr Vergehen statt, wie es gemäß der Ordnung ist.
didonai gar auta dikaen kai tisin allaelois taes adikias kata taen tou chronou taxin /
denn sie leisten einander Recht und Strafe für das Unrecht (adikia) gemäß der zeitlichen Ordnung (chronos).[225]

2.3.3. Pera-Noesis: Imaginäre ontologische Orte und Metaphysik

In der Mathematik ist man schon seit langem problemlos darin geübt, mit imaginären Zahlen real zu rechnen, nur in der Philosophie gilt es als "politically incorrect" und "mega-out", mit "Imaginären ontologischen Orten" zu arbeiten. Gut, die damaligen schlechten Erfahrungen, die man machen musste, als man noch die "ancilla theologiae" war, und dabei Putz- und Kärrner-Dienste für die christliche Metaphysik verrichten musste, sind im Kollektiv-Bewusstsein der westlichen Philosophie noch nicht überwunden, aber auch hier ist es vonnöten, sich von der einmal erlittenen Erniedrigung loszusagen, und dieses sumpfige, schwankende, geradezu hinterlistige Territorium wieder zu betreten, und es aus den Klauen der New-Age- und Esoterik-Spintisierer zu befreien.

Lassen wir erst einmal den Begriff "Metaphysik" hinter uns, und all die Vorstellungen, die sich in den letzten 2300 Jahren seit der betreffenden Schrift des Aristoteles darum herum gerankt haben. Die damalige Idee von der "Physis" hat heute kaum noch einen Bezug zu der heutigen naturwissenschaftlichen Idee von "Physik", und daher kann das Wort "Metaphysik" auch nur in die Irre führen.[226] Nennen wir es daher: "Pera-Noesis". Pera-Noesis ist ein Unternehmen zur Erforschung der Genzen des Denkraumes, das systematische, strukturelle Hantieren mit Konzepten, die sich mit nichts aus dem Occam- / Popperschen Veri- / Falsifizierungs-Instrumentarium an-greifbar machen lassen. Welchen Zweck soll ein solches Unterfangen haben, ausser phantasievolle Luftschlösser?

---

[225] Diels 1954,I:12; Pleger 1991: 61

[226] Da die Schriften des Aristoteles nicht von ihm selbst redigiert worden sind, sondern von seinen Schülern irgendwann nach seinem Ableben nach Mitschriften und aus dem Gedächtnis reproduziert worden sind, ist Wortwahl des Begriffs sowieso ziemlich zweifelhaft, da sie nur auf die mehr oder weniger zufällige Position hinweist, die sie in diesen Nach-Schriften einnimmt.

2.3.4. Das Im-Perium

@:IM_PERIUM

Ich führe jetzt einen Sammelbegriff für alle Arten und Methoden zum Errichten und Erhalten der Genzen von Denk- und Erfahrungsräumen ein: Das *Im-perium*. Es ist für den vorliegenden Zweck unerheblich, ob das lateinische Wort Imperium etymologisch mit dem griechischen *Pera* verwandt ist oder nicht. Hier passt es ausgezeichnet. Ich mache jetzt die Annahme, dass das heute herrschende Weltbild ein "Im-perium" ist, das sich auf Grund bestimmter Eigendynamiken etabliert hat oder das installiert wurde, und das sich zwingend für alle Menschen als die "einzig erfahrbare Welt" etabliert hat.[227] Dies ist je nach Lehrmeinung, entweder ein evolutiver (etwa nach der Evolutionären Erkenntnistheorie) (und/ oder auch) ein sozialer, geschichtlicher Prozess gewesen, der unter anderem darin bestand, dass man den Menschen Denk- und Erfahrungszäune umgelegt hat, woraufhin sie nicht mehr in der Lage waren, irgendetwas anderes "Wahr" zu nehmen, als das, was das "Im-perium" des herrschenden Systems ihnen erlaubt. Ich arbeite dies in den folgenden Kapiteln unter "Gedanken, ihre Bahnen und ihre Grenzen" und "Die Pre-Skripte des Massenbewusstseins" weiter aus.[228] Es wurde am Anfang gesagt, dass die heutige Entwicklung der techno-kapitalistischen Gloabal-Zivilisation mit ziemlicher Sicherheit in die ökologische Biosphären-Katastrophe führen wird, und es ist ein Ziel der Noologie, einen Ausweg aus dieser an sich unaufhaltsamen Entwicklung zu finden. Die Vorgehensweise der Noologie besteht darin, das "Im-perium" dieses Systems zu dekonstruieren. Und dazu müssen wir uns erst einmal wieder mit "Pera-Noesis" vertraut machen.

2.3.5. Die Ur-Schlachten der Kräfte des Kosmos gegen die Kräfte des Chaos

@:KOSMOS_CHAOS

> ... though unhappily in science, as in politics, it is often hard to reorganize without some brief period of overthrow.
>
> Feyerabend (1975, p. 100)

Ich habe in verschiedenen Schriften über die Peras,[229] die Grenzen des Denkraumes geschrieben, sie sind in gewisser Weise so etwas wie die Fesseln des Fenris-Wolfes, die

---

227 Eine analoge "Line of Reasoning" führt P. Feyerabend (1975) in Bezug auf "conceptual totalitaranism" und die vorherrschenden Denkschemata der Naturwissenschaften aus. ibid. p. 261-262. Wilber führt in EKL, 427 einen ähnlichen Gedanken für das "mythisch-militärische Imperium des römischen Christentums" ein, das ca. 300-500 entstand. Weitere Kommentare dazu in EKL 701-704. Zur Fortführung der Gedankenlinie der Entstehung des christlichen Im-Periums, siehe:
->:WISSEN_MACHT, p. 275; ->:ZEIT_METAPHYSIK, p. 316
Eine mehr wissenschafts-philosophische Darstellung der Welt-Bildung findet sich bei Leiber (1996, 24, 40, 49).

228 ->:PRE_SKRIPTE, p. 113

229 "Proimion":
http://www.noologie.de/neuro07.htm#Heading42
"peri peras":

in der nordischen Mythologie beschrieben wurden:[230] Geschmiedet aus dem Bart der Frau, dem Schall des Katzentritts, dem Atem der Fische, und ähnlichen unmöglichen Ingredienzen. "Pera-Noesis" ist eine Denktechnik zum Auf- und Ent-Decken dieser Grenzen, natürlich zum Zweck, das Überschreiten zu ermöglichen. Aber solche Grenzüberschreitung wurde schon immer mit strengen Strafen geahndet, und nicht umsonst heisst der, der zum Überschreiten von Grenzen auffordert, der Peirazo, der Ver-Führer oder Ver-Sucher, und wird in der Bibel mit allen Attributen des Teufels ausgestattet. (Siehe auch die entsprechende Szene aus Goethes Faust, in der Mephisto den Faust auf einen hohen Berg führt.)

In der Tat ist auch eine gewisse Notwendigkeit einer Einzäunung der Denk- und Erfahrungsräume nicht von der Hand zu weisen, denn wenn man sie unbedacht aufhebt, dann kann es wirklich dazu kommen, "that all hell breaks loose". "Pera-Noesis" kann leicht in "Para-Noia" umschlagen, in Wahnsinn und Schlimmeres. Man sollte also subtil und vorsichtig damit umgehen. Das Hintergrundthema dazu ist der Ur-Kampf der Kräfte des Kosmos gegen die Kräfte des Chaos. Hiervon handeln viele Urzeitmythen, auch die Genesis, nämlich wie "Recht und Ordnung" in die Welt eingeführt wurden, aber in den meisten Mythen ausser der Genesis, konnte dies nur unter allergrössten Kämpfen, Schlachten, und Opfern erreicht werden. Und davon handeln auch so ziemlich alle nach-geholten Mythen, die man heute im Kino sieht, wie z.B. die "Herr-der-Ringe" Story, und alles mögliche weitere. Man muss nur verstehen, dass all diese Skripte Nach-holungen der alten Ur-Skripte sind, die heute kaum jemand noch kennt, wenn man nicht die alten Mythologien einigermassen überblickt, und sie nicht als Ammenmärchen abtut, sondern ihren tieferen Gehalt verstehen möchte. In der Genesis ist das Thema des primordialen Kampfes zwar noch vorhanden, aber mit einem Kunstgriff "aufgehoben", nämlich so, dass die Rebellion des Luzifer gegen Gott erst NACH der Schöpfung stattgefunden haben soll. Wer aber all die anderen Skripte kennt, für den dürfte klar sein, dass auch der Gott Yahwe sich erst nach einem harten Kampf gegen Luzifer ab- und durchsetzen konnte.[231] Aber das darf nach abrahamitischer Ideologie eben nicht sein, weil eben alles von Gott ausgeht und durch ihn entstanden ist, ausser der Sünde, natürlich, von der sich keiner so richtig erklären kann, wie sie eigentlich entstanden ist.

---

http://www.noologie.de/neuro07.htm#hdr7.2.3.
Anm: Das "peri peras" ist zwar griechisch ungrammatisch, aber darauf kommt es mir nicht an.

[230] Siehe die Arbeiten von Hertha v. Dechend. Edda / Voluspa / Snorri

[231] ->:DUALISMUS, p. 224
Siehe dazu auch meine Diskussion der Goetheschen Rezeption und Weiterverarbeitung dieses Archae-Motivs bei Hesiodos.
http://www.noologie.de/desn08.htm
http://www.noologie.de/desn27.htm

2.3.6. Ontologische Orte: SUB, OBJ, SEM

@:ORTE_SUB_OBJ

Zunächst einige Erläuterungen über ontologische Orte: Ontologie ist die (philosophische) Systematik von dem, was "ist". Es gibt mindestens zwei ontologische Orte, den des Subjektiven (SUB) und den des Objektiven (OBJ). Dies wurde in einem vorangegangen Kapitel unter "Indvidual <-> Collective / Cultural / Relational" schon einmal angesprochen. Wie Descartes und andere Philosophen nachgewiesen haben, und wie man sich aber auch ohne Philosophen selbst leicht klar machen kann, ist es eine Grundtatsache, dass wir existieren. Wenn wir nicht existieren täten, könnten wir weder denken, noch sonst etwas tun. Also ist der erste, primäre ontologische Ort der der eigenen, subjektiven Existenz (SUB). Dann gibt es den zweiten ontologischen Ort der Objekte (OBJ). Dies ist auch ohne philosophische Nachhilfe leicht nachvollziehbar.[232] Dann haben aber einige Philosophen darauf hingewiesen, dass es noch einen dritten ontologischen Ort geben muss, den des "Du" und des "Wir", also des Intersubjektiven. Dies insbesondere Gotthard Günther in der Nachfolge der Hegel-Schule. Die positivistisch- / materialistische Naturwissenschaft bestreitet die unabhängige Existenz dieses Ortes, und geht (mehr oder weniger) stillschweigend von einem Monismus aus, dass nämlich nur ein einziger ontologischer Ort existiert, des OBJ, und dass das SUB "irgendwie" durch "Emergenz" oder "Evolution" aus dem Ort OBJ hervorgegangen ist, und ihm immer noch ontologisch untergeordnet ist, d.h. keine unabhängige Existenz hat. Der Fachbegriff dafür ist "Epiphenomenon". Diese Regelung hat vor allem eine wissenschafts-soziologische Kontroll-Funktion. In der positivistischen Naturwissenschaft ist es schlicht verboten, irgendetwas anderes als die alleinige Existenz von OBJ zu denken, und wenn man es doch tut, dann darf man eben nichts mehr in den angesehenen wissenschaftlichen Journalen veröffentlichen. So einfach ist das.

Eine unabhängige ontische Existenz des Ortes SUB ist eine notwendige Voraussetzung für den Glauben an eine "Unsterblichkeit der Seele", denn wo soll sie sonst bleiben, wenn in der Welt OBJ alles zerfällt, was noch an das einmal existiert habende SUBjekt erinnert, also wenn man als Mensch und Leib eben tot ist. Die Theologie vollzieht aber ein "aufheben" des Ortes SUB in "Gott", strukturell ist das ein Super-SUB, das alle Einzel-SUBs includiert. Die Existenz der zwei ontologischen Orte SUB und OBJ ist die Ausgangsbasis für den Dualismus von Subjekt und Objekt. Non-Dualismus hat also zwei Alternativen: Indem man alles wieder auf einen Monismus reduziert, wie es die Naturwissenschaft, Ken Wilber, und die Advaita-Philosophie tun, oder man führt einen weiteren ontologischen Ort ein: Die Welt SEM. Dazu eine Übungsfrage: Welchen ontologischen Ort haben Gedanken? Ich habe dies an anderer Stelle ausführlich diskutiert.[233] Gedanken haben einige beunruhigende Eigenschaften: Sie geben sich

---

[232] Allerdings vertrete ich hier nicht die Position des "naiven Realismus", dass es eine Welt der OBJektiven Dinge völlig unbeeinflusst von unserer "Wahr-" Nehmungs-Funktion und Interpretation gibt. Eine ausführliche Diskussion dazu findet sich bei Leiber (1996, 38-54). Der "naive Realismus" unterliegt dem wahrnehmungsphänomenologischen "Mythos des Gegebenen", wie Leiber (1996, 38-39) es ausdrückt.

[233] Unter: "Information and Third Order Ontology"

zwar den Anschein, als ob sie ganz privat in unseren Köpfen herumspuken, aber wenn wir die Sache etwas genauer untersuchen, dann können wir uns überzeugen, dass sie noch irgendwo anders residieren. Plato nannte das die Welt der Ideen, und ich habe es die Welt SEM genannt, oder auch die Semiosphäre. Die Voraussetzung von Gedanken ist Sprache, und Sprache existiert ausserhalb von SUB, bzw. sie existiert distributiv über eine ganze Menge von Einzel-SUBs.[234] Ohne Sprache oder ein anderes Vorstellungssystem[235] ist ein Gedanke schwer zu fassen, bzw. ganz unmöglich. Es ist müssig, darüber zu diskutieren, ob es Klassen von Gedanken gibt, die die vorhandenen Vorstellungssysteme prinzipiell nicht ausdrücken können, da man Gedanken am besten damit definiert, was mit den gegebenen Vorstellungssystemen ausdrückbar ist. Alles, was nicht damit ausdrückbar ist, wäre dann dem Bereich des "Jenseitigen", "Spirituellen", also kategorisch Ausgeschlossenen, zuzuordnen, und das wäre wiederum ein Thema für die Diskussion, ob mystische Non-Duale Erfahrungen innerhalb der Klasse aller nur möglichen Ontologien oder ganz ausserhalb liegen.

Wenn wir den Bereich SUB als das "Relationale" bezeichnen, dann finden wir hier auch die logische Struktur, die dem buddhistischen Kernprinzip der Paticca Samuppada (Pali) oder Pratitya Samutpada (Skrt), entspricht. Nach Joanna Macy (1991) ist dies auch die Tiefenstruktur der "General Systems Theory". Weiteres dazu unter:
http://www.noologie.de/desn16.htm#Heading60
http://www.noologie.de/desn17.htm#hdr11.2.2.

2.3.7. Die "Ontologie" des Advaita Vedanta

@:ADVAITA_VEDANTA

Der Advaita Vedanta postuliert monistisch, dass allein das Brahman im ontisch positiven Sinne existiert.[236] Das Brahman ist ewig und unveränderlich, weder wird es noch

---

http://www.noologie.de/inform01.htm
Sowie:
10.2. The Semiosphere, 10.2.1. The home of the unicorn
http://www.noologie.de/desn16.htm#hdr10.2.1.

[234] Solange es Menschen gibt, wird es Sprache geben. Das ist unabhängig davon, ob vielleicht die eine oder andere indigene Stammes-Sprache ausstirbt, wie etwa in den letzten und kommenden 50 Jahren, in denen hunderte und tausende Stammes-Sprachen ausstarben und aussterben werden. Der Tsunami vom 26.12.2004 hat einige Ongee-Sprachen auf den Andamanen ausgelöscht.

[235] Man kann natürlich auch in geometrischen und visuellen Konzepten "denken", wie es z.B. Steven Hawking notwendigerweise lernen musste, nachdem er paralysiert war. Er beherrschte dieses Instrumentarium dann auch sehr souverän, und seine Behinderung tat seiner Forschertätigkeit keinen Abbruch. Aber er hatte vorher schon das sprachliche und mathematische Instrumentarium beherrschen gelernt, und es ist fraglich, ob man es ohne vermittelnde Verbal-Sprache lernen könnte, komplexe geometrische und visuelle Konzepte zu manipulieren.

[236] Shankara: "Viveka Chudamani: Kleinod der Unterscheidung"

->:ADVAITA_VEDANTA, p. 109

vergeht es, und es bleibt sich selbst ewig gleich.[237] Nach dem Vedanta kann nur das real sein, was diesen Kriterien genügt. Alles andere, die Welt und das Ich (Jiva), sind Illusionen oder Überlagerungen, Produkte der Maya. Wie diese Überlagerungen zustande kommen, was die "Natur" und Wirkweise dieser treibenden Kraft der Maya ist, darüber gibt Shankara nicht viel Auskunft, sondern verweist auf die Veden und Upanishaden, in denen die gesamte Weisheit der Vordenker der indischen Tradition "aufgehoben" ist. Advaita Vedanta ist aber keine Wissenschaft, sondern eine "Methode zur Befreiung" von den Überlagerungen der Maya mittels Meditation und der Kunst der Unterscheidung. Wichtig ist in diesem System vor allem, sich von den Sinnen, Begierden und Trieben des Leibes zu lösen. Wenn man das Brahman erfahren will, muss man die Praxis befolgen, die Shankara vorgibt. In Bezug auf die "Methode zur Befreiung" und die Ermahnungen zur nicht-Anhaftung an leibliche und sinnliche Verlockungen unterscheidet sich der Advaita Vedanta wenig von den Lehren des Patanjali-Yoga und des Buddhismus, oder auch des Neo-Platonismus des Plotin, und dem christlichen System des Augustinus. Der Unterschied zum Buddhismus besteht hauptsächlich darin, dass letzterer sich auch noch von der ontischen Existenz des Brahman als Summum Bonum losgelöst hat. An seine Stelle tritt Shunyata, die Leere. Nach dieser Bestandsaufnahme erscheint es logisch, dass alles das, was in unserer Erfahrungswelt einen Wirklichkeits-Status hat (einen ontischen Ort), für den Vedanta Illusion ist, und im Umkehrschluss kann man auch das Brahman keiner ontischen Kategorie unseres normalen Denkens und Erkennens zuordnen. Im Buddhismus ist das sowieso klar, weil Shunyata definitionsgemäss keinen ontischen Ort haben kann.[238]

2.3.8. Das Neti-Neti Postulat der Noologie

Strukturell können wir feststellen, dass die Monismen Advaita Vedanta und Naturwissenschaft insofern die gleichen Denknotwendigkeiten nach sich ziehen: Wie man die offensichtlich erfahrbare Existenz aller anderen Bereiche, die nicht dem Allein und Absolut Seienden angehören (absolutes Brahmen vs. pure Materie), irgendwie plausibel machen kann. M.E. bieten dabei weder Advaita Vedanta noch Naturwissenschaft wirklich befriedigende Lösungen. Dies könnte man auch das "Neti-Neti Postulat" der Noologie nennen.[239] Der Terminus "Überlagerung" des Advaita Vedanta ist für

---

Allerdings kann man diese Feststellung nur unter dem Vorbehalt machen, dass man möglicherweise mit dem griechischen Konzept der Ontologie der indischen Denkweise Gewalt antut.

237 Dies ist ungefähr auch die Argumentationslinie des Parmenides in seiner Schrift, nur dass er natürlich nicht den Begriff "Brahman" verwendet.
->:PARMENIDES_SCHRIFT, p. 361

238 Weiter unten wird das unter "Taliter Aliter" kurz behandelt. Das Brahman ist demnach "Totaliter Aliter".
->:TOTALITER_ALITER, p. 123

239 Nach der Redeweise des Buddha, der zu allen Alternativ-Fragen ("ist es" dies oder das) immer die Standard-Antwort hatte: Neti Neti: "Weder dies noch das". Später kam mit Nagarjuna dann eine logisch erweiterte Konstruktion hinzu, die catuskoti, die alles, aber auch alles nur denkbare dazu ausschloss. Dem Objekt der Frage (Es ist) gebührt:
1) WEDER "ist es" "Sein",

praktische Zwecke in genau demselben Sinn zu verstehen, wie das Wort "Epiphenomena" der Naturwissenschaft. Und ebenso erscheint der "Deus ex Machina" der "Emergenz" und der "Überlagerung" (für mich jedenfalls) nicht so recht plausibel oder nachvollziehbar. Für Wilber ist "Emergenz" ein Zentralthema, wie aus der Vielzahl der Erwähnungen in EKL (siehe Index) ersichtlich ist. In einer Fussnote geht er auch genauer darauf ein: f(12) zu p. 66, p. 611: "Aus diesem Grund *erklärt* der Begriff "Emergenz"... eigentlich nichts, sondern beschreibt nur, was geschieht." und weiter: "Offenbar muss aber so etwas wie Eros im Spiel sein, sonst könnte es gar nicht beginnen." Aber leider, ja leider, ist Eros in der heutigen Wissenschaft kein anerkannter Wirkfaktor.

2.3.9. Die Welt SEM , das "Du" und das "Wir"

Es geht nun darum, die Notwendigkeit und Brauchbarkeit eines dritten ontologischen Ortes zu zeigen, der bei den beiden vorgenannten Monismen ganz "unter die Räder" kommt. Es wäre dann als nächstes die Aufgabe, zu beweisen, dass die Welt SEM identisch ist mit der Welt des "Du" und des "Wir". Ansonsten muss man noch einen weiteren ontologischen Ort dafür einführen. Wilber hat hierfür die zwei unteren Quadranten eingeführt, aber da er ontologisch ein Monist ist (imho), macht das wenig Unterschied. Wenn wir uns an die Occam'sche Regel des "entia non sunt multiplicanda praeter necessitatem" halten wollen (Occam's Razor), muss man untersuchen, ob drei ontologische Orte ausreichen. Dann muss man sich Gedanken machen, was das Ganze überhaupt bedeutet, und in welcher Relation es zu dem Eingangsthema des Spirit steht, welches ja das Hauptgebiet von Wilbers Unternehmung ist. Das spare ich aber für später auf. Ich führe erst einmal die Diskussion weiter, warum "Pera-Noesis" durchaus kein absurdes Unterfangen ist.

Seltsamerweise bemerken wir nämlich, dass es viele phantasievolle Luftschlösser aus der Welt SEM gibt, die durchaus einen sehr merkbaren Einfluss auf das Geschehen der Welt, also die Geschichte hatten und haben. First and Foremost sind hier die Religionen zu nennen. "Pera-Noesis" muss sich also damit beschäftigen, dass wissenschaftlich völlig imaginäre Gebilde sehr reale Auswirkungen in der Welt der Menschen haben. Galaxien und Sterne, Quarks und Hadronen lassen sich wohl von Religionen weniger beeinflussen, Menschen dafür umso mehr.

Ein Forscher versuchte einmal zu beweisen, dass Käfer mit den Beinen hören. Dafür dressierte er einen Käfer, dass er hochsprang, wenn der Forscher "Hopp" sagte. Dann fing er an, ihm ein Bein nach dem anderen abzukneifen. Und siehe da: Mit jedem "Hopp"

---

2) NOCH "ist es" "Nicht-Sein",
3) NOCH "ist es" ("Sein" UND "Nicht-Sein"),
4) NOCH "ist es" (WEDER "Sein" NOCH "Nicht-Sein").
Mit den Klammern deute ich an, das jede Stufe sowohl die Proposition der vorhergehenden abweist, sowie auch die Inversion ihres logischen Operators negiert.
Nach Sturm (1996).

sprang der Käfer ein Stück weniger, und nachdem das letzte Bein abgekniffen war, rührte er sich gar nicht mehr. qed: Käfer hören mit den Beinen.

So ähnlich könnte es auch mit den Gedanken verhalten. Stellen wir uns vor, dass unsere Gehirne nur Gedanken-Empfänger, -Transformatoren, und -Übertrager sind, also quasi Antennen in einen pera-noetischen Gedanken-Äther. Wenn wir nun die Antenne abkneifen (ie. das Gehirn zerstören), dann kann man bei der betreffenden Person auch keine Gedanken mehr feststellen. Heisst das, dass die Gedanken damit zerstört sind? So ungefähr funktioniert auch die Überlegung, die Sheldrake mit seinen "Morphogenetischen Feldern" gemacht hat, nur eben als "Gedächtnis der Natur", das alles "aufhebt" was in der Natur an Erfahrungen je gemacht worden ist. Im indischen Kulturkreis existiert hierzu das Konzept der Akasha-Chronik, aber ohne seinen evolutiven Beigeschmack. Auf eine ähnliche Basis setzt Wilbers Idee von der Universal-Evolution auf.

2.4. Die Pre-Skripte des Massenbewusstseins

2.4.1. Gedanken, ihre Bahnen und ihre Grenzen

"Die Gedanken sind frei": Die grösste Illusion der Geistesgeschichte

Irgendeine arme Seele, die eingesperrt in einem finsteren Keller schmachtete, prägte einmal das geflügelte Wort: "Die Gedanken sind frei".[240] Das mag zwar im Vergleich zu einem gerade angeketteten und eingesperrten Leib seine relative Berechtigung haben, aber die Begrenzungen sind lediglich subtiler. Und es ist anzunehmen, dass jene arme Seele, die den obigen Satz "Die Gedanken sind frei" geprägt hat, wahrscheinlich genau deshalb in diesem finsteren Keller eingesperrt schmachtete, weil sie ihren Gedanken allzu freien Lauf gegeben hat.[241] Das gilt sowohl vorwärts wie rückwärts:

Je beschränkter der Körper, desto freier erscheinen die Gedanken und umgekehrt.[242]

---

240 Shakespeare, Sturm, III, 2.
Und aus GMX Magazin, 25.1.2005, "Die Gedanken sind frei":
Das Jahr 2005 steht, wie es der Zufall will, ganz im Zeichen zweier Männer, auf die diese Beschreibung absolut zutrifft: Albert Einstein, der vor genau 100 Jahren mit mehreren bahnbrechenden Arbeiten in kurzer Folge die Physik auf ganz unterschiedlichen Gebieten revolutionierte, und Friedrich Schiller, dessen Todestag sich zum 200. Mal jährt. ... aus Schillers "Don Carlos" stammende vielzitierte Forderung: "Sire, geben Sie Gedankenfreiheit!"

241 Dazu prägten die Römer auch den Spruch: "Si tacuisses, philosophus mansisses."

242 Wiederum als passendes Beispiel: Stephen Hawking. Umgekehrt ist es zwar weniger zwingend, aber naheliegend: Je mehr Freiheit zur Gestaltung (poiesis) man hat, desto weniger Gedanken macht man sich darüber, was man da gerade anstellt. Reflexion setzt erst dann so richtig ein, wenn man bemerkt, dass man sich mit seinen faktischen Taten schon ganz gehörig selbst eingekesselt hat.

Ein anderes passendes Bonmot illustriert dies: Es geht nicht um "Freedom of Speech" sondern um "Freedom **after** Speech". Wer allzuviel unpassende Gedanken denkt, und sie auch noch ausspricht, lebt möglicherweise nicht sehr lange. Es gibt eine Tendenz, dass die Gedanken der Menschen im Mittel nicht allzusehr von gewissen vorgegebenen Bahnen abweichen. Rein darwinistisch interpretiert, ist es eine wohl in Hunderten oder Tausenden von Generationen der eugenischen Selektion angezüchtete Eigenschaft der heute (noch über-) lebenden Menschen, die sie geprägt hat. Die nüchterne Erkenntnis ist: es ist überlebensfördernd, wenn man gewissen vorgegebenen Denkbahnen folgt und sie nicht überschreitet.[243] Howard Bloom begründet diese Tendenz mit seinem Konzept der "Conformity Enforcers".[244] Ihre Struktur und Wirkmechanismen sind ein weiteres Zentralthema der Noologie.

2.4.2. Pre-Skripte, Ethnos, Kat-holisierung und Wertegemeinschaften

@:PRE_SKRIPTE

Mit dem Begriff "Pre-Skripte des Massenbewusstseins" soll hier umrissen weden, wie der Bereich SEM Einfluss auf die einzelnen Gedanken der einzelnen SUBjekte nimmt, wie diese also in der Wahl ihrer Gedanken nicht so absolut frei sind, wie sie manchmal denken.

Annäherungsweise ist das der teilweise unbewusste normative Wahrnehmungs-, Empfindungs- oder Entscheidungs-Hintergrund von grösseren Gruppen oder Massen von Menschen. Wie bei dem Thema "Spirit" und "Geist" gibt es auch hier einen ganzen Schwarm von Begriffen, die dafür geprägt wurden. Manchmal nennt man es Ideologien, Leit-Mythologien, Paradigmata, Sitte, Gebräuche, Konsensus, etc.[245] Es sind mehr oder

---

Das kann man als Programmierer gut nachvollziehen, wenn man ein neues System entwickelt, und alsbald merkt, wie man sich mit bestimmten Design-Entscheidungen "in die Ecke" programmiert hat.
http://www.noologie.de/neuro11.htm#Heading65
http://www.noologie.de/neuro11.htm#Heading67

243 Die berühmteste Darstellung des Sarkilegs, die "peras" zu überschreiten, findet sich in der Legende der Gründung Roms durch Romulus und Remus: Die rituelle Gründung des heiligen umfriedeten Ortes geschah durch Pflügen einer Furche, die die "peras" (perimeter) der Stadt markierte. Remus übersprang mutwillig mehrere Male diese Grenze, worauf hin Romulus ihn erschlug. (Campbell 1996, III, 358-359)

244 ->:BLOOM_BIO, p. 365

245 Joseph Vogl nennt diese (oder ähnliche) Phänomene auch "soziale und ökonomische Grosswetterlagen":
http://movies.abacho.de/tv/tv_programm/details/?ab_tvid=11013374
Metereologie des Zufalls
Sendedatum: 14. November 2004 SAT 1 23:45
Partner: KAIROS Kategorie: Forschung & Wissenschaft
Joseph Vogl über die „unsichtbare Hand“
Ähnlich wie Stürme und Wetterzonen um die Welt rasen, bewegt sich das moralische und ökonomische Wetter in der zweiten (gesellschaftlichen) Natur. Bei der Begegnung

weniger (un-)sichtbare und (un-)merkbare Spuren, denen die Menschen in ihren täglichen Entscheidungen und Gebräuchen folgen, nach denen sie sich richten, und was für sie "richtig", adäquat, und passend halten, mit solchen Begründungen wie: "es gehört sich so", "das haben wir schon immer so gemacht". Ich verwende hierfür den Begriff "Pre-Skripte des Massenbewusstseins". Auf Deutsch heisst das etwa: Vor-Schreibungen, und zwar weniger in dem Sinne von Vorschriften, wie wir sie aus den Gesetzbüchern kennen, sondern mit einem starken Anklang an den Derrida'schen Gebrauch der Spur.

Handelt es sich um Komplexe von langlebigen Pre-Skripten, die über viele Generationen hindurch das Leben der Menschen beeinflussen, dann findet man diese als Zentralthemen der Forschung in der vergleichenden Religionswissenschaft und der Ethnologie. Lev Gumilev listet in seinem Werk "Ethnogenesis and the Biosphere" spekulativ das Zusammenwirken eines Systems der vorherrschenden Pre-Skripte als bestimmendes Motiv für die Definition seines Begriffs des "Ethnos".[246] Ein Ethnos zeichnet sich durch trans-generationale Kontinuität aus, was zwar meistens, aber nicht immer durch endogame sexuelle Propagation erreicht wird. Da die Ethnologie sich traditionell mit räumlich (ab-)geschlossenen indigenen Gesellschaften befasste, war dies als Definitionsbereich quasi identisch, aber in gewissen Multi-Kulti-Gesellschaften wie etwa dem traditionellen Indien, existieren seit Jahrtausenden viele teil-separate Ethnoi, die sich innerhalb der grösseren indischen Population relativ stabil gehalten haben. Und nicht alle von ihnen isolieren sich durch Endogamie. Heute finden sich in westlichen Gesellschaften Glaubensgemeinschaften wie die Mormonen als neu entstandene teil-separate Ethnoi.[247] Nach diesem Raster kann man auch die Priester- und Mönchsgemeinschaften der katholischen Kirche und der buddhistischen Gemeinschaften als teil-separate Ethnoi bezeichnen, die sich aus einem Pool der Umgebungsgesellschaft regenerieren, weil ihnen die sexuelle Propagation durch die Regularien verboten ist. Andere Beispiele waren mittelalterliche Kriegerorden wie die Templer,

---

mit solchen „Wetterzonen“ spielt der Zufall zunehmend eine Rolle. Schlagen „Zufallsgewitter“ auf die Menschen ein, so reagieren sie darauf mit starken Gefühlen. Aus allen solchen unvereinbaren Kräften besteht im 21. Jahrhundert die „unsichtbare Hand“, die unser Schicksal regiert.

Die Antwort der Menschen auf ihr Schicksal geht noch von traditionellen Bildern aus, in denen der Tüchtige belohnt und der Schuldige bestraft wird. Dieses moralische Bewusstsein reagiert empört, wenn der Zufall und die „Wahrscheinlichkeitswetter“ im 21. Jahrhundert die Unterscheidung von Gut und Böse verwirren.

Prof. Dr. Joseph Vogl, Bauhaus-Universität Weimar, über das gesellschaftliche Unbewusste“, die „unsichtbare Hand“ und die „Meteorologie des Zufalls“.

246 Seine Methodik zur Bestimmung eines "Ethnos" unterscheidet sich aber wesentlich von anderen Herangehensweisen der Ethnologie (oder Social Anthropology), so dass keine direkte Korrespondenz mit der westlichen Wissenschafts-Tradition besteht.

247 Kotkin, Joel: Tribes: how race, religion, and identity determine success in the new global economy. Random House, New York (1993).

Murabatim, Mameluken und Janitscharen. Hier lässt sich eine Entwicklung vom Ethnos zu Wertegemeinschaften ausmachen, deren Pre-Skripte zunehmend abstrakter und allgemeiner (kat-holischer) werden, wie etwa in der Entwicklung der modernen Wissenschafts-Community nachzuzeichnen ist.

2.4.3. Die Memetik

@:MEMETIK

In der neueren westlichen Wissenschaft hat sich für diesen Komplex nach Dawkins und Dennett eine weitere spekulative Denkrichtung auf der Basis der Neo-Darwinistischen Interpretation formiert: Die Memetik. Dazu gibt es ist auf dem WWW ausführliches Material, so dass hier keine weitere Diskussion nötig ist.

2.4.4. Kurzlebige Pre-Skripte

Neben den langlebigen (transgenerationalen) existieren auch eher kurzlebige Pre-Skripte, die aber nicht weniger wirksam sein können, und die unter dem Begriff "Moden" oder "Zeitgeist" oder "Massenhysterie" in der Soziologie bekannt sind. Hier gibt es Muster von Rekurrenz, d.h. ähnliche Erscheinungen, die immer wieder auftreten. Das krasseste Beispiel sind Pre-Skripte, die ihre Anhänger dazu veranlassen, selbstzerstörende Handlungen zu begehen. Hierzu finden sich die Stichworte Messianismus, Mahdiismus, Millenarismus oder Eschatologismus, und das Phänomen des charismatischen Führertums taucht hier besonders häufig auf. Neure Beispiele sind z.b. die islamischen Selbstmord-Kommandos, die Jim Jones-Sekte, die Davidianer, und andere Sektengruppen der Neuzeit, gleichfalls die Nazi-Ideologie. Die Linie lässt sich nahtlos über viele extreme religiöse Gruppen wie die russischen Skopzen, den amerikanischen Shakern, über Assassinen, die christlichen Märtyrer, bis zu den Essenern und Massada-Kriegern ins Palästina der Römerzeit zurückverfolgen.

2.4.5. Die Grenzen des Denkraumes

@:DENK_GRENZEN

The Buffalo Bridle: You can make a Buffalo go anywhere, as long as you can make him *want* to go there.

Gerald Weinberg[248]

Pre-Skripte sind die "peras" (im Sinne von Anaximander)[249] des Normalbewusstseins, die Grenzen, die man deshalb nicht überschreiten kann, weil man sie nicht wahrnehmen kann, will, oder darf. Es ist leicht einsichtig, dass alle expliziten, sichtbaren Grenzen des Denkraumes nur eine Herausforderung an jene unverbesserlichen querköpfigen Geister unter den Menschen sind, sie zu überschreiten. So stehen die Grenzen heute nicht mehr da wie ein Zaun, mit der Aufschrift "Denken Verboten", wie es vielleicht noch zu den seligen Zeiten der Inquisition mit ihrem Index der verbotenen Bücher und verbrannten Autoren Usus war. Man hat in der Zwischenzeit einiges dazugelernt.

---

[248] Weinberg, Gerald: The Secrets of Consulting, Dorset House, N.Y. (1985)

[249] Peri mnaemae kai ana-mnaesis, peri ais-thaesis kai phainosis http://www.noologie.de/neuro07.htm

2.4.6. Peras, die Pre-Skripte der Kosmologie, und das Fernrohr des Galileo

@:KOSMOLOGIE_PRESCR

Die Kosmologie ist ein ergiebiges Feld für Beispiele, wie Grenzen des Denkraums festgesetzt werden, und wie sie funktionieren. Das wohl berühmteste Beispiel ist jene Begebenheit vor ca. 400 Jahren, als Galileo den Kardinal Bellarmino aufforderte, durch sein Fernrohr zu schauen, damit er sich selbst davon überzeugen konnte, was Galileo mit seinen Beobachtungen der Jupitermonde gesehen hatte, und warum er guten Grund hatte, diese zu seiner solar-zentrischen Kosmologie zu verallgemeinern. Wie bekannt, weigerte sich Bellarmino, "einen Blick zu riskieren". In der populär-Literatur wird dies meist so dargestellt, dass Bellarmino "den Tatsachen nicht ins Auge blicken wollte". Das stimmt aber nicht ganz: Bellarmino hatte einen sehr guten Grund, sich nicht auf etwas einzulassen, das heute mehr und mehr zum Hauptproblem der physikalischen Kosmologie wird: Die menschliche Wahrnehmung wird tendenziell immer mehr durch Instrumente ersetzt, die nur noch das anzeigen, was in diese Instrumente in technologischer Form als "Pre-Skripte" eingebaut ist. Verstärkungsinstrumente sind gleichzeitig sehr wirksame Wahrnehmungsfilter: Sie lassen nur noch durch, was aufgrund einer herrschenden Theorie in die Technologie eingebaut wurde, und filtern damit möglicherweise essentielle andere Information aus, und das sind alle anderen Gegebenheiten, die ausserhalb der Theorie liegen könnten, und sie "aushebeln" würden, wenn man diese Daten zuliesse. Im Fall des Teleskops von Galileo war dies die Kontext-Information: Zwar konnte man den Jupiter und die Schatten seiner Monde nun genauer sehen, als mit dem blossen Auge, aber der Wahrnehmungs-Zusammenhang musste "draussen bleiben". Diese Filterfunktion gilt sowohl für alle Arten von Teleskopen, die zur Erforschung des Makrokosmos eingesetzt werden, wie den Instrumenten, die für die Erforschung des Mikrokosmos konstruiert werden, den Teilchenbeschleunigern.[250]

Kardinal Bellarmino war nicht nur ein hervorragender Kirchenpolitiker, sondern auch auf allen Feldern der damaligen Wissenschaft auf dem neuesten Stand der Zeit. Und in der damaligen Epoche war es noch lange nicht entschieden, ob die Zentren der abendländischen Christenheit nicht doch noch von den Türken überrannt werden konnten. Man hatte mit der Seeschlacht von Lepanto gerade vor einer Generation einen entscheidenden Sieg über die Türken errungen, die diese Gefahr für einige Zeit abwendete, aber gerade die Kirchenführer waren sich im Klaren, dass das nicht auf Dauer vor dieser Gefahr sichern konnte, ausser, dass man die Maxime prägte und verfolgte: "Vorsprung durch Technologie". Und Galileo hatte mit seinem Teleskop gerade wieder eine neue "strategische Waffe" erfunden,[251] und einen wesentlichen neuen Mosaikstein

---

[250] Bei Janich kann man einige Ansätze zu einer prinzipiellen Diskussion finden, aber leider müssen weiter gehende Ansätze "draussen bleiben". Feyerabends Arbeiten zeigen eine andere mögliche Diskussionslinie an. Lippe (1997: 23, 193) erläutert, daß es der Verlust des Zusammenhangs war, der Kardinal Bellarmino an der Wahrheit dieser Weltsicht zweifeln ließ. In der Sprache Batesons ist hier von einem Verlust des "pattern that connects" zu sprechen.

[251] Feyerabend (1975, p. 103-108)

dazu beigetragen, dass das westliche Abendland dann für die nächsten paar Jahrhunderte genügend "Vorsprung durch Technologie" bekam, um gegenüber der Expansion der Türken "die Nase vorn zu haben". Die Kirche befand sich damals in einem existenziellen Gewissenskonflikt, den man volkstümlich als "Alternative zwischen Tod durch Hängen oder Erwürgen" bezeichnet. Gerade in der heutigen Zeit muss die Bedeutung dieses "Tiefenkampfes der Kulturen" wieder in Erinnerung gerufen werden, denn die Global-Zivilisation tritt heute in eine neue Phase dieses Kampfes ein. Die Türken hatten zwar das islamische Expansions-Programm von den Arabern übernommen, aber die geistigen Kräfte des Islam hatten zur damaligen Zeit schon den Rückwärtsgang eingelegt, und ihre anfängliche technische und wissenschaftliche Dynamik ad acta gelegt.[252] Dasselbe geschah interessanterweise auch fast zur selben Zeit in China: Dort hatte man riesige Flotten mit gewaltigen Schiffen gebaut, gegen deren technische Überlegenheit die damaligen portugiesischen Karavellen wie Nusschalen aussahen. Aber ein Edikt des Kaisers stoppte die Erforschung der Meere und Kontinente, die Flotte wurde Mitte des 15. Jh. verschrottet. Nur ca. 50 Jahre danach wagten sich dann die Portugiesen in ihren Nusschalen um Afrika herum, und fanden endlich den Seeweg nach Indien, Ostasien und China. Die Spanier machten sich unter Columbus auf, Amerika zu "entdecken". Der Rest steht in den Geschichtsbüchern.

2.4.7. Die Pre-Skripte von Urknall, Expansion und Evolution

@:URKNALL_EVOL

Das heute dominierende kosmologische Pre-Skript ist die Urknall-Theorie, und die unendliche Expansion des Universums. Die Grundlage hierfür ist die beobachtete Rotverschiebung, also das Phänomen, dass das Licht entfernter Galaxien umso mehr in den roten Bereich verschoben ist, je weiter weg sie sind. Das wird so interpretiert, dass sie sich (nach dem Doppler-Effekt) um so schneller von uns (und allen anderen) entfernen, je weiter weg sie sind. Die Tiefenstruktur dieses Pre-Skripts ist die Annahme der linearen Zeitlichkeit, und dies ist auch die Grundvoraussetzung für jede Art von Evolutions-Theorie. Wie schon gesagt, basiert die naturwissenschaftliche Konzeption von Evolution essentiell auf einer Gedächtnis-Funktion im Genom der Arten. In einem zyklischen Universum macht die Idee einer Evolution wenig Sinn, denn irgendwann wiederholt sich der Phasenwechsel vom differenzierten zu einem undifferenzierten Stadium und vice versa. Diese Gedankengänge hatte Nietzsche schon mit seiner Theorie der "ewigen Wiederkehr" formuliert. In anderen Worten: Strukturell ist die Urknall-Theorie immer noch Neo-Kreationistisch, sie folgt also getreu einem Ur-Skript, das u.a. in der abrahamitisch-biblischen Mythologie "aufgehoben" ist. Denn prinzipiell ist es egal, wer oder was die Kreation verursacht hat, solange sie nur stattgefunden hat. Deshalb ist der Kampf der fundamentalistischen Christen (vor allem in den USA, unter ihrem Standartenträger G. W. Bush) gegen die Evolutionstheorie nur ein Schein-Gefecht, das besonders geeignet ist, von einer tieferliegenden Agenda abzulenken.

---

252 Ein wesentlicher äusserer Einfluss dabei war die Zerstörung der islamischen Zivilisations-Zentren durch die Mongolen in ihren verschiedenen Eroberungswellen, angefangen mit der Zerstörung von Bhagdad durch die Mongolen unter Hülägü 1258. Was noch nachhaltiger wirkte, war die Zerstörung der alten mesopotamischen Bewässerungsanlagen. ->:ISLAM, p. 327; ->:CHARISMA_ISLAM, p. 194

Wenn man ein Entstehen des Universums annimmt, dann kann man auch annehmen, dass es irgendwann einmal sein Ende finden wird. Das legt wiederum nahe, dass es "danach" einen neuen "Urknall" geben wird, und ein neues Universum wird "evolvieren". Und so weiter ad infinitum. Aber auch wenn man annimmt, dass das Universum zeitlich unendlich ist, kann man nach einer anderen heute geäusserten Kosmologie annehmen, dass in anderen Dimensionen (beliebig?) viele Parallel-Universen "existieren". Diese Formulierung der "Parallelität" ist aber strukturell äquivalent zur zeitlichen "Abfolge", da diese lediglich in die anderen Dimensionen transformiert wird. Ein ähnlicher Kunstgriff der "wundersamen Vermehrung" von Dimensionen wird in der heutigen Super-String Theorie angewandt.

Bei den heutigen Konsensus-Vorstellungen vom Urknall und der unendlichen Expansion des Universums gibt es ein Grundproblem, nämlich die ultimate Fernwirkung der Gravitation, nach der alles dazu tendiert, so schnell wie möglich wieder unterschiedslos zusammenzuklumpen. Um die Idee der Expansion heute noch aufrechtzuerhalten, ist man gezwungen, so "esoterische" Konzepte wie "dunkle Materie" und "dunkle Energie" einzuführen. Diese Konstrukte sind aber so "uneinsichtig", dass man genauso gut alle Denkvoraussetzungen in Frage stellen kann, auf denen sie beruhen: Die Rotverschiebung lässt sich auch durch "tired light" oder durch ein begrenztes Unversum mit einer Anisotropie der Raumzeit an seiner Grenze erklären. Dieser Gedankengang lässt sich wieder mit einem Beispiel aus der Geistesgeschichte erläutern: In den Anfängen der Naturphilosophie gab es bei den Euklidikern (also der Vertreter des unendlichen, grenzenlosen Raumes) folgendes Argument für die Unendlichkeit des Raumes: man postulierte, wenn es möglich wäre, an den Rand des Kosmos vorzudringen, könnte man von dort aus eine Hand durch die Grenze hindurch stecken, oder einen Speer hinaus werfen. Damit wollte man beweisen, daß der Kosmos notwendigerweise unendlich sein muss.[253] Heutige Kosmologen gehen da etwas subtiler vor: Um ein begrenztes Universum zu formulieren, konstruieren sie eine Spiegel-Grenze, die alles, was sich auf diese Grenze zubewegt, einfach zurückwirft, oder gegen unendlich verlangsamt, oder es gegen unendlich verkleinert (was im Effekt dasselbe ist). Diese Denkstrategien sind uns bei Schwarzen Löchern ja schon geläufig, und lassen sich mit derselben Konsequenz auf die Grenzen des Universums anwenden. Eine intiutiv unmittelbar einsichtige Darstellung von solchen Verhältnissen ist in der Graphik "Circle Limit IV" von M.C. Escher zu finden:[254] Die Kreis-Figur, in der invertiert-komplementäre Bilder von Engeln und Dämonen die Fläche ausfüllen, und zum Rande hin immer kleiner werden.

Da m.E. die heutige Kosmologie auf allerlei ziemlich gezwungen wirkende Unwahrscheinlichkeiten verfällt, um ihr konventionelles Modell über die Runden zu retten, denke ich, dass es auch nicht mehr so verboten sein darf, mal wieder ein wenig metaphysische Würze in die kosmische Suppe zu geben. Daher möchte ich das Thema alter-

---

[253] Lucretius: On Unbounded Space
http://www.noologie.de/symbol20.htm#hdr7.7.

[254] Für eine Google-Suche: "Escher Circle Limit".

nativer Sichtweisen der Kosmologie in einem späteren Abschnitt als Noologische Märchen weiterführen. ->:IM_WINKEL, p. 162; ->:EN_ARCHAE, p. 211

2.4.8. Ein Problem mit der Erdwärme

@:KOSMOLOG_FRAGEN

In diesem Zusammenhang stellt sich eine wichtige Frage für unser Über-Leben auf der Erde: Warum bleibt die Erde heiss, bzw. warum explodiert sie nicht wie eine Atombombe?

Eine thermodynamische Berechnung hat ergeben, dass der Erdkern schon längst ausgekühlt wäre, wenn nicht im Inneren eine Energiequelle am Werke wäre. Das wird von der Wissenschaft mit Hilfe der Kernspaltung von Uran erklärt.[255] Aber wie wir alle seit Tschernobyl wissen, ist das Funktionieren eines Atomraktors eine heikle Angelegenheit. Denn eine einmal in Gang gesetzte Uran-Kernspaltungs-Kettenreaktion erzeugt immer mehr Plutonium als Abfallprodukt. Wenn also Uran in nennenswerter Menge im Erdkern vorhanden ist (und das muss es, weil alle schweren Elemente bevorzugt in den Kern wandern), und wenn einmal eine Kettenreaktion eingesetzt hat, würde immer mehr Plutonium erzeugt, und so müsste sich im Erdkern eine Super-Super-Atombombe bilden, die den Planeten schon lange auseinandergerissen hätte. Ich hoffe es kommt jetzt nicht ein Wissenschaftler auf die Idee, und behauptet, dass es im Universum eben genau so ein anthropisches Prinzip gibt, nach dem genau die richtige Mischung von Neutronen-absorbierenden Substanzen im Kern der Erde existiert, dass er gerade nicht auseinanderfliegt, und trotzdem wie ein guter Atomreaktor das Fissions-Feuer solange unterhält, dass es uns noch warm genug unter den Füssen ist, und über den Vulkanismus die Evolution ab und zu mal ordentlich einheizt. Denn dann könnte ich mich nämlich gleich wieder aufgefordert fühlen, an Gott und seine unendlich gütige und weise Vorsehung zu glauben. Neutronen-absorbierende Substanzen sind bevorzugt leichtere Elemente, wie Wasserstoff, und der kommt im Erdkern bestimmt am allerwenigsten vor.

Eine Denkmöglichkeit wäre etwa die Existenz einer anderen Kategorie von Schwarzen Löchern, die extrem klein sind, und die alles, was an Materie in sie hineinfällt, sofort in Form von Strahlungsenergie zurückwerfen. Demnach wäre der Erdkern ein infinitesimal kleines Schwarzes Loch, und um ihn herum schichtet sich eine gewaltige dichte Plasma-Gasblase, die durch den Strahlungsdruck aufgebläht wird, und eine Art Isolations-Schirm aufbaut, so dass der gravitationale Sog den Strahlungsdruck in etwa ausbalanciert, mit dem Effekt, dass die Erd-Materie nur ganz fein dosiert hineinfällt. Aber das ist eine genauso an den Haaren herbeigezogene Ad-Hoc Kosmologie, die auch kaum anders ist als die guten alten Kreations-Mythen aus der Genesis. Immerhin wäre dieses Konstrukt wieder eine interessante Version der alten Hohl-Erde Theorien.

---

[255] Es sind sogar schon Reste eines natürlichen Atomreaktors in der Oklo-Mine in Westafrika entdeckt worden, der vor 2 Milliarden Jahren "gearbeitet" hatte. www.zeit.de/2003/02/N-Naturkonstanten.html

2.5. Hydro-Noologie: Pre-Skripte und Gedanken-Kanäle

@:HYDRO_NOO

Sei wie Wasser. (Bruce Lee)

Hier soll weiter ausgeführt werden, wie die Pre-Skripte der Gedanken-Kanäle funktionieren. Am besten nähern wir uns den Bewegungsprinzipien und -Grenzen von Gedanken, wenn wir einen Vergleich mit der Hydrogeologie machen. Wasser hat, wie die Gedanken, die Eigenschaft, alles zu umfliessen (oder zu umfassen) und mit der Zeit auch die Macht, alles zu überwinden. Daran erinnern uns auch die taoistischen Wasser-Metaphern, etwa bei Lao Tse und Dschuang Tse.

2.5.1. Wu Wei, der Weg des Wassers. Ein Vergleich aus der Hydrogeologie

Wasser folgt der Schwerkraft und fliesst immer dort hin, wo es den tiefsten Punkt findet. Welchen Weg es aber genau nimmt, ist abhängig von vielen Einzelfaktoren: Wie steil das Gefälle ist, wie hart der Boden bzw. das Gestein, wo die Biber oder die Menschen ihre Dämme gebaut haben, und dann, wenn ein Fluss sich in eine Tiefebene ergiesst, der Faktor, wieviele Schwemmstoffe er mit sich führt, und damit Sedimente ablagert, die sein Bett immer weiter erhöhen, bis er sich früher oder später einen eigenen Berg aufgebaut hat, und er deshalb seinen Kurs ändern muss. Diese Unsicherheitsfaktoren der Hydrogeologie entschieden über das Wohl und Wehe vieler alter Hochkulturen der Geschichte, besonders in Mesopotamien und China, weshalb wohl auch der Taoismus sich so stark mit Wasser-Analogien beschäftigt hat.

2.5.2. Gedanken graben sich ihre Grenzen selbst

Ein ausserirdischer Forscher machte einmal ein Doppelblind-Experiment: Er setzte eine Ratte und einen Menschen jeweils in ein Labyrinth, und stellte an einer Stelle etwas Futter hin. Die Ratte und der Mensch kamen dann alsbald regelmässig zu dieser Stelle und holten sich ihr Futter ab. Als der Forscher aber die Experimental-Konfiguration änderte, und auf einmal kein Futter mehr an dieser Stelle lag, ging die Ratte zwar noch ein paar mal dahin, schnüffelte herum, und stellte die Besuche dann ganz ein.
Ganz anders der Mensch: Als er nichts mehr dort fand, begann er erst einmal, sämtliche Bewegungen, die er bei den letzten Malen gemacht hatte, zu ritualisieren, und grotesk zu übertreiben. Als das nichts half, baute er schliesslich einen Altar an der Stelle, und er und alle seine Nachkommen pilgerten von nun an da hin, und vollführten unaufhörlich diese Rituale. Irgendwann musste der ausserirdische Forscher dann das Experiment seinem Schicksal überlassen, weil ihm seine Forschungs-Gelder ausgegangen waren.

A.G.

Wie das Wasser, so gräbt sich das System der Gedanken vor allem seine Grenzen von selbst. Dies sind die Faktoren der Denk-Gewohnheiten und unhinterfragten Selbstverständlichkeiten. Dies wirkt sowohl gesellschaftlich, wie auch individuell. Man stelle sich vor, dass man wie ein Gott die unbegrenzte Freiheit der Gestaltung (poiesis) hat.[256] Je mehr Freiheit zur Gestaltung man hat, desto weniger Gedanken macht man sich erst einmal darüber, was man da gerade anstellt. Reflexion setzt erst dann so richtig ein, wenn man bemerkt, dass man sich mit seinen faktischen Taten schon ganz geörig selbst eingekesselt hat. Dies bemerkt man leichter dadurch, dass man in seiner greifbaren Umwelt harte Fakten geschaffen hat, die einer weiteren Gestaltung entgegenstehen. Im Bereich der Gedanken ist das schon schwieriger zu erkennen. Hier setzt dann leicht eine Ritualisierung ein, nach der alles, was in die schon eingegrabenen Denkbahnen nicht ganz passt, weggeschoben wird.

2.5.3. Die 70-90% Regel der Grenzen des Denkraumes

@:PROZENT_REGEL

Die 70-90% Regel der Grenzen des Denkraumes folgt in etwa einer Gausschen Glockenkurve, insofern, dass etwa 70-90% der Menschen sich strikt innerhalb der gerade gültigen Grenzen des Denkraumes bewegen wollen oder nicht anders können. Hierbei gibt es gewisse sexuelle und altersbedingte Schwerpunkte. So ist es bekannt, dass Frauen sich bevorzugt (bis 90%) innerhalb dieser Grenzen bewegen. Empirische Daten dafür sind die Verhältnisse von Kirchen- und Gottesdienst-Teilnehmer(inne)n. Andererseits finden sich bei Männern zwischen 16-30 Jahren aussergewöhnlich viele nonkonforme Denker. Dies war schon immer und zu allen Zeiten so. Man nannte sie die "jungen Wilden", die "Jungtürken", die Wandervögel, die Romantiker, etc. pp. Wenn aber (ein gewisser Prozentsatz) dieser Männer dann verheiratet sind, und Väter werden, erreichen sie auch fast das 90%-Konformitätsmass. In früheren, wilderen Zeiten schafften es aber vielleicht nur 50% der Jungmänner, eine Familie zu gründen, die anderen starben einfach, bevor sie die darwinistische Zeugungs- und Reproduktions-Phase erreicht hatten. (Siehe Hölderlin, Novalis, der "junge Werther", H. v. Kleist und viele andere).

2.5.4. Die Untergrundströme des Massenbewusstseins: Ethnopsychoanalyse und Dämonologie

Die obige Darstellung gilt aber nur für das Oberflächenwasser. Daneben gibt es noch ziemlich viel Wasser im Inneren der Erde. Davon handelt die Hydro-Thermo-Geologie, die eine Klasse von hydrologischen Phänomenen erforscht, die sehr schwer zu beobachten sind, und einstmals in ziemlich verschrobenen Erd-Theorien formuliert wurden, nämlich dass im Inneren der Erde noch ein Ozean schwappt. Bei Hesiodos finden wir diese unheimlichen Gewässer noch, als Tartaros, Thalassos, Thethys, etc. Wasser bewegt sich unter der Erde nach ganz anderen Prinzipien: Erstens durch die Erd-Wärme, durch Druck der Gesteins-Schichten, und womöglich noch anderen unbekannten Faktoren. Wasser durchdringt den Erdmantel kilometertief. Unter dem ungeheuren Druck im Erdinneren kann es nicht verdampfen, sondern wird zu einem superheissen, superfluiden Lysis-Agens, das die Gesteine durchspült und hier Mineralien auslaugt, und sie dort wieder niederschlägt. So entstehen auch heute zu jeder Zeit an vielen Orten riesige neue Mineral-Lager. Und zwischen all diesen

[256] Ich habe diese Linie anhand der Metapher des "göttlichen Programmierers" in dem Artikel: "Das symbolische Universum des Computers" schon weiter ausgeführt: http://www.noologie.de/neuro11.htm

höllischen Verhältnissen existieren und gedeihen unheimliche Formen von Bakterien, denen diese extremen intra-terrestrischen Verhältnisse gerade ideal erscheinen, und die an diesen geo-hydro-thermischen Prozessen entscheidend mitwirken.

@:ETHNO_PSYCHO

Mit dieser Analogie und Gegenüberstellung von sichtbarem Wasser und bewussten Gedanken, und dem "höllischen" Szenario unseres Unter- oder Traum-Bewusstseins leiten wir weiter auf die "Untergrundströme des Massenbewusstseins". Wie angedeutet, findet sich eine reichhaltige Darstellung dieses verbotenen Territoriums in den Mythologien und Dämonologien aller Kulturen der Menschheit, und in einer ansatzweisen wissenschaftlichen Formulierung, der Ethnopsychoanalyse, insbesondere den Arbeiten von Mario Erdheim.[257]

2.6. Top-Ontik, Mae-Ontik, Prod-Ontik

...denn das Nicht-Seinende kannst du weder erkennen -
denn das läßt sich nicht verwirklichen -
noch aufzeigen. ...

Parmenides B2

Denn niemals kann das erzwungen werden, daß Nichtseiendes ist.
Sondern von diesem Wege des Suchens halte du den Gedanken fern,

Parmenides B7

@:TOP_MAE_PRODONTIK

Ich rekapituliere hier den Fortgang der obigen ontischen Diskussionen. Das naive Denken geht von seinen unreflektierten Wahrnehmungen aus, und nimmt an, dass das was es "Wahr" nimmt, irgendwo auch "Real" sei, also der "Wirklichkeit" entspricht. Dazu lassen sich aber allerhand philosophische Spitzfindigkeiten und Anomalien produzieren, die ich in den obigen Abschnitten ansatzweise bearbeitet habe. So gibt es auch einen Diskurs darüber, was das Verhältnis zwischen "Wahrheit" und "Wirklichkeit" beinhaltet. Die "Wirk-lichkeit" beinhaltet nämlich das Wirken. Und dies ist einer ganz anderen Klasse von Phänomenen zuzuordnen, als die des "Wahren". Gehen wir von Wittensteins berühmten Satz aus: "Die Welt ist alles, was der Fall ist". So ist wohl eine passende Definition für Wahrheit, dass es eine korrekte Beschreibung dessen ist, was "der Fall ist". Aber bedeutet das schon, dass irgendetwas darüber ausgesagt wird, wie etwas "wirkt"?

2.6.1. Top-Ontik

In der Diskussion über die "ontischen Orte" habe ich stillschweigend etwas eingeführt, was man "Top-Ontik" nennen könnte (topos := der Ort). Ich habe gezeigt, dass man das naive Denken des Seienden zumindest soweit verunsichern kann, dass man ihm verschiedene und unvereinbare Kategorien-Systeme des Seienden vorführt, die nicht so einfach abzuweisen sind. Dazu habe ich mit dem Gegensatz der beiden Monismen

---

[257] Die "Wissenschaftichkeit" der Psychoanalyse wird in weiten Kreisen der "academic community" verneint.

Naturwissenschaft und Advaita Vedanta gezeigt, dass man in Bezug auf das "wirkliche Seiende" ganz trefflich uneins sein kann. Strukturell sind beide Systeme aber identisch.

2.6.2. Mae-Ontik

@:MAE_ONTIK

Der Nachtgesang der Fische

```
                                 ####
          ####-####            ####
     ####-####-####-####-####-##
####-####-####-####-####-##
####-####-####-####-####-##
     ####-####-####-####-####-##
          ####-####            ####
                                 ####
```

(Christian Morgenstern, ASCII-Anpassung: A. G.)

Der Buddhismus hat mit der Shunyata ein Konzept des "Nicht-Seienden" explizit eingeführt. Als Klasse von Denk-Strukturen kann man das auch "Mae-Ontik" nennen. Aber, wie oben in der Diskussion des Bereichs SEM angedeutet, müssen Konzepte ja auch irgendwo, irgendwie "existieren", also "Seiend Sein". Deshalb kann man sich nun leicht auf den Standpunkt stellen, dass dadurch, dass jetzt ein Konzept für das "Nicht-Seiende" (also die Shunyata) in den Bereich des "Seienden" eingetreten ist (oder eingeführt wurde), es wieder schön im "Seienden" "augehoben" ist. Und so weiter, ad absurdum. Wie eine solche unerbittliche logische Konsequenz hin zum "absurdum" durchgeführt werden kann, soll im nächsten Abschnitt dargestellt werden.

2.6.3. Rekursive Reflexion: Taliter Aliter -> Totaliter Aliter

@:TOTALITER_ALITER

Frater Eusubius und Frater Pereginus waren zwei alte Bet- und Kontemplations-Kumpane und hatten sich schon diverse Jahrzehnte bestens über die Grundproblematik auseinandergesetzt, wie nun das Himmelreich beschaffen sei: Taliter oder Aliter (Ähnlich beschaffen wie oder Andersartig als die Welt). Als sie nun alt wurden, und es deutlich wurde, dass es nun bald Schluss mit Diskutieren war, und es an der Zeit war, wirklich vor den Herrgott zu treten, machten sie untereinander einen Vertrag. Wer zuerst sterben würde, sollte dem anderen im Traum erscheinen, und ihm verraten, wie es mit dem Himmelreich nun wirklich bestellt war. Ein paar Tage später starb Frater Eusubius und erschien wie vereinbart dem Frater Pereginus im Traum. Gespannt fragte der ihn: Taliter oder Aliter? Eusubius aber antwortete: Totaliter Aliter. (Völlig anders).

Oben wurde in dem Abschnitt "Das Neti-Neti Postulat der Noologie" schon einmal die Buddhistische logische Konstruktion der Catuskoti erwähnt. Der Buddha hatte zu allen Alternativ-Fragen seiner Schüler nach der "Wahren Buddhanatur", oder "Dem Wesen des Seins" ("ist es" dies oder das?) immer die Standard-Antwort: Neti Neti: "Weder dies noch das". Später kam mit der Madhyamika-Lehre des Nagarjuna dann eine logisch erweiterte Konstruktion hinzu, die Catuskoti, die alles, aber auch alles nur denkbare dazu ausschloss.[258]

Dem Objekt der Frage ("ist es" x ODER y?) gebührt:

1) WEDER "ist es" x,
2) NOCH "ist es" y,
3) NOCH "ist es" (x UND y),
4) NOCH "ist es" (WEDER x NOCH y).

Das ODER der logischen Formel ist in Boolescher Terminologie als XOR zu lesen. Mit den Klammern deute ich an, das jede logische Stufe sowohl die Proposition der vorhergehenden Stufe abweist, sowie auch die Negation ihres logischen Operators negiert. Formal ist dies ein gutes Beispiel, wie man einen Rekursiven Reflexionsprozess in Gang setzen kann. Als Arbeitsbeispiel nehmen wir die obige Frage: Ist es "Taliter ODER Aliter"?, indem wir die Terme in die Catuskoti einsetzen:

Das Wesen des Himmelsreiches:

1) WEDER "ist es" "Taliter",
2) NOCH "ist es" "Aliter",
3) NOCH "ist es" ("Taliter" UND "Aliter"),
4) NOCH "ist es" (WEDER "Taliter" NOCH "Aliter").

es "ist" eben:
Totaliter Aliter. (Völlig anders / eschatos).

2.6.4. Prod-Ontik: Das Werden und Vergehen

@:WERDEN_VERGEHEN

Let it be noted ... that Galileo's procedure drastically reduces the content of dynamics. Aristotelian dynamics was a general theory of change, comprising locomotion, qualitative change, generation and corruption, and it provided a theoretical basis for the theory of witchcraft also. Galileo's dynamics and its successors deal with *locomotion only*, and here again just with the locomotion of *matter*.

P. Feyerabend (1975, p. 99, 160, 161)

Ich verlasse jetzt gänzlich den Bereich der Ontik, und begebe mich wieder auf tückisches Terrain: Nämlich in die Bereiche dessen, was im Werden oder Vergehen begriffen ist.

"Es wird schon"

Volksmund

[258] Nach Sturm (1996).

"Es wird schon" - Im Stil eines Zen-Koans kann man diesen geflügelten Spruch zum Ausgangspunkt einer Philosophie des Werdens machen. Dies sind ungefähr die einzigen gesicherten Aussagen, die man über das Werden machen kann:
1) Was wird, weiss man nicht so genau, aber irgend etwas wird immer.
2) Wenn es nicht sofort wird, dann wird es eben etwas später.

Die systematischen Ansätze zu einer Philosophie des Werdens stammen aus den Werken von Goethe und Spengler. Dies wurde schon im Kapitel zur Meta-Morphologie umrissen. ->:META_MORPH, p. 101

Ich habe das schon mit dem Begriffs-Paar En-ergeia und Ergon angedeutet, und hier soll das ein wenig weiter ausgeführt werden. "Ergon" ist der Klassenbegriff für alles was man nur als "Seiend" bezeichnen kann. Dies ist strukturell äquivalent zu dem Begriff "Tonal" von Castaneda.
->:ENERGEIA_ERGON, p. 55; ->:ENERGEIA_WELT, p. 187

En-ergeia ist der Klassenbegriff für alles, was man als Werden oder Vergehen bezeichnen kann, und zwar nicht der einzelnen Dinge, sondern als Genericum für den Prozess des Werdens und Vergehens. Dies nenne ich "Prod-Ontik" von griech: pros- / prod- := vor. Das "nach" ist äquivalent mit den "vor", weil das "nach" des einen Dinges das "vor" des Nachfolge-Dinges ist. Prod-Ontik ist also genaugenommen überhaupt keine Ontik, weil es sich ja hier definitionsgemäss nicht um Seiendes handelt. Auch finden wir hier, dass wir einen merkwürdigen Zwischenbereich zwischen "Sein und Nichtsein"[259] aufgetan haben, der ebenso schwer zu be-greifen (begrifflich zu machen) ist, wie den Bereich SEM aus den obigen Diskussionen. Bei Castaneda heisst der entsprechende Begriff "Nagual". Manchmal wird dieser Bereich in der esoterischen Literatur auch als der "Kausal"-Bereich bezeichnet, aber das hat selbstredend nichts mit dem wissenschaftlichen Konzept der Kausalität zu tun, und deshalb ist er für einschlägige Diskussionen völlig ungeeignet.

Im Vergleich zu der ungeheuren Menge an Schrifttum, das sich mit dem Seienden beschäftigt, und der immerhin noch beachtlichen Menge, die dem Nicht-Seienden gewidmet ist, ist das Feld des "Werdens und Vergehens" erheblich dünner besetzt. Hier sind vor allem zwei Ausgangswerke zu nennen: Die kleine Schrift des Aristoteles unter demselben Titel, und das "I Ching", das Buch der Wandlungen, das einen starken Einfluss auf den chinesischen Taoismus hatte. Der Taoismus kann insgesamt auch als Philosophie des "Werdens und Vergehens" bezeichnet werden, aber um darüber eingehend zu diskutieren, müsste man die Originalschriften lesen können. Soviel habe ich bei meinem rudimentären Studium des chinesischen Denkens schon heraus-

---

[259] Auch hier habe ich in früheren Schriften schon umfangreiche Darstellungen des Themas gemacht, und das soll hier nur kurz zusammengefasst werden. Als guter Einstieg dient auch das berühmte Thema bei Hamlet: "Sein oder Nichtsein, das ist hier die Frage":
http://www.noologie.de/desn06.htm
http://www.noologie.de/desn07.htm

gefunden. Topische Übersetzungen (Wort für Wort) in westliche Sprachen können einige Eigenheiten des chinesischen Denkens, das auf dem ideographischen Schriftsystem beruht, nicht "translatieren" (Wilberspeak: Translation)[260]. Es gibt kaum einen Bereich, wo das Traduttore-Traditore-Dilemma schwieriger ist, als bei Übersetzungen des Alt-Chinesischen. Das Problem hierbei ist, dass die ideographischen Bilder, aus denen chinesische Schriftzeichen aufgebaut sind, neben ihrer Verbal-Bedeutung noch eine Bild-Kohärenz-Struktur eines Textes aufbauen können, und wer seine Übersetzung nur aufgrund der Verbal-Bedeutung macht, verliert diese Bild-Kohärenz-Struktur. Dies kann in westlichen Sprachen / Schriften nur annäherungsweise dargestellt werden, und ein Beispiel dafür war "der Nachtgesang der Fische" aus dem obigen Abschnitt.
->:MAE_ONTIK, p. 123

Die schriftliche Überlieferung des Taoismus formuliert wohl genau die gegenteilige Absicht, als die westliche philosophische Tradition intendiert, es ist nämlich die grosse Kunst, alles so vage und unpräzise wie möglich auszudrücken. Dies lässt sich z.B. damit demonstrieren, dass jemand, der die "Spitze der Erleuchtung" erricht hatte, den Ehrentitel "Der Grosse Nebelhafte" bekam. Also je nebulöser und uneindeutiger, desto besser. Einen solchen Denkstil kann man im Westen m.E. nur mit den Methoden erfassen, die ich oben mit "Semantische Felder" und "Semantischer Relativismus" bezeichnet habe. ->:SEMF_RELATIVISM, p. 52

Prod-Ontik ist als Konzept unerlässlich für eine Theorie des Handelns. Denn das "Handeln" bzw. die "Tat" ist der Begriff dafür, wie Menschen Dinge in die Welt setzen. In der restlichen Natur heisst das "ein Ereignis". Als passende literarische Einführung zu diesem Thema findet sich die berühmte Szene aus Goethes Faust, in der Faust die Eröffnung des Johannes-Evangeliums umdichtet, und zu dem Schluss kommt: "Im Anfang war die Tat!" (1237)[261]

2.7. Die Semiosphäre: Medientheoretische Aspekte der Noologie

@:SEMIOSPHERE_PHIL

In diesem Abschnitt sollen die Grundlagen für medientheoretische Aspekte der Noologie auf der Basis folgender Denkansätze konstruiert werden:

Reflexionstheorie, Mehrwertige Logik, Theorie des Nach-Aristotelischen Denkens von Gotthard Günther.
Philosophie der Biosphäre, Semiosphäre und Noosphäre von Whitehead, Spengler, Cassirer, Teilhard de Chardin, Vernadski, Lotman, J. u. T. v. Uexküll, Gumilev.
Neuro- und Medientheorie, Soziobiologische Theorien der Gruppenselektion, Kreative Netzwerke der Biosphäre, von Howard Bloom, Eshel Ben-Jacob, Herbert Levine, John Skoyles.

---

260 Wilber benutzt "Translation" in einem speziellen Sinn als Kontrast zu Transformation: EKL 86ff, 506, 613f.
261 "21.1.2. Faust's Metanoia and Mephistopheles" http://www.noologie.de/desn27.htm#hdr21.1.2.

Sprachphilosophie nach Herder und W.v.Humboldt.[262]
Medientheorie nach Harold Innis, Eric Havelock, Marshall und Eric McLuhan, Douglas Rushkoff.
Konstruktivistische Neurophilosophie nach Maturana, Varela, Olaf Breidbach und Karl Clausberg.

2.7.1. In Medias Res: Das Tertium Datur

@:TERTIUM_DATUR

Als Enführung zu diser Diskussion folgt ein Satz von Douglas Rushkoff:[263]
And it occurred to me that everything is media. Everything outside my own awareness - whatever it is I call "me" - is some mediation of me. That is, until it gets to you. Everything between the thing that I'm calling Doug and the thing that you're calling John is media.

Rushkoff drückt hier das "*Mediate*" aus, das die *Struktur des Intersubjektiven Bereiches* kennzeichnet. Dies ist es, worauf Günther mit seiner Trans-Aristotelischen Logik hinzielte. (Allerdings konnte diese weder von ihm noch von seinen Nachfolgern befriedigend formuliert werden).[264] Das Medium ist das "*Ding dazwischen*", es ist nicht das "*Ich*", und nicht das "*Es*" der Aristotelischen Logik. Damit fällt es aus dem Rahmen der dominanten *aristotelischen* Denkstruktur der vergangenen Epoche der letzten 2500 Jahre, die von Gotthard Günther durch das "Tertium Non Datur" des Aristoteles charakterisiert wurde.[265]

Geistesgeschichtlich ist die Medientheorie eine Neuaufnahme der alten Aristotelischen und Scholastischen Spekulationen um den Dualismus von *Hylae* (Materia) und *Morphae* (Forma), also der philosophischen Betrachtung der allgemeinst möglichen Vorstellungen von *Form* und *Substanz*, und ihren Interrelationen. Die heutige Neuerung ist, daß sowohl die Sprache als auch die Neuronale Basis des Erkennens und Denkens in den Fokusbereich der Untersuchung rücken, was in der Vergangenheit nicht in dieser Form möglich war. Von Marshall McLuhan stammt dazu ein enigmatischer Spruch: *The Medium is the Message*. Die alten philosophischen Spekulationen von *Hylae* und *Morphae* nahmen an, daß die *Hylae* ein völlig eigenschaftsloses Substrat sei, das jede beliebige Form annehmen kann (bzw. *in-formiert werden kann*). Nach heutiger medientheorischer Sicht besteht immer eine subtile Abhängigkeit zwischen den intrinsischen Gesetzen und Bedingungen des Mediums und dem, was mit diesem Medium dargestellt und übermittelt werden kann. Dabei ist zu berücksichtigen, daß

---

262 Berg (1990), Clausberg (1999: 305): die unbekannten, noch nicht benannten, kaum denkbaren Dinge jenseits des Sprachkokons, den Wilhelm von Humboldt als Mittler zwischen Mensch und Welt beschrieben hat"

263 http://www.edge.org/3rd_culture/rushkoff/rushkoff_p1.html

264 Hierzu auch die Schriften der Klagenfurter Poly-Kontexturalen Günther-Forschungsstelle unter Leitung von Arno Bammé, sowie die Arbeiten von Rudolf Kaehr.

265 ->:ARISTO_EPOCHE, p. 268

unser neuronales System eben auch ein Medium ist.[266] Das ist die tiefere Bedeutung von: *The Medium is the Message*.

Die Denkansätze von Oswald Spengler,[267] Teilhard de Chardin, und Gotthard Günther umreißen eine neue Ära des Selbst-Reflektiven Denkens, das auf die gerade ausklingende Epoche des objekt-gebundenen und -zentrierten Denkens (der Aristotelischen Epoche) folgen soll. Wir nennen hier diese anbrechende neue Epoche die "*Intersubjektive Struktur*" des "*Tertium Datur*", der *Semiosphäre* oder *Noosphäre*. Aus der mythologisch-mystischen Sichtweise ist dieser Bereich auch als *das Reich der EL-Systeme* bekannt.[268]

2.7.2. Die Semiosphäre

@:SEMIOSPHAERE

Seit Beginn des Lebens auf der Erde stehen die Organismen der Biosphäre in unaufhörlicher Kommunikation und Interaktion miteinander. Auch hierbei ist wieder der Spruch von Marshall McLuhan eine Schüssel-Erkenntnis: *The Medium is the Message*. Denn Fressen und Gefressenwerden, der direkte Austausch der Körpersubstanz der Organismen, ist auch die wichtigste Kommunikationsform in der Biosphäre. (In der Ökologie nennt man das *trophische Netzwerke*.) Dazu kommt der immerwährende Austausch von visuellen, auditiven und chemischen Signalen und Spuren zwischen den Organismen. Dieses, nun schon seit ca. 4 Mrd. Jahren bestehende Kommunikationsnetzwerk wird in seiner Gesamtheit auch die *Semiosphäre* genannt.[269] Teilhard de Chardin hat in seiner philosophisch-theologischen Gesamtschau versucht, es mit den christlichen Grundgedanken zur Philosophie der *Noosphäre* und einem notwendigen Evolutionsziel im *Punkt Omega* zu ver-dichten. Er formulierte damit einen "Ursprung und Ziel der Geschichte",[270] im scharfen Kontrast zu der etablierten Geschichtsphilosophie, wie sie z.B. zeitgleich von Jaspers dargestellt worden war. Die Vison von Teilhard war eine *Philosophie der spirituellen Einheit der Biosphäre*, dies kollidierte natürlich mit dem biblischen Dogma seiner Kirchen-Oberen, der Sonderstellung des Menschen vor Gott und gegenüber allen anderen Lebewesen. Eine ebenfalls ins Mystische tendierende Formulierung wurde von Lovelock und Margulis mit der *Gaia-Hypothese* gemacht. In einer mehr nüchternen medientheoretischen, technischen und (sozio-) biologischen Sprache wird dies heute auch das *Global Brain* genannt. Howard Bloom nennt das schon seit Anbeginn der Zeiten bestehende

---

[266] ->:GENERAL_NN, p. 94

[267] Der *Untergang* des Abendlandes ist somit die Ablösung seiner charakteristischen Denkstruktur.

[268] ->:IMMORTAL_KOMPLEX, p. 137

[269] Lotman (1990), Margulis (www), Hoffmeyer (1996-1998).
Goppold (1999d: 40-52, 116-118)
http://www.noologie.de/desn09.htm
http://www.noologie.de/desn16.htm#SEMIOSPHERE

[270] Jaspers

bakterielle Netzwerk das *Präkambrische Global Brain*.[271] Diese Theorie des *Global Brain* postuliert eine wesentliche neue Komponente der Geschichtsfähigkeit der Biosphäre: *Erinnerung* und *Gedächtnis*.

2.7.3. Die Dunklen Kontinente der Erkenntnis und das Problem der distributiven Intelligenz

@:DISTR_INTELL

Menschliches Erkennen, Denken, und Wissen ist, wie Kant schon philosophisch anführte, und die heutige Neurologie wissenschaftlich feststellt, entscheidend von den *Modalitäten* und *Medialitäten* des sensorischen und neuronalen Systems beeinflußt. D.h. was unsere Sinne nicht erkennen können, und was das dahinter geschaltete neuronale System nicht als Muster unterscheiden und speichern kann, kann keinen Eingang in unsere Erkenntnisprozesse finden. Das neuronale System ist selber ein Medium, das nur bestimmte Excitations- und Aktivations-Modi darstellen kann, und alles, was nicht mit diesem Modi abbildbar ist, hat keinerlei Existenz-Möglichkeit im Erkennungsraum dieses Systems.[272] Diese *prinzipiellen Begrenzungen des Denkens*, die *Dunklen Kontinente der Erkenntnis*, sind immer schon der Bereich der mystischen Spekulationen gewesen,[273] heute beschäftigen sich auch "seriöse" Wissenschafts-Autoren damit, wie z.B. John Horgan oder John Barrow.[274] Um eine bessere Vorstellung davon zu bekommen, *was wir uns prinzipiell nicht vorstellen können*, sollte man die Arbeiten der evolutionären Erkenntnistheorie (EE), wie z.B. von Riedl, mit umgekehrten Vorzeichen durchlesen. Die Grundaussage der EE ist daß all das, was wir erkennen können, dank evolutionär gewachsener Überlebens-"Erfahrung" der Art über die Selektion in unsere genetische, und damit neuronale, Grundstruktur eingeflossen ist. Allerdings ist das Argument subtil zirkulär. (Siehe auch die Diskussionen von Janich dazu.) Denn was wir

---

[271] Howard Bloom: "Creative Nets in the Precambrian Age", History of the Global Brain, Part II, Bloom (www). http://www.heise.de/tp/english/special/glob/default.html

[272] Das ist eine Wiederaufnahme des alten Sokratischen Spruches "Ich weiß daß ich nichts weiß". Das Grundproblem ist, daß wir uns deshalb auch nicht einmal vorstellen können, was wir nicht wissen. Das ist eine ganz andere Problematik, als die, wenn man nicht die Antwort auf die Frage weiß, was z.B. die Prim-Faktoren einer Zahl wie 38932047109574532099328548951892132175092352093423473471 sind. Dies sind ganz andere "Grenzen der Wissenschaft" als die weiter unten von Barrow und Horgan thematisierten.
Weiteres Material unter: ->:GENERAL_NN, p. 94

[273] Esoterik, Spritualismus, Theosophie, Theologia Negativa...
->:IMMORTAL_KOMPLEX, p. 137

[274] Barrow (1998).
Other indications of unsurmountable limits of science are expressed in John Horgan's "The End of Science" (Sentker 1997) and Mittelstraß (1989: 43-44), or in the scientific quest towards the "ultimate questions" (eschatology), which were up to now in the domain of theology, like the "Physics of Immortality" (Tipler 1994). For all their differences in outlook and method, Tipler's work can be directly compared with Spengler's on the central theme of pattern identity (Tipler 1994: 164, 282-284, 291-293).

im Rahmen unseres wissenschaftlichen Weltbildes über die Strategien der Natur erkennen können, ist eben nur der Teil, den wir mit unserer Experimentier-Technik in einen beherrschbaren Kontext zwingen können, so wie es Francis Bacon mit "der Streckbank des Experiments" vor-formuliert hat. Das sagt aber nichts über "die Natur an und für sich" aus. Es sagt vor allem nichts darüber aus, was irgendwo existent sein mag, aber für uns nicht erkennbar. Wir können nur das wahrnehmen, was uns 1) unsere neuronale Ausstattung zuläßt, und 2) unsere technischen Experimentier-Methoden aufbereiten und darstellen. Manchmal verdecken die Methoden aber auch essentielle Aspekte.

Als Organismen mit einer speziellen evolutionären Prägung sind wir nur sehr schlecht dafür ausgerüstet, Intelligenzformen ganz anderer Art als der cerebralen inkorporierten Intelligenz unserer eigenen Artgenossen und verwandter Tierarten zu erkennen, mit denen wir in unserer Art-Vergangenheit um *Lebensraum* konkurrieren mußten. Allgemein gesprochen, können wir dies *das Problem der Erkenntnis von distributiver Intelligenz* nennen. Von unserer neuronalen Disposition her sind *distributive Komplexe* für Menschen schwer vorstellbar und wahrnehmbar. Genau solche Intelligenzformen werden aber heute aufgrund wissenschaftlicher Fortschritte erkennbar, also ganz andere Formen als die der gewohnten organismischen Lebewesen, unter Kennzeichnungen wie *Schwarm-Intelligenz*, oder *Netzwerk-Intelligenz*.[275] Unser eigenes Gehirn ist ebenfalls ein Komplex distributiver Intelligenz, und damit ist uns unsere eigene Bewußtheit prinzipiell fremdartig.
->:VOLADORES, p. 175

2.7.4. Die Morphologie der Semiosphäre

In der Betrachtungsweise von Vernadsky und Nachfolgern[276] ist die *Biosphäre* ein geochemisches Prozess-System von thermodynamisch getriebener Materie-Energie-Umwandlung,[277] das in seinem Wesen (*Hylae*), also den grundlegenden molekular-chemischen Eigenschaften der Biomasse, und seinem Umfang (Gesamtmenge der Biomasse, Gesamtvolumen des Energiedurchsatzes aus Geothermal- und Sonnen-Energie) seit Beginn des Lebens in etwa konstant geblieben ist,[278] aber in seiner Formenstruktur (Morphologie, *Morphae*) die bekannten Ergebnisse der Evolution hervorgebracht hat. Diese Abfolge der Formen ist als molekulares Gedächtnis in den DNA-Strukturen der Organismen *aufgehoben* (im Hegelschen Sinne). Die *Semiosphäre* stellt damit eine *andere Sichtweise der Biosphäre* dar, nicht mit dem Fokus auf ihre *Entitäten* (Organismen) sondern auf ihre *Transaktionen* und *Transmissionen* (d.h. die inter-organismischen Prozesse), und in ihrer Eigenschaft als *Geschichtliches Wesen*.[279]

---

[275] Z.B. die distributive Intelligenz der Bakterien, nach Howard Bloom, Eshel Ben Jacob.

[276] Vernadsky (1930, 1997); Hofkirchner (1997); Margulis (1991, www).

[277] http://www.noologie.de/symbol14.htm#Heading105

[278] Je nach Interpretation auch mit heftigen periodischen Oszillationen (Katastrophismus, Massenvernichtungen).

[279] Sekundärliteratur: Goppold (1999d: 40-45, 128-138) http://www.noologie.de/desn09.htm

In Analogie zur anatomischen Morphologie der Organismen läßt sich eine *Morphologie ihrer Verhaltens- und Interaktionsstrukturen* erstellen.[280]

Wie schon gesagt, fällt es uns Menschen schwer, aus unseren evolutionär geprägten Wahrnehmungsrastern auszubrechen, und die Geschichte der Evolution einmal aus der Perspektive des *Inter-Organischen* betrachten, also aus der Sicht aller Verbindungen und Einwirkungen von Organismen untereinander und aufeinander. Dies ist natürlich erheblich schwieriger und komplexer, als die Betrachtung der individuellen Organismen, die man ja fangen und sezieren und präparieren und im Museum ausstellen kann, und deren härtere Reste sich auch in den fossilen Strata erhalten, während ihre Bewegungen, Töne, und chemischen Spuren sich kaum jemals dauerhaft konservieren lassen.[281] Die 4-5 Mrd. Jahre alte Geschichte der Semiosphäre ist vorerst nur ein Name für *einen ganzen gewaltigen dunklen Kontinent des Nicht-Wissens*. Es ist nur der Name für ein System des Zusammenhangs, der heute u.a. unter dem Stichwort Ökologie auftaucht, von dem wir aber nur sagen können: Wir wissen fast gar nichts darüber.

2.7.5. Pattern Transmission Classes als abstraktestes Konzept hinter Wissen, Gedächtnis, und Leben

@:PATTERN_TRANSMIT

Unter der allgemeinen medientheoretischen Perspektive der *Pattern Transmission* lassen sich *Wissen, Gedächtnis*, und *Leben* als äquivalente Phänomene darstellen.[282] Der Begriff *Transmission* sei hier die weiteste mögliche Verallgemeinerung aller Arten von *Fixierung* und *Transport*. Weiterhin wird der Begriff des *Mediums* so verallgemeinert, daß er auf alle *Transmissions-Phänomene* der Biosphäre, also des gesamten Lebens auf der Erde, seit dem Beginn vor ca. 4-5 Mrd. Jahren,[283] anwendbar ist. Der heutige en-

---

.../desn17.htm .../symbol08.htm .../symbol16.htm .../symbol18.htm .../symbol20.htm .../inform.htm .../poly.htm

[280] Virilio (1998) hat diese Sichtweise poetisch als *Ereignislandschaft* bezeichnet. http://www.noologie.de/symbol20.htm#Heading208

[281] S.a. Hoffmeyer (1997) zur Einführung in die Thematik: "a complexity beyond our imaginative power". Hier ist auch der Einfluß der technischen Hilfsmittel wichtig. Das Mikroskop hat die Grundlage der Beobachtung der zellularen Bausteine der Organismen und der Mikroben entscheidend geprägt. Es ist deutlich, daß bedingt durch den beschränkten Einstellspielraum dieses Instruments (kein stufenloser Zoom, notwendige Präpariertechnik der Objekte), mit der erheblich zugenommenen Stärke der Fokussierung auf Einzel-Objekte ein entsprechender Verlust der Wahrnehmbarkeit ihrer Verbindungen und Interaktionen erkauft wird

[282] Cassirer (1960: 68-69) nach Ewald Hering: "... daß das Gedächtnis als allgemeine Funktion aller organischen Materie zu betrachten sei." Im weiteren spricht er von "mnemischer Biologie" nach R. Semon.

[283] Wenn man nicht eine außerirdische Entstehung des Lebens annehmen möchte. In der Beziehung werden wir uns wohl noch auf einige Überraschungen einstellen können. Die Erforschung der Jupitermonde und der interstellaren Gaswolken wird sicher ganz neue Erkenntnisse bringen. Siehe auch den Aufsatz von Peter Krüger in "Spektrum der Wissenschaft".

gere technische Begriff des *Mediums* ist lediglich eine technologisch verbrämte Neuauflage des alten Aristotelischen Begriffspaars von *Hylae* und *Morphae*, philosophisch der abstrakten Vorstellung von *Form* und *Substanz* und allen ihren Interrelationen.[284]

Das Wort *Pattern* wird als *Terminus Technicus* verwendet, wie es von G. Bateson (1972, 1979) und C. Alexander (1967-1993) definiert. Er entspricht in etwa dem deutschen Begriff der *Gestalt* in der Denktradition von Goethe und der Gestalt-Psychologie.[285] Hier können die Themen dieses Unterpunkts nur stark verkürzt dargestellt werden. Ausführlichere Darstellungen finden sich in der Sekundärliteratur.[286]

Wir können grob unterscheiden zwischen *phylogenetischer* (über DNS, RNS) und *ontogenetischer* (Verhaltensmuster, Kultur) *Pattern Transmission.* Leben ist definiert als *phylogenetische Pattern Transmission* in thermodynamisch offenen Systemen, bei der die *Patterns* der organismischen Fließgleichgewichte (also Körperstrukturen, Metabolismus) gegen die zerstörerische Tendenz der Entropie über die Zeit (diachron) transportiert werden. Zwar sterben die Träger der Muster (die Körper der Organismen), aber über den genetischen Mechanismus ist dafür gesorgt, daß die jeweils nächste Generation wieder in der Ähnlichkeit der Eltern-Generation geboren wird. Die Gene können als das *molekulare Gedächtnis* (*memory*) der Biosphäre angesehen werden.[287] *Ontogenetische Pattern Transmission* betrifft nicht-genetisch übertragene *Verhaltensmuster.* Im engeren Sinne sprechen wir bei Tieren und Menschen von individuellem *Gedächtnis*, bei der die *Pattern Transmission* über den Lebenslauf der Individuen stattfindet. In einer abstrakten Definition ist *Wissen* das, was in einem *allgemein definierten Gedächtnis* aufbewahrt wird, um es für *zukünftige Handlungen* zu nutzen. Es beinhaltet also *Antizipation*, denn wenn man nicht die Erfordernisse der Zukunft im Blick hätte, gäbe es keinen Grund, Wissen zu sammeln.[288] Um in der Terminologie gröbere Anthropomorphismen zu vermeiden, lassen sich *Analogie-* oder *Proto-Begriffe* bilden, die über Indizierung verschiedene einfachere Vorstufen von *Wissen, *Gedächtnis, oder *Kultur kennzeichnen. (Goppold 2000f). Im weiteren Sinne spricht man vom **kulturellen *Gedächtnis*, wenn eine *nicht-genetische Übertragung von *Wissen zwischen den Generationen* (diachron) stattfindet. Das **Wissen* aller **Kulturen*

---

284 Ausführlicher behandelt unter ->:TERTIUM_DATUR, p. 127

285 Goppold (1999d: 50-53)
http://www.noologie.de/desn09.htm#Heading30

286 Goppold (1999d)
http://www.bib.uni-wuppertal.de/elpub/fb05/diss1999/goppold/
http://www.noologie.de/desn.htm
Goppold (1999g), http://www.noologie.de/symbol16.htm
Goppold (2000a), http://www.noologie.de/symbol08.htm

287 Auch hier gibt es einen subtilen Bedeutungsunterschied zum Englischen, denn im deutschen Wort *Gedächtnis* ist eine starke Assoziation an (verbales) *Denken* enthalten, die aber hier nicht zutrifft.

288 Hier spielen die alten Aristotelischen Begriffe der *Causa Finalis* und der *Entelechie* ihre Rolle.

ist ihr Fundus an *Wissenswertem* und *Bewahrenswertem*. Wenn in den folgenden Abschnitten un-indizierte Begriffe von Wissen, Gedächtnis, oder Kultur etc. gebraucht werden, soll als Vereinbarung immer die indizierte Fassung gelten: *Wissen, *Gedächtnis, *Kultur etc..

->:GEDAECHTNIS_BILD, p. 102

2.7.6. Das Periodensystem der Transmissions-Phänomene in der Biosphäre

@:PERIODEN_XMISS

Ontogenetische Verhaltensmuster (Protokultur, Kultur) sind eine spezielle Unterklasse von Pattern Transmissionen in der Biosphäre, deren tragende Hauptklasse die *phylogenetischen* Patterns sind. Ohne die Konstanz der genetischen Patterns gäbe es keine Transmission der Verhaltensmuster.[289] Darauf aufbauend läßt sich ein "Periodensystem der Transmissions-Phänomene" der Biosphäre umreißen, dessen Globalzusammenhang die gesamte Geschichte des Planeten Erde durchzieht.

Um von dem bekanntesten Medium, der Schrift auszugehen: *Schrift ist ein Medium zur Transmission von Sprach-Äußerungen*. Die dadurch geprägte Epoche ist jetzt ca. 5000 Jahre alt. Wenn wir in die Menschheits-(Vor-)Geschichte weiter zurückgehen, finden wir weitere Epochen von Transmissionen, die mit bestimmten "höheren" Kultur-Äußerungen verbunden sind, wie Bilder und Kunst-Gegenstände (seit ca. 50.000 Jahren), dann Werkzeuge, Gebräuche und Rituale (seit ca. 500.000 Jahren), und seit ca. 5.000.000 Jahren das Auftreten der Anthropoiden und Hominiden, mit ihren spezifischen sozial- und instrumental- Transmissionen (wozu der systematische Feuergebrauch als eine der wichtigsten proto-humanen Errungenschaften zählt). Noch weiter zurück, finden wir den allgemeineren Bereich der Transmission der Gesamtmenge der nicht phylogenetisch vererbten Verhaltensmuster der Säugetiere,[290] bis wir bei den allgemeinsten Formen der biologischen *Transmission* ankommen, nämlich der genetischen Muster in der DNS, die allen Lebensformen gemeinsam sind. Denn wie oben schon angedeutet, ist das Protoplasma das *Medium par excellence*, es hat sich in Milliarden von Jahren in die aus der Paläontologie und der heutigen Biosphäre bekannten Lebensformen immer weiter und immer komplexer um- und ausgeformt.[291] Die Meinung von Jaspers, und vielen anderen (Geistes-) Wissenschaftlern, der Biosphäre eine Geschichte absprechen zu wollen, ist lediglich der anthropozentrischen Denkweise der vergangenen Epoche zuzuschreiben. Das *Ge-Schichte* der geologischen Steinschichten ist die *Geschichte des Lebens auf der Erde*. Man muß sie nur zu lesen verstehen, wie jede andere Schrift (bzw. generell Aufzeichungen in anderen Medien) auch, was die Paläontologie mittlerweile einigermaßen gut beherrscht. Die Gesamtschau über {die Geschichte / das Geschichte} der Biosphäre und der Noosphäre läßt sich zusammenfassend in einem Übersichtsdiagramm darstellen:

---

[289] Goppold (1999d: 40-53), http://www.noologie.de/desn09.htm

[290] über Brutpflege und gelerntem Herdenverhalten

[291] Siehe dazu auch Teilhard de Chardin und die "Einrollung" der Evolution.

->:BIOSPHAERE, p. 265

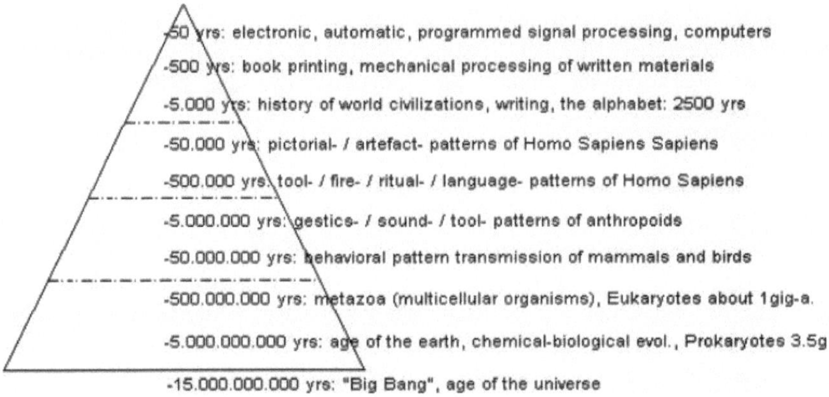

Abb.: Die medientheoretische Sicht der Weltgeschichte: Ein Periodensystem der Transmissionsformen in der Biosphäre

Analog zu dem Periodensystem der Elemente von Mendeleyev[292] finden wir hier ebenfalls eine Regelmäßigkeit in dem "*Ge-Schichte der Geschichte*" der Biosphäre, indem die Dauer einer Epoche auf jeder Stufe um etwa einen Faktor 10 ab- oder zunimmt.[293] Die Erklärung hierfür ist uns aus heutiger Sicht plausibel: Das Leben wird zunehmend schneller, und das war schon seit Anbeginn der Zeiten so. Nur heute sind die Veränderungen aufgrund ihrer großen Geschwindigkeit in den Aufmerksamkeitsbereich eines einzigen Menschenlebens getreten.[294] Auf tieferer Ebene liegt die Ursache in der Thermodynamik von Dissipativen Systemen, und damit der Durchschnitts-Geschwindigkeit des Aufbaus des Strukturreichtums der Lebewesen und ihrer

292 Britannica: Mendeleyev

293 Siehe dazu auch die hinduistische Epochen-Mythologie: ->:MAHA_KALPA, p. 219
Die Zahlen sind im Unterschied zu dem chemischen System aber nur als grobe Annäherung zu verstehen. Weiterhin ist diese Epochen-Einteilung natürlich "im Auge des Betrachters", also als externes Ordnungs-Schema zu verstehen, denn je nach Vorliebe lassen sich auch beliebig andere Epochen-Einteilungen finden. Diese hat wenigstens den Vorteil, daß sie leichter zu erfassen ist, als die Nomenklatur der Geologen und Paläontologen, die sich nach den Gesteinsschichten, den vorkommenden Leitfossilien, und nach den Ideosynkrasien der Wissenschaftler richtet, die ihre Benennug formulierten. Precambrian Era, Paleozoic Era, Mesozoic Era, Cenozoic Era, mit Cambrium, Ordovicium, Silur, Devon, Carbon, Trias, Jura, Cretaceous, Tertiär, Quartär, Pleistocän, Holocän. (Britannica: Geochronology: The Interpretation and Dating of the Geologic Record.)

294 Natürlich gibt es noch einen anderen Grund, warum die jüngeren Zeit-Epochen meist kürzer als die älteren sind: Man weiß eben normalerweise mehr aus der jüngeren Vergangenheit, als aus der älteren, deshalb unterteilt man sie in kürzere Abschnitte, um das Material besser zu sortieren. ->:IMMORTAL_KOMPLEX, p. 137

Organisationsformen.[295] Für ca. 3 Mrd. Jahre, also den weitaus größten Abschnitt der Erdgeschichte, machten die Prokaryoten (Abarten heutiger Bakterien) die Evolution allein unter sich aus,[296] dann erschienen vor 500 Mio Jahren die ersten Mehrzeller, vor 50 Mio Jahren übernahmen die Säugetiere und Vögel den Planeten von den Dinosauriern, und seit 5 Mio Jahren können wir von den ersten Menschenartigen (Anthropoiden) sprechen,[297] und die immer schneller aufeinander folgenden Kulturstufen des Menschen seitdem wurden oben schon angesprochen.

2.7.7. Visionen der Ereignis-Landschaft

@:VISION_PANORAMA

Der Wesens-Unterschied zwischen Natur- und Geschichts-Philosophie ist der zwischen *kausalem Prozess* und *singulärem Ereignis*.[298] Im physikalistischen Paradigma der Naturwissenschaften nach Laplace sind alle Prozesse des Universums in ein kausales Gefüge eingebunden, das sich mechanisch auf Stoß-Reaktions-Ketten abbilden läßt. Dieses Bild dominierte das Wissenschaftsverständnis der letzten 300 Jahre, und liegt auch noch der heutigen Partikel-orientierten Physik zugrunde. Stoß-Reaktions-Ketten sind zeitlich umkehrbar, also reversibel, wie mit der bekannten Laplace'schen Formulierung des Dämons, der die Weltgeschichte berechnen kann, anekdotisch ausgedrückt ist. Nicht viel anders ist heute auch das Einstein'sche Raum-Zeit-Kontinuum aufgebaut. Zur Beherrschung von Prozessen hat die Mathematik das Konzept der stetigen Funktionen, und das Instrumentarium der Differenzial-Gleichungen eingeführt, das für die Ingenieure die Kontrollierbarkeit der technischen Systeme gewährleistet.

Mit der Chaos-Theorie ist aber die Bedeutung einer anderen Art von Prozess deutlich geworden: Das Phänomen der *Bifurkation*, populär auch als "*Butterfly-Effekt*" be-

---

[295] Hierzu bes. die Werke von Prigogine und Jantsch, aber auch beim Altmeister Teilhard de Chardin finden wir eigentlich schon alles prophetisch vorausgeahnt.

[296] Man kann sich das als einen mehr oder weniger dicken Algenteppich vorstellen, der über den ganzen Planeten ausgebreitet ist: von gift-grün über orange bis schwarz-braun, und fürchterlich stinkend. Die Hölle auf Erden, sie ist eine Realität der biosphärischen Vergangenheit.
Siehe auch: Howard Bloom: The Lucifer Principle (1995), und: History of the Global Brain (www), http://www.heise.de/tp/deutsch/special/glob/default.html , http://www.howardbloom.net

[297] Auch hier ist das letzte Wort noch lange nicht gesprochen, wie jüngste Entdeckungen zeigen, wonach man hier sogar bis 7 Mio Jahre zurückgehen kann. Aber es kommt eben darauf an, was man letztlich als entscheidendes Kriterium für "menschenartig" definiert. Der aufrechte Gang, die Hände, oder das Gehirn? Siehe: http://www.zeit.de/2000/51/Wissen/200051_millenniummensch.html

[298] Siehe dazu z.B. die Diskussion von Jaspers (1955: 54-55) zur Charakteristik von Geschichte. Er nennt das den "Sprung vom bloßen Geschehen in die Geschichte". Das mythische Ur-Erlebnis dieses Sprungs ist in der biblischen Erzählung vom Sündenfall (55) im kollektiven Gedächtnis der (jüdisch-christlichen, westlich-abendländischen) Menschheit eingekapselt.

kannt.[299] Bifurkation bedeutet, daß eine Reaktion mehrere "Auswahlmöglichkeiten" eines Folge-Ergebnisses hat, und keinerlei kausal nachvollziehbare Determination besteht, welche der Alternativen ergriffen wird. Damit ist auch keinerlei Berechenbarkeit von Zukunft oder Vergangenheit mehr möglich. Das Geschehen wird singulär, es wird *Ereignis*.

Der fundamentale Unterschied aber zwischen natur-kausalem *Prozess* und Geschichts-relevantem *Ereignis* ist die *Erinnerung* oder das *Gedächtnis*. Dies erfordert eine eigene Art der Wissenschaft, und eine eigene Geschichts-Philosophie, denn die vom physikalischen Dogma der reversiblen Zeit beherrschte Naturwissenschaft kennt kein Gedächtnis.[300] Dies ist eine weitere, andere Formulierung der Grundthesen von Gotthard Günther, daß die vergangene technisch- naturwissenschaftlich dominierte Epoche völlig *ahistorisch* war.[301] *Nur das Leben kennt Gedächtnis*, und *Ereignis* und *Gedächtnis* sind insofern äquivalent, als daß es eine Definition von *Ereignis* ist, was für würdig erachtet wird, dem (kulturellen) *Gedächtnis* anvertraut zu werden.[302] Das Leben vertraut alle sich immer und gleichartig wiederholenden (prozessualen, periodischen) Geschehnisse der Gewöhnung und dem Vergessen an, und bewahrt nur das *Einzigartige* im Gedächtnis. Für Jaspers ist das kulturelle Gedächtnis die Maxime der Geschichte, auch wenn er es nicht so direkt ausdrückt.
Jaspers (1955: 55): Die Folge der Geschichte ist ein unablässiges Anderswerden der Zustände, des Wissens, der Gehalte in ihrer Erscheinung, aber so, daß ein Bezug von allem auf alles, ein Zusammenhang der Überlieferung, universale Kommunikation möglich und als Forderung erfahren wird.

Virilio hat die Vision der kommenden Epoche einer Universal-Geschichte als sein Neo-Perspektivisches Bild der *Ereignis-Landschaft* dargestellt.[303] Dieser Trans-Temporale Panorama-Blick ist im anderen Kontext eine Neu-Aufnahme des Kernthemas der Renaissance, deren auszeichnende kognitiv-neuronale Errungenschaft ja die Behrrschung der räumlichen Perspektive war.[304] Als Durchbruchs-Erlebnis des Raum-Bewußtseins ist es von Petrarca 1335 mit dem Blick von dem Gipfel des Mt. Ventoux beschrieben worden. (Gebser 1973: 38-45). Einfacher ausgedrückt: die Renaissance als letzte vorhergegangene "Achsenzeit" leitete die kognitive, logische, und technische Eroberung des Raumes durch die Europäer ein, die ja heute mit der Globalisierung mehr oder weniger in ihre Endstufe eingetreten ist. Und diese ist prinzipiell nicht mehr überwindbar, denn die "Eroberung" des kosmischen Welt-Raumes erscheint nach den heutigen astronomischen und Einsteinschen Erkenntnissen der Absolut-Schranke der Lichtgeschwindigkeit für den Menschen in seiner jetzigen Form auf immer

[299] Dazu: Ralf Abraham: Dynamics...

[300] Goppold (1998a, 1999d, 2000a, 2001a, 2001b), Cramer (1993).

[301] Die Arbeit von Spengler, auf der auch Günther aufbaut, drückt dies pointiert aus.

[302] Dazu auch die Arbeiten zum kulturellen Gedächtnis: Assmann, Connerton, Halbwachs... Bee (1974)

[303] ->:EREIGNIS_LANDSCHAFT, p. 248

[304] Dazu auch die Neuronale Ästhetik, insb. in der Fassung von Breidbach und Clausberg.

verschlossen.[305] Die neue Denk-Epoche der Menschheit wird sich also einer anderen Dimension zuwenden müssen: Der Eroberung der Zeit. Hoffentlich aber nicht ganz so blutig wie das die vergangene Epoche getan hat.

Weiterhin stellt dieser Panoramablick ein Schlüsselthema aus der Bibel dar, aus Matth. 4,3-11 und Luc. 4,3-13, bei dem der Versucher (Peirazo) Christus auf einen hohen Berg (oder einen hohen Turm) führt, und ihm den gottgleichen Blick über das *Große Panorama der Geschichte des Universums* gewährt.

2.7.8. Die Immortalitätskomplexe der Semiosphäre

@:IMMORTAL_KOMPLEX

Die Semiosphäre ermöglicht auch neue Ausblicke auf die Unsterblichkeit: "Die Immortalitätskomplexe der Semiosphäre"

Teilhard (1981: 315): Schließlich erwacht (infolge des neuen und revolutionären Vermögens, die Zukunft vorauszusehen) im Bewußtsein jedes einzelnen Elements das Verlangen nach "unbegrenztem Weiterleben".

Es ist für Menschen schwer, sehr langfristige Entwicklungen zu erkennen, die weit über die Lebensdauer eines einzelnen hinausgehen. Es gibt so etwas wie eine *Zeitschranke der Zeit-Erkenntnis*, die mit dem Begriff des *Saeculum*, also der längsten möglichen Zeitspanne der direkten menschlichen Erinnerung verbunden ist, die für Normalmenschen zugänglich ist, etwa 100 Jahre. Geschichts-Erkenntnis und -Wissenschaft ist das Unternehmen der Spezies Mensch, diese Zeitschranke der individuellen Erkenntnis zu überwinden. Aber, Gotthard Günther bemerkte so treffend: "... stehen wir historischen Prozessen heute noch genauso hilflos gegenüber wie vor 10.000 Jahren."[306] Die Menschheit hat bisher noch keine irgendwie nennenswerte Geschichtswissenschaft hervorgebracht, die erkenntnismäßig darüber hinausgekommen wäre, was man etwa in der Biologie vor den Zeiten Linnés als "Kuriositätensammlung" betrieben hatte. Die früheren Versuche von Historikern wie Spengler, "Das Wesen" und "Die Gesetze der Geschichte" zu ergründen, dürfen als gescheitert betrachtet werden.

Das Reich der EL-Systeme

Aber manchmal, wenn die Not am größten, und guter Rat am teuersten, ist vielleicht unerwartete Schützenhilfe am nächsten. Und so soll hier noch eine Darstellung von distributiver Intelligenz erwähnt werden, die uns vielleicht erlaubt, eine völlig andere Sicht auf die Tiefen-Ge-schichte des *Ur-Ahnens* der Menschheit zu gewinnen, auf die *Morphologie der Mythologie*: *Die unsterblichen Bewohner der Semiosphäre*, die *EL-Systeme*,[307] die mythologischen Lenker und Leiter der Weltgeschichte, die in einer früheren Epoche als Daevas, Elfen, Feen, Sylphen, Nymphen, Gnome, Engel, und andere spirituelle Wesen bekannt waren, und aus unserer jüdisch-christlichen Mythologie

---

305 Dazu auch die Arbeit von H. Bloom und Tipler (1994).

306 ->:ARISTO_EPOCHE, p. 268

307 Britannica: Religious Doctrines and Dogmas, Angels and demons.

z.B. als *Micha-El, Gabri-El, Raffa-El, Uri-El,*[308] mit dem Sammelbegriff: Die *El-ohim*, im Arabischen auch als *Al-lah* bekannt.

Die *EL-Systeme* stellen vielleicht einen ernstzunehmenden Versuch dar, eine Wissenschaft von der Geschichte zu begründen. *Mythologie* ist eine Form des *Ur-Ahnens* der Menschen, sich Dinge und Vorgänge vorzustellen, die sie mit der von ihrer Evolution mitgegebenen neuronalen Ausstattung nicht gut wahrnehmen können. Z.b. extrem langfristige geschichtliche Entwicklungen, oder die fein und weiträumig verteilten Prozesse der *Netzwerk-Intelligenz.*

Einem Menschen der mythologischen Vorzeit wäre das Konzept der *Semiosphäre* durchaus nicht fremdartig vorgekommen, denn er hätte jeden biosphärischen Interaktions-Komplex, der sich z.B. um einen bestimmten Hain, eine bestimmte Quelle, eine bestimmte Höhle, oder einen bestimmten Berggipfel, bildet, einfach mit den dort residierenden Natur-Geistern identifiziert. Und das allgemeine Konzept eines Ökosystems wäre ihm deshalb auch sehr bekannt vorgekommen. Das war eben das Konzert der Natur-Geister einer bestimmten Region, und man wäre dann in weitere und weitere Ebenen einander übergeordneter Natur-Geister gekommen, bis man irgendwann einmal bei dem *Großen Manitou* angelangt wäre, der aber nur ein Sammelname für *die Gemeinsamkeit aller Natur-Geister* ist. Wenn man sie alle auf einmal ansprechen möchte, dann ist es eben einfacher zu rufen: *O Mani-Tou,*[309] bitte höret mich alle! oder so ähnlich. Und so entstand auch das Konzept der *El-ohim*, das nur irgendwann den Charakter bekam, daß es ihrer nur einer sein durfte, der eifersüchtig keinen anderen neben sich dulden wollte. Das war die Geschichte der Monotheistischen Religionen. Man kann die Bildung der Monotheistischen Religionen denk- und reflexionsgeschichtlich auch mit der Entwicklung begreiflich machen, daß die Menschen hier die Fähigkeit verloren, distributive Komplexe zu verstehen, und in solchen Kategorien zu denken. Aber seltsamerweise etablierten sich die Systeme der Engel und Heiligen in allen Religionen, sogar den nicht-theistischen, wie dem Buddhismus, sofort wieder, egal was der Gründerprophet an Vorschriften erlassen hatte oder nicht. Offensichtlich erfüllten die Engel und Lokal-Heiligen eine notwendige spirituelle Funktion, ohne die (eine Volks-) Religion anscheinend nicht funktionieren konnte. (S.a. Campbell 1996,III: 292-293).

---

308 Britannica: Uriel. in the Apocrypha, a leading angel, sometimes ranked as an archangel with Michael, Gabriel, and Raphael. Because his name in Hebrew means "fire of God," or "light of God," he has been variously identified in Jewish traditions as an angel of thunder and earthquake, as the wielder of the fiery sword in driving Adam and Eve from Eden, as the destroyer of the hosts of Sennacherib, as the figure who enlightens Ezra with visions, and, generally, as an angel of terror, prophecy, or mystery. John Milton in Paradise Lost described Uriel as "Regent of the Sun" and the "sharpest sighted spirit of all in Heaven"; but Christian tradition has generally paid little attention to Uriel.

309 Oder auch: *Om Mani Padme Hum, Amen, SoHam,* etc. etc.

Nehmen wir der Einfachheit einmal an, daß alles, was an gewöhnlichen Prozessen naturgesetzlicher Art in der Welt passiert, den blinden Kräften des Schicksals (oder des Schopenhauerschen Willens, oder der Entropie, etc. etc.) überlassen werden kann, *aber alles, was mit Ereignissen verbunden ist, unter der Obhut eines Engels steht.* So ungefähr lassen sich die weiter ausgearbeiteten Entwürfe der Engel-Systeme verstehen,[310] die z.B. von Dionysius Areopagita, über Swedenborg, bis Rudolf Steiner, gemacht worden sind. So lassen sich auch die elaboraten Ritual-Systeme verstehen, die z.B. in der hinduistischen Kultur ein ungeheuer komplexes Regelwerk von genau passenden Ritualen für jede nur mögliche Gelegenheit des menschlichen Lebens vorsehen, das eben nur ein Brahmane in lebenslanger Schulung von Kindesbeinen an, beherrschen und handhaben kann.

Kulturelle Transmission als virtuelle Unsterblichkeit

Kulturelle Transmission ist eine Form der virtuellen Unsterblichkeit. Zwar überlebt nicht der Mensch in seiner fleischlichen Form, aber einige seiner tiefsten und wesentlichsten Gedanken und Empfindungen können so über die Jahrhunderte und Jahrtausende weitergetragen werden. Jeder Brahmane, der heute die Sanskrit-Verse des Mahabharata aus dem Gedächtnis rezitiert, er-innert und impersonifiziert nicht nur das *Gedächtnis* an Krishna und Arjuna, sondern Krishna und Arjuna leben in ihm auf eine Weise fort, die in einer Zivilisation der schriftlichen kulturellen Transmission nur schwer vorstellbar ist.[311] Ebenso lebt Mohammed in seinen Koran-Versen weiter fort, und die jüdischen Propheten in den Versen der Bibel. Umgekehrt hat der, der heute diese Gesänge er-innert, auf eine ebenso schwer vorstellbare Weise Teil an der Unsterblichkeit dieser Überlieferung.

Mit diesem Seitenblick auf die Mythologie und die Religion finden wir einige Hinweise und Gründe für die erstaunliche Tatsache, daß kulturelle Muster extrem langlebig sind. Die Überlieferung der Juden ist etwa 3500 Jahre alt,[312] die Vedische ist ungefähr gleich alt (wenn man nach den Brahmanen geht, aber wesentlich älter),[313] die Christliche immerhin 2000 Jahre, und die Islamische 1400 Jahre. Die australischen Aborigines behaupten von ihrer Überlieferung sogar, daß sie mehrere 10.000 Jahre alt ist, aber das ist kaum zu verifizieren. Die ältesten Staatsformen waren etwa 2000 bis 2500 Jahre alt, aber wiesen große (über hundert Jahre dauernde) Zivilisationseinbrüche auf: So das ägyptische und das chinesische Reich. China stellt heute den langlebigsten

---

[310] oder auch, *magno cum grano salis*, weitläufig interpretieren

[311] Randaria (1992), Rangachari (1985)

[312] Hier muß man differenzieren, daß darin ja auch die viel ältere Überlieferung der Sumerer ein-codiert ist, so die Geschichte Noahs, die im Gilgamesch-Epos fast wörtlich genauso vorkommt. Die Bibel, oder Torah, wurde erst zwischen -586 bis -538 im Babylonischen Exil konsolidiert (das Pentateuch). Stanford (1996: p. 33).

[313] In der brahmanischen Zeitrechnung fällt der Beginn der gerade herrschenden Weltenepoche, des *Kali Yuga*, genau auf das astronomisch bestimmte Datum des 18. Februar 3102 v.u.Z. Dies ist auch der Todestag des Weltzeit-Avatars *Krishna* des vorhergehenden Weltenalters *Dvapara Yuga*. Das Mahabharata-Epos handelt von den Ereignissen unmittelbar vor diesem Datum. Thompson (1989: 19)

existierenden Zivilisationszusammenhang dar, vor allem aufgrund des Konstanzfaktors der Schrift, die über alle Sprach- und Staatsveränderungen hinweg eine Konformität des Denkens über ca. 2500 Jahre versichert hat. Die ältesten europäischen Staaten waren Byzanz und Venedig, mit je etwa 1000 Jahren.

@:TRADITION_WERK

Die erste Aufgabe ist: selbst etwas zu machen; die zweite, unscheinbarer, aber schwerer und größer in ihrer Fernwirkung: *eine Tradition zu schaffen*, andere dahin zu bringen, daß sie das eigne Werk fortsetzen, dessen Takt und Geist; einen Strom einheitlicher Tätigkeit zu entfesseln, der des ersten Führers nicht mehr bedarf, um in Form zu bleiben. Damit wächst der Staatsmann zu etwas empor, das die Antike wohl als Gottheit bezeichnet hätte. Er wird zum Schöpfer eines neuen Lebens, zum geistigen Ahnherrn einer jungen Rasse. Es selbst als Wesen entschwindet nach wenig Jahren aus diesem Strom. Aber eine von ihm ins Dasein gerufene Minderheit, ein anderes Wesen von seltsamster Art, tritt an seine Stelle, und zwar für unabsehbare Zeit, Dies kosmische Etwas, diese Seele einer herrschenden Schicht kann ein Einzelner erzeugen und als Erbe hinterlassen, und das ist es, was in aller Geschichte die Wirkungen von Dauer hervorgebracht hat.... eine Tradition schaffen, heißt den Zufall ausschalten. Eine Tradition züchtet einen hohen Durchschnitt, mit dem die Zukunft sicher rechnen darf... Eine starke Tradition zieht von allen Seiten die Talente an und erzielt mit kleinen Begabungen große Erfolge. Das beweisen die Malerschulen in Italien und Holland nicht weniger wie das preußische Heer und die Diplomatie der römische Kurie.

Spengler (1980, 1115)

Die Morphologie der Zeit-Geister

Ein großer Literaturstoff, wie Goethes Faust, entstand nicht aus der Phantasie eines einzelnen Schreibers, sondern Goethe führte damit einen schon lange laufenden Prozess weiter, der im deutschen Sprachgebrauch als ein Phänomen des *Zeit-Geistes* bezeichnet wird. Goethes Leistung war es, diesen Stoff, der die Geister der Menschen offensichtlich schon seit vielen Generationen so tief erregte, in eine neue Form zu überführen, und ihm damit eine neue Aktualität zu geben. Er formte damit ein neues mythologisches Selbstbild des abendländischen Menschen, wie Spengler ausführte, und sein Weitblick erfasste genau die Dynamik der Entwicklung der techno-kapitalistischen Zivilisation, die sich in den letzten 200 Jahren entfaltete.[314] Im Rahmen der hier aufgestellten *Morphologie der Cultural Patterns* handelt es sich um das *Weben und Wirken von Wesen der Semiosphäre*. Diese ist die Welt der *Zeit-Geister*, in einem sehr wörtlichen Sinn. Denn es sind Geister, deren Wesen mehr *zeit-haftig* ist, als räumlich faßbar. Die *Semiosphäre* ist eine Welt der flüchtigen Phänomene, denn Kommunikationsprozesse sind, auch wenn sie immer auf Medien und Energien angewiesen sind, subtiler als rein materiell-energetische Formungs- und Austauschprozesse (wie etwa das Schmieden eines Eisenstücks). In den Arbeiten von Jung und Campbell (1972-1996) wird das Wirken dieser Wesen als *Mythologisches Drama* bezeichnet. Das

---

[314] Binswanger (1985), Spengler (1980); Campbell (1996: 724-778); Gebser (1973)

Drama von Faust und Mephistopheles behandelt somit einen zentralen Nexus[315] von archetypischen Kräften in der Menschheitsentwicklung. Campbell (1996: 701-793).

3. Nosologie: Das Wissen vom Leiden

@:NOSOLOGIE

3.1. Lust, Frust, Leid und die Sucht nach Ewigkeit

Alle Dinge des Lebens, die Spass machen, sind entweder ungesund oder verboten.

Volksmund

Oh Mensch! Gieb Acht!
Was spricht die tiefe Mitternacht?
``Ich schlief, ich schlief -,
``Aus tiefem Traum bin ich erwacht: -
``Die Welt ist tief,
``Und tiefer als der Tag gedacht.
``Tief ist ihr Weh -,
``Lust - tiefer noch als Herzeleid:
``Weh spricht: Vergeh!
``Doch alle Lust will Ewigkeit
``will tiefe, tiefe Ewigkeit!"

Nietzsche, Zarathustra

Wenn Gott gewollt hätte, dass die Menschen sich in "Unio Mystica" mit ihr vereinigen, hätte sie die Individual-Seele nicht erschaffen brauchen.

Die Mystik-Vereinigungs-Abwehrerin

Es gibt kaum eine treffendere Darstellung des Zusammenhangs zwischen Lust, Leid und der Sucht nach Ewigkeit als Nietzsches Schluss-Gedicht des "Zarathustra"[316]. Mit diesen Zeilen trifft Nietzsche auch den Kernpunkt der menschlichen Suche nach Transzendenz, Samadhi, Vereinigung mit Gott, etc.: die unendliche Verlängerung der Lust und die dauerhafte Vermeidung von Leid. Die "höheren" Formen der Lust im Mantel der Spiritualität entspringen der Erfahrung, dass alle anderen Formen der Lust mehr oder weniger schnell in Frust oder Leid umschlagen. Dies soll nun ein wenig ausgeführt werden.[317]

---

[315] Im Sinne von Whitehead's "Process and Reality" (1969)

[316] http://www.noologie.de/neuro14.htm

[317] Im Kontrast zu Wilber ist dies also eine Neo-Freudianische Interpretation der "Spiritualität". Zur Erläuterung müsste man darauf hinweisen, dass Freud viele seiner Konzepte direkt von Nietzsche übernommen hatte. Ein sehr interessantes Buch in diesem Kontext ist der Roman von David Yallum: "Und Nietzsche weinte".

3.1.1. Ein Noologisches Märchen: Das Leben der Menschen im Paradiese

@:NOO_PARADIES

Es wurde oben schon gesagt: Märchen sind ein genuines Thema und eine wesentliche Methode der Noologie. Und so möchte ich ein paar wichtige Themen in Märchenform fassen, die uns das Menschheitsgedächtnis nur als Mythen überliefert hat, und über die es leider nichts genaues mehr zu wissen gibt, da niemand dabei war, der uns heute noch davon berichten könnte. Statt den Mythos für Unsinn zu erklären, oder zu analysieren, oder zu interpretieren, spinne ich ihn weiter: Dieses Verfahren nenne ich auch: Anteil nehmen am Ur-Ahnen der Menschheit.[318]

Das Thema ist das Leben der Menschen vor dem Sündenfall, im Paradiese, wie es in dem Mythos der Genesis "aufgehoben" ist, modifiziert mit ein paar Erkenntnissen der heutigen Paläo-Anthropologie. Seit ca. 10 Jahren befindet sich die Paläo-Anthropologie in einem Chaos, weil die schöne Ordnung, die zwischen den 1950er bis 70er Jahren von Leakey und Kollegen aufgestellt wurde, ins Wanken gekommen ist. Die einfache Abstammungslinie des Menschen "out of Africa" im Kenianischen Rift Valley, ihrer Ur-Ahnin Lucy,[319] und der bekannten Errungenschaften der Ur-Menschheitsentwicklung, dem aufrechten Gang, dem Feuergebrauch, der Werkzeuge, der Sprache, wird durch immer neue Fossilienfunde verwirrt. Heute kann man nicht mehr von einem Ur-Ahnen des Menschen sprechen, sondern man findet über ganz Eurasien und Afrika Knochen und Skelette von allerlei möglichen Vorfahren, die alle irgendwie verwandt, aber gattungsmässig nicht einheitlich sind. Das grosse Problem bei dieser Menge an möglichen Vorfahren ist, dass sie sich einerseits ziemlich verschieden entwickelt haben müssen, aber sie mussten dennoch in der Lage gewesen sein, miteinander Nachkommen zu zeugen. Das passt nicht ganz in das konventionelle darwinistische (bzw. Weismannsche) Raster, denn nach der heute noch gültigen Interpretation der Genetik kann es nur eine Ur-Eva gegeben haben.

3.1.2. Das Leben vor der Erfindung des Leides: Wenn die Bonobos unsere Vorfahren gewesen wären.

Wie können wir uns das Leben der Menschen im Paradiese vorstellen? In jener paradiesischen pleistozänen Epoche, die in anderen Mythologien auch als das goldene Zeitalter oder Satya Yuga bekannt ist[320], gab es für die Menschen keine Sorgen um das Leben und Über-Leben, Nahrung war genug vorhanden. Diese mythische Epoche unterscheidet sich von den späteren essentiell dadurch, dass das Zentral-Element "Leid"

---

318 Weitere Beispiele für diese Methode:
http://www.noologie.de/neuro08.htm
http://www.noologie.de/neuro14.htm

319 "in the sky with diamonds" (nach den Beatles). Dieser phantasivolle Schlenker erweist sich heute als "nomen est omen".

320 http://www.noologie.de/neuro12.htm
und: "Wie der Mensch auf den Hund gekommen ist: Eine etwas andere Geschichte aus der Ur-Urzeit der Mensch - Tier Lebensgemeinschaften" ->:DOMESTIKATION, p. 205
http://www.noologie.de/neuro08.htm

des menschlichen Lebens noch nicht existierte, das erst durch oder nach dem Sündenfall entstand. Hier wäre eine genauere Analyse des Elements "Leid" vonnöten.[321] Wir können zwei Kategorien von Leid unterscheiden: Die physiogenen (von der Natur auferlegten) und die anthropogenen (von Menschen verursacht). Alle höheren Lebewesen sind genauso wie Menschen den Tatsachen der Geburt, des Schmerzes und des Sterbens unterworfen,[322] aber sie leiden nicht so, wie Menschen leiden können. Und wir können mit guter Begründung behaupten, dass das "anthropogene Leid" in gewisser Weise schlimmer ist.

Eine realistische Konstruktion der Lebenswelt der Menschen im Paradiese muss diese wesentlich unterschiedliche Komponente berücksichtigen: Das anthropogene Leid war noch nicht "erfunden". Wie gingen die Menschen wohl mit den natur-gegebenen Formen des Leids um? Der Tod war wie bei allen Lebewesen nicht zu vermeiden, aber er wurde vermutlich als ein Übergangsritus wie jeder andere gefeiert.[323] Der Schmerz hatte einen ähnlich anderen Stellenwert. Wie wir aus den Berichten über Sadhus und Fakire etc. wissen, ist Schmerz sehr relativ, und kann durch psychische Konditionierung wesentlich beeinflusst werden. Ebenfalls stellte man fest, dass Wolfskinder sehr schmerz-unempfindlich sind. So war Schmerz eher ein Freund, ein Warner, der den Menschen zuverlässig mitteilte, dass sie momentan das innere oder äussere Gleichgewicht verloren hatten. Wie eine solche Lebensweise (auf etwas niedrigerem Niveau) in der Praxis aussieht, machen uns die Bonobos vor. So etwa würden auch die Menschen noch leben, wenn es den Sündenfall nicht gegeben hätte.

Wahrscheinlich gaben sich die Menschen im Paradiese ihren ganz normalen menschlichen Neigungen hin, die mit einem Quadrantensystem zu klassifizieren sind: Das waren die Drei Grossen F's, und das Grosse "S". Die Drei Grossen F's stehen für: *Ficken, Fressen, Faulenzen*[324], und das Grosse "S" steht für *Spielen*. Die F's können auch als die animalischen Neigungen des Menschen bezeichnet werden, während das "S" wissenschaftlich als Phänomen der Neotenie (verlängertes Kindverhalten) bekannt ist. Bei allen Säugetieren spielen nur die Jungen, und wenn sie erwachsen werden, hören sie damit auf. Menschen haben die Fähigkeit und die Neigung, bis an ihr Lebensende immerfort zu spielen.

---

[321] Die Legende berichtet uns, dass der Buddha als Königssohn Gautama ein völlig abgeschirmtes und wohlbehütetes Leben im Luxus führte, in dem er vom normalen menschlichen Leid fast perfekt abgeschirmt war. Nur auf seinen überlieferten "Ausbrüchen aus dem goldenen Käfig" wurde er mit den vier natur-gegebenen Faktoren des menschlichen Leids konfrontiert: Geburt, Krankheit, Alter und Tod. Doch sind dies wirklich die entscheidenden Faktoren des Leids?

[322] Bakterien haben die beneidenswerte Eigenschaft, dass sie prinzpiell unsterblich sind. Siehe auch:
http://www.noologie.de/desn09.htm#Heading29

[323] Siehe dazu Daten aus verschiedenen indigenen Gebräuchen. z.B.:
Gennep, A.v.: The rites of passage, Univ.of Chicago Press, Chicago (1960)

[324] engl.: **F**eeding, loa**F**ing, **F**ornicating

Das Hauptmotiv in allen heute populären Skripten der Menschwerdung ist der totale "Kampf ums Überleben", der "Krieg aller Lebewesen gegen alle", wie er schon von Hobbes als das Ur-Skript des Spencerschen (Neo-) Darwinismus formuliert wurde. Aber ist dies nicht lediglich das Phantom der allzu beliebten Retro-Projektion neuzeitlicher Zu- und Umstände auf die Urwelt?[325]

3.1.3. Ansätze für alternative Ur-Menschheits-Historien

In einer gewaltigen Epoche von ca. 1 Mio. Jahren, bevor der heute dominante Menschentyp seinen Siegeszug über den Planeten angetreten hat, gab es genug Zeit und Gelegenheit für viele völlig andersartige Historien, als es die Hobbes- / (Neo-) Darwinistische sozio-biologische Interpretation annimmt.

Stellen wir uns also vor, dass es unter all diesen vergessenen Ur-Ahnen einen Menschenstamm gegeben hat, der aus seinem Spiel- und Forschungstrieb nicht den Symbol- und Waffengebrauch, sondern seine musikalischen und poetischen Fähigkeiten primär entwickelt hat. Dieses Szenario basiert auf der Orpheus-Mythologie.[326] Dadurch ergaben sich bestimmte sehr entscheidende Unterschiede in der Lebensweise: Ein Lager dieser Vor-Menschen wurde nicht mit einem Zaun aus Stangen, Palisaden und Stachelbüschen gegen tierische Räuber verteidigt, sondern es war umringt von Arrangements von Klangsteinen und tönenden Röhren und Pfeifen aus Bambus und hohlen Baumstämmen.[327] Und die Vor-Menschen beschäftigten sich in ihren Spielen vornehmlich mit musischen und ästhetischen Themen. Natürlich gab es damals allerlei gefährliche Tiere, die heute ausgestorbene "pleistozäne Megafauna", Säbelzahntiger, Höhlenlöwen, Mastodons, und sonsterlei furchteinflössende Geschöpfe. Aber dieses musikalische Arrangement hatte eine ganz andere Wirkung als aggressive Verteidigungsbastionen: Die wilden Tiere wurden durch diese Töne "verzaubert", und wenn sie sich den Siedlungen näherten, wurden sie auf heute unerklärliche Weise zahm und friedlich und "das Lamm lag neben dem Löwen". Auf dieser Basis gab es eine ganz andere Koexistenz von Mensch und Tier, als wir es heute ahnen können. Anstelle Tiere für das Abendessen zu jagen, kamen diese ganz freiwillig zu den Menschen. Wenn etwa ein altes Mammut oder Wollnashorn so "keine rechte Lebenslust" mehr hatte, trottete es zu dem Lager der Menschen, und liess sich dort freundlich empfangen, streicheln, und mit ein paar speziellen Kräuter-Leckereien füttern, um dann selig abzudanken. Darauf bekam es eine würdige Grabstatt in den Mägen der Menschen, das war immerhin ein besseres Schicksal, als draussen in der Savanne bei lebendigen Leibe von den Hyänen zerrissen zu werden. Dies liesse sich noch weiter ausspinnen, so z.B. wie die Menschen auf verschiedene Weise ihren Tod inszenierten, und die Lust im Moment der Auflösung auskosteten. Auch dies ist ein Thema, das uns aus verschiedenen mystischen Tradtitionen bekannt ist. Aber alle solche Szenarien stehen und fallen mit einem Zentralthema: Wenn das gute Leben zu einer Bevölkerungs-Explosion führt, ist es mit

[325] http://www.noologie.de/neuro08.htm

[326] Ich habe selber auch einiges dazu erlebt. Siehe: Eine Wanderung zur Erd-Musik, oder: Der Spaziergang in einem neolithischen Plattenspieler" http://www.noologie.de/infra10.htm#Heading186

[327] Siehe die Didgeridoos der Aborigines.

der Herrlichkeit nach ein paar Generationen vorbei, weil die Umwelt nicht mehr in der Lage ist, für die Bedürfnisse der gewachsenen Bevölkerung zu sorgen.

3.1.4. Sündenfall und Weiblichkeit

Sowohl nach der Genesis, wie auch der griechischen Prometheus-Mythologie gab es irgendwann ein katastrophales (kata-strophae) Ereignis oder Phasen-Übergang, als das Leid(en) entstand. In der Prometheus-Mythologie war es die Büchse der Pandora, die all die Leiden über die Menschheit ausschüttete. Seitdem das Leid das Leben der Menschen bestimmt, wurde ihr Sinnen und Trachten, und philosophisches Schmachten, noch vor der Suche nach Lust, wesentlich von dem Thema des Vermeidens von Leid bestimmt. Hier setzt die Dharma-Lehre des Buddha und die Heilslehre des Christentums an. Auch wenn beide Systeme von verschiedenen Voraussetzungen ausgehen, finden sich doch wesentliche strukturelle Gemeinsamkeiten. Das Konzept der Sünde im Christentum und die Anhaftungen im Buddhismus: Die Übel des Fleisches: Sünde, Anhaftungen, Lüste, Begierden, Suchten, Schwächen, Leidenschaften.

Darum ist auch bei den Männern die Natur der Geschlechtsteile ungehorsam und selbstherrlich geworden wie ein der Vernunft nicht gehorchendes Tier und versucht, durch ihre wütenden Begierden alles zu beherrschen. Aus eben denselben Gründen aber wird andererseits bei den Frauen das, was man Gebärmutter und Uterus nennt und was ein auf Kindererzeugung begieriges Lebewesen in ihnen ist, wenn es entgegen seiner Reife lange Zeit ohne Frucht bleibt, unwillig und nimmt es übel, irrt allenthalben im Körper umher, versperrt die Durchgänge der Atemluft, läßt das Atmen nicht zu, bringt die Frauen in äußerste Ratlosigkeit und führt zu mannigfachen Krankheiten, solange bis die Begierde und der Trieb der beiden Geschlechter sie zusammenbringen, gleichsam von den Bäumen die Frucht pflücken, in die Gebärmutter wie in Ackerland auf Grund ihrer Winzigkeit unsichtbare und ungestaltete Lebewesen aussäen und sie wieder gliedern, im Innern großziehen und hiernach ans Licht bringen und so die Erzeugung der Lebewesen vollenden. So sind also die Frauen und alles Weibliche entstanden.

Platon, Timaios, Schlusskapitel

I believe that I keep my dignity better when I spread my legs

(Cathérine Millet)

Man kann in der Geistesgeschichte des Abendlandes einen schwarzen Faden ziehen, der von Platons Timaios, Plotin, über die "Confessiones" des Augustinus direkt zu den "Meditationes" des Descartes führt, und darin die grossen strukturellen Probleme erkennen, welche sich durch dieses Denken ziehen: Die Verdammung und Vernachlässigung des Leibes und seiner Triebe, Empfindungen und Emotionen. Bei Augustinus wird der Leib zur Quelle der Sünde, was in den folgenden 1500 Jahren zu einer schweren Erblast im Seelenleben der christlichen Menschheit wurde. Descartes hat die Leib-Empfindungen aus seinem System einfach ausgeschlossen. (Und das tat auch die westliche "Natur"-Wissenschaft nach ihm).[328] Allerdings steht das Christentum nicht allein mit diesem Problem. Dasselbe finden wir in den Schriften des Shankara, und wenn auch der Buddhismus propagiert, einen "Mittelweg" zu gehen[329], so ist dieser Mittelweg (zumindest im Theravada) immer noch ziemlich asketisch.[330] Der (unsterbliche) Geist als Feind des (sterblichen) Leibes erscheint also als strukturelles Thema in fast allen "spirituellen" Skripten der geistigen Traditionen der Menschheit.

Eine unheilvolle Konsequenz dieses Denkens ist die Stellung des Weiblichen in den Systemen, die sich daraus ableiten, wie oben bei Plato und in der biblischen Genesis schon vorgezeichnet. Das Weibliche als Trägerin der leiblichen Fortpflanzung wird mit der Begierde und der Sünde identifiziert, und mehr oder weniger verteufelt. Nur die reine Jungfrau und Mutter Maria darf als Ausnahme, und für die sterblichen Frauen nie erreichbares Phantom mit in das Pantheon des männlichen Geistes einziehen. In dieser Ab-Spaltung liegt eine der wesentlichen Ursachen für die Noo-Pathologien der Menschheit.

Wie der Prozess der Entstehung des anthropogenen Leidens seinen Lauf nahm, ist mit seinen verschiedenen Stadien in den Mythologien der Menschheit "aufgehoben". Man muss nur wissen, wie man die Zeugnisse des Ur-Ahnens der Menschen zu interpretieren hat. Dazu müssen wir wieder ein paar Techniken der *Pera-Noesis* einsetzen. Die späteren Diskussionen zur "Noo-Pathologie: Die Leiden des Wissens", sowie zur "Kalyptologie: Die Struktur-Theorie der Verschleierung" vertiefen dies. Danach wollen wir noch einmal tief in die Welt der Noologischen Märchen eintauchen, und lernen, die ganze Geschichte dieser Welt aus einer völlig anderen Perspektive "wahr-" zu nehmen, oder zumindest als Denk-Hypothese erst einmal zu erwägen. Dies sind die Hypertext-Verzweigungen zu den entsprechenden Kapiteln:
->:NOO_PATHOLOGIE, p. 158; ->:KALYPTOLOGIE, p. 159
->:EN_ARCHAE, p. 211; ->:PRINZIP_SPANNUNG, p. 220; ->:DUALISMUS, p. 224

Dies können wir schon vorwegnehmen: Die Version vom Sündenfall, die uns in der Genesis präsentiert wird, stellt nicht die Ursache der Entstehung (genesis) des anthropogenen Leidens dar, sondern im Gegenteil: die *Genesis ist das Pre-Skript, nach dem und mit dem das Leiden in die Welt gesetzt wurde*. Dort wird uns berichtet, wie der Dualismus installiert wurde, der für die nächsten ca. 3000 Jahre unermessliches Leid über die Menschheit gebracht hat. Denn ganz im Sinne und Erfüllung des "Luzifer-Ahriman-Projektes" ist genau die Versklavungs-Strategie die erfolgreichste, die vorgibt, uns von dem Übel zu erlösen, das zuerst mit Hilfe dieser Strategie über uns Menschen

---

328 Damasio: "Descartes' Error." Wilber, EKL 440-441: Asketismus, Gegensatz von Eros und Phobos.

329 Buddhas Weg war der "Mittelweg" zwischen der extremen Leib-Verdammung der Asketen, Arhants, und auch der praktischen Jainistischen Befreiungs-Philosophie, nach der sich die Adepten zu Tode hungerten, und dem extremen Hedonismus, der in Indien ebenfalls als Denksystem und in der Praxis gelebt wurde.

330 Es gibt auch eine (weniger bekannte) buddhistische rote tantrische Tradition, analog des indischen roten (sexuellen) Tantra.

gebracht wurde.[331] Das fatalste Pre-Skript aber ist das *Joshua-Genesis-Syndrom*, das ich jetzt erläutern werde.

3.1.5. Die Populations-Bombe und die Entstehung des anthropogenen Leidens

@:JOSHUA_GENESIS

Die automatische Vertreibung aus dem Paradiese

Keiner ist so nutzlos, dass er nicht wenigstens als schlechtes Beispiel taugte.
Lenin

Eine der Haupt-Ursachen der Entstehung des anthropogenen Leides ist der ungehemmte Vermehrungswahn der Menschen, das *Joshua-Genesis-Syndrom*. Dies ist so benannt nach den entsprechenden Stellen aus den Büchern Joshua und Genesis in der abrahamitischen Bibel/Torah, wo es das erste Mal strukturell detailliert dargestellt wird. Wie meistens, kann man die abrahamitischen Religionen nicht für dieses Syndrom verantwortlich machen, denn es wurde schon in der ältesten "Ur"-Zeit erfunden, aber mit diesen Religionen wurde es als gottgegeben spirituell überhöht und "geheiligt". Nur wenn die Ur-Menschen strikt auf Begrenzung ihrer Bevölkerung geachtet haben, konnten sie ein dauerhaftes Gleichgewicht mit der umgebenden Natur und damit ihr "paradiesisches Leben" erhalten. Und das war offensichtlich nicht mehr der Fall, als die heute herrschende Menschenrasse ihren Siegeszug über den Planeten antrat. (Der Tyranno-Anthropos Rex). Denn diese Menschenrasse vermehrt sich blindlings und ohne Rücksicht auf Verluste. Und dann folgt sozusagen ganz automatisch die Vertreibung aus dem Paradiese, aber man muss die Darstellung in der Bibel genau umgekehrt lesen. Das Leitmotiv steht in der Genesis, und ist sozusagen der Anfang vom Sündenfall: "Wachset und mehret euch, und machet euch die Erde untertan".[332] Leider ist in dieser Injunktion, die durch das "Wort Gottes" religiös festzementiert ist, schon die grausame Konsequenz enthalten, die bei Joshua (3, 6, 10, 11) beschrieben ist. Die Bevölkerungsexplosion (Baby Boom) führt erst einmal zu einer Vermehrung der möglichen Reibungs- und Konfliktzonen: Wo früher vielleicht 50 Menschen auf einem bestimmten Territorium gut miteinander auskommen konnten, sind es jetzt 500. Das führt ganz automatisch zu (allerlei Gelegenheiten für) erhöhten Stress und Streit, Konkurrenz und Aggressivität der Menschen untereinander, weil die besten Plätze schon vergeben sind, und die Wege zur Nahrungs- und Wasser-Beschaffung immer

---

[331] Weiter bei: ->:LUZIFER_AHRIMAN, p. 173
Hier noch zur Erläuterung ein moderner Vergleich, die Bestandsaufnahme der Marketing-Strategie eines verbreiteten Computer-Betriebssystems: Die Herstellerfirma macht ihre besten Geschäfte mit Produkten, die Probleme lösen sollen, die wir nicht hätten, wenn wir keine Produkte dieser Firma benutzen würden. Siehe:
"5.8. Die SW-Industrie und die gesellschaftliche Institutionalisierung des Revenge-Effekts" http://www.noologie.de/symbol19.htm#hdr5.8.

[332] Siehe auch: ->:SPIRALE_GEWALT, p. 228; ->:RECHT_UND_ORDNUNG, p. 226
und im WWW:
Tyranno-Anthropos Rex: Die Weltherrschaft des Killer-Affen
http://www.noologie.de/neuro09.htm#Heading57

länger werden. Wenn die gewachsene Bevölkerung ihre Nahrungsressourcen dann jenseits der Tragfähigkeit ausgedünnt hat, wird es wirklich kritisch, und der *Kampf ums Überleben aller gegen Alle* setzt ein. In den nomadischen Urzeiten war das das Signal zur Teilung der Gruppe und zum Aufbruch in neue "Jagdgründe". Aber schon damals waren die neuen, leeren, unberührten "gelobten Länder" gar nicht so leer und unberührt, wie es verschiedene euphemistische Historien berichten. Was dann geschah, wird im Buch Joshua wenigstens noch ungeschminkt dargestellt. Ein Bevölkerungs-"Austausch" fand statt (so der euphemistische Begriff der Historien-Schreibung der Sieger). Aus der mythologischen Perspektive ist es dabei unerheblich, dass es keine historischen Hinweise gibt, dass die geschilderten Ereignisse aus dem Buch Joshua auch wirklich so stattfanden. Der letzte gut dokumentierte "Bevölkerungs-Austausch" fand vom 17. bis 19. Jh. in den Weiten des Nordamerikanischen Kontinents statt, und in der indianischen Sichtweise sieht das etwas anders aus als die euphemistischen Darstellungen in den Wild-West-Filmen. Es beinhaltet eine grausame Logik, dass immer die aggressiveren Völkerschaften, die von dem Massen-Vermehrungswahn des *Joshua-Genesis-Syndroms* besessen sind, alle anderen, ökologischer und nachhaltiger eingestellten Gruppen verdrängen werden, weil sie zahlreicher sind und damit mehr Krieger stellen können. Davon handeln nicht nur das Buch Joshua, und Mythen wie von den Amazonen, sondern auch die traurige Geschichte der Kämpfe der nord-amerikanischen Irokesen und Huronen, der Indianer-Stämme des heutigen Uruguay und Nord-Argentinien (Levi-Strauss, Traurige Tropen), und des antiken Sparta. Eins der letzten Überbleibsel solcher ökologischer und nachhaltiger Gesellschaften sind (oder waren) die Kogi-Indianer in Kolumbien. (Reichel-Dolmatoff, Esotera, 5/95: 25-29). Siehe auch "2.6. Of Prometheans and Epi-metheans":
http://www.noologie.de/cunni04.htm#Heading16

3.2. Die Erfindung des Spintisierens

@:GALEN_CHARTYP

Die Erfindung des Spintisierens und die Sucht nach "Selbst-Reflexion"

Ich gebe nun meinem Spieltrieb weiter freien Lauf, und führe jetzt noch ein Quadrantensystem ein, das Galen vor ca. 2000 Jahren aufstellte, mit dem sich die menschlichen Charaktere klassifizieren lassen: Sanguiniker, Choleriker, Phlegmatiker, und Melancholiker.[333] Die Sanguiniker, Choleriker, und Phlegmatiker bevorzugten in jeweiliger Präferenz die Drei Grossen F's und das Spielen, während einige Melancholiker eine perverse Vorliebe entwickelten, die ich das "Spintisieren" oder kurz

[333] Dies lässt sich heute ohne weiteres als intuitiver Versuch einer Typologie der Neuro-Transmitter-Endokrinologie darstellen. Es gibt nur ein paar Substanzen, die über das limbische System die Bewertungsfunktionen, damit auch den Charakter entscheidend beeinflussen: Dopamin, Oxytocin, Serotonin, Adrenalin, Testosteron ... Versuchsweise könnte man die Quadranten auch mit Extrovertierten und Introvertierten, Beziehungs-orientierten und Inhalts-orientierten Charakteren besetzen.

"das kleine s" nenne.[334] Dies war eine Entwicklung, die sicher sehr lange Zeit in Anspruch nahm. Spielen und Spintisieren hängen wesensmässig zusammen. Das Spintisieren ist ein Aspekt der Selbst-Reflexion. Wie genau, wird noch weiter auszuarbeiten sein. Das nur in aller Kürze: Die ursprüngliche Neotenie, der nach aussen gerichtete Spieltrieb, wird auf das Subjekt ohne Vermittlung des Zwischenmenschlichen SEM zurückreflektiert. Der Urmythos dazu ist der des Narzissos, der aber diesmal nicht gebannt von seiner eigenen Schönheit regungslos ins Wasser starrt, sondern der irgendwann einmal sein eigenes kreatives Potential in diesem Spiel zum Thema seiner Aufmerksamkeit macht, und beginnt, ein "Zwischenreich" von Vorstellungen zu schaffen, zwischen dem, was er an Regelmässigkeiten (oder Patterns) zwischen seinen eigenen Empfindungen (SUB) und seinen Erfahrungen (OBJ) bemerken kann (Meta-Patterns). Wichtig ist hierbei der Ausschluss des Bereichs SEM, der als Vermittlungsbereich ansonsten eine katastrophale Run-Away-Selbstreflexion verhindern würde. (So der Inhalt des Narziss-Mythos, strukturell interpretiert.)
->:SELBST_REFLEX, p. 50; ->:NOO_PATTERNS, p. 87; ->:META_MORPH, p. 101

@:EROS_SPIELE

Zur Ergänzung sollte noch hinzugefügt werden, dass die "Spiele der Erwachsenen" entwicklungsgeschichtlich meistens ein Anhang eines der "Drei Grossen F's" sind, nämlich der "Sexuellen Selektion", wie Darwin es genannt hat. D.h. wie wir bei den Bonobos schon ganz gut sehen können, und wie auch aus so vielen frühen anthropologischen Berichten zu erfahren ist,[335] hatte das "Spielen" bei den "natürlicheren" Menschen vor allem den Charakter eines erweiterten und ornamentierten Balzverhaltens, wie Tanzen, sich Schmücken, interessante Gebilde Formen, oder interessante Geschichten Erfinden. Der Favorit war nicht immer nur der, der das meiste Jagdwild heimbrachte, wie es die populären Urwelt-Szenarien darstellen. Man kann sagen, dass das Spielen bei den Menschen dieselbe Funktionalität wie der Pfauenschwanz hatte. (Das hat es aber auch noch heute, wenn man genauer hinsieht.)

Eine Ausnahme von dieser allgemeinen Regel, dass das Spielen vorzugsweise zur besseren Wirkung beim anderen Geschlecht dient, trat anscheinend nur bei Melancholikern auf (und es waren wohl nur Männer). Hier entwickelte sich eine Neigung zur einsamen, grübelnden Versenkung des SUB in das OBJ und wieder zurück in das SUB.[336] Aus solcher Neigung entwickelten sich dann wohl die ersten Schamanen, Magier und Propheten, die aus irgendwelchen brennenden Büschen, donnernden Wasserfällen, oder rauchenden Vulkan-Schlünden irgendwelche Schicksalsbotschaften heraushörten oder -lasen.[337] Eine etwas andere Spur zeigt uns die Mythologie der Schmiede an: Schmiede

---

334 Man erinnere den bekannten Ausspruch von Aristoteles: "Bei all denen, die eine philosophische Neigung zeigten, war auch ein Hang zur Melancholie bemerkbar".

335 Nachdem die christlichen Missionare aber erst einmal Fuss gefasst hatten, wurde dieses "unsittliche" Verhalten dann als erstes ausgerottetet.

336 Viele interessante Bezüge dazu finden sich in den mönchischen Traditionen: http://www.noologie.de/neuro11.htm

337 Dann kann noch hinzugefügt werden, dass bei vielen indigenen Kulturen, nicht nur den Indianischen, der "Vision Quest" eine bevorzugte Initiations-Aufgabe war. Das hat

waren immer auch Magier, und in den Mythologien werden sie meist als irgendwie deformiert oder ungestaltet dargestellt. Ein Archae-Typos dieser Schmiede-Mythologien ist Hephaistos. Er war zwar ungestaltet und hinkte, hatte aber von den Göttern die schönste Frau im Olymp zugeteilt bekommen, nämlich Aphrodite. Die Götter wussten wohl genau, was die Dienste des Hephaistos ihnen wert waren, auch wenn Aphrodite sich gerne einen anderen ausgesucht hätte (Ares). Im Sinne der sexuellen Selektion weist das darauf hin, dass Männer, die von der Natur nicht so gut ausgestattet waren, und daher nicht soviele Chancen im sexuellen Spiel hatten, sich ein paar Umwege ausdenken mussten, um doch noch zu ihrem Ziel zu kommen. Diese Umwege kann man so benennen: Geistige, Mentale und Materielle Macht als Faktoren der sexuellen Attraktion (Eros). Und manchmal natürlich auch mit Zwang. Heute ist es konsequent das Leitmotiv in moderner Form: "Geld ist Sexy". Und irgendwann verselbstständigte und abstrahierte sich das Attraktions-Prinzip zur "Macht an Sich".
->:WISSEN_MACHT, p. 275

Dies bringt uns auch wieder zurück zu dem Thema von Mentaler / Kognitiver vs. Emotionaler / Empathischer Intelligenz. ->:EMOT_INTELL, p. 66

@:BAUM_ERKENNTNIS

Und wenn es die Melancholiker nicht gegeben hätte, dann würde die Menschheit auch heute noch im Paradiese leben. Wie die Genesis so kategorisch sagt: "Von den Früchten des Baumes der Erkenntnis sollt Ihr nicht naschen", das kann nur bedeuten, dass es sich hier um eine spezielle Ermahnung an die Melancholiker handelt, doch von ihrem verderblichen Tun abzulassen. Aber leider, ja leider, können Menschen kaum von Leiden-Schaften lassen,[338] die ihnen aufgrund ihrer Konstitution in die Wiege gelegt werden.

Und so kam das Unvermeidliche: Das kleine "s" schlängelte sich wie eine Schlange unauffällig in das Bewusstsein der Menschheit, und ehe man sich's versah, hatte dieser unheilvolle Drang nach Erkenntnis schon eine Lawine von Folge-Erscheinungen in Bewegung gesetzt, vor deren Scherbenhaufen wir heute stehen. Das kleine "s" hat sozusagen einen "grossen Schwanz" (wie eben eine Schlange, denn sie besteht fast nur daraus). Der grosse Schwanz des kleinen "s" heisst: "Sucht". "Sucht" ist eines der weniger gut untersuchten Themen der menschlichen Existenz-Philosophie. Sucht wird meistens als Aberration oder Krankheit behandelt, nicht aber als essentieller Bestandteil menschlicher Existenz. Andersherum formuliert: Sucht, "Selbst-Reflexion", und Ego sind verschiedene Aspekte eines essentiell menschlichen Phänomens. Die Natur hat es so eingerichtet, dass alles Sucht-getriebene Verhalten mehr oder weniger schnell in der Selbst-Zerstörung des Organismus endet, der diesem zum Opfer gefallen ist, ausser einer, der tiefsten und schlimmsten Sucht: Der Sucht nach "Selbst-Reflexion". Nicht umsonst war zu den seligen Zeiten christlicher Gottesherrschaft auf Erden die Melan-

---

Joseph Campbell in seinen Büchern ausführlich beschrieben. (U.a. "Der Heros in tausend Gestalten"). Robert Bly hat daraus die Mythologie der neuen initiatischen Männerbewegung gestrickt.
->:NEO_SCHAMAN, p. 180

338 Die Wissen-Schaft ist eine Leiden-Schaft, in der man unter Leiden Wissen schafft.

cholie die schlimmste Todsünde, denn damals wusste man noch, dass der "Sündenfall" der Menschheit auf dieser Sucht nach "Selbst-Reflexion" beruhte. Denn, es ist die einzige Sucht, die im Tode noch ansteckender ist, als die Tollwut, und durch den Tod selber, Tausende andere Menschen in ihren Bann zwingt, sich dieser Sucht hinzugeben.[339] So etwa verlief die Entwicklung der frühen Christenheit im damals noch heidnischen Rom, als die Anhänger von Jesus Christus den Märtyrer-Tod ihres Vorbildes massenhaft nachahmten. Diese Überwindung der Todesfurcht war wohl der entscheidende Grund für den Aufstieg und Sieg des Christentums.[340]

Diese Sucht nach "Selbst-Reflexion" ist nichts anderes als eine Paraphrase jener anderen berühmten Stelle der Genesis, nämlich die "Sucht nach Gott-Gleichheit". Und mit den Werken von Ken Wilber besitzen wir heute eine der am tiefsten und weitest greifenden Analysen dieser "Sucht nach Gott-Gleichheit". In einem seiner frühen Werke hat er es das "Atman-Projekt" genannt. Selbstredend nehmen wir billigend in Kauf, dass Ken Wilber selber einer von denen ist, die sich und ihr ganzes Leben voll dieser Sucht nach "Selbst-Reflexion" verschrieben haben. Honi soit qui mal y pense. All die anderen Melancholiker, die noch nicht so hoch auf diese eisigen Gipfel der Selbst-Erkenntnis geklommen sind, können ihn als den "Reinhold Messner der Selbst-Reflexion" zum Schutzheiligen für die nächste Heiligsprechung im Vatikan vormerken.

3.2.1. Das Eiserne Dreieck von Lust, Sucht und Frust/Leid

@:SUCHT_FRUST

Die menschliche Existenz kann auch als ein Zerissenwerden in dem "Eisernen Dreieck" von "Lust, Sucht und Frust/Leid" charakterisiert werden. In der Geistesgeschichte finden wir dazu passend die Denk-Schulen von Hedonismus, Puritanismus,[341] und Stoizismus. Die letztere Philosophie basiert auf der Erkenntnis, dass die Suche nach Lust unweigerlich in Frust endet, und dass man vernünftigerweise versucht, den Frust zu minimieren, indem man seine Begehren mässigt. Der Puritanismus versucht, die Suche nach Lust zu unterdrücken, und fördert so indirekt die Sucht. So ist bipolarer Alkoholismus besonders in puritanisch geprägten Gesellschaften auffällig: die wechselnden Phasen von "der Versuchung zu widerstehen" und ihr dann periodisch umso heftiger zu verfallen.[342] Hedonismus endet meist in Des-Illusionierung, weil das ungestillte Verlangen nach Lust nur in Sucht oder Frust führen kann.

---

339 http://www.noologie.de/neuro09.htm#Heading57

340 ->:CHRISTENTUM, p. 314

341 Die zentrale moralische Injunktion des Puritanismus ist: Du darfst alles machen, die Hauptsache aber ist, dass Du keinen Spass dabei hast.

342 Alkohol hat als Sucht-Thema wesentlich verschiedene Ausprägungen in den katholischen Latino-Ländern, im orthodoxen Russland, und wiederum anders als im protestantischen Nordeuropa und insbesondere den USA. Die US-amerikanische "Anonymous Alcoholics" Bewegung ist für den eifrigen Anthropologen auf Feldforschung der "seltsamen Sitten und Gebräuche der Eingeborenen der nordwestlichen weissen Rassen" (Popper 1962) ein besonders ergiebiges Reservoir für interessante Materialien zu dem Zusammenhang zwischen Sucht und Spiritualität, wie die reichhaltige Literatur dieser Bewegung dokumentiert.

Aber es gibt einen Ausweg: Die Sucht nach "Selbst-Reflexion". Warum? Alle anderen "natürlichen" Formen der Lust enden nach heutiger wissenschaftlicher Erkenntnis in einem Blockade-System des Gehirns: Die Lust-generierenden Neuro-Transmitter-(Endorphin-) Zentren lassen sich aufgrund der Gehirn-Kybernetik bei wiederholter Stimulierung immer weniger aktivieren und stimulieren. Dies nennt man auch Übersättigung. So ist Lust-Vermehrung aufgrund einer perversen Programmierung der Natur sehr eingegrenzt und beschränkt.[343] Aber es gibt ein Lust-Zentrum, das sich diesem Gesetz erfolgreich widersetzt: Die Lust, die man in der Nähe des Todes empfindet. Spezielle Yoga- und Tantra-Techniken, die die Menschheit entwickelt hat, machen sich dieses Prinzip zunutze: Je näher an die Schwelle des Todes man kommt, desto endloser wird die Lust. Dies ist wiederum ein Thema des Atman-Projekts von Ken Wilber und die Basis vieler "spiritueller" Techniken der Menschheit.

3.2.2. Der Schritt über die Grenze: Selbstmumifikation

@:SELBSTMUMIFIKATION

Eins der seltsamsten Phänomene spritueller Errungenschaft, das aber auch naturwissenschaftlich nicht zu ignorieren ist, ist die Selbstmumifikation. Sowohl im Bereich der (russisch?)[344] orthodoxen Christenheit, als auch im buddhistischen ostasischen Raum finden (oder fanden)[345] sich Hunderte von Leichnamen von Heiligen, die nach ihrem Tode nicht verwesten, und zwar nicht einfach durch Eintrocknen, wie etwa ägyptische und südamerikanische Mumien in den dortigen Wüsten, sondern die teilweise noch die volle Beweglichkeit und Geschmeidigkeit der Haut und der Gliedmassen erhielten. Hier gibt es noch völlig ungelöste Rätsel, durch welche Modifikation der Körper-Endokrinologie das ansonsten unaufhaltsame Wachstum von körperzerfressenden (sarkophagen) Bakterien und anderen Mikro-Organismen gestoppt werden konnte und die ursprüngliche Elastizität bewahrt wurde. Was aber genauso interessant ist, ist die Frage, welche neuro- endokrinologischen und endorphinen Prozesse der Meditierende vor seinem Tod anstossen konnte. Dazu gibt es einige Daten aus den Nah-Tod-Erfahrungen, von Menschen, die nach einem klinischen Tod wiederbelebt wurden, und von ihren Visionen berichten konnten. (Abk. NDE: Near Death Experiences). Diese Bilder hatten vielfach den Charakter von Gottes- oder Erleuchtungserlebnissen. Die andere Datenquelle stammt von sado-sexuellen Praktiken, bei denen man durch Strangulierung die Intensität des Orgasmus erhöhen kann. Bzw. aus den bekannten Fällen von Hinrichtungen, dass Strangulierung selber einen Orgasmus auslösen kann. In der Tat kann man unter den Praktiken tantrischer tibetischer Meditierer ähnliche Techniken finden: So wurde oft ein seidenes Meditations-Band benutzt, das um den

---

[343] Das hat Schopenhauer in seiner "Metaphysik der Geschlechterliebe" sehr feinsinnig festgestellt: Die Natur schaltet die sexuellen Lustzentren auf Sparflamme, wenn die Eier des Vogels gelegt sind.

[344] Aus der byzantinisch-orthodoxen Welt sind mir keine bekannt, aber wenn es welche gab, gingen die wohl bei den türkischen Eroberungen "verloren".

[345] Bei der Eroberung Tibets durch die Chinesen wurden Hunderte solcher Mumien von den Mönchen verbrannt, damit sie nicht den Eroberern in Hände fallen und geschändet werden konnten.

Hals und um die Beine geschlungen wurde. Mit einer kleinen Anspannung der Beine konnte die Schlinge um den Hals fester zugezogen werden, und damit die Blutzufuhr des Gehirns gedrosselt werden. Die naheliegende Theorie dazu ist, dass die Meditierer es allmählich lernten, den Nahtod-Endorphin-Schub des Gehirns willentlich zu manipulieren, und sie konnten sich so über lange Zeiten in dem Schwebezustand zwischen Leben und Tod halten, bis irgendwann dann die Kontrolle über die Beine versagte, und sie hinüberglitten ins Mahanirvana (bzw. Nirvikalpa Samadhi). Eine andere Methode der Selbstmumifikation wurde in Japan geübt: Hier trank der Meditierer über längere Zeit den Saft des Lack-Baums, der seine Eingeweide und die unteren Blutgefässe von innen konservierte und die natürliche Bakterienflora abtötete. Das Ergebnis ist noch heute in einigen buddhistischen Schreinen in Japan zu bewundern.[346]

3.3. Vitamin K, John Lilly, Carlos Castaneda und die Matrix

@:MATRIX_PATTERN

In seinem Buch "The Scientist" beschreibt John Lilly seine Erfahrungen und geistigen Abenteuer mit der Droge "Vitamin K", einem Narkosemittel, das Erlebnis-Phänomene erzeugt, die sehr ähnlich dem sind, was aus den Berichten der Nahtod-Zustände (und vermutlich der o.g. tantrischen Techniken) bekannt ist. Es handelt sich hierbei um eine starke Dissoziation von Körper und Denken. Das Körper-Erleben wird sozusagen "diaphan" (durchscheinend), und gewinnt damit eine Qualität, wie es fast identisch im Advaita Vedanta beschrieben wird: Als pure Überlagerung, als fast materieloser Schleier, oder Maya.[347] In seinem Buch beschreibt John Lilly auch eine der Visionen, die er dabei gesehen hatte: nämlich die Existenz einer unheimlichen elektronischen / kosmischen Kontrollmacht, die unseren Planeten beherrscht, ECCO: "Earth Coincidence Control Office". Eine ähnliche Idee wurde wahrscheinlich in den bekannten Matrix-Filmen bildlich umgesetzt. Siehe dazu im nächsten Absatz den Text von Louis Kauffman und meine Mythos-Analyse. Die Parallelen sind: Die Körper der Matrix-Protagonisten liegen regungslos auf ihren Kontroll-Liegen und erleben all ihre Abenteuer in der VR-Maschinerie der Matrix. Dies entspricht den Schilderungen von Nahtod-Erfahrungen, und der Versuchsanordnung, die Lilly mit seinem Isolation Tank gewählt hatte. Wie bei Lilly handelt es sich um eine elektronische Kontroll-Struktur (auch wenn es für jeden Computer- oder VR-Experten als ziemliche Naivität erscheint, wie diese VR-Perfektion in das Jahr 2100 oder so verlegt wird). Wesentliche Parallelen bestehen auch zu den Don-Juan Abenteuern von Carlos Castaneda, insb. der "Sprung in den Abgrund", der ja in den Matrix-Filmen immer wieder vorkommt, ob von Hochhaus zu Hochhaus, oder auch direkt nach unten, auf das Strassenpflaster. Die interessanten Morphing-Effekte des Films sehen aus wie eine getreue, und etwas technisierte Version der wundersamen Energie-Abenteuer von Carlos und Don Juan Matus. Insbesondere in Teil III, Matrix Revolutions, erscheinen diese Energiebänder sehr ausgeprägt.[348] Castaneda hat wohl auch die ECCO-Matrix zu seinem System all der Bewohner der

[346] Google Search: "selfmummification"

[347] John Lilly brachte sich ein paar mal fast dabei um, als er nicht genug darauf Rücksicht nahm, dass sein Körper keinesfalls so schwerelos war, wie er sich anfühlte.

[348] ->:NEO_SCHAMAN, p. 180; ->:ENERGEIA_WELT, p. 187

Nagual-Matrix, wie die Voladores, umgedeutet. Es passt auch hervorragend, dass Carlos Castaneda nach seinem entscheidenden Sprung in den Abgrund dann in seinem Apartment in Los Angeles aufwacht. Er hatte wohl auch "Vitamin K" genommen. Das wirkt wesentlich zuverlässiger als Natur-Drogen wie Datura (little smoke). Dass er die Experimente von John Lilly kannte, ist selbstverständlich. In der damaligen Szene zwischen Los Angeles, Laurel Canyon, Bay Area, Tiburon, Mill Valley, und Esalen Institute traf sich alles, was in diesem Feld Rang und Namen hatte. Ich hatte um 1978 John Lilly und Carlos Castaneda selber bei solchen Gelegenheiten kennengelernt.

3.3.1. Louis H. Kauffman: Virtual Logic - The Matrix Full Text

Die folgenden Absätze sind zitiert aus dem o.g. Artikel von Louis H. Kauffman zu dem Film "Matrix"[349] mit Keanu Reeves (Neo), Laurence Fishburne (Morpheus)[350] und Carrie-Anne Moss (Trinity). Die "Matrix" behandelt die Themen von Realität und Beobachter in der Metapher einer Hyper-Virtual-Reality Simulation, die in einem Computer-System, der Matrix dargestellt wird. Die dargestellte Szenerie ist das ausgehende 20. Jh. in den Mega-Städten der Erde. Die Menschen sind in dieser Hyper-Virtual-Reality gefangen und die Maschinen benutzen menschliche Körper als Energie-Quelle.[351] Niemand hat eine Vorstellung der wirklichen Verhältnisse. Kauffman zitiert als Einleitung das Ausgangsmotiv von John Lilly:

'In the province of the mind, what one believes to be true is true or becomes true, within certain limits to be found experientially and experimentally. These limits are further beliefs to be transcended. In the mind, there are no limits.' (John Lilly, 1972)

Aus der Sichtweise der Noologie ist John Lilly allerdings einem Grössenwahn aufgesessen, denn es gibt sehr wohl recht enge Grenzen des Verstandes, wie ich mit den "Pre-Skripten" darstelle. Gleich anschliessend zitiert Kauffman die Darstellung des *Apeiron* von Anaximandros in der Version von Joseph Campbell:

And listen to Joseph Campbell (1956, pp. 257-258): Briefly formulated, the universal doctrine teaches that all the visible structures of the world - all thngs and beings - are the effects of a ubiquitous power out of which they rise, which supports and fills them during the period of their manifestation, and back into which they must ultimately dissolve ... The apprehension of the source of this undifferentiated yet everywhere particularized substratum of being is rendered frustrate by the very organs through which the apprehension must be accomplished. The forms of sensibility and the categories of human thought, which are themselves manifestations of this power, so confine the mind that it is normally impossible not only to see, but even to conceive, beyond the colorful

---

349 Kauffman, Louis H.: Virtual Logic - The Matrix Full Text, Cybernetics & Human Knowing, Volume 6, No.3 1999 http://www.imprint.co.uk/C&HK/vol6/v6_3-kauffman.html

350 ->:NOO_MORPHOLOGIE, p. 87; ->:META_MORPH, p. 101

351 Das ist aber eine ausserordentlich naive und primitive Vorstellung, denn von irgendwo muss die physikalische "Energie" ja herkommen, die den menschlichen Körper "antreibt". Und das ist letztlich immer die Solar-Energie. Etwas eleganter ist dies bei Castaneda dargestellt. Siehe: "Die Voladores des Carlos Castaneda" ->:VOLADORES, p. 175

fluid, infinitely various and bewildering phenomenal spectacle ... Myth is but the penultimate; the ultimate is openess - that void, or being, beyond the categories - into which the mind must plunge alone and be disolved.

Beachtenswert sind auch die Parallelen zu dem (unterirdischen / chthonischen) Thema von *Mnaemo dem Kybernetes*, und seinem Schiff *Nao-Telos*.[352] In der Szene, in der Neo das Orakel nach seiner Bestimmung befragt, sieht man bei einem Schwenk der Kamera über der Türschwelle den ominösen Spruch "Temet Nosce". Dies soll wohl das lateinische Äquivalent von "Erkenne dich Selbst" sein (was ich aber nicht verifizieren kann). ->:LOGOS_SPERMATIKOS, p. 47

The machines that have so encaptured humanity are the spawn of twentieth century research in cybernetics and artificial intelligence. At some point the artificial intelligence became a powerful and malevolent awareness intent upon its own propagation and the subjugation of its human progenitors. The 'mind children' became the masters. Some humans survived in a mythical city named Zion and some roam the ruined earth in hovercrafts, acting as cybernetic pirates who hack into the Matrix, attempting to sabotage its workings and release humanity from their bondage to illusion.

(Louis H. Kauffman)

Such a ship is the 'Nebuchadnezzar' operated by Morpheus and his crew: Trinity, Epoch, Tenk, Switch, Cypher, Dozer and Mouse. Morpheus roams the ruined external reality in his craft, avoiding detection and destruction by the machines, while he and his crew use their sophisticated computer equipment to project themselves into the world of the Matrix. In the Matrix the most terrible dangers come from the Agents, apparent persons representing programs directed by the machine world to act as high level police and enforcers of the order of that virtual reality. A fight with a human in the virtual world is bound by the rules of human strength and reaction. The agents, while still limited by the underlying formalism of their programming have powers that far exceed the human. Furthermore, any person can suddenly be transformed into an agent. Any person is an avatar, a representative of a program in the machine and linked to a mind held captive. An agent can be switched to any human's line.[353]

(Louis H. Kauffman)

The great hope of Morpheus and his pirates lies in the uncovering of a human who is 'The One', a person who can transcend the world of the machines by tapping into a creative power that can subvert the workings of even the most powerful agents.[354] Neo

---

352 Diese Artikel habe ich 1999 geschrieben, vor dem Kino-Start der "Matrix".
->:PERI_PEIRASIS, p. 160

353 Analog dazu: der "schwarze Messias", als der "ultimate Schläfer", denn er hat keinerlei Ahnung, wer ihn schickt, und was seine Mission ist, und meistens hat er nur das Gute im Sinn, und möchte alles nur für die Besserung der Menschheit tun.
->:V_THEORIEN, p. 173

354 In der Noologie siehe das Luzifer-Ahriman-Projekt, und die "Noo-Mongers".
->:LUZIFER_AHRIMAN, p. 173

(Keanu Reeves) is singled out by Morpheus as the candidate for this role, and he is convinced within his virtual reality (the only reality that he knows) to take a step into the unknown. His act is to take a virtual pill (the metaphor goes back to Alice, the caterpillar and the Mushroom in 'Through the Looking Glass' by Lewis Carroll) that allows the pirates to trace his signal back to the capsule that contains Neo's 'real' body. (By this time it is clear that we can only use the words real and virtual relative to the constructions of the story. This is, of course, the basic semiotic truth of all virtuality.)

(Louis H. Kauffman)

@:TRINITY

For Neo the path to mastery is part of the remaining story of the film. It is the story of the formation of the warrior and eventually, through Trinity's love (she could not be named other than Trinity), the birth of a soul whose compassion is so great that it goes beyond mechanism to the heart of creation.[355]

...

In the end, Reality is Quality, the quality of a perfection that breathes itself into existence in the calm center of action that is the nexus of all worlds.[356]

(Louis H. Kauffman)

Die Interpretation von Louis H. Kauffman von 1999 beruht aber nur auf Teil I der Matrix. Wenn man die gesamte Trilogie betrachtet, lässt sich noch weiteres interessantes Material zutage fördern. Dazu muss man eine Kontrast-Analyse der Matrix-Story gegen die anderen bekannten kosmogonischen Mythen der Menschheit durchführen. In M. Reloaded, dem Zusammentreffen von Neo und dem Architekten, Szene 29-30 (und damit im aristotelischen Spannungs-Apex des Dramas), finden wir wohl die entscheidenden Schlüssel zum Untergrund der Matrix (nicht umsonst hat uns der Schlüsselmacher in diese Szene geführt). Hier enthüllt sich (Apo-Kalypsis) das Spannungsfeld von (Apollinisch <-> Dionysisch), das man auch verstehen kann als Darstellung eines primordialen (en archae) Antagonismus. Auf der einen Seite stehen die Harmoniesüchtigen Schöpfungs- (und Eschatologie-) Mythologien, charakterisiert z.B. in Platons Timaios und der christlichen Genesis-Version, sowie der Johannes-Apokalypse, und im Film verkörpert durch den Architekten als *Vater der Matrix*. Diese stehen im ewigen Kampf (agon) gegen die Chaotischen Schöpfungs-Mythologien, im Film mit dem Orakel als der Chaotischen (chthonischen) *Mutter der Matrix*. Diese zitiert verdeckt (kalyptisch) die Theogonie des Hesiod, in der das Chaos die Gaia gebiert, sowie auch die Mnaemosyne, als Urmutter der Musen und der Prophesie. Die gnostischen Themen der (falschen) Weltenschöpfer-Demiurgen und der ultimaten Täuschung durch falsche Messias-Mythologien sind ebenfalls in der prägnanten Szene zwischen Neo und dem Architekten "aufgehoben". Weitere interessante Bezüge existieren zu einschlägigen Genesis-Mythen von der mehrmaligen Zerstörung und Re-Kreation der Matrix, das bisher fünf-malige Auftreten von Messias-/Maitreya-/Mahdi-/Kalkin-Figuren, die Aus-

---

355 In der Noologie findet sich als Analogie für die Person der "Trinity" das Tripolare Spannungsfeld und die Emotionale / Empathische Intelligenz.
->:DESN_TRIPOLAR, p. 240; ->:EMOT_INTELL, p. 66; ->:MENTAL_EMOTIONAL, p. 41

356 Dies ist in der Noologie das Auge des Zyklons / Zyklops, oder das "Auge auf der Pyramide". ->:AUGE_ZYKLON, p. 77

wahl-Konfiguration von 23 (!) Personen, 16 weiblich, 7 männlich, zur Wieder-Population der Welt (Noah -> Neo). Eine andere Schüssel-Sequenz ist die Szene mit dem Merowinger, M. Reloaded, Szene 17: "*Entscheidung ist eine Illusion, entstanden zwischen denen mit Macht und ohne Macht*", und: "*Das Gefühl an sich ist die Natur des Universums. Unterhalb unseres aufgesetzten gelassenen Äusseren sind wir in Wahrheit völlig ausser Kontrolle*", "*Kausalität, wir sind für alle Zeit ihre Sklaven*". Bedeutsam ist auch, dass die gesamte Matrix-Story unterirdisch, also im chthonischen Bereich stattfindet, damit in dem Schöpfungsbereich, der bei Hesiod und bei Goethes Faust der Urquell der Kreation ist. (Siehe dazu auch die Faust-Interpretationen in Teil II).

Ich bin ein Teil des Teils, der anfangs alles war, / Ein Teil der Finsternis, die sich das Licht gebar, / Das stolze Licht, das nun der Mutter Nacht / Den alten Rang, den Raum ihr streitig macht (Faust 1348-1352)

Und so ist die Moral von der Geschicht': "Traue keinem Messias-Mythos nicht". Denn sie sind alle neue "upgraded" Versionen eines immer perfekter werdenden Kontroll-Programms, das von den früheren Versuchen der Menschheit, sich aus ihrer Verstrickung zu lösen, auch gelernt hat, und immer neuere, bessere Versionen des Im-Periums erfindet. (Dazu M. Reloaded, Szene 33: "Der Auserwählte war nur ein zusätzliches Kontrollsystem".) Und damit, so leid es mir tut, muss ich feststellen, ist auch die schwülstige Erlösungs-Szene im Finale der Matrix ebenfalls leider nur eine falsche Hollywood-Prophesie. So stellt auch die Matrix-Story wiederum nur einen "upgraded" Ansatz dar, eine neue falsche Messias-Mythologie zu kreieren, um die Menschen in eine neue und noch tiefere Knechtschaft zu führen. Ich jedenfalls könnte mir keinerlei Frieden der Menschheit mit der Natur und der Schöpfung in einer Art von Mega-Cities vorstellen, wie sie in der Matrix-Final-Szene gezeigt wird. Romantischer Sonnenaufgang und sonstiges schwülstiges Decorum hin oder her.

Ihr, die Ihr hier eintretet, lasset alle Hoffnung fahren.

Und das einzige, was in einer solchen Situation noch hilft, ist kein Messias mehr, sondern ganz schlicht und einfach: "Sapere Aude".

4. Noo-Pathologie: Die Leiden des Wissens

@:NOO_PATHOLOGIE

Ein wesentliches Feld der Noologie ist die "Noo-Pathologie". Es handelt sich dabei um die Pathologien des "Wissens an Sich". Man kann es auch "die Leiden des Wissens" nennen. Strukturell ist es eine Systematik des Falschen, des Irrtums, und der (Selbst-) Täuschung, der Irreführung, der improvisierten und organisierten Lüge, der List, des Betruges und (ultimativ) der Verschwörung.

Richtig ist, das zu sagen und zu denken, daß Seiendes ist;
denn das kann sein;
Nichts ist nicht: Das heiße ich dich bedenken.
Denn zuerst halte dich von dem Weg des Suchens fern ...

Parmenides

Damit wollen wir weiter in den Grenzbereich, die "Peras" der ultimaten Verstellung und (Selbst-) Täuschung vordringen. Es ist ein Skript, das ein Thema der *Meditation des Descartes* noch einmal aufgreift: Was wäre, wenn es doch eine Macht gäbe, die unser Denken und "Wahr"-Nehmen systematisch verwirrt und verzerrt? Was wäre die Motivation, so etwas überhaupt zu vermuten, was wäre ihre Entstehung, was ihre Wirk-Mechanismen, ihre Agent(i)en, und letztlich, wenn dies nicht alles nur Hirngespinste sind, was wäre ein Weg, sich aus solcher Verstrickung zu befreien? Auch hier ist der Kantische Imperativ des "**Sapere Aude**" der Leitfaden. In unserer heutigen Situation 200 Jahre nach Kant muss die Frage nach der Aufklärung aber noch ein wenig den heutigen Verhältnissen angepasst werden. Zu den seligen Zeiten Kants war alles noch ziemlich einfach: Die Kirche und die Obrigkeit bestimmten, was gedacht werden durfte, und was nicht. Heute sind die Haupt-Wirkungs-Instrumentarien des Im-Periums nicht mehr die sichtbaren Denkzäune, sondern die unsichtbaren. Diese Faktoren lassen sich in drei Hauptgruppen gliedern:

1) Die Verblödungsindustrie, besonders hervorragend hierbei: Hollywood, Bollywood, Hongkongwood, RTL, CNN, Bild und grossteils auch ARD und ZDF.
2) Die Political Correctness.
3) Der Wissens-Herrschafts-Komplex der Wissenschaften. Dies wird in Teil III noch ausführlicher behandelt. Die alles erschlagende Datenmenge der Wissenschaften ist einer der Hauptfaktoren, mit denen das Denken erstickt wird, denn bevor man alle nötigen Daten zusammen hat, ist einem das Denken meist schon lange vergangen. Ein weiteres Instrumentarium ist das Publikationsverbot, das über Peer-Review Systeme ausgeübt wird: Nur wer die richtigen "Peers" mit der richtigen Reverenz zitiert, darf in einer Peer-Review Publikation schreiben, und alle anderen müssen eben "draussen bleiben". Weiteres unter: http://www.noologie.de/symbol09.htm

So ist das "Sapere Aude" ein Denkprojekt, das nach dem allgemeinen Common-Sense-Konsensus des Im-Periums völlig sinnlos ist, genauso wie es Parmenides schon formuliert hat: "Denn zuerst halte dich von dem Weg des Suchens fern". Aber überall da, wo ein Denkzaun steht, mit einer strengen Warnung, nicht darüber hinaus zu schreiten, ist zu vermuten, dass dahinter etwas steht, das guten Grund hat, sich zu verbergen. Ich greife daher noch einmal das Thema der Entstehung des Leidens auf, das ich schon behandelt habe.[357] Ich habe dort dargestellt, dass das Leid-Thema der Genesis, nämlich die mythologische Vertreibung aus dem Paradiese, "natürlich" nicht so zu verstehen ist, dass die Menschen sich irgendwann einmal (aus völlig unbegreiflichen Gründen) einem völlig absurden Befehl ihres Gottes widersetzt haben, sondern dass der Kranz dieser Injunktionen selber das Kernprinzip enthält, durch das das Leiden generiert wird. Die heutigen evolutionären sozio-biologischen Wissenschaften haben zwar die mythologischen Komponenten des Genesis-Skripts ad acta gelegt, aber sie wieder-holen es trotzdem thematisch, indem sie stattdessen die Neo-Darwinistische Hobbes'sche Konstruktion des primordialen Ur-Kampfes "Aller gegen Alle" einsetzen. Dies ist der Kampf ums Überleben, der "schon immer" alles Leben auf der Erde beherrscht hat, und der damit auch die menschliche Evolution angetrieben hat, dies notwendigerweise aus den Erfordernissen der Jagd und des Kampfes gegen die Natur und gegen die Mitmenschen. So war es "natürlich" notwendigerweise so, dass aller Fort-Schritt als kosmologisches Skript des "ewigen Wettrüstens" von Klauen und Zähnen geschrieben wurde, an dessen logischen Kulminationspunkt die Atombombe und andere moderne Massenvernichtungswaffen stehen. Hier gilt natürlich die alte Volksweisheit: "Wie man es in den Wald ruft, so tönt es heraus." Ich führe hier die Diskussion weiter, wie die Triebkraft dahinter als "Prinzip des Geistigen an Sich" verstanden werden kann, also wie der Geist selber die Polarisationen erzeugt, als deren Opfer die Menschen sich dann in ihrem Leiden vorfinden.

4.1. Kalyptologie: Die Struktur-Theorie der Verschleierung

@:KALYPTOLOGIE

Mit dem Begriff **Kalyptologie** möchte ich noch einen weiteren mythischen Zugang zu dem Thema schaffen. Ich habe oben schon das Spannungsfeld von (Wissen <-> Vergessen) als (alaetheia <-> laethae) dargestellt, und in dem Spannungsfeld von (Kalypsis <-> Apokalypsis) bildet sich komplementär eine Form von (Verschleierung <-> Entschleierung). Hier findet sich eine direkte Entsprechung des indisch- vedischen Begriffs der Maya, wie sie im Advaita Vedanta vorkommt. Die numinose Personifikation der *Kalypsis* ist die Nymphe *Kalypso*, ihr Name bedeutet "die Verschleierte" (*kalyptron*, Od. 5.232, Parmenides B1, 10).[358] Das Semantik-Rhizom der *Kalypsis* oder *Maya* als *Agens der Verschleierung* impliziert und assoziiert das Element der *Luft* (das Wabern des Schleiers in der Luft) und des *Lichts* (-opsis), als Täuschungsfaktoren.

@:ALAETHEIA

Das Semantik-Rhizom (alaetheia <-> laethae) wird von den griechischen Wurzeln *lanthano*, *latha*, *lathra* und *laethae* gebildet. Hier wird auf den Zeit-Aspekt des *Verbergens*, als *Vergessen*, abgezielt. So ist die numinose Personifikation der *Laethae* bedeutsam in der Todesmythologie der antiken Griechen, und die *A-Laetheia* ist seit Parmenides und Platon der Schlüssel-Term aller philosophischen und wissenschaftli-

---

357 ->:NOSOLOGIE, p. 141

358 Siehe den folgenden Abschnitt: "Peri Peirasis", sowie das Kapitel zum Informationskrieg. ->:PERI_PEIRASIS, p. 160; ->:INFO_KOMM, p. 294

chen Anstrengungen der *Aufklärung*.[359] Die *latha / laethae* ist die ultimate Verschleierungs-Technik, weil sie das *Selbst-Bewußtsein* auslöscht.

Die metaphysischen Aspekte der *Verschleierung* werden nach Goethes Faust auch "*Das Principium Mae-Phaisto-Philaes*" genannt. *Mephistopheles*, aus Goethes *Faust*, erscheint hier in den vielen schillernden und beständig wechselnden Verkleidungen des *Archae-Typos* des *Cosmic Trickster*, als Personifikation des Prinzips der *Spannungsfelder*, bzw. der *Eris* oder *Discordia*, wie von R.A. Wilson dargestellt. "*The arch sceptic, dark lord of Disinformation*".[360]

4.2. Peri Peirasis

@:PERI_PEIRASIS

In diesem Abschnitt werden einige der mythischen Fäden aufgezeigt, die sich um Laethae und Kalypsis ranken.[361]

The Journey into, and Beyond, the Boundaries of the Time:
Please allow me to introduce myself, I am a man of *mnaemae* and *phrenae*, *Mnaemo* is my name, and *peirasis* is my game.

(*Perasis*: the going through, the going beyond, the transcending; *mnaemae*: memory; *phrenae*: brain). The word *mnaemo-* connects us to *Maemosynae*, the ancient Greek "mother of the muses", the numinous personification of *memory*, and of *poetic inspiration* of the *Aoidoi*, the bards, epic singers, and prophets, of antiquity. It also reminds us of the captain *Nemo* in Jules Verne's novel. *Nemo* in Greek means: *outis*, *maedeis*, *oudeis*, and this is the name that *Odysseus* called himself in the land of the *Kyklops*. (Od. 9,366). From the word sounds, we can get an interesting "pattern that connects" *oudeis* and *Odysseus*. As the captain, and seafarer, he is a *gubernator* or *kybernaetaes*. In his fragment B 64, Heraklit alludes to this: *ta de panta oiakizei Keraunos*: The Universe is steered by the *Keraunos*, the *thunderbolt*, or the *Vajra*. Odysseus had to endure seven years of captivity, on the island of *Ogygia*, the *Omphalos* of the *Thalassaean* sea (Od. 1,50; Dechend 1993: 183-185, 193, 269, 324). There is a deep cave, the hiding place of the *God of Time*: *Kronos*, in Plutarch's account (Dechend 1993: 121). *Kronos* is the original owner of the *Keraunos*, before his son *Zeus*, or *Jupiter*, had wrenched it from his fist, to govern the universe himself as usurpator. This island is guarded by the nymph *Kalypso*, whose name means "the Veiled One" (*kalyptron*, Od. 5.232), she is the personified numinous power of veiling, obscuring, and occulting, in the ancient Greek Homeric mythology. Her name also connects to the

---

[359] Das Thema der *Aufklärung* ist sowohl in der Philosophie wie beim Militär ein entscheidendes: ->:KANT_AUFKLAERUNG, p. 23

[360] http://www.disinfo.com/pages/article/id672/pg1/index.html
z:/htt/disinf2/www.disinfo.com/pages/article/id672/pg1/index.html

[361] Sekundärliteratur:
(Dechend 1993; Diels 1954; Gadamer 1989; Gebser 1973; Goppold 1999d: 207-218, 1999h; Heuser 1992; Hölscher 1989; Pleger 1991).

flower- *kalyx*, and the seed husk, thus symbolizing the encapsulation of future potential. She shares her occulting power with *Laethae*, the numinous force of *death-forgetting*. (Illich (1988: 13); Hesiodos (1978: verse 211 ff.)). When Odysseus was finally allowed to leave his place of banishment, *Kalypso* gave him two special tools to cut the trees and fashion his raft: two double axes, the *pelekys megas*, and the *skeparnon*, both being variants of the original *Keraunos*. (Od. 5.234-237; Dechend 1977). Now, as Dechend tells us, the *Keraunos* is the *tool of the time*, belonging to the *god of the time*: *Kronos*. (One could say: nomen est omen, because *Kronos - Chronos* and *Keraunos* are deeply related through their sound). And by its use, *Time*, the *present*, the *past*, and the *future*, is initially created, *en archae*, as is related in the mythic account of Hesiodos (1978). Its most common symbol in many cultures world wide is the double axe, the *Pelekys*, *Thor's Hammer*, or the *Labrys*, as it was called in Minoan Crete. (Marija Gimbutas sees a butterfly image in its symbolism, which has its own reasoning, via the temporal stages of metamorphosis, and their initiatic associations: caterpillar / chrysalis / butterfly (Gimbutas 1974: 185-190)). The *Keraunos cuts both ways*: into the past, and into the future. Its *axis / axle / hub* is the *Kairos*, the *present*, the decisive *moment*, the instant of creation, the *Now*. In the grand gory finale of the Odyssee, Homer describes down to the minutest detail the feat how Odysseus shoots his arrow through the hubs of twelve aligned double axes, the abovementioned *pelekon*. (Od. 21.75-21.421). Let is be said that the *Omphalos* is a *navel* as well as a *hub* (*gomphos*, Parmenides 1974: B1,17-20), and how else could the *Keraunos* steer the Universe than *through the hub*? (German: *Nabe -> Nabel*). In Roman mythology, the *threshold* of the past and the future is guarded by the god Janus, the *Double-Faced One*, who looks into the past, as well as into the future. He ist the guardian of the *limen*, the *threshold*, called *peras*, in Greek. (See also, the *liminal*, in Gennep 1960). His name re-appears in the month *Janu*ary. A lesser known aspect of the *mythological chronology* of January was that after the winter solstice on Dec. 21 (and the official end of the year), the following week was considered "*outside of the time*", that is, in the *liminal*, or *limbo*, and also *in the hub of the time*, until the new year began. Not without good reason, the celebration of the *birth of the Christ* was placed right in the middle of this period, to Dec. 24. The captain *Nemo* in Jules Verne's Novel makes his journeys in the *Nautilus*, or *nao-telos*, the *naos*, a *submerged*, or *sub-liminal*, ship. According to Vedic mythology, the *Vajra* was hidden on the ground of the ocean. (Dechend 1977: 99). But *naos* also evokes our association to *noos*, and *nous*, the thoughts, the stuff out of which our *memories*, *imaginations*, and *anticipations*, are fashioned. The connection of *nous* and *telos* (aim, goal, finish, completion, success, death, limit -> peras) leads us into the association field of *anticipation*, and *planning*, in the ancient mythologies personified by *Prometheus*, the before-thinker. This was also a characteristic of Odysseus the *polymaechanaes*, the *crafty*, *cunning*, *ruseful*. Our mental imagery consists of things perceived as *phai-nomena*, as impressions derived from sensory inputs, and as *nou-mena*, the impressions derived from mental, *noetic*, or *noietic*, sources. The *Mnaemo-synae* is the ancient nouminous personification of those *forces*, *patterns*, and *processes* which do their work under the surface of the visible and intelligible, in the *mae-phainon*, the realm *below*, and *before* they turn into the *phai-nomena*, and the *nou-mena*. These are, in scientific terminology, the workings of *neuronal activation patterns*, of *oscillation fields* and *logical relation structures* of *neuronal assemblies*, of the *coupled dynamic* *systems* of *neuronal attractors*, of our brains: the *phrenae*. The *mnaemo-synae* reminds us of this still quite mysterious working of the *neuronal sym-plexis*, and *syn-apsis*, by which our *sym-ballein*, the concept formation is effected. When the subliminal workings of the neuronal webworks of our *phrenae* then weave (*histon*, *historia*) together into the appearances of the intellegible and discernible, they become *ho phainon*, that which finds its appearance through *phos*, the light, and *phonae*, the sound, as *appearance*, and *apparition*, *phaino-menon* (in German: *Auf-Scheinendes*), with form: *mor-phae*, and *Gestalt*. This, *ho phainon*, the *Brilliant*, the *Shining One* (in German: *Erscheinung*), is also the name of the god *Hae-phaistos*, the one who works the brilliant and shining metals, while they are red and glowing: *phoibos*, and *phoinos*, *phos-phoros* (*lucifer*). With his hammer and anvil, and with his mighty blows, he forges them into their forms, the *mor-phae*. And with his hammering, the metallic sounds of *phonae* and *phthongos* ring out to make themselves heard awide and afar.

4.3. Über Wahrheit und Lüge im aussermoralischen Sinne

Friedrich Nietzsche hat mit seiner wenig bekannten Schrift "Über Wahrheit und Lüge im außermoralischen Sinne" eine sehr prägnante Analyse der Lüge und der Verstellung, der Täuschung und Selbst-Täuschung gegeben. Hiermit kann er als Begründer der Noo-Pathologie bezeichnet werden. Dies soll der Ausgangspunkt der weiteren Diskussion sein.

@:IM_WINKEL

In irgend einem abgelegenen Winkel des in zahllosen Sonnensystemen flimmernd ausgegossenen Weltalls gab es einmal ein Gestirn, auf dem kluge Tiere das Erkennen erfanden. Es war die hochmütigste und verlogenste Minute der "Weltgeschichte": aber doch nur eine Minute. Nach wenigen Atemzügen der Natur erstarrte das Gestirn, und die klugen Tiere mußten sterben. - So könnte jemand eine Fabel erfinden und würde doch nicht genügend illustriert haben, wie kläglich, wie schattenhaft und flüchtig, wie zwecklos und beliebig sich der menschliche Intellekt innerhalb der Natur ausnimmt. Es gab Ewigkeiten, in denen er nicht war; wenn es wieder mit ihm vorbei ist, wird sich nichts begeben haben. Denn es gibt für jenen Intellekt keine weitere Mission, die über das Menschenleben hinausführte. Sondern menschlich ist er, und nur sein Besitzer und Erzeuger nimmt ihn so pathetisch, als ob die Angeln der Welt sich in ihm drehten. Könnten wir uns aber mit der Mücke verständigen, so würden wir vernehmen, daß auch sie mit diesem Pathos durch die Luft schwimmt und in sich das fliegende Zentrum dieser Welt fühlt. Es ist nichts so verwerflich und gering in der Natur, was nicht, durch einen kleinen Anhauch jener Kraft des Erkennens, sofort wie ein Schlauch aufgeschwellt würde; und wie jeder Lastträger seinen Bewunderer haben will, so meint gar der Stolzeste Mensch, der Philosoph, von allen Seiten die Augen des Weltalls teleskopisch auf sein Handeln und Denken gerichtet zu sehen.

Es ist merkwürdig, daß dies der Intellekt zustande bringt, er, der doch gerade nur als Hilfsmittel den unglücklichsten, delikatesten, vergänglichsten Wesen beigegeben ist, um sie eine Minute im Dasein festzuhalten, aus dem sie sonst, ohne jene Beigabe, so schnell wie Lessings Sohn zu flüchten allen Grund hätten. Jener mit dem Erkennen und Empfinden verbundene Hochmut, verblendende Nebel über die Augen und Sinne der Menschen legend, täuscht sie also über den Wert des Daseins, dadurch daß er über das Erkennen selbst die schmeichelhafteste Wertschätzung in sich trägt. Seine allgemeinste Wirkung ist Täuschung - aber auch die einzelnsten Wirkungen tragen etwas von gleichem Charakter an sich.

Der Intellekt, als ein Mittel zur Erhaltung des Individuums, entfaltet seine Hauptkräfte in der Verstellung; denn diese ist das Mittel, durch das die schwächeren, weniger robusten Individuen sich erhalten, als welchen einen Kampf um die Existenz mit Hörnern oder scharfem Raubtier-Gebiß zu führen versagt ist. Im Menschen kommt diese Verstellungskunst auf ihren Gipfel: hier ist die Täuschung, das Schmeicheln, Lügen und Trügen, das Hinter-dem-Rücken-Reden, das Repräsentieren, das im erborgten Glanze Leben, das Maskiertsein, die verhüllende Konvention, das Bühnenspiel vor anderen und vor sich selbst, kurz das fortwährende Herumflattern um die eine Flamme Eitelkeit so sehr die Regel und das Gesetz, daß fast nichts unbegreiflicher ist, als wie unter den Menschen ein ehrlicher und reiner Trieb zur Wahrheit aufkommen konnte. Sie sind tief eingetaucht in Illusionen und Traumbilder, ihr Auge gleitet nur auf der Oberfläche der Dinge herum und sieht "Formen", ihre Empfindung führt nirgends in die Wahrheit, sondern begnügt sich, Reize zu empfangen und gleichsam ein tastendes Spiel auf dem Rücken der Dinge zu spielen. Dazu läßt sich der Mensch nachts, ein Leben hindurch, im Traume belügen, ohne daß sein moralisches Gefühl dies je zu verhindern suchte: während es Menschen geben soll, die durch starken Willen das Schnarchen beseitigt haben. Was weiß der Mensch eigentlich von sich selbst! Ja, vermöchte er auch nur sich einmal vollständig, hingelegt wie in einen erleuchteten Glaskasten, zu perzipieren? Verschweigt die Natur ihm nicht das Allermeiste, selbst über seinen Körper, um ihn, abseits von den Windungen der Gedärme, dem raschen Fluß der Blutströme, den verwickelten Fasererzitterungen, in ein stolzes, gauklerisches Bewußtsein zu bannen und einzuschließen! Sie warf den Schlüssel weg: und wehe der verhängnisvollen Neubegier, die durch eine Spalte einmal aus dem Bewußtseinszimmer heraus und hinabzusehen vermöchte, und die jetzt ahnte, daß auf dem Erbarmungslosen, dem Gierigen, dem Unersättlichen, dem Mörderischen der Mensch ruht, in der Gleichgültigkeit seines Nichtwissens, und gleichsam auf dem Rücken eines Tigers in Träumen hängend. Woher, in aller Welt, bei dieser Konstellation der Trieb zur Wahrheit!

Soweit das Individuum sich, gegenüber andern Individuen, erhalten will, benutzt es in einem natürlichen Zustand der Dinge den Intellekt zumeist nur zur Verstellung: weil aber der Mensch zugleich aus Not und Langeweile gesellschaftlich und herdenweise existieren will, braucht er einen Friedensschluß und trachtet danach, daß wenigstens das allergrößte bellum omnium contra omnes aus seiner Welt verschwinde. Dieser Friedensschluß bringt etwas mit sich, was wie der erste Schritt zur Erlangung jenes rätselhaften Wahrheitstriebes aussieht. Jetzt wird nämlich das fixiert, was von nun an "Wahrheit" sein soll, das heißt, es wird eine gleichmäßig gültige und verbindliche Bezeichnung der Dinge erfunden, und die Gesetzgebung der Sprache gibt auch die ersten Gesetze der Wahrheit: denn es entsteht hier zum ersten Male der Kontrast von Wahrheit und Lüge. Der Lügner gebraucht die gültigen Bezeichnungen, die Worte, um das Unwirkliche als wirklich erscheinen zu machen; er sagt zum Beispiel: "ich bin reich", während für seinen Zustand gerade "arm" die richtige Bezeichnung wäre. Er mißbraucht die festen Konventionen durch beliebige Vertauschungen oder gar Umkehrungen der Namen. Wenn er dies in eigennütziger und übrigens Schaden bringender Weise tut, so wird ihm die Gesellschaft nicht mehr trauen und ihn dadurch von sich ausschließen. Die Menschen fliehen dabei das Betrogenwerden nicht so sehr als das Beschädigtwerden durch Betrug: sie hassen, auch auf dieser Stufe, im Grunde nicht die Täuschung, sondern die schlimmen, feindseligen Folgen gewisser Gattungen von Täuschungen. In einem ähnlichen beschränkten Sinne will der Mensch auch nur die Wahrheit: er begehrt die angenehmen, Leben erhaltenden Folgen der Wahrheit, gegen die reine folgenlose Erkenntnis ist er gleichgültig, gegen die vielleicht schädlichen und zerstörenden Wahrheiten sogar feindlich gestimmt. Und überdies: wie steht es mit jenen Konventionen der Sprache? Sind sie vielleicht Erzeugnisse der Erkenntnis, des Wahrheitssinnes, decken sich die Bezeichnungen und die Dinge? Ist die Sprache der adäquate Ausdruck aller Realitäten?

Nur durch Vergeßlichkeit kann der Mensch je dazu kommen zu wähnen, er besitze eine "Wahrheit" in dem eben bezeichneten Grade. Wenn er sich nicht mit der Wahrheit in der Form der Tautologie, das heißt mit leeren Hülsen begnügen will, so wird er ewig Illusionen für Wahrheiten einhandeln. Was ist ein Wort? Die Abbildung eines Nervenreizes in Lauten. Von dem Nervenreiz aber weiterzuschließen auf eine Ursache außer uns, ist bereits das Resultat einer falschen und unberechtigten Anwendung des Satzes vom Grunde. Wie dürften wir, wenn die Wahrheit bei der Genesis der Sprache, der Gesichtspunkt der Gewißheit bei den Bezeichnungen allein entscheidend gewesen wäre, wie dürften wir doch sagen: der Stein ist hart: als ob uns "hart" noch sonst bekannt wäre, und nicht nur als eine ganz subjektive Reizung! Wir teilen die Dinge nach Geschlechtern ein, wir bezeichnen den Baum als männlich, die Pflanze als weiblich: welche willkürlichen Übertragungen! Wie weit hinausgeflogen über den Kanon der Gewißheit! Wir reden von einer "Schlange": die Bezeichnung trifft nichts als das Sichwinden, könnte also auch dem Wurme zukommen. Welche willkürlichen Abgrenzungen, welche einseitigen Bevorzugungen bald der bald jener Eigenschaft eines Dinges! Die verschiedenen Sprachen, nebeneinander gestellt, zeigen, daß es bei den Worten nie auf die Wahrheit, nie auf einen adäquaten Ausdruck ankommt: denn sonst gäbe es nicht so viele Sprachen. Das "Ding an sich" (das würde eben die reine folgenlose Wahrheit sein) ist auch dem Sprachbildner ganz unfaßlich und ganz und gar nicht erstrebenswert. Er bezeichnet nur die Relationen der Dinge zu den Menschen und nimmt zu deren Ausdrucke die kühnsten Metaphern zu Hilfe. Ein Nervenreiz, zuerst übertragen in ein Bild! Erste Metapher. Das Bild wieder nachgeformt in einem Laut! Zweite Metapher. Und jedesmal vollständiges Überspringen der Sphäre, mitten hinein in eine ganz andre und neue. Man kann sich einen Menschen denken, der ganz taub ist und nie eine Empfindung des Tones und der Musik gehabt hat: wie dieser etwa die chladnischen Klangfiguren im Sande anstaunt, ihre Ursachen im Erzittern der Saite findet und nun darauf schwören wird, jetzt müsse er wissen, was die Menschen den "Ton" nennen, so geht es uns allen mit der Sprache. Wir glauben etwas von den Dingen selbst zu wissen, wenn wir von Bäumen, Farben, Schnee und Blumen reden, und besitzen doch nichts als Metaphern der Dinge, die den ursprünglichen Wesenheiten ganz und gar nicht entsprechen. Wie der Ton als Sandfigur, so nimmt sich das rätselhafte X des Dings an sich einmal als Nervenreiz, dann als Bild, endlich als Laut aus. Logisch geht es also jedenfalls nicht bei der Entstehung der Sprache zu, und das ganze Material, worin und womit später der Mensch der Wahrheit, der Forscher, der Philosoph arbeitet und baut, stammt, wenn nicht aus Wolkenkuckucksheim, so doch jedenfalls nicht aus dem Wesen der Dinge.

Denken wir besonders noch an die Bildung der Begriffe. Jedes Wort wird sofort dadurch Begriff, daß es eben nicht für das einmalige ganz und gar individualisierte Urerlebnis, dem es sein Entstehen verdankt, etwa als Erinnerung dienen soll, sondern zugleich für zahllose, mehr oder weniger ähnliche, daß heißt streng genommen niemals gleiche, also auf lauter ungleiche Fälle passen muß. Jeder Begriff entsteht durch Gleichsetzen des Nichtgleichen. So gewiß nie ein Blatt einem andern ganz gleich ist, so gewiß ist der Begriff Blatt durch beliebiges Fallenlassen dieser individuellen Verschiedenheiten, durch ein Vergessen des Unterscheidenden gebildet und erweckt nun die Vorstellung, als ob es in der Natur außer den Blättern etwas gäbe, das "Blatt" wäre, etwa eine Urform, nach der alle Blätter gewebt, gezeichnet, abgezirkelt, gefärbt, gekräuselt, bemalt wären, aber von ungeschickten Händen, so daß kein Exemplar korrekt und zuverlässig als treues Abbild der Urform ausgefallen wäre. Wir nennen einen Menschen "ehrlich". warum hat er heute so ehrlich gehandelt? fragen wir. Unsere Antwort pflegt zu lauten: seiner Ehrlichkeit wegen. Die Ehrlichkeit! Das heißt wieder: das Blatt ist die Ursache der Blätter. Wir wissen ja gar nichts von einer wesenhaften Qualität, die "die Ehrlichkeit" hieße, wohl aber von zahlreichen individualisierten, somit ungleichen Handlungen, die wir durch Weglassen des Ungleichen gleichsetzen und jetzt als ehrliche Handlungen bezeichnen; zuletzt formulieren wir aus ihnen eine qualitas occulta mit dem Namen: "die Ehrlichkeit". Das Übersehen des Individuellen und Wirklichen gibt uns den Begriff, wie es uns auch die Form gibt, wohingegen die Natur keine Formen und Begriffe, also auch keine Gattungen kennt, sondern nur ein für uns unzugängliches und undefinierbares X. Denn auch unser Gegensatz von Individuum und Gattung ist anthropomorphisch und entstammt nicht dem Wesen der Dinge, wenn wir auch nicht zu sagen wagen, daß er ihm nicht entspricht: das wäre nämlich eine dogmatische Behauptung und als solche ebenso unerweislich wie ihr Gegenteil.

Was ist also Wahrheit? Ein bewegliches Heer von Metaphern, Metonymien, Anthropomorphismen, kurz eine Summe von menschlichen Relationen, die, poetisch und rhetorisch gesteigert, übertragen, geschmückt wurden, und die nach langem Gebrauch einem Volke fest, kanonisch und verbindlich dünken: die Wahrheiten sind Illusionen, von denen man vergessen hat, daß sie welche sind, Metaphern, die abgenutzt und sinnlich kraftlos geworden sind, Münzen, die ihr Bild verloren haben und nun als Metall, nicht mehr als Münzen, in Betracht kommen.

Wir wissen immer noch nicht, woher der Trieb zur Wahrheit stammt: denn bis jetzt haben wir nur von der Verpflichtung gehört, die die Gesellschaft, um zu existieren, stellt: wahrhaft zu sein, das heißt die usuellen Metaphern zu brauchen, also moralisch ausgedrückt: von der Verpflichtung, nach einer festen Konvention zu lügen, herdenweise in einem für alle verbindlichen Stile zu lügen. Nun vergißt freilich der Mensch, daß es so mit ihm steht; er lügt also in der bezeichneten Weise unbewußt und nach hundertjährigen Gewöhnungen - und kommt eben durch diese Unbewußtheit, eben durch dies Vergessen zum Gefühl der Wahrheit. An dem Gefühl verpflichtet zu sein, ein Ding als "rot", ein anderes als "kalt", ein drittes als "stumm" zu bezeichnen, erwacht eine moralische auf Wahrheit sich beziehende Regung: aus dem Gegensatz des Lügners, dem niemand traut, den alle ausschließen, demonstriert sich der Mensch das Ehrwürdige, Zutrauliche und Nützliche der Wahrheit. Er stellt jetzt sein Handeln als "vernünftiges" Wesen unter die Herrschaft der Abstraktionen; er leidet es nicht mehr, durch die plötzlichen Eindrücke, durch die Anschauungen fortgerissen zu werden, er verallgemeinert alle diese Eindrücke erst zu entfärbteren, kühleren Begriffen, um an sie das Fahrzeug seines Lebens und Handelns anzuknüpfen. Alles, was den Menschen gegen das Tier abhebt, hängt von dieser Fähigkeit ab, die anschaulichen Metaphern zu einem Schema zu verflüchtigen, also ein Bild in einen Begriff aufzulösen. Im Bereich jener Schemata nämlich ist etwas möglich, was niemals unter den anschaulichen ersten Eindrücken gelingen möchte: eine pyramidale Ordnung nach Kasten und Graden aufzubauen,[362] eine neue Welt von Gesetzen, Privilegien, Unterordnungen, Grenzbestimmungen zu schaffen, die nun der andern anschaulichen Welt der ersten Eindrücke gegenübertritt, als das Festere, Allgemeinere, Bekanntere, Menschlichere und daher als das Regulierende und Imperativische. Während jede Anschauungsmetapher individuell und ohne ihresgleichen ist und deshalb allem Rubrizieren immer zu entfliehen weiß, zeigt der große Bau der Begriffe die starre Regelmäßigkeit eines römischen Kolumbariums und atmet in der Logik jene Strenge und Kühle aus, die der Mathematik zu eigen ist. Wer von dieser Kühle angehaucht wird, wird es kaum glauben, daß auch der Begriff, knöchern und achteckig wie ein Würfel und versetzbar wie jener, doch nur als das Residuum einer Metapher übrig bleibt, und daß die Illusion der künstlerischen Übertragung eines Nervenreizes in Bilder, wenn nicht die Mutter, so doch die Großmutter eines jeden Begriffs ist. Innerhalb dieses Würfelspiels der Begriffe heißt aber "Wahrheit'", jeden Würfel so zu gebrauchen, wie er bezeichnet ist, genau seine Augen zu zählen, richtige Rubriken zu bilden und nie gegen die Kastenordnung und gegen die Reihenfolge der Rangklassen zu verstoßen. Wie die Römer und Etrusker sich den Himmel durch starre mathematische Linien zerschnitten und in einen solchermaßen abgegrenzten Raum, als in ein templum, einen Gott bannten, so hat jedes Volk über sich einen solchen mathematisch zerteilten Begriffshimmel und versteht nun unter der Forderung der Wahrheit, daß jeder Begriffsgott nur in seiner Sphäre gesucht werde. Man darf hier den Menschen wohl bewundern als ein gewaltiges Baugenie, dem auf beweglichen Fundamenten und gleichsam auf fließendem Wasser das Auftürmen eines unendlich komplizierten Begriffsdomes gelingt: - freilich, um auf solchen Fundamenten Halt zu

362 ->:PERSPEKTIV, p. 75; ->:HOLON_ARCHIE, p. 79; ->:AUGE_PYRAMIDE, p. 99; ->:DESN_TRIPOLAR, p. 240

finden, muß es ein Bau wie aus Spinnefäden sein, so zart, um von der Welle mit fortgetragen, so fest, um nicht von jedem Winde auseinandergeblasen zu werden. Als Baugenie erhebt sich solchermaßen der Mensch weit über die Biene: diese baut aus Wachs, das sie aus der Natur zusammenholt, er aus dem weit zarteren Stoffe der Begriffe, die er erst aus sich fabrizieren muß. Er ist hier sehr zu bewundern - aber nur nicht wegen seines Triebes zur Wahrheit, zum reinen Erkennen der Dinge. Wenn jemand ein Ding hinter einem Busche versteckt, es ebendort wieder sucht und auch findet, so ist an diesem Suchen und Finden nicht viel zu rühmen: so aber steht es mit dem Suchen und Finden der "Wahrheit" innerhalb des Vernunft-Bezirkes. Wenn ich die Definition des Säugetiers mache und dann erkläre, nach Besichtigung eines Kamels: "siehe, ein Säugetier", so wird damit eine Wahrheit zwar ans Licht gebracht, aber sie ist von begrenztem Werte, ich meine, sie ist durch und durch anthropomorphisch und enthält keinen einzigen Punkt, der "wahr an sich", wirklich und allgemeingültig, abgesehn von dem Menschen, wäre. Der Forscher nach solchen Wahrheiten sucht im Grunde nur die Metamorphose der Welt in den Menschen, er ringt nach einem Verstehen der Welt als eines menschenartigen Dinges und erkämpft sich bestenfalls das Gefühl einer Assimilation. Ähnlich wie der Astrolog die Sterne im Dienste der Menschen und im Zusammenhange mit ihrem Glück und Leide betrachtete, so betrachtet ein solcher Forscher die ganze Welt als geknüpft an den Menschen, als den unendlich gebrochenen Widerklang eines Urklanges, des Menschen, als das vervielfältigte Abbild des einen Urbildes, des Menschen. Sein Verfahren ist, den Menschen als Maß an alle Dinge zu halten: wobei er aber von dem Irrtum ausgeht, zu glauben, er habe diese Dinge unmittelbar, als reine Objekte vor sich. Er vergißt also die originalen Anschauungsmetaphern als Metaphern und nimmt sie als die Dinge selbst.

Nur durch das Vergessen jener primitiven Metapherwelt, nur durch das Hart- und Starrwerden einer ursprünglichen in hitziger Flüssigkeit aus dem Urvermögen menschlicher Phantasie hervorströmenden Bildermasse, nur durch den unbesiegbaren Glauben, diese Sonne, dieses Fenster, dieser Tisch sei eine Wahrheit an sich, kurz nur dadurch, daß der Mensch sich als Subjekt, und zwar als künstlerisch schaffendes Subjekt, vergißt, lebt er mit einiger Ruhe, Sicherheit und Konsequenz: wenn er einen Augenblick nur aus den Gefängniswänden dieses Glaubens heraus könnte, so wäre es sofort mit seinem "Selbstbewußtsein" vorbei. Schon dies kostet ihm Mühe, sich einzugestehen, wie das Insekt oder der Vogel eine ganz andere Welt perzipieren als der Mensch, und daß die Frage, welche von beiden Weltperzeptionen richtiger ist, eine ganz sinnlose ist, da hierzu bereits mit dem Maßstabe der richtigen Perzeption, das heißt mit einem nicht vorhandenen Maßstabe gemessen werden müßte. Überhaupt aber scheint mir "die richtige Perzeption" - das würde heißen: der adäquate Ausdruck eines Objekts im Subjekt - ein widerspruchsvolles Unding: denn zwischen zwei absolut verschiednen Sphären, wie zwischen Subjekt und Objekt,[363] gibt es keine Kausalität, keine Richtigkeit, keinen Ausdruck, sondern höchstens ein ästhetisches Verhalten, ich meine eine andeutende Übertragung, eine nachstammelnde Übersetzung in eine ganz fremde Sprache: wozu es aber jedenfalls einer frei dichtenden und frei erfindenden Mittelsphäre

363 ->:SUB_OBJ_SEM, p. 39; ->:ORTE_SUB_OBJ, p. 108

und Mittelkraft bedarf. Das Wort "Erscheinung" enthält viele Verführungen, weshalb ich es möglichst vermeide: denn es ist nicht wahr, daß das Wesen der Dinge in der empirischen Welt erscheint. Ein Maler, dem die Hände fehlen und der durch Gesang das ihm vorschwebende Bild ausdrücken wollte, wird immer noch mehr bei dieser Vertauschung der Sphären verraten, als die empirische Welt vom Wesen der Dinge verrät. Selbst das Verhältnis eines Nervenreizes zu dem hervorgebrachten Bilde ist an sich kein notwendiges: wenn aber dasselbe Bild millionenmal hervorgebracht und durch viele Menschengeschlechter hindurch vererbt ist, ja zuletzt bei der gesamten Menschheit jedesmal infolge desselben Anlasses erscheint, so bekommt es endlich für den Menschen dieselbe Bedeutung, als ob es das einzig notwendige Bild sei und als ob jenes Verhältnis des ursprünglichen Nervenreizes zu dem hergebrachten Bilde ein strenges Kausalitätsverhältnis sei; wie ein Traum, ewig wiederholt, durchaus als Wirklichkeit empfunden und beurteilt werden würde. Aber das Hart- und Starr-Werden einer Metapher verbürgt durchaus nichts für die Notwendigkeit und ausschließliche Berechtigung dieser Metapher.[364]

Es hat gewiß jeder Mensch, der in solchen Betrachtungen heimisch ist, gegen jeden derartigen Idealismus ein tiefes Mißtrauen empfunden, so oft er sich einmal recht deutlich von der ewigen Konsequenz, Allgegenwärtigkeit und Unfehlbarkeit der Naturgesetze überzeugte; er hat den Schluß gemacht: hier ist alles, soweit wir dringen, nach der Höhe der teleskopischen und nach der Tiefe der mikroskopischen Welt, so sicher, ausgebaut, endlos, gesetzmäßig und ohne Lücken; die Wissenschaft wird ewig in diesen Schachten mit Erfolg zu graben haben, und alles Gefundene wird zusammenstimmen und sich nicht widersprechen. Wie wenig gleicht dies einem Phantasieerzeugnis: denn wenn es dies wäre, müßte es doch irgendwo den Schein und die Unrealität erraten lassen. Dagegen ist einmal zu sagen: hätten wir noch, jeder für sich, eine verschiedenartige Sinnesempfindung, könnten wir selbst nur bald als Vogel, bald als Wurm, bald als Pflanze perzipieren, oder sähe der eine von uns denselben Reiz als rot, der andere als blau, hörte ein dritter ihn sogar als Ton, so würde niemand von einer solchen Gesetzmäßigkeit der Natur reden, sondern sie nur als ein höchst subjektives Gebilde begreifen. Sodann: was ist für uns überhaupt ein Naturgesetz? Es ist uns nicht an sich bekannt, sondern nur in seinen Wirkungen, das heißt in seinen Relationen zu andern Naturgesetzen, die uns wieder nur als Summen von Relationen bekannt sind. Also verweisen alle diese Relationen immer nur wieder aufeinander und sind uns ihrem Wesen nach unverständlich durch und durch; nur das, was wir hinzubringen, die Zeit, der Raum, also Sukzessionsverhältnisse und Zahlen, sind uns wirklich daran bekannt. Alles Wunderbare aber, das wir gerade an den Naturgesetzen anstaunen, das unsere Erklärung fordert und uns zum Mißtrauen gegen den Idealismus verführen könnte, liegt gerade und ganz allein nur in der mathematischen Strenge und Unverbrüchlichkeit der Zeit- und Raum-Vorstellungen. Diese aber produzieren wir in uns und aus uns mit jener Notwendigkeit, mit der die Spinne spinnt; wenn wir gezwungen sind, alle Dinge nur unter diesen Formen zu begreifen, so ist es dann nicht mehr wunderbar, daß wir an allen Dingen eigentlich nur eben diese Formen begreifen: denn

364 ->:IM_PERIUM, p. 106

sie alle müssen die Gesetze der Zahl an sich tragen, und die Zahl gerade ist das Erstaunlichste in den Dingen. Alle Gesetzmäßigkeit, die uns im Sternenlauf und im chemischen Prozeß so imponiert, fällt im Grunde mit jenen Eigenschaften zusammen, die wir selbst an die Dinge heranbringen, so daß wir damit uns selber imponieren. Dabei ergibt sich allerdings, daß jene künstlerische Metapherbildung, mit der in uns jede Empfindung beginnt, bereits jene Formen voraussetzt, also in ihnen vollzogen wird; nur aus dem festen Verharren dieser Urformen erklärt sich die Möglichkeit, wie nachher wieder aus den Metaphern selbst ein Bau der Begriffe konstituiert werden konnte. Dieser ist nämlich eine Nachahmung der Zeit-, Raum- und Zahlenverhältnisse auf dem Boden der Metaphern.

An dem Bau der Begriffe arbeitet ursprünglich, wie wir sahen, die Sprache, in späteren Zeiten die Wissenschaft. Wie die Biene zugleich an den Zellen baut und die Zellen mit Honig füllt, so arbeitet die Wissenschaft unaufhaltsam an jenem großen Kolumbarium der Begriffe, der Begräbnisstätte der Anschauungen, baut immer neue und höhere Stockwerke, stützt, reinigt, erneut die alten Zellen und ist vor allem bemüht, jenes ins Ungeheure aufgetürmte Fachwerk zu füllen und die ganze empirische Welt, das heißt die anthropomorphische Welt, hineinzuordnen. Wenn schon der handelnde Mensch sein Leben an die Vernunft und ihre Begriffe bindet, um nicht fortgeschwemmt zu werden und sich nicht selbst zu verlieren, so baut der Forscher seine Hütte dicht an den Turmbau der Wissenschaft, um an ihm mithelfen zu können und selbst Schutz unter dem vorhandenen Bollwerk zu finden. Und Schutz braucht er: denn es gibt furchtbare Mächte, die fortwährend auf ihn eindringen und die der wissenschaftlichen "Wahrheit" ganz anders geartete "Wahrheiten" mit den verschiedenartigsten Schildzeichen entgegenhalten.

Jener Trieb zur Metapherbildung, jener Fundamentaltrieb des Menschen, den man keinen Augenblick wegrechnen kann, weil man damit den Menschen selbst wegrechnen würde, ist dadurch, daß aus seinen verflüchtigten Erzeugnissen, den Begriffen, eine reguläre und starre neue Welt als eine Zwingburg für ihn gebaut wird, in Wahrheit nicht bezwungen und kaum gebändigt. Er sucht sich ein neues Bereich seines Wirkens und ein anderes Flußbette und findet es im Mythus und überhaupt in der Kunst. Fortwährend verwirrt er die Rubriken und Zellen der Begriffe, dadurch daß er neue Übertragungen, Metaphern, Metonymien hinstellt, fortwährend zeigt er die Begierde, die vorhandene Welt des wachen Menschen so bunt unregelmäßig, folgenlos unzusammenhängend, reizvoll und ewig neu zu gestalten, wie es die Welt des Traumes ist. An sich ist ja der wache Mensch nur durch das starre und regelmäßige Begriffsgespinst darüber im klaren, daß er wache, und kommt eben deshalb mitunter in den Glauben, er träume, wenn jenes Begriffsgespinst einmal durch die Kunst zerrissen wird. Pascal hat recht, wenn er behauptet, daß wir, wenn uns jede Nacht derselbe Traum käme, davon ebenso beschäftigt würden als von den Dingen, die wir jeden Tag sehen: "wenn ein Handwerker gewiß wäre, jede Nacht zu träumen, volle zwölf Stunden hindurch, daß er König sei, so glaube ich, sagt Pascal, daß er ebenso glücklich wäre als ein König, welcher alle Nächte während zwölf Stunden träumte, er sei Handwerker". Der wache Tag eines mythisch erregten Volkes, etwa der älteren Griechen, ist durch das fortwährend wirkende Wunder, wie es der Mythus annimmt, in der Tat dem Traume ähnlicher als dem Tag des wissenschaftlich ernüchterten Denkers. Wenn jeder Baum einmal als Nymphe reden oder unter der Hülle eines Stieres ein Gott Jungfrauen wegschleppen kann, wenn die Göttin Athene selbst plötzlich gesehn wird, wie sie mit einem schönen Gespann, in der Begleitung des Pisistratus, durch die Märkte Athens fährt - und das glaubte der ehrliche Athener -, so ist in jedem Augenblicke, wie im Traume, alles möglich, und die ganze Natur umschwärmt den Menschen, als ob sie nur die Maskerade der Götter wäre, die sich nur einen Scherz daraus machten, in allen Gestalten den Menschen zu täuschen.

Der Mensch selbst aber hat einen unbesiegbaren Hang, sich täuschen zu lassen, und ist wie bezaubert vor Glück, wenn der Rhapsode ihm epische Märchen wie wahr erzählt oder der Schauspieler im Schauspiel den König noch königlicher agiert, als ihn die Wirklichkeit zeigt. Der Intellekt, jener Meister der Verstellung, ist so lange frei und seinem sonstigen Sklavendienste enthoben, als er täuschen kann, ohne zu schaden, und feiert dann seine Saturnalien. Nie ist er üppiger, reicher, stolzer, gewandter und verwegener: mit schöpferischem Behagen wirft er die Metaphern durcheinander und verrückt die Grenzsteine der Abstraktionen, so daß er zum Beispiel den Strom als den beweglichen Weg bezeichnet, der den Menschen trägt, dorthin, wohin er sonst geht. Jetzt hat er das Zeichen der Dienstbarkeit von sich geworfen: sonst mit trübsinniger Geschäftigkeit bemüht, einem armen Individuum, dem es nach Dasein gelüstet, den Weg und die Werkzeuge zu zeigen, und wie ein Diener für seinen Herrn auf Raub und Beute ausziehend, ist er jetzt zum Herrn geworden und darf den Ausdruck der Bedürftigkeit aus seinen Mienen wegwischen. Was er jetzt auch tut, alles trägt im Vergleich mit seinem früheren Tun die Verstellung, wie das frühere die Verzerrung an sich. Er kopiert das Menschenleben, nimmt es aber für eine gute Sache und scheint mit ihm sich recht zufrieden zu geben. Jenes ungeheure Gebälk und Bretterwerk der Begriffe, an das sich klammernd der bedürftige Mensch sich durch das Leben rettet, ist dem freigewordnen Intellekt nur ein Gerüst und ein Spielzeug für seine verwegensten Kunststücke: und wenn er es zerschlägt, durcheinanderwirft, ironisch wieder zusammensetzt, das Fremdeste paarend und das Nächste trennend, so offenbart er, daß er jene Notbehelfe der Bedürftigkeit nicht braucht und daß er jetzt nicht von Begriffen, sondern von Intuitionen geleitet wird. Von diesen Intuitionen aus führt kein regelmäßiger Weg in das Land der gespenstischen Schemata, der Abstraktionen: für sie ist das Wort nicht gemacht, der Mensch verstummt, wenn er sie sieht, oder redet in lauter verbotenen Metaphern und unerhörten Begriffsfügungen, um wenigstens durch das Zertrümmern und Verhöhnen der alten Begriffsschranken dem Eindrucke der mächtigen gegenwärtigen Intuition schöpferisch zu entsprechen.

Es gibt Zeitalter, in denen der vernünftige Mensch und der intuitive Mensch nebeneinander stehn, der eine in Angst vor der Intuition, der andere mit Hohn über die Abstraktion; der letztere ebenso unvernünftig, als der erstere unkünstlerisch ist. Beide begehren über das Leben zu herrschen: dieser, indem er durch Vorsorge, Klugheit, Regelmäßigkeit den hauptsächlichsten Nöten zu begegnen weiß, jener, indem er als ein "überfroher Held" jene Nöte nicht sieht und nur das zum Schein und zur Schönheit verstellte Leben als real nimmt. Wo einmal der intuitive Mensch, etwa wie im älteren Griechenland, seine Waffen gewaltiger und siegreicher führt als sein Widerspiel, kann sich günstigenfalls eine Kultur gestalten und die Herrschaft der Kunst über das Leben sich gründen: jene Verstellung, jenes Verleugnen der Bedürftigkeit, jener Glanz der metaphorischen Anschauungen und überhaupt jene Unmittelbarkeit der Täuschung begleitet alle Äußerungen eines solchen Lebens. Weder das Haus, noch der Schritt, noch die Kleidung, noch der tönerne Krug verraten, daß die Notdurft sie erfand: es scheint so, als ob in ihnen allen ein erhabenes Glück und eine olympische Wolkenlosigkeit und gleichsam ein Spielen mit dem Ernste ausgesprochen werden sollte. Während der von Begriffen und Abstraktionen geleitete Mensch durch diese das Unglück nur abwehrt, ohne selbst aus den Abstraktionen sich Glück zu erzwingen, während er nach möglichster Freiheit von Schmerzen trachtet, erntet der intuitive Mensch, inmitten einer Kultur stehend, bereits von seinen Intuitionen, außer der Abwehr des Übels, eine fortwährend einströmende Erhellung, Aufheiterung, Erlösung. Freilich leidet er heftiger, wenn er leidet: ja er leidet auch öfter, weil er aus der Erfahrung nicht zu lernen versteht und immer wieder in dieselbe Grube fällt, in die er einmal gefallen. Im Leide ist er dann ebenso unvernünftig wie im Glück, er schreit laut und hat keinen Trost. Wie anders steht unter dem gleichen Mißgeschick der stoische, an der Erfahrung belehrte, durch Begriffe sich beherrschende Mensch da! Er, der sonst nur Aufrichtigkeit, Wahrheit, Freiheit von Täuschungen und Schutz vor berückenden Überfällen sucht, legt jetzt, im Unglück, das Meisterstück der Verstellung ab, wie jener im Glück; er trägt kein zuckendes und bewegliches Menschengesicht, sondern gleichsam eine Maske mit würdigem Gleichmaße der Züge, er schreit nicht und verändert nicht einmal seine Stimme, wenn eine rechte Wetterwolke sich über ihn ausgießt, so hüllt er sich in seinen Mantel und geht langsamen Schrittes unter ihr davon.

Friedrich Nietzsche (1873, aus dem Nachlaß).

4.4. Lüge, List, Verstellung und Täuschung

@.LUEGE_LIST

Auf dem Grabstein eines berühmten Rabbi steht folgender Spruch:

Die Wahrheit ist ein ausserordentlich kostbares Gut, deshalb sollte sie mit äusserster Vorsicht und besonderer Sparsamkeit benutzt werden.

Aus: Die Reise nach Jerusalem

Verstellung, List und Täuschung sind Phänomene, die sich überall in der belebten Natur finden. Schon einige Orchideen täuschen durch die spezielle Form ihres Pollenkörpers den männlichen Hummeln vor, dass Sie eine weibliche Hummel vor sich hätten, auf die diese sich dann stürzen, und sie bestäuben. Insekten tarnen sich als Blätter oder als Schlangen und andere Gift-Tiere, Fische als Seetang, und vielerlei dergleichen mehr. Wenn die Wissenschaft vor 100 Jahren noch glaubte, dass Tiere nicht lügen können, so ist man inzwischen gründlich eines besseren belehrt worden. Lüge und List als Noos-Phänomene erfordern eine doppelte Ich-Du-Reflexion: Ich mache mir eine Vorstellung davon, was du von mir denkst, und verhalte mich so, dass du von mir ein anderes

Verhalten erwartest, als was ich tatsächlich intendiere. Über diese Fähigkeit verfügen auch Schimpansen, und setzen sie auch eifrig ein.

Odysseus ist uns aus der Mythologie bekannt, als der Kulturheros der Lüge, List, Verstellung und Täuschung, sein Ehrentitel war "polytropos", der Vielgewundene.[365] Er war es, der sich die Kriegslist der Griechen ausdachte, die ihnen den Sieg über Troja brachte, das hölzerne Pferd. Die heutigen Erkenntnisse der Verhaltensforschung der Tiere, sowie postmoderne Theorien ala "anything goes" von Feyerabend (1975), geben weitere wirkungsvolle Anstösse in die Richtung, die Nietzsche schon praktisch komplett vorweggenommen hatte, nämlich dass Lüge, List, Verstellung und Täuschung ganz wesentliche Faktoren in der Entwicklung / Evolution der Intelligenz gewesen sein müssen. Dies ist natürlich für eine Philosophie, die sich dem Wahrheitsbegriff besonders verpflichtet fühlt, ein sehr problematisches Thema, und sägt vor allem an beliebten Ideologien, dass der "Fort-Schritt" als ein kumulativ- approximativer Prozess des "Fort-Schreitens" hin zur "Wahrheit an Sich", und zur allgemeinen Verbesserung gedeutet wird.

Die Themen von Lüge, List, Verstellung und Täuschung sind im Bereich des Zwischenmenschlichen SEM so universell, dass es nötig erscheint, eine eigene Theoriefassung dafür zu konstruieren, die vor allem das Spannungsfeld zwischen den ethisch-moralischen Injunktionen der Religionen und der gelebten politischen und sozialen Praxis aufarbeitet. Denn wir können aus unser alltäglichen Erfahrung feststellen, dass die organisierte Lüge einer der Haupt-Triebfaktoren unserer Gesellschaften ist. In diesem Zusammenhang soll eine Struktur-Theorie des "Informations"-Krieges erstellt werden. Dies ist das Haupt-Thema von Teil III: "Eine Strukturtheorie von Wissen und Macht".
->:WISSEN_MACHT, p. 275; ->:INFO_KOMM, p. 294

Es gibt hier zwei Zentralbereiche: Einerseits ist Lüge, Verstellung und Täuschung ein essentielles Thema der alltäglichen gesellschaftlichen Konventionen: Das ist in den Zivilisationen des Ostens zwar etwas extremer zu bemerken, als im Westen, aber auch hier genauso wichtig und verbreitet: Gesellschaftliche Konventionen wie "Gesichtsverlust" erzwingen es, dass die Menschen ihre inneren Gefühle, Wünsche, Ärgernisse, Ängste und Triebe so gut wie möglich vor den Mitmenschen verbergen, und so ein permanentes Doppelleben führen müssen. Dies können wir auch als den Komplex der *weissen Lüge* als Instrumentarium des ganz normalen sozialen Lebens bezeichnen. Man macht sich eben nicht besonders beliebt, wenn man mit einer genauso sterbenstraurigen Miene herumläuft, wie man sich gerade fühlt. Das "Keep Smiling" ist so eine typische US-amerikanische Version dieses Systems.

Andererseits gehört die systematische Irreführung zum wohl-eingeschliffenen Instrumentarium der (Macht-) Politik und der Geschichts-Dichtung oder Euphemistik. Die Mächtigen hatten schon immer eher ein Interesse daran, sich und ihre Taten in einem möglichst guten Licht darzustellen, als sich allzusehr mit dem aufzuhalten, "wie es wirklich gewesen war". (Das ist natürlich immer etwas verschieden, je nach Auge des

---

365 ->:PERI_PEIRASIS, p. 160

Betrachters.) Wenn Macht sich etwas zivilisierter geben will, und nicht einfach durch nackte, rohe Gewalt regieren will, dann ist konsequenterweise immer das Thema der Täuschung, Manipulation, und Irreführung im Spiel. Das soll hier auch der 5000-jährige "Informations"-Krieg der Menschheit genannt werden. Dies spielt seit Beginn der Zivilisationen eine gewichtige Rolle, und ist heute wohl zum wichtigsten Instrument von Politik und kommerzieller Werbung, als "Mediokratie" ausgewachsen.

4.5. Die Pathologien des Massenbewusstseins

@:MASSEN_PATHOLOGIE

Ein grosser Imperator, Massenschlächter oder Diktator wird bei seinen Mitmenschen vielleicht millionenfaches Leiden, Elend und Sterben verursachen, aber spätestens bei seinem Ableben ist es mit dem Spuk zuende. Ein grosser Prophet aber wirkt noch lange, lange über sein irdisches Leben hinaus, und kann noch Jahrtausende später bewirken, dass sich die Menschen im Dienst und der Erfüllung dieser Prophesie nicht nur millionenfach sondern milliardenfach, einander unendliches Leiden, Elend und Sterben bereiten.

A.G.

4.5.1. Das Luzifer-Ahriman-Projekt

@:LUZIFER_AHRIMAN

Das Luzifer-Ahriman-Projekt ist eine Paraphrase auf Wilbers Atman-Projekt, mit einer Tangente zu Rudolf Steiners Luzifer-Ahriman-Theorie. Die Thesen sind:

1. "Spiritualität" hat keinerlei moralisch-ethischen Anspruch oder Geltung. "Spirituell" ist nicht nur "gut", "wohlmeinend", "altruistisch", "barmherzig", etc. sondern kann genauso auch abgrundtief "schlecht", "böse", egoistisch und zerstörerisch heissen. Und, als ultimate Perversion des Wahren, Gerechten, Guten, und Schönen, erzeugt oft gerade die Sucht nach dem Allerhöchsten und Allerbesten, das finsterste und fürchterlichste Leiden, Elend und Sterben für die Menschen.

2. Das heutige materialistisch- mechanistisch- wissenschaftlich- technisch- kapitalistische Globalisations-Dominator-System ist in seinem Kern "spirituell", und seine materialistisch- mechanistische Tarnung ist ein wesentlicher Wirkmechanismus seines Dominations-Effekts. Diesen Aspekt der sprituellen Domination gilt es zu entschlüsseln.

4.5.2. Die "Mutter aller Verschwörungstheorien"

@:V_THEORIEN

Das Luzifer-Ahriman-Projekt ist sozusagen die "Mutter aller Verschwörungstheorien" und damit genauso "mega-out" im heutigen sozio-politischen Mainstream wie die anfangs erwähnten "Systeme des Absoluten". Und das ist sowohl unvermeidlich konsequent wie auch logisch, denn wenn es "existieren" sollte, hätten wir es mit einem der wirksamsten Pre-Skripte des Massenbewusstseins zu tun, die je erfunden worden sind. Denn wo kann die "Ultimate Verschwörung" besser "aufgehoben" sein, als in einem unergründlichen, transzendentalen "Netherwhere"?[366] Die beste Tarnung für jemanden, der sich verbergen will, ist immer noch die, dass niemand auf die Idee kommt, nach ihm zu suchen, und wenn er doch auf die Idee kommen sollte, dann wird er von den wachsamen "Aufpasser-Kräften" des gerade herrschenden Konsensus-Systems schnell und zuverlässig "kaltgestellt". Und die Logik gebietet es, dass man ihn nicht verbrennt, kreuzigt oder vierteilt (wie zu den seligen alten Zeiten noch üblich), denn das würde zuviel Aufmerksamkeit erregen, sondern dass man ihn entweder ignoriert oder für verrückt erklärt. Das Luzifer-Ahriman-Projekt in Form einer modernen Mythologie besagt: Eine ultimate Gesellschaft von "Noo-Mongers" residiert völlig un-entdeckbar und un-erreichbar jenseits des Ereignishorizonts in irgendeinem schwarzen Loch, und schickt nur ab und zu mal einen "schwarzen Messias" zu uns Menschen, der allerdings der "ultimate Schläfer" ist, denn er hat keinerlei Ahnung, wer ihn schickt, und was seine Mission ist, und meistens hat er nur das Gute im Sinn, und möchte alles nur für die Besserung der Menschheit tun. Ansonsten wirkt diese Gesellschaft viel subtiler auf die Menschen ein: über die Träume, und über die Untergrundströme des Massenbewusstseins.

Das Luzifer-Ahriman-Projekt ist in seiner Struktur eine der ältesten "Unendlichen Geschichten" der Menschheit. Geschichtlich belegt ist sie mit der ersten Dualismus-Theorie der Zoroastrischen Religion, von der sich andere erfolgreiche Nachfolgemodelle ableiteten, bis hin zu den Konstrukten Rudolf Steiners. Man kann es auch das ewige "Teufel-Wechsel-Dich" Spiel nennen, denn der jeweils höchste Hauptgott einer Epoche wird in der nächsten Epoche zum "Absolut Bösen". So ist Ahriman wohl ein Vorgänger oder Doppelgänger von Ahura Mazda, dem zoroastrischen Ober-Gut-Gott. Ähnlich ist es mit Kronos/Saturn, der der Herrscher des "goldenen Zeitalters" war, aber in der folgenden Mythologie der "Böse Kronos" wurde, der seine Kinder frass. Von Luzifer kennen wir ja alle die traurige Geschichte seines Aufstandes und seiner Verdammung, von der wir mit Sicherheit annehmen können, dass sie in der uns bekannten Fassung "ein wenig redigiert" ist, und dass Luzifer ebenfalls ein Hauptgott der vorhergehenden Epoche war. Verschiedene Versionen dieses Generalthemas bildeten auch die Skripte der Hauptkonkurrenten des frühen Christentums: der Manichäer und der Gnostiker.[367] Und deshalb wurden sie von den Christen auch so eifrig verteufelt und verfolgt, und schliesslich ausgetilgt, weil ihre Skripte eben "zu gut gestrickt" waren, als dass man sie hätte überleben lassen können oder dürfen.

Die Geschichten der Kämpfe des "Absolut Guten" gegen das "Absolut Böse" sind das beste und bekannteste Studienbeispiel für "Pathologien des Massenbewusstseins". Man braucht sie nicht glauben, aber sie sind eine der wirksamsten treibenden Kräfte der Bewusstseinsgeschichte der Menschheit. Das Luzifer-Ahriman-Projekt ist das Skript eines immerwährenden Kampfes um die Weltherrschaft. Und natürlich sind immer diejenigen die Bösen, die gerade auf der anderen Front-Seite stehen als die, die die Welt im Augenblick gerade beherrschen. Das ist nur logisch. Und damit können wir das augenblickliche Leit-Thema als Skript einer Verschwörungstheorie auch so

366 So das Hintergund-Thema eines neueren Sci-Fi-Films von 2004.

367 Die letzten waren die Katharer und Bogomilen.

formulieren: Die Kräfte, die im Augenblick unseren Planeten in ihrer Macht halten, maskieren sich hinter einer "Naturalisierung" sozialer Macht-Prozesse: Das Leit-Thema ist, dass alles, was heute passiert, nur ein natürlicher, unvermeidlicher Prozess ist, der von den völlig blinden Kräften von "Zufall und Notwendigkeit", der "Entropie", oder der "unsichtbaren Hand des Marktes" ohne jede Intention und ohne jegliches Ziel und Zweck getrieben wird. Dies kann als das gerade herrschende "Pre-Skript" der monetären Führungs-Elite der industriellen Nationen bezeichnet werden. Umgekehrt ist es ein "Pre-Skript" des Massenbewusstseins in vielen islamischen Ländern, dass hier die Kräfte des "Absolut Bösen" am Werk sind, und dass nur noch eine gewaltige Anstrengung, ein Djihad, die Wende bringen kann, um den Sieg des "Absolut Guten" zu erkämpfen.

4.5.3. Die Voladores des Carlos Castaneda

@:VOLADORES

Carlos Castaneda hat in seinen letzten Büchern eine interessante Fassung einer ultimaten Gesellschaft von "Noo-Mongers" präsentiert: Die Voladores. Das "Netherwhere" wäre auch eine gute Formulierung des Ortes, an dem sie residieren. Im Tibetischen existiert hier ein ähnliches Konzept des Bardo. Die Voladores sind Wesen des Nagual oder der En-ergeia. Sie sind psycho-emotionale Parasiten und ernähren sich von den psychischen Energien der Menschen. Im Englischen ist dies sehr prägnant mit dem Begriff zu fassen, dass die sich an "bad vibrations" geradezu mästen. Sie haben es also eingerichtet, dass die Menschen untereinander so viele "bad vibrations" wie möglich erzeugen, das ist im oben genannten Kontext das sogenannte "anthropogene" Leid. Und sie halten die Menschen in psychischen Käfigen, so wie wir die Hühner in Käfigen aus Draht halten, und beuten sie genauso aus, wie wir die Hühner ausbeuten.[368]

Natürlich haben diese Wesen keine "reale" Existenz in der Welt OBJ, aber wenn wir das Konstrukt der Welt SEM zu Hilfe nehmen, können wir ihnen ohne weiteres einen Platz zuweisen. Der begriffliche Schlüsel hierzu ist das Konzept von "distributiver" oder "Schwarm"- Intelligenz. Man hat herausgefunden, dass vor allem Ameisen und Termiten, aber auch Bienen, über so etwas wie eine Schwarm- Intelligenz verfügen. Eine einzelne Ameise ist nicht besonders intelligent, aber als Schwarm besitzen sie kognitive Fähigkeiten, die ganz erstaunlich sind, und auf das Vorhandensein einer echten Intelligenz hinweisen. (Siehe die Arbeiten von E.O. Wilson und Hölldobler). Die Voladores der SEM-Sphäre sind (hypothetisch) also Distributive Intelligenzen, die im Denk- und Interaktionsraum der Menschen durchaus "existieren" können. Dazu kommt noch die weitere Beschreibung, die Castaneda ihnen gibt: Ihre Erscheinung ist Schattenartig, d.h. sie sind nicht positiv sichtbar, sondern nur als Abwesenheit von irgendetwas wahrnehmbar. "Schatten" ist strukturell interpretiert, die Abwesenheit von Licht, die aber nicht durch das allgemeine Fehlen von Licht entsteht, sondern durch Verdeckung einer Lichtquelle. Da Castaneda nie unterscheidet, ob er gerade Tonal- oder Nagual-Terminologie verwendet, können wir ihn so interpretieren, dass er damit Nagual-Schatten meint, also kein Licht des Sichtbaren Bereichs.

---

368 Weiter bei: ->:NEO_SCHAMAN, p. 180 ; ->:ENERGEIA_WELT, p. 187

Der besondere Vorteil, die Voladores als Distributive Intelligenzen zu charakterisieren, ist, dass man auf einmal "Niemand" mehr benötigt, um das ganze Theater zu inszenieren. So wie Odysseus dem Riesen Polyphem in der bekannten Homerischen Geschichte seinen Namen listig mit "Oudeis", also "Niemand" angegeben hatte,[369] so verschwindet die ganze Verschwörung plötzlich spurlos aus unserem OBJ-Denk-Kosmos. Das ist immerhin intelligent genug, dass es fast schon wahr sein könnte. Strukturell interessant ist diese Geschichte auch durch den Vergleich mit dem Buddhismus, weil hier eine versteckte Variation des Shunyata-Konzepts zu finden ist. Hier wird eine Ontik "aufgehoben", und man braucht einfach keine "real existierenden" Agent(i)en mehr, es funktioniert auch ohne sie.

4.5.4. Eine Einführung in Verschwörungstheorien

Der folgende Absatz von Stephan Selle gibt eine genauso gute Einführung in Verschwörungstheorien wie irgendeine andere:

Irgendwann im November 2001 überfiel mich ansatzlos der Gedanke, es müsse doch hinter all den Verschwörungstheorien, die sich auch um den 11. September 2001 ranken, eine Standardtheorie stecken, eine Geschichte, die den Rahmen für all die Aktualisierungen abgibt, die Verschwörungstheorien in ihrer konkreten Ausprägung erfahren.
Eigentlich gibt es ja keine Verschwörungs"theorien". Es handelt sich vielmehr um ein narratives Modell, eine bestimmte Art und Weise, Geschichte oder Geschichten zu erzählen. V-Theorien produzieren einen Kontext, der ein an sich häufig schon bedeutsames Ereignis noch einmal auflädt. Dieser Kontext ist ein Geheimer Plan, ohne den eigentlich das Einzelereignis entweder nicht verständlich ist oder völlig falsch gewürdigt wird. Mit dem Ereignis werden auch die beteiligten Personen, die Protagonisten, erhöht: die bekommen nachgerade tragische Dimensionen. Meist wollen die Täter nichts weniger als die Welt oder einen signifikanten Teil davon beherrschen, und die Opfer waren gerade dabei, ihnen mächtig in die Suppe zu spucken.
Hier geht es weiter ...
Der große Plan ist immer nur fast pefekt und fast geheim. Denn natürlich wäre keine V-Theorie erzählbar, wüßten wir nicht aus verräterischen Details den Plan zu enthüllen. Teilweise ist die Nachlässigkeit in der Ausführung aber auch die Lässigkeit des Verschwörers - ob Person oder Gruppe - der um seine Unverletzlichkeit weiss. Er kann sich die Signatur leisten, ein Spiel mit Symbolen und Bedeutungen in der Handlung, das den Eingeweihten und der halb wissenden Umgebung die Autorenschaft am Werk enthüllt.
Diese Signatur besteht häufig aus Symbolen, die wieder auf andere Texte verweisen, in denen sie eine Rolle spielen, dem Buch der Bücher des jeweiligen Bundes (in den meisten Fällen ja leider nicht an jeder Ladentheke zu haben wie die Bibel).
In den folgenden Abschnitten werde ich schildern, was ich herausgefunden habe: es gibt eine Geschichte, in der sich zwei Welten voneinander trennen, die eine, um als unsere

---

369 ->:DISTR_INTELL, p. 129; ->:PERI_PEIRASIS, p. 160

Alltagswelt fröhlich vor sich hin zu trudeln, die andere, um im verborgenen Spiel die erste zu organisieren und zu strukturieren.
So gesehen ist das narrative Modell "Verschwörungstheorien" ein verzweifeltes Erzählen gegen die Kontingenz der Katastrophe, sei es eine Naturkatastrophe (im Film Conspiracy Theory experimentieren SIE mit Erdbeben um den Präsidenten umzubringen), ein Krieg oder das Attentat eines wirren Einzeltäters. An dieser Stelle konvergiert V-Theorie mit anderen pandeterministischen Theorien wie fast jeder offenbarte Religion, jedem Aberglauben, jeder Astrologie in der Rolle, die sie der Vorbestimmung geben: Pandeterministen glauben an die Vorbestimmung und leugnen den Zufall, Pandeterminismus haßt Kontingenz.
Der ultimative Zufall, der Tod, ist für jeden nicht denkenden Menschen eine Bedrohung: lieber ist ihm eine Welt, in der irgendein namenloses oder namhaftes Schicksal für Glück und Unglück, Krankheit, Beziehungsstress und entflohene Kanarienvögel zuständig ist. Wir siedeln dieses "Schicksal" in einer der drei Sphären an, die sich hinsichtlich ihres Grades von Transzendenz (Weltferne?) unterscheiden:

* das Jenseits der Götter, luftig-duftig und sehr weit weg
* das Jenseits der Natur, wo Geister hausen und Sterne herrschen
* das Jenseits im Diesseits, die Sphäre geheimer Gesellschaften

Glauben, Aberglauben und - tja, wie nennt man die Zuwendung zur Großen Verschwörung? - Vermutung? - Die Kontingenz-Paranoia hat halt unterschiedliche Flavours und geht von der Annahme aus, dass die Welt, so wie sie uns erscheint, ein Trugbild ist, dass auf mehreren Ebenen dahinter die wirkliche Wirklichkeit rumkaspert, im Verborgenen lauert und der ganzen Veranstaltung Tiefe, Bedeutung & Co. gibt. Leider ist der ganze Spaß nicht tief, sondern allenfalls komplex im thermodynamischen Sinne. Oder, wie der große Oscar Wilde sagt:
It is only shallow people who do not judge by appearances.

http://www.stephan-selle.de/Buchgarten/Conspiracy/conspiracy.html

Die weiterführende Diskussion dazu wird in Teil III: "Eine Strukturtheorie von Wissen und Macht" geführt.[370] Dort sollen erst einmal strukturelle Grundlagen gelegt werden. Die obige Diskussion von Stephan Selle macht schon deutlich, wenn es eine ultimate Verschwörung gäbe, dass sie kaum jemals aufgedeckt werden kann. Denn wenn jemand diese Verschwörung irgendwann entdecken sollte, dann hätte er nicht mehr genug Zeit zu leben, um seine Entdeckung auch hinauszuposaunen. Andererseits ist das Thema eines uralten Planes zur Beherrschung der Erde in dem Skript des "Luzifer-Ahriman-Projekt" bestens "aufgehoben", und taucht auch immer wieder in modernen Mythologien, wie Hollywood-Filmen (Matrix, Herr der Ringe) auf.

4.5.5. Geheimstrukturen und "kleine" Verschwörungen

Eines kann man mit Sicherheit sagen, dass die Weltgeschichte neben ihrer öffentlichen, in den Geschichtsbüchern festgehaltenen Ereignisstruktur noch eine andere, verborgene Substruktur von Machtkämpfen aufweist, die im Geheimen geführt wurden und werden. Die Geheim-Diplomatie ist ein gesellschaftlich definierter Schauplatz für

370 ->:WISSEN_MACHT, p. 275; ->:VERSCHWOERUNG_THEOR, p. 298

solche Auseinandersetzungen, und da wird es für selbstverständlich genommen, dass diese Geschehnisse nicht an das Licht der Öffentlichkeit geraten dürfen. Dafür sorgt ein Konsensus-System aller Mächtigen aller Staaten dieser Erde. Man kann hier auch von "kleinen" Verschwörungen sprechen. Diese beruhen auf exklusiv gehaltenen Wissens-Zirkeln, auch "Herrschaftswissen" oder "Insiderwissen" genannt. Mit Hilfe dieses exklusiven Wissens gelang und gelingt es durch alle Zeiten hindurch immer gewissen geschlossenen Gruppen, sich Vorteile und Rechte gegenüber der Rest-Gesellschaft zu bewahren. (Ohne natürlich damit eine "absolute" Herrschaft zu konstituieren). In praktisch allen indigenen Kulturen existier(t)en Initiations-Geheimgesellschaften. In den Zivilisationen war zu früheren Zeiten die Geheimhaltung von Wissen des "inneren Kreises" sowohl bei Aristokraten, Priesterschaften und Handwerker-Vereinigungen gegenüber dem Rest der Gesellschaft die Regel. Einen Rest davon haben Ärztevereinigungen bewahrt: Der Hippokratische Eid war wesentlich ein Instrument, um den Zusammenhalt, und die Vorteilsbildung der Ärztekaste zu versichern. (Indem man schwor, das interne Wissen keinem Aussenseiter zugänglich zu machen, und den Kollegen der eigenen Kaste immer eine Vorzugsbehandlung zu gewähren). Heute sind Verbrecherorganisationen gute Beispiele, etwa die berühmte Omerta der Mafia, oder die praktisch hermetisch geschlossenen Familien-Clan-Systeme etwa albanischer und kurdischer Banden. Eine sich kräftig entwickelnde neo-tribalistische Bewegung in den Zivilisationen sorgt für immer weitere exklusive Kommunikations- und Wissens-Zirkel. Strukturell und generell wird das in Teil III unter dem Titel "neo-tribalistische Vereinigungen" und "Allgemeines Gesetz der Spezialisten-Vereinigungen" behandelt.
->:NEO_TRIBAL, p. 307; ->:SPEZIALISTEN_GESETZ, p. 308

4.5.6. Herrschaftswissen: Wissen als Machtinstrument

Im vorliegenden Kontext der Noo-Pathologie ist vor allem eines als logisch konsequent anzunehmen: Entgegengesetzt zu dem Aufklärungs- Anspruch der Wissenschaften bestehen starke gesellschaftliche Kräfte, die dafür sorgen (wollen), dass nicht allzuviel Wissen über bestimmte Dinge, bei allzuvielen Leuten ankommt, die dies nicht bekommen sollen. Es ist also zu postulieren, dass es gesellschaftliche Strategien der Wissens-Abschottung und Wissens-Eindämmung gibt, die natürlich umso wirksamer sind, je unauffälliger und "selbstverständlicher" sie sind. Paul Feyerabend beschreibt einige dieser Strategien in seinen Büchern, beschränkt sich aber auf den wissenschaftlichen Bereich und spart das eigentliche Territiorium aus, in dem diese Strategien wirksam werden, nämlich die Bereiche gesellschaftlicher und politischer Macht. Anders formuliert: Die öffentlichen Wissenschaftsprogramme, etwa der Universitäten, werden von den gesellschaftlichen Machthabern nur soweit toleriert und unterstützt, soweit es dienlich ist, ihre Machtposition zu stabilisieren. Ein Werkzeug hierbei ist die Diskreditierung der Metaphysik. Dies sind wesentliche Wirk-Komponenten des Im-Perium, wie oben angesprochen. Wissen in seinem Gebrauch als Machtinstrument erzwingt geradezu Mechanismen, dass der grössere Teil der Rest-Menschheit in Unwissenheit gehalten wird. Wie Feyerabend in seinen Diskussionen immer wieder darstellt, und wie aus den obigen Überlegungen folgt, ist es keinesfalls nötig, dass irgendwer auf der Seite der "Wissenden" eine genaue Vorstellung hat, an was für einem Spiel er gerade teilnimmt. Dies ist auch ein Zentralthema der Ethnopsychoanalyse.
->:ETHNO_PSYCHO, p. 122

4.5.7. Das Elend der Propheten

@:ELEND_PROPHET

Es wurde oben schon unter dem Titel "Das Luzifer-Ahriman-Projekt" angesprochen: Die Untaten von Massenschlächtern wie Shi Huang Di, Caesar, Alexander, Dschingis Khan, Timur Lenk, Francisco Pizarro, Napoleon, Hitler, Stalin, Idi Amin, Pol Pot u.a. verblassen geradezu gegenüber dem unendlichen Leid, das sich die Menschen im Namen der Lehre der grossen Propheten, insb. der Abrahamitischen Religionen, wie auch des Marxismus / Leninismus, einander zugefügt haben. Daran ändert es nichts, wenn einige der og. Schlächter glaubten, nur im Namen und zur höheren Ehre ihres jeweiligen Propheten zu handeln.

Die abgrundtiefe schwarze Erkenntnis direkt aus dem "Herzen der Finsternis" ist: Gerade in der Suche und der Sucht nach dem "Absolut Guten" lauert die finsterste Ver-Suchung: Nämlich dass das "Absolut Gute" und das "Absolut Böse" sehr nahe beieinander liegen. Dies ist die ultimate Pathologie des Massenbewusstseins.

5. Schamanen und das Wissen der altweltlichen Menschheit

Die Hüter des versunkenen Neuronalen Schatzes: Schamanen als letzte Bewahrer des Wissens der altweltlichen Menschheit

@:NEO_SCHAMAN

5.0. Einführung

Der folgende Text ist eine eingehendere Untersuchung zu alternativen Weltbildern, wie sie Paul Feyerabend in einigen Fussnoten zur Anthropologie in "Against Method" (1975, p. 49-50, 295-309) skizziert hat. Hier wird das "schamanische Weltbild" als Strukturthema behandelt. Die strukturelle Behandlung ist eine Möglichkeit, die ungeheuer vielen (und vermutlich incommensurablen) Weltbilder der einzelnen indigenen Kulturen, aus denen die jeweiligen Schamanen kommen, dennoch unter einem Gesamtbegriff zusammenzufassen. In diesm Sinne sind sie als Umriss / Entwurf für ein Kontrastprogramm zur neuzeitlichen Wissenschaft zu verstehen, wie es Paul Feyerabend formuliert hat:

prejudices are found by contrast, not by analysis

P. Feyerabend (1975, 31)

Mit dieser Revision der schamanischen Praxis möchte ich einen weiteren Ansatz geben, wie man bestimmte Strukturprobleme des "Geistigen an Sich" dadurch aufdecken kann, indem man den Weg zurückverfolgt, der vor dem geistigen Wendepunkt vom "Mythos zum Logos" der antiken griechischen Philosophie liegt, zurück in das Ur-Ahnen der Menschheit. Und in Einklang mit der Programmatik des Ken Wilber, will ich hier nicht einfach ein "Zurück-Kriechen in den Schoss von Mutter Erde" propagieren, sondern das Thema der Praxis, Dynamis und der En-Ergeia aktivieren, das das Fokus-Thema der Noologie ist.

5.1. Schamanische Pfade

Schamanische Pfade durch Großstadt-Dschungel und Zivilisations-Wüsten

Schamanismus im engeren Sinn ist ein ethnologischer Sammelbegriff für bestimmte rituelle und magische Praktiken und Glaubenssysteme der indigenen Völker Eurasiens und Amerikas, insbesondere in Verbindung mit Trance.[371] In den folgenden Beiträgen wollen wir versuchen, das Fortleben und vor allem eine Weiter-Entwicklung dieser al-

---

[371] Hierzu existiert eine umfangreiche ethnologische Literatur, in der es gewisse Definitions-Varianzen des Schamanismus gibt. Diese Problematik soll hier nicht interessieren, da die hier entwickelte Sicht auf den Schamanismus sich auf das Denk- und Begriffs-System der heutigen technisch-wissenschaftlichen "zivilisierten" Menschheit bezieht, welches ja definitionsgemäß in der ethnologischen Literatur ausgeschlossen ist, weil man dort die indigenen Völker von der "zivilisierten" Menschheit abschottet. Das ist eine Folge der gegenseitigen Abgrenzung der akademischen Disziplinen.

ten Wissens-Traditionen der alt-weltlichen Menschheit[372] in der post-modernen, post-newtonischen, post-euklidischen Welt der Global-Zivilisationen zu skizzieren. Eine direkte Übertragung von schamanischem Wissen in unsere wissenschaftlich-technisch-kapitalistische Zivilisations-Welt erscheint schwierig aufgrund unserer völlig andersartigen Lebens-Bedingungen und wegen der großen kulturellen Kluft, die uns von den indigenen Völkern trennt. Die schamanische Lebenswelt war geprägt durch die Einbettung des Menschen in die natürliche Umwelt von Klima und Ökosystem, während die Zivilisations-Welt solche Einflüsse so weit wie möglich von uns fernhält. Statt in Kommunikation mit ihrer natürlichen Umwelt, leben Zivilisations-Menschen in Abschottung von ihr.

Das große Interesse am Schamanismus in den heutigen Zivilisationen ist eine Folge der spirituellen Entleerung, der "Entzauberung" unserer Welt.[373] Schamanisches Wissen wird/wurde auch in den Zivilisationen in zahlreichen Bewegungen von sozialen Randgruppen tradiert, wie etwa der Afro-amerikanischen Santeria / Umbanda / Macumba / Condomble. In den islamischen Ländern arbeiten Sufi-Gruppen mit schamanischen Techniken wie Trance und verkehren mit Geistern, Praktiken, die mit dem Schriftgelehrtentum des orthodoxen Islam wenig gemeinsam haben. Viele Erscheinungen der heutigen Disko- / Techno-Szene lassen sich als neo-schamanisch interpretieren, zumindest was den Konsum von Drogen und ekstatische Tanzformen angeht. Es herrscht bei den heutigen Zivilisationsmenschen geradezu eine "Sucht nach Magie", nach Fluchtmöglichkeiten aus den Stahl-Glas-Beton-ummauerten, Paragraphen-umzäunten Realitätskäfigen unserer Gesellschaften, wie der ungeheure Erfolg von Phantasy-Büchern und -Filmen zeigt. Die Hollywood-Unterhaltungs-Imperien profitieren kräftig von Plastik-Surrogaten für diese Sucht, und die Kassenschlager "Harry Potter" und "Herr der Ringe" waren gewissermassen Höhepunkte des Massen-Konsums von Pseudo-Magie. Es ist nur eine Definitionsfrage, ob man solche Phänomene als "schamanisch" oder auch neo-schamanisch bezeichnen möchte, oder ob man andere Begriffe sucht, wie "New-Age Synkretismus".[374] Tatsache ist, daß die Bewegung der "Suche nach dem Wunderbaren" (Ouspenski), der "Wiederverzauberung

---

[372] Der Begriff *alt-weltlich* wird hier eingeführt, um die direkte Verbindung zwischen den heutigen indigenen Formen des Schamanismus und dem gewaltigen kulturellen Erbe der gesamten Menschheit herzustellen, das natürlich auch im Untergrund unserer abendländischen Zivilisationen zu finden ist.
Siehe auch: ->:ALTWELT, p. 185, ->:ENERGEIA_WELT, p. 187
Im folgenden soll gezeigt werden, daß auch wir Kinder des Abendlandes über ein sehr reichhaltiges schamanische Erbe verfügen. Es findet sich z.B. in der Alchimie, und ihr berühmtester und möglicherweise wichtigster Sproß ist noch recht wohlerhalten in den alten Mythologien zu finden, insbesondere der Homerischen Epik. Das Herausstellen solcher Verbindungen ist aber wissenschaftlich höchst gefährlich, da die Vertreter der jeweiligen Fachdisziplinen sehr empfindlich darauf reagieren, wenn jemand versucht, ihnen in ihre jeweiligen Macht- und Herrschafts-Bereiche hineinzureden.

[373] Nach Max Weber, "Wissenschaft als Beruf": Rationalisierung, Fortschritt und Entzauberung der Welt

[374] ->:NEWAGE_SHAMAN, p. 190

der Welt" (Berman) im vollen Schwung ist, und wo ein Bedarf ist, finden sich auch immer jene, die ihn mit mehr oder weniger brauchbaren Produkten bedienen.

Es ist nur für sehr wenige Menschen aus unserer Zivilisation ein gangbarer Weg, sich in den Dschungel des Amazonas oder die wüsten Hochländer Mexicos, Südamerikas, oder Inner-Asiens zu begeben, und dort bei einem der wenigen überlebenden schamanischen Wissenden in die Lehre zu gehen, so etwa wie Carlos Castaneda es in seinen Büchern beschrieben hat. Die wenigen heute überlebenden Schamanen haben wohl kaum die Kapazität und auch nicht unbedingt das Verlangen, plötzlich ganze Horden von wißbegierigen westlichen Schamanen-Lehrlingen unterzubringen und zu unterrichten. Denn Schamanismus läßt sich nicht mit Universitäts-Methoden lehren, es muß eine lange dauernde, tiefe persönliche Verbindung zwischen Meister und Schüler bestehen, um dieses Wissen weiterzugeben. Sollte aber irgendwo plötzlich eine "Schamanen-Universität" eröffnet werden, die uns mit möglichst viel Werbe-Getrommel und für hohe Gebühren "echtes" Schamanisches Wissen vermitteln will, so sollten wir vorsichtig sein: Es könnte sich dabei auch um Pseudo-Schamanen handeln, aus der Szene des *Newage-Sewage Schamanismus*.
->:NEWAGE_SHAMAN, p. 190

Für "all the rest of us", die zwar Interesse am Schamanismus haben, aber für die so ein Weg aus verschiedenen Gründen nicht möglich ist, muß ein anderer Zugang gefunden werden. Dies nenne ich: "Schamanische Pfade durch Großstadt-Dschungel und Zivilisations-Wüsten".

Um schamanisches Wissen und schamanische Methoden zu verstehen, ist es hilfreich, eine Anpassung der Begriffssysteme zu finden. Für das Schamanische Erleben ist die Welt ein System von Kräften, die miteinander und mit uns in Beziehung stehen. Nach einer entsprechenden Umformung lassen sich die Methoden des Schamanismus heute durchaus nutzbringend einsetzen. Auf diese Weise können wir verstehen, wie die Visualisierung und Konzeptualisierung der Naturkräfte durch die Schamanen mit den analogen Kräften unserer Zivilisations-Welt erreicht werden kann. Voraussetzung für diese Anpassung ist es, daß die seit Jahrhunderten herrschende Trennung von Natur und Technik / Wissenschaft / Zivilisation wieder überwunden wird, und daß wir verstehen, daß auch die technisierteste Zivilisation genau dem Kräftespiel unterliegt, welches alles Leben auf diesem Planeten seit Jahr-Milliarden antreibt. Dieses Kräfte-System soll hier die *Welt der En-ergeia* genannt werden. Die Grundsätze der *Welt der En-ergeia* werden in dem anderen Kapitel unter diesem Titel behandelt.
->:ENERGEIA_WELT, p. 187

5.1.1. Neo-Schamanismus

Die folgenden Beiträge machen den Versuch einer Neuformulierung des Schamanismus im Kontext der heutigen technisch-wissenschaftlichen *post-modernen, post-euklidischen, post-newtonischen, konstruktivistischen, quanten- und chaostheoretischen* Weltbilder. Zur Unterscheidung von den indigenen Formen des Schamanismus wollen wir dies vorläufig *Neo-Schamanismus* nennen. Auf diese Weise können wir uns die Freiheit nehmen, diese Bewegungen und ihre Inhalte aus der Sichtweise unserer eigenen Kultur zu verstehen und zu interpretieren, ohne so schnell in die bekannte ethnologische Falle zu laufen, daß man meint, wenn man Erscheinungen eines völlig fremden Kulturkreises aufzeichnet, sie dokumentiert, und kommentiert, daß man damit auch verstanden hätte, wie es wirklich ist, wenn man als "indigener" Angehöriger einer solchen Kultur in einem solchen Weltbild lebt und wirkt. Dies ist die berühmte Falle der Verwechselung der *emischen* und *etischen* Sicht.[375]

Schamanische Weltbilder lassen sich deshalb so schwer wissenschaftlich-rational erfassen, weil sie ja genau solche Bereiche berühren, die außerhalb der materialistisch-technischen Reichweite unserer eigenen Zivilisation liegen. Es erscheint deshalb klarer und ehrlicher, wenn wir hier von einer eigenständigen Neuformulierung eines trans-klassischen Neo-Schamanismus der technologischen Zivilisation sprechen, und uns dabei so gut es geht, von den Meistern der altweltlichen Menschheit leiten lassen, in dem Bewußtsein, daß wir aber unseren Weg selbst zu gehen haben, und wir müssen uns selbst der Herausforderung stellen, mit den Mitteln und Möglichkeiten die wir selbst haben, oder die wir auch noch entwickeln müssen.

Formulieren wir es so: Die Welt des indigenen Schamanismus kann uns aufgrund bestimmter struktureller Gemeinsamkeiten eine entscheidende Hilfe bieten, den Herausforderungen der heute an- und ausbrechenden post-modernen Welt zu begegnen, und

---

375 "Indigen" ist nur der wissenschaftlich klingende Ausdruck für den alten, etwas herablassenden Begriff "Eingeboren". Es bedeutet, in eine Kultur "hineingeboren" zu sein, und sie mit der berühmten "Muttermilch" aufgesogen zu haben, Angehöriger und Mitträger all ihrer impliziten Kommunikations- und Referenz-Systeme zu sein. Die emische Sicht ist die der Angehörigen einer Kultur, die etische Sicht ist notwendigerweise für die, die "von Draußen" kommen. Auch zu dieser Problematik gibt es eine reichhaltige ethnologische Literatur. Natürlich nimmt man immer stillschweigend an, daß irgendetwas von dem, was sich ein Angehöriger einer technischen Zivilisation zum Schamanismus denken mag, auch in irgendeiner Form kommensurabel mit den genuin "indigenen" Denk- und Erfahrungs-Mustern ist. Dass so etwas überhaupt möglich ist, darüber haben Ethnologen schon lange und ausgiebig gestritten. Es ist zumindest theoretisch möglich, eine kategorische Grenze ziehen, und zu behaupten, daß eine Übereinstimmung nicht möglich ist, da unsere Neuronalstruktur sich schon zu sehr von der indigenen unterscheidet. Damit wäre aber jede ethnologische Forschung schon von vorneherein ziemlich sinnlos. Kipling hat eine fundamentale In-Kommensurabilität von Kulturen mit seinem berühmten Diktum "East is East and West is West" schon sehr gut ausgedrückt. Spengler hat sich diese Meinung ebenfalls vertreten. Und es gibt einen "schlagenden" Beweis für die Gegen-These, daß (zumindest einige) kulturelle Muster unter allen Menschen austauschbar sind: die "Globalisierung" oder "McDonaldisierung" oder das "Kata Holon". Seltsamerweise ist offenbar jeder tribale Schamane vom Amazonas bis nach Neuguinea sofort in der Lage, die Vorteile von Dollar, Klima-Anlage, Telefon, Laptop, Fernsehen, Taxi und interkontinentalem Jet-Transport zu nutzen, während im umgekehrten Fall ein Zivilisationsmensch erst einmal sehr große Probleme hat, sich auf den nagualen Pirsch-Pfaden eines Don Juan Matus zu bewegen.

adäquate Formen für die Gestaltung des Lebens in dieser fremdartigen "brave new world" zu finden. Wir befinden uns heute in einem Epochen-Umschwung des allergrößten Ausmaßes, und der radikalsten "Umwertung aller Werte", der gesamten Geschichte der Zivilisationen seit ca. 5000 Jahren. Allerdings gilt in dieser Allgemein-Umwertung sofort auch ihre eigene Umkehr: "Le plus ça change, le plus ça reste le même". Konstanz und Wandel sind immer relativ zum Auge des Betrachters. Auch diese alte Weisheit ist ur-schamanisch, denn erst in der modernen Zeit wurde die Idee des linearen Fortschritts der Wissenschaft und der Zivilisation geboren. In allen anderen Epochen und Kulturen der Menschheit der letzten ca. 1 Million Jahre galt vielmehr der eherne Grundsatz:

What goes up, must come down, that is the eternal merry-go-round.

A.G.

5.1.2. Das Kali Yuga

Die Epoche der letzten 5000 Jahre war gekennzeichnet vom unaufhaltsamen Aufstieg eines spirituellen Im-Periums,[376] der heute in seine logische und notwendige Endphase geht: Der Durchbruch der "einen Welt" der Zivilisation und der "Natur-Gesetze", der sich heute an Bewegungen wie der "Globalisierung" zeigt, aber auch an immer schärfer werdenden Konflikten verschiedener Vorstellungen, wer in dieser "einen Welt" die Marschrichtung bestimmen soll. Dies ist auch sichtbar an dem sich abzeichnenden Kulturkampf vor allem der radikal-islamischen Welt gegen die Mächte der technisch-wissenschaftlich-kapitalistischen Globalisierung, der von Huntingdon als "Clash of Civilizations" bezeichnet wurde.

Die technisch-wissenschaftlich-kapitalistische Vereinigung der Welt unter der Allein-Herrschaft der materialistisch-physikalischen "Natur-Gesetze" und die quasi-physikalischen "Natur-Gesetze" des Geldes und des Marktes im Global-Kapitalismus kennzeichnen einen spirituellen Imperialismus: Er ist im wahrsten Sinne des Wortes "*kata holon*", also *katholisch*, und damit *die Fortsetzung der katholischen Mission mit anderen Mitteln.*[377] Das materialistisch-wissenschaftliche Euklidische, Newtonische, Einsteinsche Weltbild ist die logische und lineare Fortsetzung der "Summa Theologiae" des Thomas Aquinas: Das Zusammen-Zwingen, die unbedingte, totalitäre Vereinheitlichung und Hierarchisierung aller Möglichkeiten der Welt-Wahrnehmung. Vor ziemlich genau 5000 Jahren geriet die Menschheit in den Sog eines spirituellen Maelstroems, als in Ägypten und Mesopotamien etwa zeitgleich die ersten Großreiche entstanden, als die Schrift, und der Staat, die Religionen und ihre Priesterschaft, und die

---

376 ->:IM_PERIUM, p. 106

377 ->:KATA_HOLON, p. 314
Dazu sollte angemerkt werden, daß auch die Römisch Katholische Kirche die Fortsetzung einer bestimmten Agenda des Imperium Romanum "mit anderen Mitteln" war. "Kata Holon" drückt sich etwa im Segen des Papstes aus: "Urbi et Orbi" und dokumentiert den spirituell-imperialen Anspruch, für die gesamte Menschheit zu denken und zu handeln, und am besten zu wissen, was gut für sie ist. Ebenso ist der Islam als extrem expansive, missionarische Weltreligion im Ur-Sinne "Kat-holisch".

Armeen erfunden wurden. Dies war nach der vedisch- / hinduistischen Zeitrechnung der Beginn des *Kali Yuga*, am 18. Februar, 3102 B.C.[378]

5.1.3. Die Epoche der Alt-Weltlichen Menschheit

@:ALTWELT

Der Schamanismus entstammt aus einer Epoche der Menschheit, aus einer Zeit und Kulturstufe, bevor die monolithischen "kata holon" Zivilisations- und Denksysteme entstanden waren. Zur Unterscheidung von der Geistes- und Lebens-Verfassung der Zivilisations-Menschheit soll die vorangegangene Epoche auch die *Alt-Weltliche* genannt werden. Verglichen mit der jüngsten Zivilisations-Epoche sind die Zeiträume der *Alt-Weltlichen* Epoche unvorstellbar lang: Sie währte mindestens 50.000 Jahre, oder auch 500.000 Jahre.[379] Die Lebensbedingungen der Menschen damals unterschieden sich beträchtlich von den heutigen. Unsere heutigen Vorstellungen von dieser Epoche beruhen auf Propaganda-Märchen, die erfunden worden waren, um den Zivilisations-Menschen die Zustände ihrer jetzigen irdischen Existenz überhaupt erträglich zu machen, und die Verfassung ihrer Zivilisation als beste nur mögliche Errungenschaft anzusehen.[380] Der Ursprung dieser Ideologien läßt sich auf Thomas Hobbes zurückführen,[381] der behauptet hatte, daß das Leben des Urzeit-Menschen "elend, dumpf und kurz" gewesen sei, und daß daher der Staat, und die mit ihm verbundenen Herrschaftsformen, des Geldes, der Armee, der Polizei, der Gesetze, der Kirchen, etc. "die beste aller nur möglichen Welten"[382] darstellten. In populären Bildern und Filmen, und in den Schaukästen der Museen, bekommen wir diese Propaganda-Vorstellungen immer wieder eingehämmert: Zottelige, wilde Gestalten in Tierfellen, unflätig grunzend, mit Keulen und denkbar schlechten Manieren, faulen Zähnen, Mundgeruch,

---

[378] Dechend (1993: 394,3), Goppold (1999h), Britannica: Hindu Calendar, und die spezielle Interpretation der ISKCON Krishna Society des Swami Bhaktivedanta. Thompson (1989: 19):

... the astronomical date of the beginning of the Kali Yuga, set exactly] "at midnight on the meridian of Ujjan in India on February 18, 3102 B.C.".

Die genaueren Details der Unterscheidung der vier Yugas nach dem hinduistischem Schema, und die analogen vier Zeitalter nach dem antiken griechisch-römischen werden hier übergangen.

[379] Je nachdem, zu welcher Zeit man den Anfang "menschlicher" Kultur setzen möchte: Bei den Cro Magnon (Homo sapiens sapiens) vor etwa 50.000 Jahren, oder auch noch früher (Homo sapiens). Die Ur-Geschichtsforschung ist in voller Bewegung und alle paar Jahre wird aufgrund neuerer Funde und Interpretationen die Ur-Geschichte des Menschen neu geschrieben.

[380] Siehe z.B. die Theodizee von Leibniz, die er sich ausgedacht hatte, um das unbeschreibliche Elend der Menschen im 30jährigen Krieg, einem der Tiefstpunkte der europäischen Zivilisation überhaupt, mit seinen Vorstellungen eines gütigen Gottes verträglich zu machen.

[381] Thomas Hobes, 1588-1679.

[382] Der Spruch "die beste aller nur möglichen Welten" ist wiederum von einem anderen großen Zivilisations-Apologeten, Leibniz, geprägt worden.

und Läusen im Haar. Diese Vorstellungen entstanden, nachdem die Europäer auf ihren Entdeckungsfahrten sogenannte "primitive" Völker entdeckt hatten, die irgendwo im dichten Dschungel oder in kargen Steppen lebten, und deren Lebensumstände tatsächlich nicht besonders üppig waren. Die systematische Unterschlagung bei solchen Darstellungen ist aber, daß diese Menschen die letzten traurigen Überreste von mindestens 50.000 bis 500.000 Jahre alten Kulturen waren, die in den letzten 5.000 Jahren von den mächtigeren Ackerbau-Kulturen Zivilisationen immer weiter an den Rand der Existenz gedrückt worden waren, nachdem alle fruchtbareren und reicheren Gebiete von den Zivilisationen erobert und ausgeplündert worden waren.

Hierzu gibt es etwas ausführlichere Darstellungen unter dem Titel:
"Wie der Mensch auf den Hund gekommen ist", hier im Text unter:
->:NOO_MAERCHEN, p. 205
Auf dem WWW unter:
http://www.noologie.de/neuro08.htm
und weiter: "Die Einbettung der Menschheit in die biosphärische Matrix"
http://www.noologie.de/neuro09.htm

Es widerspricht einfach zu sehr unserem Zivilisations-Dünkel, uns vorzustellen, ein Leben ohne Werkzeuge und Waffen, ohne Geld und Güter, ohne Polizei und Priester, ohne Armee und Beamte, hätte auch ganz angenehm sein können, und daß die damaligen Vor-Menschen für ca. 500.000 Jahre auch sehr gut ohne all das auskommen konnten.[383] Um es in einem Satz zusammenzufassen: Heutiger Schamanismus ist der letzte Rest einer Wissensform, die der Menschheit über ca. 500.000 Jahre gut dabei gedient hatte, mit sich und der Umwelt in einem haltbaren ökologischen Gleichgewicht zu leben.[384] Diese Denkform hatte ganz andere "Zielvorstellungen" als unsere heutige, und

---

383 Zwar werden die Paläontologen hier einwenden, was dann von all den Urmensch-Skelett-Funden zu halten ist, die auf ziemlich bedrückende Lebensumstände hinweisen: Schwere Knochenverformungen, Anzeichen von Unterernährung und Krankheit, sowie Kannibalismus. Dazu wäre zu sagen, daß die besten Gegenden, wo sich Fossilien erhalten, nicht notwendigerweise die besten Gegenden für das Leben sind. In einer ökologisch reichen Landschaft werden alle organischen Materialien sehr viel vollständiger wieder dem Lebens-Kreislauf zugeführt, so daß Fossilien sich kaum erhalten. Aus den paar Vormenschen-Knochenfunden aus aller Welt, die man bequem in einen großen Koffer (oder einem Sarg) verstauen könnte, kann man kaum auf das Leben auf diesem gesamten Planeten, über mindestens 500.000 Jahre schließen.

384 Mir sind natürlich die wissenschaftlichen Erkenntnisse der Naturzerstörung durch indigene Völker bekannt, und die bezweifele ich nicht. Was ich hier aber in Frage stelle, ist die stillschweigende Annahme, dass dies die Regel, und nicht die Ausnahme gewesen ist. Leider sind genau die Völker, die sich strikt an ökologische Regeln gehalten haben, von anderen, expansiveren Völkern irgendwann ausgerottet worden. Es gibt aber einige wenige Beispiele noch überlebender "ökologischer" Kulturen, so die Toda in Indien. Die Schamanen dachten natürlich nicht in der Terminologie des ökologischen Gleichgewichts, sondern im Geben und Nehmen mit und von den Natur-Spirits, und so kam das ökologische Gleichgewicht als ein Effekt dabei heraus.

deshalb haben wir natürlich Probleme, sie zu verstehen. Unsere Lebensweise heute zielt auf ein möglichst schnelles Verbrennnen und Verbrauchen aller Schätze und Ressourcen der Natur.[385] Unsere Enkel werden nur noch in den ausgebrannten Ruinen eines leergefressenen, vollgeschissenen Planeten sitzen.

5.1.4. Die Welten der En-Ergeia oder des Nagual

@:ENERGEIA_WELT

Die *En-ergeia*[386] ist ein Ur-Wort, welches von der wissenschaftlichen Physik zu dem materialistischen Konzept der *Energie* umgebogen und damit seiner ursprünglichen Kraft und Wirksamkeit beraubt worden war. So ihrer alten Wirk-Kräfte entkleidet, diente die *Energie* ihren neuen Herren bei dem Aufbau des heutigen technologisch-kapitalistischen Im-Periums, das diesen Planeten ausplündert. *En-Ergeia* ist nur einer von vielen altweltlichen Namen für die Kraft,[387] mit der die Schamanen arbeiten. Carlos Castaneda hat mit seinen Erzählungen vielleicht einen der am weitesten entwickelten Ansätze gegeben, wie man das Denken und Erleben der Schamanen dem heutigen Publikum der Zivilisations-Menschen mit einer ihm entsprechenden Terminologie nahebringen kann. Er beschreibt die Erlebniswelt der Zauberer in seinen Büchern als leuchtende Bänder und Fäden von Energie. Die speziellen Fähigkeiten der Zauberer bestehen in ihrer Wahrnehmung und Manipulation. Mit dem Term *En-Ergeia* läßt sich dieses Begriffsfeld so fassen, daß sie nicht mit dem heutigen physikalischen Begriff *Energie* kollidiert. Dieser Begriff ist aufgrund der fest umgrenzten physikalischen Definition nicht mehr für die schamanischen Zwecke zu gebrauchen. Die *En-Ergeia*, mit der Schamanen arbeiten, ist nicht physikalisch, sie ist auch nicht *meta-physisch* oder *spirituell*, sondern man kann sie *hypo-physisch* nennen. Ihr Wirken liegt *unter* der Erscheinungs-Ebene physikalischer Phänomene.

5.1.5. Die Welt der En-Ergeia als Klang-Kosmos

Castanedas phantasievolle Erzählungen zu den Eigenschaften und Gesetzen der *En-Ergeia* lassen sich mit dem bekannten Spruch von Radio Eriwan charakterisieren: "Im Prinzip ja, aber in den Details dann doch wieder ein wenig anders." Vielleicht haben seine *Yaqui*-Schamanen, oder wie er sie in seinen späteren Bänden nennt, die *Tolteken*, die *En-Ergeia* auch wirklich so gesehen und behandelt, wie er es beschreibt. Man findet in den Mythologien der altweltlichen Menschheit quer über den ganzen Planeten gewaltige Materialsammlungen von Beschreibungen der *En-Ergeia*, die systematisch ein wenig anders dargestellt sind als bei Castaneda: Denn diese Welt der *En-Ergeia* ist ihrem Wesen nach mehr ein Klang, als eine Licht-Erscheinung. Die kleinen Unterschiede der Darstellung sind aber nicht bedeutsam, weil es sich hier ja nicht um *physikalische*, sondern um *hypo-physische* Phänomene handelt, deren Darstellungsweise in jedem Fall eine Art Gleichnis ist, da diese Erfahrung ja nichts aus der Erlebniswelt unseres physikalischen Universums wiedergibt.

---

[385] Natürlich "wollen" wir heute auch nicht bewußt die Umwelt zerstören, aber die technisch-ökonomischen Kräfte, die wir entfesselt haben, vor allem die Massenvermehrung der Menschheit, zwingen uns dazu.

[386] ausgesprochen mit Betonung auf "er": *en-érgeia*

[387] auch Dynamis, Prana, Ruach, Mana,...

Carlos Castaneda nannte die Welt der *En-ergeia* das *Nagual*.[388] Im alten vedischen Sprachgebrauch existierte ein analoges Wort, das so ähnlich klang: die Welt des *Nada*. Ein anderer Begriff dieser Welt des *Nada* war *Vac*.[389] Diese Welt ist, wie oben schon gesagt, in keiner Weise *metaphysisch* oder *spirituell*, sondern sie ist *hypo-physisch*. Daher haben spirituelle Sucher auch keine Chance, zu ihr vorzudringen, weil sie in der falschen Richtung bzw. in der falschen Dimension suchen. Nach Castaneda steht die hypo-physische Welt des *Nagual* in Dualität mit der "realen" physischen Konsensus-Realität des *Tonal*. Diese Dualität spiegelt sich in allen Alt-Welt-Mythen wieder. In der Altgriechischen Darstellung ist es die Dualität von *En-ergeia* und *Ergon*. Die Magier und Zauberer der *En-ergeia* wurden in der damaligen Epoche auch als *Aoidoi*, *Vates* oder *Rishis* bezeichnet. Von ihnen stammen die großen Zeugnisse der damaligen Kunst: Die Ilias und die Odyssee, sowie die Vedischen Epen. Dieses Material habe ich in anderen Schriften schon ausführlich dargestellt, und braucht daher hier nicht mehr wiederholt zu werden.[390]

5.1.6. Alchimie und die Welt der En-Ergeia

@:ALCHIMIE

Eine andere Formulierung der Welt der En-Ergeia findet sich in der Alchimie. Allerdings ist dieses Feld so riesig und durch seine spezielle Codierung so undurchdringlich, daß hier nicht näher darauf eingegangen werden soll. Dazu wird auf die Darstellung von Julius Evola: "Die hermetische Tradition",[391] verwiesen. Die Gemeinsamkeit mit der toltekischen Magie von Don Juan Matus besteht hier wesentlich in dem nüchternen, empirischen, un-spirituellen Ansatz, mit dem man sich dem Gebiet nähert. Es handelt sich um Welten, deren Gesetze zwar anfänglich schwer zugänglich sind, aber die zu dem angestammten Erbe der Menschen gehören. Es bestehen keine göttlichen Ge- oder Verbote, sie zu betreten, und auch keine göttliche Gnade, nach der man in sie vielleicht eingelassen wird, sondern eine ganz nüchterne Gesetzmäßigkeit.

---

[388] Man muß auf die Lautwerte achten: Nagual wird wie *Nah-wal* ausgesprochen. Um die Lautverbindungen weiter zu verfolgen, muß man wissen, daß die alte Sprache der *Tolteken*, wie Castaneda die Adepten seiner Zauberkunst nennt, das *Nah-uatl* oder *Nah-watl* war.

[389] Vac hat ein "c" mit einem "v" Akzent, aus der lateinischen Sanskrit-Umschrift. Das Wort wird ausgesprochen als *watsch*.

[390] Siehe:
http://www.noologie.de/neuro12.htm
http://www.noologie.de/infra10.htm
http://www.noologie.de/symbol16.htm
http://www.noologie.de/symbol17.htm
http://www.noologie.de/symbol18.htm
http://www.noologie.de/desn07.htm
http://www.noologie.de/desn08.htm
http://www.noologie.de/desn24.htm
http://www.noologie.de/desn27.htm

[391] Julius Evola: "Die hermetische Tradition", Ansata, Interlaken 1989

Diese Eigenschaft macht ihre Erforschung zu einer Aufgabe der Wissenschaft, und entläßt sie aus der 5000-jährigen Zwangsjacke der Religionen und der Spiritualität, in der sie so lange gefangen war. Dies ist die Aufgabe eines wissenschaftlichen Neo-Schamanismus.

5.2. Schamanismus als neuronale, subsymbolische Wissenstradition

Die folgenden Abschnitte stehen unter dem Aspekt des Schamanismus als Bewahrer einer neuronalen, subsymbolischen Wissenstradition der altweltlichen Menschheit. Das schamanische Wissen ist von einer anderen Art als das schriftgebundene Wissen der Zivilisationen. Daher gibt es grundsätzliche Probleme, diese Wissensformen in die Kategorien unserer Zivilisationen zu übersetzen. Mit heutigen Fortschritten der Neurowissenschaften ergeben sich aber neue Möglichkeiten, ganz andersartige Fassungen zu formulieren, die außerhalb des konventionellen begrifflichen Spektrums liegen, mit dem unsere Kulturen gewohnt sind, umzugehen.

Man kann dies etwa so verdeutlichen: Abendländische Worte und Begriffe sind topisch (nach Aristoteles), also fixe Punkte in einer semantischen Landschaft, in der Hunderttausende und Millionen anderer Punkte in einem starren Begriffssystem miteinander verbunden liegen. Man denke hier z.B. an die gewaltigen Fachsprachen von Biologie, Medizin, Chemie, Jurisprudenz, etc. Das neuronale Wissen ist dagegen feldartig, diffus, und ein Element ist nie strikt von einem anderen Element abgegrenzt, sondern sie gehen dynamisch beständig ineinander über, durchdringen sich, und verkehren sich unversehens auch in ihre polaren Opposite.

5.2.1. Zum hier verwendeten Begriff des Schamanismus

Es sollte noch eine genauere Klärung unserer Verwendung des Begriffes *Schamanismus* gegeben werden, um Verwechselungen und Mißverständnissen vorzubeugen. Hier soll über den *Schamanismus als Bewahrer einer neuronalen, subsymbolischen Wissenstradition der altweltlichen Menschheit* gesprochen werden. Es gibt noch viele andere Facetten, Sichtweisen und Variationen des Schamanismus, die hier nicht gemeint sind, oder die nur sehr vage das hier vorgestellte Thema berühren.

Auf der einen Seite ist da der wissenschaftliche *Schamanismus-Begriff der Ethnologie*, der zwar alle Sorgfalt einer möglichst genauen Dokumentation nach wissenschaftlichen Kriterien aufwendet, aber hier gibt es zwei grundlegende Probleme:

Erstens: Die wissenschaftliche *Schamanismus-Forschung* kann das Thema nur etwa so behandeln, wie wenn der Papst sein unfehlbares Diktum über das *Kinderkriegen* spricht. Bei allem genauen *Studium aus der Beobachter-Perspektive* kann dieses Unterfangen nur die *Betrachtung von Außen* finden und wiedergeben, aber nie jemals eine Vorstellung oder ein Gefühl dafür geben, *wie das Erlebnis wirklich ist*, und wenn man mit schamanischen Kräften in Kontakt kommt.[392]

---

[392] Oder wenn "frau" ein Kind bekommt.

Zweitens: Das schamanische Wissen ist von einer anderen Art, als die Art von Wissen, die man seit ca. 5000 Jahren in den schrift-basierten westlichen Zivilisationen monokultiviert. Schamanisches Wissen ist im Gegensatz zu dem westlich-europäischen schrift-basierten Fakten-, Daten- und Begriffswissen vorwiegend neuronal und subsymbolisch manifestiert. Während der Wissensbegriff der westlich-europäischen Tradition stark an mediale Speichersubstanzen (Schrift, Zeichensysteme, Bücher) gebundenen ist,[393] manifestiert sich im Gegensatz dazu das indigene Wissen vorwiegend kinesthetisch-performativ, d.h. in Form von Tänzen und Gesängen und Handlungen, allgemeiner als Ritual.[394] Der Wissensträger produziert und reproduziert sein Wissen nicht diskursiv sondern theatralisch (performativ). Weitere wesentliche Aspekte des Schamanischen Wissens und Arbeitens sind *Charisma* und *Trance.* Diese Charakteristika sollen im Folgenden genauer behandelt werden.

5.2.2. Newage-Schamanismus und westlich-europäischer Synkretismus

@:NEWAGE_SHAMAN

Es gibt noch eine andere Variation, die man den populär-esoterischen *Newage-Sewage Schamanismus* nennen kann. Nach W.I. Thompson ist die heute populäre Bewegung des "New Age" als "Newage" zu charakterisieren, im Reim mit "Sewage". Dazu ein Ausschnitt aus einem Interview von 1988 mit R.A. Wilson.
URL: http://www.wco.com/_aquaboy/raw.html

DAB: Let's talk about the whole New Age movement happening now, Shirley McClaine, crystal healing and all that: Didn't I hear something about you writing a book about that?
RAW: Yes, I'm writing a book about New Age sewage.
DAB: New Age sewage?
RAW: Yes, I got the idea from William Erwin Thompson, the anthropologist. He pronounces New Age as "Newage" so it rhymes with sewage. And I thought, boy there sure is enough of that around, isn't there, New Age sewage. Just because there's a slight chance people may not have read my other books, and may read The New Inquisition, and think I'm only against one type of fundamentalism, I decided to make the sequel to it, an attack on the imbeciles on the other side. And so, I'm going to tear into Ramtha and all these other sages who come back ... the main thing Ramtha proves is you can be dead 40,000 years and still be a bore. That may be interesting news, but that's ... Everything I've heard from Ramtha sounds like an editorial from the Reader's Digest in 1958 or something.

---

393 Natürlich muß das Begriffswissen aus den Büchern irgendwann auch in eine neuronale Form im Gehirn des Wissenden überführt werden, aber das wissenschaftliche Intersubjektivitäts-Gebot verlangt, daß es immer in einer exosomatischen Form materiell manifestiert sein muß, eben intersubjektiv.

394 Auch hier muß darauf hingewiesen werden, daß der Begriff *Ritual* extrem schwammig ist, und daher eigentlich nur ein Leer-Konzept ist, das sich in wesentlichen Teilen einem rationalen Verständnis entzieht. Insbesondere, wie westliche Wissenschaftler (Ethnologen) damit umgehen.

Then there are these ecological loonies who would like to abolish the human race so that the trees could live in peace again. I think they're kind of funny. Then there's these animal rights activists who also seem to have a very low opinion of humanity. I don't know why they don't all commit suicide, and get rid of the most, I mean, if you hate humanity, you've got to regard yourself as one of the prime offenders, because you know yourself better than the rest of humanity. If they have a low view of humanity, they must have a very low view of themselves. I wish they'd remove themselves from the scene and stop annoying the rest of us. I like people, I like humanity.

Heute bieten alle möglichen Scharlatane und Halbwisser dem Publikum im Westen auf "Schamanismus"-Seminaren mancherlei seltsam verquaste Versionen dieser alten Traditionen feil. Allerdings wäre es ungerecht, von *falschen Schamanen* zu sprechen, denn Schamanismus als Sammelbegriff spiegelt eigentlich nur das *Unwissen westlicher Kreise* über dieses Phänomen wieder, das charakteristisch ist für so viele indigene, bzw. altweltliche Kulturen der Menschheit. Ein Schamane ist nach diesem Verständnis eben auch ein Trickster, ein Schelm (auf Englisch auch *Con-Man* genannt), der sich und die anderen nicht immer sehr ernst nimmt und ihnen auch gerne mal Streiche spielt. Erst das Priestertum der Zivilisationen brachte den gravitätischen Ernst und die Humorlosigkeit in das Geschäft mit der Spiritualität. So kann man mit einer guten Portion Humor das Völkchen der modernen globalen Newage-Schamanen auch als Eulenspiegel-Gemeinde ansehen, die das Bier-ernste Geschäft der Spiritualität ein wenig aufmischt. *Honni soit qui mal y pense*! Echt sind solche Schamanen daher wohl schon, aber die Frage ist, wie gut sie sind, und wie tiefreichend ihr Wissen ist. In solchen Fällen ist die schwierige Entscheidung, ob ein bißchen Halbwissen besser oder schlechter als gar kein Wissen ist. Die andere Frage ist, ob es möglich oder sinnvoll ist, schamanische Traditionen anderer Kulturen hier importieren zu wollen oder zu können. Daran anschließend sollte gefragt werden, ob es nicht eine genuine westlich-abendländische Schamanismus-Tradition gibt, an die man auch anknüpfen kann.

Soziologisch- kultur-theoretisch stellt die buntscheckige Newage-Schamanen-Gesellschaft eine zweite Welle der *Neuen Religiosität des westlich-europäischen Synkretismus* seit dem 19. Jh dar. Seit etwa dem 18. Jh, als das Christentum seine Zwangsherrschaft über die Geister der europäischen Menschheit abgeben mußte, brach eine umfassende Sinnsuche aus, in der die Europäer versuchten, alles das, was ihnen an eigenen spirituellen Lebensinhalten verloren gegangen war, bei den Völkern der Erdteile, die sie unterjocht hatten, zu suchen. Die erste Welle begann, als im großen Stil Übersetzungen der heiligen Schriften des indisch- tibetischen Kulturkreises in europäische Sprachen gemacht wurden. Das geschah hauptsächlich in Folge der englischen Kolonialisierung Indiens, etwa ab Beginn des 19. Jh. Bald danach setzten diverse Schübe von Popularisierungen und Kult-Gründungen ein, am bekanntesten vielleicht die Mystizismen der Theosophischen Gesellschaft (Mme. Blavatski), die nun einen rasch anwachsenden Pantheon von unsterblichen erleuchteten Meistern des fernen Ostens hervorzauberten. Diese Welle ist noch lange nicht abgeebbt, und man kann globale Guru-Phänomene wie Maharishi Mahesh Yogi, Bhagwan-Osho, und all die

Babas, Singhs, und Anandas,[395] sowie tausende andere aus dem Guru-Zirkus als reale und vor allem sehr geschäftstüchtige Inkarnationen dieser Phantasien von erleuchteten Meistern ansehen, die mit der sprituellen Sehnsucht der hiesigen Menschen vortrefflich Kasse machen. Vor dem Aufstieg der indischen Computer-Industrie war das "Guru-Business" (Erleuchtungs-Tourismus) sogar einmal einer der grössten indischen Handelsbilanz-Aktivposten.

Ab Anfang des 20. Jh. begannen mit dem Kolonialismus systematische ethnologische Forschungen und Expeditionen durch alle noch übrig gebliebenen indigenen Kulturen der Menschheit, die von der westlichen Eroberung nicht vollends zerstört worden waren. Die zweite Welle des *westlich-europäischen Synkretismus* begann ernsthaft mit den Erfolgsromanen von Carlos Castaneda, deren ersten Band er sogar als Dissertation ins Nest einer nichtsahnenden Ethnologen-Gemeinde plazieren konnte. Damit begann dann die breite kommerzielle Vermarktung indigenen Wissens (oder was man dafür hielt) auf dem schon gut vorbereiteten Esoterik-Markt der europäisch-amerikanischen Kultur, der "*Aufstieg in die höheren Sphären der Vermarktung*", oder wie man heute auch sagen könnte: *Die Globalisierung des Schamanismus*.

5.3. Der Schamane als Bewahrer einer Tradition indigenen Wissens

Ein Schamane soll hier der/die heißen, wer als Bewahrer und Hüter eine Tradition indigenen Wissens pflegt und weitergibt.[396] Hierbei handelt es sich um spezielle Wissensformen, die weniger auf praktische handwerkliche Tätigkeiten des täglichen menschlichen Bedarfs wie Werkzeug- und Gegenstände-Herstellung, oder Pflanzen- und Tierzucht gerichtet sind, sondern auf Heilung sowohl im individuellen, wie auch sozialen Bereich, sowie Kommunikation und Interaktion mit den spirituellen Aspekten von Natur und Kosmos. (Diese können z.B. als Geist-Wesen aufgefaßt werden). Allerdings muß vor dem unbedachten Gebrauch des Wortes "spirituell" ernsthaft gewarnt werden, denn dies ist ein durch und durch westliches Konzept, das aus unserer cartesischen Spaltung von Geist und Materie herrührt, welche für das schamanistische Weltbild keinesfalls so gilt. Das soll später behandelt werden, zuerst werden andere wesentliche Charakteristika des schamanischen Wissens genannt.

5.3.1. Charismatisches Wissen

Schamanisches Wissen ist *charismatisch*, im Gegensatz zur *rationalen* Wissensform der westlich-europäischen Tradition. Was bedeutet aber charismatisch? (Siehe Fußnote[397]

---

[395] Um-Ananda, Durch-Ananda, Aus-Ananda, Über-Ananda, Beyond-Ananda. (Google-Search)

[396] Weitere theoretische Hintergründe hierfür in: http://www.noologie.de/desn.htm

[397] Zu weiteren Hintergründen von Neuronal-Theorien und Charisma gibt es einige Unterkapitel von
http://www.noologie.de/symbol.htm
Etwa:

zu weiteren Hintergründen von Neuronal-Theorien und Charisma). Eine Definition wie die von Max Weber ist hier nicht sehr hilfreich, weil Weber als rationaler europäischer Wissenschaftler nur den rational-sprachlichen Aspekt von Charisma in einen Begriff kleiden kann. Aber Charisma ist wesentlich unbegrifflich, und entzieht sich beharrlich einer Definition. Es läßt sich nur umschreibend darstellen, und dies ist der Hauptgrund, warum ein Verständnis des Schamanismus in unserer rationalen westlichen Welt so schwierig ist, und warum hier so viele Pseudo-Schamanen so erfolgreich ihr Unwesen treiben können.

Charisma ist ein Phänomen aus dem Spektrum der *Empathischen Kommunikation.* Jemand, der eine besondere Fähigkeit zur empathischen Kommunikation hat, wird als *charismatisch* bezeichnet. Im Westen ist das Bewußtsein der Bedingungen der empathischen Kommunikation weitgehend verloren gegangen, unter anderem als Folge der stark formalisierten, schrift- und Medien-gebundenen Kommunikations- und Herrschafts-Formen in unseren "zivilisierten" Gesellschaften. Als typisches Beispiel ist etwa die *Bürokratie* zu nennen.[398] Einige weitere Hintergründe hierzu: Daniel Goleman "Emotionale Intelligenz" (2001) und andere populäre Bücher. Max Weber gibt in seinen Schriften unwillkürlich das Unverständnis und die Abneigung der formal gebildeten Kreise gegen das Charisma wieder.

Westliche Menschen haben aufgrund der extrem rationalen Strukturen der Zivilisation, in der sie leben, insbesondere der ebenso extrem einseitig rationalen Erziehung, die sich vorwiegend an den formalen Standards des IQ orientiert,[399] einen schon Jahrtausende währenden Prozess anti-charismatischer Konditionierung durchgemacht, der sich auch in der genetischen Konstitution der europäischen Bevölkerungen manifestiert hat. Man kann z.B. Phänomene wie die Bogomilen- / Katharer-Vernichtung und die Hexen-Ausrottung als eugenische Exterminations-Programme von Menschen mit

---

http://www.noologie.de/symbol08.htm
http://www.noologie.de/symbol11.htm
http://www.noologie.de/symbol12.htm
http://www.noologie.de/symbol16.htm
bis
http://www.noologie.de/symbol22.htm
sowie:
http://www.noologie.de/symbol20.htm#Heading191

398 Siehe Fromm: "Haben oder Sein" S. 184-185.
Hier soll nicht gesagt werden, daß Bürokratie *an sich* schlecht wäre, denn es hat sicher seine Vorteile, wenn man sich (als Untertan) auf eine standardisierte, formalisierte Prozedur verlassen kann, die irgendwie auch berechenbar ist, als wenn man im Umgang mit der Macht und der Herrschaft einer ständigen launischen Willkür ausgesetzt wäre, wie das in den "seligen Zeiten" des Ancien Regime (oder auch in den "orientalischen Despotien", nach Wittfogel) so üblich war.

399 Daniel Goleman: Emotionale Intelligenz, DTV, München 2001

charismatischen Anlagen ansehen.[400] Eine andere Form genetischer Unterdrückung der charismatischen Fähigkeiten war die christliche Sitte, solche Menschen bevorzugt in den geistlichen Stand zu schicken, wo sie von der Weitergabe ihrer Gene abgeschnitten wurden. Das Charisma wurde gewissermaßen aus unseren westlichen Gesellschaften exorziert. Mit gelegentlichen "Ausrutschern": Man kann Adolf Hitler als einen der größten Charismatiker des 20. Jh. bezeichnen, der in Joseph Goebbels einen teuflisch schlauen Mephisto-Helfershelfer gefunden hatte, der es verstand, mit den neuen technischen Massen-Medien einen maximalen Durchschlagseffekt des neuronalen Charisma-Potentials zu erzielen.

5.3.1. Charismatische Traditionen in islamischen Ländern

@:CHARISMA_ISLAM

Umgekehrt finden wir andere Kulturen, in denen Charismatiker bevorzugte Stellungen einnahmen, in denen auf systematische Pflege des Charisma-Potentials hingearbeitet wurde. Die Sufi-Bewegnungen des Islam sind ihrem Wesen nach charismatisch. Im mystischen Islam lebt die charismatische, schamanistische Tradition auf ihrem Platz an der Unterseite der formalen, rationalen, orthodoxen Struktur des schriftgebundenen Islam weiter. Im Sufismus ist die *Barakah* eine Esszenz des Charisma, die von einem Heiligen ausgeht. Besonders zu nennen ist die shiitische Faktion des Islam, in der die charismatische Abstammungs-Linie von Ali eine Art "Gral" darstellt.[401] Ihr entstammen so berühmte Persönlichkeiten wie Hassan e Sabbah, auf seiner lange unbesiegbaren Festung Alamut, von der aus die Sekte der Assassinen/ Hashishinen ihre Aktivitäten konzertierte. Ein anderer war Rashid ad-Din as-Sinan, auch als der "*Alte vom Berge*" bekannt. Diese Sekte war eine Untergruppe der Ismailiten, die auch heute noch in Indien und Pakistan weite Anhängerschaft hat, unter ihrem Oberhaupt des Aga Khan. Heute findet anscheinend die alte Assassinen-Tradition ihre Wiederkehr und Wieder-Auferstehung in den Aktivitäten militanter islamischer Fundamentalisten, etwa Osama bin Laden, der wohl Anspruch als Reinkarnation von Hassan e Sabbah erheben kann.

5.4. Neuronale Typen: "Sein und Zeit", oder "Sein oder Nichtsein"

Schamanische Begabung hat mit bestimmten Organisations-Strukturen des Neuronal-Systems zu tun. Hierzu findet sich in einem anderen Kapitel "Die Prinzipien der Meta-Morphologie" schon eine Betrachtung dieser Grund-Unterscheidungen menschlicher

---

400 Siehe auch korrespondierende Ausrottungsprogramme für Nabijim bei den alten semitischen Völkern vor ca. 2500 Jahren, wie Julian Jaynes beschreibt.

401 Siehe hierzu auch die Interpretation von Baigent / Leigh: Le saint gral <-> le sang real. Ali war ein naher Verwandter Mohammeds und er heiratete dessen Tochter Fatima. Seine Linie führte das Charisma Mohammeds weiter, während die orthodoxe sunnitische Faktion des Islam aus der Kalifen-Linie entstand, die Generäle in der ersten Eroberungsphase des Islam waren. Hier stehen die formalen, rationalen Kräfte im Vordergrund, die Ulama und die Sharia, sowie die Machtstrukturen des Schriftgelehrtentums, und die Gewalt der weltlichen Hierarchien. (Siehe z.B. Ernest Gellner: Der Islam als Gesellschaftsordnung.)

neuronaler Organisation. Dort wird es so genannt: "Die mentale Struktur und die morphische Struktur": ->:META_MORPH, p. 101

5.4.1. Verschiedene Typen menschlicher neuronaler Organisation

Gehen wir davon aus, daß 90 % der heute lebenden Menschen von ihrer genetischen und neuronalen Konstitution dem "homo robustus" oder "homo practicus" Typ angehören, soll heißen: sie kümmern sich vorzugsweise um die praktischen Dinge des Lebens, wie Essen, Trinken, ihre Arbeit, ihr Auto, ihren Urlaub, ein Dach über dem Kopf, und einen Mann oder eine Frau, um eine nette Familie mit vielen lieben kleinen Kinderlein zu gründen. Sie sind die "Normalos". Diese Art von Existenz bekommen wir im Fernsehen täglich so penetrant als die Ideologie des "American Dream" vorgeführt.[402] In Deutschland ist diese Lebensweise etwa durch den schwäbischen "schaffe schaffe Häusle baue" -Prototyp charakterisiert.

Der "American Dream" vom "Pursuit of Happiness" ist aber eisern darin festzementiert, daß man immer einen Standard des "keeping up with the Joneses" zu befolgen hat, d.h. er basiert auf einer bestimmten Form von Konformität, innerhalb derer das so definierte Lebensglück zu erlangen ist. Und nur innerhalb derer. Und das Fatale an diesem System ist, dass es ein "Red Queen" -Syndrom ist"[403] Wenn man diese Konformität nicht einhalten kann, dann wird es mit dem Lebensglück auch etwas schwieriger. Daher auch der treffende Spruch: "The Human Race has turned into a Rat Race." Nun müssen wir nämlich auch die obige Zahl von 90% "Normalos" wieder revidieren. Genauer gesprochen, sind es nämlich nur 90%, die es *versuchen*, wie die "Normalos" zu leben, und den "American Dream" vom "Pursuit of Happiness" *nachzumachen*, der ihnen im Fernsehen und in der Werbung vorgeführt wird. Und von denen, die es *versuchen*, scheitern wiederum 90% auf die eine oder andere Weise: Zwar mögen sie unter Mühen eine Fassade von "Normalo"-Dasein aufrechterhalten, aber unter der glatten Oberfläche brodelt und gärt es. Und so leben Millionen und Milliarden von Menschen als Schatten, einer aufgeprägten, nicht eigentlichen Persona, die nicht die ihre ist, und die im Laufe des Lebens immer schwerer auf ihnen lastet, so dass immer mehr von ihnen irgendwann als ausgebrannte Persona-Hülsen in Zivilisations-Leiden ver-fallen: in Alkoholismus, Drogensucht, Neurose, Psychose, Krebs und Demenz.
->:LUZIFER_AHRIMAN, p. 173

---

[402] Diese Ideologie ist im Grundsatz der amerikanischen Verfassung als "Pursuit of Happiness" verankert. Sie ist der unvermeidliche Propaganda-Hintergrund aller amerikanischen Soap-Operas und Film- und Fernseh-Produktionen. Man sehe sich nur die Einrichtung und materielle Ausstattung der Sets aller Serien an, sogar in den Krimi-Szenen werden Inneneinrichtungen des "Nice American Family Home" dargestellt, auch wenn die soziale Situation der Unterschicht realistisch eine ganz andere ist. Siehe dazu auch die Medien-Macht-Analysen von Douglas Rushkoff.
Eine weitere ausgezeichnete Analyse dieses Typs ist in den Büchern von Lev Gumilev zu finden.

[403] Aus "Alice in Wonderland": "You have to run ever faster for just to keep staying in the same place." Ridley (1995)

Wir werden als Originale geboren, und sterben als Kopien.

(Frederic Vester)

5.4.2. Schamanen und die "Misfits" der Gesellschaft

Oben habe ich gesagt, dass es etwa 10% der Menschen gibt, die sich nicht ganz so leicht in das "Normalo"-Muster einordnen lassen, die aber auch nicht einfach auf einen anderen klaren Nenner zu kategorisieren sind.[404]

Schamanen rekrutieren sich vorzugsweise aus dieser Rest-10% Gruppe, die man vielleicht als "Sonderlinge" oder "Misfits" bezeichnen kann, weil sie irgendwie nicht in die Gesellschaft der "Normalos" hineinpassen, aber man weiss eigentlich nicht so recht, warum sie nicht passen (engl. := fitness). Deshalb ist es auch praktisch die Norm, daß ein potentieller Schamane/in irgendwann als Kind oder in der Jugend durch eine Lebenskrise gehen muß, die auch als die "Schamanische Krankheit" bekannt ist. D.h. irgendwann merkt ein potentieller Schamane, daß er/sie nicht in die Welt der "Normalos" paßt, aber er/sie weiß natürlich nicht, warum, sondern erfährt im Leben nur allerlei Mißgeschick, Krankheit, Vernachlässigung, Ablehnung, Brutalisierung und ähnlich unersprießliche Lebenserfahrung. Aber von den 10% Misfits werden vielleicht nur 1-10% auch Schamanen. Die in der Literatur zu findenden Berichte von den Lebens-Schicksalen von Schamanen machen natürlich keine Erwähnung von denen, die gestorben sind, ohne diesen Berufungs-Weg zu finden. Denn zu Zeiten und an Orten, als 50-70 % aller geborenen Kinder vor dem 12. Lebensjahr wieder starben, war es eine eiserne Selektionsregel. daß die weitaus meisten Menschen, die in ihre Gesellschaft nicht passen, früh sterben oder kinderlos bleiben, oder sie werden marginalisert, als Einsiedler, Eremiten, Hexen, oder Ausgestoßene und Kriminelle. Das ist das eiserne Gesetz des "Survival of the Fittest", welches menschliche und tierische Gesellschaften beherrscht, das dafür sorgte, daß immer 90% der lebenden Menschen das Leben so weiterführten, wie "wir es schon immer gemacht haben".

5.4.3. Neuronale Typen von "Sein und Zeit", oder "Sein oder Nichtsein".

Vielleicht eine der besten und bekanntesten Typisierungen des tragischen Schicksals eines potentiellen Schamanen in einer christianisierten westlich-"zivilisierten" Gesellschaft wurde von Shakespeare im Hamlet gegeben. Seine Schicksalsfrage "Sein oder Nichtsein" enthält in Nucleo das unlösbare Dilemma, vor das ein Mensch mit schamanischen Anlagen in einer solchen Gesellschaft gestellt ist, und an dem er fast unweigerlich scheitern muß. Denn die Frage ist eine ausweglose Alternative, wenn man nicht ihre grammatische Falle erkennen kann: Es gibt nämlich zwischen "Sein oder Nichtsein" noch das große offene Feld des *Werdens* oder der *Potentialität.* Wer aber auf die Denk-Alternativen von "Sein oder Nichtsein" fixiert ist, für den gibt es keinen Ausweg, und er muß tragisch scheitern, so wie Hamlet. Hier kommt es auf das Verhältnis von "Sein und Zeit" an, aber in einer ganz anderen Weise, als Heidegger das

---

[404] Dies frei nach dem Leitsatz von Tolstoi (Anna Karenina): Alle glücklichen Familien sind irgendwie ähnlich, aber alle unglücklichen Familien sind jeweils sehr verschieden von den anderen. Weiteres Material dazu bei Howard Bloom: "The Global Brain".

intendiert hat. Zeit ist nämlich nicht nur eine *Bedrohung*, sondern auch *Potentialität*. (Wie Heidegger es als durch und durch "Normalo" bürgerlicher Philosoph unweigerlich darstellen mußte). Und *Potentialität* ist immer auch eine Gefahr für die *Aktualität*, oder den *Status Quo*, weil Veränderung *die Zerstörung des Existierenden* bedeutet.[405]

Das neuronale System ist unsere Grundausstattung für das Überleben auf diesem Planeten und sorgt mit seinen Realitäts- Konstruktoren und -Filtern dafür, daß wir uns um die überlebens-relevanten, greifbaren und essbaren[406] Dinge des Lebens kümmern. Das ist die Welt des *Habens* (Nach Erich Fromm),[407] oder der "*Seienden Dinge*", der *Tatsachen*, eben die Welt der "Normalos".[408]

Schamanische Wahrnehmung beruht auf einem andersartigen Verhältnis von *Aktualität* und *Potentialität* als bei dem Normalo-Durchschnitt der Menschheit. Dies läßt sich mit einem einfachen Test deutlich machen: Bestimmte Szenen, die für die einen nur ein verwirrendes Chaos bilden, enthalten eine Fülle von Bildern und Vorstellungen für die anderen. So etwa die Wolkengebilde am Himmel, oder die Sonnenflecken-Muster auf der Oberfläche eines Sees, oder Nebel, Kaffeesatz, oder ähnliches mehr. Wer aus dem Stand in der Lage ist, aus solchen Mustern konkrete Bilder von Vergangenheit und Zukunft zu lesen, hat vermutlich eine natürliche Eignung zum Schamanen. In heutigen Zivilisationen landen solche Charaktere aber meistens eher in der Psychiatrie und bekommen hohe Dosen von Psychopharmaka, so dass ihnen die Neigung, aus solchen Mustern die Zukunft zu lesen, oder sie gar als "Botschaften Gottes" zu interpretieren, wieder schnell vergeht.

Lily Tomlin: "Why is it when we talk to God, we're said to be praying, but when God talks to us, we're schizophrenic?"

---

405 "Innovation wird als gefährlich oft empfunden, weil stets sie mit Veränderung verbunden".
http://www.noologie.de/desn11.htm

406 und nicht zu vergessen, die kopulierbaren

407 Das "Sein" in Fromms Titel "Haben oder Sein" ist nicht mit den "Seienden Dingen" zu verwechseln. Dasselbe Problem findet sich auch im "Sein und Zeit" von Heidegger. Der Begriff "Sein" ist ein philosophischer Wechselbalg, und daher für eine Diskussion eigentlich ungeeignet. "Sein" hat zwei völlig verschiedene Bedeutungen: Einerseits gibt es ein "Sein" der objektiven, "Seienden Dinge" der materiellen Welt der Physik, das philosophische Gebiet der Ontologie. Dann aber gibt es das "Sein" des erlebenden Menschen. Dieses Pseudo-Sein basiert auf dem Pseudo-Phänomen des Bewußt-"Seins", welches ebenfalls kein "Sein" ist. Beides sind Prozesse, Fließgleichgewichte am Rande des Chaos. Diese unselige Begriffsverwirrung hat zu einem Chaos geführt, in der Computerei sagt man dazu: "Garbage in Garbage out".

408 ->:META_MORPH, p. 101

6. Peri mnaemae kai ana-mnaesis, peri ais-thaesis kai phainosis

@:PERI_MNAEME

Hier eine Kurzfassung des WWW-Artikels:
http://www.noologie.de/neuro07.htm

6.1. Proimion

Please allow me to introduce myself, I am a man of *mnaemae* and *phrenae*, *Mnemo* is my name, and *peirasis* is my game. [409/410]

Nemo (=*outis*, *maedeis*, *oudeis* -> Odysseus, Od. 9,366), der Kapitän (*gubernator* = *kybernaetaes*)[411], der seine Fahrten in einem {unsichtbaren / untergetauchten / untergegangenen} Schiff (*nao-telos*, -> *naos*, -> *argo*) (in Gedanken -> *noos*, -> *nous*) unter der Oberfläche des sichtbar Wahrnehmbaren (des *phainomenon*), daher im Verborgenen (*mae-phaino*) durchführt. *Mnemo* verbindet Erinnerung, *mnaemo-synae* (-> *sym-plexis*, *sym-ballein*, *syn-apsis*) und *Erscheinung* im *Gedächtnis*: *mnae-phaino- / phaisto-* -> *phaino-menon* -> *ho phainon* -> *phos* -> *phonae*, als Aufscheindendes (*phaino-menon*) in Form (*mor-phae*) von Gesehenem (*phos*) und Gehörtem (*phonae*).[412]

6.2. Klangfelder und Morphogramme

@:MORPHOGRAMM

Eine wesentliche Arbeitsmethode der vorliegenden Untersuchung ist der Zugang über die Klangfelder[413] der griechischen Worte, die als *Morphogramme* interpretiert werden. *Mor-phae- gramma*: eine *Klang-Form*, wie sie mit den *grammata* (Buchstaben) aufgezeichnet werden kann. Eigentlich also ein *mor-phae-phono-gramm*, dessen Klangform (*phonae-mor-phae*) sich mit einem geeigneten multimedialen System darstellen ließe. In der Linguistik gibt es ein ähnliches (aber anders gebrauchtes) Konzept des *Morphems*. Die Theorie dieses Vorgehens wird weiter unten ausgeführt, jetzt wird sie nur eingesetzt.

Heidegger sagt in seiner Besprechung der *Physik* des Aristoteles in (1976b: 242):

---

409 Heidegger (1977b: 8): Die Übersetzung der griechischen Namen in die lateinische Sprache ist keineswegs der folgenlose Vorgang, für den er noch heutigentags gehalten wird... Das römische Denken übernimmt die griechischen Wörter ohne die entsprechende gleichursprüngliche Erfahrung dessen, was sie sagen, ohne das griechische Wort. Die Bodenlosigkeit des abendländischen Denkens beginnt mit diesem Übersetzen.

410 {Para / Pera}-Phrase der Einführungszeile (*proimion*) aus einem Stück von den Rolling Stones.
peirasis ->:PERAS, p. 103

411 Heraklit, B 64: ta de panta oiakizei Keraunos. s.u.

412 ->:MNAEMAE, p. 200 ->:PHAINO, p. 201

413 in griechisch etwa: *phonae-plexis* -> *syn-plexis* -> *syn-apsis*.

Allerdings ist dieses [des Aristoteles] erste denkerisch geschlossene Begreifen der *physis* auch bereits der letzte Nachklang des anfänglichen und daher höchsten denkerischen Entwurfs des *Wesens* der *physis*, wie er uns in den Sprüchen von Anaximander, Heraklit, und Parmenides noch aufbewahrt ist.

Hier befinden wir uns also am Anfang (*archae*) der Entwicklung, die als der "Übergang vom Mythos zum Logos" bezeichnet wird. Einen Schritt weiter zurück, und wir befinden uns jenseits der Grenze, bei *Hesiodos*, hier dargestellt in der Version von Ivan Illich (1988: 13):

At the time when heaven still embraced the earth, when Uranus still lay with full-hipped Gaia, an aeon before the Olympian gods, the Titans were born and with them, *memory,* or *Mnemosyne.* In the Hymns to Hermes, she is called the Mother of the Muses. She is the earliest of the goddesses, preceding even Apoll with his lyre. Hesiod mentions her as the goddes of the first hour of the world... When the god Hermes plays to the song of the Muses, its sound leads both poets and gods to Mnemosyne's wellspring of remembrance. In her clear waters float the remains of past lives, the memories that Lethe has washed from the feet of the departed, turning dead men into mere shadows.

6.3. mnaemae

@:MNAEMAE

Hier finden wir auch den ersten Kernbegriff aus unserem Titelthema: *mnaemae*: das *Gedächtnis*. Andere verwandte Formen sind: *mnaema*, *mnaemeion*, *mnaemo-syne*. Der mythologische Stammbaum der altgriechischen Götter, der von Hesiodos gelistet wird, führt die *mnaemosyne* als eine der ältesten Göttergestalten an. Wir können davon ausgehen, je älter, desto ursprünglicher, und damit auch zentraler ist sie. Daher hat die *mnaemosyne* eine besonders wichtige Stellung im Denken der archaischen Kultur. Alle epischen Dichtungen von Homer und Hesiodos enthalten ausgiebige Huldigungen an sie. Ihre große Bedeutung in dem vorschriftlichen Zeitalter, als die kulturellen Werte noch von den *Aoidoi* (Sänger und Dichter) im Gedächtnis tradiert wurden, als es noch keine Schrift, und keine Bücher gab, ist verständlich. Natürlich wurde *mnaemosyne* nicht nur profan als Gedächtnis begriffen, sondern als die Quelle der Inspiration, und der göttlichen Eingebung, der Weissagung und der Prophesie.

mnaomai, *mnomai*, und *mimneskomai* sind mit *mnaemae* verwandte Verbformen. Jean Gebser (1973) hat das Feld ähnlich klingender Wortformen in den indoeuropäischen Sprachen untersucht: *Menis, Mens, Manas, Mensch*. Ob das nach etymologischen Maßstäben machbar ist, soll hier nicht behandelt werden.

6.4. ana-mnaesis

ana-mnaesis: bedeutet *Er-Innerung*. Damit verwandte Verbformen sind *ana-mignymi*, *ana-meignymi*, *ana-mimnesko*. Wir sehen daran, daß die Morphogramme *mnae- mign- meign-*, *mimn-* über ihre ähnliche Bedeutung in Verbindung stehen. Man kann *anamnaesis* auf zwei Weisen verstehen: entweder als *ana- mnaesis*, was einen Aufstieg oder

ein Entlanggehen (*ana-*)[414] andeutet, und gut auf das Bild paßt, das Aristoteles in "peri mnaemae" mit dem Entlanghangeln an einer Assoziationskette darstellt. Die andere Möglichkeit ist *an-a-mnaesis*.
a-mnaesis ist das *Vergessen*. *a-* bedeutet Negation, und so ist die *a-mnaesis* die Negation von *mnaemae*. *an-a-mnaesis* kann also auch als doppelte Negation gedeutet werden.

6.5. laethae und a-laetheia

@:LAETHAE

Ein damit nahe verwandtes Begriffspaar ist *laethae* (Vergessen) und *a-laetheia* (Wahrheit, Wahrhaftigkeit). Wie Illich uns oben darstellt, war *laethae* in der Mythologie sowohl eine Göttergestalt, als auch ein *Fluß*, von dessen Wasser die Seelen der Toten trinken mußten, wenn sie sich wieder auf die Welt in eine Wiederverkörperung gebären lassen wollten.[415] Deshalb hat der philosophische Begriff der *a-laetheia* eine noch weitere mythische Bedeutung, der über die philosophische Version hinausreicht. *Alaetheia* bedeutet nämlich damit "die Wieder-Er-Innerung" *ana-mnaesis*, der Erfahrungen aus einem {anderen/ früheren} {Dasein/ Existenzen}.[416] Nach der Mythologie (Iamblichos) ist diese Form der *alaetheia* mit der Errungenschaft des Pythagoras verbunden, der von den Göttern ein Geschenk bekommen sollte. Zwar konnte er nicht unter die Unsterblichen aufgenommen werden, und so wünschte er sich die *alaetheia* seiner früheren Leben. Ihm blieb also das Schicksal aller anderen Sterblichen erspart, zwischen Tod und Wiedergeburt alle Erinnerungen an die früheren Leben zu verlieren.

6.6. chiasma

Wir können die Begriffe in ein Kreuzverhältnis (*chiasma*) setzen:

mnaemae *a-mnaesis*

an-a-mnaesis

a-laetheia *laethe*

Der interessante philosophische Bezug ist hier in der Analogie zu sehen, die bei Platons *an-a-mnaesis* zwischen dem Er-innern und der Findung der Wahrheit, *a-laetheia* besteht.

6.7. phaino, phos, phonae

@:PHAINO

Um einen Zugang zu finden, was man in Altgriechenland beim Sprechen und Hören dieser Worte verstand und empfand, untersuchen wir ihren Gebrauch in den alten

---

[414] ana- : darauf, daran, auf, hinauf, über, hin durch, entlang, während (zeitlich), hindurch.

[415] (Hesiodos 211 ff.); Hamilton (1942: 36, 228)

[416] Z.b. Plato, Meno 81 A ff.; Hoffmeister (1955: 38)

Werken und behandeln auch die benachbarten Klangfelder. Das Verb *phaino* bedeutet: Zum Licht ***phos*** (Leuchten) oder zum Klang ***phonae***[417] (Klingen) bringen. *Ho phainon* ist auch der Name für den *Saturn*, und es ist ebenfalls der Beiname für den Schmiedegott *He-phaistos*. Dieser arbeitet sowohl mit hell glühenden und glänzenden Metallen, und bringt sie mit seinem Hammer und Amboß zum hellen Klingen. *phoibos* ist der Lichtgott *Apollon*. Die Göttin *Athaenae* wird auch *phain-ops* oder *glaukops* (die hell- oder Eulen-Äugige) genannt.

Varianten von ***phos*** sind ***phoos*** und *phaos*, *phaous*, ***photos***.[418]
photisma, *phoibos*: Glanz, hell erscheinend, blendend, schimmernd, leuchtend, funkelnd.
phoibasma, phoibetes: Prophet, Orakel, Weissagung.
phoinos: Purpur, Phoenizisch, dunkel rot (glühend).
phosphoros: Glück, Heil, Rettung.

Über *phaino* sind ***phos*** und ***phonae*** verbunden. ***phonae*** ist das Morphogramm, das mit allen Phänomenen des Klangs und der Stimme verbunden ist. *phaemi* heißt Sprechen,[419] *phaemae* heißt Rede. *phthongae* ist ein weiteres Wort für Ton und Klang.

6.8. ais-thaesis und phaino{p/e}sis

Wir wenden uns nun den beiden anderen Begriffen zu: der *ais-thaesis*: (*Wahrnehmung*), und der *phaino{p/e}sis*: (*Vorstellung*).[420] Die *phaino{p/e}sis* ist ein Kunstwort, das wir für diesen Zweck bilden. Wir kennen alle das *phaino-menon*, das ja ein philosophischer Zentralbegriff ist.[421] Das Phänomen ist *das, was* erscheint (als das Wahrgenommene oder das Objekt), und die *phaino{p/e}sis* ist der Prozess, *indem es* erscheint. *ais-thaesis* bezeichnet den Teil der *phaino{p/e}sis*, in dem ein Objekt der äußeren Wahrnehmung wahrgenommen wird (*Ding*-Gebilde), oder auch *phainopsis*. Das *nou-menon* kennzeichnet das Objekt der inneren Wahrnehmung (das *Denk*-Gebilde), oder auch *phainoesis*.[422] Schopenhauers (1977) Begriff der *Vorstellung* erlaubt es, die beiden Seiten dieser Differenzierung im Blickfeld zu behalten. Denn eine *Vorstellung* ist entweder das, was man als *Vorstellungsbild* erfährt, als auch der *Prozess der Vorstellung*, wie in einem Theaterstück (*theatron*).

---

417 ***phonae*** mit Omega. *phonae* mit Omikron bedeutet *Mord*.
418 eine alte Bedeutung von ***phos***, ***photos*** ist: der Sterbliche, der Mann.
419 Konjugationsformen von *phaemi*: ephaen, ephasa, ephastai, ephanto, phato, phao, ephato.
420 Zu verstehen etwa im Sinne von Schopenhauer (1977).
421 S.a.: das *phainomenon*, Heidegger (1977a: 38-48), Peirces Begriff des "*phaneron*" Peirce (1931-1958): CP 1.284; Hoffmeister (1955: 437): "*phainomenon,* das Erscheinende, die *Erscheinung, die sich den Sinnen darbietet; dann übertragen auf alle Bewußtseinsinhalte..."
422 Hoffmeister (1955: 437): "*nou-menon,* nach Plato (Staat 508 C ff.) das mit dem Geiste (*nous) zu Erkennende im Unterschied zu dem mit den Augen zu sehenden, der Erscheinung... Vgl. Kant, Prolegomina §§ 32-35."

6.9. Kata-basis: die neuronale Infrastruktur

"What goes up, must come down, that is the eternal merry-go-round"

Katabasis: Hinabgehen, Rückzug, Rückkehr. *kata*: herab, hernieder, gegen, abwärts, hindurch.

Wir kehren nun um und begeben uns in die Niederungen unserer neuronalen Infrastruktur. Die vorgegangen Betrachtungen sollen nun mit einigen Erkenntnissen aus der Neurologie verbunden werden. Da das Thema schon hinreichend bekannt ist, brauchen wir hier nur wenig Zusätzliches zu sagen. Wir beziehen uns auf die Ansätze, wie man Neuronen als Felder oder Assemblies interpretieren kann, besonders auf eine Metapher, die man als "Spin-Gläser"[423] bezeichnet. Weiterhin soll der dynamische Aspekt von Neuronenfeldern besonders akzentuiert werden.

6.10. Die neuronale Resonanz

@:NEUR_RESONANCE

Von den Sinneszellen werden die Wahrnehmungsleistungen in Pulscodierungen der neuronalen Aktionspotentiale umgewandelt, und über verschiedene Zwischenstufen (Ganglienknoten / Rückenmark) ins Zentralnervensystem (Gehirn) geleitet. Von dort werden wiederum neuronale Pulscodierungen an die ausführenden (motorischen, endokrinen, exkretorischen) Körpersysteme geleitet. Das Gehirn befindet sich in ständiger neuronaler Aktivität, und seine Struktur, die synaptischen Verbindungen seiner Neuronen untereinander, ist in ständiger Veränderung.[424] Während die Welt des Erlebens ihre charakteristischen sinnlichen Qualitäten (Qualia) aufweist, ist die Arbeitsweise des neuronalen Systems digital, sie beruht auf den Pulsfrequenzen der Aktionspotentiale.

Im folgenden soll das Grundprinzip der Arbeitsweise des neuronalen Systems die *Neuronale Resonanz* genannt werden. Die Neuronen des Gehirns stehen in einem wechselseitigen Stimulationsprozess. Wenn man die Potentiale während eines solchen Prozesses mißt, so kann man eine Frequenz-Synchronisation feststellen. In Analogie zu klanglichen Phänomenen läßt sich daher *Kommunikation* als ein *neuronales Resonanz-Phänomen* auffassen. Es lassen sich somit Einschwing- und Ausschwing-Phasen und

---

[423] Siehe den Artikel von Günther Palm zu Spin Glasses.

[424] Breidbach (1993), (1997) and Brock (NeuroAe), Brock (1994), Calvin (1989), (1991) (1996a), Edelman (1992), Gazzaniga (1989), Haken (1992), Maturana (1982-1994a), Pöppel (1978-1995), Riegas (1990), Roth (1996), Schmidt (1987, 1991), Spitzer (1996), Mühlmann (1996: 30);
Brock: http://www.uni-wuppertal.de/FB5-Hofaue/Brock/Projekte/NeuroAe2.html, Howard Bloom: Tools of Perception - The Construction of Reality: History of the Global Brain, Part VII, http://www.heise.de/tp/deutsch/special/glob/default.html

Periodizitäten, also *Rhythmen*, feststellen.[425] Damit bilden Neuronenfelder spatiale und temporale Muster aus.

Nun formulieren wir eine Arbeitshypothese: Worte müssen ausgesprochen und verstanden werden, sie bauen also auf extrem subtile neuro-muskuläre Konfigurationen auf. Es ist allseits bekannt, daß von allen möglichen Phonemkombinationen jede Sprache nur eine sehr kleine Untermenge verwendet, ein Indiz dafür, daß ein "Sprachzeichen", das Wort, einem sehr engen Selektionskriterium folgen muß, um im "Sprachschatz" seinen Platz zu finden. Dies kann begriffen werden als ein "Feld" von aktiven, dynamischen, aufeinander einwirkenden neuronalen Konfigurationen.

Die oben dargestellten Überlegungen zu der alten griechischen Geisteswelt basieren auf der hypothetischen Arbeitsweise solcher Neuronenfelder.

---

[425] Uexküll, in Cassirer (1994: 23-25); Gumilev (1990) geht mit der physikalischen Metapher noch weiter, und spricht von Phänomenen der *Induktion*.

7. Noologische Märchen

@:NOO_MAERCHEN

Ich habe in vorhergehenden Kapiteln schon das Thema Mythos und Märchen angesprochen, und die spezielle Technik erläutert, wie diese in der Noologie eingesetzt werden. ->:MYTHOS_MAERCHEN, p. 56; ->:NOO_PARADIES, p. 142

Hier folgen weitere Beispiele für Noologische Märchen, etwas alternative Geschichten im Sinne von Paul Feyerabend, wie sich bestimmte wichtige Entwicklungen in der Ur-Zeit auch anders zugetragen haben können, als es die populären Schemata der Kosmologie vom Urknall oder der Evolution der Menschen annehmen.

7.1. Wie der Mensch auf den Hund gekommen ist

7.1.1. Eine Geschichte aus der Ur-Urzeit der Mensch - Tier Lebensgemeinschaften

@:DOMESTIKATION

Dies ist eine alternative Darstellung der Geschichte der Domestikation des Hundes, die einige populäre Ideen vom Fort-Schritt allgemein, und vom Leben der Menschen in der Urzeit, "vom Kopf auf die Füsse" stellt.

7.1.2. Das Märchen vom Fort-Schritt

Dazu eine Vor-Bemerkung: Dies ist eine Geschichte *gegen* bestimmte etablierte Vorstellungen vom *Fort-Schritt*, gegen die evolutionistische sozial-darwinistische, anthropo-zentrische Ur-Geschichts-Schreibung oder Prä-Historien-Dichtung,[426] deren Grundmuster sich schon bei Thomas Hobbes zeigen.[427] Der Fort-Schritt wird hier entkleidet als eine unheilvolle Folge von Konsequenzen, bei denen jeder "Schritt" immer weitere unbedachte und unheimliche Nebenwirkungen zeigt, die ein immer weiteres *Fort-Schreiten* immer weiter weg von einem Zustand des Gleichgewichts von Mensch und Biosphäre erzwingen. Das hier beschriebene Szenario basiert auf einrer Neu-Interpretation der antiken/ alt-weltlichen Denkweise der Vier Zeitalter (Hesiodos), nach der sich die Verhältnisse seit der Ur-Vergangenheit, dem *Goldenen Zeitalter* (dem

[426] Histion := das Gespinst. Über die Zeiten vor Erfindung der Schrift kann man keine Geschichtsschreibung machen, da die stummen Zeugen der Urzeit, die in den Ausgrabungen der Archäologen und Paläontologen zum Vorschein kommen, nur durch die Filter des heutigen Denkens und Verstehens interpretiert werden können, und die unweigerlich mehr oder weniger starke Projektionen des "Jetzt" auf die Ur-Zeit enthalten. Weitere Hintergrund-Materialien: Anthro (www), Bellier (1990), Calvin, W. H. *The throwing madonna*, *The cerebral code.* http://www.WilliamCalvin.com/ http://www.nexusworld.com/chimpants/summary.html
->:CHIMP_ANTS, p. 209
Noch weiteres Tiefen-mythologisches Material: Dechend (1993: 369) "... Pythagoras ... lehrte: Die Planeten sind die Hunde der Persephone", und: "Alle mythischen Caniden haben alles oder jedes mit Licht zu tun."

[427] Thomas Hobes, 1588-1679.

Aion Chryseon),[428] durch die akkumulierenden Folgen des Fort-Schritts nur immer mehr zum Schlechteren gewendet haben. Diese Sichtweise wurde noch von Giambattista Vico vertreten,[429] aber heute ist sie "politically incorrect" und wird in der populären Literatur totgeschwiegen. Es gibt nur noch einige Außenseiter wie René Guenon und Julius Evola (:= anti-*Evol*ution), die sie vertreten.

7.1.3. Die Inter-Spezies-Kooperation

Aber im Gegensatz zu Vico, Guenon, und Evola basiert diese Geschichte auf einer anderen Grundlage, warum die alten Mythen vom Paradies heute mit neuer Aktualität doch wieder ernst zu nehmen sind: **Dem Prinzip der Inter-Spezies-Kooperation** (Kropotkin), oder dem **Globalen Netzwerk des Lebens** (H. Bloom).[430] Auf dem gesamten Planeten Erde gab es vor ca. 1,000,000 bis vor 10,000 Jahren riesige Gebiete mit einer "paradiesischen" Natur, die sich anscheinend im ökologischen Gleichgewicht mit den Eispanzern der immer wieder kommenden und gehenden Eiszeiten befanden. Es war das Zeitalter der "pleistozänen Megafauna", und es gab riesige Tierherden, und der Planet quoll über von Leben. In diesem "Schlar-Affenland" brauchten sich die relativ wenigen Menschen nicht um ihr Überleben sorgen, denn sie hatten sich in sehr profitable Inter-Spezies-Koalitionen mit anderen Tierarten begeben, die ihnen willig alles gaben, was sie zum Leben brauchten, im Austausch gegen gewisse Dienste, die ihnen nur die Menschen geben konnten. Diese Herrlichkeit fand ihr abruptes Ende vor ca. 10,000 Jahren, als auf dem ganzen Planeten die Tierarten in Massen ausstarben, ohne daß irgend eine besonders gravierende Katastrophe geologisch nachzuweisen wäre. Das sog. *End-Pleistozäne Massen-Sterben* (Hester 1967).

7.1.4. Wer hat Wen domestiziert? Das ist hier die Frage

In unserer speziellen *Geschichte der Domestikation des Hundes* wird diese tiefer liegende Frage aufgegriffen: *Wer hat hier Wen domestiziert*? Man hat in der konventionellen etablierten Historien-Dichtung möglicherweise wichtiges Material ignoriert, das die Humanisten noch sorgfältig aus der Überlieferung der alten Völker mit-tradiert hatten: so etwa den Mythos der Römer von der Entstehung ihres Volkes. Es widersprach einfach zu sehr den jüdisch-christlichen Herrschafts-Denkbahnen, dem Hund irgendeine andere als völlig untergeordnete Stellung in der menschlichen Geschichte zuzubilligen. (Nach der semitischen Werteordnung gehört der Hund ja zun den niedrigsten und verachtenswertesten Tieren, wenig besser nur als das noch schlimmere Schwein[431]). Die Domestikation des Hundes hat sich nach unserer Version nämlich ziemlich genau umgekehrt zugetragen, als wie es die orthodoxe Ur-Geschichts-Mythologie uns weismachen will.

---

428 http://www.noologie.de/neuro12.htm

429 Giambattista Vico, 1668-1744

430 ->:BLOOM_BIO, p. 365

431 Das (Mutter-)Schwein war ja die Haupt-Kulturträgerin in den eleusinischen Mysterien, aber das ist eine andere Geschichte.

Und zwar ist dieses Geschehen vielleicht so passiert, wie es uns die Mythologien der alten Völker als das *Ur-Ahnen* der tiefsten Vergangenheit der Menschheitsgeschichte übermittelt haben. Wie es der Mythos von Romulus und Remus erzählt, und wie es in jener uralten indischen Bauernlegende erzählt wird,[432] aus der uns Rudyard Kipling seinen Mowgli-Roman für die Geschmäcker seiner viktorianischen Herrenmenschen-Zeitgenossen zusammengeklittert hat.[433] Aus vielen Begebenheiten bis in unsere Zeit wissen wir, dass nicht nur die Menschen Wolfsjunge bei sich aufgenommen haben, und sie aufgezogen haben, sondern dass es auch immer wieder vorkam, dass Wölfinnen ein Menschenkind ernährt und grossgezogen haben. Das kam in der Ur-Zeit sicher noch öfter vor. Und so kehren wir ein Stück dieser Ur-Geschichte um: Denn es war die *Domestikation des Menschen durch den Wolf, dem Ur-Vater des Hundes. Und der Hund ist das Erinnerungsstück*, das uns der Wolf hinterlassen hat, zum ewigen Gedenken an *das epochale Geschenk der Domestikation des Menschen*, das er uns vermacht hat. *Denn der Wolf hat den Menschen domestiziert*, und ihn damit erst zum Menschen gemacht, das was er heute ist, *indem er ihm erst das soziale Leben beigebracht hat*. Das war vor ungefähr 1 Million bis 100,000 Jahren, "nichts genaues weiß man nicht".[434]

Als die Vorfahren der Menschen im damaligen pleistozänen Afrika nolens volens aus den Bäumen heruntersteigen mußten, weil die Wälder immer lichter wurden, und es in den Baumkronen einfach nicht mehr genügend zu futtern gab, da mußten sie sich für die Lebensweise am Boden gründlich umstellen. In vielen alten Legenden der Ur-Völker (Indianer und Aborigines) wird uns erzählt, wie die Ur-Ahnen der Menschen sich der Hilfe anderer Tierarten anvertrauen mussten, um in der gefährlichen neuen

---

[432] Die *Ur-Ahnen* sind eine personifizierte Form des *Er-Ahnens* der tiefsten Rassen-Vergangenheit. Für weitere Details, siehe Dechend (1993). Ein Beispiel dieses *Ur-Ahnens* ist der Aeneas-Mythos: Die Verbindung der Römer und Inder über die Hurriter- / Mitanni-Herrscher-Kaste von Troja, in einer gemeinsamen Ur-Wurzel einer arischen Reiter- Herden- und Hirtenkultur. Hirtenkultur ist natürlich nur mit Hilfe der Hunde möglich. Vor jeder Domestikation des Rindes (und anderer Groß-Säuger) mußte folgerichtig die Domestikation des Hundes erfolgt sein.

[433] Kipling war ein typischer Vertreter der white supremacy Ideologie. (Gut dargestellt in seinem anderen Roman "Kim"). Darwin hat ungefähr zur selben Zeit seine gesamte Evolutionstheorie an dem Modell der Zuchtwahl der Gentleman-Hunde- und Pferdezüchter ausgerichtet.

[434] Aus so alten und frühen Vorzeiten kann man keine Tatsachen-Berichte schreiben, die auf irgendwelchen wissenschaftlich belegbaren Daten und Fakten beruhen. Das müßte man auch all der bekannten "wissenschaftlichen" Historien-Dichtung immer voranstellen. Also muß man ein Histion, ein "Gespinst" entwerfen, das den Charakter eines möglichen Szenarios hat. Es handelt sich immer um mehr oder weniger gut fundierte Nach- (Ver-) Dichtungen von Märchen und Mythen. Im Sinne von Joseph Campbell handelt es sich um *kreative Mythologie*. Der Hauptsinn der *kreativen Mythologie* ist die Befreiung von ideologischer Unterdrückung (Kant: Was ist Aufklärung), und in diesem Sinne ist die hier dargestellte Geschichte zu verstehen.

Umwelt überleben zu können. Hier liegen die Ursprünge der Tier-Clan-Mythen, nach denen sich die Stammesvölker dann durch die Jahr-Zehntausende hindurch ausgerichtet haben, um die alten Ur-Lehren nie zu vergessen. Verschiedene Gruppen der Prä-Anthropoiden gingen mit verschiedenen Tierarten Bündnisse ein. Hier soll die Geschichte der Wolfs-Menschen erzählt werden.

7.1.5. Die Wolfs-Menschen

Die Wolfs-Menschen waren eine Gruppe von Prä-Anthropoiden / Prä-Hominiden, die symbiotische Lebensgemeinschaften mit den Wölfen eingingen, wie es z.B. die heutigen australischen Aborigines mit ihren Wild-Hunden, den Dingos, noch heute machen. Das Sozialleben der Wölfe war für sie das Muster, nach dem sie ihr eigenes Leben strukturierten. Natürlich muß man zuerst fragen, warum die Wölfe die Ur-Menschen nicht einfach auffraßen. Das Feuer war *ein Grund*, aber *der andere, wohl wichtigere*, war das *Lausen und Kraulen*, das die Anthropoiden dank ihrer *Affen-Hände* einfach besser konnten als die Wölfe. Das, und nicht der in der konventionellen Historien-Dichtung so vielgepriesene Stein-Werkzeug- (oder Waffen-) Gebrauch, war die Ur-Errungenschaft, warum die Hände dem Menschen so wichtig wurden! Diese Entwicklung fand unabhängig in verschiedenen Regionen der Erde statt; da, wo die gewaltigen Tierherden des Pleistozän ihre Wanderungen zogen, wie sie uns z.B. in den Malereien von Altamira, Lascaux, und Chauvet dargestellt sind. Beide Parteien, Wolf und Anthropoiden, waren dabei relativ unabhängig voneinander, aber sie profitierten voneinander.[435] Erst durch Nachahmung der starken, eng koordinierten Kooperation des Wolfsrudels konnten die Menschen später selber zu erfolgreichen Jägern werden, und den Rest der Tierwelt dominieren. **Und es waren die Muster dieser engen Kooperation, die es ihnen später ermöglicht haben, dann ihre nächste evolutionäre Stufe zu erklimmen, nämlich die Herausbildung ihrer Sprache und ihrer Kultur**. Ihre Sprache lernten die Menschen von den anderen Tieren, indem sie deren Signale nachahmten und weiterentwickelten. Die Wölfe waren mit ihren all-nächtlichen Mond-Arien die unbestrittenen Gesanges-Meister der Urzeit - bis es die Menschen ihnen nachmachten, und sich bald als die besseren in dieser Kunst erwiesen. Aber für diesen "Erfolg" mußten die Menschen teuer bezahlen - mit der Vertreibung aus dem Paradies.

7.1.6. Das Paradies: ein pleistozänes Schlar-Affen-Land

Und auf diese Weise ist es auch leicht zu erklären, wieso "kurz" nach dem Auftreten des Menschen "plötzlich" überall die pleistozäne Mega-Fauna verschwunden ist.[436] Es waren die Jagdgemeinschaften von Prä-Anthropoiden und Wolf, die diesen globalen Ur-Holocaust vor 100,000 bis 10,000 Jahren bewerkstelligt hatten. Die Legenden vom Paradies sind nur zu wahr: Denn es war ein wahrhaftiges *pleistozänes Schlar-Affen-*

---

[435] Solche Inter-Spezies Jagd- und sonstige Zugewinn-Gemeinschaften sind in der Natur recht häufig, H. Bloom beschreibt einige davon in "History of the Global Brain". Die heute bekanntensten sind Korallenriffe und Wälder.

[436] Das "kurz" ist nur in geologischen Maßstäben zu verstehen, also insgesamt ca. 100,000 Jahre.

Land,[437] ein Hunderttausend Jahre währendes *Großes Fressen*, bei dem die Anthropoiden sich gar nicht allzusehr mit den gröberen und blutigeren Aspekten des Jagd-Geschäftes belasten mußten, das erledigten ja die Wölfe für sie viel besser und effizienter. So war ein einzelnes Mammut oder Wollnashorn auch ganz schnell "verwertet", was einer einzelnen Menschenhorde allein zuviel des Guten gewesen wäre.[438] Und dann zog die ganze Horde eben weiter, zur nächsten Mammut- oder Wollnashorn-Herde, es gab ja genug von ihnen, auf den weiten, grünen Pampas Eurasiens und Nordamerikas. Aber alle Herrlichkeit hat irgendwann mal ein Ende, vor allem wenn mehr frißt, als von selbst nachwächst.[439] Und so fand diese glorreiche Groß-Epoche der Ur-Geschichte ihren Untergang. Als das große Fressen vorbei war, und alle großen Beutetiere erledigt waren, und nichts mehr übrigblieb, als das "Kleinvieh", trennten sich die Wege von Wolf und Mensch wieder. Die Kooperation lohnte sich nicht mehr, denn jetzt mußte man sich um die Reste streiten. Die so oft beschworene Feindschaft von Mensch und Wolf setzte ein.

7.1.7. Der Große Abstieg: Die Neolithische Revolution

Danach begann das Trauerspiel, das mühselige Auf- und Zusammenkehren der Reste, das die bürgerliche Geschichtsschreibung in der Nachfolge von Hobbes heute großspurig die *Neolithische Revolution* nennt. Man sollte es besser so nennen: Die erste Phase des *Abstiegs ins Kleinbürgertum*. Nur die Degenerati der Wölfe, die Hunde, blieben bei den Menschen und halfen ihm in den letzten ca. 10.000 Jahren, seine Dominanz über das übriggebliebene "Kleinvieh" zu sichern, als Kuh- und Schaf-Hirten-Gehilfen, und noch später, als der Abstieg ins Kleinbürgertum noch eine weitere Stufe der Degeneration genommen hatte, waren die Hunde essentielle Stützen der Begründung der urbanen bourgeoisen Gesellschaft, als die treuen Bewacher der angehäuften Güter und Schätze der Wohlhabenden.

7.1.8. THE CHIMPANZEES WHO WOULD BE ANTS

@:CHIMP_ANTS

Das folgende ist ein Hinweis auf eine interessante Dastellung, die zwar die wissenschaftlichen Denkpfade nicht verläßt, aber immer noch genügend interessantes Material zusammenträgt:
The Evolutionary Epic of Humanity, Russell Merle Genet, 1997. ISBN 1-56072-522-2. $34. http://www.nexusworld.com/chimpants/summary.html

TABLE OF CONTENTS

---

[437] oder vielleicht auch *Schlau-Affen-Land.*

[438] Die Größe solcher UR-Gemeinschaften dürfte etwa 30 Menschen und 50-70 Wölfe umfaßt haben. Das langt, um ein Mammut vor dem natürlichen Verderben bis auf die Knochen "herunterzuputzen".

[439] Bzw. wenn ein tiefgreifender Klimawandel einsetzt.

BOOK SUMMARY

THE CHIMPANZEES WHO WOULD BE ANTS
The Evolutionary Epic of Humanity

Summary of the book by Russell Merle Genet

PROLOGUE In the spirit of Aesop

Who are we? How did we come to be? What is our fate? These have always been our ultimate questions, for to be human is to be deeply curious about our own nature, history, and destiny. In our species' youth, we spun tales around the campfire that assured us of membership in Earth's living community. We were colleagues of coyote and kangaroo. With civilization, however, we transcended nature and elevated our gods (and ourselves) above all others. The Bible has since become the best-selling storybook of all time. Cynics such as Aesop insisted, however, that in spite of our sophisticated airs we were still just animals. Children--who have always thought highly of animals and delighted in seeing adult pretensions exposed--claimed Aesop as their own. Translated into every major language, Aesop's Fables have sold more copies than any book save the Bible. Science, the most recent antidote to human puffery, has finally confirmed what Aesop and children knew all along: some animals are shockingly human (e.g. chimpanzees), while others are amazingly civilized (ants). We are not unique. Yet it is becoming painfully obvious (even to objective scientists) that we are bent on taking over the planet, although successful planet grabbers are rare. We have already commandeered a hoggish piece of the planetary pie, but can we hold onto it? Do we even want to? In the spirit of Aesop, I've christened science's definitive fable of humanity, The Chimpanzees Who Would Be Ants.

Noologie, Teil II: Das Design der Welt als Tripolares Spannungsfeld

@:EN_ARCHAE

Platon: Second Archae

Now we must go back to a second, and new, beginning (archae) which adequately befits our purpose, just like we did with the earlier subject. We must consider the true nature of the fire, the water, the air, and the earth for themselves, before heaven was created, and we have to consider their states before its creation. Because up to now no one has enlightened (illuminated) on their origin. Instead, as if we knew what really is the true nature of the fire, the water and the others, we talk about them as the origins (archai), in the way that we equate them with the letters (the stoichea or original components) of the cosmos. But it is not adequate that the amateur may even compare them with the form of the syllables.

Platon, Timaios 48b, Vol. VII, engl. transl. A.G.

Das folgende noologische Märchen führt uns jenseits aller Kosmologie, hinweg über die Ur-Ur-Ur-Anfänge des Universums. In ihm sind wesentliche Elemente der alt-vedischen Kosmologie "aufgehoben", mit ein paar Neuzeit-wissenschaftlichen Ingredienzien. Dies ist eine Denk-Übung der Pera-Noesis, die weiter als alles bisherige in die Grenzen des Denkbaren vordringt, und gegen das alles Vorherige nur Spaziergänge waren. Schnallen Sie deshalb ihre Glaubenssysteme bitte fest an, und lockern Sie Ihre Denk-Bremsen ein wenig. Hier finden wir "Kreative Mythologien" von Meister-Designern des Universums, von Kämpfen der Urwelt, und von der Entstehung des heutigen Welt-Systems, des Im-Perium, wie ich es in vorhergehenden Kapiteln genannt habe. Und schliesslich wollen wir noch ein paar grandiose Ausblicke geniessen: "Die alte vergessene Kunst der Trans-Temporalen Perspektive".
->:VISION_PANORAMA, p. 135; ->:EREIGNIS_LANDSCHAFT, p. 248

1. An einem kühlen, grauen Morgen in der Welt-Traum-Zeit

Stellen Sie sich vor, liebe/r Leser/in, Sie wachen an einem kühlen, grauen Morgen nach langer, wirr durchträumter Nacht auf. Es ist noch nicht so richtig hell, aber auch nicht mehr stockdunkel, und Sie beginnen sich, noch mit etwas schwerem Kopf, langsam zu erinnern:

Ja, da war doch etwas... ich habe mir für heute doch etwas besonderes vorgenommen... ach so, ich wollte heute das *Design für ein neues Universum* fertigstellen, das ich meinem *Brahma-Kollegium* in dem Wettbewerb: "Wer gestaltet das eleganteste Universum?" zur Begutachtung vorlegen möchte. Mir ist in einem dieser vielen Träume der letzten *Nacht des Brahma*, die 8,624,000,000 Solar-Jahre gedauert hat, eine Vision erschienen, wie man die simpelste, einfachste, aber mächtigste Formel für das *Design eines Universums* formulieren kann. Ich bin schon ganz gespannt, was meine Brahma-Kollegen davon halten werden.

Ja, liebe/r Leser/in, Sie sind unversehens in das Kollegium der mythischen Welten-Schöpfer-Götter der Vedischen Mythologie versetzt worden, und haben die Rolle eines *Brahma* übernommen, wie die Mitglieder dieses erlauchten Kollegiums genannt werden.[440] Sie sind einer von den Universums-Meister-Designern, nicht nur dieses einen Universums der augenblicklichen kosmischen Epoche, das uns Zeitgenossen aus der populären Naturwissenschafts-Presse, wie Scientific American (bzw. Spektrum der Wissenschaft) ja bestens bekannt ist, sondern dieser erlauchte Kreis von Designern ist verantwortlich für die Kreation aller nur denkbarer und möglicher künftiger und vergangener Universen,[441] auch ganz anderer, und undenkbarer Zusammensetzung und Prägung, von denen keine Wissenschaft je etwas erfahren kann, weil niemand von uns je dabei war oder sein wird, und weil sie im Prozess der Neuschöpfung restlos vernichtet und wieder-erschaffen werden.

Und nun erinnern Sie sich noch ein bißchen mehr...
Diese vielen wirren Träume der letzten *Nacht Brahmas*, die 8,624,000,000 Solar-Jahre gedauert hat, waren irgendwie, irgendwo, real. Ja, diese Träume hatten etwas mit dem Geschehen des Universums zu tun, das wir gestern Morgen geschaffen haben. Das war vor genau 17,248,000,000 Solar-Jahren.[442] Dieses Universum war unter der Federführung des Meister-Designers El-Ohim entstanden, der sich schon bei früheren Universums-Designs durch besondere Genauigkeit und Effektivität ausgezeichnet hatte. Deshalb hatte ihm das Kollegium die Leitung für das letzte Projekt übertragen. Dieses Design hatte es ja wirklich in sich: Es begann mit einem ungeheuren, fantastischen Feuerwerk, einer Explosion, wie wir sie wirklich in all den unendlich vielen Universums-Zyklen, die unser Kollegium schon geschaffen hatte, wirklich noch nie gesehen hatten. Dafür erntete Kollege El-Ohim schon mal einen großen Anfangs-Applaus. Auch dann entwickelte sich das Projekt bestens weiter: Die Explosion fetzte durch den berechneten Universums-Raum, und schuf Hunderte von Milliarden kleinerer Sekundär-Explosionen, die aber nicht einfach aufglühten und verschwanden, sondern sich stabilisierten, und sich in einem ungeheuer komplizierten Muster umeinander wanden, sich in siebenfach-potenzierter Spiralform ineinander verdrehten, und einen gewaltigen, phantastischen kosmischen Tanz aufführten.[443]

---

440 Eigentlich sind es drei verschiedene Titel: Brahma, Shiva, Vishnu, aber das ist hier nicht so wichtig. Zum Weiter-Vorarbeiten in unergründliche mythologische Tiefen kann man bei Dechend (1993: 385) anfangen.
->:MAHA_KALPA, p. 219
441 Hesiodos: ex archaes, hoti proton genet auton, eirousai ta t' eonta ta t' essomena pro t' eonta.
442 Nach heutigen kosmologischen Theorien etwa das Alter des Universums der jetzigen kosmischen Epoche.
443 Weiteres Material zur siebenfach-potenzierten Spirale:

Wir waren sprachlos vor Begeisterung. Kollege El-Ohim verdiente wirklich den Titel Meister-Designer. Und so hatten wir einen rundum interessanten Brahma-Tag gehabt. Nun neigte er sich dem Abend zu (es waren insgesamt 8,624,000,000 Solar-Jahre dieses Universums-Zyklus vergangen), und es wurde nach den großen Explosionen allmählich dunkler und dunkler im Universum, und wir erwarteten, daß das Feuerwerk sich über Nacht beruhigte, und allmählich auskühlte, so daß wir dann am nächsten Morgen eine neue Kreation beginnen konnten. Die Kreation, für die ich mir einen besonderen Plan ausdenken wollte. Wir gingen also schlafen.

Aber da passierte etwas Unerwartetes. Normalerweise, wenn wir Brahmas schlafen, dann schlafen wir tief und fest, aber wir träumen nicht. Aber so ziemlich genau zur tiefsten Mitternacht,[444] vor sechs Brahma-Stunden, (oder vor etwa 4,320,000,000 Solar-Jahren), als wir alle schon fest schliefen, fingen diese seltsamen Träume an: Zuerst war es, als ob sich irgendwo etwas völlig unscheinbares regte, ganz, ganz dunkel und unauffällig. Es war ein ungewohntes, unbekanntes Phänomen, das sich da ganz am Rande bewegte, auf einer ansonsten völlig unscheinbaren Materie-Kondensation im Umkreis einer recht unbedeutenden *Sonne* in einem ziemlich abgelegenen Winkel einer mittelgroßen Galaxie in diesem ungeheuren, endlosen Universum unserer Kreation.[445] Und dann intensivierten sich diese Träume, ganz langsam zuerst, aber gerade vor 1/2 Brahma-Stunde (36 Minuten oder vor etwa 432,000,000 Solar-Jahren) nahmen sie geradezu alptraum-hafte Dimensionen an, von einer ungeheuren, überwältigenden Formenvielfalt, die da auf diesem winzigen, unscheinbaren Planeten entstanden war, den die Zeitgenossen auch *Erde* nennen, und diese Formenvielfalt wird auch *Leben* genannt. Diese Formenvielfalt war um so vieles reicher und phantastischer als all die gewaltigen galaktischen Konstruktionen, die sich im Laufe des vorangegangenen Brahma-Tages gebildet hatten, sie waren geradezu unendlich klein, aber auch unendlich komplex, und sie bewegten und veränderten sich ungeheuer schnell, und sie wurden immer schneller. Und es passierte etwas ungeheurliches, es war wie verhext: Diese Träume gewannen eine Eigendynamik, je intensiver sie wurden, desto tiefer schliefen wir, bleiern, gebannt, und nicht mehr unserer Sinne mächtig. Was geschah da? Sogen diese Träume uns unser eigenes Bewußtsein aus, und bemächtigten sich selber unserer allmächtigen Designer-Kräfte? Der Alptraum wurde immer schlimmer: Vor etwa 3.6 Brahma-Minuten (216 Brahma-Sekunden, oder vor etwa 43,200,000 Solar-Jahren) kochte dieser Planet geradezu über von völlig neuen Lebensformen, und vor 21 Brahma-Sekunden (oder vor etwa 4,320,000 Solar-Jahren), fing es an, geradezu chaotisch zu werden. Plötzlich entstanden da Lebewesen, die selber anfingen zu träumen. Und von da an wurde es richtig unvorstellbar. Vor etwa 2 Sekunden (oder vor etwa 432,000 Solar-Jahren) fingen diese Träume an, ihr Eigenleben zu führen, so als hätten sie einen eigenen Willen, und eine eigene Vorstellung, und sie nannten sich *Erdlinge*, die *Menschen*. Und es kam noch absurder: Vor 0.2 Sekunden (oder vor etwa 43,200 Solar-Jahren) fingen diese vertrackten Träume an, uns selber, die Brahmas zu

->:SIEBENFACH_SPIRALE, p. 216, ->:KOSMO_AXIS, p. 253

444 ->:MITTERNACHT, p. 219

445 ->:IM_WINKEL, p. 162

erträumen! Und um auch das noch zu übertreffen, vor 0.02 Sekunden (oder vor etwa 4,320 Solar-Jahren) passierte das Absurdeste:[446] Es formierte sich ein Traum von, dem *All-Einzigen Gott*, der die Brahmas in sich aufsog, die Erdlinge nannten ihn *YHVH.* Und der Name dessen, der diesen Traum den *Erdlingen* zuerst mitteilte, war *A-Brahma.* Die Vorsilbe A- steht in allen Indogermanischen Sprachen für Abtrennung und Vernichtung, und es war die Botschaft des Brahma-Vernichters. Wir wurden hilflos in diese Traumwelt aufgesogen, gerade so als wären wir in eines dieser *Schwarzen Löcher* geraten, das die Zeitgenossen aus der populären Naturwissenschafts-Presse kennen, hilflos in einem Strudel, aus dem wir uns nicht mehr befreien konnten.

Aber jetzt, zuletzt, sind wir wieder aufgewacht.
Ein neuer Tag beginnt, zum Design der neuen Welt!
Frisch auf ans Werk, Kollegen, voll neuer Schaffenskraft!

Oder vielleicht auch nicht? Ist unser Brahma, von dem wir da erzählen, nicht gerade *Jetzt* in seinem tiefsten, bleiernsten Schlaf, träumt er nicht gerade *Jetzt* seinen schlimmsten Alptraum, den er nur träumen kann? Und was kann es für einen schlimmeren Alptraum geben, als zu träumen, man sei wach, und man geht wieder normal ans Werk, wie jeden anderen Tag auch, bis man irgendwann merkt... irgendetwas an dieser Geschichte stimmt doch nicht... irgendetwas ist da doch ganz fatal anders...
....
....
....
Denn, oh Graus: *gerade Jetzt, in diesem Augenblick*, erträumt ihn ein Erdling direkt, in seinem vollen Selbst, der Bann ist rund geschlossen. Und *Jetzt* ist es auch nicht mehr so wichtig, ob es da einer dieser Brahmas ist, der das Erden-Leben träumt, oder einer dieser Erdlinge, der sich die Brahmas erträumt. "Das Spiel ist alles, die Spieler nichts".[447]

Diese Episode aus dem Leben eines Brahma ist, eine kleine "Fingerübung" des Denkens aus einem völlig anderen Bezugs-Zentrum, als wir Menschen es von unserer neuronalen Ausstattung und Programmierung her gewohnt sind. Das Thema der Welt als Traum ist eine Variation einer sehr alten {philosophischen / mythologischen} Trope, die z.B. von Chuang Tse überliefert ist, als er sagte: Bin ich ein Schmetterling, der träumt, ein Mensch zu sein, oder bin ich ein Mensch, der gerade von einem Schmetterling träumt? Weiterhin ist "die Welt als Traum" ein bekanntes Thema der Gnosis, wie es z.B. von Shakespeare in "Der Sturm IV,1" so meisterhaft formuliert worden war:

> Wir sind aus solchem Stoff / Wie der zu Träumen, und dies kleine Leben /
> Umfaßt ein Schlaf.

---

[446] Tertullian: Credo quia absurdum.
[447] Karbe (1995: 123)

Die tieferen Hintergründe der gnostischen und doketeischen Traum-Trope, und ihr Bezug zum Mahayana-Buddhismus, werden von Joseph Campbell in "Die Masken Gottes" (1996,III: 412-418) behandelt. In der vorliegenden Version führen wir eine radikale Umdrehung der Bezugs-Dimension ein. Hier stellen wir uns vor, daß unsere Original-Existenz die der Brahmas wäre, die das Leben auf der Erde nur träumen. Dies ist eine Abwandlung bestimmter meditativer Techniken aus dem *Corpus Hermeticum*, die dem synkretischen Gott Hermes-Thot zugeeignet waren. (Campbell 1996,III: 417-418).

Man kann es wohl nur den über-menschlichen Fähigkeiten von Brahmas zurechnen, daß sie ihr Traum-Erleben so genau beherrschen, daß sie den Zeitbezug ihrer Traum-Abläufe so präzise wahrnehmen. Oder wir können es auch noch anders sehen: Die *Traum-Zeit* (aus unserer Sicht), in der die Brahmas leben, also ihre eigentliche *Existenz-Dimension*, ist fundamental zeitlos, *ewig*, wie wir aus der Sicht unserer Denkstruktur sagen. Erst wenn sie in ihre Alpträume verfallen, beginnt die Zeit zu laufen, immer schneller, bis sie letztlich zu rasen anfängt.[448] Unser Bewußtseins-Erlebnis, und unsere Bewußtseins-Modi sind komplementär zu dem "Bewußtsein" der Brahmas. Wenn sie träumen, wachen wir, und wenn wir träumen, dann wachen sie. So oder so ähnlich sehen es auch die australischen Aborigines mit den Traum-Zeit-Mythen ihrer Ur-Ahnen. In unserem Beispiel wurde das Thema der Traum-Zeit nur zu einer kosmischen *Welt-Traum-Zeit* umgeformt, um über dieses Wortspiel die heutige wissenschaftliche Kosmologie der *Raum-Zeit* mit in unsere Vorstellungen aufzunehmen, sie in der *Welt-Traum-Zeit* "aufzuheben", wie Hegel es ausgedrückt hätte. Denn unsere heutige Wissenschaft mit all ihren Errungenschaften ist nach dieser Parabel eben auch nur ein *Traum Brahmas*. Die atemberaubende Beschleunigung der Traumerlebnisse des Brahma ist eine Charakteristik unserer realen Welt, die wir heute auch selber wahrnehmen. Aber seit dem Auftreten des Menschen auf der Erde hat sich das Leben allgemein beschleunigt, und dasselbe kann man sagen, seit vor 500 Mio Jahren die Ersten Vielzeller, die Metazoen, diesen Planeten eroberten. Wir können mit einem gewissen Erstaunen feststellen, daß sich die Etappen dieser Beschleunigung ziemlich elegant in ein logarithmisches System von Zehnerpotenzen einordnen lassen. *Warum, das wissen nur die Götter*. Unsere Parabel zeigt noch einen anderen wesentlichen Bezug und Kontrast der Existenzen der *Welt-Traum-Zeit* gegenüber unserer Menschenwelt: Die Brahmas sind eine *extrem distributive* Intelligenzform, die sich nur über absolut kosmische Distanzen und Zeiträume manifestiert. Eine solche Intelligenzform können wir Menschen überhaupt nicht wahrnehmen. Ein Tag dieser Intelligenzform dauert 17,248,000,000 Solar-Jahre,[449] und eine Sekunde 216,000 Solar-Jahre. Stellen Sie sich vor, Sie müssen mit jemand reden, der 216,000 Solar-Jahre braucht, um auch nur ein Wort zu sagen. Dies ist das Grund-Problem aller Mystiker und Mythologen aller Denkarten und Schattierungen: Wie kann man mit einer Intelligenzform Kontakt aufnehmen, die so andersartig ist, als unsere, daß die her-

[448] Dechend (1993: 372, 21) Wenn Vishnu wacht, bewegt sich das Universum rechtsläufig, wenn Vishnu schläft, bewegt es sich linksläufig.

[449] Nach anderer Interpretation sind es 8,624,000,000 Solar-Jahre.

kömmlichen Denk-Kategorien einfach dabei zerfließen.[450] Daher ist eine solche Intelligenzform auch völlig un- oder außer-wissenschaftlich. Die Wissenschaft kann nur mit Dingen umgehen, mit denen wir in irgendeinen instrumentellen Kontakt gehen können, die wir einem Experiment unterwerfen können. Aber Götter lassen sich keinem Experiment unterwerfen. Die einzige Möglichkeit des Kontakts ist das *Ur-Ahnen* der *Traum-Zeit*, oder in anderer Ausdrucksweise: Die *Mystik* und *Mythologie*. Und noch eine Einsicht vermittelt uns diese Parabel: Es ist eine andere Darstellung für das seltsame Phänomen, das uns die Mythologen und Mystiker aller Kulturen mitteilen: *Die Götter sterben.*[451] Sie sterben seit ca. 4,320 Solar-Jahren unaufhaltsam, und verschwinden von unserer Erde. Natürlich kann man von den Göttern nicht wirklich sagen, daß sie sterben, aber der Prozess hat etwas mit einem *Verdampfen*, oder einem *Aufgesogen Werden* zu tun, wie von dem schwarzen Loch ihres Alptraumes, in dem sie nach der Parabel versinken. Vorher, etwa im alten Ägypten, gab es noch Gottesreiche unvorstellbarer Erhabenheit und Glorie, aber sie sanken in einem unaufhaltsamen, schmählichen Niedergang dahin.[452] Die alten Mythen erzählen uns von den Vier Zeitaltern: Das Goldene, Das Silberne, Das Bronzene, und Das Eiserne. Von dem einem zum anderen wurden die Verhältnisse immer schlechter. Und die letzte Epoche des Verschwindens der Götter, der *Götterdämmerung*, das Eiserne Zeitalter, begann vor etwa 4,320 Solar-Jahren.[453] Und der *Tod der Götter* hat wesenhaft mit der Bewußtseins-Entwicklung der Menschen zu tun.

Hier folgen einige Materialien, Erklärungen und Zusätze zu dem obigen Text.

1.1. Die Siebenfach potenzierte Spirale

@:SIEBENFACH_SPIRALE

In der populären Naturwissenschafts-Presse der Zeitgenossen werden potenzierte Spiralen so dargestellt: Eine Spirale, die einer Spiral-Wicklung folgt, die wiederum einer Spiral-Wicklung folgt, etc. etc. Wir können uns die *siebenfach potenzierte Spirale* kosmologisch-physikalisch so vorstellen: auf der aller-untersten Ebene als die Spiral-Wicklung der Superstrings, dann auf der atomaren Ebene in diversen Potential-Wirbel

---

[450] Man möge sich zum Vergleich die erfrischende Naivität eines Denkens dagegenhalten, das wie im Seti-Projekt von Sagan stillschweigend annimmt, daß Intelligenz notwendigerweise in demselben meso-kosmischen Bezugsrahmen auftreten muß, wie unserer. Was ist, wenn die Intelligenz keinerlei intrinsischen Grund hat, sich an solche mickrigen Maßstäbe zu halten?

[451] Dechend (1993: 251 ff.): "Der große Pan ist tot".

[452] Der Untergang des Ägyptischen Alten Reiches, das die Pyramiden errichtet hatte, war nach der heutigen archäologischen Berechnung vor etwa 4,130 Solar-Jahren. Damit war das Zeitalter der Gott-Könige beendet. 4,320 Jahre ist ungefähr das Alter der letzten Pyramide, die je gebaut wurde. Britannica: Mykerinos, Shepseskaf (c. 2575-c. 2465 BC, die Daten müssen aufgrund von Unsicherheiten in der Zeitrechnung cum grano salis genommen werden). Das Alter der bekannten Cheops-Pyramide ist etwa 4680 Jahre.

[453] ->:EISEN_ZEIT, p. 217

und Toroid-Modellen, wie sie z.B. von Lord Kelvin und Konstantin Meyl (1990) formuliert wurden, dann auf höherer molekularer Ebene in der Grundlage des biologischen Lebens als Spiral-Wicklung der DNS, dann in den vielfältigen Wirbel-Phänomenen des Wassers und der Atmosphäre, und dann auf den höheren kosmischen Ebenen als Spiral-Windung der Planetenbahnen, die ja der gekrümmten Bahn ihrer Sonne durch die Galaxis folgen, und diese wiederum auf der höchsten Ebene das Spiral-förmige Ineinanderdrehen aller Galaxien auf ihrem unendlichen kosmischen Tanz durch das Universum. Die Betrachtung einer solchen siebenfachen Ineinander-Drehung auf allen Zeit-Ebenen gleichzeitig ist ein Anblick, der uns Sterblichen leider nicht vergönnt, ist, und wenn wir es wahrnehmen könnten, dann würde uns sicher ganz schön schwindelig dabei werden. Dazu mehr in einem späteren Kapitel:
->:GRAVITATIONS_KUNST, p. 254

1.2. Das Eiserne Zeitalter

@:EISEN_ZEIT

Dies ist ein kurzer Exkurs zum Eisernen Zeitalter, der die obigen Andeutungen vertieft. Man muß den historischen Anspruch der Genauigkeit der Datierung der wissenschaftlich-historischen Bezeichnung der Epoche der Eisenzeit und das mythische Ur-Ahnen des Eisernen Zeitalters auseinanderhalten. Nach dem hier dargestellten vedischen Mythos begann das Eiserne Zeitalter vor 5000 Jahren: Das Kali Yuga.[454] Das Eisen war schon im Alten Sumer vor 5000 Jahren vereinzelt in Gebrauch, und man fand in Ägypten kleine Eisen-Geräte, die wegen ihrer besonderen Kostbarkeit den Pharaonen ins Grab beigegeben worden sind. Da Eisen im Gegensatz zu Gold, Bronze und Kupfer unter den auf dem Planeten Erde herrschenden Witterungsbedingungen sehr schnell völlig in Oxide zerfällt, ist es archäologisch meist nicht mehr auffindbar. Das beweist aber noch lange nicht, daß die Menschen der Ur-Zeit kein Eisen kannten. Im Gegenteil: Eisen war in der prähistorischen Ur-Zeit das Zauber-Material par excellence, kostbarer und seltener noch als Diamanten. Gelegentliche Verwendung von nativem Rein-Eisen gibt es schon seit Zehntausenden von Jahren, genau wie auch andere native Metalle, etwa Gold und Kupfer verwendet wurden. Aber natives Rein-Eisen kommt nur in Meteoren vor, und dic sind noch viel seltener als Gold-Nuggets, die sich in vielen Flußläufen finden lassen (Neuburger 1919: 22). Es gab in der prä-historischen Sahara nennenswerte Vorkommen solcher Rein-Eisen-Meteoriten, die waren aber irgendwann restlos abgeräumt, und in alle Winde zerstreut. Solche prähistorischen Industrien sind mit konventionellen archäologischen Methoden nicht nachzuweisen. Aber es lassen sich genügend Hinweise einer Ur-Mythologie um das Eisen finden: So ist das altgriechische Wort für Stahl: Adamantis, es wird verwendet bei der Kette, mit der Prometheus an den Felsen geschmiedet wurde, und der Sichel, mit der Kronos seinen Vater Ouranos kastrierte. Es besteht eine direkte semantische Verwandtschaft mit dem Wort Diamantis. Dies weist auf die Haupt-Eigenschaft des Stahls wie des Dia-manten, des Zerschneidens, von dem Verb diamazo[455] zerschneiden und masaomai, (zer-) Beißen,

---

454 ->:MAHA_KALPA, p. 219

455 manthano -> math -> mundus -> mandala: kreisende Bewegung. (Dechend 1993: 366-369)

Kauen. Weitere Verzweigungen dieses Semantik-Rhizoms sind: machaira, Messer, Schwert, Dolch, und machae, Kampf. Wie wir alle wissen, bestehen Diamanten aus reinem Kohlenstoff, und Stahl ist eine Einlagerung von atomaren Kohlenstoff in das Metallgitter des Eisens. Wie wir ebenso alle aus dem elementaren Chemie-Unterricht wissen, stellt das Atomar-Gitter des Diamanten den einfachsten aller regelmäßigsten geometrischen Körper dar, einen Tetraeder. Seine Seitenflächen bestehen aus vier gleichseitigen Dreiecken. (Die drei-dimensionale Potenzierung der Triade, oder auch der Pythagoräischen Tetraktys.) Diese Konstruktion macht den Tetraeder maximal unverzerr- und unverrückbar gegenüber äußeren Einwirkungen, daher ist der Tetraeder der stabilste Körper, und in der Natur der Diamant das härteste Mineral. Diese Eigenschaft war es, warum Platon im Timaios den Grundbauplan seines harmonikalen Kosmos auf die Basis von Tetraedern aufgesetzt hat. Die innigste Verbindung von Adamantis und Dia-mantis war das höchste Ziel der archaischen Schmiedetechnik: das atomare Eisen-Kohlenstoff-Gitter durch endlose Zyklen von Erhitzen, Falten, Hämmern und Abschrecken maximal so zu verdichten, daß der Stahl maximal hart und gleichzeitig maximal flexibel wurde. Die unübertroffene Perfektion dieser Kunst wurde mit der Damast-Technik erreicht, und diese wurde in der Stadt Damaskus gepflegt, dem Sitz der besten Schmiede der Menschheit. Von diesen und ähnlichen Ur-Ahnungen rührt noch die bis heute erhaltene Magie der Schmiede aller Vorvölker und Ur-Kulturen.

Weitere Quellen zu Stahl, Diamanten, Schmiede-Mythen und Zeit-Vorstellungen: Campbell 1996,III: 295-307. Zoroastrische und Mithraische Mythologie, Zervan Akarana: die unendliche Zeit (301-302, 305), die Schlange mit sechs Windungen (302), der diamantene Blitzkeil (Keraunos) (302), der Vajra (302), der doppelköpfige Hammer (Thor) (307), die Verbindung von Metallbearbeitung und (Zeit-) Achsenstange (304), der kosmische Rhythmus (rita) (305).

1.3. Die Eisen-Zeit

Eisenzeit ist der Name der geschichtlichen Epoche, die von der allgemeinen Verwendung des Eisens und Eisen / Stahl-Werkzeugen als Standard-Technologie geprägt wurde. Dies setzt die Beherrschung dieverser Material- und Verfahrens-Technologien voraus, wie des Hochtemperatur-Schmelz-Ofens (befeuert anfänglich mit Holzkohle, später mit Steinkohle), sowie die nötigen feuerfesten Materialien und das Gebläse-System für die Sauerstoff-Zufuhr, um die benötigte Temperatur zu erzielen. Dieses Technologie-Stadium wurde zuerst in Indien vermutlich gegen -2500, mit geschichtlicher Sicherheit etwa um -1400 erreicht. (Neuburger 1919: 22-32). Nach Amerika kam die Eisen-Technologie erst mit der Eroberung der Spanier um 1500.

Britannica: Iron Age: final technological and cultural stage in the Stone-Bronze-Iron-Age sequence. The date of the full Iron Age, in which this metal for the most part replaced bronze in implements and weapons, varied geographically, beginning in the Middle East and southeastern Europe about 1200 BC but in China not until about 600 BC. Although in the Middle East iron had limited use as a scarce and precious metal as early as 3000

BC, there is no indication that people at that time recognized its superior qualities over those of bronze. Between 1200 and 1000, however, the export of knowledge of iron metallurgy and of iron objects was rapid and widespread. With the large-scale production of iron implements came new patterns of more permanent settlement. On the other hand, utilization of iron for weapons put arms in the hands of the masses for the first time and set off a series of large-scale movements of peoples that did not end for 2,000 years and that changed the face of Europe and Asia.

1.4. Es spricht die tiefe Mitternacht

@:MITTERNACHT

Hier weitere Darstellungen aus der *Welt-Traum-Zeit*, von einem, der das *Ur-Ahnen* noch verstanden hat: Nietzsche, aus Zarathustra:

Oh Mensch! Gieb Acht!
Was spricht die tiefe Mitternacht?
``Ich schlief, ich schlief -,
``Aus tiefem Traum bin ich erwacht: -
``Die Welt ist tief,
``Und tiefer als der Tag gedacht.
``Tief ist ihr Weh -,
``Lust - tiefer noch als Herzeleid:
``Weh spricht: Vergeh!
``Doch alle Lust will Ewigkeit
``will tiefe, tiefe Ewigkeit!"

1.5. A Day in the Life of Brahma

@:MAHA_KALPA

Britannica: Hinduism: Myths of time and eternity.

The oldest texts speak little of time and eternity. It is taken for granted that the gods, though born, are immortal; they are called "sons of Immortality." In the Atharvaveda, Time appears personified as creator and ruler of everything. In the Brahmanas and later Vedic texts there are repeated esoteric speculations concerning the year, which is the unit of creation and thus is identified with the creative and regenerative sacrifice and with Prajapati ("Lord of Creatures"), the god of the sacrifice. Time is an endless repetition of the year, and thus of creation; this is the starting point of later notions of repeated creations.

Puranic myths develop around the notion of yuga (world age), of which there are four. These four yugas, Krta, Treta, Dvapara, and Kali--they are named after the four throws, from best to worst, in a dice game--constitute a mahayuga (large yuga), and, like the comparable ages of the world depicted by the Greek poet Hesiod, are periods of increasing deterioration. Time itself also deteriorates, for the ages are successively shorter. Each yuga is preceded by an intermediate "dawn" and "dusk." The Krta Yuga lasts 4,000 years, with a dawn and dusk of 400 years each, or a total of 4,800 years; Treta a total of 3,600 years; Dvapara 2,400 years; and Kali (the current one), 1,200 years.[456] A mahayuga thus lasts 12,000 years[457] and observes the usual coefficient of 12, derived from the 12-month year, the unit of creation. These years are "years of the gods," each lasting 360 human years, 360 being the days in a year. Two thousand mahayugas form one kalpa (eon),[458] which is itself but one day in the life of Brahma, whose full life lasts 100 years; the present is the midpoint of his life. Each kalpa is followed by an equally long period of abeyance (pralaya), in which the universe is asleep. Seemingly the universe will come to an end at the end of Brahma's life, but Brahmas too are innumerable, and a new universe is reborn with each new Brahma.

Another myth lays particular stress on the destructive aspect of time. Everything dies in time: "Time ripens the creatures, Time rots them" (Mahabharata 1.1.188). "Time" (kala) is thus another name for the god of death, Yama. The name is associated especially with Shiva in his destructive aspect as Mahakala and is extended to his consort, who may be known as the goddess Kali or Mahakali. On a mythological level the speculations on time reflect the doctrine of the eternal return in the philosophy of transmigration. The universe returns just as, after death, a soul returns to be born again. In the oldest description of the process (Chandogya Upanishad 5.3.1.-5.3.10), the account is still mythic, but with tendencies to naturalism. The soul on departing may go either of two ways: the Way of the Gods, which brings it through days, bright fortnights, the half year of the northern course of the Sun, to the full year, and eventually to brahman; or the Way of the Ancestors, through nights, dark fortnights, the half year of the southern course of the Sun, and, failing to reach the full year, eventually back to Earth clinging to raindrops. If the soul happens to light on a plant that is subsequently eaten by a man, the man may impregnate a woman and thus the soul is reborn. Once more the significance of the year as a symbol of complete time is clear.

2. Das Spannungsfeld, das die Welt im Innersten zusammenhält

@:PRINZIP_SPANNUNG

Was die Welt im Innersten zusammenhält, ist fürwahr ein Spannungsfeld!

A.G. nach Goethes Faust

Mit diesen Worten versetzen wir uns in das Spannungsfeld eines anderen Meister-Designers, nämlich *Goethes Faust*. Und in diesem einen Satz sehen wir auch eine Antwort auf die Schicksalsfrage, nach der Faust sein Leben lang vergeblich gesucht

[456] = 432,000 Solar-Jahre ~ Alter der Hominiden.

[457] = 4,320,000 Solar-Jahre ~ Alter der Anthropoiden.

[458] = 8,624,000,000 Solar-Jahre = 1 Tag im Leben Brahmas. ~ 1/2 Alter des Universums.

S.a. McClain (1978: 73-93).

hatte. Seine Frage lautete: "Daß ich erkenne, was die Welt im Innersten zusammenhält, Schau' alle Wirkenskraft und Samen, Und tu' nicht mehr in Worten kramen" (382-385). Zu dieser Lösung können wir kommen, weil es uns vergönnt ist, gemäß des Designs von Goethe, das Drama Faustens von der Warte des Betrachters zu verstehen, weil wir außerhalb stehen. Strikt nach Archimedes: "Gebet mir einen Punkt außerhalb der Erde, und ich werde sie euch aus den Angeln heben."

Und so können wir uns in unserer Vorstellung in das Spannungsfeld versetzen, *das der Ur-Sprung aller Dinge ist.*[459] Das deutsche Wort "Ur-Sprung" stellt in seinem Bedeutungsfeld auf unübersetzbare Weise genau das ihm innewohnende Spannungsfeld dar, und seine Be-Deutung entfaltet sich aus der inneren Dynamik des Wortbildes. Bevor etwas im "Ur-Sprung" Befindliches in die Welt der Erscheinungen ent-springen kann, muß es durch ein Spannungsfeld gehen, durch ein kulminierendes Anwachsen von Kräften, die im Widerstreit stehen, *dem Kampf der Kräfte des Beharrenden gegen die Kräfte des Verändernden.*

Wir können dieses primordiale Spannungsfeld jederzeit direkt erleben, wenn wir einen sich formenden Wassertropfen beobachten, an einem tropfenden Wasserhahn, oder noch besser noch, in einem leichten Regen, wenn auf irgend einem Blatt an einem Baum das Wasser der Regentropfen sich zitternd zu größeren Tropfen vereinigt, und diese mit dem leichten Zittern des Blattes an den Rand wandern, und dort, ebenfalls in einem kleinen kosmischen Drama, dann ihren Absprung nehmen.

Bei einem Wassertropfen sieht die Entwicklung und endliche Auflösung des primordialen Spannungsfeldes noch sehr friedlich und romantisch aus, weil das Wasser das weichste und anpassungsfähigste Element in diesem Kosmos ist. Aber wenn größere Kräfte des Beharrens, und größere Gewalten der Veränderung miteinander in Streit kommen, dann gibt es auch noch ganz andere Spannungsfelder und noch ganz andere Kraft-Entladungen. Eine mathematische Darstellung dieser kulminierenden Klimax wurde von René Thom als *Katastrophentheorie* bezeichnet, von *kata strophae* (Wendung, Umsturz, Untergang). In den uralten Kosmogonien der Menschheit, wie der griechischen Kosmogonie des Hesiodos, finden wir sehr drastische Darstellungen des "Ur-Sprungs" - "*en archae*". Hier finden wir nicht einfach nur *Spannungsfelder*, sondern es herrscht *Aufruhr, Kampf,* und *Gewalt*, *Mord* und *Totschlag*. Der jüdische Entwurf der Kosmogonie ist zwar "Im Anfang" noch ganz friedlich (und Gott sah, daß es gut war),[460] aber gleich danach geht der Aufruhr los: Der Aufstand der Engel am Beginn der kosmischen Epoche, der Sündenfall, die Vertreibung aus dem Paradies, die Ermordung Abels, und die Austilgung der ersten Menschheit in der Sintflut. Man wird kaum eine Passage in der Bibel finden, die nicht voller Gewalt ist, mit einer Ausnahme vielleicht: Das *Hohelied Salomos*.

---

[459] Der folgende Abschnitt ist etwas überarbeitet extrahiert aus:
Goppold (1999d: 34-39), http://www.noologie.de/desn08.htm
Siehe auch: ->:UR_SPRUNG, p. 325

[460] ->:RECHT_UND_ORDNUNG, p. 226

2.1. Die Erfindung des Kosmos: Das Gute, Schöne, und Geordnete

@:KOSMOS

Da nimmt die christliche, das Abendland während der letzten 2000 Jahre beherrschende Mythologie, nach der Fassung von Joh. 1.1. eine gewisse Sonderstellung ein, indem sie den Anfang aller Dinge der ordnenden Stimme und Willensmacht eines Schöpfergottes unterordnet, nach der der *Kosmos* (griech: Schmuck, Zierde, Ordnung) geschaffen wird. Die christliche Fassung ist eine im Vergleich zu früheren Schöpfungsmythen wesentlich geläuterte Version, in der das Schöpferwort Gottes in der Form des griechischen *Logos*, und des apollinischen Lichts (*phoibos*, *phos*, *phaos*), in abstrakter Überhöhung als Prinzip (*principium* := *archae*), erscheint, das sich erst zu einer späteren Stufe in der materiellen Fleischlichkeit manifestiert. Wesentlich bestimmend für das christliche Bild der Weltenordnung im Neuen Testament war der hellenistische Einfluß, besonders Platons Entwurf der Weltschöpfung im Timaios, der ganz auf den alles durchwaltenden höchsten Prinzipien (*hier-archia*) des Wahren, des Guten und des Schönen, des Geordneten (des *kosmos*), beruhte. Auch wenn die religiösen Motive aus der Geschichte des Abendlandes langsam verblaßten, so blieb *das Prinzip der Ordnung* ein wesentliches Leitmotiv, dem vor allem die Naturwissenschaften nachfolgten, unter der Führung der Physik in der mechanistischen, Newton- Cartesianischen Orientierung, auf Basis reversibler Prozesse, in energetisch geschlossenen Systemen. Dieses Prinzip ist vor allem in dem heute aktuellen Thema der Suche nach der "Weltformel" der Physiker erkennbar, und es wurde pointiert in Anlehnung an das theologische Motiv von Albert Einstein ausgedrückt: "Gott würfelt nicht".

Aber eine Welt, die nur von den schönen, bewahrenden, ordnenden, und harmonischen Kräften beherrscht wird, ist leblos, sie ist vielleicht ein schönes *Musaion*, aber ihr fehlt die lebendige Energie, die sie in Bewegung hält. Die wirkliche Welt wird von der Kraft beherrscht, die den dynamischen Pol des Ur-sprunges vertritt, *die Energien der Veränderung, der Bewegung*, und des *Wandels*, in Goethes Ausdrucksweise: der *Metamorphose*. In der heutigen Naturwissenschaft konkretisiert sich diese Sicht etwa in den Arbeiten René Thoms, und Chaos- und Thermodynamik- orientierten Ansätzen. Die christliche Theologie tat sich damit eher schwer, die dynamischen Elemente in ihr System mit einzubeziehen, und sie mußte ein externes Prinzip des Bösen erfinden, den *Satan*, oder *Luzifer*, da Gott, das Prinzip des Guten, schwer mit der unausweichlichen Zerstörung in Einklang gebracht werden konnte, die ja bei jeder Neuschaffung ein notwendiger Bestandteil des Ganges der Dinge ist.

2.1.1. Die "Erbsünde" der Stasis

Für eine etwas andere Darstellung dieses Geschehens kehren wir für einen Moment zu dem *Welt-Traum-Bericht* "En Archae"[461] zurück, den wir oben vorgestellt hatten, und den genialen Entwurf des Meister-Welten-Designers *El-Ohim*. Sein Konzept hatte als wesentliche Elemente spiralige, also ellipsoide, ovoide, zykloide, zentrifugale, und zentripetale, zyklo-tangentiale Bewegungsmuster, die von ihrem Ursprung ausgingen, und wieder dorthin führten. Das war sein Konzept des kosmischen Tanzes (der in der

461 ->:EN_ARCHAE, p. 211

indischen Mythologie auch als der *Tanz Shivas* bekannt ist). Dieses Konzept verging und verglühte in der dunklen Brahma-Nacht, die fast 8,624,000,000 Solar-Jahre währte, und es wurde schlicht und einfach vergessen.

Das Christliche Welten-Design aus Joh. 1.1. wurde wesentlich dem Entwurf eines anderen Meister-Designers entnommen, dem Timaios von Platon. Dieses Design war ja, wie oben schon gesagt, voller Harmonie, und voller Schönheit. Platon hatte sich bemüht, seinen Welten-Designer *Demiourgos* mit allen Eigenschaften eines wohlwollenden und gütigen Schöpfers zu versehen, der nach bestem Wissen und Gewissen dafür sorgt, daß seine Kreation die besten aller nur möglichen Voraussetzungen (Endowment) mit auf ihren Lebensweg (ihr Trajektorium) mitgegeben bekommt. Dazu können wir uns die Einzelheiten in den Tausenden von Kommentaren ansehen, die zu diesem Entwurf in der langen Geschichte der {Krypto- / Pseudo- / Neo-} Platonischen Schulen der letzten 2300 Jahre verfaßt worden sind. (Die berühmte endlose Sequenz der Fußnoten zu Platon, die Whitehead erwähnt hat). Diese alle auch nur aufzulisten wäre völlig außerhalb des Rahmens der vorliegenden Arbeit, geschweige sie näher zu besprechen. Aber es können einige der IMHO[462] bemerkenswertesten Entwürfe exemplarisch genannt werden: Die Schule der "Ungeschriebenen Lehren Platons", die von Giovanni Reale dargestellt wurde, und die Schule des Harmonikalen Kosmos, die eine Zurückführung des Timaios auf die Pythagoräischen Lehren ist. Hier finden wir Arbeiten, die sich direkt auf Pythagoras beziehen (z.B. Van der Waerden), und dann (nur einige von vielen) Giordano Bruno, Kepler, Albert Thimus, Kepler, Hans Kayser; Rudolf Haase; Marius Schneider; Frances Yates, Ernest McClain, ... , ...

Wie schon gesagt, dieses Feld ist zu umfangreich, als daß man es hier mehr als anreißen könnte. Hier soll diese Interpretationslinie einmal aus einer anderen Sicht betrachtet werden. Denn die großartigen Entwürfe, die im Timaios entweder enthalten sind, oder ihm untergeschoben wurden (nach 2300 Jahren Interpretationen von Interpretationen ad infinitum läßt sich das nicht mehr so leicht auseinanderhalten), lassen eins leicht übersehen, daß diese Entwürfe von ihrem Grundprinzip her eine gewisse Stasis enthalten. Denn Platon ging in seinem harmonischen (harmonikalen) Kosmos von bestimmten Zahlenverhältnissen aus, die sowohl in der Geometrie der regelmäßigen Körper als auch in den musikalischen Intervall-Ratios enthalten sind. Sein Grund-Bau-Prinzip des Kosmos waren regelmäßige Figuren, und von diesen allen besonders ausgezeichnet, der *Diamant*. Den Diamanten haben wir schon oben erwähnt. Das Atom-Gitter des Diamanten ist im ganzen Kosmos das geordneteste, regelmäßigste, stabilste, und härteste, das die Schöpfung dieser Kosmischen Epoche zuwege gebracht hat: Es ist der *Tetraeder*. Deshalb spielt der Diamant so eine eminente mythologische Rolle, denn wenn wir irgendwo einen *Tetraeder* finden, finden wir auch einen *Diamanten*, und umgekehrt. Das Grund- und Geburts- Übel des Platonischen Timaios-Designs war aber eine Stasis seiner Ideen-Lehre, die sich Platon eingehandelt hatte, als er seine Entwürfe mehr an der Schule der Eleaten nach Parmenides ausgerichtet hatte, als an der Schule der Heraklitäer, deren Prinzipien mehr auf Dynamis ausgerichtet wa-

462 ->:IMHO_PRINZIP, p. 12

ren. (Auch hier sollte IMHO angemerkt werden, daß diese Sicht wohl auch nur eine Fehl-Interpretation späterer Interpreten sein kann, und daß Platon selber das alles möglicherweise ganz anders gemeint hat, und wir ihn nur gründlich mißverstanden haben. Wir brauchen uns dazu nur die weitergehenden Betrachtungen von Hertha v. Dechend ansehen.) Dieses an sich logische Design-Problem ging dann sozusagen als "Erbsünde" des christlichen Kosmos-Design in die Geschichte des Abendlandes ein, da das Reich der Himmlischen Heerscharen des Absolut Guten Gottes (z.B. nach Dionysios Areopagita), zwar ein sehr wohlgeordneter war, aber mit solch einer eminenten Ordnung war es "verteufelt" schwierig, irgendwo die Prinzipien der Veränderung, der Meta-Morphosis mit hineinzubekommen. Deshalb mußten sie draußen bleiben, und das hatte fatale Folgen.

Wenn wir das im Vergleich zu dem Entwurf des Meister-Welten-Designers *El-Ohim* betrachten, fällt uns sofort auf, daß die Siebenfachen Spiralen, die er entworfen hat, eine *Regelmäßigkeit der Dynamik* beinhalten, die aber nur sichtbar wird, wenn wir in der Lage sind, sein Design durch alle Epochen des Kosmos hindurch, auf allen *zeitlichen Ebenen gleichzeitig* zu betrachten: *par aion ap aion* (Hesiodos). Das ist aber eine Perspektive der Betrachtung, die dem Menschen kraft des evolutionären Designs seines Neuronal-Systems, und wegen seiner Eintagsfliegen-haften Kurzlebigkeit schlicht nicht vergönnt ist.[463] Und diese *Regelmäßigkeit der Dynamik* beinhaltet zudem einen sehr reichen Spielraum von allerlei Unregelmäßigkeiten auf allen lokalen Ebenen, aufgrund der *Gravitationalen Interaktion.* Auf dieses Thema soll später noch genauer eingegangen werden.

->:GRAVITATIONS_KUNST, p. 254

2.1.2. Die Erfindung des Dualismus: Yahwe der Un-Aussprechliche

@:DUALISMUS

Es haben sich schon viele eminente Denker mit der Frage beschäftigt, wie das *Böse* in die Welt gekommen ist. Aber keiner hat je daran gedacht, wie und warum das *Gute* seinen Einzug gehalten hat.

A.G.

Die hier berichtete Chronik hat viel mit verschiedenen Stufen und Stadien des Vergessens und Mißverstehens zu tun. Das Design von *El-Ohim* mit seinen vielen ineinander-geschachtelten Spiralen war eindeutig zu kompliziert für die nach einem etwas schlichteren Strickmuster geformten Gemüter der Flachlandbewohner der Hügel, Ebenen und Flußtäler Vorder-Asiens, zwischen der Levantischen Mittelmeerküste im Westen und dem Zagros-Gebirge im Osten, die Region, die auch als der *Fruchtbare Halbmond* bekannt war. Hier trat ein anderes, viel einpräglicheres, viel eindringlicheres Erfolgs-Rezept auf den Plan, das eine *viel größere Durchschlagskraft* hatte.

Verfolgen wir die Geschichte zurück zu ihrem Ur-Sprung, im Werdegang der Auseinandersetzung zwischen den Kräften der Ordnung und der *hiero-archia* mit den dynamischen Prinzipien der Veränderung und der Metamorphose, zurück zu den Ur-

463 ->:BLICK_AUFS_GANZE, p. 248

sprüngen und den Wurzeln der Zivilisationen. Wir finden eine bedeutsame *Bifurkation* in der Menschheitsgeschichte, die vor ca. 2500 Jahren stattfand, und die seit Jaspers unter dem Namen "Achsenzeit" bekannt ist. Damals trat *das Prinzip des Absolut Guten* und der rechten Ordnung als *Ahura Mazda* das erste Mal *in eine ewige Todfeindschaft* mit dem Prinzip des *Absolut Bösen, Angra Mainyu.* Dies geschah in Persien, unter der Lehre des Religionsgründers Zoroaster. Hier entstand der *Dualismus*, und damit die *Aristotelische Denk-Struktur*.[464]

Joseph Campbell erklärt (1996,III: 245-246), warum genau zu dieser Zeit und an diesem Ort, das simplere Prinzip des Dualismus so leicht Fuß fassen konnte: Die dortigen Völker waren durch die systematische kulturelle Amnäsie-Politik der Assyrer durch die Umsiedlungen ihrer mythischen Wurzeln beraubt worden, und waren somit für alle ideologischen Einwirkungen schutzlos offen. (p. 254-255): "Durch das schreckliche Umpflügen, Zermalmen und Herumwerfen der Völker, das der gesamte Kulturraum über Jahrhunderte hin hatte erdulden müssen, waren die älteren Zusammenhänge ausgetilgt worden."

Es soll noch eine andere Darstellung der Entwicklung des Dualismus aus der Perspektive der Welt-Traum-Zeit gemacht werden. Erinnern wir uns: In der allerletzten Welt-Traum-Phase, vor etwa 4,320 Solar-Jahren, ereignete sich laut dem Bericht unseres Chronisten der absurdeste Traum, den er sich nur vorstellen konnte: Es formierte sich ein Traum von *Dem Einem Brahma*, dem *All-Einzigen*, der alle anderen in sich aufsog, die Erdlinge nannten ihn *Gott.* Oder genauer, sie nannten ihn *Yahwe.* Yahwe war in gewisser Weise eine *Wieder-Holung* des Meister-Welten-Designers *El-Ohim*, aber nur in ganz gewisser Weise, denn so richtig *Wieder-Holen* konnten sie ihn nicht mehr, den alten *El-Ohim*, zu den damaligen Zeiten der Götter-Dämmerung, als die alten Götter schon weitgehend ihren friedlichen Exitus genommen hatten. Denn es durfte von ihnen nur einer übrigbleiben, und der duldete keinen anderen neben sich. Und er nannte sich *Yahwe* der *Un-Aussprechliche*.[465] Nicht ganz ohne Bezug dazu ist, daß der Ur-Traum dieses *Einen Yahwe* einem Propheten namens *A-Brahma* zugeschrieben wurde. Da sowohl im Altgriechischen und im Sanskrit die Vorsilbe A- die *absolute Negation* bedeutet, ist damit wohl schon alles gesagt, was gesagt werden muß.[466] Dieser A-Brahma "erfand" in gewisser Weise die *Absolute Negation* all der

[464] Genaueres zur Religion des Zoroaster bei Campbell (1996,III: 217-244), und zum Persischen Reich (244-254). Wie bei den meisten der Kulturheroen der frühen Menschheitszivilisationen ist die historische Existenz Zoroasters unsicher, und das Auftreten seines Kultes unter Darius I ist das erste gesicherte historische Datum, und damit wahrscheinlich ein recht spätes Stadium einer schon lange laufenden Entwicklung. Früheste Schätzungen sind etwa -1500 (Campbell 1996,III: 218).
[465] Siehe dazu Wilber, EKL 426-432.
[466] Zwar hat das A- in der semitisch-hebräischen Sprachstruktur keine Analogie mit der Indo-Europäischen, aber der *A-Brahma* stammte aus Ur in Chaldäa, das damals noch Sumerisch war, wo man also eine Indo-Europäische Sprache benutzte.

Götter-Generationen, die vor *Yahwe* da gewesen waren, und, oh Wunder, wer von den Erdlingen das nicht so recht *glauben mochte*, der *mußte ganz einfach dran glauben*. Auf diese Weise "erledigten" sich die alten Götterkulte sozusagen "fast von selbst".[467] Aber das ist eine andere Geschichte, die später berichtet werden soll. Und als konsequente Folge der *Absoluten Negation* des A-Brahma erfand Aristoteles später den Negations- und den Ausschluß-Operator, wie sie später als Basis der Aristotelischen Logik bekannt wurden: Das *Tertium Non Datur*. Man hätte es auch die *A-Brahmische Logik* nennen können.

Aber mit dieser Exklusion von Gut und Böse, Licht und Dunkel, Fest und Flüssig, Männlich und Weiblich, machte die Menschheit auch ihren verhängnisvollsten Schritt in das *Eiserne Zeitalter*, das *Kali Yuga*. Denn leider wurde hier auch das Tor zugeschlagen, durch das man zu einem tieferen *Verständnis der Schöpfungskraft des Universums aus einer polaren Balance in Wechselwirkung und Ergänzung* gegensätzlicher Prinzipien hätte gelangen können. Dieses Zuschlagen des Tores zur alten Mentalität des Bronze-Zeitalters wurde von Parmenides in seinem Proimion deutlich dargestellt. Wir finden Reste davon noch in der chinesischen Yin-Yang-Vorstellung, oder der indischen Balance der Kräfte der *Erzeugung* und *Zerstörung* in der Form des *Tanzes des Gottes Shiva*. Diese Exklusion fand auch im antiken Griechenland statt, vor allem in Form der Lehren der Eleaten und Platons vom *statischen Sein* und unter Zurückdrängung *dynamischer* Lehren, wie etwa des Heraklit. Die alten dynamischen Prinzipien hielten sich noch in den Kulten, wie den Dionysischen und Eleusinischen Riten, die erst durch das Christentum liquidiert wurden. Das Prinzip des Ur-Bösen fand in *Luzifer*, dem *Teufel* der Christenheit seine charakteristische Ausprägung, der viele seiner äußeren Attribute von den bocksfüßigen und gehörnten Satyren und anderer antiker Fruchtbarkeitsgötter geerbt hatte, und in dessen Gestalt von nun an das Ur-Böse mit der Ur-Zeugung der Natur unheilvoll amalgamiert wurde.

2.1.3. Dualismus, Monotheismus, und die Prinzipien von Recht-und-Ordnung

@:RECHT_UND_ORDNUNG

Das Erfolgs-Rezept des Welten-Designs, das *Yahwe der Un-Aussprechliche* für seine Erdlinge entworfen hatte, war wesentlich leichter einpräglicher und faßbarer als das von *El-Ohim*. Es ist in einem uns Zeitgenossen bestens bekannten *Welt-Traum-Bericht* festgehalten, in der *Genesis*. Der *Dualismus* beruht auf einer simplen Trennungs-Regel, der *Dicho-Tomie* oder *Bi-Furkation*: Gott-Welt, Rechts-Links, Oben-Unten, Hell-Dunkel, Schwarz-Weiß, Tag-Nacht, Trocken-Wasser, Heiß-Kalt, Männlich-Weiblich, Wahrheit-Lüge, Kraft-Materie, Substanz-Form, und Gut-Böse.[468] Damit sorgte *Yahwe*

Das früheste belegte Auftreten des Monotheismus ist bei Echnaton (Akhenaton, -1353-1336). Verbindungen zwischen dem Aton-Kult und dem Mosaischen Yahwe bei (Campbell 1996,III: 147-150,218), und Assmann (1998).

[467] Siehe Wilber EKL 244-245, 253-255.

[468] Siehe dazu auch die Diskussion des Herakliteischen Prinzips der Gegensätze bei Spengler (1938: 31-34), das Prinzip des *agon*, als *Wettkampf der Gegensätze*. Weiterhin dort die Diskussion des Dualismus, 37-38.

der Un-Aussprechliche überall und schnell für rechtes *Recht-und-Ordnung* und die rechte *Beherrschung*.[469]

(1) Im Anfang schuf Gott die Himmel und die Erde.
Und die Erde war wüst und leer, und Finsternis war über
der Tiefe; und der Geist Gottes schwebte über den Wassern.
Und Gott sprach: Es werde Licht! Und es wurde Licht.
Und Gott sah das Licht, daß es gut war; und Gott schied das Licht
von der Finsternis. Und Gott nannte das Licht Tag, und die
Finsternis nannte er Nacht. Und es wurde Abend, und es wurde
Morgen: ein Tag.
(9) Und Gott sprach: Es sollen sich die Wasser unterhalb des
Himmels an einen Ort sammeln, und es werde das Trockene sichtbar!
Und es geschah so. Und Gott nannte das Trockene Erde, und
die Ansammlung der Wasser nannte er Meere. Und Gott sah, daß es
gut war.
(16) Und Gott machte die beiden großen Lichter: das größere
Licht zur Beherrschung des Tages und das kleinere Licht zur
Beherrschung der Nacht und die Sterne. Und Gott setzte sie
an die Wölbung des Himmels, über die Erde zu leuchten und zu
herrschen über den Tag und über die Nacht und zwischen dem Licht
und der Finsternis zu scheiden. Und Gott sah, daß es gut war.

Verglichen mit dem grandiosen Entwurf des Meister-Welten-Designers *El-Ohim* erscheint das Design von *Yahwe dem Un-Aussprechlichen* irgendwie hausbacken, geradezu kleinkariert. Statt einen ganzen Kosmos voller Sterne und Galaxien zu kreieren, beschränkte er sich auf eine Art Hinterhof-Gestaltung seines Planeten, so wie Kinder im Sandkasten hier ein Eimerchen Sand hinschütten, dort ein Eimerchen Wasser. Und er hängte dann zur Vervollkommnung noch ein paar Laternchen darüber. Er hatte mit seinem Design eine *Käseglocken-Welt* geschaffen, wie sie von Flammarion so treffend karikiert worden ist.[470] Bis dahin war alles noch ganz friedlich, aber der Aufruhr ging dann sogleich los, wie uns die Bibel getreulich berichtet. Da wir (fast) alle diese Geschichten irgendwann einmal in der Schule lernen mußten, können wir uns weitere Einzelheiten dazu sparen.

---

469 "*Die rechte Beherrschung*" heißt in anderer Fassung die *Rechts-vor-Links-Regel*: ->:RECHTS_VOR_LINKS, p. 284
Campbell (1996,III: 147-164) gibt noch einige tiefergehende Erklärungen zum Charakter des jüdischen Monotheismus, und (1996,III: 278-280, 290-291) zu signifikanten Unterschieden des jüdisch/christlich/islamischen Monotheismus zu den anderen Lehren ihrer Zeit.

470 ->:FLAMMARION_DESIGN, p. 96

2.1.4. Gewalt und Spiritualität

@:SPIRALE_GEWALT

Die Bibel bietet mit ihren ausführlichen Berichten von Brutalität und Grausamkeit einen tiefen Einblick in die Mechanismen eines ganz speziellen Aspekts der Conditio Humana: Gewalt und Spiritualität. Oberflächlich betrachtet, unterscheiden sich diese Grausamkeiten kaum von den Chroniken anderer "schlagkräftiger" Völker der Weltgeschichte, wie der Assyrer, Hunnen und Azteken. Man könnte sagen: *same procedure as every year*, seit mindestens 10,000 Jahren Krieg unter den Menschen. Aber hier tritt ein Element in die Geschichte, das auch von den Gesetzen des Hammurabi bekannt ist: Die dualistische Maschinerie des Gesetzes. Mit dem Hereinbruch dieser Maschinerie wurden die Menschen gezwungen, entweder/oder zwischen (Gut <-> Böse), (Schwarz <-> Weiß), (Schön <-> Häßlich), (meine Glaubensbrüder <-> die Ungläubigen) etc. zu *unterscheiden*. Ein *Tertium Non Datur*, ein Drittes gibt es nicht. Das mag zwar für die formale Logik praktisch und in Ordnung sein, aber im normalen Leben läßt sich keinesfalls alles so einfach nach diesem Muster darstellen. Nun aber sind die Menschen nach dem höchsten göttlichen Gesetz gezwungen, zu verurteilen, zu richten, und zu töten, im Namen ihres Gottes und des Gesetzes. So wie es *A-Brahma* in der furchtbarsten Konsequenz mit seinem Sohne Isaak vormachen wollte (der Mythe nach hat ihn sein Yahwe im letzten Moment daran gehindert). Nach diesem Muster vollzogen es dann laut den biblischen Berichten im Buch Josua (3, 6, 10, 11) die Nachkommen A-Brahma's mit derselben Konsequenz an den alt-eingesessenen Einwohnern ihres Gelobten Landes: die Ausrottung der Kanaaniter, Hewiter, Perisiter, Girgaschiter, Amoriter und Jebusiter, und anderer mehr. Dabei ist es eher unerheblich, dass diese Geschehnisse nicht historisch stattgefunden haben, dass es einen Auszug der Kinder Israel aus Ägypten und die lange Wanderschaft mit Moses durch die Sinai-Wüste und die Einnahme des Gelobten Landes in dieser Form wohl nie gegeben hat. Geschichtlich gesichert ist aber, dass die ältesten bekannten Festungsmauern eben die der Stadt Jericho sind, und für irgend einen konkreten Zweck mussten diese Befestigungen ja errichtet worden sein, jedenfalls nicht für Sport und Zeitvertreib.[471]

3:/9/ Und Josua sagte zu den Söhnen Israel: Tretet heran und hört die Worte des HERRN, eures Gottes! /10/ Und Josua sagte [weiter]: Daran sollt ihr erkennen, daß der lebendige Gott in eurer Mitte ist und daß er die Kanaaniter, Hetiter, Hewiter, Perisiter, Girgaschiter, Amoriter und Jebusiter ganz bestimmt vor euch vertreiben wird.

...

6: Jericho

/20/ Da erhob das Volk das Kriegsgeschrei, und sie stießen in die Hörner. Und es geschah, als das Volk den Schall der Hörner hörte, da erhob das Volk ein großes Kriegsgeschrei. Da

---

[471] Weiteres Material in Campbell (1996,III: 245), und Deschner (1986 Bd. 1, 71-116): "Der Auftakt im Alten Testament".

stürzte die Mauer in sich zusammen, und das Volk stieg in die
Stadt hinein, ein jeder gerade vor sich hin, und sie nahmen die
Stadt ein. /21/ Und sie vollstreckten den Bann an allem, was in
der Stadt war, an Mann und Frau, an Alt und Jung, an Rind, Schaf
und Esel, mit der Schärfe des Schwertes. ...
25/ [Die Zahl] aller Männer und Frauen, die an diesem Tag fielen, war
zwölftausend, alle Leute von Ai. /26/ Josua aber zog seine Hand,
die er mit dem Krummschwert ausgestreckt hatte, nicht zurück, bis
er an allen Bewohnern von Ai den Bann vollstreckt hatte. /27/ ...
Und Josua brannte Ai nieder und machte es zu einem ewigen Hügel
der Öde, bis zum heutigen Tag. /29/ Und den König von Ai ließ er
an einen Baum hängen bis zum Abend.
/11/ Und es geschah, als sie vor Israel flohen ...
da warf der HERR große Steine vom Himmel auf sie
herab, bis Aseka, so daß sie umkamen. Es waren mehr, die durch
die Hagelsteine umkamen, als [die, welche] die Söhne Israel mit
dem Schwert umbrachten.
/12/ Damals redete Josua zum HERRN, ... und
sagte vor den Augen Israels: Sonne, stehe still zu Gibeon, und
Mond, im Tal Ajalon! /13/ Da stand die Sonne still, und der Mond
...
/28/ Und Josua nahm an demselben Tag Makkeda ein und schlug
es mit der Schärfe des Schwertes. Und an seinem König, an der
Stadt und an allem Leben, das in ihr war, vollstreckte er den
Bann: . /30/ Und der HERR gab auch
dies in die Hand Israels mitsamt seinem König. Und er schlug es
mit der Schärfe des Schwertes und alles Leben, das darin war: er
ließ keinen Entronnenen darin übrig. Und er tat seinem König, wie
er dem König von Jericho getan hatte. - /31/ Dann zog Josua und
ganz Israel mit ihm von Libna nach Lachisch; und er belagerte es
und kämpfte gegen es. /32/ Und der HERR gab Lachisch in die Hand
Israels. Und er nahm es am zweiten Tag ein und schlug es mit der
Schärfe des Schwertes und alles Leben, das darin war, genauso,
wie er Libna getan hatte. /33/ Damals zog Horam, der König von
Geser, herauf, um Lachisch zu helfen. Aber Josua schlug ihn und
sein Volk, so daß keiner entrinnen konnte. - /34/ Dann zog Josua
und ganz Israel mit ihm von Lachisch nach Eglon; und sie
belagerten es und kämpften gegen es. /35/ Und sie nahmen es an
demselben Tag ein und schlugen es mit der Schärfe des Schwertes.
Und an allem Leben, das darin war, vollstreckte er den Bann an
demselben Tag, genauso, wie er es mit Lachisch gemacht hatte. -
/36/ Dann zog Josua und ganz Israel mit ihm von Eglon nach Hebron
hinauf, und sie kämpften gegen es. /37/ Und sie nahmen es ein und
schlugen es mit der Schärfe des Schwertes mitsamt seinem König

und allen seinen Städten und allem Leben, das darin war: er ließ keinen Entronnenen übrig, genauso, wie er es mit Eglon gemacht hatte: er vollstreckte den Bann an ihm und an allem Leben, das darin war. - /38/ Dann wandte sich Josua und ganz Israel mit ihm nach Debir und kämpfte gegen es. /39/ Und er nahm es ein mitsamt seinem König und allen seinen Städten. Und sie schlugen sie mit der Schärfe des Schwertes und vollstreckten an allem Leben, das darin war, den Bann: er ließ keinen Entronnenen übrig. Wie er es mit Hebron gemacht und wie er es mit Libna und seinem König gemacht hatte, ebenso machte er es [auch] mit Debir und seinem König.

Wie schon gesagt, interessant ist hier nicht der Krieg an sich. Diese Berichte sind deshalb so bedeutsam, weil sie detalliert die Mechanismen der *Spirituellen Überhöhung* des Krieges beschreiben. *Mord und Totschlag im Namen Gottes*, und zur seiner *höheren Ehre und dem Glanz und Gloria der Himmlischen Heerscharen*.
Dazu Georg Christoph Lichtenberg (in Deschner 1986, Bd. 1, p. 11):
Im Namen des Herrn sengen, im Namen des Herrn brennen,
morden und dem Teufel übergeben, alles im Namen des Herrn

Das Thema von *Gedächtnis* und *Erinnerung* offenbart sich an anderer Stelle in seiner finstersten Form, als die Gottheit der Rache und Vergeltung, "Aug' um Auge, Zahn um Zahn", die unerbittliche Verfolgung "bis ins zehnte Glied". Mit dem Hinzukommen des Islam, der sich direkt nach Mohammed auf eben denselben A-Brahma als Stammvater beruft, fanden sich noch weitere Anlässe für neue Spiralen der Gewalt. Und nach mehr als 3000 Jahren treibt diese ewige Saat der Gewalt, diese Drachenzähne des Kadmos, auch heute noch ihre furchtbaren Früchte aus. Zwar ist die spirituelle Überhöhung der Gewalt keine typische Erscheinung der abrahamitischen Religionen, und viele Völker sind unter dem Banner ihrer Götter in den Krieg gezogen. Bedenklich ist aber, dass solche Skripte als heilige Texte heute für ca. die halbe Menschheit spirituell massgeblich sind.

So hat die Erfindung des Dualismus ihre fatalen Schattenseiten. Es gibt ein geflügeltes Wort: Wo viel Licht ist, da ist auch viel Schatten. Will sagen: es ist logischerweise notwendig, daß die Bemühung, viel Licht auf der einen Seite zu erzeugen, auf der anderen Seite einen entsprechend tiefen und schwarzen Schlagschatten wirft. Wo man sich nicht bemüht, besonders gut zu sein, da kann man auch nicht sehr schlecht sein. In einer Welt des Laissez-Faire geht alles eher weniger geradlinig als mehr. Tiere können deswegen nicht böse sein, weil sie nicht gut sein können. Sie sind, wie sie sind, fressen, kopulieren, sterben, ohne sich etwas dabei zu denken. Deswegen gibt es auch in der Tierwelt keinen Teufel. Einen Teufel kann es nur in der Welt der Menschen geben, und nur in einer Welt des Dualismus.

So können wir in den 5000 Jahren der Geschichte der menschlichen Zivilisationen von einer *neu hereinbrechenden Dimension der Bestialität* sprechen, und diese weist geradezu Alptraum-artige Züge auf. Das "Böse an Sich" in seiner Personifikation des *Teufels* oder *Luzifers* ist die sinistre Interpretation des *schwarzen, drückenden, brutalen, furchtbaren, ursprünglichen* Übels, das die Gedanken der Menschen durch die Jahrtausende hindurch bleiern eingesperrt hat, das uns von den Urvätern der christlichen Religion bekannt ist, von St. Paul, St. Augustinus, der Dämonologie der Katholischen Kirche, bis zu seinen entsetzlichen Konsequenzen im europäischen Hexenwahn, und das kurz darauf in seinen völlig analogen neuzeitlichen, physikalistischen, naturalistischen, sozial-darwinistischen und sozio-biologischen Formulierungen bei Hobbes, Spencer, Raymond Dart, und ihren heutigen geistigen Nachfolgern, auch in der Interpretation durch Howard Bloom in seinem Werk "*The Lucifer Principle*" wieder begegnet.[472]

Die völlige Absurdität der biblischen Vorstellungen von Moral, Sünde, Bestrafung, und Verdammnis wurde von Schopenhauer in seinem Essay "Über Religion" vollendet und erschöpfend dargestellt. Dazu ist nichts mehr hinzuzufügen. (Parerga und Paralipomena II, Kapitel 15, insb. § 177). Die einzig logische Konsequenz aus dieser Absurdität drückte er so aus:

... [so] kommt es heraus, als hätte der liebe Gott die Welt geschaffen, damit der Teufel sie holen solle; wonach er denn viel besser gethan haben würde, es zu unterlassen.

Die christliche Religion stellt einen Versuch dar, die uralte, finstere Brutalität eines Yahwe, der "die Welt nur geschaffen hat, damit der Teufel sie holen solle", mit dem Prinzip der "Liebe" zu überwinden. Aber ganz so gut ist das den Christen nicht gelungen, wie die Erfahrung der Geschichte lehrt. Das lag auch an dem logischen Geburtsfehler, daß ein durch und durch guter Gott in irgendeiner Weise mit dem Übel in der Welt sein Auskommen finden muß. Solche Diskussionen sind zu allen Zeiten von den Theologen unter dem Begriff der *Theodizee* geführt worden, allerdings ohne besonders überzeugende Ergebnisse. (Man erinnere dazu die berühmte Sequenz zwischen Leibniz und Voltaire in "Candide", Campbell 1996,III: 288-289).

2.2. Die Alternative zum Dualismus: Das Design in Spannungsfeldern

@:GOETHEFAUST

Mit seinem Faust unternimmt Goethe einen der wohl großartigsten und umfassenden aller Gegen-Entwürfe zur *Erlösung von dem Dualismus*. In der oberflächlichen Handlung erreicht er das durch das Marien-Prinzip, das er in die Person Gretchen hineinverkleidet, und so die letzliche Erlösung Faustens bewirkt: und so endet das Stück in den Schluß-Versen (12111) mit: Das Ewig-Weibliche zieht uns hinan.[473] Daß das *Christliche Gnadenmotiv* nach außen noch die Hauptrolle spielt, ist nur zu verständlich: Goethe konnte seine ab-gründigeren Motive in diesem populären Stück nicht so deutlich aussprechen, denn auch wenn er nicht mehr so ganz widerspruchslos an den

---

472 ->:HOWARD_BLOOM, p. 364, ->:BLOOM_LUCIFER, p. 366

473 Goethe hatte es "Faust"-dick hinter den Ohren. Das "zieht uns hinan" kann auch als "*spirituelle Erektion*" verstanden werden. Diese Art der Erlösung läßt sich nach dem Prinzip des *eros lysi melaes* auch so lesen: Eros der Glied-Erlösende, *eros lysi maedaes*.

Rockschößen der Mutter Kirche hing, war er als immer noch guter deutscher Christenmensch und als Minister eines Kleinstaates eine wesentliche Stütze des damaligen Zivilisationssystems und hatte gefälligst auf eine gewisse Aufrechterhaltung der gottgewollten Struktur von Recht und Ordnung zu achten. Und so mußte er sein Drama auf der sichtbaren Ebene mit dem erforderlichen moralischen Decorum ausstatten, und Fausten nach seinen vielen Irrungen und Wirrungen doch noch zu der bekannten Erlösungs-Szene hinführen.

Aber hintergründig spielen hier ganz andere, für unsere Zwecke gewichtigere Motive ihre Rolle: Nämlich in seinem Prinzip des *Designs in Spannungsfeldern*.[474] In seinem "Faust" exemplifiziert er den *Archae-Typos*[475] dieses *Designs*. Spannungsfelder sind nach Goethe die Esszenz des Lebendigen.[476] Goethes metaphysisches und naturphilosophisches Zentralthema der *Metamorphose*, der beständige Wandel der Formen, wird hier in einer extrem kondensierten Ver-Dichtung vorgeführt, als Kristallisations- und Ur-Sprungs-Punkt des Spannungsfelds zwischen *Sein* und *Werden*, *Kreation* und *Zerstörung*, *Theoretik* und *Pragmatik*, *Freiheit* und *Notwendigkeit*.[477]

2.2.1. Die Entwicklung eines Weltendramas von Spannungsfeldern der primordialen Elemente

Goethe stellte in seinem 'Faust' die Entwicklung eines *Weltendramas von Spannungsfeldern* dar, als das Drama des Webens (*histourgia*) und Wirkens der Weltengeister in dem alchimischen Prozess der primordialen Elemente des Festen und Flüssigen, des Feurigen und Luftigen, in ihrer Trennung und Vereinigung, ihrem Widerstreit und ihrer Harmonie (*solve et coagula / diaballo, metaballo, symballo*). Goethes höchste Meisterschaft besteht in der subtilsten Ver-*Dichtung* und An-*Deutung*,[478] mit der er ein Geschehen auf mehreren Ebenen darstellt: die sichtbare, als *Theater-Vorstellung* darstellbare Rahmenhandlung des 'Faust', und ein *Elementar-Drama*, das sich mehr oder weniger *deut*-lich oder ange-*deutet*, hinter, und unter der sichtbaren Welt (im *mae-phainon*) abspielt. Hier sehen wir die sichtbaren Prozesse, die *Phainomena*, welche uns als das Ringen von Faust dargestellt werden, mit den von ihm

---

474 Der folgende Abschnitt ist ein Extrakt aus:
Goppold (1999d: 7-10), http://www.noologie.de/desn03.htm

475 *Archae*: Ursprung, *Typos*: Schlag, Stoß, Eindruck, Spur, Gestalt, Form, Wesen, Charakter, Umriss, Vorbild, Beispiel, Inhalt, *Muster*, *Pattern*. Neben *morphae* ist *typos* das wesentliche griechische Wort, dessen Bedeutungsfeld die in dieser Arbeit verwendeten Kernbegriffe des *Musters* und *Pattern* umfaßt.

476 Safranski (1999): "Die Gegensätze bewirken eine Spannung, die das Lebendige zur Steigerung anreizt und nicht in einem Dualismus erstarren läßt. Licht und Finsternis sind solche Polaritäten, die zusammen die farbige Welt hervorbringen. Auch mit Gut und Böse verhält es sich so."

477 Metamorphose: Cassirer (1959: 175), Paglia (1991: 255); s.a. Goethes Methode des Dilettantismus, Stratmann (1995: 87); Einwirkungen von Heraklit auf Goethe: Heraklit 1976: 53-54.

478 Goethe war der Fürst der Dichter und Deuter.

gerufenen, aber unkontrollierbaren und entfesselten Kräften der Dynamik, die durch *Mephistopheles* verkörpert werden, durch deren Unberechenbarkeit er immer wieder seine Absichten vereitelt sieht, und von denen er letztlich, im Tode, überholt, und wieder "heimgeholt" wird (zu den *Müttern*). Das elementare Hintergrund-Drama findet vor allem in den Szenen der beiden Walpurgisnächte statt, in denen die *dionysischen* und *eleusinischen* Mysterien wiedererweckt werden, und besonders durch seine Unsichtbarkeit ausgeprägt, in der sehr kurzen, für den Zuschauer völlig im *mae-phainon* verdeckten (*kalyptischen*) Szene des Abstiegs Faustens in das Reich des *A-peiron*, der *Mütter*, wie Goethe die Welt der *Materia*, der ungeformten, un-informierten *Hylae*, der *Protisten*, poetisch bezeichnet.[479] So erleben, oder vielmehr: ahnen wir hinter dem Drama des Sichtbaren, des *Phaino-menon*, der Handlungen und der Taten (der *erga*), noch eine andere Welt, die der *en-ergeia*, der *Web- Wirk-* und *Werde-Kräfte*, die Welt des *Mae-Phainon* - des Un-Aufscheinenden. *Die Welt unter - und vor - dem Ur-Sprung*.

Wie ernst Goethe es aber mit diesem "*Ur-Sprung der Ur-Sprünge*" im Spannungsfeld meint, darauf weist er uns dezent und unauffällig in der bekannten (Fehl-) Übersetzungsszene des Joh. 1.1. Textes hin, als Faust im Pathos der Überzeugung deklariert: "Im Anfang war die Tat" (*en archae ... ergon*). Mit diesem gravierenden Ur-Sprungs-Irrtum hat er gleichzeitig schon sein Schicksal besiegelt, denn: "Im Anfang ist die *en-ergeia*". Faust hat die wahren Ursachen des Weltgeschehens nicht gefunden, und kann in seinem ungestümen Tatendrang von Schaffen und Handeln nur Unheil anrichten. Die tragische Geschichte seiner in allen Konsequenzen durchgeführten Kausal-Ketten der Taten, Ursachen und Wirkungen, seinen Irrungen und Wirrungen, wird uns in allen Einzelheiten von Goethe handgreiflich, drastisch, und genüßlich vorgeführt. Gleichzeitig zeichnet uns Goethe auch den weiteren Werdegang der techno-kapitalistischen faustischen Kultur des Abendlandes eindringlich vor, und weist auf das voraussagbare Ende dieser Entwicklung hin.

@:EROS_KOSMOGONOS

Der grandiose rituelle Höhepunkt des *Webens*, *Wirkens* und *Werdens* der *natura*, der *physis*, der Elementarkräfte der *En-ergeia*, der *Metamorphose*, findet in Goethes Werk in den Schluß-Szenen der klassischen Walpurgisnacht, in den "Felsbuchten des Ägäischen Meeres", statt. Hier, in der exakten Mitte von Faust II, ist nach der dramatischen Anatomie des Aristoteles der Apex des Spannungsdreiecks erreicht, danach folgt nur noch der Abstieg (*katabasis*) in die *Kata-strophae*. Bezeichnenderweise ereignet sich diese Szene unter Ausschluß von Faust, der von alledem nichts mitbekommt, weil er damit beschäftigt ist, in seinem Abstieg in die Unterwelt sein Traumgespenst der Helena von Persephone herauszulocken, während das Mysterium der Schöpfung des kosmogonischen Eros in dem *Hieros Gamos*, der *heiligen Hochzeit der Elemente*, seinen Höhepunkt findet. Diese Szene findet im Element des Wassers statt, und *die schaffende Kraft des Wassers* ist in Goethes Sicht *der Ur-Sprung aller Kreation*:

---

479 *en archae... aetoi men protista Chaos genet* - (Hesiodos)

So herrsche denn Eros, der alles begonnen!
Heil dem Meere! Heil den Wogen,
Von dem heilgen Feuer umzogen!
Heil dem Wasser! Heil dem Feuer!
Heil dem seltnen Abenteuer!

Heil den mildgewogenen Lüften!
Heil geheimnisreichen Grüften!
Hochgefeiert seid allhier,
Element' ihr alle vier!

Mit dem Satz: "So herrsche denn Eros, der alles begonnen!" spricht Goethe als *Hiero-Phantos* die höchste Zauberformel aus, er vollzieht die rituelle Anrufung des *Ur-Gottes Eros Protogonos.*[480]

Und so ist das Drama der Spannungsfelder der primordialen Elemente hier schon abgeschlossen, nur die Dinge der Realen Welt müssen mit der Präzision eines Uhrwerks, oder einer Maschine in ihren unvermeidlichen Untergang gehen: den Abstieg (*katabasis*) in die *Kata-strophae.* Im weiteren unaufhaltsamen Fortgang der Tragödie des Faust gebiert ihm der Schatten der Helena lediglich ein Wind-Ei, den sprunghaften Sohn *Euphorion*, der sich sogleich zu Tode stürzt, und Helena wieder mit in ihre Unterwelt zurückzieht. In der unvermeidlichen Katastrophe der Schlußszenen nimmt Faust direkt den Kampf gegen das Element des Wassers auf, in seinem Wahn, dem *Meere* das Land dauerhaft entringen zu können, und seinem Drang, das unheimliche Symbol der natürlichen Fruchtbarkeit, den *Sumpf,*[481] unter seine Gewalt und Ordnung zu bringen, ihn trockenzulegen, und in diesem "letzten, schlechten Augenblick", ereilt ihn sein Geschick, und er fällt zurück, in sein Grab. Die Mutter Erde -Gaia- hat ihn wieder, und damit ist er wieder auf "dem Boden der Tatsachen" angelangt. (Nach Wittgenstein: Die Welt ist alles, was der Fall ist).

2.2.2. Das Spannungsfeld von Faust und Mephistopheles

@:FAUST_META

Ein Spannungsfeld von besonderem Rang ist dabei die das Stück durchziehende und es tragende Auseinandersetzung von Faust mit seinem Verbündeten und Antagonisten *Mephistopheles*. Verfolgen wir dieses Spannungsfeld im einzelnen:

---

[480] Weiteres Material zum Eros bei Campbell (1996,III: 260-271). Eros ist wiederum kein anderer als *Mae-Phaisto-Philaes*, den wir gleich näher kennenlernen wollen. Aber wie schon angedeutet, ist das nur etwas für die Eingeweihten der höheren Initiationsgrade, und daher darf das in einem mehr oder weniger burlesken Theaterstück natürlich nicht so offen ausgesprochen werden. Die Auflösung (lysi melaes) dieses Rätsels des *Cosmic Trickster* wird im nächsten Abschnitt gegeben:
->:EROS_KOSMOGONOS, p. 233

[481] Siehe dazu auch Bachofen (1925): Ocnus der Seilflechter.

Im Anfang (en archae), der Szene in Fausts Studierstube (354-460), finden wir den Protagonisten, als typischen *Theoretiker* und Büchergelehrten, in einem Zustand, den man heute als *Midlife Crisis* bezeichnen würde. Er erkennt, daß er zwar vieles weiß, aber daß all sein Wissen nur tot und steril ist, und weiter denn je von der Quelle der Schöpfung, der *Poiaesis* und der *Physis*, entfernt ist. In der Szene der Übersetzung der Stelle aus Joh. 1.1. (1224-1237) läßt Goethe seinen Protagonisten einen *Paradigmenwechsel* (oder *Metanoia*)[482] durchmachen, indem er das "*en archae en ho logos* (Im Anfang war das Wort)" neu übersetzt.[483] Faust ändert die Übersetzung in: "*Im Anfang war die Tat*" (1237). Da er aber einen alchimischen Prozess durchführt, verändert Faust damit auch sich selbst, seine eigene psychische Grundstruktur (*Metanoia*), und eröffnet damit in seiner Seele den Raum für das Erscheinen des *Mephistopheles*.

2.2.3. Mephistopheles und Mae-phaistos

@:MEPHAISTOS

Die Tiefgründigkeit und Tiefsinnigkeit der Anspielungen an die antike Mythologie, Hesiodos und die Vorsokratiker, und die Alchemie, läßt sich nicht direkt aus dem Faust-Text entnehmen, sondern muß aus dem erschlossen werden, was Goethe *im Verborgenen* läßt.[484] Dazu ein kurzer Exkurs zu dem Wort "Mephistopheles" und seine Verbindung zu dem Goetheschen Zentralthema der *Metamorphose*. In (1331-1332) sagt Faust wohl nicht ohne Grund: "Bei euch, ihr Herrn, kann man das Wesen gewöhnlich aus dem Namen lesen", das ist ein genügender Anlaß, sich einige tiefergehende Gedanken zu dem "Wesen des Namens *Mephistopheles*" (nomen est omen) zu machen. Es ist wahrscheinlich hebräischen Ursprungs (*Mephiz*, Zerstörer and *Tophel*, Lügner) aber es läßt sich sehr gut für griechische Wortspiele (*Metamorphosen*) verwenden, die alle im Faust-Kontext einen Sinn ergeben. Melanchthon hat es als *mae-photo-philaes* (Nicht-Licht-Freund) interpretiert. *Mephisto* läßt sich aber auch als Anklang auf *pistis*, den *Pakt* ausdeuten, den er mit Faust schließt. Oder es kann ein Anklang auf *hephaistos* sein, den olympischen Schmiedegott (der hinkte, und immer an rauchigen Feuern stand), der auch als *ho phainon* bekannt war.[485] Das Verb *phaino* ist mit dem modernen Wort *Phänomen*[486] verwandt, und bedeutet: Zum Licht (Leuchten) oder zum Klang (Klingen) bringen, und verbindet damit die Worte *phos* (Licht) und *phonae* (Klang).[487]

---

482 (Matth. 4, 17), s.a. die Verbindung mit *tropae* -> *en-tropie*; *tropae* (*trep**o***): das Umwenden, Umkehr, Rückkehr, Wendung, Veränderung.

483 http://www.noologie.de/desn27.htm

484 Heidegger (1976b: 203): Die "Lehre" eines Denkers ist das in seinem Sagen Ungesagte, dem der Mensch ausgesetzt wird, auf daß er dafür sich verschwende.

485 Der Schmiedegott, *ho phainon*, ist der Meister der hellglühenden und glänzenden Metalle, und die Schläge seines Hammers auf dem Amboß bringen sie zum hell-erklingen. (Hier auch die Deutsche Verbindung von *hell* in Licht und Ton, das Hallen, sowie die Laut-Ähnlichkeit von *kling-*, *klang-*, und *glanz-*).

486 S.a.: das *phainomenon*, Heidegger (1977a: 38-42), Peirces Begriff des "*phaneron*" Peirce (1931-1958): CP 1.284

487 Eine weitere naheliegende Verbindung läßt sich zwischen *phaino-* und *nous*, *noein*, dem Erkennen im Lichte des Logos, ausmachen. Siehe dazu auch den berühmten Satz

Nebenbei ist *ho phainon* auch der Name für den Planeten (und die alchimische Kraft) *Saturn*. Das *Mae-phaistos* kann also als Verneinung von *phainon* gedeutet werden, was auf das *Verborgene* hinweist, das Goethe hier mit allen seinen Untertönen in das Faust-Drama einbringt.[488]

2.2.4. ex archaes - en archae

@:EX_ARCHAE

Der Stelle Joh. 1.1. christlicher (hellenistischer) Version, entspricht (im Verborgenen) die altgriechische Version der Theogonie von Hesiodos[489]: "*ex archaes... hoti proton genet auton* (vom Ursprung an... was von ihnen zuerst entstand)", und weiter: "*aetoi men protista Chaos genet, autar epeita Gai' eurysternos*" (wahrlich, im Ursprung entstand das *Chaos*, aber dann die breitbrüstige *Gaia*...) (Theog., zl. 116-117, siehe auch Faust 455-459). Kontrastieren wir nun beide Stellen: "*en archae ... logos*" (Joh.) gegen "*ex archaes ... -> Chaos -> (Chaea)*[490] *Gaia (Gaea) -> Rhea -> Hera*" (Hesiodos). Wenn wir Fausts Formulierung zurückübersetzen: "*Im Anfang war die Tat*" (*en archae ... ergon*), und die Wort-Klänge ineinanderfließen lassen,[491] so erhalten wir ungefähr: "*en ar...chae... chaos... gaea -> en-er-geia -> ergon*".[492] Diese Wort-Klänge weisen

---

des Parmenides (B1, 1,21): "to gar auto noein estin te kai einai" (wahrlich, dasselbe ist Erkennen und Sein).

488 S.a. Heraklit B 54

489 S.a. Hölscher (1989), Kaiser (1980), Heidegger (1976b: 240): Hölderlin, Hymne "Wie wenn am Feiertage..." (III. Strophe); Gebser (1973: 15-16).

490 Gaia hat sichtbare, fruchtbringende Aspekte, die in den späteren Göttinengenerationen als *Demeter*, *Hestia*, etc. bezeichnet werden, und unterirdische, unsichtbare, verborgene, verderbliche, zerstörende Aspekte, die meist als *chthonisch* bezeichnet werden, bzw. *Persephone*, oder *Kali* im Indischen. Walker (1993): *Altes Weib*, *Demeter*, *Dreieck*, *Hestia*, *Kali Ma*, *Persephone*.

491 In der alchimischen Sprache des Dr. Faustus: *solve et coagula / diaballo, metaballo, symballo*.

492 Bei der obigen Wortverbindung kommt nicht so sehr darauf an, ob sie etymologisch begründet ist, sondern welche Verbindung der *Aoide* (altgriechischer Ependichter / Sänger) in der Assoziation seiner Zuhörer projizieren kann. Es dreht sich hier um die Anwendung der gestalterischen Freiheit oder des Design in der *Gestaltung von Verbindungen*. Die *Gestaltung* und *Formung von Worten* war eine Hauptaufgabe der Sprachschöpfer der Antike, in dem Sinne, wie Platon in Kratylos (390e) Homer den *daemiourgon onomaton* nannte. Und das ist nicht nur auf die graue Vorzeit beschränkt. Heidegger hat in seinen Werken viele solcher Kunstgriffe angewendet, und wir könnten dieses Verfahren ihm zu Ehren den *Heidegger-Operator* nennen. Mit einem kurzen Seitenblick in die Biologie: Wenn dort ausschließlich nur Regeln wie die der Etymologie angewandt werden könnten, wäre es unmöglich, einen Vergleich zwischen der Flosse des Haies und des Delphins zu machen, oder dem Auge des Wirbeltiers und des Polypen. Letztere entstammen von stammesgeschichtlich nicht verwandten Evolutionslinien. S.a. Portmann (1974: 52), Spengler (1980: 734-735, 743-744), Cassirer (1994: 114-115) zu der Rolle von Goethe in der Neuschöpfung in der deutschen Sprache.

uns auf ein Ur-Spannungsfeld hin, zwischen *en-ergeia* (die Kraft, die zum Werden bringt) und *ergon*, (das Gewordene, das Werk, die Tat) (W.v.Humboldt),[493] oder Lateinisch: *Principium non est principiatum*. Daß *en-er-geia* "zufällig" so klingt wie eine Klang-Überleitung zwischen "en archae" und "chaos" und "gea" kann in diesem Kontext nicht weiter verfolgt werden. Goethe läßt in der kurzen Szene "Finstere Galerie" (6173-6306) seinen Protagonisten Faust den Gang ins *Ungeformte*, in das *A-Peiron* des Anaximandros, antreten. Dies ist das Reich "*der Mütter*", der *materia*,[494] der Be-reich jenseits alles Reichenden, Greifenden, Tastenden, Fassenden, das Grenzenlose: "In deinem Nichts hoff' ich das All zu finden" (6256). Der Besuch Faustens in diesem Reich findet, verständlicherweise, ohne Teilnahme der Zuschauer, im *mae phainon*, im Verborgenen, statt, ebenso wie sein späterer Gang zu Persephone, um Helena an die Oberwelt zu holen.

Mit der Einführung des Mephistopheles bringt Goethe auch die archaische Göttergeneration zur Wieder-Auferstehung, die in der Hesiodschen Theogonie[495] (119-132) als erste aus dem Chaos entstanden ist.

Ich bin ein Teil des Teils, der anfangs alles war, / Ein Teil der Finsternis, die sich das Licht gebar, / Das stolze Licht, das nun der Mutter Nacht / Den alten Rang, den Raum ihr streitig macht (1348-1352) / Des Chaos wunderlicher Sohn (1384)

In der Szene der "Klassischen Walpurgisnacht" verwandelt (Metamorphose) sich Mephistopheles in eine der Ur-Meergöttinnen der Phorkyaden (7984-8033).

(Meph.) Da steh' ich schon, / Des Chaos vielgeliebter Sohn! / (Phorkyaden) Des Chaos Töchter sind wir unbestritten / (Meph.) Man schilt mich nun, o Schmach, Hermaphroditen. (8027-8029)

2.2.5. Der Eros Kosmogonos als Agent der Metamorphose

@:EROS_METAMORPH

Diese Stelle, der *herm-aphroditaes* als "Des Chaos vielgeliebter Sohn" ist ein weiterer Schlüssel zu seiner Identität, denn in den Orphischen Hymen ist er auch als der *Protogonos*,[496] der *Erikepaios*, der *Phanes (phaino)*, and der *Priapus*[497] bekannt, (Orpheus 1992: 29). Der Wort-Teil *-pheles*, kann sowohl in *-philaes* (Freund) anklin-

---

[493] Humboldt (1963: 41)

[494] Anspielung auf das *hylae-morphae-* (*materia-forma-*) Prinzip des Aristoteles. *Mater =Mutter*. Materie ist weiblich, Form ist männlich. S.a. die modernen Vorstellungen von *In-Formation*. (Capurro 1978); (Hoffmeyer 1996: 62-67).

[495] s.a. Raible (1991: 172 ff.)

[496] *Protogonos*, der *Erstgeborene*. Eine Ähnlichkeit besteht ebenfalls mit *Proteus*, dem Gott der immer wechselnden Formen (Meta-morphosis). s.a. Hesiodos, ln. 115: *hoti proton genet auton*.

[497] (Encarta: Priapus): Priapus, in Greek mythology, god of fertility, protector of gardens and herds. He was the son of Aphrodite, goddess of love, and of Dionysus, god of wine, or, according to some accounts, of Hermes, messenger of the gods. He was usually represented as a grotesque individual with a huge phallus.

gen, als auch *phaeraes*, (Träger -> *phos-phaeraes* = *Lucifer*)[498], als auch *phalaes* ~ *phallos*, also das männliche Zeugungsorgan, verweisend auf den *Priapos*.[499] Nach Graves (1988: 30) ist er auch der *kosmogonische Eros*,[500] der aus einem silbernen Ei geschlüpft ist, das von Nyx (der Nacht) in den Schoß der Dunkelheit gelegt worden war, und er setzte das Universum in Bewegung. Der *kosmogonische* Eros war doppelgeschlechtlich[501] und hatte goldene Flügel, er hatte vier Köpfe, mit denen er manchmal wie ein Bulle oder ein Löwe brüllte, manchmal wie eine Schlange zischte, und manchmal wie ein Widder blökte. Wir finden hier also einige wesentliche Facetten dieser enigmatischen Gestalt, die uns in der christlichen Sichtweise als der *Teufel* (von *Diabolos*[502]) bekannt ist, und die "im Anfang alles war" (Faust: 1348). Die folgende Darstellung ist, wenn man daraus die christlichen moralin-sauren Anteile neutralisiert, eine Re-formulierung des Anaximandros-Fragments:

Und das mit Recht; denn alles, was entsteht, / Ist wert, daß es zugrunde geht; / Drum besser wär's, daß nichts entstünde. / So ist denn alles, was ihr Sünde, / Zerstörung, kurz das Böse nennt, / Mein eigentliches Element. (1335-1344)

Die fehlende Integration der essentiellen Kräfte des Vergehens, des Abbaus, ist ein entscheidender metaphysischer Defekt der westlichen Zivilisationen, deren kulturelle Leitthemata noch immer auf dem christlichen Schöpfermythos beruhen:

Brock (1986, 185): Der **Mythos des schöpferischen Hervorbringens** ergibt aber ohne sein Pendant, die Fähigkeit etwas aus der Welt zu bringen, die Konsequenz, daß die Welt langsam vollgestellt wird mit all dem, was in ihr vorher nicht existent war. Das heißt, daß der Schöpfer oder das Kollektiv der schöpferischen Menschen die Welt gerade dadurch zerstören, daß sie ununterbrochen und immer schneller die Welt mit den Produkten ihrer Schöpfungsfähigkeit verstellen.

In (1353-1377) stellt sich Mephistopheles als die archaische Kraft des Chaos dar, des Werdens und Vergehens, der Dynamis, der Veränderung, und der Bewegung: "Mit Wellen, Stürmen, Schütteln, Brand", die in der heutigen Wissenschaft das Thema der Thermodynamik und Chaostheorie ist. Mephistopheles wird von Goethe im Faust als Agent der *Metamorphose* dargestellt. Die Wandlung der Formen ist ein Prozess, der selten harmonisch und ohne Störungen verläuft, meist aber mit Brüchen und Kämpfen, und Zerstörung alter Formen verbunden ist. Es sei daran erinnert, daß das griechische

---

498 Faust (1377): "Hätt' ich mir nicht die Flamme vorbehalten"

499 Heraklit B 14, 15

500 S.a. Klages (1981, III, 353-498): "Vom kosmogonischen Eros"; (Hesiodos 1978: 29, 30) ->:EROS_KOSMOGONOS, p. 233

501 zur Mythologie und Ethnologie der Doppel- (Mehrfach-) Geschlechtlichkeit: Baumann (1955)

502 *diaballo*, durcheinanderwerfen, verwirren.
s.a.: Stanford (1996), p. xv: "Christianity created the monster that became the devil."

Wort *tropae* ursprüglich "Umkehr, Rückkehr, Wendung, Veränderung" bedeutete, und der Begriff *en-tropia* bedeutete also "Kraft, Potential zur Veränderung".[503] Die aktuelle physikalische Bedeutung ist aber eher das Gegenteil, da *Entropie* die Tendenz zum thermodynamischen Gleichgewicht, also dem Wärmetod, damit den unvermeidlichen *Verlust* des *"Potentials zur Veränderung"* bezeichnet. Eine ähnliche "Umwertung der Worte" wurde auch schon bei der Differenz der Begriffe der *energie* und *energeia* festgestellt. Der Pakt mit Faust, und das folgende Drama entfaltet die Entfesselung dieser archaischen Kräfte, und ihr letztliches Sich-Selbst-Brechen im Tode. Das Wort *Mephistopheles* wirkt aus seiner Klang-Multivalenz heraus als ein unaufgelöstes semantisches Spannungsfeld, ein ursprünglicher (primordialer, *archae*) Attraktor, wie bei Thom beschrieben.

2.2.6. Klang und Licht - Apollinisch und Dionysisch

Die *Klang / Licht* -Thematik des Mephistopheles wird ebenfalls in der hebräischen Genesis ausgedrückt: Gott sprach (*phaemae*, *phonae*) es werde Licht (*phos*). Nietzsche griff diese Polarität wieder auf, als er die Differenzierung von *Apollinisch* und *Dionysisch* aufstellte.[504] Auch wenn diese Götter nach Hesiodos einer späteren Generation angehören, wiederholen sie in ihrer Polarität den Dualismus von *Phos* und *Phonae*, von *Licht* und *Klang*, und von *Licht* und *Dunkelheit*, die in dem Wort *Mephistopheles* schon angeklungen sind. Die Verbindung zu Apollon geht über die *phos*- Wurzel, zu Dionysos über die *phonae*- Wurzel. Der Beiname von Apollon ist *phoibos*, der klare, strahlende, helle.[505] Er ist der Lichtgott, und übertragen, der Gott der klaren Rationalität, des *Logos*, wie er in Joh. 1.1. beschrieben wird.[506] Sein Gegenspieler ist Dionysos, der Gott des tosenden Lärms und der Dunkelheit, sowie des Rausches und der Ekstase (Orphischer Hymnus), der von der christlichen Religion zum *Diabolos* stilisiert worden ist.[507] Sein dionysisch- / mephistophelisches "Glaubensbekenntnis" drückte Nietzsche hier aus:

> Die Bejahung des Vergehens *und Vernichtens*, das Entscheidende in der dionysischen Philosophie, das Jasagen zu Gegensatz und Krieg, das *Werden*, mit radikaler Ablehnung auch selbst des Begriffs "Sein" - darin muss ich unter allen Umständen das mir Verwandteste anerkennen, was bisher gedacht worden ist. Die Lehre von der "ewigen Wiederkunft", das heisst vom unbedingten und unendlich wiederholten Kreislauf aller

---

503 Die Verbindung von *tropae* zur *strophae* im musikalischen Bereich wurde schon erwähnt. Die griechische Bedeutung von *melos* erzeugt eine eher ungewöhnliche Assoziation, als: *Glied*, *Lied*, *Singweise*, *Melodie*, *Harmonie*. So ist der oben erwähnte *Eros lysimelaes* derjenige, der nicht nur die *Glieder* löst, sondern auch die *Lieder*, bzw. sie in ihre Wendungen bringt: *{s}trop{h}ae -> en-strophia*. Bemerkenswert ist hier die Ähnlichkeit, mit der der deutsche Begriff dem griechischen folgt.

504 S.a. Benedict (1934); Paglia (1991: 1-100); Lippe (1997: 76, 80, 104, 173-175).

505 Apoll, der *phoibos* ist der Gott des Lichts: Ähnlich die Worte für Seh-Phänomene: *phos*, *photo-*, *phoos* und *phaos*.

506 ->:LOGOS, p. 295

507 Stanford (1996)

Dinge - diese Lehre Zarathustra's *könnte* zuletzt auch schon von Heraklit gelehrt worden sein. Zum Mindesten hat die Stoa, die fast alle ihre grundsätzlichen Vorstellungen von Heraklit geerbt hat, Spuren davon. - (Ecce homo, Geburt der Tragödie, 3) [508]

Wir finden also hinter so mancher angeblicher Heilsbotschaft ein furchtbares Vermächtnis. Der Dualismus war einfach und schlagkräftig, aber seine hinterhältigen Probleme treten uns wie mit einem Pferdefuß.

2.3. Das Design der Welt als Tripolares Spannungsfeld

@:DESN_TRIPOLAR

Goethe war der Meister-Designer von Spannungsfeldern. Dieses Thema wollen wir hier weiterverfolgen. Es ist "Das Design der Welt als Tripolares Spannungsfeld".

Dieses Design-Prinzip ist eine Methode zur Überwindung des Dualismus, indem man eine Dreipolare Kommunizierende Komplementär-Perspektiv-Hierarchie konstruiert, in der drei Hierarchien sich gegenseitig erhalten und stützen. D.h. es gibt keine ultimate Zentral-Hierarchie, wie Ken Wilber es mit seinem System des (leeren) "Spirit" erstellt, sondern im Tripolaren System entsteht die Leere "von selbst" im Zentrum (Auge des Zyklons / Zyklops) der drei komplementären Hierarchien. Das visuelle Denkbild hierzu ist das alte keltische und japanische Symbol des Triskellion (Nach Korvin-Krasinski 1986). Dieses Auge in einem tripolaren zyklischen System ist wiederum "Das Auge auf der Pyramide".
->:AUGE_PYRAMIDE, p. 99

In anderer Ausdrucksweise ist es auch als das *Principium (die Archae) Mae-Phaisto-Philaes* bekannt.[509] Denn dieser Ur-Brahma, den wir uns "en archae" (Im Ur-Sprung)[510] erträumten, oder der uns träumte, heißt (mit einem seiner vielen Namen) *Mae-Phaisto-Philaes*. Das *Principium Mae-Phaisto-Philaes* ist zwar sehr einfach und elegant, aber trotzdem sehr viel schwieriger zu verstehen als der Dualismus, vor allem deswegen, weil die Denkbahnen der Menschheit seit mindestens 4,320 Solar-Jahren nach diesem Muster verlaufen. Die relativ späte Formulierung der dualen Logik durch Aristoteles ist in diesem epochalen Geschehen nur der allerletzte Abschluß. Versuchen wir also, dieses Prinzip so unauffällig wie möglich in unsere Denkbahnen wieder einzuführen:

2.3.1. Please allow me to introduce myself

Das *Principium Mae-Phaisto-Philaes* wurde von Goethe in seinem "Faust" mit der Figur des *Mephistopheles* schon klar exemplifiziert. Aber er hat dieses Motiv wie in einem Vexiersystem von vielen schillernden und beständig wechselnden Verkleidungen in seinem Stück herum-irrlichtern lassen. Denn Goethe mußte den *Mephistopheles* noch

---

508 Siehe auch: Götzen-Dämmerung, Die "Vernunft in der Philosophie", 2. und: Faust (1377): "Hätt' ich mir nicht die Flamme vorbehalten"

509 Zum *Principium* findet sich hier weiteres Material ->:UR_SPRUNG, p. 325

510 ->:EN_ARCHAE, p. 211

als den "Ur-Bösen" oder wenigstens als dessen Abgesandten und Diener darstellen, er selber konnte sich als immer noch Obrigkeits-treuer Diener der Hier-Archia von Papst und Kaiser, Volk und Vaterland, Polizei und Militär, noch nicht die kreative Rolle seiner Gestalt vorstellen, obwohl er sehr nahe daran war. Das war für seine Zeit, und die damaligen Denkmuster ganz einfach unmöglich. Wir wissen auch nicht, ob er vielleicht doch noch ein paar hintergründige Falltüren eingebaut hatte, mit denen er seine freimaurerischen und kabbalistischen Freunde ergötzen wollte, und die nur in der Geheimsprache der Eingeweihten verständlich waren. Damals war ja praktisch jeder, der etwas auf sich hielt, Mitglied in einer kabbalistischen Geheim-Gesellschaft, und Goethe hatte sich da ausgiebig umgetan.[511] Aber das ist egal. Hier soll das Thema in eine bestimmte Richtung weitergedacht werden, egal, ob Goethe das so intendiert hat oder nicht.

Das *Principium Mae-Phaisto-Philaes* wird im Folgenden auch das Thema einer Untersuchung zu den grundlegenden logischen und neuronalen Unterschieden und Umschwüngen des Denkens, die der Entstehung der *Aristotelischen Struktur* zugrundeliegen, und die für eine tripolare Denkstruktur nötig werden. Dies wurde von Gotthard Günther in seinen Entwürfen zu mehr-wertigen Logik-Systemen umrissen.

Hier aber wollen wir als Kontrastprogramm des Dualismus eine andere, humanistische Version von *Mephistopheles* vorstellen, "von jener Kraft, die stets das Böse will und stets das Gute schafft" (Goethe, Faust 1336). *Mae-Phaisto-Philaes* ist in unserer Version der *Cosmic Trickster*, um einen Buchtitel von R.A. Wilson zu paraphrasieren.[512]

Please allow me to introduce myself, I am a man of *mnaemae* and *phrenae*, *Mnaemo* is my name, and *peirasis* is my game.
(*Perasis*: the going through, the going beyond, the transcending; *peirasis*: the leading into temptation; *mnaemae*: memory; *phrenae*: brain).[513]

Die hier vorgestellte *humanistische* Version des *Mae-Phaisto-Philaes* ist mit dem *Lucifer* der christlichen Dämonologie nur sehr weitläufig verwandt. Genauer, *Mae-Phaisto-Philaes* ist ein *Urbild*, ein *Archae-Typos*, eines der *Erhabensten* und *Ur-Ältesten* Götter der *Kosmogonie* und der *Kreation*, den das *Ur-Ahnen* der Menschen

---

511 http://a-albionic.com/pub/vendor/a-albionic/gopher/conspiracy/illuminati/illuminati.txt

512 *Cosmic Trigger*: http://rawilson.com/bookstore.html

513 Gemeint ist hier natürlich die Eröffnungs-Zeile des Songs der *Rolling Stones*: "Sympathy for the devil", aber in ihrer Ur-Sprünglichen, kosmogonischen Form, die die *Stones* wohl nicht gekannt haben, aber die ihnen sicher auch gefallen hätte. Weiteres Material zu dieser kosmogonischen Interpretation:
Goppold (2000a), http://www.noologie.de/symbol08.htm#Heading57
http://www.noologie.de/desn08.htm
http://www.noologie.de/desn27.htm

sich nur vorstellen konnte. Dies wurde in der Eingangs-Szene mit dem *Kollegium der Brahmas* angedeutet, wo *Mae-Phaisto-Philaes* noch als Meister-Designer gleichwertig und gleichberechtigt mit *El-Ohim* auftritt. Sein Bild wurde von den Christen in ihrer Kampagne der Demontage und Zerstörung im Kulturkampf gegen die Götter der Antike, bis zur Unkenntlichkeit verzerrt und verstümmelt. Wie es dazu kam, daß *Mae-Phaisto-Philaes* zum *Ur-Bösen* herunter-stilisiert worden ist, ist eine lange, traurige, und tragische Geschichte, die direkt mit der Entstehung der *Aristotelischen Struktur* zusammenhängt. Der Prozess der Entstehung des *Absoluten Bösen* in der Religion Zoroasters, die damit die jüdische, christliche, und islamische entscheidend beeinflußt hat, ist in der Entstehung der zweiwertigen Logik des Aristotelischen Denkens die ethisch-moralische Parallel- (oder Grundlagen-) Entwicklung zu der logischen. Wahrscheinlich konnte die Logik erst auf die ethisch- / moralische Entwicklung folgen. Die historische Phase der Entstehung des Christentums fiel nur in den letzten "Abschluß und die geistige Liquidation einer welthistorischen Epoche von solchem Ausmaß..." (Günther 1980: 15). Und die Enststehung der christlichen Version des *Ober-Dämonen Luzifer* ist somit das letzte traurige Kapitel dieses Liquidationsprozesses.

Um die Spuren von *Mae-Phaisto-Philaes* in den Untergrund des Ur-Ahnens der Menschheit zurückzuverfolgen, muß man die alten Mythologien neu verstehen lernen. Das soll im folgenden Abschnitt in einem kurzen Exkurs gemacht werden. Hier werden wir den Ur-Sprung des *Principium Mae-Phaisto-Philaes* finden, das in der neusprachlichen Formulierung *das Prinzip der Tripolaren Spannungsfelder* heißt.

2.3.2. Die Botschaft von Mae-Phaisto-Philaes

Goethe hatte mit seinem Faust etwas geschaffen, was man eine Zeit-Maschine nennen könnte. Dadurch, daß sein Drama sich seit 200 Jahren (zumindest in Deutschland) ungebrochener Beliebtheit erfreut, blieb seine Vision dauerhaft im Gedächtnis der Menschen haften. Rudolf Steiner nannte das, was Goethe geschaffen hatte, ein *Mysterien-Drama*. Denn Steiner ahnte, daß Goethe hier etwas mehr zuwege gebracht hatte, als nur eine kurze Belustigung für ein paar Stunden, um die Menschen von den Mühsalen ihres täglichen Lebens abzulenken. Und so haben es sich die Anthroposophen in der Nachfolge von Steiner zur Aufgabe gemacht, das Drama von *Faust und Mae-Phaisto-Philaes* in einer den Intentionen von Goethe möglichst getreuen Form immer wieder in voller Länge aufzuführen, und damit auch wieder-zu-erwecken. In der Sprache der alten Ritualistik vollführen die Anthroposophen alle paar Jahre wieder ein großartiges *Ritualistisches Opfer*, ein *Theatron*, im altgriechischen Sinne, wie Goethe es beabsichtigt hatte.[514] Und im Jahre 1999 wurde in ganz Deutschland das Gedenken des großen Goethe Landauf, Landab, mit Faust-Inszenierungen gefeiert. Bei soviel Ritual kann man manchmal auch Geister wieder hervorrufen, von denen man eigentlich dachte, daß sie schon lange in den tiefsten Ur-Gründen ihrer Grüfte und Fels-Kavernen für ewig davon-gedämmert wären. Und so geschah das Unfaßbare: Nach genügend ausgiebigen Beschwörungen und Anrufungen bequemte sich *Mae-phaisto-philaes* Höchst-Persönlichen-Selbst, aus seiner *Ewigen Welt-Traum-Zeit* aufzuwachen,

514 ->:STRUKT_THEORIA, p. 35

und uns Erdlingen eine kurze Botschaft zu hinterlassen, wir wollen ihn damit zu Wort kommen lassen:[515]

Dies ist eine Botschaft von "Mae-phaisto-philaes",
eurem "Freund im Verborgenen":

An meine lieben Erd- Mensch- und Faust- linge!
Ihr Zauber-Lehrlinge, Vulkan-Tänzer und Tiger-Reiter!

Ich sehe, euch wird's etwas unbehaglich,
bei euren Vulkan-Tänzereien, die ihr gerade veranstaltet.
Und nun ruft ihr mich um Hilfe, um euren entfesselten Tiger
wieder zurück in den Tank zu packen.

Ja, wenn's dem Faust-ling zu wohl wird, dann fängt er an,
auf dem Vulkan zu tanzen, und er glaubt, er kann den Tiger reiten,
ja merkt ihr denn nicht, wie der Tiger *euch* reitet?

Nun gut, da ihr euch meiner besonnen habt,
so will ich euch meine Hilfe nicht verwehren.
Es ist ein Gesetz des Rituals, daß wenn ihr einen "Geist" ruft,
dann wird er auch antworten,
das hat euer Goethe schon ganz richtig gesehen,
auch wenn er das mit dem "Geist" nicht so recht verstanden hat.

Was soll's! Also ihr habt euch wieder einmal an mich erinnert,
nachdem ihr euch eurem Wahn ergeben habt,
als ihr glaubtet, ihr könntet euer Theater in eigener Regie veranstalten.
Gut so, meine lieben Zauber-Lehrlinge, ihr Faust-linge!
Zurück zur Vernunft, zurück zur Natur, aber wie erkennt ihr sie nur?

Zurück zu den Wurzeln, wenn ihr verstehen wollt,
von welchem Tiger ihr euch da reiten lasst.
Gut seid ihr beraten, daß ihr nun mir zu Ehren ein Ritual veranstalten wollt,
wie ihr es in eurer Sprache nennt: ein "Theater".

Die alte Zunft der Dichter, Sänger, und Schau-Spieler,
sie hat noch etwas in dunkler Ahnung, von dem Wissen

---

[515] Wir brauchen uns nicht an seinem etwas schwülstigen Stil stören, das haben die Brahmas der alten Garde halt so so an sich. Sollen wir es ihnen verdenken? Und wir sind ja noch viel stärkeren Toback von unserem bekannten A-Brahma *Jahwe* gewöhnt. Die vorgestellten Inhalte entspringen u.a. den meditativen Techniken des *Corpus Hermeticum* (Campbell 1996,III: 417-418), sowie der Bhagavad Gita.

eurer Ur-Ahner, den *Aoidoi*, die die Kunst noch beherrschten!
Das *The-atron*, und die *The-oria*, aber mit welch armseligen Ruinen
eurer alten Kunst ver-gnügt ihr euch heute!

Geht wieder zurück auf die Wurzeln,
von denen ihr hergekommen seid,
lauschet wieder dem Gesang des mir geweihten Tieres,
der *Trag-odia*, und lernet wieder die hohen Rituale,
die die alten Meister alter Zeiten für mich inszenierten!

Nein, ich meine nicht jene finsteren und dumpfen Sadomasochismen,
die euch die Priester von allerlei Alten Bünden und Hiero-Kumpaneien,
jene Götzendiener der Demiurgen, auferlegten,
denen, die euch den Leviathan herbeibeschworen haben,
falls ihr besser verstehen wollt, welcher Tiger euch da reitet,
der Leviathan, der Moloch ist's, der, mit dem Zeichen auf der Stirn!

Nein, ich verlange von euch keine finsteren Ritual-Opfer,
keine Prostrationen, keine Selbst-Erniedrigungen, keine Inquisitionen!
Mein Ritual ist die *Theo-ria*, und das *The-atron*,
und meine Gesetze sind die der *physis* und der *lysis*,
die Ur-Kräfte der *en-morpheia*, *en-ergeia* und *en-tropeia*.

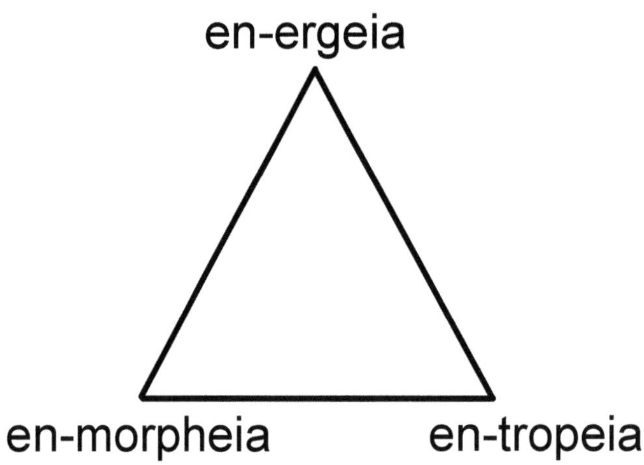

Ihr bräuchtet nur meine Gesetze zu beachten,
es sind nur wenige, aber grundlegende
aber ihr versteht nicht, auf was für ein Spiel ihr euch da eingelassen habt,
eure Zauber-Lehrlings-Priester, eure Naturwissenschaftler,
allen voran eure Physiker, haben ein gar halb-backenes Verständnis

von der Kraft, die da die *physis* heißt,
und sie stecken schon im Rachen des Leviathan,
dem sie zur Beute verfallen!

Gekommen ist die Zeit der Ent-Hüllung, der *A-Laetheia*,
was in den Aionen des tödlichen Vergessens
von den Schleiern der *Laethe* verdeckt worden war.
Gekommen ist der Augen-Blick der *Apo-Kalypsis*,
des *Kairos* günstiger Moment, hinter uns lassend das Haus der Nacht:
prolipousai dômata, eis phaos, osamenai kraton apo chersi kalyptras!

Daher höret, wen ihr angerufen habt,
ich will euch nun mein Lied singen, *Audae Thespin*:
Das Lied von den *An-Fängen*, den *Ur-Sprüngen*, und den *Auf-Gängen*!
ex archaes, hoti proton genet auton,
eirousai ta t' eonta ta t' essomena pro t' eonta
verkündend, was ist, was sein wird, und was vorher war,
wie euer Ur-Ahner *Chaes-Aoidos*, der große Meister aus Hellas,
euch ahnend-verkündend in die Wiege legte!
en archae chaos genet en-er-chaea

Ich bin der "Der sich selbst erzeugt",
der Aus-Sich-Selbst-Geborene,
Ich bin der Herr über die Zeit,
Väinämöinen, der Weise Mann, der Alte vom Berge,
Chronos, Saeturnus, Yima Xsaeta, oder Yamshyd,
Ich bin euch auch bekannt als der Prometheus,
oder auch Pra-mantha, der euch das Feuer brachte,
der Kosmogonische Eros, wie im orphischen Hymnus besungen,

So höret, was ihr erfassen könnt von meinem Lied,
von dem Lied, das ich selber bin,
von dem Lied das sich selber singt.
Was ihr hört, ist nur eine Schwingung,
ein Unterton sozusagen, meiner Melodie.

Ich spiele mich in einem euch übergeordneten Kosmos ab,
außerhalb eures Raumes und eurer Zeit.
Ich, der Gesang, bin, wie Ihr sagt, ewig, für euch, die Ihr
euch einer Zeit unterwerft, falsch, wenn Ihr glaubt,
unendlich durch alle Zeiten , sondern einfach jetzt,
jenseits von Zeit, ewig ist während, im Jen-Zeits.
Du, das einzelne Bewußtsein, ihr als Menschheit,
eure Welt, euer Planet, euer Weltall,
sind die Harmonien meiner Melodie.

**Was du hörest, hat keinen Anfang und kein Ende,
dein Verstand versucht sich etwas zu konstruieren,
mit dem er anfangen kann, mit dem er weitergehen kann,
mit dem er aufhören kann.
Dies ist die Natur und die Aufgabe deines Verstandes,
sei bedacht, daß dein Verstand dir die Bilder vorgaukelt,
die er will.**

**So, wie das was ihr Diesseits nennt
eine Widerspiegelung dessen ist, was ihr Jenseits nennt,
so vibriert alles nach meinem Rhythmus und erhält von mir
seine Form und seine Lebendigkeit.**

**Am Ende ist das was am Anfang immer sein wird,
der Geist der sich durch seine Permutationen und
Transformationen in seinem eigenen Bewußtsein wiederspiegelt,
und der Fokus dieser Widerspiegelungen ist es,
was sich MENSCH nennt.**

**MENSCH ist der Name des Gebildes,
mit dem sich der Geist selber erkennt.
Mensch hat viele Daseinsformen und Daseinsfährten.
Mensch ist die ursprüngliche Faltung
des Bewußtseinsgebildes des Einen, eine Faltung des unendlich
klaren, leuchtenden und reflektierenden Gebildes auf sich
selber. Mit dem Eintreten dieser Faltung ensteht
das Phänomen der unendlichen Widerspiegelung,
manche nennen es Welt, andere nennen es Maya.**

**Mein Gesetz ist die Harmonie,
die Getriebe des Kosmos sind meine Melodie.
Was sich dem geformten Bewußtsein als Ereignisse darbietet,
sind die Teile meiner Komposition.
Ihr kurzsichtigen Beobachter meiner Werke,
die ihr euch beliebt, den Stücken meiner Komposition
Namen zu geben, und sie zu bewerten, merket auf,
denn ihr seit es ebenso, die ihr meine Instrumente seid.**

**Das Bewußtsein verirrt sich in den Korridoren
der unendlichen In-Sich-Selbst-Spiegelung,
und kristallisiert sich in zwei dualen Formen,
das was sich der menschliche Geist nennt,
und die Gesetze der *Physis*, die *En-ergeia* und die *En-tropia*.
Die Gesetze sind, da sie das Duale des Geistes**

sind, von diesem Geist untrennbar, für diesen Geist,
der sich als leicht, unstet und frei begreift,
die Eisenhärte der Materie.

O wisset, ihr die ihr wissen wollt,
ihr, die ihr der Freiheit des Geistes nachtrauert,
wenn ihr euch in euren Leibern gefangen seht,
wisset um die Gesetze der Bindung und der Befreiung,
der Formung, Erhaltung und Auflösung.

Ihr, die ihr leidet unter den Fesseln eurer Schwerkraft,
unter den Konsequenzen des niemals wieder aufzuhebenden
einmal Getanen,
wisset über die Notwendigkeit eurer Möglichkeit,
und wisset von dem Privileg, mit dem ihr ausgestattet seid.
Werft, wenn ihr könnt, einen Blick in die Welt der Geister,
in der die Zahl der Engel auf einer Nadelspitze Legion ist,
in der als König der Sohn der unfruchtbaren Frau herrscht.

Wisset um den Preis, der zu zahlen ist, für jeden Geist,
der sich aus seiner materiellen Hülle herausheben will,
wisset, daß ihr es seid, die den Preis festgesetzt habt.

Bedenke, o Mensch, dies alles ist mein Spiel,
und siehe, du bist ich selber, so wie ich du bin,
mein Gesetz ist dein Gesetz und meine Kraft liegt bei dir.
Du benutzt meine Allmacht um dich zu machen und mich.
Bedenke und fühle wie die Macht der Auflösung, der *Lysis*,
ebenso die Macht der Erzeugung ist, die *Physis*.
Ich wirke aus dir wie ich selbst, du bist ich,
jederzeit und immerdar.

Meine lieben Erd- Mensch- und Faust- linge!
Wenn ihr euch in eurer Einsamkeit nach einem Beistand sehnt,
Wenn ihr von eurer Furcht vor den Konsequenzen
eurer Handlungen geschüttelt werdet,
Wenn ihr dem nackten Verderben geradewegs in Auge sehet,
Wenn euch das Monster seinen Gift-Atem ins Gesicht faucht,
dann, gerade dann, ist die Versuchung am größten,
es wieder einmal mit einem neuen alten Bund zu versuchen,
mit den alten Kumpaneien der Götzenpriester!

Seht Euch wohl vor, ihr Faust-Linge!

2.4. Der Blick aufs Ganze

@:BLICK_AUFS_GANZE

Oswald Spengler hat mit einem poetischen Wort-Feuerwerk das überwältigende transtemporale panoramische Erlebnis beschrieben, das denen vergönnt ist, vor deren inneren Auge sich die Entfaltung des Kosmos und des organischen Lebens der Erde, und in weiterführender Entwicklung, der Geschichte der Menschheit, zu bildlicher Darstellung fügt:

Spengler (1980: 139): Unzählige Gestalten, in endloser Fülle auftauchend, verschwindend, sich abhebend, wieder verfließend, ein in tausend Farben und Lichtern blinkendes Gewirr von anscheinend freiester Zufälligkeit, - das ist zunächst das Bild der Weltgeschichte, wie sie als Ganzes vor dem innern Auge sich ausbreitet. Der tiefer ins Wesenhafte dringende Blick aber sondert aus dieser Willkür reine Formen ab, die dicht verhüllt und nur widerwillig sich entschleiernd allem menschlichen Werden zugrunde liegen.

Vom Bilde des gesamten Weltwerdens mit seinen mächtig hintereinander getürmten Horizonten, wie sie das faustische Auge umfaßt, dem Werden des Sternenhimmels, der Erdoberfläche, der Lebewesen, der Menschen, betrachten wir jetzt nur die äußerst kleine morphologische Einheit der "Weltgeschichte" im gewohnten Sinne ... die gegenwärtig etwa 6000 Jahre umfaßt...

In ca. 100 Jahren, seit Spengler diese morphologische Vision wagte, haben sich die Erkenntnisse der Menschheit zu dem Gesamtbild der Entfaltung des Kosmos erheblich erweitert und vertieft, so daß es mit diesem verfügbaren Material heute möglich erscheint, den *Blick aufs Ganze* zu wagen: *par aion ap aion*, von Epoche zu Epoche, hinweg über alle Epochen des Kosmos, in der Vision von Teilhard de Chardin: der Sphären-Harmonie von Kosmosphäre, Biosphäre, und Noosphäre und bei Virilio: *die große Vision der Ereignis-Landschaft*:[516]

@:EREIGNIS_LANDSCHAFT

Virilio (1998): Für Gott ist die Geschichte eine Ereignislandschaft. Für ihn gibt es keine Abfolge, weil alles gleichzeitig da ist... Diese nur schwer vorstellbare transhistorische Landschaft erstreckt sich über alle Zeitalter hinweg, von einer Ewigkeit bis zur anderen. Und dieser kaum denkbaren Zone entspringen seit Anbeginn der Zeit die Generationen, die sich durch ihren beständigen Wandel gegen den Horizont einer ewigen Gegenwart abzeichnen... Eine Zeitlandschaft, in der die Ereignisse unversehens an die Stelle der Oberflächengestalt... treten, in der Vergangenheit und Zukunft aus ein und derselben Bewegung hervorgehen und ihre Gleichzeitigkeit offensichtlich zutage tritt.

Man erkennt bei Virilio und bei Teilhard allerdings einen Trend: Hier wird der faustische Anspruch Spenglers wieder still und verschämt an den Gott zurück gegeben, dessen alleiniges Vorrecht solche Perspektiven nun mal sind.[517] In Teilhards

[516] Dieser Gedanke wird anderswo weitergeführt ->:VISION_PANORAMA, p. 135

[517] Man erinnere die "teuflische" Versuchung Jesu, der auf einen hohen Berg geführt wurde...

Christologischer Sicht wird dieses Panorama auf den Punkt Omega übertragen, was etwa dasselbe in Schwarz-Purpur (den beliebtesten Farben der Kirche) ist. Die faustische Gesamtschau Spenglers (durchaus in der Tradition von Hegels grandiosen Überflügen des Absoluten Geistes), der alles-durchdringende, alles-Adlerhaft-überschauende Blick, der damit verbundene stillschweigende größenwahnsinnige Anspruch des faustischen Zarathustra-Übermenschen, zu dem Spengler sich mit seiner gesamten Rede- und Darstellungsweise im "Untergang des Abendlandes" ja überall aufschwingt, ist aus der Mode gekommen. Nach den entsetzlichen Verbrechen und Zusammenbrüchen einer Herrenmenschen-Denke, die von solcher Geisteskost gespeist wurde, ist man in den letzten 50 Jahren wieder etwas mehr leisetreterisch geworden. Nicht nur deshalb sind Versuche, solche grandiosen Perspektiven zu zeichnen, für die Historiker unserer Tage eher peinlich: Denn die Wissenschaft unserer Zeit, mit ihrer unendlichen Detail-Fülle, in der ein einzelner Mensch hilflos verloren ist, und sich nur mit extremster Spezialisierung "über Wasser" halten kann, erlaubt keine solchen Panoramablicke mehr, es sei den unter der Gefahr, sich dem Vorwurf des Dilettantismus auszusetzen, oder noch schlimmer, als "Terrible Simplificateur" oder "Überflieger" zu gelten. Wir können es in etwas anderer Weise ausdrücken: Die heutige (Geschichts-) Wissenschaft ist unter das Tabu gefallen, daß "*der Wald nicht mehr vor den Bäumen gesehen werden darf.*" Bestenfalls die Astronomen dürfen so etwas noch wagen, aber nur unter Zuhilfenahme von Mega-Teleskopen, die auf der Basis von Multi-Mega-Buck- (Dollar) Forschungsprogrammen konstruiert und aufgestellt oder in das Weltall geschossen werden. Einem einzelnen Denker, still in seinem Kämmerchen arbeitend, hinter seinen Tausenden von Büchern, so wie Spengler Zeit seines Lebens gearbeitet hat, ist ein solcher Blick nicht mehr erlaubt. Einem Einzelnen ist es nicht mehr vergönnt, im einsamen Visionärsblick zu suchen und zu schauen, zu erkennen, *"was die Welt im innersten zusammenhält"*.

2.4.1. Die alte vergessene Kunst der Trans-Temporalen Perspektive

Und es gibt noch einen tiefer liegenden, subtileren Grund, warum solche Trans-Temporalen Perspektiv-Visionen aus der Mode gekommen sind. Ihnen haftet etwas anachronistisches an. Die Menschen der letzten 500 Jahre haben sich so an das Räumlich-Perspektivische Denken und Auffassen gewöhnt, daß die neuronalen Dispositionen und Trainings-Methoden, die für eine solche Vorstellungsweise notwendig sind, schlicht vergessen wurden, und weitgehend verloren gegangen sind. Marshall McLuhan hat in seinen Arbeiten (mehr oder weniger versteckt) darauf hingewiesen, daß in der Epoche der letzten 2500 Jahre seit der Alphabetisierung (und der Achsenzeit) eine sehr fundamentale, aber sehr subtile und kaum wissenschaftlich zu demonstrierende Umprogrammierung der grundlegenden neuronalen Prozessmuster stattgefunden hat, mit denen Menschen ihre Welt erleben, und sich in ihr orientieren. Das ist deswegen so schwer wissenschaftlich nachzuweisen, weil wir ja keine neuronalen Untersuchungen an den Menschen vornehmen können, die vor 3000 Jahren lebten, und es ist geschichtlich kaum wahrnehmbar, weil hier ein Bereich des alltäglichsten Lebens, also der banalen Normalität, tangiert wird, und solche Themen gehen kaum in die Geschichts-Chroniken ein, und sind nur mit sehr subtilen Analyse-Methoden zu finden. Aber wie soll man etwas finden, wovon man überhaupt nicht weiß, daß man es suchen sollte? Die medientheoretische Analyse der verfügbaren Geschichts-Zeugnisse hat aber inzwischen (in den letzten 50-70 Jahren seit Milman Parry) einiges an Material in diese Richtung hervorgebracht, und hier soll etwas dargestellt werden, das auf diesen Analysen aufsetzt, aber noch ein wenig weitergeht.

Die Visions-Methode, die Spengler wieder-entdeckt, oder besser wieder-erahnt hatte, nannte er das *Morphologische Denken*. Dieses Denken ist aber, wie er selber an diversen Stellen seines Werkes klar sagt, etwas, das man eigentlich nicht lernen kann, wenn man nicht schon eine Begabung, heute würde man sagen: eine entsprechende *Neuronale Disposition*, dafür mitbringt. Und offenbar kommt eine solche Disposition recht selten vor, in der Genetik sagt man: *sie ist rezessiv*. Dieses Denken ist weiterhin in gewisser Weise *incompatibel* mit dem Denken, seit ca. 500 Jahren sich immer unerbittlicher in den Vordergrund geschoben hat, und das die heutige Menschheit, praktisch über den ganzen Planeten hinweg, durch alle Schichten und Gruppen der Menschheit hindurch, beherrscht. *Die Rede ist von der Aristotelischen Struktur*, das Dualistische, Formale, Rationale, Logische, Mathematische, Technische, Kaufmännische, Kausale (etc. etc.) Denken. Ein wesentlicher Grund, wieso Spenglers Methode bei den Wissenschaftlern nicht gerade begeistert aufgenommen wurde, war, daß sie den Grund-Prinzipien des heutigen wissenschaftlichen Denkens widerspricht. Das gefährliche seiner Methode war: Wenn man nicht äußerst vorsichtig damit umgeht, kann sie in einen unkontrollierbaren Irrationalismus umschlagen, und der hat sich ja dann leider in der Nazi-Zeit mit den zu erwartenden furchtbaren Konsequenzen auch sofort eingestellt.

Spengler hatte eine Methode neu formuliert, die vor ihm hauptsächlich von Nietzsche, und davor von Goethe benutzt wurde. Bei Goethe können wir wie bei einem *Archae-Typos* etwas finden, was Spengler leider nicht hatte: Die *Ausgewogenheit*, und die Fähigkeit, mit dieser Denkmethode *verantwortlich*, und damit auch *wissenschaftlich* umzugehen. Aber Goethes Auftreten war wohl eine der größten Ausnahmen und genetisch-neuronalen Zufälle, die unsere Zivilisationsgeschichte der letzten ca. 300 Jahre aufweisen kann, weil er Charakter-Eigenschaften und soziale Umstände seiner Herkunft vereinte, die so selten sind, daß die Möglichkeit der Wiederholung praktisch Null ist. Auf diese Thematik soll noch später eingegangen werden.

Die Meisterschaft der Trans-Temporalen Perspektive scheint in Goethes Werk Faust unmißverständlich durch, zumindest für den, der den Code zu lesen versteht. Goethe hatte hier eine Ur-alte Methode wieder auferstehen lassen, die aus der grauen Griechischen Ur-Zeit stammte, das *Aoide-Denken*. Nicht umsonst beschäftigte sich Goethe so intensiv mit den *Ur-Worten*. *Aoidoi* (lat. *Vates*) wurden die Seher und Propheten in Alt-Griechenland genannt, von denen uns heute noch ein paar namentlich bekannt sind, wie Homer und Hesiodos, oder Tiresias und Vergil. Aber ihr Gewerbe war eine Kunst, die überall und zu allen Zeiten in der Prä-historischen Menschheit von vielen ihrer Kollegen ausgeübt wurde, denn sie waren das lebendige *Kulturelle Gedächtnis* ihrer Gesellschaften, zu den Zeiten, als es noch keine Schrift gab, und alles, was an Wichtigem tradiert werden sollte, von Mensch zu Mensch, von Mund zu Mund tradiert werden mußte. (Wobei es aber natürlich noch die Tradition des Handwerks gab, die alle technischen und praktischen Fertigkeiten weitergab, das ging etwas multimedialer von Mund, zu Ohr, zu Hand vonstatten. Oder auch manchmal von Hand zu Ohr, oder ähnliche weitere bewährte multimediale Traditionsmethoden, wie die mit dem Knüppel aufs Hinterteil.)

Es gab solche Traditionen auf allen Kontinenten, bei allen Völkern, und Milman Parry studierte die gerade aussterbenden letzten Reste in West-Eurasion, auf dem Balkan, bei den Guslaren. In Zentral-Asien hielten sie sich bis heute, es gibt dort noch Sänger, die das gesamte Gesar-Epos auswendig singen können. Ebenfalls existiert in Afrika noch eine Tradition der Griots, die eine ähnliche Aufgabe bis vor ca. 50 Jahren wahrnahmen, und die heute von der Fernseh-Soap-Opera-CNN-"Kultur" ins Aussterben gedrängt werden. Eine weitere Tradion existiert(e) unter den Ur-Australiern.

Es war eine bevorzugte Darstellungsmethode, die Aoidoi als Blinde zu portraitieren. Das heißt nicht, daß blind sein eine unbedingte Voraussetzung war, um Aoide zu werden, sondern deutet auf eine Fähigkeit hin, die Blinde in erheblich höherem Maße entwickeln müssen, als Sehende: Die Fähigkeit der kreativen Vision, und das Aufbauen von imaginären Raum-Vorstellungen, die es den Blinden helfen, sich in der Seh-orientierten Welt der Menschen zurechtzufinden. Aber mit dieser Fähigkeit haben (einige besonders begabte) Blinde auch die Möglichkeit, Raum-Vorstellungen zu errichten, die völlig andersartig sind, als die perspektivischen Welt-Räume, in denen die Normal-Menschen leben. Diese Fähigkeiten der Kreativen Visualisation der Blinden kamen mit dem Schriftzeitalter aus verschiedenen Gründen völlig außer Gebrauch, erstens weil man keine Gedächtniskünstler mehr brauchte, um das kulturelle Material zu tradieren, zweitens, weil Blinde durch die überwiegend schriftliche, also visuelle Transmission, effektiv davon abgeschnitten waren, sich soviel Wissen anzueignen, daß sie damit eine Vision erbauen konnten, die noch irgend etwas besonders aussagekräftiges bieten konnte. Und wenn sie das doch konnten, dann fehlte ihenn die Schreib-Fähigkeit, um das so erlangte Wissen an ihre Mitmenschen weiterzugeben. Ausnahmen bestätigen die Regel, und einer von denen war Jorge Luis Borges, der aber erst spät im Leben blind wurde, und so sein ganzes Wissen schon aufgebaut hatte. Ein anderer war Jacques Lusseyran, von dem McLuhan erzählt, aber der mußte sich als Resistance-Kämpfer anderen Aufgaben widmen, als kosmische Visionen zu entwerfen. Immerhin waren seine Berichte aufrüttelnd genug, um auf diese Weise in die Menschheits-Tradition einzugehen.

Die für ihre Mitmenschen so unverständliche Fähigkeit der Blinden Sänger war ihre Fähigkeit zum Erblicken und Erschauen der Trans-Temporalen Perspektive, was man als Weissagung und Prophezeiung bezeichnet, und diese Fähigkeit war den Menschen zu allen Zeiten sehr viel wert und teuer. Diese Fähigkeit starb aber bald aus: erstens aus den oben genannten Gründen, weil die Hauptaufgabe der Aoidoi, als kulturelle Gedächtnisträger zu dienen, wegfiel. (Die Orakel wurden stumm, siehe H.v. Dechend). Zweitens, weil sich die Sprache seit Einführung der Schrift so rapide änderte, daß bestimmte Visions-Möglichkeiten, die die alte Aoide-Sprache noch bot, wegfielen, weil die Fein-Abstimmung zwischen Sprache, Ohr, und Gehirn verloren ging. Das wird an anderer Stelle noch als *Neuronale Resonanz*, und *Onoma-Semaiophonische Rhizome* näher erläutert. Die heutigen modernen Sprachen sind für das Aoide-Denken völlig ungeeignet. Die dritte Problematik war, daß die Menschen nun nicht mehr den Geschichten ihrer Aoidoi ehrfürchtig lauschten, und sich von ihnen auf ihre Traumpfade leiten ließen, und zu ihnen ihre begabten Kinder in die Lehre schickten (man kann annehmen, daß nur etwa einer von Tausend die Begabung hat).

Es kam noch schlimmer: Die Aoidoi wurden ausgerottet und gehetzt wie die Ratten. Das vor allem in den semitischen Gebieten, wo der Gotteskult *Yahwes*, und seiner Verwandten, Ahura Mazda, und Mithras, sowie seines direkten Nachfahren, *Allah*, sich breitmachten. Eine etwas andere, aber ähnliche Entwicklung gab es in Indien. Dort existiert bis heute die wohl größte und detailierteste orale Tradition der Menschheit, und dort wird noch sehr genau verstanden, was hier in dieser Schrift berichtet wird. Aber ein einmal existierender Codex an sakrosanktem heiligen Material wirkt sehr effektiv darauf hin, daß kein neues Material mehr gebildet werden darf. Und so wurden vor allem in den jüdischen, christlichen, und islamischen Kulturen die Möchte-Gern Propheten mit besonderem Fleiß ans Kreuz genagelt, verbrannt, gevierteilt, geschächtet, geschunden, von Tieren zu Tode getrampelt und zerrissen, und was dergleichen Vorzugsbehandlungen mehr sind, die man speziell denen angedeihen läßt, die sich nicht einfach nur daneben benommen hatten. (Denn diese wurden, *same routine procedure as everyday* immer ganz kurz und schnell aufgehängt). Sondern mit solchen *Subjecten* mußte man etwas besonders *Ein-dringliches* veranstalten. Denn die hatten auf eine sehr, sehr erst zu nehmende und auf zehnfach gefährlichere Weise versucht, die grundlegenden Fundamente der Denk- und Ideologie-Zitadelle zu untergraben, in der sich die gerade herrschende Macht-Intelligenz-Clique gerade so gemütlich eingerichtet hatte.

In anderen Worten, das genetische Potential der Aoidoi, das sowieso sehr selten vorkam, wurde noch auf die verschiedensten Weisen aktiv aus dem Gene-Pool der Menschheit ausgemerzt. Zum Beispiel daß alle Menschen, die solche Anlagen hatten, in Europa nach 500 im Kloster landeten, oder etwas später, in den Hexenverfolgungen, auf dem Scheiterhaufen. Nach 1500 war das Aoidoi-Potential der zivilisierten eurasischen Völker praktisch vernichtet. Und dann braucht man sich auch nicht mehr zu wundern, warum heute die Wahrsager nur noch solchen Quatsch reden. Es benötigt dazu eben mehr, als nur eine vage visionäre Fähigkeit. Es braucht langes Training, eine außerordentlich fein geschulte Intelligenz, und es braucht vor allem eine gesellschaftliche Einbettung, eine Tradition, und ein Denken der umgebenden Menschen, das damit in Resonanz treten kann. Verstehen heißt, in heutiger Sprechweise: *In neuronale Resonanz treten.*

3. Die Mühle des Hamlet

@:KOSMO_AXIS

An-aximandros, die Mühle des Hamlet, Zeitmaschinen, und kosmische Achsen

Nach Hause, nach Hause, gehn wir nicht, bis dass die Achse bricht.

Diese unscheinbare Strophe aus einem Landser-Lied des II. Weltkriegs hat noch eine tiefere Bedeutung, nämlich den Bezug zu den *kosmischen Achsen* des Welt-Traum-Zeit-Designs von Meister El-Ohim und dem Lebenswerk einer anderen Meister-Designerin: Hertha v. Dechend (1993).[518]

3.1. Das System der Siebenfach Potenzierten Spiralen

Die oben "en archae" vorgestellte Interpretation von Meister El-Ohims Design ist im Wesentlichen eine Zusammenfassung heutiger physikalischer und kosmologischer Erkenntnisse,[519] aber wir dürfen uns keinesfalls anmaßen, daß das dargestellte Prinzip der "Siebenfach Potenzierten Spiralen" schon alles an seinem Design umfaßt. Das zu denken, wäre zu vermessen. Wenn wir etwas interpretieren, so können wir es immer nur innerhalb des Fassungsvermögens und der Modalitäten und Medialitäten unseres eigenen Verstandes und seiner Hilfsmittel interpretieren. Mehr steht uns leider nicht zur Verfügung. Und wenn wir versuchen, uns geistig einem System zu nähern, das von seinem Design her nicht für das kleine Gehirn der Sterblichen gedacht ist, so müssen wir umso vorsichtiger sein, in ein Gebiet einzudringen "Where even Angels fear to tread" (Bateson 1986). Erinnern wir uns an Nietzsches Warnung, der von all dem noch einiges mehr wußte, als er uns schriftlich hinterlassen konnte: "Oh Mensch! Gieb Acht! Was spricht die tiefe Mitternacht? ... Die Welt ist tief, Und tiefer als der Tag gedacht."[520] Und die Warnung geht noch weiter: Auch wenn wir glauben, wir seien "aus tiefem Traum erwacht", dann könnte es lediglich sein, daß wir uns gerade in dem tiefsten aller Alpträume verstrickt haben. Und unsere heutige, glorreiche, brave New Global Age, sieht ganz nach einem solchen "tiefsten aller Alpträume" aus.

Denn was die Menschheit in den letzten 5000 Jahren durchlebt hat, sieht aus der Sicht der Brahmas eher so aus, wie verschiedene Stadien eines immer tieferen Sturzes ins

---

518 Goppold (2001a): 3. The Proimion of Parmenides and the Axle / Axis of Time
Dechend (1993: 365): Mundilföri, *Saekonunga Heitis*, "... Augenmerk ... auf verschiedene Furten, Fährmänner, Steuermänner, personifizierte göttliche Schiffe...". Mundil -> mund Zeit -> Mond, (p. 366) Fährmann der Zeit, "Achsenschwinger". {mandull / möndull / mundil} (Zeit) <-> mundus (Welt) -> manth -> math -> mandala -> {mentula / metula / := das Prinzip der bohrenden Bewegung} -> maedaea -> Venus: *philo-maedaea*.
Dechend (1993: 365-373, 379, 405-410). Dechend (1993: 405): "abmontierte Pfosten oder Pflöcke, herausgerissene Zapfen, ruinierte Achsen und gefällte Bäume..."
->:KYBERNETES, p. 344

519 Kosmos: Dechend (1993: 366).

520 ->:MITTERNACHT, p. 219

bleierne Vergessen, das die Menschen gebannt in seinen Rachen gezogen hat. So einen Eindruck machte jedenfalls das *Dualistische* Welt-Design von *Yahwe dem Un-Aussprechlichen*, das die Menschen seit 3000 Jahren immer tiefer und tiefer in seinen Bann gesogen hat, mit der logischen Kulmination des Islam, einem Welt-Design, das heute noch die Menschen (einiger fundamentalistischer Länder) erbarmungslos zwingt, ihr gesamtes tägliches Leben in einer furchtbaren Trennung von Männlich und Weiblich zu verbringen, ein unsichtbarer, stählerner Vorhang, der ihre Welt zerrissen hat. Das war sicher nicht die Absicht des Propheten Mohammed (Gott halte ihn für immer selig) gewesen, aber hier ist eine (theo-) logische Maschinerie mit ihrer brutalsten Konsequenz in Gang geraten, und nicht aufzuhalten. Der Islam ist die große Wachstums-Religion unserer Zeit. Und bei allen Erkenntnissen der Wissenschaft: *Der Fundamentalismus ist die Große Massen-Bewegung der Zukunft.* Und das war die Warnung, die uns *Mae-Phaisto-Philaes* in seiner Botschaft übergeben wollte. Das *Dualistische* Welt-Design von *Yahwe dem Un-Aussprechlichen* brachte mit der Vernichtung der Kulte und des Gedenkens der Götter-Generationen vor ihm, das große Vergessen. Es ist hierbei unerheblich, ob dieses Welt-Design nur deswegen entstehen konnte, weil die Menschen schon alles Wesentliche vergessen hatten. Nach der obigen Chronik war dieses Vergessen schon vor etwa 4,320 Solar-Jahren komplett, und das Erscheinen von *Yahwe dem Un-Aussprechlichen* nur noch Bestandteil einer konsequenten Aufräum-Arbeit, einem *Liquidationsprozess*, wie Gotthard Günther es so treffend ausdrückte.[521] Nach einer anderen Chronik, der Vedischen, war dieses Vergessen mit dem Eintritt ins Kali Yuga schon besiegelt. Das macht nur einen Zeitunterschied von 700 Jahren.

3.2. Das Gravitational- Rotationale Kunstwerk

Das Gravitational- Rotationale Gesamt-Kunstwerk des Meisters El-Ohim

@:GRAVITATIONS_KUNST

Sehen wir uns noch einmal das "Gesamt-Kunstwerk" des Welt-Traum-Zeit-Designs von Meister El-Ohim an: Was aus der Sicht der Welten-Designer Brahmas als ein phantastisches System von ineinander geschachtelten Spiralen aussieht, läßt sich am besten "goutieren", wenn man auch tatsächlich in der Lage ist, das Spektakel auf allen Zeit-Ebenen und durch alle Epochen der kosmischen Entwicklung hindurch "gleichzeitig" zu betrachten. Diese Perspektive ist uns Erdlingen leider nicht vergönnt, und so müssen wir alles der Reihe nach, und in jeder Größenordnung für sich betrachten. Aber es ist wichtig, den essentiellen Zusammenhang dieses Gravitational-Rotationalen Gesamt-Kunstwerks im Sinn zu behalten. Es handelt sich hier um ein gravitationales System, in dem alles von allem beeinflußt wird. D.h. keine Bewegung im ganzen Kosmos geschieht unbeeinflußt von irgendeiner anderen Bewegung. Gravitation ist die ultimate Fern-Wirkungskraft, die alles mit allem untrennbar verbindet. Das gesamte Weltall befindet sich in einem fortwährenden, unendlichen, rhythmischen, harmonischen Vibrieren, eben wie es der Mythos vom Tanz Shivas für uns Sterbliche faßbar macht. Dies versuchten die alten Ur-(Kosmo-/ Mytho-)logen mit ihren

---

521 ->:GUENTHER_EPOCHE, p. 269

Gleichnissen auszudrücken. Die heutigen Kosmologen können sich nur darüber wundern, wie ungeheuer subtil dieses Design ist, daß es nicht zu einem schnellen Erlöschen im endlosen Nichts, oder einem katastrophischen Zusammenklumpen aller Materie in einem gigantischen Schwarzen Loch gekommen ist, das zu einem vorschnellen Ende dieses Welt-Traum-Zeit-Designs geführt hätte.[522]

Aufgrund dieser unendlichen gegenseitigen Beeinflussung eines jeden gravitationalen Zentrums mit jedem anderen kann es im Weltall auch überhaupt keine der idealisierten kreisförmigen geometrischen Figuren geben, denen die Griechen in ihren kosmischen Designs noch angehangen hatten, und die bis Kepler das Denken der Menschen beherrscht hatten. (Campbell 1996,III: 286). Noch Kopernikus wollte von der alten Idealisierung der strengen geometrischen Kreise nicht lassen, und das war ja auch das Patentrezept von Ptolemaios, der postulierte, daß das Universum sich im Sinne des Platonischen Guten, des Schönen, und des Geordneten, eben nach der gerade erfundenen Euklidischen Geometrie zu richten hätte. Erst Kepler räumte mit dieser Traum-Vorstellung auf, danach waren die Bahnen der Planeten elliptisch. (Was ebenfalls noch ein Euklidisches Konzept war, nämlich die Kegelschnitte). Aber das sind sie natürlich auch nicht, weil ja die Planeten ihrer Sonne auf Ihrer Bahn durch den Kosmos folgen, und daher können die Bahnen der Planeten nur wendelförmig, also ellipto-spiralisch sein. Und die Bahn der Sonne ist auch nur ellipto-spiralisch, weil sie sich um irgend ein verborgenes Zentrum der Galaxie dreht.[523] Aber auch diese Darstellung des Geschehens ist noch ungeheuer vereinfacht. Denn es ist ja nicht einfach so, daß die Planeten sich um die Sonne drehen, sondern die Planeten und die Sonne drehen sich gemeinsam um ein gravitationales Zentrum, das zu einem Teil von der gravitationalen Schwungmasse des gesamten Sonnensystems gebildet wird, und dazu gehören wegen ihrer großen Masse und ihres großen Abstands von der Sonne die äußeren Planeten, Jupiter und Saturn, mit einem wesentlich stärkeren Anteil an der Gesamtschwungmasse, als es das populärwissenschaftliche Solarzentrische Dogma zugestehen will. Denn auch die Sonne zittert, wenn die Gravitation der äußeren Planeten an ihr zerrt. Das Zittern der Sonne heißt, daß das gravitationale Zentrum des Sonnensystems innerhalb ihres Sonnenleibs hin- und herschwingt. Es ist sozusagen eine kosmische Walk-Maschine, die den Bauch der Sonne durchknetet. Das bewirkt u.a. die bekannten Phänomene der Sonnenflecken, die in der Periodik der Konjunktionen der großen Planeten auftreten.

---

522 Hier muß qualifizierend gesagt werden, daß es gewisse Unterschiede der Interpretation der kosmologischen Daten gibt. Nach der augenblicklich dominierenden Meinung ist das Bild etwas anders: Da fliegen die Galaxien einfach in Fortsetzung der kosmischen Ur-Explosion, des Big Bang, immer weiter auseinander, und die zentrifugalen Kräfte überwiegen bei weitem das Bild. Ohne hier weitere Komplikationen einzuführen, soll dazu gesagt werden, daß das auf einer bestimmten, und noch lange nicht feststehenden Interpretation der Hintergrundstrahlung beruht, dem Effekt des *Red Shift*. Wenn man andere Ansichten, wie die des "Tired Light" berücksichtigt, balancieren sich die zentrifugalen und zentripetalen Kräfte weitgehend aus. Weiteres Material: Britannica: Stars and Star Clusters

523 Das berühmte Schwarze Loch im Herzen der Galaxis: The Heart of Darkness.

Und hier liegen die kosmologischen Ursprünge der Astrologie. Denn die Sonnenflecken beeinflussen das Leben auf der Erde in höchst direkter und handgreiflicher Weise. Es bedeutet auch für die Gravitationale Geometrie der Raum-Zeit des inneren Solarsystems, daß sich ihre Dichte und Zusammensetzung fortlaufend ändert. Und da ist genau die Bahn der Erde, die immer durch diese leicht variable Gravitationale Raum-Zeit hindurch geht, ereignen sich Deformationen ihres gravitationalen und elektromagnetischen Feldes, was ebenfalls seine Einflüsse auf das Leben auf der Erde hat.

Aber das ist noch lange nicht alles. Denn das Sonnensystem als Ganzes ist wiederum dem gravitationalen Einfluß der gesamten Galaxie (der Milchstraße)[524] ausgesetzt, und in diesem Gravitations-System bewegt sich die Sonne auf ihrer Bahn durch die Galaxie. Und immer dann, wenn irgendein Teil des Solar-Systems zwischen dem gravitationalen Zentrum der Galaxie und der Sonne steht, ergibt sich eine etwas andere gravitationale Raum-Zeit-Geometrie, als wenn die Gravitation der Sonne sich mit der Gravitation der Galaxie addiert. Die Planetenbahnen sind nicht *ellipsoid*, sondern *ovoid* (Ei-förmig), weil sie durch den Gravitations-Einfluß der Galaxis abgeflacht werden. Diese unendliche Komplexität der Zusammenhänge macht sich unter anderem darin bemerkbar, daß auf heutigen Raumflügen die Flugbahnen der Raumschiffe immer wieder nachkorrigiert werden müssen, weil die Gravitations-Verhältnisse, und damit die Flugbahnen um die Planeten herum, nicht in einer geometrisch homogenen Raum-Zeit liegen, sondern einer überall leicht deformierten, so daß sie mathematisch überhaupt nicht exakt vorausberechnet werden können.

3.3. Das Prinzip von Syn-ballein und Dia-ballein

@:SYN_DIA_BALLEIN

Die gravitationale Situation ist umgekehrt analog zum Licht zu sehen (d.h. Gravitation ist das Analogon zu Dunkelheit).[525] Das ist mehr als nur metaphorisch, weil Gravitation das Licht ablenkt, und (fast) unendliche Gravitation verschluckt das Licht, d.h. hier sprechen wir von einem schwarzen Loch. Damit finden sich auch die analogen kosmologischen Bezüge zu den alten Höllen-Mythen, die den *Fürst der Finsternis* immer in bequemer Nähe zum Gravitations-Zentrum ansiedeln, nur ist es eben heute das Schwarze Loch im Zentrum der Galaxie, wofür vor 1000 Jahren noch die Hölle im Zentrum des Planeten herhalten mußte. H.v. Dechend (1993: 180) spricht in diesem Zusammenhang ironisch-tiefsinnig von dem *diabolozentrischen* Universum. Die Zeiten ändern sich, mit ihnen die Orte, aber seltsamerweise bleiben die Prinzipien die gleichen. An anderer Stelle sagt H.v. Dechend (p. 255): "Die Mächte vergehen, aber die Information bleibt". Und so enthält die alte Mythologie vielerlei Hinweise auf Tatsachen, die wir heute kosmologisch interpretieren. Man kann die Analogien noch weiter verfolgen, denn was hier das *Gravitational- Rotationale Prinzip* genannt wird, war in der Sprechweise der Antike das *Prinzip von Syn-ballein und Dia-ballein* (des Zusammen- und Auseinander-Werfens). Hier finden wir noch eine weitere Beziehung

---

524 *gala-* / *galakt-* : Milch.

525 Schwarzlicht macht helle Räume dunkel!

zum *Tanz Shivas*, als das *Kosmische Ballett.* (ballein, ballistik, bailar, ballett, choros, orchaesis).[526]

Dieser kosmische Gravitations-Tanz läuft seit etwa 17,248,000,000 Solar-Jahren ab, und seit etwa 10,000,000,000 Solar-Jahren existiert das Sonnen-System. Die Planeten haben sich allerdings wesentlich später gebildet, die Erde vor ca. 5,000,000,000 Solar-Jahren. Davor kreiste die Materie der Planeten in einem Staubring um die Sonne, ähnlich etwa den Saturnringen, und verdichtete sich allmählich zu den Planeten. Es ist nicht ganz sicher, wie gleichförmig das Sonnen-System nach Bildung der Planeten war, da es sich hier um ein gravitationales Mehr-Körper-System handelt, das inhärent chaotisch ist. Davon zeugen auch die Asteroiden-Trümmer eines auseinandergerissenen Planeten zwischen Mars und Jupiter. Man kann annehmen, daß es alle möglichen leichten und manchmal auch größeren Störungen gegeben hat. Auf die Länge eines Brahma-Tages kondensiert, beträgt bei einem Gesamtalter des Universums von 17,248,000,000 Solar-Jahren die bisherige Lebensdauer der Gattung Homo xxx auf der Erde nur die letzten 2 Brahma-Sekunden (oder seit etwa 432,000 Solar-Jahren). Innerhalb dieses winzigen Beobachtungszeitraums konnten sich die großräumigen galaktischen Einflüsse kaum bemerkbar machen, da sich die Sonne innerhalb dieser Zeit kaum nennenswert auf ihrer galaktischen Bahn fortbewegt hat. Aber da das Leben auf der Erde ein nennenswertes Viertel der Gesamt-"Lebens"-Zeit des Universums, und die Hälfte des Solar-Systems "über"-lebt hat, finden sich die Spuren von kosmischen Begegnungen in der biologischen Chronik. So sollen gewaltige Asteroiden-Einschläge des öfteren den Planeten geradezu "umgekrempelt" haben, wie etwa bei der letzten "Wendezeit" vom Saurierzeitalter zur Herrschaft der Säugetiere vor ca. 60 Mio Jahren. Über ganz andersartige inter-galaktische "Happenings" wie benachbarte Super-Nova Explosionen, Durchgänge durch kosmische Staubwolken, mit Partikelregen jeder Menge und Güte auf den Planeten Erde kann man nur spekulieren. Nichts genaues weiß man nicht.[527]

3.4. Kosmische Achsen, Rotation, und Anti-Gravitation

Wir kommen nun auf das *System der kosmischen Achsen* zu sprechen.[528] Praktisch alle Materie im Universum, das Solarsystem und die Galaxien, findet sich in Form von

---

[526] Der Zusammenhang zwischen *Tanz* und *Ballistik* wird von Heinrich v. Kleist in seinem Aufsatz über das Marionettentheater dargestellt. Siehe auch: Lukianos Samosata: *Peri orcheseos / De Saltatione*. (Dechend 1993: 163, 323). Diese Art des Tanzes wurde von dem *Kosmogonischen Eros* begründet.
->:EROS_KOSMOGONOS, p. 233
"Die *koinonia*, das Zusammenkommen im Geflecht von Planeten und Fixsternen, ist *eurhythmos*... [Der Tanz ist] eine komprimierte Zusammenfassung des Corpus der griechischen Mythologie." (p. 324).

[527] "Nichts genaues weiß man nicht": Das Prinzip der ironischen Erkenntnistheorie von Karl Valentin.
->:IRONIC_EPISTEMOLOGY, p. 361

[528] Kosmos: Dechend (1993: 366): Mundilföri := Achsenschwinger.

Diskus-artigen rotierenden Gebilden, umgangssprachlich auch *Kreisel* genannt. Ein Kreisel hat aufgrund seiner Rotation eine Schwungmasse, und eine (virtuelle) Dreh-Achse. D.h. alle Galaxien haben eine Achse, das Solar-System hat eine Achse, um die sich die Planeten drehen, und die Erde hat ihre bekannte Polar-Nord-Süd Achse. Auch die Erde ist geometrisch genau genommen keine Kugel, sondern ein Diskus, allerdings mit prozentual zum Durchmesser gesehen relativ geringer Abplattung an den Polen, so daß das bei oberflächlicher Betrachtung nicht auffällt. Damit kommt als weitere, und nicht berechenbare Komplikation zu den oben schon genannten hinzu, daß kosmische Achsen in ihrem Umeinander-Wirbeln ebenfalls in Interaktion miteinander treten. Dazu muß man den Bezug von Gravitation und Masse-Rotation näher betrachten. Wie wir alle wissen, erzeugt die Rotation eines Kreisels eine der Gravitation entgegengesetzte Wirkung, die Fliehkraft, oder Anti-Gravitation. Dies ist aber nach der Relativitätstheorie genauso eine Verzerrung des Raum-Zeit Kontinuums wie die Gravitation, und erstreckt sich damit ebenso als Feld in den Raum. Dieses Feld sieht in der bildlichen Darstellung umgekehrt aus wie die bekannten Trichter-Darstellungen von Masse-Punkten. Eine bildliche Darstellung der Gravitations-Dichte des Raum-Zeit Kontinuums bildet eine Art Vulkan-Krater um den rotierenden Massepunkt herum, d.h. die Feld-Dichte wird nicht kontinuierlich zum Zentrum hin höher, sondern das Gravitations-Feld verdünnt sich erst, bis es den Krater-Rand erreicht hat (man kann das in etwa mit der dünneren Luft vergleichen, die oben auf dem Kraterrand eines Vulkans ist), und dann nimmt seine Dichte hinter dem Kraterrand, zum Zentrum hin, etwas steiler homogen zu, und wird immer dichter, je näher wir dem Zentrum des Kraters kommen.

Eine Gravitations-"Welle" ist also eine räumliche Verteilung von Zonen verschiedener Dichte des Raum-Zeit Kontinuums analog zu einer Schall-Welle in einem Gas. (Aber nicht analog einer Wasser-Welle, weil Wasser sich nicht komprimieren läßt). Eine Gravitations-"Welle" ist eine Verteilungs-Funktion von *Gravitation* und *Anti-Gravitation*. Allerdings kann man nicht sagen: im Raum, da sie den Raum erst erzeugt. Das soll noch etwas näher erläutert werden: Gravitations-"Wellen" im Kosmos sind insofern ganz anderer Art als Schall-Wellen, da sie keine zyklische Periode haben (keine Sinuswelle bilden).[529] Denn eine Masse kann sich entweder nur sehr schnell

---

manth/math -> mundus -> mandala: kreisende Bewegung. (Dechend 1993: 366-369), Goppold (2001a).

[529] Der Genauigkeit halber muß man sagen, daß Schall-Wellen ebenfalls keine zyklische Periode haben, denn wie inzwischen genügend klar sein sollte, gibt es nirgendwo im Universum etwas, das mit den griechischen Abstraktionen des vollkommenen Kreises übereinstimmt. Ein Sinus ist eine Abbildung des Kreises auf die Zeit. Schallwellen sind deshalb ebenfalls nur sehr angenäherte Sinus-Schwingungen. Die falsche Gleichsetzung beider Phänomene begann mit Pythagoras und seinem Monochord. Erst Menschen können durch Technik Geräte erzeugen, die innerhalb der Observations-Spanne eines Menschen (was kosmologisch absolut unerheblich ist) so etwas wie einen gleichförmigen Sinus erzeugen. Ein Laser ist die beste Annäherung an einen solchen idealen Schwinger. Und das beste Material, um einen Laser zu bauen -

drehen, oder nur sehr groß sein. Beides geht nicht, weil sie dann auseinanderfliegt. (Außer dem Grenzfall eines schwarzen Lochs, und im meso-kosmischen Rahmen, eines Diamanten). Deshalb herrscht im Mikrokosmos die Rotation (=Anti-Gravitation) vor, und im Makrokosmos die konventionelle Gravitation. Je kleiner etwas im Kosmos ist, desto schneller rotiert es. Am schnellsten tun das die (noch hypothetischen) Superstrings. Dann eine Größenordnung langsamer in der Rotation, dafür aber massereicher, die Quarks, oder wie man die sub-atomaren Bausteine der Atome gerade nennen möchte. Es gibt hier unter den Physikern noch beträchtliche Meinungsverschiedenheiten. Und so geht es die gesamte kosmische Oktave von immer größeren Masse-Zusammenballungen mit immer langsamerer Drehgeschwindigkeit aufwärts, bis wir wieder bei den Galaxien angelangt sind.

Nur bei sub-atomaren Kreiseln tritt der Anti-Gravitations-Effekt außerhalb der Masse-Hülle auf. Hier befindet sich die Negativ-Phase der Gravitations-Welle (ie. die "*Verdünnung*" der Gravitation, =Anti-Gravitation) außerhalb des drehenden "Körpers". Deshalb kann kein anderer "Körper", der in seine Nähe kommt, das Anti-Gravitations-Wellen Maximum (den Vulkan-Krater-Rand) überwinden. Die Ausnahme sind ungeheure Beschleunigungen, wie sie in der großtechnischen Physik mit Akzeleratoren erzeugt werden. Denn beide Teilchen haben ja diesen Anti-Gravitations-Krater-Rand, den sie vor sich herschieben. Da es sich hier um einen Raum-Zeit-Kontinuums-Effekt handelt, kann man das auch in der Zeit-Dimension darstellen: Der Anti-Gravitations-Krater-Rand schleudert das Teilchen wieder in die Vergangenheit zurück, es handelt sich hier also um eine *Miniatur-Zeitmaschine*. Denn Bewegung ist Ortsveränderung in der Zeit, und alle Bewegung im Raum-Zeit-Kontinuum ist in Richtung auf ein Gravitations-Zentrum, dies ist wiederum auch die Zukunft. Wenn (alle) Bewegung angehalten wird, wird auch die Zeit angehalten. Das ist eine andere Fassung des *jen-zeitlichen* Er-"Lebens" der *Welt-Traum-Zeit der Brahmas*. Sub-atomare Teilchen stoßen einander ab, weil die Anti-Gravitations-Halbwelle sich außerhalb des "Körpers" erstreckt. Durch diesen Effekt ist es überhaupt erst möglich, daß sich Materie in der uns bekannten Form ausbilden kann.

Das ist auch eines der Geheimrezepte des grandiosen Welt-Traum-Zeit-Designs von Meister El-Ohim. Und dieses Rezept muß auch erst noch von der Menschheit entdeckt werden. Sagen wir es in anderen Worten: Raum wird erzeugt durch Rotation (=Anti-Gravitation). Denn Raum kann erst dann entstehen, wenn es etwas gibt, das ihn anti-gravitational ausfüllt. Denn wo nichts ist, hat der Kaiser sein Recht verloren. Und daher ist die Größe des Universums ganz simpel eine Funktion der Rotation der Galaxien.[530]

---

ist wiederum ein Diamant, weil der am schnellsten schwingen kann, ohne auseinanderzufliegen. Das wurde auch schon mal in einem James-Bond Film angedacht.

[530] Bzw. der potenzierten Rotationen aller kosmischen Bauteile, die oben genannte *siebenfach potenzierte Spirale*. Denn Rotationen kommen immer nur innerhalb von anderen Rotationen vor, es gibt keinen "*Kreis An Sich*", der nicht zu einer Spirale

Das ist die Umkehr-Entwirrung des alten Euklidischen Denk-Kurzschlusses, dem die Menschheit bis heute immer noch aufgessen ist. (Siehe die Diskussion um den absoluten Raum, die mit Euklid, und seinen Nachfolgern entstand, wie Archytas und Lucretius, sowie in der Neuzeit, John Locke.) Raum muß durch Rotation (=Anti-Gravitation) erst "aufgepumpt" werden. Wenn Rotation zum Erliegen kommt, stürzt die Materie wieder in ein Schwarzes Loch zusammen, und die Kreation der Brahmas ist zuende, und es kann ein neuer Kreations-Zyklus beginnen. Innerhalb eines Atoms machen sich umgekehrte Rotations-Richtungen als gegensätzliche elektrische Polung bemerkbar. In diesem Sinn spricht man auch von *Anti-Materie.* Ein *Positron* ist ein *Anti-Elektron,* und das ist lediglich ein Elektron, das sich in umgekehrter Richtung dreht (Spin). Wenn beide aufeinandertreffen, explodieren sie, und lösen sich in (sehr viel) Licht =Photonen auf. Wiederum anders ausgedrückt: Materie ist kondensiertes Licht, dessen Energie in Rotation (=Anti-Gravitation) übersetzt worden ist. Dies ist wiederum eine andere Fassung des *diabolozentrischen* Universums von oben.

->:SYN_DIA_BALLEIN, p. 256

Wie schon angedeutet, ist der Diamant aufgrund seines besonderen Kristallgitters im meso-kosmischen Rahmen das einzige Material, mit dem sich sinus-förmige Gravitations-Wellen erzeugen lassen, weil sich ein Diamant schneller als jedes andere Material im Universum drehen läßt. Da aber Diamanten so teuer und selten sind, hat das bisher noch niemand versucht, und so harrt diese Entdeckung noch ihrer praktischen Anwendung. Anders ausgedrückt, mit Diamant-Kreiseln lassen sich Zeitmaschinen und ähnlich abstruse Konstruktionen Ingenieur-mäßig bewerkstelligen. Das hatte unter anderem schon Viktor Schauberger versucht.

3.5. Der Bruch der kosmischen Achsen

Wenn zwei oder mehr etwa gleichstarke Anti-Gravitations-Rotationsfelder (Kreisel) in näheren Kontakt kommen, treten ebensolche Fernwirkungs-Beeinflussungen auf, wie die von Massezentren, aber mit entgegengesetzten Vorzeichen. Da aber Kreisel jede beliebige Achsenneigung im Raum haben können, tendieren zwei etwa gleichgroße, verschieden orientierte Schwungmassen dazu, sich gegenseitig chaotisch zu beeinflussen. Diese chaotische Situation läßt sich mit dem bekannten gravitationalen Drei-Körper-Problem vergleichen. Das läßt sich an einem Drei-Achsen-Pendel exemplarisch beobachten, aber hier sind die Schwungmassen durch die mechanischen Achsen auf einer Raum-Ebene festgehalten. Das ist im Weltraum aber keineswegs die Bedingung, und so können dort mehr-Achsen Pendel beliebiger Raum-Achsen-Orientierung miteinander in Wechselwirkung treten. Deshalb können wir mit irdischen Experimentier-Möglichkeiten keinesfalls realistisch eine Situation simulieren, wie sie nur im freien Weltraum beim freien Rotieren gewaltiger Kreisel-Massen auftritt, etwa wenn Galaxien ineinanderstoßen.

---

aufgedehnt wäre. *Es kehrt deshalb auch im Kosmos nie etwas in seinen Ausgangspunkt zurück,* jedenfalls nicht solange, bis der ganze Kosmos wieder in sich zusammenfällt.

Das chaotische Interagieren von verschieden orientierten Kreisel-Achsen zeigt sich in einem wirren Wechselspiel des Hin-und Herkippens der Achsen, analog zu der wirren Bewegung eines Drei-Achsen-Pendels. Das führt entweder dazu, daß irgendwann das System sich auf eine Achse einschwingt, oder es fliegt in Fetzen auseinander. Aber anhand der Pendel-Analogie können wir es uns lebhaft vorstellen, wie es sein muß, wenn man selber auf einem dieser Pendel sitzt. Dann wird einem richtiggehend schlecht. Wenn sich Schwungmassen verschiedener Achsenneigung im Raum gegenseitig chaotisch beeinflussen, dann *bricht die kosmische Achse*. Wir können es auch anders sagen, dann bricht das gesamte Raum-Zeit-Gefüge für die bedauernswerten Lebewesen zusammen, die gerade auf einer dieser Pendel-Kugeln sitzen, weil sie innerhalb kürzester Zeit in eine unglaublich zerrissene Raum-Zeit-Struktur geschleudert werden. Zwar haben sie noch ihren Planeten, der die Dinge gravitational immer noch mit seiner Anziehungskraft soweit festhält, daß sie nicht gleich in den Weltraum davonfliegen,[531] aber es passieren noch alle möglichen und unmöglichen anderen unangenehmen Dinge. Zum Beispiel gehen die Uhren dann auch manchmal rückwärts, oder die Sonne bleibt einfach stehen, für einen halben oder einen ganzen Tag.[532] Diese seltsame Erscheinung hat mit dem Zeit-Effekt der Anti-Gravitation zu tun. Aus populären Darstellungen von imaginären Reisen in Schwarze Löcher wissen wir, daß für jemand, der in ein solches Fällt, die Zeit still stehen bleibt. Wenn er aber in eine Raum-Zeit Faltung gerät, die einem Vulkan-Kraterrand entspricht, dann wird er ein Stück in die Vergangenheit befördert. Zwei rotierende Kreisel-Massen erzeugen gravitationale Raum-Zeit Verzerrungen analog eines Moiré-Musters, das wir aus der Optik kennen.

Das friedliche Bild eines schön geordneten Planeten-Systems (immer korrekt in Recht-und-Ordnung) ist genau genommen ein politisches Modell, das kosmologisiert wurde.[533] Denn im Weltall ist alles nicht ganz so einfach, wie es in den Schulbüchern steht. So sind die Achsen des Solarsystems nur sehr angenähert ein harmonischer Kreisel. Die Rotations-Ebenen Planeten der liegen zwar (außer Pluto) ziemlich auf einer Scheibe (daher kam auch die Hypothese, daß die Planeten aus einem Staub-Ring analog der Saturn-Ringe entstanden sein müßten), aber die Rotations-Achsen und -Richtungen

---

531 Was auch nicht immer so glimpflich abging. Davon zeugen die kosmischen Trümmer zwischen Mars und Jupiter, der irgendwann einmal zu tief in einen Gravitations-Strudel geriet, und dabei zerrissen wurde.

532 Genauer: Die Erdrotation wird nicht angehalten, sondern in mehreren kürzeren Perioden retrograd versetzt, aufgrund des Durchgangs durch eine gravitationale Raum-Zeit-Verwerfung. So daß die Sonne dann immer um ein kurzes Stück am Himmel zurückspringt, aber das ist nicht so leicht zu bemerken, wenn man nicht die geeigneten Instrumente hat. Von solchen nach wissenschaftlichen Standards Un-Wahrscheinlichkeiten bis Un-Möglichkeiten handeln z.B. die Schriften von Velikovski.

533 Angefangen von den Sonnenkönigen Ägyptens, über die Inka, bis hin zu dem *Roi Soleil*, Louis XIV, der sich damit in der Legitimation seiner zentralistischen Herrschaft an die geistigen Rockschöße von Kopernikus hängte, und den Anspruch erhob, ein Kosmokrator zu sein, nämlich seine Legitimation von den kosmischen Gesetzen erhalten zu haben.

der Planeten sind längst nicht so homogen, wie sie sein sollten, wenn das Sonnensystem sich ganz geordnet und harmonisch aus diesem Staub-Ring gebildet hätte. Die Venus dreht sich nämlich entgegengesetzt zu der Dreh-Richtung der übrigen Planeten, und eine solche Richtungsumkehr einer ganzen Planeten-Masse kann nur darauf hinweisen, daß irgendwie, irgendwann, in der Geschichte des Sonnensystems sich etwas ereignet hat, das *sehr* aus dem Rahmen des Normalen fiel. Was das war, darüber streiten sich heute die Geister hauptsächlich deswegen nicht allzu sehr, weil derartige Diskussionen im heutigen Dogma-System der Astro-Physik und Kosmologie als heterodox unter ein Tabu fallen, ziemlich exakt genauso wie das Tabu des Geozentrischen Systems das Denken des Abendlandes für ca. 2000 Jahre beherrscht hatte. (Denn es war nicht die katholische Kirche, die das Dogma erfunden hatte, sondern Ptolemaios hatte es formuliert, um die geometrische Exaktheit der Planetenbahnen als Kreise nicht aufgeben zu müssen. Es war das Schönheits-Ideal der Griechen, das uns das eingebrockt hatte.)[534] Denn auch wenn das vordergründige Dogma des Geozentrismus überwunden ist, so ist ein anderes, viel subtileres, politisches Dogma der Wissenschaften ungebrochen: *Das Dogma der Ordnung*. Aus politischen Gründen darf der *Kosmos* nicht *Chaos* sein, diese beiden Worte sind diametral polar entgegengesetzte Antagonisten eines Denksystems, das sehr viel älter ist als das Christentum. Es erscheint deutlich bei Platon, im Timaios, und ist ein Symbol der *Hier-Archia*: Der Rechtmäßigen Herrschaft des Geordneten, damit ein Fundament der Staatssysteme unserer Zivilisationen. Und ein solches Fundament darf auf keinen Fall untergraben werden.

->:KOSMOS, p. 222

3.6. Die Mühle des Hamlet

@:HAMLET_CODIERUNG

Die Rotations-Achse der Erde steht schief zur Achse der Rotations-Ebene der Planeten um die Sonne. Das ist ein ziemliches Wort-Ungetüm, das astronomisch "*Die Schiefe der Ekliptik*" genannt wird. Der genaue Wert der Schiefe der Ekliptik beträgt 23 1/2 Grad.[535] Man kann sich das heute mit einfachen Modellen sehr leicht visualisieren, wenn man die Planeten-Rotations-Ebene um die Sonne auf einen Tisch legt, und ein Modell der Erde, kardanisch aufgehängt, in einer Miniatur-Eisenbahn konzentrisch um die Sonne herumfahren läßt, und dann das Modell der Erde sich als Kreisel um die eigene Achse drehen läßt. Die Achse des Erdmodells bleibt dank der Kreisel-Stabilität bei den Umrundungen um die Sonne immer auf denselben Punkt im imaginären Raum ausgerichtet. Aber diese Visualisation war für die Menschen der Vorzeit nicht so ein-

---

534 Von daher rührt auch der ominöse Spruch des Archimedes: "Noli turbate circulos meos." Er wäre nicht für ein paar uninteressante Figuren im Sand gestorben, aber das Prinzip, daß der Kosmos so wohlgeordnet sein muß, daß alles im perfekten Kreise verläuft, das war eine Sache, für die es sich lohnte zu sterben. Das war es auch, wofür dann im Laufe der folgenden Historie der Menschheit noch viele andere heterodoxe Märtyrer "*dran glauben*" mußten.

535 Daher rührt die seltsame magische Zahl 23, die R.A. Wilson in seinen Romanen so gerne zitiert.

fach. Von diesem Sachverhalt, und seinen Auswirkungen, und seiner Formulierung in den Mythen der alten Völker handelt das Buch "Die Mühle des Hamlet" von Hertha v. Dechend.[536]

Es wäre vermessen, und würde auch den Rahmen der vorliegenden Arbeit sprengen, wollten wir es hier unternehmen, eine irgendwie eingehendere Darstellung *zu* oder eine zusammenfassende Aussage *über* den Teil des Lebenswerks Hertha v. Dechends zu machen, der in diesem Buch vorliegt. Man muß leider feststellen, daß über bestimmte Themen dieses Universums keine Aussagen in Form eines "Management Summary" möglich sind. So soll alles folgende nach dem IMHO-Prinzip verstanden werden.

->:IMHO_PRINZIP, p. 12

Das Buch "Die Mühle des Hamlet" handelt von einer Analyse-Methode der Mythen der Menschheit, die in ihren oralen Chroniken das Gedächtnis an die kosmologischen Maschinerien festhielten, und wohl auch mit genaueren Beschreibungen der Wirkmechanismen, und all das wurde in mythischer Codierung über Tausende von Generationen tradiert. Was oben aus der heutigen physikalisch-astronomischen Sicht beschrieben worden ist, sah natürlich für die Menschen der Vorzeit ganz anders aus. Man kann ja aus der Sicht der Käseglockenwelt[537] eben nur die Sonne und die Sterne am Horizont irgendwo aufgehen sehen, und irgendwo untergehen sehen, und dann sieht man, daß mit bestimmten Periodizitäten bestimmte dieser Sterne sich anders verhalten als die anderen. Das sind nach heutiger Sicht die Planeten, und das Denksystem der Altvorderen mußte aufgrund der ihnen dargebotenen Daten versuchen, ein System zu erstellen, das in seinem Gesamt-Zusammenhang der oben dargestellten neuzeitlichen kosmologischen Darstellung möglichst nahe kam. Nach der Darstellung von Hertha v. Dechend tat es dies mit einer unglaublichen Präzision. Ihr Werk stellt IMHO eine Hommage an die Leistungen der menschlchen Geister der Ur-Zeit dar, deren UR-Wissen die tiefsten Tiefen der Welt-Traum-Zeit durchdrungen hatte, und deren Vision auch das Design von Meister El-Ohim umfaßte.

->:EN_ARCHAE, p. 211

Dieses Ur-Wissen war in keiner Weise weniger leistungsfähig als unseres heute. Und es hatte einen gewaltigen Vorteil gegenüber unserem heutigen. Es erlaubte den Menschen in derselben biologischen Form des Homo Sapiens wie heute, für mindestens 50,000 Jahre auf diesem Planeten zu leben, ohne die Gefahr herauf zu beschwören, entweder sich selbst atomar zu pulverisieren, oder die gesamte Biosphäre um sie herum leerzufressen, so daß für die kommenden Generationen nichts mehr zum Leben übrigblieb. Denn unser ganzes schönes Wissen unserer Neuzeit, bewahrt uns anscheinend nicht gegen dieses drohende Schicksal, sondern es scheint diese, und noch viel interessantere Weisen des kollektiven Selbstmordes der Menschheit geradezu magisch heraufzubeschwören. Und wenn die Zeichen an der Wand nicht trügen, werden wir

---

536 Dechend (1993: 405): abmontierte Pfosten oder Pflöcke, herausgerissene Zapfen, ruinierte Achsen und gefällte Bäume...

537 ->:RECHT_UND_ORDNUNG, p. 226

schon bald viele neue, noch interessantere Versionen davon zu schmecken bekommen. Dies war die Warnung aus der Botschaft des *Mae-Phaisto-Philaes*.

3.7. Die Sichel des Kronos

Kronos ist der mythologische Herrscher über die Zeit (Chronos), und laut dem Bericht des Hesiodos durchschnitt Kronos die Verbindung zwischen Himmel (Ouranos) und Erde (Gaia), indem er seinen Vater Ouranos mit einer scharfen stählernen (adamantis) Sichel *kastrierte*. Abgesehen von dem seltsamen Anachronismus, dem wir hier begegnen, daß ein Metall der sehr späten Eisenzeit in einer Handlung Verwendung findet, die nach Angabe des Chronisten in einer ur-archaischen Vorzeit stattfand (das Zeitalter des Kronos wurde auch das Goldene genannt), interessiert hier die Sichel-Form (Harpae). Denn wenn wir aus der Intersektion (also dem Schnitt da-zwischen) zwischen der Ebene der Ekliptik und der Ebene der Erd-Achsen-Rotation, am Himmelsgewölbe das dadurch markierte Stück aus der imaginären Himmels- (Halb-) Kugel heraus-schneiden, erhalten wir genau eine sichelförmige Gestalt. Ob das Absicht oder Zufall ist, bleibt fürs erste noch ungeklärt.

3.8. Und Ptolemaios hatte doch recht

Und Ptolemaios hatte doch recht (und die Bibel auch): Denn obwohl die Erde aus der gravitationalen Zentral-Position des Sonnensystems vertrieben worden ist, ist damit noch lange nicht das letzte Wort zur Position der Erde und dem Zentrum des gesamten Universums gesprochen. Das Weltall expandiert aus der Sicht von der Erde gleichmäßig nach allen Richtungen. Die Expansion basiert auf der Interpretation des Red-Shift, der nach allen Seiten gleich stark und gleichmäßig (isotropisch) auftritt. Da nach der Relativitätstheorie keinerlei Präferenz irgend einer Bewegung gegenüber einer anderen existiert, kann man das auch so interpretieren, dass die Erde *absolut ruht*, und der gesamte Kosmos sich in einem schönen Reigen um sie herum dreht. Mathematisch gesehen ist es unter den Bedingungen der ultimaten Fernwirkung der Gravitation äquivalent, ob man die Komplexität aller Einwirkungen aller Gravitational-Zentren des Universums miteinander verrechnen muss, oder ob man die alte Epizyklen-Theorie des Ptolemaios auf die neuen Verhältnisse "aufbohrt". Es ist eher unwahrscheinlich, dass die Kosmologie irgendwann einmal ein anderes, "wirkliches" Zentrum des Universums finden wird, da unsere Teleskope gezwungenermassen immer einen "geozentrischen" Standpunkt haben.

Wenn man nach einer anderen Sichtweise annimmt, dass das Universum von allen anderen Observations-Punkten gesehen ebenfalls gleichmäßig nach allen Richtungen expandiert, macht die Vorstellung von "Raum" und "Expansion" keinen Sinn mehr, und man sollte sich eine andere Terminologie suchen.

4. Noologie und Medienphilosophie

4.1. Biosphäre, Semiosphäre, Noosphäre und Medien

@:BIOSPHAERE

Die *Biomasse des Planeten Erde*, die Gesamtmenge der organischen Substanz, auch die *Biosphäre* genannt, ist das ultimate *Medium*. Dieses Medium hat alle Formen des Lebens hervorgebracht, einschließlich des Menschen, damit auch alle seine technischen Kreationen. Wir können uns heute nicht mehr der Einsicht entziehen, daß wir Menschen ebenso ein Teil dieser Biosphäre sind, wie alle anderen Lebewesen auf diesem Planeten auch. Unsere einzige Auszeichnung ist, daß **Menschen eine Form von Biomasse sind, die Reflexionsfähigkeit erlangt hat.**[538] Ansonsten aber sind und bleiben wir: *Biomasse*. Und alles das, was Menschen heute denken und schaffen, und alles das, was von Menschen seit ihrem ersten Auftreten gedacht und geschaffen wurde, ist ebenso ein Produkt der Aktivität der Biomasse des Planeten Erde, wie alle Äußerungen aller Lebensformen, die sich seit ihrer Genesis vor ca. 4-5 Mrd. Jahren gebildet haben.[539] Die ersten Formulierungen dieser Einsicht verdanken wir der Zusammenarbeit von Teilhard de Chardin und Vernadski. Teilhard stellte sie metaphysisch überhöht, in den Dienst seiner christologischen Weltsicht, Vernadski notierte sie eher wissenschaftlich-unterkühlt mit gewaltigen Mengen von Daten und Fakten.[540] Heute, ca. 80 Jahre nach der ersten Formulierung, und etwa 50 Jahre nach dem Erscheinen von Teilhards Hauptwerk "Le Phénomène Humain"[541] erscheint der allgemeine Durchbruch der Akzeptanz dieses Denkbildes als historische Notwendigkeit. Ankündigungen dafür finden wir vor allem in neueren interdisziplinären Arbeiten, einen heterogenen Feld unter Namen wie Kommunikations-, Informations-, System-,[542] und Medien-Theorie,[543] Bio- und Neuro-Semiotik,[544] und anderer Bindestrich-Naturwissenschaften,[545] wie Ökologie,[546] Öko-Biologie[547] und -Soziologie[548] und Sozio-Biologie.[549] Diese neuen Denkansätze forden eine rundum-erneuerte Einstellung unseres Denkens im Verhältnis zur uns umgebenden Lebenswelt. Es ist heute den Menschen nicht mehr möglich, sich als getrennt von dem Rest der belebten Natur vor-

---

538 ->:IM_WINKEL, p. 162

539 Bildlich läßt sich das so vorstellen, wie die Fett-Augen, die auf der Hühnerbrühe schwimmen. Ohne die Hühnerbrühe hätten die Fett-Augen wenig Sinn.

540 Vernadsky (1930), (1997), die meisten seiner vielen russischen Werke sind nie in westliche Sprachen übersetzt worden.

541 Teilhard (1981), Goppold (2001c) ->:TEILHARD_PROGRAM

542 J. Beniger, Bertalanffy (1956-1971, 1968)

543 I. Illich, H. Innis, D. Root, M & E. McLuhan, N. Luhmann, D. Chandler, D. Rushkoff

544 J. & T. v.Uexküll, Semiotica: Biosemiotics...

545 E. Jantsch, D. Straub, M. Eigen, I. Prigogine

546 Literaturübersicht und Einführung in: Gottwald (1995)

547 Lynn Margulis, Dorion Sagan, James Lovelock, J. Skoyles, ...

548 H. Fischer, L. Gumilev, L. Mumford, H. R. Smith...

549 H. Spencer, J. Neirynck, H. Mühlmann, Howard Bloom, E.O. Wilson, C. Lumsden, R. Carneiro, J. Diamond, ...

und an- zustellen, so wie es das Wahnbild der "splendid isolation" biblisch geprägter Vormachtstellung des *Homo Sapiens* in der vergangenen historischen Epoche war. Alle sogenannten "Kränkungen"[550] dieses menschlichen Exklusivitätswahns führen uns unerbittlich auf diese Grunderkenntnis hin, und die drohende Zerstörung unserer eigenen Lebensgrundlagen in dieser Biosphäre läßt uns keine Alternative mehr. Die philosophische Tradition, mit ihr die Geisteswissenschaften, beharrt immer noch mehrheitlich auf den alten Grund-Dogmen der menschlichen Exklusivität, und zur philosophischen Ein- und Nachholung der naturwissenschaftlichen Vorarbeiten soll hier an die Arbeiten von Whitehead, Spengler, Cassirer, Jaspers und Gotthard Günther angeknüpft werden, zu einem Entwurf einer *Medien-Philosophie der Noologie*.

Heute steht die Biosphäre vor wohl der größten Belastungsprobe ihrer gesamten Geschichte, ausgelöst durch die menschliche Biotechnologie, welche aufgrund der mit Sicherheit zu erwartenden ungeplanten Seiteneffekte von Gen-Experimenenten, einen gewaltigen, und vor allem chaotischen Evolutionssprung hervorrufen wird. Leider gehen die heutigen Biotechnologen mit ihrem "Experimentiermaterial" noch sorgloser um, als Goethes Zauberlehrling mit seinen magischen Formeln. Diese Rechnung machen sie aber "ohne den Wirt" und die Quittung wird auf den Fuß folgen, und zwar innerhalb der nächsten 50 Jahre. Allerdings muß bemerkt werden, daß das, was die Menschen heute tun, nicht viel anderes ist, als das "Business as usual" gen-splicender Bakterien und Viren, die nun schon seit ca. 4 Mrd. Jahren mit der Selbstverständlichkeit von eingefahrenen Prozeduren der Natur Gene zwischen den Arten hin- und hertauschen.[551] Nur, deren Tätigkeit hielt sich strikt im Rahmen der natürlichen "Checks and Balances".[552] Die Biosphäre hat schon eine reiche Geschichte von katastrophalen Ereignissen überstanden, aber manchmal nur um Haaresbreite. Die großen Veränderungen des Planeten Erde in seiner Geschichte waren zu einem wesentlichen

---

550 die Kopernikanische, die Freudianische, ...

551 Die "hermetische" Abschottung der art-typischen Genetik in der DNA ist für Viren und Bakterien leicht zu überwinden. Damit fällt aber auch eines der Grund-Dogmen heutiger Biologie, der Neo-Darwinismus. Und deshalb werden solche Erkenntnisse vom wissenschaftlichen Establishment auch "mit Macht" unterdrückt. Allerdings fassen die bewährten Immunisations-Mechanismen nicht mehr so gut wie früher, da das Internet zumindest die Verbreitung der mißliebigen Theorien ermöglicht. Siehe auch: Goppold (1999a), Goppold (2001c), Howard Bloom (www) und Gilbert Ling. http://www.gilbertling.org/

552 Das wahllose ein-splicen von genetischem Material quer durch die Arten und Gattungen kann nicht nur zu einem "runaway" von unerkannt gefährlichen Spezies führen, sondern auch zu Katastrophen nach Art der heutigen BSE-Erscheinungen: Die verantwortlichenden Prionen sind art-untypisch gefaltete Proteine. Diese Protein-Faltung ist aber genau der Mechanismus, der von der gen-splicenden Biotechnologie überhaupt nicht vorhergesagt werden kann, da dieser Mechanismus "computationally untractable" ist, also mit keiner bekannten formalen Methode simuliert werden kann. Und wenn ersteinmal gen-manipulierte Organismen ein fehl-gefaltetes Protein in Masse herstellen, und in die Biosphäre einstreuen, dann ist es schon zu spät.

Teil vom Leben selber verursacht.[553] So sorgte der Komplettaustausch der Atmosphäre vor 1 Mrd. Jahren für gewaltige Umwälzungen und Massensterben von Organismen, die sich nicht anpassen konnten, und in der Folge wäre der Planet beinahe in einem Eispanzer auf ewig eingefroren.[554] Weiter überlebte das Leben diverse gewaltige Asteroiden-Einschläge, der letzte große vor 60 Mio Jahren löschte die Dinosaurier und mit ihnen ca. 90 % des gesamten irdischen Lebens aus, aber das war der Moment der Chance für den Aufstieg der Säugetiere, und letztlich des Menschen.

Zwar sind auch die geo- und kosmo-physikalischen Einflüsse wesentliche Faktoren im Veränderungsprozess der Erdgeschichte, wie Vulkanismus, Variationen in Erd-Sonnen-Abstand, Erdachsenneigung, Erdumdrehungsgeschwindigkeit, Sonnenwinde, und kosmische Katastrophen wie Asteroiden und Supernova-Explosionen, aber das Leben selber hat seinen Planeten geradezu umgepflügt. Die früheren Arbeiten von Vernadski zur *Geochemie* (1930), die lange im Westen ignoriert worden waren, werden heute von neueren bakteriellen Erkenntnissen in geradezu revolutionärer Weise bestätigt. So ist der oben genannte Komplettaustausch der Atmosphäre vor 1 Mrd. Jahren ein Werk der Cyanobakterien, die Sauerstoff in ungeheuren Massen in die Atmosphäre schleuderten, für die damaligen Lebewesen ein tödliches Gift. Mit dem damals reichlich vorkommenden Methan sorgte das für gelegentliche kontinent-umspannende Explosionen, gegen die ein Atomkrieg wie ein Feuerwerk wirkt. Ganze Gebirge wurden von Bakterien erschaffen, wie die Dolomit-Felsen der Südalpen. Die Kalkablagerungen von Meerestieren falteten sich zu ebenso imposanten Felsentürmen kilometerweit hoch. Die tiefen Schichten der Lithosphäre (Erdkruste) bis zu Tiefen von 100 km sind von Bakterien geradezu durchsetzt, da, wo heißes Wasser und Mineralien ihnen einen Lebensraum geben, und auf Bakterien sind viele der Mineral-Konzentrationen wie Erzlagerstätten zurückzuführen, die wir heute industriell ausbeuten. Aus dieser Sicht waren bisher alle technischen Errungenschaften des Menschen nur ein sehr unbedeutendes Phänomen in dem gewaltigen Prozess der Bio-Geochemie, der seit ca. 4 Mrd. Jahren andauert.

4.2. Eine aufziehende neue Achsenzeit

Heute aber tritt der Mensch mit seinen Kreationen in die Riege der Mächte ein, die seit Milliarden Jahren diesen Planeten umformen, und wie der Zauberlehrling sollte er vorsichtig sein, und nicht zu schnell zu viele Zaubersprüche aufs geradewohl loslassen. Jaspers (1955) hat mit seinem Begriff der *Achsenzeit* einen Epochen-Umschwung bezeichnet, der die Geschichte der Menschheit großräumig und tiefgreifend beeinflußt hat. Aus seiner anthropozentrischen Sicht war die menschliche Technik noch nicht in

---

[553] Siehe: die Gaia-Hypothese. Dort wird im wesentlichen nur ausgesagt, daß das Leben auf der Erde die Bedingungen für seinen Fortbestand aufrechterhält. Das ist aber zu vereinfacht. Es hat sich mehrmals in der Erdgeschichte selbst fast in den eigenen Ruin gebracht.

[554] http://www.sciam.com/2000/0100issue/0100hoffman.html

das epochale Prozess-Geschehen der Bio-Geochemie integrierbar,[555] und daher mußte ihm noch die menschliche Geschichte (Kultur) als getrennt von der Biosphäre (Natur) erscheinen. Mit dem Periodensystem der Biosphäre wurde ein verallgemeinertes System von "Achsenzeiten" der Biosphäre eingeführt. Nach dieser Diktion treten wir heute in eine *Achsenzeit* ein, deren Biosphären-geschichtliche Schwungkraft möglicherweise alles übertrifft, was sich bisher auf diesem Planeten ereignet hat. Dieses Thema wird in anderen Abschnitten ausführlicher behandelt.

->:PERIODEN_XMISS, p. 133, ->:EREIGNIS_LANDSCHAFT, p. 248

4.3. Das Aristotelische Zeitalter

Das Aristotelische Zeitalter und die zweiwertige Logik des Abendlandes

@:ARISTO_EPOCHE

Blicken wir kurz zurück, was diese Entwicklung verursacht hat: Die weltgeschichtliche Periode der letzten 2500 Jahre läßt sich reflexions- und medientheoretisch[556] interpretieren als Epoche des Aufstiegs und letztlicher Weltherrschaft einer Denkform,[557] die mit der Erfindung des griechischen Alphabets ihren Ursprung nahm,[558] und die nach ihren philosophiegeschichtlichen Aspekten von Gotthard Günther das "Aristotelische Zeitalter" genannt wurde.[559] Ihr auszeichnendes Charakteristikum ist die begriffliche und technologische Durchdringung und Beherrschung des Subjekt-Objekt-Bereichs, wie er mit der Logik des Aristoteles, den Axiomen des Euklid, und der Mechanik des Archimedes begründet worden ist. In seinen Arbeiten hat Günther die grundlegende

---

[555] Auch ohne daß Jaspers viel dazu sagt, muß man sein Werk als einen Kontrast-Entwurf zu Spenglers Arbeit sehen. Jaspers mußte einen Gegenentwurf zu dem abendländischen, aber deutschtümelnden "faustischen" Geist schaffen, den Spengler heraufbeschworen hat, und der in der deutschen Geschichte so viel Unheil angerichtet hat. Daher ist der Zentralteil seines Werkes, von S. 67-137 der modernen Wissenschaft und Technik und der Vermassung gewidmet. Jaspers war sich des unheilvollen Einflusses wohl bewußt, die Spenglers Ideen bei denen verursacht hatten, die ihn nicht, oder nur nach "ihrer Fasson" verstanden hatten, aber ihn trotzdem weidlich ausgeschlachtet hatten: den Nazis.

[556] Um es präziser zu sagen: Ein System aus Medien- Kommunikations- und Informationstheorie, Neurowissenschaft, Semiotik, Thermodynamik, Linguistik, Paläontologie, Soziobiologie, und Philosophie.
Ausführlicher behandelt unter: Goppold (1999d) bis Goppold (2001c).

[557] bzw. der Personen und Macht-Koalitionen, die sich auf sie stützen und sich ihrer bedienen. Hierzu ausführlicheres in Goppold (2001c).

[558] Dazu die Arbeiten der Medientheoretiker im Umkreis der McLuhan-Innis-Schule zum Einfluß der Schrift auf das Denken. Havelock, Illich, Kerckhove, Lumsden, Skoyles...

[559] Günther (1976-1980), aus reflexionstheoretischer Sich. Wie im weiteren Text aber dargestellt wird, bestehen wesentliche strukturelle Äquivalenzen mit der medientheoretischen Sichtweise.

Defizienz dieses Systems schon erkannt und ein grundlegendes Umdenken angemahnt, das er als historisch notwendigen Epochenwechsel ansieht:

@:GUENTHER_EPOCHE

Günther (1980: 15): Die Antike ist nicht der Anfang der klassischen Bewußtseinsverfassung des menschlichen Ichs, sondern der Abschluß und die geistige Liquidation einer welthistorischen Epoche von solchem Ausmaß, daß neben ihr die etwa zweiundeinhalbtausend Jahre zwischen Thales und uns Heutigen nur als kurzes und flüchtiges Zwischenspiel vor dem endgültigen Beginn der nächsten großen universalgeschichtlichen Periode erscheinen.

Günther (1978: 114): Die Bewußtseinsgeschichte des Abendlandes und der weltgeschichtlichen Epoche, der Europa angehört, ist zu Ende. Das zweiwertige Denken hat alle seine inneren Möglichkeiten erschöpft, und dort wo sich bereits neue spirituelle Grundstellungen zu entwickeln beginnen, werden sie gewaltsam in dem alten längst zu eng gewordenen klassischen Schema interpretiert. Man kann eben eine alte Logik nicht ablegen wie ein fadenscheinig gewordenes Kleid. Der Übergang von der klassisch-Aristotelischen Gestalt des Denkens zu einer neuen und umfassenderen theoretischen Bewußtseinslage erfordert eine seelische Metamorphose des gesamten Menschen. Einer nicht-Aristotelischen Logik muß ein trans-Aristotelischer Menschentypus entsprechen und dem letzteren wieder eine neue Dimension menschlicher Geschichte.

Günther (1976: xi): Worum es sich hier handelt, ist folgendes: die klassisch-zweiwertige Rationalität, unser kostbares Erbe von den Griechen, ist die Rationalität des menschlichen Bewußtseins. So denkt der Mensch in seinen natürlichen, entspannten Gehirnfunktionen. Die hier möglichen Denkvollzüge kommen "von selbst"... In einem sich auf dieser Grundlagen entwickelnden Weltbild begreift der Mensch sein eigenes vernünftiges Wesen. Das ist entwicklungsgeschichtlich erst einmal notwendig. Und solange diese Bewußtseinshaltung nicht - wie in der klassischen Metaphysik - mit Absolutheits- und Finalitätsansprüchen auftritt, ist sie voll zu bejahen. Der Übergang zum Nicht-Aristotelischen schließt eine Selbstentthronung des Menschen ein.

Günther (1976: xii): Sie impliziert, daß der Mensch keineswegs die spirituelle Krone der Schöpfung ist und daß jenseits seiner Existenz noch ungeahnte Entwicklungsmöglichkeiten jenes rätselhaften Phänomens liegen, das wir Leben nennen. Die bisherige Tradition hat sie in den Mythos vom "Ewigen Leben" zusammengefaßt und dadurch aus der wissenschaftlichen Entwicklung ausgeschlossen...
Das Universum "denkt" in aristotelischen Kategorien nur dort, wo es sich um Totes handelt. Es ist der Tod, den der Mensch in sich fühlt und dem er nicht entfliehen kann, es sei denn, er gibt sich selbst auf...

@:IDEAL_MATERIAL

Günther (1976: xiii): Es ist die Überzeugung des Verfassers, daß eine neue Groß-Epoche der Philosophie in Vorbereitung ist, die von der Voraussetzung ausgeht, *daß der Gegensatz Idealismus und Materialismus philosophisch irrelevant geworden ist*. D.h. die neue Philosophie ... wird ... die Legitimität jener Urfragen negieren, aus denen alles philosophische Leben bisher erwachsen ist.

Günther (1976: xiv-xv): Es ist trivial und selbstverständlich, daß jener Reflexionsprozess, den wir Geschichte nennen, uns allein durch das menschliche Bewußtsein zur Erkenntnis kommt. Aber daraus zu schließen, daß die Geschichte schon in ihren elementarsten Grundlagen menschliche Züge trägt und eben Geschichte des Menschen und nichts weiter ist, zeugt von einem Lokalpatriotismus des menschlichen Gehirns, der nicht mehr zu übertreffen ist. ... eine transklassische Logik ist eine Logik des geschichtlichen Prozesses, in dem das Subjekt der Geschichte Leben überhaupt ist und nicht die ephemere und zufällige Gestalt, die dasselbe im Menschen angenommen hat. Das tote Sein, dessen Logik uns die aristotelische Tradition gegeben hat, hat keine Geschichte. Deshalb haben wir heute eine Technik, die jenes schon von Mythologemen befreite Denkbare ins Machbare übergeführt hat. Und deshalb stehen wir historischen Prozessen heute noch genauso hilflos gegenüber wie vor 10.000 Jahren.

Günther (1976: xv): Es geht gegen alle Instinkte einzusehen, daß die Geistesgeschichte nicht mit dem Menschen beginnt - er ist nur das vorläufig allerletzte Reflexionsphänomen - sie beginnt vielmehr in jenem Urereignis, in dem Leben aus dem Toten zu sprossen begann. Darum scheidet der auch heute noch sehr unterschätzte Schelling zwischen einer Urgeschichte und dem, was unser Vordergrundinteresse Geschichte nennt.

Günther (1979, p. 184): Um einen neuen, echten Formalismus an die Stelle eines alten zu setzen, muß man vorerst ein neues ontologisches Wirklichkeitsbild besitzen. Die Formalisierung eines solchen Wirklichkeitsbildes gibt dann automatisch eine neue Logik als sekundäres Derivat. Der umgekehrte Weg ist nicht möglich."

Was Günther anmahnt, ist ein vollständiges Umdenken der fundamentalen logischen Struktur, und des geistigen und technischen Instrumentariums, mit dem wir unserer Umwelt begegnen. Unsere Logik, und davon abhängig, die gesamte techno-kapitalistische Zivilisation, zwingt alles, was sie mit ihrem Instrumentarium behandelt, in den Objektbereich, auch wenn es sich um Lebewesen handelt, und Menschen. Unsere Logik ist nicht in der Lage, das "andere" in Form des "Du" als äquivalent und gleichwertig mit dem "Ich", oder dem Subjektbereich zu behandeln. Hieraus folgt die immer fortschreitende "Entseelung" oder "Entzauberung" der Welt. Günther sagt dazu:

Günther[560] (1978: 107-108): Die totale Reflexion reflektiert sich also auf zweierlei Weise. Einmal im Ding. Das andere Mal im Du. Die klassische Logik behandelt ausschließlich das erste Thema. Das zweite existiert für sie nicht. Deshalb werden in der zweiwertigen Logik, die nur den Gegensatz von Ich und Es kennt, alle Relationen als Seins- (Ding-) Relationen interpretiert. Die Welt ist der Inbegriff aller Dinge. Und der Grund alles Denkens ist das Sein überhaupt... Ein solches einfaches Schema aber widerspricht völlig dem komplizierten Befund der empirischen Wirklichkeit, die wir erleben. Subjektivität

[560] kursiv im Original

kann sich auf zweierlei Weise ent-äußern. Einmal dem Ding gegenüber und außerdem angesichts des Du. *Es ist der Irrtum der klassischen Logik, Ding und Du als Objekt-überhaupt logisch gemeinsam zu behandeln...* Das Du gehört... einer anderen Objektkategorie an, als das Ding. Der Theologe und der unbefangene Erkenntnisinstinkt des normalen Menschen haben das immer gewußt. Aber die formale Logik hat bisher keine Notiz davon genommen.

Das zweiwertige subjektive Denken kann nur eine Reflexion einer objektiven Gegebenheit sein,[561] es kann diese Gegebenheit entweder korrekt wiedergeben, oder auch nicht. Eine dritte Möglichkeit gibt es nicht. Das ist die Grundaussage des "Tertium Non Datur" von Aristoteles. Die heutige Naturwissenschaft bewegt sich weitgehend im Rahmen dieses Postulats. Wittgenstein hat dies z.B. in seinem "Tractatus Logico-Philosophicus" ausformuliert. Hier ein paar der Kernsätze:

1 Die Welt ist alles, was der Fall ist.
1.13 Die Tatsachen im logischen Raum sind die Welt.
1.2 Die Welt zerfällt in Tatsachen.
1.21 Eines kann der Fall sein oder nicht der Fall sein und alles übrige gleich bleiben.
2 Was der Fall ist, die Tatsache, ist das Bestehen von Sachverhalten.
2.01 Der Sachverhalt ist eine Verbindung von Gegenständen. (Sachen, Dingen.)
2.1 Wir machen uns Bilder der Tatsachen.
2.19 Das logische Bild kann die Welt abbilden.
2.2 Das Bild hat mit dem Abgebildeten die logische Form der Abbildung gemein.
2.201 Das Bild bildet die Wirklichkeit ab, indem es eine Möglichkeit des Bestehens und Nichtbestehens von Sachverhalten darstellt.
2.202 Das Bild stellt eine mögliche Sachlage im logischen Raume dar.
2.203 Das Bild enthält die Möglichkeit der Sachlage, die es darstellt.
2.21 Das Bild stimmt mit der Wirklichkeit überein oder nicht; es ist richtig oder unrichtig, wahr oder falsch.

4.4. Das Medium ist das "Tertium Datur"

Wittgensteins "Tractatus" zeigt aber auch die "offene Flanke" des zweiwertigen Aristotelischen Denkens, denn die gemachten Aussagen stehen "*im logischen Raum*" (1.13) *der Sprache*. Dies ist eine etwas andere Formulierung, als die von Günther, weist aber in dieselbe Richtung. Denn die Sprache ist als *intersubjektives Medium* weder eindeutig dem Subjekt, noch dem Objektbereich zuzuordnen. Auch Wittgenstein und alle Logiker müssen die Sprache als etwas gegebenes, aber letztlich außerhalb ihres Systems liegendes anerkennen. Die Sprache, oder allgemein gesprochen, das *Medium*, ist das "*Tertium Datur*" :

4 Der Gedanke ist der sinnvolle Satz.

---

561 In der Günther'schen (Hegelschen) Terminologie ist das die einfache Negation: Das Ich (Subjekt) ist *NICHT* das Objekt.

4.001 Die Gesamtheit der Sätze ist die Sprache.
4.002 Der Mensch besitzt die Fähigkeit Sprachen zu bauen, womit sich jeder Sinn ausdrücken läßt, ohne eine Ahnung davon zu haben, wie und was jedes Wort bedeutet.- Wie man auch spricht, ohne zu wissen, wie die einzelnen Laute hervorgebracht werden.
Die Umgangssprache ist ein Teil des menschlichen Organismus und nicht weniger kompliziert als dieser. Es ist menschenunmöglich, die Sprachlogik aus ihr unmittelbar zu entnehmen.
Die Sprache verkleidet den Gedanken. Und zwar so, daß man nach der äußeren Form des Kleides, nicht auf die Form des bekleideten Gedankens schließen kann; weil die äußere Form des Kleides nach ganz anderen Zwecken gebildet ist als danach, die Form des Körpers erkennen zu lassen.
Die stillschweigenden Abmachungen zum Verständnis der Umgangssprache sind enorm kompliziert.

4.003 Die meisten Sätze und Fragen, welche über philosophische Dinge geschrieben worden sind, sind nicht falsch, sondern unsinnig. Wir können daher Fragen dieser Art überhaupt nicht beantworten, sondern nur ihre Unsinnigkeit feststellen. Die meisten Fragen und Sätze der Philosophen beruhen darauf, daß wir unsere Sprachlogik nicht verstehen.
(Sie sind von der Art der Frage, ob das Gute mehr oder weniger identisch sei als das Schöne.)
Und es ist nicht verwunderlich, daß die tiefsten Probleme eigentlich keine Probleme sind.

4.0031 Alle Philosophie ist "Sprachkritik". (Allerdings nicht im Sinne Mauthners.) Russells Verdienst ist es, gezeigt zu haben, daß die scheinbare logische Form des Satzes nicht seine wirkliche sein muß.
4.01 Der Satz ist ein Bild der Wirklichkeit.
Der Satz ist ein Modell der Wirklichkeit, so wie wir sie uns denken.

Die oben in 4.003 angesprochene *Unsinnigkeit* der *meisten Fragen und Sätze der Philosophen* beruht darin, daß sie sich auf die innere Logik des Sprach-Systems beziehen, damit aber außerhalb der von Wittgenstein (und aller Naturwissenschaften) intendierten Struktur der einfachen Abbildung (Negation) der dinglichen Welt durch die Sätze der Sprache liegen. Mit der kantischen Philosophie war schon deutlich, daß das Erkennen unentrinnbar von seinen eigenen (Sinnes-) Modalitäten eingeschlossen ist, und prinzipiell keine Möglichkeit hat, über das "Ding an Sich" eine Aussage zu machen. D.h. Wittgensteins Aussage 4.01 "Der Satz ist ein Modell der Wirklichkeit, **so wie wir sie uns denken**." muß mit besonderer Emphasis auf den letzten Teil gelesen werden. Kants Ansätze wurden von Schopenhauer[562] weiter ausgearbeitet, und heute vor allem von der konstruktivistischen (Neuro-) Philosophie nach Maturana, Varela, Glasersfeld, H.v. Foerster, und Watzlawick weiter ausgearbeitet.[563] Die

[562] In seinem Hauptwerk ist das der nicht metaphysische Teil: die Welt als Vorstellung.
[563] z.B. Breidbach (1996) und Clausberg. Obwohl letztere Autoren eine semantische Distanz zu den bekannten Ansätzen des Radikalen Konstruktivismus bewahrt sehen

Denktäuschung, die dem Aristotelischen Weltbild zugrundeliegt, wird von Watzlawick so formuliert:

Watzlawick, in Maturana (1990: 299): Der Verstand ist sich also seiner Konstruktion nicht bewußt, was zur Überzeugung führt, eine von ihm unabhängig bestehende Gegebenheit der "wirklichen" Welt entdeckt zu haben. Als Folge dieser Illusion zerfällt die Welt für ihn nun in ein erkennendes Subjekt und ein erkanntes Objekt.

---

wollen, kann man ihre Arbeiten aber in einer gemeinsamen Denkfamilie verorten. Rusch und Schmidt aus (Breidbach 1996) sind namhafte Vertreter dieser Richtung. Die Verwandtschaft mit Schopenhauers Ansätzen wird in Maturana (1990: 296) ausgearbeitet.

Noologie, Teil III: Eine Strukturtheorie von Wissen und Macht

@:WISSEN_MACHT

0. Vorwort

Der folgende Themenkreis der Noologie enthält eine eigenständige Diskussion zu den Themen von "Wissen und Macht". Zuerst werden die Grundbegriffe von Gregationen, Koalitionen und Koaleszenzen entwickelt, und dann das Instrumentarium ihrer Steuerung, der Macht. Die Zentralthese ist, dass Macht dann am wirkungsvollsten ist, wenn sie in ihrem Wirken möglichst unsichtbar bleibt. Dies ist z.B. der Fall, wenn sie sich als die "*unsichtbare Hand des Marktes*" darstellt, oder als "*Macht der sanften Hand*", wie z.B. in der Taoistischen Chinesischen Staatstheorie des Lao Tse. Die Taoistische Theorie bedeutet, dass der wahrhafte Meister der Macht wie die Wolken regiert und sich durch nichts bemerkbar macht. In einer ähnlichen Form ist dies in der nordischen Mythologie als "*die Fessel des Fenris-Wolfs*" bekannt. Dieser repäsentiert die Mächte des Chaos, und durch seine Bändigung gelang es den Kräften von "*Recht und Ordnung*", die jetzt herrschenden Prinzipien des Kósmos zu installieren. Im weiteren werden die Konzepte und Beispiele von alten und neueren Strategien des Informations-Krieges eingeführt, die vor allem mit den technologischen Medien möglich sind.

1. Einleitung. Vom Wissen zur Macht

Ein Neo-Macchiavelli'sches sozio-kybernetisches Traktat zur Theorie-Fundierung des Informations-Krieges und zur Institution der Wissens-Herrschaft

1.1. Ist Wissen Macht? oder: Was macht Wissen zur Macht?

Erst die Erfahrung hat gelehrt und erst am Ende der ganzen Entwicklung, daß Rechte des Volkes und Einfluß des Volkes zweierlei sind. Je allgemeiner das Wahlrecht, desto geringer wird die Macht einer Wählerschaft.

Spengler (1980, 1131)

Der Baconsche Aphorismus "*Wissen ist Macht*" ist zwar ein griffiges Schlagwort, aber er gilt uneingeschränkt nur in seiner Umkehrung[564]: *Ohne Wissen ist Machtausübung und -Erhalt unmöglich.*[565] Auf ähnliche Weise wie das ebenso griffige Schlagwort

[564] In aller Konsequenz ausformuliert in dem anarchistischen 68er Sponti-Spruch: "Weiß nix, macht nix!"

[565] Dies betrifft besonders die heutigen (Post-) Industriegesellschaften, gilt aber schon seit Beginn der neolithischen Zivilisationen. In prä-neolithischen Gesellschaftsformen ist dauerhafte Machtausübung einzelner und von geschlossenen Gruppen aufgrund der kleinen Gruppenzahl, der hohen Mobilität und der (fast) egalitären Arbeits- und

"*Alle Macht geht vom Volke aus*" erlaubt diese Formulierung eine komfortable Kaschierung der genaueren Verhältnisse und Methoden, *wer unter welchen Umständen welche Art von Wissen auf welche Weise zur Fundierung und Sicherung seiner Macht einsetzt.* In erster Näherung dreht sich die Fragestellung um die Thematik des *Herrschaftswissens*, und wie sich dieses vom *Alltagswissen*, oder *Profanwissen* abhebt. Gleichzeitig ist zu vermerken, daß *die Macht des Wissens eine andere Art von Macht* ist, als die aus konventionellen Sozio-Theorien der gesellschaftlichen Macht bekannten Definitionen.[566] Diese Andersartigkeit soll in der folgenden Darstellung auf der Basis eines *sozio-kybernetischen Prinzips der gesellschaftlichen Macht* formuliert werden.[567] Demnach wird die konventionelle Macht als Macht-I (die mittelbare Macht) bezeichnet,[568] und davon abgegrenzt eine Klasse der Macht-II[569] (die unmittelbare Macht) oder *sozio-kybernetische Macht* im engeren Sinne. Auf Basis des *sozio-kybernetischen Prinzips* soll die weitere Diskussion auch die prinzipiellen und systematischen Limitationen konventioneller sozialwissenschaftlicher Theoriebildungen zu erfassen suchen.[570]

Als Diskussions-Hintergrund dienen die in der Literaturliste aufgeführten Werke und Beiträge, ausgehend von den eher historisch- soziologisch- und geisteswissenschaftlich ausgerichteten Arbeiten von N. Macchiavelli, A. Schopenhauer, F. Nietzsche, T. Veblen, K. Wittfogel, M. Weber, W. Sombart, G. Lenski, O. Spengler, E. Gellner, P. Feyerabend, mit neueren anthropologischen, systemtheoretischen, medientheoretischen, thermodynamischen, und evolutionsbiologischen Ansätzen von J. Beniger, H. Bloom, R. Carneiro, D. Chandler, J. Diamond, M. Erdheim, H. Fischer, L. Gumilev, I. Illich, H. Innis, M. McLuhan, N. Luhmann, H. Mühlmann, L. Mumford, J. Neirynck, D. Root, J. Skoyles, H. R. Smith, H. Spencer, G. Stein, und D. Straub.

1.2. In Memoriam Niccolò Macchiavelli

@:PRINCIPE

Der "Principe" von Niccolò Macchiavelli[571] erschien 1513, damit naht schon bald das 500-jährige Jubiläum dieses bahnbrechenden Werkes zur theoretischen Fundierung der Macht- und Herrschafts-Ausübung.[572] Niccolò Macchiavelli hatte es unternommen, das

---

Kompetenzen-Teilung nicht in dieser festen Form möglich. (Gellner 1993, Levi-Strauss 1978, Sahlins 1976).

566 Etwa von Anthony Giddens (1990), Max Weber (1972)

567 ->:SOZIO_KYBERNETIK, p. 278

568 ->:MACHT_I, p. 288

569 ->:MACHT_II, p. 289

570 ->:LIMITATIONEN, p. 300

571 Macchiavelli (1924).

572 Nicht ganz ohne inneren Zusammenhang soll hier auch ein anderes, ebenso bahnbrechendes Werk erwähnt werden, dessen 500-jähriges Jubiläum uns etwas später ins Haus steht: "De revolutionibus" von Nicolaus Copernicus, von 1543. (Dechend 1993: 45). In der sozio-kybernetischen Sphäre wäre das Thema von "De revolutionibus" eine Erörterung, wieso sich augenscheinlich immer alles politische Leben um gewisse Machtzentren dreht. Daß mit den "Revolutionen" auch politische

brutale und blutige Thema der Macht "an sich" einer Analyse zu unterziehen, ohne sie mit den sonst üblichen Euphemismen zu verschleiern und zu verschönern.[573] Zu seiner Zeit war Herrschaft in Europa ja noch eine Angelegenheit der gottgewollten "Heiligen Ordnung" (*Hiero-Archia*), und der einvernehmlichen Zusammenarbeit (*Entente Cordiale*)[574] von Aristokratie, Königen und Kaisern, mit den Vertretern Gottes auf Erden, der Kirche und ihrer Hierarchie, von den Mönchen, Priestern, Bischöfen, bis zum Papst. So war seine Darstellung für die damalige Zeit schockierender und radikaler, als wir heute vermuten würden, und für die Menschen des anbrechenden 21. Jahrhunderts erscheint der Gang der Geschichte der letzten 500 Jahre kaum mehr als eine recht buchstabengetreue Durchführung der Macchiavelli'schen Doktrinen, besonders ersichtlich an dem kometenhaften Aufstieg von "Führer"-persönlichkeiten bzw. Massenschlächter, wie Napoleon, Hitler, Stalin, Pol Pot, und ihren etwas weniger spektaklären aber nicht weniger blutigen Nachahmern des vergangenen Jahrhunderts, mit denen vor allem der afrikanische Kontinent in der zweiten Hälfte des 20. Jahrhunderts so überreich "gesegnet" war.

So haben sich also die von ihm formulierten ewig-menschlichen, allzu menschlichen Prinzipien im Gang der Geschichte als völlig zutreffend erwiesen,[575] aber einige der Mittel haben sich gewandelt. Zu Beginn des 21. Jahrhunderts können wir sagen, die Menschheit steht an der Schwelle eines anbrechenden neuen Zeitalters, des "Brave New Age" eines globalen und universalen "Information War", des *Neo-Polemos*. Während zu Macchiavellis Zeiten die Ausübung von Macht und Herrschaft großenteils noch auf dem Faustrecht beruhte, ist in der heutigen Situation der Einatz brachialer Methoden zugunsten von subtileren Techniken in den Hintergrund getreten. *Heutige Macht beruht vor allem auf Wissen, und ist in Wissen eingekleidet*. Unter diesen Umständen erscheint es angebracht, eine Nachfolgeschrift zu diesem in Insiderkreisen so geschätzten und in der praktischen Anwendung so bewährten kleinen *Tractatus* zu entwerfen. Auch wenn es eine reichhaltige Literatur zum Thema der gesellschaftlichen Macht gibt so gibt es wahrscheinlich keinen Wissensbereich, der tiefer und effektiver verschleiert ist, als *das*

Umstürze bedeutet werden, ist hierbei eher nebensächlich, denn wie wir alle wissen: "le plus ça change, le plus ça reste le même" (Je mehr sich etwas ändert, desto mehr bleibt es das gleiche). ->:PRIESTER_GESETZ, p. 307

573 Erwähnt in Macchiavelli (1924: xxxii):
Das Idealbild des Fürsten, wie es Xenophon, Thomas Aquinas, Dante, Poggio und Pontano zeichneten. Diese hatten ein objektives, festes Wertsystem in Händen, so daß der Mangel an Wirklichkeitsgehalt ihrer Idealfürsten durch ethisches Pathos ersetzt werden konnte.
Eine andere Form metaphysischer Überhöhung bildet Hegels System des Staates als Idealform der Manifestation des objektivierten Geistes. Wobei er natürlich den preußischen Staat als die idealste aller Manifestationen implizierte.

574 ->:ENTENTE_CORDIALE, p. 301

575 Aus heutiger Sicht erarbeiten vor allem Denker aus der Soziobiologie und Thermodynamik eine zeitgemäße Fassung der Macchiavelli'schen Doktrinen: H. Bloom (1995,www), R. Carneiro (1967), J. Diamond (1992, 1997), H. Mühlmann (1996), J. Neirynck (1994), H. Spencer (Carneiro 1967).

Wissen der Macht. Das ist naheliegend, denn nur die *Differenz des Wissens erlaubt seine Umformung in Macht.*[576] *Wissen, das allgemein verfügbar und nutzbar ist, ist als Machtinstrument nicht brauchbar.*

2. Umrisse einer Sozio-Kybernetischen Theorie

@:SOZIO_KYBERNETIK

Im folgenden Abschnitt sollen die wesentlichen Konturen einer *sozio-kybernetischen Theorie* umrissen werden, die auf Macht- und Herrschaftssysteme anwendbar ist. Genauere Ausführungen und Vertiefungen dazu werden in späteren Abschnitten gebracht.[577]

***Sozio-Kybernetik* wird definiert als:**
Die Systematik der Steuerung von Kooperation in Koalitionen.[578]

Eine *Koalition* ist ein operationales Konstrukt, d.h. sie existiert zu dem Zweck, die *Ko-Operation* ihrer *Konstituenten* (Agenten, Mitglieder, Teilnehmer, Teilhaber, etc.) zu ermöglichen und zu organisieren. Der Begriff *Sozio- Kybernetik* wird gewählt, um das vorgestellte System von den bekannten naturwissenschaftlich-mathematischen Formulierungen von *Kybernetik* abzugrenzen, wie sie von Norbert Wiener (1982) ursprünglich formuliert worden sind.[579] Diese Art der *Kybernetik* betrifft hauptsächlich unbelebte und mechanische Systeme.

Die *Sozio-Kybernetik* ist so allgemein gehalten, daß sie nicht nur für menschliche *Koalitionen* (also das originale Gebiet der Soziologie) sondern als Prinzipiensystem für alle Arten von *Zusammenballungen* oder *Gregationen* im Universum anwendbar ist.

2.1. Das Spektrum der Gregationen

@:SPEKTRUM_GREGATIONEN

Leider existiert kein wissenschaftlich oder umgangssprachlich genügend eingeführter Begriff, der alle nur möglichen Klassen von *Zusammenballungen* oder *Gregationen* ausreichend klar charakterisiert und definiert, und so muß hier ein begriffliches

---

[576] Hier finden wir eine Analogie zu den thermodynamischen Gesetzen der Energie, denn Energie läßt sich nur dann für Arbeit nutzen, wenn eine Potential-Differenz angezapft werden kann. Und wie wir alle *wissen*, *Macht* ist nur ein anderes Wort dafür, *daß man andere für sich arbeiten läßt.*
->:MACHT_ARBEIT, p. 288

[577] ->:HERAKLITOS, p. 340, ->:UNIVERSAL_MONOPOLY, p. 281

[578] von gr.: *Kybernetes*, der Steuermann, der Lotse, der Lenker, der Führer
->:KYBERNETES, p. 344

[579] Wie später noch genauer dargestellt werden soll, expliziert die naturwissenschaftlich-mathematische Theorie der Kybernetik nicht das Prinzip der *sozio-kybernetischen Herrschaft*, sondern stellt lediglich eine (paradigmatische) Anwendung dar. Das heißt, in anderen Worten, diese Theorie ist ein Teil des *sozio-kybernetischen Herrschaftssystems*, nicht aber ein Ansatz zu seiner Analyse.

Instrumentarium erst geschaffen werden. Das *Semantische Rhizom*[580] des lateinischen Wortes *grex / gregis* bezeichnet je nach Kontext: Herde, Schar, Haufe, Schwarm, Rotte, Gefolge, Sekte. Das lateinische Präfix *Co(n)-* oder *Ko(n)-* (*Zusammen*) bezeichnet als allgemeinste Klassenzugehörigkeit, was man in engerer anthropomorpher Bedeutung mit dem Begriff *Sozio-* belegt, also die universale Basis der Kommunikationsfähigkeit.[581]

Zur Grob-Klassifizierung aller Arten und Typen von *Gregationen* des Universums wird hier ein Spektrum definiert, das als Übergangs- / Mischformen von drei Grundtypen angesehen werden kann, die hier als *KKK-Klasse* bezeichnet werden:

{Koalition / Kongregation / Koaleszenz}[582]

2.1.1. Koalition

Koalitionen sind allgemein gesehen, Strukturen der *Kommunikation* und *Kooperation* von *Konstituenten* allgemeiner Art (Agenten, Mitglieder, Teilnehmer, Teilhaber, etc.). Spezifisch für den menschlichen Bereich treten hier die Phänomene des *Willens* und der *intentionalen* Planung, d.h. der expliziten Zielsetzung von Koalitionen auf. Aber, wie Schopenhauer vor 180 Jahren philosophisch,[583] und Salthe (1985-1993) in biologisch-systemtheoretischer Darstellung, ausgeführt haben, ist es möglich, von Formen des *Proto-Willens*, oder der *Proto-Intention* in der organischen Welt, und in rudimentärer Form, auch in der inorganischen Materie, zu sprechen.[584] Über diese Proto- Konstrukte lassen sich *Koalitions-Analogien* für die oben genannten Klassen der *Kongregation* und *Koaleszenz* bilden.

2.1.2. Kongregation

Eine Übergangsform zwischen Koalition und Koaleszenz bildet die *Kongregation* als *Herde* oder Organismen-Gemeinschaft, wie sie in den biologischen Fachwissenschaften auch unter den Begriffen *Symbiose*, *Parasitismus*, und *Ökosystem* bekannt sind. Organismen sind fähig zur *Kommunikation*, so daß ihre Gemeinschaften über reine Koaleszenzen (s.u.) hinausgehen. Als Basismaterial dienen hier vor allem die Arbeiten der Bio-Semiotiker,[585] mit dem biologischen Begriff der Semiosphäre,[586] sowie die Arbeiten im Umkreis der www-site von Howard Bloom.

---

580 ->:SEMANT_RHIZOM, p. 296

581 Bzw. analog, der Gattungsbegriff des Aristoteles für den Menschen: *zoon politikon.*

582 Genauer ausgeführt unter: ->:KKK_TRIADE, p. 347

583 Schopenhauer (1977)

584 S.a. Goppold (2000f). Die Proto-Formen bestimmter Erscheinungen, die wir anthropomorph mit Willen, Bewußtsein, Intention, Denken, etc. bezeichnen, folgen einem allgemeineren Schema, das von Teilhard de Chardin skizziert worden ist. ->:TEILHARD_PROGRAM, p. 334

585 Ausgehend von Jakob v. Uexküll, siehe Semiotica-Ausgaben zur Bio-Semiotik.

586 In der Nachfolge von Vernadski, Lotman,

2.1.3. Koaleszenz, Aggregation

In der Sichtweise der *Sozio-Kybernetik* ist *Koaleszenz* oder *Aggregation* der allgemeinste Fall von *Zusammenhaften* oder *Zusammenballung*.[587] Dies ist auch die allgemeinste Eigenschaft von Materie, wie sie von der Physik in Form der Partikel-Darstellungen verwandt wird. Materie wird physikalisch verstanden als Hierarchie von Partikel-Aggregationen. *Hitze* ist der *Antagonist* der Koaleszenz.[588] Dies wird in der Thermodynamik auf Basis der statistischen Mechanik so dargestellt, daß infolge heftigerer {Bewegung/Vibration} der Elementar-Partikel ihre *Koaleszenz* verloren geht, und die Materie in die verschiedenen diffuseren *Aggregat*-Zustände übergeht, von:

Fest/Kristallin -> Flüssig -> Gasförmig -> Plasmisch[589] -> XYZ[590] -> ...

Die zweite Haupt-Form von Koaleszenzen sind die *chemisch-molekularen Verbindungen*, die nach heutigem wissenschaftlichen Verständnis aufgrund der Konfigurationen der Elektronen-Wolken der Elemente zustandekommen. Die Formenbildung dieser Koaleszenzen folgt den geometrischen Prinzipien, die von Platon erstmals in seinem Timaios beschrieben worden sind. Dort hat er die Regelmäßigkeit des Kosmos in einer Art geometrischen Ur-Atomismus dargestellt. Dies läßt sich in heutiger Begrifflichkeit dadurch visualisieren, daß alle Elementar-Konfigurationen der Moleküle aufgrund der Raum-Anordnung der (einander abstoßenden) Elektronen-Wolken immer in Polygonen zu beschreiben sind. Dies war in der Weltsicht von Platon das Universum, das aus Dreiecken und Tetraedern als Ur-Bausteinen aufgebaut ist.

---

[587] Teilhard de Chardin (1981: 272) führt hier das *Proto-Prinzip* der *Liebe* ein, in Analogie zum alten Platonischen *Eros*, ein. Das *Zusammenhaften* oder *Zusammenballen* ist ein universaler Effekt aller Materie des Universums, voneinander *angezogen* zu werden. Um wieviel angenehmer und freundlicher wäre doch die Physik (und damit wohl auch die ganze Weltgeschichte der letzten 300 Jahre) geworden, wenn Newton sein neugefundenes Prinzip nicht *Gravitation*, sondern *Eros* genannt hätte!

[588] Damit ist Hitze sozio-kybernetisch äquivalent mit *Schisma* und *Freiheit*. ->:KOERXION, p. 284

[589] Dissoziation der Elektronen (Atom-Hülle) von den Kernteilchen (Protonen, Neutronen)

[590] XYZ ist je nach physikalischer Theorie ein Zustand der Materie, in dem sich die Protonen und Neutronen in weitere, noch elementarere Teile dissoziieren, z.B. nach heutiger Theorie als Quarks oder noch elementarer, als Super-Strings.

2.2. Das Spiel: Ein Universal-Monopoly

@:UNIVERSAL_MONOPOLY

Die *sozio-kybernetische Theorie der Herrschaftssysteme* läßt sich als *vonNeumann'sches Spiel* formulieren:

Das Universal-Monopoly: Ein Macchiavelli'sches, vonNeumann'sches Multiplayer-Spiel um die Herrschaft[591] über Raum und Zeit,[592] über die Kontrolle von Information und Energie.

In den folgenden Absätzen sollen einige der Grundbegriffe dieses Spiels definiert werden. Eine weiter und tiefer gefaßte Diskussion der Grundlagen des Spiels wird in einem späteren Abschnitt gebracht.[593]

2.2.1. Wertungsfreiheit

Die im folgenden definierten und angewandten Begriffe *Macht*, *Herrschaft*, etc. werden im sozio-kybernetischen spieltechnischen Sinne wertfrei verwendet. So sind *Macht*, *Herrschaft* und "*Beherrscht werden*" nicht notwendigerweise automatisch "schlecht oder gut", und *Freiheit* ist nicht notwendigerweise automatisch "gut oder schlecht".

2.2.2. Spiel-Prinzip: Com-Petitio, Konkurrenz

@:COM_PETITIO

Com-Petitio, engl. *competition* (von lat.: *petitio*: Angriff, Bitte, Anspruch, *petere*: angreifen, streben, verlangen, beanspruchen). Auf Deutsch existiert ein weniger treffender Ausdruck *Konkurrenz* (zusammen Wett-Laufen, aber für welches Ziel, und mit welchen Mitteln?).

Das Spiel-Prinzip der *Com-Petitio* bedeutet: *Ausschließender (Wett-) Kampf, um Etwas, oder besser Alles zu Kriegen.*[594] Dabei ist Vernichtung, Auflösung, oder Annihilation der Gegner-Koalitionen eine Haupt-Verfahrensform. Das Prinzip ist bisher in reinster Form durch Herbert Spencer und seine Nachfolger als *Sozial-Darwinismus* formuliert worden. Allerdings soll hier betont werden, daß IMHO[595] die arme, unschuldige Natur keinesfalls für dieses Prinzip verantwortlich gemacht werden sollte, und daß es auch nicht aus dieser abzuleiten ist. (Kropotkin 1975).

---

591 ->:MACHT_SYSTEM, p. 292

592 ->:ZEIT_HERRSCHAFT, p. 293
Natürlich soll hier sofort qualifizierend bemerkt werden, daß *Raum* und *Zeit* als Abstraktbegriffe nicht beherrscht werden können, sondern nur die Dinge und Vorgänge, die im Raum existieren und in der Zeit ablaufen. S.a. Janich (1997: 183-184): "Zeit [ist] im Rahmen der Naturwissenschaften keine eigene Entität... sondern nur eine ökonomische Sprechweise für den Vergleich von Ereignissen..."

593 ->:UNIV_MONOPOLY2, p. 345

594 ->:HERAKLITOS, p. 340

595 ->:IMHO_PRINZIP, p. 12

2.2.3. Spiel-Notation

@:SPIEL_NOTATION

Es gelte folgende Spiel-Notation:

(X >< Y)

bedeutend:

(...) markiert ein Spiel, bestehend aus zwei Parteien X und Y.

Der am weitesten *links* notierte Spieler wird *Alpha*-Spieler (der *Macht ausübende / herrschende / dominante) Spieler* genannt.

Der am weitesten *rechts* notierte Spieler wird *Epsilon*-Spieler (der *beherrschte / submissive Spieler*) genannt.

>< bedeutet: Interessengegensatz zwischen Spielern X und Y.

* bedeutet: Koalition (Entente Cordiale) zwischen Spielern X und Y.

@:STELLENWERT_NOTATION

Die hier verwendete logische *Stellenwert-Notation*[596] (*Alpha* links an höchster Stelle, *Epsilon* rechts an niedrigster Stelle) ist in gewissem Sinne kontra-intuitiv, da wir heute gewohnt sind, automatisch *Epsilon* mit einer *Links-Position*, und *Alpha* mit einer *Rechts-Position*, zu identifizieren (die *Rechts-Vor-Links* Regel),[597] da nach dem Prinzip der *Meta-Regeln*[598] *Alpha* immer Recht hat (oder Recht behält).[599]

Hier aber erhält die indisch-arabische mathematische Stellenwert-Notation aus Gründen der praktischen Anwendung eine *Ausnahme-Regelung* von der sonst immer gültigen *Rechts-Vor-Links* Regel. Es ist zu beachten, daß dies nur für den *formalen* Fall, nie aber für die praktische Anwendung in der "*realen*" Welt des Spiels gilt.

2.2.4. Spiel-Konfigurationen

@:SPIEL_KONFIGURATION

Konfiguration Typ I

@:ALPHA_EPSILON

Die einfachste Version: Typ (Alpha >< Epsilon)

Wir gehen von Spieler (oder Spieler-Koalition) Alpha[600] als dem *Macht ausübenden (herrschenden) Spieler* aus. Spieler *Epsilon* sei der *beherrschte (submissive) Spieler* (oder Spieler-Koalition). Beispiele: Herr-Knecht, Mensch-Ochs.

@:ALPHA_BETA

Konfiguration Typ II

Kombinatorische Versionen: Typ (((Alpha) * Beta) >< Epsilon)

In der Praxis haben sich aber andere Koalitions-Strukturen als notwendig erwiesen und eingespielt. Der Spieler *Alpha* geht mit Spieler *Beta* eine *Macht ausübende (herrschende)* Koalition gegen den Spieler "Epsilon" ein. Hier ist *Beta* der *mit-herr-*

---

596 Siehe die Werke von Gotthard Günther (1976-1980).

597 ->:RECHTS_VOR_LINKS, p. 284

598 ->:META_REGEL, p. 284

599 Aus diesem Grunde wurde auch im deutschen Weimar-Reichstag die Rechts-Parteiengruppierung auf die rechte Seite gesetzt.

600 In der Verhaltensforschung bei Tieren sprechen wir z.B. von *Alpha-Männchen.*

schende Spieler, dessen oberste Meta-Regel aber lautet, nicht das Primat des Spielers *Alpha* anzugreifen. Spieler *Epsilon* ist der *beherrschte (submissive) Spieler*.
Beispiel: Das in der europäischen Geschichte eingespielte gemeinsame Herrschafts-Prinzip (*Entente Cordiale*) von Aristokratie und Klerus über das gemeine Volk.[601]

Konfiguration Typ "Omega"
Zu jedem ausgezeichneten Spielzustand läßt sich folgende Klassifikation aller beteiligten Spieler machen: Solche, die einer {wirksamen / sichtbaren[602] / identifizierbaren} Koalition angehören, und solche, die keiner wirksamen Koalition angehören. Alle die letzteren werden als (Anti-) Koalition Typ "Omega" bezeichnet.
Beispiele: Dies ist im politischen Sprachgebrauch z.B. "die schweigende Mehrheit".
W.C. Fields pflegte zu sagen: "I would never join a club that would accept me".

Multi-Kombinatorische Versionen:
Die normale sozio-kybernetische Praxis ist weit entfernt von den obigen Idealformen, und es existieren vielerlei Mischformen von Koalitionen mit jeder beliebigen und ständig wechselnden Zusammensetzungen, z.B.:
(((Alpha * Beta) * Gamma) >< Epsilon)
(((Alpha >< Beta) * Gamma) >< Epsilon)
etc.

Die *Divide-Et-Impera* Koalition
Unter den vielen Formen Multi-Kombinatorischer Koalitionen ist wiederum folgender Typ ausgezeichnet, das *Divide-Et-Impera* Prinzip:[603]
((Alpha * (Beta >< Gamma)) >< Epsilon)
Ein Spieler Alpha steht in gleichzeitiger Koalition mit Beta und Gamma, wobei letztere sich gegenseitig bekriegen, und sich nur einig in der Beherrschung von Epsilon sind. Spieler Alpha ist (und bleibt) aus dem besonderen Grunde Alpha, insofern er es versteht, Beta und Gamma in ihrem Kampf gegeneinander wechselweise für seine eigenen Interessen einzuspannen.

Die *Volkstribun* -Koalition
((Alpha >< (Beta >< Gamma)) * Epsilon)

---

601 ->:ENTENTE_CORDIALE, p. 301

602 Man muß hierbei von der paradoxen Regel ausgehen, daß Alpha-Koalitionen umso wirksamer sind, je *unsichtbarer* sie sind.

603 Das Geheimrezept aller erfolgreichen Imperatoren, angefangen mit Darius dem Großen.
Lommel (1935: 22): Ich bin Darius, der große König, König der Könige, König der Länder und Völker aller Stämme, König dieser großen Erde weithin, Sohn des Hystaspes, ein Achaemenide, ein Perser, Sohn eines Persers, ein Arier von arischem Samen. (S.a.: Campbell 1996: 252).
->:DUALISMUS, p. 224

Eine andere wichtige Koalition ist die *Volkstribun*-Koalition, bei der Alpha sich den Anschein gibt, gegen (Beta >< Gamma) in Koalition mit Epsilon zu stehen. Das wurde z.B. von Napoleon erfolgreich durchgeführt.

2.2.5. Koerxion >< Schisma

@:KOERXION

Lat.: *coerceo*: zusammenhalten, einschließen, in Ordnung halten, hemmen, aufhalten, zügeln, bändigen. *exerceo*: die Mannschaft aus der Burg zum Felddienst führen, in Bewegung setzen. *exercitus*: das Heer. (Ähnlich: Engl.: *coercion*: jemand zu etwas zwingen.)
Gr.: *schisma*: Spaltung, Riß, Zwiespalt. Lat.: *Fission.*

Die antagonistischen Begriffe von *Koerxion* und *Schisma* bestimmen die Bildung und Auflösung von Koalitionen. *Koerxion* ist die Anwendung / Ausformung von Macht,[604] die dazu dient, eine involuntare Koalition operativ zu halten. In dem römischen Urbild und Leitmotiv des *exercitum* sind die soziokybernetischen Grundthemen der *Koerxion* als Basis einer operativen involuntaren Koalition in allen Aspekten charakterisiert.

2.2.6. Formen des Zerfalls von Koalitionen

Wenn die Kooperation in einer Koalition gegen Null geht, ist dies gleichbedeutend mit *Schisma.* Schisma als Strukturformel läßt sich mit seinen resultierenden *Zerfalls-Kombinationen* so darstellen:

(X * Y * Z) ->((X) >< (Y) >< (Z))
->((X) >< (Y * Z))
->((X * Y) >< (Z))

2.2.7. Die Spielregeln

@:META_REGEL

Die Regeln der spielbaren Spiele seien definiert als eine Analog-Struktur von *Nomic*,[605] welches von Douglas Hofstadter in "Metamagical Themas" portraitiert wurde. Besondere Bedeutung haben die *Meta-Regeln*, oder auch *Golden Rules*. Die erste *Golden Rule* lautet:

He who has the gold, makes the rules.

Die Rechts-Vor-Links Regel

@:RECHTS_VOR_LINKS

Die erste *Golden Rule* heißt auch die *Rechts-Vor-Links* Regel. Spieler "Alpha" ist natürlich derjenige, der das Gold, hat, und daher die Regeln bestimmen darf. In der Praxis wird diese Regel aber nicht in dieser Form angewandt, denn es ist aus praktischen und

---

[604] ->:MACHT, p. 287

[605] *Nomos*, Griech: Gesetz, Siehe auch Plato: Nomoi.

spieltheoretischen Gründen nicht opportun, daß ein Spieler alle Regeln bestimmt.[606] Daher kommt es hier auf die möglichst geschickte Formulierung der übrigen *Meta-Regeln* an, die so formuliert sein sollten, daß die *letztliche Verfügungsgewalt* über alle anderen Regeln per default immer wieder auf Spieler "Alpha" zurückfällt.[607]

Ein klassisches Beispiel der *Rechts-Vor-Links-Regel* liefert das Recht des Römischen Reiches, das ja bei allen modernen Rechts-Systemen Pate stand. Der wohl bekannteste Grundsatz des römischen Rechts lautete: "Fiat iustitia pereat mundus" (Etwa: Auch wenn alles dabei zugrunde gehen sollte, das Recht muß durchgesetzt werden).[608] Im Rom der Kaiserzeit wurde das aber noch mit einer besonderen Portion "cum grano salis" gehandhabt, denn es galt ein striktes Zwei-Klassen-Recht. Für die Patrizier (Spieler *Alpha*) war die Höchststrafe die Verbannung, während für die Plebs (Spieler *Epsilon*) die Todesstrafe galt. Ebenso galt für die Plebs die Folter also normales Wahrheitsfindungsmittel. Die Aussage eines Sklaven war sogar nur dann gerichtsfähig, wenn sie unter Folter entstanden war.

Daß der Spruch "Fiat iustitia pereat mundus" blutige Realität in der klassischen römischen Rechts-Praxis war, und auch seinen wesentlichen Teil zum Untergang des Reiches beigetragen hat, mag folgende (wohl öfter wiederholte) Begebenheit aus den Tumult-Zeiten der Kaiser und Kontra-Kaiser deutlich machen: Als sich wieder einmal einige Generäle und andere Offiziere zu einem Staats-Streich verschworen hatte, und ihre Soldaten in eine Schlacht gegen den noch amtierenden Kaiser führen wollten, meuterten diese, und nahmen die Offiziere gefangen, und lieferten sie der rechtmäßigen Obrigkeit aus. Darauf hin wurden diese mutigen Soldaten prompt mit den gebührenden Ehren als "Retter des Vaterlandes" gefeiert, aber "Fiat iustitia", sie wurden sofort darauf wegen Meuterei gegen ihre Offiziere zum Tode verurteilt und prompt hingerichtet. Kein Wunder, daß im römischen Militär dann die Dinge außer Kontrolle gerieten, und die Kaiser in Rom so schnell wechselten wie in Paris die Mode.

In den früheren seligen Zeiten der "Entente Cordiale", der Herrschaft von Adel und Kirche, war es ganz einfach selbstverständlich, daß die Welt der Herren mit einem anderen Rechts-System gemessen wurde, als die Welt der Untermenschen. Das gehörte sich einfach so, und war integraler Teil des Systems. Dafür hatte das römische Recht noch einen anderen bekannten und bewährten Grundsatz: "Quod licet Iovi, non licet bovi". (Was dem Jupiter =dem Herrn erlaubt ist, ist dem Ochsen =dem Knecht, noch lange nicht erlaubt.) Aber auch bei neuzeitlichen, sich demokratisch und egalitär gebenden Rechts-Systemen finden wir vielerlei mehr oder weniger deutlich sichtbare Gewichtungen zugunsten der Reichen und Mächtigen. Es ist sicher eine der sehr wenigen heute noch existierenden Daseinsberechtigungen der Massenmedien, daß man die Manipulationen des Rechts anprangert. Aber je stärker die Massenmedien von den Interessen der Herrschenden gelenkt werden, desto stärker ist auch dieser Auftrag

---

606 denn dann würde nämlich das Spiel für die anderen Spieler zu schnell als "abgekartet" erscheinen.

607 ->:STELLENWERT_NOTATION, p. 282

608 Kaiser Ferdinand I, bei Zinkgref, Apophth, 1, S. 78.

kompromittiert. (A.J. Liebling: "Freedom of the press is only for those who own one"). Ein anderes Beispiel ist die Weisungsgebundenheit der deutschen Staatsanwaltschaft durch die Ministerien. Dies macht ein Strafverfahren gegen einen hohen Politiker (oder guten Freund eines solchen) viel weniger wahrscheinlich als gegen einen Normalbürger. Da kann es auch schon einmal vorkommen, daß ein Politiker im Vollsuff einen Menschen totfährt, und ohne Strafe davonkommt, und ein paar Jahre später sogar wieder ehrenhaft Minister werden kann.[609] Auch im normalen Rechtsverfahren kommen z.T. erhebliche Gewichtungen der Waagschalen der Justitia zugunsten der Reichen und Mächtigen auf: Weil ein Gerichtsverfahren um hohe Prozesswerte auch mit erheblichen Kosten verbunden ist, die z.T. im Voraus zu bezahlen sind, wie die Anwaltshonorare, sind finanziell Schwache gegen Reiche automatisch im Nachteil.

Das Grundprinzip solcher Gewichtungs-Systeme des Rechts besteht u.a. darin, daß Recht einklagen und Finden ein gesellschaftliches Verfahren ist, das mit hohen Kosten verbunden ist. Das hat natürlich seinen guten Grund, damit nicht jeder wegen jeder Banalität zum Richter rennt, aber es verhindert zuverlässig, daß Rechtsbrüche der Art geahndet werden, bei denen ein einziger Alpha-Spieler etwa Zehntausend Epsilon-Spieler um Geld- oder sonstige Werte schädigt, für deren Entschädigung kein einzelner Epsilon-Spieler die Mühlen des Gesetzes in Gang setzen kann. Umweltschädigungen sind ein weiterer eklatanter Fall dieser Art. Auch hier gilt bevorzugt die *Rechts-Vor-Links* Regel, da man für Schadensbeträge von einigen 1000 EUR/$ wohl schon für einige Monate ins Gefängnis kommen kann, aber bei Schadens-Beträgen über 1,000,000 EUR/$ die Wahrscheinlichkeit und Dauer der Haftstrafe umso geringer wird, je höher der Multiplikationsfaktor des verursachten gesellschaftlichen Schadens ist.

Das Olympische Prinzip

@:OLYMP_PRINZIP

Das Olympische Prinzip lautet: *Dabeisein ist alles*. Seinen Ursprung hat das Prinzip nicht, wie die allgemeine Irrmeinung lautet, von den Olympischen Spielen, sondern von der altgriechischen Redensart, daß es immer noch besser ist, der niedrigste Diener im Himmlischen Olymp bei den unsterblichen Göttern zu sein, als der größte und mächtigste Herrscher auf Erden.

Im sozio-kybernetischen Begriffssystem lautet das Olympische Prinzip, etwas modifiziert:
Die Epsilon-Mitgliedschaft in einer Alpha-Koalition ist immer noch besser als die Alpha-Position in einer unterlegenen oder marginalen Koalition.

Dieses Prinzip war eines der wirksamsten und zugkräftigsten der Weltgeschichte. Es wird heute noch erfolgreich angewandt, wenn man z.B. den Bürgern heutiger westlicher Zivilisationen erzählt, daß auch der unterste Befehlsempfänger im Hierarchiesystem (=: kleiner Angestellter, Verkäufer/in) heute wesentlich mehr Komfort und Dienerschaft (in Form von Maschinen) hat, als der mächtigste König vor nur 300 Jahren. (Es kommt

---

609 Wie es vor einigen Jahren im schönen Bayernlande mit einem Minister der bayerischen Franz-Josef Strauß Herrschaftsclique passierte.

hier darauf an, wieviel Arbeitskraft ihnen zur Verfügung steht, siehe das WWWM-Prinzip).[610]

2.3. Macht

@:MACHT_BEFEHL

Das Höchste aber ist nicht handeln, sondern *befehlen können*. Erst damit wächst der Einzelne über sich selbst hinaus und wird zum Mittelpunkt einer tätigen *Welt*. Es gibt eine Art des Befehlens, die das Gehorchen zu einer stolzen, freien und vornehmen Gewohnheit macht ...

Spengler (1980, 1114)

Am unverhülltesten tritt, wie gesagt, das Recht als Ausdruck der Macht in den zwischenstaatlichen Rechtssetzungen hervor, in Friedensverträgen und in jenem Völkerrecht, von dem schon Mirabeau meinte, daß es das Recht der Mächtigen sei, dessen Innehaltung dem Machtlosen auferlegt werde. ... Ist die Politik ein Krieg mit anderen Mitteln, so ist das "Recht auf das Recht" die Beute der siegreichen Partei.

Spengler (1980, 1011)

@:MACHT

2.3.1. Macht als Phänomen der Steuerung in distributiven Systemen

Macht[611] ist ein mit bestimmten Konnotationen behafteter Ausdruck aus dem allgemeinen Themenbereich der *Formbildung der Kooperation in einer Koalition* (bzw. der *Morphologie der Sozio-Kybernetik*). Kooperation ist der operative Zweck einer Koalition, und Macht ist immer da im Spiel, wo in einer Entscheidungsfindung über die möglicherweise divergierenden Mittel- und Zielvorstellungen der Mitglieder der Koalition ein vereinigtes und koordiniertes Vorgehen erreicht werden muß.

Im engeren Sinne spricht man von *Macht*, wenn ein Ungleichgewicht unter den Mitgliedern der Koalition herrscht, wer mit welchem Gewicht an der Entscheidungsfindung beteiligt ist. Aber da das gemeinsame Agieren einer Koalition *ebenfalls Macht ist*, hat selbst das untergeordnetste Mitglied einer mächtigen Koalition seinen Profit aus der Gesamt-Macht der Koalition der er angehört. (Macht über andere Koalitionen). Das nennt man auch: *Das Olympische Prinzip*.[612]

In abstrakterer *sozio-kybernetischer* Formulierung ist dies der Prozess der *Steuerung von distributiven Systemen*, im englischen auch mit dem Begriff *Control(ling)* bezeichnet.[613] (Das deutsche Wort *Kontrolle*[614] trifft nicht ganz den Bedeutungsumfang des englischen Wortes.)

---

610 ->:MACHT_ARBEIT, p. 288

611 Lat: *potestas*: Macht, Kraft, Gewalt, Herrschaft, Wirkung.

612 ->:OLYMP_PRINZIP, p. 286

613 Nach Beniger (1986).

614 Lenin: Vertrauen ist gut, Kontrolle ist besser.

2.3.2. Macht und Zeit: Kommunikation in der Entscheidungsfindung

Ein weiterer entscheidender Aspekt der Macht bei der *Formbildung der Kooperation in einer Koalition* ist der *Zeitfaktor*. Eine Koalition steht unter normalen Umständen in einer Auseinandersetzung (Competition) mit anderen Koalitionen. In dieser Situation ist es entscheidend, wie schnell eine Koalition agieren kann, und für den Alpha-Status ist es zumeist erforderlich, schneller als andere Koalitionen zu agieren. So ist es leicht zu verstehen, daß langwierige Entscheidungsfindungs-Prozesse ein Luxus sind, den sich Koalitionen nur in bestimmten Ausnahmefällen erlauben können. Ein Hauptnachteil von kommunikativen Konsensusverfahren zur Entscheidungsfindung (z.B. Demokratie) ist die lange Zeit, die sie benötigen. Daher sind solche Verfahren in vielen Situationen nicht praktikabel.

2.3.3. Macht als Phänomen des Willens

Eine andere Formulierung von *Macht* umfaßt alle Formen und Methoden der *Beeinflussung des Verhaltens* von Spieler *Epsilon* durch Spieler *Alpha*, um ihn zu Handlungen zu veranlassen, die den Zwecken und Zielen von *Alpha* entsprechen. Die Thematik des *Willens* ist wie bei der Kooperation ein entscheidender Faktor der Macht. Wenn ein Spieler Beta aus völlig freien Stücken mit Spieler Alpha kooperiert, kann man nicht von Macht sprechen - oder vielleicht doch? In der sozio-kybernetischen Analyse sind hier sehr wohl subtile Formen der Macht zu finden. Es soll daher differenziert werden in die Stufen von Macht I und Macht II.

2.3.4. Macht und Arbeit: Das WWWM-Prinzip

@:MACHT_ARBEIT

Wie der deutsche Volksmund so treffend ausdrückt "Macht kommt von Machen", hat das *Machen der Macht* hauptsächlich damit zu tun, *Wer Was für Wen Macht*. (Auch das WWWM-Prinzip genannt).[615] Das WWWM-Prinzip besagt, daß *Macht auf Arbeit begründet* ist, nämlich die Arbeit, die der Spieler *Epsilon* auf Geheiß und unter Kontrolle des Spielers *Alpha* durchführt.

2.3.5. Macht I: mittelbare Macht

@:MACHT_I

Macht im "herkömmlichen Sinne", wie sie z.B. von der Soziologie definiert wird.
Nach Max Weber ist Macht "jede Chance, innerhalb einer sozialen Beziehung den eigenen Willen auch gegen Widerstreben durchzuführen" (Weber 1972: 28), Herrschaft ist die "Chance, für einen Befehl bestimmten Inhalts bei angebbaren Personen Gehör zu finden" (ebd., S. 38).

Abstrakt spieltheoretisch ausgedrückt, ist Macht I:

---

615 In etwas anderer Formulierung lautet das WWWM-Prinzip: *Macht ist: Wer für Wen die Arbeit Macht.* Wobei als viertes "W" noch ein "unter **W**elchen Umständen" hinzugefügt werden müßte...
Nicht ganz ohne Bezug zu diesem Prinzip ist das Leit- (Leid-) Motiv, das über dem Eingang der deutschen Konzentrationslager stand: "Arbeit macht Frei".

Die Mittel und die Fähigkeit des Spielers "Alpha", andere Mitspieler "Gamma" zu Handlungen zu veranlassen, die den Interessen des Spielers "Alpha" dienen, auch wenn sie gegen den Willen und die direkten Interessen der Mitspieler "Gamma" stehen. Dies ist Macht durch (Androhung von) Gewalt, oder durch (Versprechen von) Gratifikation.[616]

Dies ist *mittelbare Macht*, da sie durch die Kontrolle über die Mittel (der Produktion, der Lebenshaltung, des Konsums, der Gewaltausübung, etc.) ausgeübt wird.

@:MACHT_II

2.3.6. Macht II: unmittelbare Macht

Unmittelbare Macht ist *sozio-kybernetische* Macht im eigentlichen Sinne.
Abstrakt spieltheoretisch ausgedrückt, ist Macht II:
Die Mittel und die Fähigkeit des Spielers "Alpha", den Willen und die Weltwahrnehmung seiner Mitspieler "Gamma" so zu manipulieren, daß sie Handlungen durchführen, die den Zwecken und Zielen von *Alpha* entsprechen. Die hohe Kunst von Macht II ist, daß die Mitspieler "Gamma" dabei auch Konsequenzen für sich selbst in Kauf nehmen, die ihrem persönlichen Wohlergehen und Selbsterhaltungstrieb schädlich sein können.[617]

Hierauf bezieht sich George Stein in seiner Diktion, was er als "*direkter Informationskrieg*" bezeichnet.[618] Natürlich werden auch hier "Mittel" eingesetzt, aber es sind unsichtbare, oder subtile. Daher ist diese Form die bei weitem wirksamere, und in der Dauer-Anwendung, die stabilere.

2.3.7. Die Kategorien der unmittelbaren Macht

Die Formen unmittelbarer Macht lassen sich in folgende Kategorien unterteilen:

Macht über die Emotionen

Hier finden wir solche Phänomene wie Charisma und Faszination,[619] Macht durch Ausbeutung von Liebe (oder Verliebtheit), Macht durch Sexuelle Attraktion (auch

---

616 In der Englischen Sprache subtil durch die Konnotationen des Wortes *Might* ausgedrückt: If you don't obey, I *might* do this or that to you."
Wie ersichtlich, handelt das Traktat von Macchiavelli hauptsächlich von Macht I. Die gesonderte Behandlung Macht II ist das Ziel des vorliegenden Traktats.
Weiterhin war Macht I die (Über-) Macht des römischen Reiches, mit der sich die frühe Christenheit konfrontiert sah, und gegen die sie kämpfte. Die darauf folgende Zivilisations-Entwicklung war hauptsächlich ein Ergebnis der sozio-kybernetischen Erfindungen, die man als Antwort auf diese kreative Herausforderung machte.
->:ZEIT_METAPHYSIK, p. 316

617 Diese Formen der Macht finden sich heute in einer heftig Umkämpften Arena der Sozio-Biologie: Den Theorien des *Altruismus-Komplexes*.

618 ->:INFORMATION_WAR, p. 336

619 ->:FASCIS, p. 350

Macht des Eros genannt). Schönheit ist ein ganz erheblicher Machtfaktor. Dies wird heute besonders von der Film-Industrie, der Mode, und der Werbebranche systematisch eingesetzt.

Macht über den Verstand und über das Wissen

Auch Macht des *Logos* und des *Nous*. Die metaphysische *Hiero-Archia*, d.h. die *Herrschaft des Höchsten Prinzips*, in der Form einer logisch (Logos) und verstandesmäßig (Nous) einsichtigen und nachvollziehbaren Struktur. Die Bereitschaft, den Anweisungen eines Führers bedingungslos zu folgen, steigt erheblich mit der metaphysischen Legitimation des Führertums. Die *Hiero-Archia* taucht in der neuzeitlichen Wissenschaft als Strukturprinzip auf, in Form hierarchischer Gliederungs-, Ordnungs- und Kategorisierungs-Systeme.[620] Der mathematische und logische Beweis ist eine weitere Form der Macht des Logos.

Macht über die Zeit, die Erinnerung, und das Sein

Dies ist Macht über das *kulturelle Gedächtnis* und die *kulturelle Transmission*. Wird genauer unter *Herrschaft* behandelt.[621] In diesen Bereich fallen alle wohlgemeinten Anstrengungen eines Herrschaftssystems, über *Schule* und *Unterricht* die zukünftigen Subjekte der Herrschaft so zu formen und zu prägen, daß sie entsprechend den Intentionen der Herrschenden denken und handeln. Dies führt direkt zum nächsten Punkt:

Macht über den Willen

Die direkteste Form der Macht geht natürlich über Beeinflussung des Willens. Wenn Spieler Gamma immer genau das will, was Spieler Alpha von ihm möchte, hat Spieler Alpha die absolute Macht über ihn.[622]

Spirituelle Macht, Religion

@:RELIGIO

Spirituelle Macht oder *Religion*, ist eine Mischform verschiedener Anteile der obigen Kategorien. Sie ist auch die älteste Form der organisierten Macht, die wohl schon seit den paläolithischen Kulturen existiert, wie z.B. das Bild des "Zauberers" von Trois-Frères vermuten lässt. Diese Ur-Form ist heute als *Schamanismus* bekannt.[623] In den

---

620 Der *Arbor Porphyricus* als Ur-Form. Britannica: Porphyry

621 ->:ZEIT_HERRSCHAFT, p. 293 ->:TRADITION_WERK, p. 140

622 Dies wurde von Gerald Weinberg (1985: 160) ironisch als "Buffalo Bridle" (der Büffel-Zügel) bezeichnet: Man kann Büffel dazu bringen, überall hinzugehen, solange sie auch dorthin gehen wollen.
Im Nazi- und DDR-NewSpeak wurde dies aus umgekehrter Sicht als "*vorauseilender Gehorsam*" bezeichnet.

623 Die heftige Diskussion der Paläoanthropologen um diese Interpretation zeigt, dass es wesentlich auf unserer heutigen Projektion beruht, ob wir die Figur einen Zauberer oder Schamanen nennen. Aber auch so gibt es gute Gründe zu vermuten, dass nicht die *Prostitution*, sondern der *Schamanismus* das älteste professionelle Gewerbe der Menschheit ist.

frühen Hochkulturen der Menschheit wurde diese Macht zu einer wahrhaften Technologie weiterentwickelt, deren höchste Errungenschaften wohl oft nachgeahmt, aber nie übertroffen worden sind. Heutige *Religion* ist davon nur ein schwacher Abglanz. Die Gott-Königsherrschaft des pharaonischen Ägypten stellt das älteste und am längsten wirksame (3000 Jahre) System *spiritueller Macht* in den Zivilisationen dar. Sowohl Christentum[624] wie Islam[625] schufen neue, hoch entwickelte und verfeinerte Techniken spiritueller Macht. Heute ist *Spirituelle Macht* ohne Beimischung von *materieller Technik* hauptsächlich unter den Themen *Fundamentalismus*, *Pentecostal Religion*, *Sekten*, etc. bekannt (Kramer 1993).

2.3.8. Macht, Wille, Intentionalität und Individualität

@:WILLE_MACHT

Macht kann es nur da geben, wo es Willen gibt, und Willen kann es nur da geben, wo es Individualität gibt. Individualität in unserer heutigen, westlich-abendländischen Fasson ist eine recht neue und einzigartige Erscheinung.[626] Bei außereuropäischen Kulturen können wir nicht von Individualität in dem uns geläufigen Sinn sprechen. Das Chinesische Menschenverständnis beruht fundamental auf der Einbettung in das Kollektiv, und somit hat der chinesische Kommunismus eine andere Grundlage als der europäische Marx'sche.

Ein anderer Begriff für Willen ist Intentionalität. Dies beinhaltet Projektion über die Zeit, d.h. eine Erwartung der Zukunft und Planung auf die Zukunft. In der Spiel-Sprechweise ist dies dadurch definiert, daß ein Spieler automatisch eine Individualität besitzt. Wenn er diese nicht hätte, könnte er gar nicht als Spieler identifiziert werden. Nur ein Spieler kann etwas Wollen. Nach Schopenhauer ist der "Wille" ein kosmisches Prinzip, das überall in der Natur zu finden ist. Dies ließe sich in etwas weniger angreifbarer Terminologie als *Determiniertheit* ausdrücken. Bezug zu der Causa Finalis von Aristoteles, -> Teleologie.[627] Nur ein Wille kann ein Endziel definieren.

Wo kein Wille vorhanden ist, geschehen die Ereignisse nach den Gesetzen der *Kausalität.* Heute wird von der Naturwissenschaft versucht, Willen lediglich als Epiphänomen (nebensächliche Begleiterscheinung) tieferliegenderer bio-chemischer kausal ablaufender (neuronaler) Prozesse zu bezeichnen.

Im Bereich der organischen Natur ist die Frage nach dem Willen verknüpft mit der *Beweglichkeit* der Organismen. Bei Pflanzen geht man nicht von willensbestimmten Handlungen aus, aber besonders höheren Tieren (Pferde, Hunde, Affen) billigt man eine Intentionalität zu.

->:NEO_SCHAMAN, p. 180

[624] ->:CHRISTENTUM, p. 314

[625] ->:CHARISMA_ISLAM, p. 194; ->:ISLAM, p. 327

[626] Diese Individualität wurde im alten Griechenland etwa zur Zeit Heraklits deutlich.

[627] Daher ist das System von Teilhard de Chardin ebenfalls teleologisch.
->:TEILHARD_PROGRAM, p. 334

2.3.9. Transaktionen in distributiven Systemen

Transaktionen in distributiven Systemen beruhen auf Fernwirkung. Dieses Prinzip steht außerhalb der traditionell mechanischen Orientierung der Physik. Macht ist auf alle Phänomene anwendbar, die nicht kausal begründet sind.

2.4. Herrschaft

@:MACHT_SYSTEM

Herrschaft ist das System der Macht. Soziokybernetisch interpretiert, ist Herrschaft das primäre *autopoietische* Phänomen im Bereich sozialer Systeme. Herrschaft ist der selbst-stabilisierende, und selbst-incrementierende (*positives Feedback*) Komplex, der durch konsistente und erfolgreiche Anwendung von Wissen und Macht immer mehr von Demselben erzeugt. (Auch *Matthäus-Effekt* genannt). Herrschaft tendiert daher dazu, zum *Imperium* zu werden, und tendiert finalistisch / eschatologisch dazu, das *All* zu {erobern / unterjochen / unterwerfen / untertan zu machen[628]}, was auch immer man darunter versteht. In diesem Sinne unterliegt Herrschaft derselben Gesetzmäßigkeit, wie das Geld, über den Zinseszinsmechanismus.

Im Gegensatz zu anderen Analyseverfahren wie *Anarchismus* und *Kommunismus*, die Herrschaft mit dem rezenten Phänomen des Kapitalismus in Verbindung bringen, wird hier versucht, die Analyse tiefer zu fundieren, ohne jedoch gleich auf einen Biologismus und Naturalismus a la H. Spencer zu rekurrieren. Im Gegenteil: Neo-Darwinistische und Naturalistische Ansätze sind logische Zirkel, Retro-Projektionen sozialer Gegebenheiten in die Natur und wieder zurück. Herrschaft ist keine bedauerliche Fehlentwicklung, aber auch keine selbst-evidente Notwendigkeit in der Entwicklung menschlicher Sozialsysteme.

Herrschaft als das *primäre autopoietische soziokybernetische* Phänomen läßt sich nicht mit guten Absichten und frommen Wünschen wegbeten. Wer *Alpha* sagt, muß gezwungenermaßen auch *Beta*, *Gamma*, *Delta*, ... *Omega* sagen.[629] Da helfen noch so gute Manifeste, noch so überzeugende Theorien, noch so populäre Parteiprogramme überhaupt nichts, und wenn jemand versucht, ein solches Programm einmal in die Praxis umzusetzen, kommt zwangsläufig nur eine umso schlimmere Katastrophe dabei heraus.

2.4.1. Herrschafts-Wissen

Herrschafts-Wissen ist das Wissen, das nötig ist, um Macht auszuüben. Es ist das exklusive, und exklusiv zu haltende Wissen, das es Spieler Alpha erlaubt, den Spieler *Gamma* zu beherrschen, und ohne das sich der Spieler *Gamma* nicht aus der Herrschaft befreien kann. Natürlich gehört es zu dem Spiel, daß Spieler *Gamma* sich dieses Wissen zu verschaffen sucht. Das geht aber nur, wenn er weiß, wonach er sucht, und daher

628 Die biblische Aufforderung: Machet euch die Erde untertan!

629 Ein früherer deutscher Bundeskanzler re-formulierte das mit ähnlicher unausweichlich logischer Konsequenz als: *Wer "A" sagt, muß auch "Denauer" sagen.*

gehört es zu den wichtigsten Strategien des Herrschafts-Wissens, die Existenz und die Form desselben zu verschleiern. (Siehe *Kryptographie* und *Steganographie*).[630]

2.4.2. Herrschaft über die Zeit: Die Geschichte lehrt, was die Geschichte lehrt

@:ZEIT_HERRSCHAFT

Herrschaft über die Zeit heißt: *Herrschaft über das kulturelle Gedächtnis* und die *kulturelle Transmission.*[631] Zwar gibt es den berühmten Satz von Santayana: "*Those who don't know history are condemned to repeat it*",[632] aber nach dem *Catch-22-Prinzip*[633] wird umgekehrt ein Schuh daraus: "*Those who do know history are condemned to repeat something that someone else has concocted for them.*"[634] In anderen Worten: "*Die Geschichte ist die Geschichte der Sieger*", und damit integraler Bestandteil des *Macht II Komplexes.* Das können wir am besten anhand der abendländischen Geschichte nachvollziehen: Nur das, was von den Verbrennungen antiker Literatur durch christliche Fanatiker in den ersten Jahrhunderten nach der Machtübernahme der Christen übrigblieb,[635] und was dann in den späteren Jahrhunderten nach 529 von den christlichen Mönchen auf Geheiß ihrer *Fratres Superiores* (mehr oder weniger bowdlerisierend)[636] kopiert wurde, ist Bestandteil des

---

630 ->:KRYPTO_STEGANO, p. 295

631 Ausführlich behandelt in Goppold (1999d: 20-21, 40-79, 116-120, 132-135, 137, 139-190).
http://www.noologie.de/desn09.htm .../desn10.htm .../desn11.htm .../desn16.htm .../desn18.htm .../desn19.htm .../desn20.htm .../desn21.htm .../desn22.htm

632 Diejenigen, die die Geschichte nicht kennen, sind dazu verdammt, sie [ewig] zu wiederholen.

633 ->:ENTENTE_CORDIALE, p. 301

634 Diejenigen, die die Geschichte kennen, sind dazu verdammt, zu wiederholen, was ihnen irgendjemand anders vor-gedacht, und vor-geschrieben hat.

635 Z.B. die Zerstörung (eines Teils) der Bibliothek von Alexandria.
(Britannica: library of Alexandria): "The great library survived a fire set in Alexandria in 47 BC by Julius Caesar, whose army supported Cleopatra in a civil war. It was finally destroyed in AD 391 by the patriarch Theophilus of Alexandria."
Die Meinung der Historiker geht allerdings auseinander, ob das die letztendliche Zerstörung war, oder ob der Restbestand bei der Islamischen Eroberung Ägyptens durch den General Amr in den Bädern Alexandrias verheizt wurde. Das Material soll für mehrere Wochen Heizung gereicht haben. (Canfora 1988).

636 Bowdlerisieren: Ursprünglich, einen Text von sexuellen Inhalten "befreien". Im übertragenen Sinn: hier und da "leichte" Modifikationen am Text vornehmen, die ihn einer herrschenden Meinung angepaßter erscheinen lassen. Die Geschichte der Fälschung der Konstantinischen Schenkung ist ja allseits bekannt. Aber man darf getrost annehmen, daß das nur die Spitze des Eisbergs ist, und daß noch einiges mehr des uns überlieferten geschichtlichen Materials aus der Frühzeit des Christentums und seiner Auseinandersetzungen mit der Welt der Antike, ihren Lehrmeinungen, Philosophien und Religionen auf die eine oder andere Weise "gedoktert" wurde. So ist der reiche Fundus der antiken rituellen Tänze fast völlig verloren gegangen, mit Lucianus: "De Saltatione" als beinahe einzige verbliebene Dokumentation.

kulturellen Gedächtnis des heutigen Abendlandes, d.h. *unserer Geschichte*.[637] Alle diesem Geschichtsbild widersprechenden Dokumente haben die letzten 2000 Jahre *Ge-Schichte* nicht überlebt, bzw. sie wurden erst gar nicht aufgeschrieben. Somit können wir auch annehmen, daß das, was wir im Geschichtsunterricht gelernt haben, zwar nicht komplett falsch und völlig erfunden ist, aber daß es sicher auch nicht das letzte Wort der historischen Wahrheit ist. Damit ist Herodot vollkommen rehabilitiert, der es als "Vater der Geschichtsschreibung" mit der exakten und "nichts-als der" Wahrheit auch schon nicht so genau nahm.

2.4.3. Metaphysische Herrschaft: Holismus, Neo-Platonismus

@:HOLISMUS

Als metaphysisches Prinzip: Das Ganze (*tò hólon*) (=: Das Eine, *tò hén*) definiert und regiert seine Konstituenten (=: Elementar-Koalitionen/Koaleszenzen). Dies wurde von Heraklit in seinem Logos-Prinzip ursprünglich formuliert, aber seine bekannte metaphysische Formulierung wurde von der Schule der *Neo-Platonisten* ausgearbeitet, die sie auf bestimmte Ideen von Platon zurückführten. Die bekanntesten Namen dieser Schule waren Philo, Plotin, Proklos, ps. Dionysios Areopagita, Origines, Augustinus, J. Scotus Eriugena, die Schule von Chartres, Meister Eckhart, und N. Cusanus.[638] Eine heutige Fassung des Holismus ist bekannt durch J. Smuts, G. Bateson A. Koestler und Ken Wilber. In extremeren konsequenten Formen sozio-kybernetischer Anwendung ist der Holismus auch als *Faschismus* und *Totalitarismus* bekannt. (Siehe dazu Ken Wilber, EKL 42-45, 59-60)[639].

2.5. Information, Kommunikation, Verschleierung

@:INFO_KOMM

2.5.1. Information

@:INFORMATION

Das *In-Formieren* bedeutet das *Imprägnieren* einer *Form* in eine *Ungeformte Materie*. (Auch nach Aristoteles das *Hylae-Morphae* Prinzip genannt).[640] Die reine Form *Morphae* wird auch als die *Idee* (Platon) oder *Geist* (Deutscher Idealismus) bezeichnet.

---

[637] Das bevorzugte antike Schreibmaterial *Papyrus* ist im europäischen Klimabereich nur sehr begrenzt haltbar, und zerfiel von selbst in etwa hundert Jahren, daher mußte es regelmäßig neu kopiert werden.
Goppold (1999d: 67-70, 154-165, 167-174).
http://www.noologie.de/desn10.htm#Heading39 .../desn20.htm .../desn21.htm

[638] Britannica: Platonism. ->:UR_SPRUNG, p. 325

[639] Wilber grenzt sich ausdrücklich von den Herrschaftsansprüchen vieler "Holokraten" ab: "Das ist wichtig, weil es den Gedanken einer totalisierenden und dominierenden Ganzheit vorbeugt. 'Ganzheit' ist, wie wir in diesem Buch immer wieder sehen werden, ein sehr gefährlicher Begriff, nicht zuletzt deshalb, weil er sich so bereitwillig ideologischen Zielen leiht."

[640] ->:TERTIUM_DATUR, p. 127

2.5.2. Das Logos-Prinzip der Information

@:LOGOS

Der *Logos* sei hier mit dieser reinen {*Idee / Geist*} identifiziert, aber als *formende Kraft*, nicht das *geformte Bild* (*principium non est principiatum*,[641] oder *en-ergeia ouk ergon*). Weiterhin im vorliegenden Kontext bedeutsam ist *logos* als Schlüsselbegriff in Joh. 1.1: *en archae en ho logos*.

2.5.3. Information als Herrschafts-Wissen

Es gibt schon ein breites Spektrum von untereinander incompatiblen Definitionen von Information. Hier soll noch eine dazukommen: Information ist das Herrschafts-Wissen par Excellence. Aus diesem nämlichen Grund wurde in allen totalitären Staaten das *Informations-Ministerium* als die Zentralstelle der Sammlung des Herrschafts-Wissens und zur Verbreitung der Des-Information eingerichtet.

2.5.4. Informations-Krieg

Informations-Krieg (Information War) folgende zwei Bedeutungen:

1) Krieg vornehmlich mit Mitteln der Information, und
2) Krieg um Erlangung und Sicherung des Herrschafts-Wissens.

2.5.5. Kommunikation

@:KOMMUNIKATION

Das Verfahren, um die *Koordination* der *Kooperation* der *Konstituenten* einer *Koalition* zu erreichen.

2.5.6. Kryptographie, Steganographie

@:KRYPTO_STEGANO

Die Verschlüsselungstechniken werden klassifiziert in *Kryptographie*[642] und *Steganographie*[643].

1) *Kryptographie* ist die bekanntere, und damit leichter zu überwindende Technik. Sie besteht darin, daß eine Nachricht mit einem Schlüsselverfahren in eine unleserliche Folge von Zeichen übersetzt wird. Sie hat den entscheidenden strategischen Nachteil, daß jeder potentielle Gegner einer *kryptographisch* verschlüsselten Nachricht ansieht, daß sie wahrscheinlich ein Geheimnis enthält, und damit ist für ihn auch offenkundig, daß hier offenbar ein Grund vorliegt, Nachrichten auszutauschen und (geheime) Verabredungen zu treffen. Der Gegner wird daher alle Anstrengungen unternehmen, sie zu "knacken". Aber auch wenn er sie nicht decodieren kann, ist das reine Vorhandensein der codierten Nachricht schon oft *Information genug*, um "Lunte zu riechen".

---

[641] Cusanus (1967: 32) .

[642] Gr.: *krypto- / krypta* -> dt.: *Gruft* verbergen, verstecken, verhüllen, begraben, verheimlichen, verschweigen. Das Semantik-Rhizom assoziiert das Element des Unterirdischen, also von dichter Masse verdeckten.

[643] Gr.: *stego*: bedecken, verbergen, schützen, abhalten. *stegae*: Dach, Haus, Wohnung, Höhle. Lat.: *tectum*.

2) *Steganographie* besteht im Gegensatz dazu in dem Verfahren, eine geheimzuhaltende Nachricht so zu verschlüsseln, daß sie nicht offensichtlich als Code erkennbar ist. So kann die verschlüsselte Botschaft in eine unscheinbare, unauffällige Matrix, wie z.B. ein Gif-Bild auf dem WWW in die least-significant Bits der Pixel-Information eincodiert werden. Oder die Nachricht wird in die Wortfolge eines längeren Textes eingebettet, was aber einen großen Aufwand bereitet, denn der Matrixtext muß genau so geschrieben werden, daß die speziellen Worte der codierten Nachricht sich unauffällig in den Text einbetten, und den Sinn nicht sprengen. Der unschlagbare Vorteil der *Steganographie* ist, daß nur ein sehr mißtrauischer oder erfahrener Gegner auf die Idee kommen wird, daß es sich überhaupt um eine Codierung handeln könnte. Eine *Steganographie* in Gif-Bildern läßt sich allerdings mit statistischen Analyse-Programmen behandeln, die über die low-bit Häufigkeits-Statistik der ASCII-Codierungen von Buchstaben und Zahlen verdächtige Kandidaten maschinell aus Millionen von Gif-Bildern heraussortieren können. Dagegen ist das Text-Einbettungsverfahren fast nicht zu entschlüsseln.

Kabbala

@:SEMANT_RHIZOM

Eine weitere beliebte Form der *Steganographie* ist aus der mystischen Literatur bekannt, und nach ihrem bekanntesten Vertreter kann sie als *Kabbala* bezeichnet werden. *Kabbala* als generischer Begriff bedeutet die semantische Verschlüsselung von geheimzuhaltenden Inhalten in religiösen und mystischen Texten, über Mehrfach-Bedeutungen von Worten (Polysemantik). Der bekannte Begriff der "*Sieben Siegel*" ist auf dieses alte Verfahren der *Steganographie* zurückzuführen, nach dem religiöse Texte auf *Sieben Ebenen der Bedeutung* zu lesen und zu verstehen waren, und jede höhere Bedeutungs-Ebene mit einer höheren Einweihungsstufe (*Initiation*) des Lesenden verbunden sein mußte. Die Verschlüsselung wurde vor allem dadurch bewirkt, daß die Texte immer auf sehr alten, archaischen Sprachen (bzw. Sprachformen) beruhten, deren Bedeutungsgeflechte (Semantische Rhizome) völlig anders strukturiert waren, als die der Verkehrssprachen. Das war schon zu antiken Zeiten der Fall, und hat sich über die letzten Jahrtausende noch erheblich verstärkt. So ist eine Übersetzung der Bibel in moderne National-Sprachen (wie z.B. die Luther-Bibel) weit entfernt von der Reichhaltigkeit des Semantischen Rhizoms der Originalversionen (Griechisch und Hebräisch). Als Beispiel sei die Übersetzung des Logos-Begriffs aus dem Johannes-Evangelium erwähnt. Seine heutige Bedeutung als *das Wort* destruiert die Vieldimensionalität des Originals fast völlig und limitiert sie auf lineare Eindimensionalität.

Man sollte aber die beliebte Interpretation der jüdischen Kabbala als numerologische Verschlüsselung über die Zahlenwerte des hebräischen Aleph-Bayts eher als systematisch ausgestreute Counter-Intelligence Methode und als besonders geschickte Verwirrungs-Strategie ansehen, mit der allzu hartnäckige möchtegern-Entschlüsseler systematisch in die Irre geführt wurden. Im alten Israel und zur Zeit der babylonischen Gefangenschaft, als die jüdischen heiligen Schriften niedergeschrieben wurden, rechnete man nämlich noch nicht mit dem Dezimalsystem, das den heutigen Entschlüsselungsversuchen unterlegt wird, sondern mit dem babylonischen Hexagesimal-System. Außerdem wurde die schriftliche Zahlendarstellung zum Rechnen erst mit den indisch-arabischen Ziffern praktikabel. Vorher verwendete man Abakus-ähnliche Konstruktionen und geometrische Rechenstein-Muster (*psephoi*). Entgegen einem weit verbreiteten Irrglauben haben z.B. die römischen Ingenieure nie mit ihren römischen Zahlen gerechnet, sonst wären sie kaum in der Lage gewesen, ihre gewaltigen architektonischen und technischen Konstruktionen durchzuführen.

2.5.7. Verschleierung - Entschleierung: Kalypsis >< Apo-Kalypsis / Laethae >< A-Laetheia

Die Funktionsweise von Stegano- Methodiken läßt sich besser begreiflich machen, wenn man die altgriechischen Begriffe der *Kalypsis* und *Apo-Kalypsis* verwendet. In der Indischen Philosophie ist hier der Schlüsselbegriff der *Maya* zu nennen. Die numinose Personifikation der *Kalypsis* ist die Nymphe *Kalypso*, ihr Name bedeutet "die Verschleierte" (*kalyptron*, Od. 5.232).[644] Das Semantik-Rhizom der *Kalypsis* oder *Maya* als *Agens der Verschleierung* impliziert und assoziiert das Element der *Luft* und des *Lichts*, als Täuschungsfaktoren. In der sozio-kybernetischen Sprechweise finden sich hier vornehmlich die effektiveren Macht-II Techniken der Täuschung und Verwirrung.

Ein weiteres in diesem Zusammenhang bedeutsames Semantik-Rhizom wird von den griechischen Wurzeln *lanthano*, *latha*, *lathra* und *laethae* gebildet. Hier wird auf den Zeit-Aspekt des *Verbergens*, als *Vergessen*, abgezielt. So ist die numinose Personifikation der *Laethae* bedeutsam in der Todesmythologie der antiken Griechen, und die *A-Laetheia* ist seit Parmenides und Platon der Schlüssel-Term aller philosophischen und wissenschaftlichen Anstrengungen der *Aufklärung*.[645] In der sozio-kybernetischen Sprechweise ist *latha* / *laethae* die ultimate Macht-II Technik, indem sie das *Selbst-Bewußtsein* auslöscht. (In praktischer Anwendung auch als *Brain-Washing* oder *spin-doctoring*[646] bekannt).

Die metaphysischen Aspekte der *Verschleierung* werden nach Goethes Faust auch "*Das Principium Mae-Phaisto-Philaes*" genannt. *Mephistopheles*, aus Goethes *Faust*, erscheint hier in den vielen schillernden und beständig wechselnden Verkleidungen des *Archae-Typos* des *Cosmic Trickster*, als Personifikation des Prinzips der *Spannungsfelder*, bzw. der *Eris* oder *Discordia*, wie von R.A. Wilson dargestellt. "*The arch sceptic, dark lord of Disinformation*".[647]

---

644 (Goppold 2000a: 7.4.1):
"Peri Peirasis. The Journey into, and Beyond, the Boundaries of the Time"
http://www.noologie.de/symbol08.htm#Heading57

645 Das Thema der *Aufklärung* ist sowohl in der Philosophie wie beim Militär ein entscheidendes: ->:KANT_AUFKLAERUNG, p. 23

646 Douglas Rushkoff

647 http://www.disinfo.com/pages/article/id672/pg1/index.html
->:DESN_TRIPOLAR, p. 240

2.6. Theorien der Verschwörung

@:VERSCHWOERUNG_THEOR

Der *Informations-Krieg* ist in der bisherigen Literatur auch unter dem weitläufigen Thema der *Verschwörungs-Theorien* bekannt. Hier hat vor allem R.A. Wilson Pionierarbeit geleistet, indem er so ziemlich alles, was die Menschheit bisher an Verschwörungs-Theorien fabriziert hatte, in seiner Buchserie neu aufgekocht und schmackhaft zugerichtet, dem wohlwollenden Pubplikum in passenden Appetit-Häppchen vorgelegt hat.[648] Hier folgt ein Auszug aus dem Interview "Man Bites Dogma" in dem er nolens volens ein paar essentielle Extrakte aus seinem Gesamtsystem geben mußte, womit man sich einen erheblichen Teil der Lesearbeit sparen kann, die man aufwenden müßte, um seine 20 oder so Verschwörungs-Theorie-Bücher zu lesen.

DARE Do you see everything as a conspiracy?

WILSON No. Somebody once accused me of claiming that everything is subjective, but I don't make statements about everything, I only make partial statements. I think conspiracy is very prevalent behavior on this planet. It even precedes humanity. Lions conspire - one lion will frighten a herd of antelope to get them running in a certain direction where the other lions will be waiting there to eat them. That's a conspiracy against antelopes, and I'm sure the antelopes are very bitter about it. Ants conspire, they seize territory and drive off interlopers, rats have very vigorous conspiracies, when a rat from a strange pack gets into a house they'll hunt him down and kill him. It's just like the mafia, "Don't do anything on our territory."

DARE Is it possible for a conspiracy to be benign?

WILSON It would have to be open. The difference between a conspiracy and an affinity group is that when me and my friends do it it's an affinity group and when someone we don't like does it it's a conspiracy. Conspiracies run the literary world, the art world, marijuana arrives here due to conspiracies. It's a conspiratorial world. People naturally form groups and to the extent that they're competing with each other, they try to hide what they're doing. The best explanation of conspiracy is in The Theory of Games and Economic Behavior, a very thick mathematical treatise. It explains that it's very beneficial to have conspiracies in competitive situations - the bigger an alliance you form, the quicker you move ahead. The function of every alliance is to conceal information from the other alliance and to spread false information, just like in a poker game. You don't want them to know what hand you've got but you want them to think they know. Poker is the essence of conspiracy. Everybody's trying to deceive one another. A benevolent conspiracy would have to be open, without the factor of concealment, and everybody's invited in. That's the only kind of conspiracy that could really improve the world.

---

[648] Man Bites Dogma: A Conversation with Robert Anton Wilson about Politics, Religion, Drugs, and Quantum Mechanics
by Michael Dare: http://home.earthlink.net/_dare2b/raw.htm
Extrakte aus einem Interview von 1988: http://www.wco.com/_aquaboy/raw.html
Weiteres Material: ->:THE_ILLUMINATI, p. 363

Er formuliert hier in ein paar griffigen Sätzen das *Grundprinzip des Informations-Krieges*. Ansonsten genügt es, zu bemerken, daß alle Verschwörungstheorien aus *Definitionsgründen falsch sein müssen*, denn wenn sie wahr wären, dann hätten ihre Verfasser nicht mehr genügend Zeit zu leben, und die Theorie erfolgreich auf dem Buchmarkt herauszuposaunen.

2.7. Adam Weishaupt und der Illuminaten-Bund

Nehmen wir als Beispiel Wilsons bekannte Version der Illuminatus-Theorie. Nach dieser Darstellung soll Adam Weishaupt, Gründer und Oberhaupt des Illuminaten-Bundes in Ingolstadt, nach Amerika ausgewandert sein, und dort den späteren General und Präsidenten George Washington beseitigt haben, und sich als Impostor an seine Stelle gesetzt haben, und dann von dieser Zentralposition aus die USA in ein Illuminaten-Regime verwandelt haben. Zuerst erscheint uns dies etwas unglaubwürdig, da ein biederer niederbayerischer Illuminaten-Bruder wohl kaum so einfach die Sprache, und den aristokratischen Herrschafts-Gestus und -Duktus eines George Washington hätte imitieren können. Nehmen wir aber der Hypothese halber einmal an, das wäre korrekt, dann wäre aber R.A. Wilson qua Macht und Gewalt dieses Illuminaten-Regimes gar nicht dazu gekommen, seine (korrekten) Theorien an die breite Öffentlichkeit zu bringen. Denn qua postulierter Macht und Gewalt hätte man ihn rechtzeitig aus dem Weg geschafft, und einen Impostor-R.A. Wilson an seine Stelle gesetzt. (Der es dank der Illuminaten-Macht ja sehr leicht gehabt hätte, den *R.A. Wilson zu imitieren*, jedenfalls ein leichteres Spiel im Vergleich zu der *Imitation eines George Washington*). Dieser Impostor hätte nun zur Tarnung und Ablenkung der Öffentlichkeit eine leicht verfälschte Version der wahren Geschichte in die breite Presse gebracht, eben genau dieselbe, die wir ja als "Illuminatus"-Bestseller kennen. Die traurige Geschichte vom Tod seiner Tochter hätte sich also auch auf etwas andere Weise zugetragen, denn es wäre das Gehirn von R.A. Wilson selber, das da ausgetauscht wurde. Wir erkennen hierin eine realere Version des berühmten "Kreter" Paradoxons von Epimenides: *Wenn es wahr ist, was er sagt, dann kann er nicht mehr am Leben sein, und wenn er noch am Leben ist, dann kann sein Bericht nicht wahr sein.*

Die Moral von der Geschicht': Verschwörungstheorien sind ein legitimes Instrumentarium des Informations-Krieges. Was bedeutet: Als integrale Bestandteile des funktionierenden Herrschaftssystems absorbieren sie alle inquisitiven Anstrengungen von solchen Parteien, die versuchen, das Herrschaftssystem zu decodieren und zu analysieren. Dadurch, daß Unmengen von (mehr oder weniger) plausibel klingenden Theorien von geheimen Machtkoalitionen in Masse in die Welt gesetzt werden, ergibt sich aus dem "Nadel im Heuhaufen-Effekt", daß eine eventuell zutreffende Theorie erst einmal kaum von den Fälschungen unterschieden werden kann, und von vorneherein als "Verschwörungstheorie" diskreditiert ist. Dies sind allseits bewährte, wohl-eingeschliffene Waffen aus den Arsenal des nun ca. 5000 Jahre währenden "Informations-Krieges der Menschheits-Zivilisationen".

3. Prinzipielle Limitationen einer Theorie der Herrschaftssysteme

@:LIMITATIONEN

Es ist aus wesentlichen prinzipiellen Gründen kaum zu erwarten, *daß es je eine vollständige synchrone und prediktive akademische Theorie der gesellschaftlichen Macht-, Herrschafts- und Dominanz-Systeme geben wird.* Aus diesen prinzipiellen Gründen kann auch die vorliegende Untersuchung nur einen bruchstückhaften Charakter haben. Als *synchron* und *prediktiv* wird eine Theorie bezeichnet, die die je in einer Gesellschaft augenblicklich wirkenden Macht- und Herrschafts-Strukturen adäquat analysiert, und es auf dieser Grundlage erlauben würde, ein prediktives, preskriptives Sozio-Design Programm zu entwerfen, das die Macht als sozialen Entscheidungsfaktor selbst einer planenden Entscheidbarkeit unterwirft. *Dies bedingt auch die prinzipielle Unmöglichkeit einer wissenschaftlichen Soziologie überhaupt.*[649]

Die akademische Soziologie befindet sich in einem Macht-Koalitions-*Double Bind.* Es ist aus den obigen Vorüberlegungen klar, daß ein Macht-II System[650] prinzipiell sehr schwierig zu decodieren ist, wenn man davon ausgehen muß, daß das Wahrnehmungs- und Wertesystem der Menschen in einem schon Jahrhunderte und Jahrtausende dauernden Prozess systematischer, synthetischer Weltkonstruktion prä-programmiert ist.[651] Weiterhin ist das akademische System integraler Bestandteil der gerade erfolgreich herrschenden Macht-Wissens- (Alpha-Beta-) Koalition der techno-kapitalistischen abendländischen Gesellschaften, und als essentieller Bestandteil dieser Alpha-Beta-Koalition hat das akademische Establishment besseres zu tun, als diese Koalition zu destabilisieren. Die einzelnen Wirkmechanismen dieses Double Bind können mit der folgenden Liste von Haupt- *Verschleierungsfaktoren*[652] und *Kurzschluß- und Immunisations-Effekten* umrissen werden:

1. Der "Hindsight is 20/20 Sight"-Effekt
2. Der Entente-Cordiale-Effekt
3. Der "Giordano Bruno"-Effekt

Im Folgenden die Diskussion dieser Effekte:

---

649 Soziologie ohne *synchron- prediktive* Machtstruktur-Analyse ist wie *Spiegel-Ei ohne Ei.*

650 ->:MACHT_II, p. 289 ->:ZEIT_HERRSCHAFT, p. 293

651 http://www.rushkoff.com/index.html , http://www.disinfo.com

652 *Kalyptron*: Der Schleier. *En-Kalypsis*, die Verschleierung, *Apo-Kalypsis*, die Entschleierung. (~ des Apostels Johannes).
(Goppold 2000a: 7.4): "Peri Peirasis. The Journey into, and Beyond, the Boundaries of the Time"
http://www.noologie.de/symbol08.htm#Heading57

3.1. Der "Hindsight is 20/20 Sight" -Effekt

Der englische Begriff: "Hindsight is 20/20 Sight" übersetzt sich auf Deutsch etwa mit: "In der Rückschau weiß man immer alles besser", oder umgekehrt: "Voraussagen sind sehr schwierig, besonders wenn sie die Zukunft betreffen", und dies markiert eine Generalproblematik der Aussagen professioneller Zukunftsforscher (z.b. Herman Kahn) der letzten 50 Jahre, und nicht ganz so professioneller Zukunftsforscher in den letzten 5000 Jahren. Zu früheren Zeiten war man wenigstens noch so ehrlich, und umgab seine Zukunftsschau mit der Aura des Mystischen, wie z.B. der vielgerühmte Nostradamus, oder der noch vielgerühmtere Apostel Johannes, mit seiner Apokalypse, oder ganz allgemein die Propheten aller Religionen und Volksmythologien, die auch Endzeitmythologien (Eschatologien) waren.[653] Z.B. war der Kalender der Maya so angelegt, daß er im Jahr 2012 abrupt endet.[654]

Auf die *Theorien der gesellschaftlichen Macht-, Herrschafts- und Dominanz-Systeme* angewendet, bedeutet dies, daß alle soziologischen und historischen Theorien zwar im Nachhinein eine (mehr oder weniger befriedigende) Erklärung dafür geliefert haben, warum sich diese oder jene Machtkonstellation durchgesetzt hatte, aber diese Theorien haben meist keinerlei Aussagekraft über die Dynamik der augenblicklich ablaufenden Geschehnisse, und noch weniger Substanz, was zukünftige Entwicklungen angeht. Dies ist schon auffällig bei Theorien zur Emergenz der Industriezivilisationen und ihren Folgediskussionen (Siehe etwa die verschiedenen Meinungen von M. Weber, W. Sombart, und K. Marx), bei denen reichhaltiges Datenmaterial zur Unterstützung vorliegt. Analog, aber verstärkt gilt dies für Theorien zu früheren Epochen, z.B. die Emergenz der Ackerbau-Kulturen und der aus ihnen hervorgegangenen Staats- und Zivilisations-Strukturen, bei denen Datenmaterial kaum noch vorliegt oder sehr unsicher ist.[655] Im weiter unten folgenden Abschnitt: "Das Neo-Teilhard'sche Programm"[656] soll dies mit einem weiter und tiefer gefaßten Theorie-Ansatz neu aufgegriffen werden. Hier aber noch die weitere Erörterung der anderen o.g. Kurzschluß- und Immunisations-Effekte.

3.2. Der Entente-Cordiale-Effekt

@:ENTENTE_CORDIALE

Der "Entente-Cordiale-Effekt" kann auch "Catch-22-Effekt" genannt werden, nach dem gleichnamigen Film.[657] Allgemeiner gesehen, bedeutet dies, daß (wiederum rein hypothetisch gesprochen) in Macht- und Herrschafts-Situationen des menschlichen Zusammenlebens die Existenz und Anwendung von logischen Paradoxien,[658] Russell-

---

653 Dechend (1977, 1993, 1997)

654 Arguelles (1987)

655 Hier kommt der Effekt: "Geschichte ist immer die Geschichte des Siegers" zur Wirkung.
->:ZEIT_HERRSCHAFT, p. 293

656 ->:TEILHARD_PROGRAM, p. 334

657 Er ist ein Korrolar der Alpha-Beta-Epsilon Konfiguration ->:ALPHA_BETA, p. 282

658 Gumbrecht (1991), Günther (1976-1980)

schen Antinomien, Strange Loops,[659] und Double Binds[660] nicht die Ausnahme, sondern die Regel ist. George Orwell hat dies mit der kurzen Formel: "All animals are equal, but some animals are more equal than the others" (Animal Farm) bündig ausgedrückt. Der Begriff "Catch-22" leitet sich aus folgendem Grundthema des Films ab: Der Protagonist ist ein Kriegsteilnehmer bei der alliierten Luftwaffe im Theater der Italien-Invasion im 2. Weltkrieg, der zutiefst von dem Horror und dem Wahnsinn des Kriegsgeschehens erschüttert ist. Um auszusteigen, meldet er sich bei seinem Sanitätsoffizier als verrückt. Der diagnostiziert ihn aber schnell und korrekt als völlig gesund, denn wer den Wahnsinn des Kriegsgeschehens als solchen begreift, kann nicht verrückt sein, ist also kriegstauglich. Wir haben es hier also mit einem Paradefall der "Entente Cordiale" der wissenschaftlichen und technischen Intelligenz mit offensichtlich wahnsinnigen Kräften der Gesellschaft zu tun, bei denen die mit dem Herrschaftssystem verbündeten Wissenschaftler alles tun, um diesen Wahnsinn zu legitimieren, und zu institutionalisieren.[661] Allgemeiner gesprochen, bedeutet dies, daß es (wiederum rein hypothetisch) Fälle geben kann, wo ein Widerspruch zwischen den individuellen, tendenziell Systemkonformität einfordernden Karriere-Notwendigkeiten einzelner Wissenschaftler und dem expliziten Aufklärungs-Ethos der Wissenschaften auftritt (Kant 1784).[662] Mario Erdheim (1984) hat diesen Effekt mit der Methode der Ethno-Psychoanalyse thematisiert.

Die Aufstellung und Anwendung von Gesetzen war von ihrer Genese (Genesis) her grundsätzlich immer Top-Down intendiert, also zur Aufrechterhaltung der etablierten, metaphysisch überhöhten (gottgewollten) Ordnung, der *Hier-Archia*.[663] "*Innovation wird als gefährlich oft empfunden, weil stets sie mit Veränderung verbunden*" (Goppold 1999d: 82-89).[664] Daran ändert auch eine sich aufklärerisch-neuzeitlich-demokratisch gebende {Rhetorik / Euphemistik} nichts, etwa in dem Stil: "Alle Macht geht vom Volke aus". (Smith 1995-1999).[665]

---

659 Hofstadter (1979)

660 Bateson (1968-1986)

661 Goethe sagte dazu auch: "Dies ist zwar Wahnsinn, doch es hat Methode." In diesem Sinne finden wir zehn- und hunderttausendfach Fälle von Diagnosen von Militärärzten der vergangenen Jahrhunderte.

662 Im Nazi- und DDR-*NewSpeak* nennt man das auch "Vorauseilenden Gehorsam". Solche Extrembeispiele wie der KZ-Arzt Mengele sind hierbei mehr symptomatisch zu verstehen, als man gerne zugibt. Siehe auch das Milgram-Experiment, und die Ausführungen dazu von Howard Bloom (www).

663 ->:META_REGEL, p. 284
Schwarz (1985), Skoyles (www), Smith (1995-1999).

664 http://www.noologie.de/desn11.htm

665 Das "Volk" ist die Gemeinde aller Spieler: Alpha+Beta+...+Omega. Da dies "Alle" im Sinne von "ta panta" eben alles einschließt, geht natürlich auch die Macht davon aus. Höflich ungesagt bleibt dabei nur, von wem sie mehr, und von wem sie weniger ausgeht.

Der "Entente-Cordiale-Effekt" beinhaltet, wiederum in der allgemeinen, (*rein hypothetisch gefaßten*) Sprechweise ausgedrückt, daß die Koalitions-Verträge, die die (*eventuell existierenden*) Klassen und Kasten der Macht- und Herrschafts-Ausübenden mit den (*rein hypothetisch formulierten*) Kasten der Wissenden eingehen, unter besonderen Schutzmechanismen stehen müssen, damit die Legitimation, die den Kasten der Herrschenden von den Kasten der Wissenden erteilt wird, auch wirklich den metaphysisch überhöhten Anschein einer gottgewollten oder naturgesetzlichen, Ordnung, eben der *Hier-Archia*, behalten. Die Notwendigkeit dazu ist offensichtlich, da ja im Verlauf der Geschichte bestimmte, an sich schon gottgewollte *Hier-Archia*-Systeme leider schmählich zusammengebrochen sind. Dies bedeutet insbesondere, daß keinerlei Kenntnis von der Existenz solcher Koalitions-Verträge jemals an das Licht der Öffentlichkeit geraten darf. Am besten sind solche Geheimnisse zu wahren, wenn niemand der daran Beteiligten überhaupt davon weiß, *auch nicht ihre Urheber*.

@:VERSCHWÖRUNG

Wir verlassen hiermit das Territorium der objektiv wißbaren Tatsachen, und begeben uns auf den gefährlichen Boden der "Verschwörungstheorien", die heute zu Hunderten im WWW zu finden sind.[666] Sie lassen sich geeignet in herrschaftstheoretischer Analyse als integraler Teil des Systems des "Catch-22-Effekts" interpretieren. Ihre Funktionsweise erklärt sich nach dem Prinzip: "Knapp daneben ist auch vorbei". Was bedeutet: Als integrale Bestandteile des funktionierenden Herrschaftssystems absorbieren sie alle inquisitiven Anstrengungen von solchen Parteien, die versuchen, das Herrschaftssystem zu decodieren und zu analysieren. Sie sind bewährte, wohl-eingeschliffene Waffen aus den Arsenal des nun ca. 5000 Jahre währenden "Information War der Menschheits-Zivilisationen". Auch dieses Thema wird in einem gesonderten Abschnitt mit diesem Titel noch eingehender behandelt.

->:INFORMATION_WAR, p. 336

3.3. Der "Giordano Bruno" -Effekt

@:GIORDANO_BRUNO

Nun zu dem dritten Kurzschluß- und Immunisations-Effekt: Wir können hier differenzieren in den sog. *heißen*, und den *kalten* Giordano Bruno Effekt.[667] Seinen Namen hat dieses Verfahren von dem bekannten Häretiker Giordano Bruno, der am 17.2.1600 auf dem Campo de' Fiori zu Rom verbrannt wurde. Wir feierten gerade (Anno Domini 2000) das 400-jährige Ruhmes-Jubiläum dieses ebenso denk- wie merk-würdigen Ereignisses. Diesem punktuellen, spektakulären Ab-Schnitt von Giordanos irdischer Laufbahn voraus gingen acht lange Jahre, die G. Bruno unter fürsorglicher priesterlicher Anteilnahme für sein Seelenheil, hauptsächlich unter der geistlichen Leitung des "fast schon heiligen"[668] Kardinals Bellarmino, in den Grüften und Foltergerüsten der

---

[666] http://www.disinfo.com , R.A. Wilson, und das Werk des Altmeisters: Eco (1990). Julius Evola kann auch einiges dazu beitragen.

[667] Bruno (1904-1991), Groce (1970), Kirchhoff (1980), Yates (1989), Wilber (EKL 413, 428, 447, 484ff, 701, 705, 710).

[668] Redondi 1991: 49

vatikanischen Engelsburg zugebracht hatte. Nachdem man so viele lange Jahre mit unendlich viel Geduld, Liebe, und Fürsorge, unter Anwendung freundlicher, und nur manchmal auch nicht so freundlicher Mittel, versucht hatte, ihn aus seiner Verstocktheit zu befreien, gab es dann letztlich keinen Weg mehr, um seine Seele von der tiefsitzenden Krankheit des "*malum maleficiorum*" zu heilen, als die *Endlösung*, mit dem *malleum*:[669] Im finalen Purgatorium mußte die "*schärfste aller Arzeneyen*"[670] angewandt werden: die oben erwähnte Inszenierung auf dem Campo de' Fiori.

Wie wohl besser bekannt, hat sich unlängst eine *Spätlösung* eines anderen, nur wenig später vorgefallenen Ereignisses, zugetragen: Der Vatikan hatte 1992 Galileo Galilei aus seinem Prozess vom Februar 1633 rehabilitiert und von den damaligen Anschuldigungen freigesprochen.[671] Auch in der Vorgeschichte dieses Verfahrens hatte Kardinal Bellarmino ein gewichtiges Wort mitzureden, aber aufgrund seines Todes konnte er es nicht komplett durchführen. Daß eine ähnliche Wiederaufnahme des Verfahrens *Giordano Bruno* stattfinden wird, ist für die nächsten 2000 Jahre allerdings nicht zu erwarten. Für die folgenden Erörterungen müssen wir daher "Rauch zu Rauch" und "Asche zu Asche" sein und werden lassen, was es unvermeidlicherweise auf die eine oder andere Weise am Ende jedes Menschenlebens immer ist.

3.4. Systemwechsel der Hier-Archia

@:HIER_ARCHIA

Der Bezug zwischen dem *heißen*, und dem *kalten* Giordano-Bruno Effekt läßt sich anhand der Schicksale dieser beiden Protagonisten gut nachvollziehen.[672] Die Wendemarke der Jahre 1600 und 1633 kann herrschaftstheoretisch als historische "Achsenzeit"[673] betrachtet werden, in der der Umschwung zwischen dem "gottgewollten" christlich-katholisch dominierten abendländischen *Hier-Archia*-System und dem "naturgesetzlichen" *Hier-Archia*-System der Neuzeit stattfand. Hiervon handeln Tausende von wissenschaftlichen und historischen Studien, so daß man eigentlich kaum noch Gelegenheit hat, diesbezüglich Eulen nach Athen zu tragen. Aber: "Wot dem eenen sien Uhl, iss dem anneren sien Nachtigall" (lautet ein plattdeutsches Sprichwort). Und wenn es nicht die Nachtigall ist, dann ist es eben die Lerche

---

[669] sprich: *dem Hexenhammer*. (Britannica: Malleus maleficarum, 1486). Nietzsche machte daraus seine "Philosophie mit dem Hammer."

[670] Der Scharf-Richter war zur damaligen Zeit der Arzt "der letzten Hoffnung" wenn kein anderes Mittel mehr half. Sir Walter Raleigh ließ sich vor seiner Hinrichtung das Beil zeigen, das ihn enthaupten sollte, und von ihm ist dieser Ausspruch der "*schärfsten aller Arzeneyen*" überliefert, die jede, auch die schwerste Krankheit, garantiert heilt. (Britannica: Raleigh, Walter).

[671] Man beachte die Numerologie: Galileis Prozess fand im Februar 1633 statt, also genau 33 Jahre nach dem Feuertod G. Brunos.

[672] Wir können den *kalten* Giordano-Bruno Effekt konsequenterweise auch den "*Galileo*"-Effekt nennen.

[673] Nach Jaspers (1955). Im Epizentrum der damaligen Ereignisse stand das Jahr 1615: Die Fertigstellung des Petersdoms, Symbol des Höhepunkts der weltlichen Macht des Papsttums.

(Shakespeare). Was wiederum bedeutet, daß die Abend-Dämmerung, in der der *Flug der Eule* des einen stattfindet,[674] die anbrechende Morgendämmerung für den anderen ist. 1648 markiert das Ende des 30jährigen Krieges, und damit die feste Etablierung der protestantischen Systeme in Europa (siehe die Theorien von Max Weber). Wie oben schon angeführt, ist die subtile, unauffällige Anbahnung von neuen Macht-und Interessenskoalitionen vor allem dann angesagt, wenn sich die alten als unhaltbar herausgestellt haben. Man darf die kollektive Intelligenz des Vatikans und der Kurie keinesfalls unterschätzen, und die stand in den Jahren um 1600 auf ihrem Höhepunkt. Die Herausforderungen der Reformation hatten alle geistigen Reserven der katholischen Kirche mobilisiert und die Gründung des Jesuiten-Ordens[675] kann als einer der größten Erfolge dieser spirituellen Generalmobilisierung angesehen werden. Dies soll weiter in dem Abschnitt "Das System des Teilhard de Chardin" ausgeführt werden.[676] Die tieferen Inhalte der kollektiven Intelligenz der inneren Zirkel der katholischen Kirche können erst heute unter Stichworten wie *Schwarm-Intelligenz*, oder *Distributive Immortalitätskomplexe*[677] verstanden werden. ->:IMMORTAL_KOMPLEX, p. 137

3.5. Manche mögen's heiß, und viele mögen's kalt

Der Unterschied zwischen dem *heißen* und den *kalten* Giordano-Bruno Effekt ist strukturell herrschaftstheoretisch analog zu sehen wie zwischen dem ethnologischen Unterschied von *heißen* und den *kalten* Gesellschaften,[678] sowie *heißen* und den *kalten* Initiationssystemen.[679] Die hierzu vorbereitenden kulturtheoretischen Diskussionen finden sich in der Begleitliteratur.[680] Die größte Gefahr der Decodierung eines erfolgreichen Herrschafts-Wissens-Koalitionsprogramms droht natürlich von Renegaten aus dem inneren Kreis der *Wissensträger*. Galileo war in diesem Kalkül der eindeutig weniger gefährliche Faktor, weil er kein Wissen aus dem inneren Kreis hatte, und er sich ja mit seinem Programm lediglich auf Äußerlichkeiten bezog, nämlich auf die sichtbare, faßbare, meßbare, und wägbare, mathematisch beschreibbare Natur. Giordano Bruno aber hatte mit seinem Programm ins innerste Herz (the Heart of Darkness)[681] des

---

674 Mittelstraß (1989), nach Hegel. Kardinal Bellarmino stirbt 1621. (Redondi 1991: 49).

675 (Britannica: Loyola, Saint Ignacius). Der Jesuitenorden wurde 1540 vom Papst institutionalisiert, Ignatius Loyola starb 1556, er wurde 1609 selig gesprochen, 1622 wurde er (13 Jahre nach der Seligsprechung, und 66 Jahre nach seinem Tod) heilig gesprochen. 1922 (300 Jahre später) wurde er zum Über-Schutzpatron aller spirituellen Systeme ernannt. Zwecks (weiterhin völlig unbeabsichtigter, rein zufälliger, und völlig hypothetischer) Numerologie noch folgende Daten: 1955 stirbt Teilhard de Chardin, sein Buch "Le phenomene humain" (1981) erscheint zeitgleich, 333 Jahre nach Ignatius' Heiligsprechung. (Britannica: Teilhard de Chardin).

676 ->:TEILHARD_PROGRAM, p. 334

677 Goppold (1999d: 54-63, 137-138, 240-244). ->:IMMORTAL_KOMPLEX, p. 137

678 Erdheim (1984), Levi-Strauss (1975-1978)

Weitere Diskussion: ->:PRIESTER_GESETZ, p. 307, ->:AHNENKULTE, p. 309

679 Goppold (1999d: 76-77, 226-227, 229-235).

680 Besonders Goppold (1999a, 1999d).

681 Joseph Conrad

Systems gezielt, und offenbar auch getroffen. Der schwerwiegende, aber historisch beinahe völlig übersehene Fehler, den die Chefdenker der Herrschaftskoalition um Kardinal Bellarmino gemacht hatten, war der Aufwand, den sie um Giordano Bruno trieben. Andersherum gesagt: wenn sie Giordano in Ruhe gelassen hätten, dann wäre er ebenso friedlich als freundlicher, etwas verwirrter Kauz im Bett gestorben, wie hunderte andere Renaissance-Mystiker vor und nach ihm.[682] Zudem hatte er sein System so gut verschlüsselt, daß nie jemand einen besonderen Argwohn gefaßt hätte, wenn wir nicht die Bestätigung aus der Reaktion der Kirchen-Oberen selbst hätten, daß er eine besondere Botschaft für die Menschheit hatte. Da eine nähere Analyse des Giordano-Bruno Programms aber auch heute noch lebensgefährlich ist, wollen wir das hier tunlichst unterlassen, sondern wir wenden uns jetzt wieder unserem strukturellen herrschaftstheoretischen Thema zu.

3.6. Strategien der Mnemo-Vernichtung

Der *Giordano-Bruno Effekt* bezieht sich auf die Prozeduren, die man potentiellen und aktuellen *Renegaten* angedeihen läßt. *Präventiv*, daß sie gar nicht erst auf dumme Gedanken kommen, und *kurativ-therapeutisch*, um im Fall des Falles eine Schadensminimierung zu erreichen. Die im alten System so beliebten Methoden des Verbrennens von Büchern zusammen mit ihren Schreibern ließen sich in der neuen medientechnisch-ökonomischen Situation des Buchdrucks nicht mehr aufrechterhalten, da die geschäftstüchtigen Verleger natürlich sofort erkannt hatten, daß ein von der Inquisition verbranntes Buch eines vorzugsweise ebenso verbrannten Schriftstellers die Garantie für einen Bestseller war.[683] Das hatte man aus dem Fiasko mit Luther gelernt. Damit erwies sich das Galileo-Programm als das geringere der Übel, und um die Form zu wahren, wurde ein kleiner Schauprozess mit ihm veranstaltet, währenddessen man an die Grund-Renovierung des Systems ging. Es erwies sich hierbei als entscheidender Vorteil, daß Galileo sich nur mit Äußerlichkeiten befassen wollte, und hiermit ein *hermetischer Ring* um das *Sanctissimum* geschlossen werden konnte, der mit dem *kalten* Giordano-Bruno Effekt versiegelt werden konnte. Man erkannte, daß *präventive* Maßnahmen erheblich besser wirken, als *kurative*. D.h. wenn ein potentieller Renegat erst gar nicht in der Lage ist, bestimmte Gedanken zu denken, dann ist das System umso besser geschützt. Hierbei erwies sich die neu aufkommende naturwissenschaftlich-objektive Methode als *Geheimwaffe*. Der *kalte* Giordano-Bruno Effekt ist erheblich wirksamer als der *heiße*, da er jegliche unerwünschte Publicity vermeidet. *Totschweigen* anstatt *tot-machen*[684] ist die bessere Methode: Im Zeitalter massenhafter Druckschriften-Verbreitung ist die kulturell-mnemotechnische Vernichtung durch Ersticken am "Nadel im Heuhaufen-Effekt" (umgekehrtes Korollar aus der Aufmerksamkeits-Ökonomie)[685] das heute wirksamste Mittel, einen unliebsamen Geist zuverlässig in der Versenkung verschwinden zu lassen.

---

[682] siehe dazu die Arbeiten von Frances Yates (1989, 1990), sowie die Arbeiten und die Bibliothek von Aby Warburg.

[683] Außer bei Giordano Bruno, dessen Schriften so abstrus waren, daß sie niemand zu verstehen vermochte.

[684] durch *verbrennen, kreuzigen, vierteilen, steinigen*, etc.

[685] Siehe Heise Telepolis: Die Aufmerksamkeits-Ökonomie.

4. Strategie-Studien zu Wissens-Herrschafts-Systemen

4.1. Die Ethnologie neo-tribalistischer Vereinigungen

@:NEO_TRIBAL

In diesem Essay soll die Ethnologie *neo-tribalistischer* Vereinigungen und Priesterkasten beschrieben und analysiert werden, und es soll dargelegt werden, daß auch heute noch (oder ganz besonders heute) der Neo-Tribalismus sich lebendig und gesund in bester Gesellschaft einer immer steigenden Beliebtheit erfreut.

4.1.1. Das Gesetz der Priesterschaften

@:PRIESTER_GESETZ

Um den Einstieg in dieses etwas ungewohnte Thema zu erleichtern, hilft es, wenn wir einen Blickpunkt aus einer ethnologischen Perspektive wählen, also so tun, als wären wir Ethnologen, die von "gewissen sonderbaren, fremden Völkern, weit jenseits des Meeres" berichten. Ich nenne dies das "Gesetz der Priesterschaften". Es hat sich in der Beobachtung der Kulturen seit dem alten Mesopotamien, Ägyptens, des brahmanischen Indien, der Mayas und Azteken als konstante Erscheinung gezeigt: Die Priesterschaft schafft in ihrem fortlaufenden (wenn möglich über Jahrhunderte und Jahrtausende währenden) Akkumulationsprozess religiöser Observanzen immer komplexere Rituale und Regelsysteme, getreu der Maxime, daß "die Zahl der Engel auf einer Nadelspitze beliebig vermehrbar ist" (um einmal das scholastische Diktum umzudrehen). Das Prinzip ist dabei natürlich, daß die Rituale und Observanzen immer so komplex und so zahlreich sind, daß nur die bestausgebildetsten Priester sie durchführen können.[686] Und das führt nach und nach zu einem immer weiter steigenden Anteil der Ausbildung, Ernährung, Kleidung, und Unterbringung der Priesterschaft, sowie der Kosten der religiösen Zeremonien selbst, am Bruttosozialprodukt eines Volkes. Dabei kommt es öfter vor, daß den betreffenden Völkern die Mittel ausgehen, und man bei anderen notwendigen Ausgaben zu sparen beginnt, so z.B. bei der Landesverteidigung. Was wiederum bei vielen früheren Kulturen dazu geführt hat, daß entweder fremde Eroberer das Land überrannten, wie in Ägypten, Mesopotamien, und Indien, oder die Kultur in Revolutionen oder Degeneration sozusagen unter ihrem eigenen Gewicht zusammengebrochen ist. Spengler hatte diese Regelmäßigkeiten zwar korrekt festgestellt, und von einem notwendigen Organismus-ähnlichen Untergang und Absterben der Kulturen gesprochen, aber die tiefere, systematische Ursache blieb ihm verborgen.[687]

Eine etwas extremere Spielart dieses Systems installierten die Azteken: Ihre Priester hatten irgendwann einen Zusammenhang zwischen den zur Ehre ihrer Götter abgehaltenen Menschenopfern, und dem Schlachterfolg ihrer Krieger, festgestellt (oder sie glaubten wenigstens daran). Das führte dann in wenigen Generationen zu dem Zwang, bei jeder wichtigen Gelegenheit sich immer überbietende Massenschlachtungen zu vollziehen, so z.B. von mehreren zehntausend Menschen an einem Tag bei der

686 Feyerabend (1975, p. 307)

687 ->:OSWALD_SPENGLER, p. 351

Einweihung der großen Tempel von Tenochtitlan.[688] (Das heißt, das Gesetz der Priesterschaften hat essentiell damit zu tun, daß irgendwer daran glauben muß.) Um nun die ethnologischen Gefilde zu verlassen, verallgemeinere ich das Gesetz der Priesterschaften zu:

@:SPEZIALISTEN_GESETZ

Das Allgemeine Gesetz der Spezialisten-Vereinigungen:

Jede professionelle Spezialisten-Gemeinschaft verhält sich tendenziell so, daß ihr Spezialwissen sich immer vermehrt, und immer komplizierter wird. Sie achtet darauf, daß ihr Wissen dem Volke nicht allgemein zugänglich wird, und die Nachfrage ihrer Dienste nicht nachläßt.

Ivan Illich hat diese Dynamik in seinen Schriften ausgiebig dargestellt. Z.B. gilt der hippokratische Eid der Mediziner zuerst der Wahrung der eigenen Standesinteressen, und dann erst gewissen ethischen Verantwortungen gegenüber dem Volk.[689] Europa wurde bis ca. 1700 wesentlich von einer Interessenskoalition (entente cordiale) aristokratischer Herrscher (des Schwertes) und gebildeter Kleriker (des Buches) beherrscht.[690] Gegen diese Herrschaftskoalition richtete sich vornehmlich der Aufstand der bürgerlichen Kräfte, wie z.B. in der französischen Revolution. Die Methoden der neuen Naturwissenschaften waren wesentlich als geistige Waffe gegen die Hegemonie der Kleriker gedacht, und diese setzten sich auch mit allen ihren Mitteln dagegen zur Wehr. Die berühmten Fälle, wie der von Galileo, zeigen einige Streiflichter dieser Auseinandersetzung.

Zwar haben wir alle in den Geschichtsbüchern gelernt, wie es weiter ging, aber die Geschichte hinter der Geschichte, das Herrschaftswissen, haben wir natürlich nicht in der Schule zu lesen bekommen. Denn hier verhält es sich, wie immer auf der Welt:

le plus ça change, le plus ça reste le même

(Je mehr sich etwas ändert, desto mehr bleibt es das gleiche)

---

688 Quelle: E.O. Wilson (1978), D. Root.

689 Siehe auch den Vortrag von Christine v. Weizsäcker in der Schweisfurth-Stiftung vom 13.9.1999, Unterpunkt 3.: "Die Gefahr ungebremster Expertenherrschaft"
http://www.schweisfurth.de//veranstaltungen/html/textweizsaecker.htm
http://www.schweisfurth.de//veranstaltungen/html/textweizsaecker-2.htm
http://www.schweisfurth.de/pdf_archiv/cvweizsaecker.pdf

3. Die Gefahr ungebremster Expertenherrschaft

Jede Expertengruppe hütet und mehrt Spezialwissen. Jede Expertengruppe ist darüberhinaus immer auch eine Interessenvertretung, die um Anerkennung, Nachfrage, Finanzierung und Schaffung von Arbeitsplätzen in ihrem Expertisebereich kämpft. Schlimmstenfalls schaffen Expertengruppen Perlenketten von Engpässen und Notfällen, von denen jeder nach vermehrtem Einsatz genau und ausschließlich ihrer Expertise ruft. Kritische Stimmen werden dann als unwissenschaftlich und irrational abgetan. Es wird quasi ein Monopol der Zuständigkeit und der Definition von Rationalität etabliert.

690 Gellner, E.: Pflug, Schwert und Buch, DTV, München (1993)

Der Machtwechsel vollzog sich, und die neuen Herrscherschichten etablierten sich: Statt der **Aristo**kraten übernahmen die **Büro**kraten das Regime, in Zusammenarbeit und Personalunion mit Juristen sowohl der legislativen, judikativen, und exekutiven Gewalt. (Heute finden wir eine ganz besonders unheimliche Variante davon: die **Euro**kraten.) Die Absicherung ihrer Machtbereiche wurde wesentlich durch Barrikaden und Festungen von Wortkonstruktionen, Gesetzen, Vorschriften, Bestimmungen, Auflagen, etc., die nur noch die lizensierten Spezialisten verstehen konnten. Es ist noch nie vorgekommen, daß eine Bürokratie eine Abnahme der Menge der Vorschriften und der sie interpretierenden Beamten vollbracht hätte. Und die Priesterschaft "diffundierte" in das System der Universitäten.

In der Welt der Akademe fand in den letzten 200 Jahren eine beispiellose Wissensexplosion statt. In immer weiter getriebener Spezialisierung und Abkapselung wuchsen die elfenbeinernen Türme der Wissenschaften ins unermeßliche. Es war insbesondere in den Geisteswissenschaften wenig Anlaß gegeben, das Wissen zu standardisieren.[691] Wie es heute um die Situation der Universitäten steht, kann man in allen Zeitungen lesen.[692] Die tieferliegenden Effekte der extremen Spezialisierung, die vor allem das Handlungswissen vernichten, zeigen sich überall.

4.1.2. Merkwürdige Ahnenkulte

@:AHNENKULTE

Ich möchte noch einmal die Ethnologenbrille aufsetzen, und von einigen *merkwürdigen Ahnenkulten bei den Eingeborenen der nord-westlichen weißen Rassen*[693] berichten. Wie erinnerlich, ist der Ahnenkult meist eine Urform religiöser Praktiken. Die wissenschaftlichen Gemeinschaften zeigen deutliche tribalistische Charakteristiken (eigene Sprachen, Insider-rituale etc.), die sich auch in bestimmten Formen des Ahnenkults äußern. So ist das Zitieren zwar eine wissenschaftliche Notwendigkeit, um Gedankenlinien verfolgen zu können, aber es ist auch ein heiliges Ritual zur Verewigung des Gedenkens an die wissenschaftlichen Ahnen. Einige Wissenschaften, wie die Mathematik, Biologie, und Medizin, haben die Terme ihrer Fachsprachen aus den Namen ihrer verdienstvollen Entdecker aufgebaut, so daß sich ein Fachbuch wie das Register eines Friedhofs liest. Bei Fach-Vokabularien, deren Größe mittlerweile bei Hunderttausenden und Millionen angelangt sind (so z.B. die Namen von allen bekannten biologischen Arten), haben die entsprechenden Wissens-Repertorien mehr und mehr den Charakter von Telefonbüchern größerer Städte, wie Köln oder München, angenommen. Da sich zudem die Ausbildung der Studenten wesentlich nach den Ökonomien der Abprüfbarkeit richtet, der die Telefonbuch-Strukturierung entgegenkommt (z.B. Multiple Choice Fragen), hat sich die Ausbildung in solchen Fächern zu einem Gedächtnis-Marathon-Rennen entwickelt, das vor allem solche Charaktere be-

---

691 Kittler, F.: Austreibung des Geistes as den Geisteswissenschaften, Schöningh, Paderborn (1980), Einführung.

692 Z.B. Zeit, 12.11.1998, Thema Hochschulreform. http://www.ZEIT.de/tag/links/index.html

693 Nach: Popper, K.: Die Logik der Sozialwissenschaften, Kölner Zeitschr. f. Soziologie und Sozialpsychologie 14 (1962)

sonders gut durchstehen, die eine angeborene Fähigkeit haben, gut Telefonbücher auswendig zu lernen.

Ich möchte daher eine kurze Zwischenfrage an den Leser stellen: Wenn Sie einen Arzt konsultieren, und Sie wissen, daß der als Student alle Prüfungen besonders deshalb genommen hat, weil er gut Telefonbücher auswendig lernen konnte, würden Sie Ihre Gesundheit und Ihr Leben deswegen diesem Arzt besonders gern anvertrauen? Es ist dabei unerheblich, daß das Telefonbuch hier nicht Namen und Telefonnummern enthält, sondern die Namen Ihrer Körperteile und -Funktionen, die Namen der Forscher, die sie entdeckten, und die Namen der Forscher, die sie mit bestimmten Krankheiten in Verbindung brachten, sowie die Namen der Medikamente, die für ihre Behandlung geeignet sind, und die Namen der möglichen Nebenwirkungen, sowie die Namen der Forscher, die diese Nebenwirkungen entdeckt haben... (und so weiter, ad infinitum). Glauben Sie nicht auch, daß bei der bekanntermaßen begrenzten Kapazität des menschlichen Gehirns, vielleicht nicht dann etwas anderes zu kurz gekommen sein könnte, nämlich, das Gesamtbild zu sehen, und die Fähigkeit, Sie, als Menschen, der Hilfe sucht, zu verstehen?

4.2. An-Alphabetismus und Ana-Mathe-Betismus

Wir kommen zurück zu der Diskussion der Herrschafts-Strategien.

4.2.1. Die Herrschafts-Strategie des Ana-Alpha-Betismus

@:ANA_ALPHA_BETER

Für 4500 Jahre existierte in den Zivilisationen der Menschheit eine einträgliche Alpha-Beta Koalition von weltlicher Herrschaft (der Gewalt) und geistiger Herrschaft durch das Wort (dem Logos), bzw. durch die Schrift. Solange die Schrift noch nicht im Massenzugriff war, konnte die Priester-Gelehrten-Kaste über ihr *Wissensmonopol* das *Machtmonopol* der Aristokratie unterstützen und legitimieren, und beide waren in ihrer "Entente Cordiale" unangreifbar, d.h. sie konnten sich aus dem Füllhorn der gesellschaftlichen Reichtümer nach eigenem Gutdünken bedienen, solange sie nur darauf achteten, daß sie ihre Gänse, die die goldenen Eier legten, nicht gänzlich schlachteten.[694]

Die Herrschafts-Strategie des Ana-Alpha-Betismus ist über das Wortspiel selbst-erklärend. Sie besteht darin, daß die An-Alpha-beten gezwungen waren, das, was sie von den hohen Kanzeln gelehrt bekamen, aber dank Unkenntnis der Schrift nicht nach-

[694] Siehe auch die Werke von E. Gellner. Die bekannte französische nicht-so-revolutionäre Revolution von 1789 kam als sehr spätes *post-hoc* Ereignis, hauptsächlich als Konsequenz auf die betrübliche Mißachtung des Französischen Adels, des oben genannten Prinzips, daß man die Gänse, die die Eier legen, nicht ganz schlachten sollte. Man hatte es mit dem Auspressen seiner Untermenschen nun doch ein wenig zu weit getrieben.

vollziehen und widerlegen konnten, ohne weitere Kritik und Kontrolle *nachzubeten*.[695] Dank dieser Unwissenheit und Unmündigkeit konnten sie leicht wie das liebe Vieh (Bête) behandelt werden.[696]

Diese Herrschafts-Koalition wurde, wie allseits bekannt, durch den Buchdruck entscheidend destabilisiert.[697] Nachdem die gesellschaftlichen Veränderungen in Folge des Buchdrucks zwischen 1450 und 1650 es offensichtlich machten, daß die Kräfte des Schicksals diese Koalition überholt hatten, begann ein Prozess, der in nur 500 Jahren in etwas anderer Form wiederholte, was vorher ca. 5000 Jahre zu seiner Entwicklung gebraucht hatte. Wir haben es hier mit einer Geschwindigkeits-Steigerung um den Faktor 10 zu tun.

4.2.2. Die Nachfolge-Strategie des Ana-Mathe-Betismus

@:ANA_MATHE_BETER

Galileo erklärte in seinem Programm, daß *das Buch der Natur in der Sprache der Mathematik geschrieben* sei.[698] Dies war die Grundlage für eine erfolgreiche, neue Herrschafts-Koalition, die auf Anwendung eines Effekts beruht, der analog zu dem *Ana-Alpha-Betismus* auch als *Ana-Mathe-Betismus* bezeichnet werden kann. Im analogen Sinne wie zu den seligen Zeiten der Aristokraten-Priester Alpha-Beta Koalition muß die heutige mathematisch ungebildete Mehrheit der Bevölkerung kritiklos nachbeten, was ihr von der Elite der mathematisierten Wissenschaften und Techniker-Cliquen vorgebetet wird.[699] Aber hier bemerken wir sofort eine große Leerstelle in diesem ansonsten so gut gefügten System: wo bleiben die wirklichen *Alpha-Männchen*? Denn es ist offensichtlich zu bemerken, daß ja Politiker zu mindestens 99% Ana-Mathe-Beter sind. Die können also keinesfalls die *Alpha-Männchen* sein. Und die vielen Wissenschaftler und Techniker auch nicht, nicht einmal die Professoren. Sie gehören alle der *Beta-Koalition* an. Es ist einfach nicht plausibel anzunehmen, daß in einem rundherum erfolgreichen Herrschafts-System sich die *Alpha-Männchen* einfach in Luft auflösen, oder sich grün einfärben, in eine fliegende Untertasse steigen, und dann ins finstere, ferne Universum entschwinden. Mit großer Wahrscheinlichkeit sind sie noch mitten unter uns, *alive and kicking*. Wer und wo sie sind, das soll später noch genauer behandelt werden. Doch jetzt kommen wir zu einigen weiteren interessanten Aspekten der heutigen Strategie des *Ana-Mathe-Betismus*.

Effektiv ersetzt das Programm der Mathematisierung der naturwissenschaftlichen und technischen Disziplinen einen Exklusivitäts-Mechanismus, der in den ca. 4500 Jahren nach Erfindung der Schrift und vor dem Buchdruck den Priester-Gelehrten-Kasten zu

---

[695] Und in den 2500 Jahren vor der Erfindung des Aleph-Bayt-Alphabets, analog als *Ana-Graphe-Betismus* zu bezeichnen.

[696] Frz.: *bête*: das (Nutz-) Vieh., *Bêtise*: Dummheit, Blödheit.

[697] Eisenstein, McLuhan, Giesecke...

[698] im "Saggiatore", Spengler (1980: 10). Spengler führt im Anschluß aus: "Aber wir warten heute noch auf die Antwort eines Philosophen, in welcher Sprache die Geschichte geschrieben und wie diese zu lesen sei."

[699] Siehe Straub (1990)

ihrer "splendid Isolation" verhalf. Das von C.P. Snow beschriebene Programm liegt in der Separation 1) naturwissenschaftlicher, objektivierender, formaler und 2) geistes- / literaturwissenschaftlicher (selbst-) reflektierender, hermeneutischer Intelligenz. Der von Spengler und G. Günther herausgestrichene weitere wesentliche Unterschied ist die Rolle und die Behandlung der Zeit. Physikalische,[700] reversible Zeit ist wesentlich verschieden von historischer, irreversibler Zeit.

Dieses Separations-Programm bedingt, daß die Arbeiter im naturwissenschaftlichen Teil des Programms kein ausreichendes konzeptuelles und geistiges Instrumentarium erhalten, um über die historischen Konsequenzen ihres Tuns effektiv nachdenken zu können.[701] Das ist ein Korollar des *kalten* Giordano-Bruno Effekts. Gleichzeitig wird die reflektierende, hermeneutische Intelligenz effektiv vom Zugang zu der Dynamik der objektivierenden, formalen Intelligenz abgeschnitten, da die rücksichtslos vorangetriebene Formalisierung und Mathematisierung dieser Disziplinen[702] jeden solchen Versuch der Lächerlichkeit preisgibt.[703] Durch die Mathematisierung werden 90% der Bevölkerung ebenso zuverlässig zu Ignoranten[704] stilisiert, wie in den 4500 Jahren zuvor ebenfalls etwa 90% der Bevölkerung Ignoranten waren.

Die Mathematisierung als *kalter* Giordano-Bruno Effekt qua Initiationsprogramm ist das probate Mittel, mit dem erfolgreich verhindert wird, daß potentiell renegadische Intelligenzen, die es unternehmen könnten, mit selbstreflektivem (Hegelschen) Denken das System der objektivierenden Disziplinen zu decodieren, Eingang zu deren Sanctuaria finden. Erstsemester-Kurse sind, in anthropologischer Sprechweise, Initiationsprogramme der Neo-Tribalistischen Subkulturen heutiger Wissenschafts-Disziplinen.[705] Diese Initiationsprogramme der mathematisierenden Wissenschaften wirken als zuverlässiger Selektionsmechanismus, um solche Intelligenzen auszuscheiden. Der Wirkmechanismus ist hier, daß ein gewisser {Antagonismus / Exklusionsverhältnis} zwischen den mathematischen und selbstreflektiven Denkformen besteht. Das menschliche Gehirn ist in seiner allgemen bekannten beschränkten Fassungs- und Leistungsfähigkeit nur in den seltensten Fällen in der Lage, den geistigen Akrobaten-Akt eines *Doublethink* zwischen mathematischem und selbstreflektiven Denken zu vollziehen. Der ungeheure Umfang des heutigen wissenschaftlichen Vokabulariums und der Sach- und Fach-Strukturen einer einzigen Disziplin ist in seinem

---

[700] Siehe hier die Differenzierungen von Straub (1990). Reversibel (geometrisiert) ist die Zeit der heute vorherrschenden Equilibriums-Physik. Die Zeit der Thermodynamik und offener Systeme ist irreversibel, und damit historisch.

[701] Straub (1990: 235). Von Dürrenmatt in "Die Physiker" anläßlich der Atomspaltung thematisiert, und das Generalthema für die laufenden Genetic-Engineering und Globalisierungs-Entwicklungen.

[702] Straub (1990)

[703] Siehe die Sokal-Affäre.

[704] *Idiotas de Mente* nach Cusanus. Er hatte gut reden, denn er war ja einer aus der aller-obersten Spitze der schriftgelehrten Elite, und Busenfreund des damaligen Papstes *Ennea Silvio Piccolomini*.

[705] Goppold (1999a), Kotkin (1993)

Design perfekt dafür eingerichtet, daß Grundstudiums-Studenten alle ihre geistigen Kräfte aufbieten müssen, um das Material "einzupauken". Zu weiterer Reflektion bleibt dann keine geistige Energie mehr. Dieser Einpauk-Effekt bewirkt eine *Prägung*, bei der die Denkstrukturen der Initianden unverrückbare Bahnen einnehmen, von denen sie später nicht mehr abweichen können. Es wird damit zuverlässig versichert, *daß jemand erst gar nicht in der Lage ist, bestimmte Gedanken zu denken*, wie oben schon angedeutet.

Ein weiteres zuverlässiges Amalgations-Programm bildet der *Corps-Geist*, den die erfolgreichen Absolventen gegenüber allen Außenseitern haben. Dies ist ursprünglich ein genuin tribalistisches Instrumentarium, und in heutigen Gesellschaften bilden technische und wissenschaftliche Interessenkoalitionen mächtige neo-tribale Strukturen, deren Hauptfürsorge natürlich dem Wohlergehen und damit der Macht- und Einkommensvermehrung ihrer Mitglieder gewidmet ist.[706] *Honi soit qui mal y pense.* Es ist nicht anzunehmen, daß sich bestimmte menschliche Grundprogramme nur deshalb plötzlich ändern, weil jemand eine neue Rhetorik erfunden hat.

Das führt uns zu der letztlichen "Beantwortung der Frage" nach dem *kategorischen Imperativ der Aufklärung* in den Wissenschaften (Kant 1784),[707] und warum ein solcher Imperativ prinzipiell kompromittiert ist. Anders ausgedrückt, die oben aufgestellte These zur *prinzipiellen Unmöglichkeit einer wissenschaftlichen Soziologie überhaupt*. Es besteht ein akuter *Double-Bind* zwischen der deklarativen aufklärerischen Programmatik der Soziologie, und dem Selbsterhaltungstrieb der Disziplin als solcher und ihrer menschlichen Agenten im einzelnen. Dies ist wiederum ein vonNeumannsches Spiel, eine Variation des bekannten *Gefangenendilemmas*. Im Zweifelsfalle hat derjenige die besseren Überlebenschancen, der sich einer herrschenden Machtkoalition anschließt, als derjenige, der sich gegen sie auflehnt. Eine rigorose, radikale Analyse bestehender Macht- und Herrschafts-Strukturen untergräbt zuerst einmal das gesellschaftliche Fundament der Strukturen, aus denen die verbeamteten und angestellten Forscher ihren Lebensunterhalt beziehen. Und wer sägt schon gerne an dem Ast, auf dem er selber sitzt? Wie oben angedeutet, werden solche Gewissensentscheidungen aber nur in den seltensten Fällen von den einzelnen Wissenschaftlern abgefordert.[708] Diese Gewissensqual wird ihnen durch den von Erdheim analysierten gesellschaftlichen *Unbewußtheits-Mechanismus* abgenommen, der oben als der *kalte Giordano-Bruno Effekt* beschrieben wurde.

---

706 Goppold (1999a). Siehe auch: Vortrag von Christine v. Weizsäcker in der Schweisfurth-Stiftung 2000.

707 ->:KANT_AUFKLAERUNG, p. 23

708 Wie z.B. in dem reichlich irrealen Stück von Dürrenmatt als völlig abstruse Situation karikiert. Die realen, (quasi-) verbeamteten (Oppenheimer, Teller, etc.) und freiberuflichen (Klaus Fuchs) Atomphysiker hatten nichts besseres im Sinn, als nach Leibeskräften für die prompte Schaffung und möglichst schnelle globale Verbreitung (Klaus Fuchs) der Instrumente des ultimaten Holocaust zu arbeiten.

4.2.3. Aller Guten Dinge sind Drei: Der Ana-Compu-Betismus

@:ANA_COMPU_BETER

Ein erfolgreiches Herrschaftsprogramm läßt sich, nach dem selben Strickmuster fortgesetzt, praktisch identisch auf alle Zeiten weiterführen. Kaum hatte sich der durchschlagende Erfolg des *Ana-Mathe-Betismus* manifestiert, trat schon sein Nachfolge-Konzept auf den Plan: Der *Ana-Compu-Betismus*. In den letzten 50 Jahren wiederholte sich nach beinahe identischem Muster, was zuvor in 500 Jahren mit dem unaufhaltsamen Aufstieg der physikalisch-mathematischen Wissenschaften stattgefunden hatte, und was sich in den letzten 5000 Jahren in den seligen Zeiten der Priester-Herrschaften abgespielt hatte.

4.3. Kata Holon

@:KATA_HOLON

Strategien erfolgreicher Wissens-Herrschafts-Systeme der Menschheit

Im Folgenden soll anhand zweier historisch sehr erfolgreicher Wissens-Herrschafts-Systeme beispielhaft ein Kompendium von bewährten Strategien des *Neo-Polemos* erarbeitet werden. Um Mißverständnissen vorzubeugen, soll angemerkt werden, daß die folgenden Ausführungen nur den Wissens-Herrschafts-Aspekt der genannten Systeme betreffen, was ihre Eigenschaften und Qualitäten als *Religionen* unbenommen, und unberührt läßt. Eine Religion als Volks- und Massen-Bewegung hat immer auch einen *politischen Aspekt*, und lediglich dieser soll in der folgenden Betrachtung thematisiert werden.[709]

4.3.1. Das Christentum

@:CHRISTENTUM

Aus sozio-kybernetischer Sicht bietet das Christentum entscheidende Neuformulierungen des Macht-II Komplexes gegenüber dem damals herrschenden römischen Macht-I System. Aufgrund dieser Neuerungen gelang dem Christentum die bisher größte und interessanteste (und wahrscheinlich einzige) Inszenierung der Transmutation einer *Epsilon-Koalition* in eine *Alpha-Koalition*. Im Normalfall kann eine Alpha-Koalition nur von einer rekonfigurierten *Beta-Gamma* Koalition oder durch externe Eroberer abgelöst werden.[710] Formal kann ein Koalitions-Wechsel so dargestellt werden:

((Alpha (Beta >< Gamma)) >< Epsilon)
-> (((Gamma) >< ['Alpha' >< Beta]) >< Epsilon).

---

[709] Eine passende Sicht aus der theologischen Zunft ist:
Baudler, Georg: Gewalt in den Weltreligionen, Wissenschaftliche Buchgesellschaft, Darmstadt (2005)

[710] So z.B. die Französische Revolution des Jahres 1798, bei der der 3. Stand, die Bürger, in die Rolle einer mächtigen *Gamma*-Koalition aufgestiegen waren. Dies ließ natürlich die Mehrheit der *Epsilons* völlig unberührt.

Das Christentum befand sich in einer existenziellen Konfrontation mit einem der perfektesten Macht-I Systeme, das in der Weltgeschichte je entstanden war, dem mit gleichartiger Macht-I Technik nicht zu begegnen war. Jeder Versuch dazu war sicherer Selbstmord, wie bei den jüdischen Aufständen im Jahre 70 und von Bar Kochba im Jahre 135 empirisch festgestellt worden war. (Britannica: Bar Kokhba). Die Machtübernahme der Christen-Koalition in der Folge der Ereignisse der Jahre 313 bis 333 stellt im Theorie-System der Herrschaftssysteme einen historisch einmaligen Fall dar.[711] (Auch eine *heilige Wandlung*). Kaiser Konstantin erhielt den inoffiziellen Ehrennamen des 13. Apostels. Man darf getrost Spekulationen über die tiefere Bedeutung von Konstantins Ausspruch machen: "es ist klar ersichtlich, daß sie [die Christen] von großem Wert für die Geschäfte des Staats sind." Der Aufstieg der Christen-Koalition soll im folgenden kurz beschrieben werden.[712]

---

[711] Numerologisch interessant, weil das Jahr (anno Domini) 333 für das Christentum als "3"er Zahl besondere Bedeutung hat. Die "3" taucht im christlichen Zusammenhang auf vielfältige Weise auf. Zuerst die Heilige Trinität, dann die 33 Lebensjahre Jesu. Weiterhin das bekannte "666"-Symbol aus der *Apo-Kalypsis* (Entschleierung) des Apostels Johannes. Siehe auch: Eco (1990: 27): 120 / 36 = 3.3333333. Und 333 multipliziert mit 2 ist 666. Allerdings ist zu betonen, daß solche numerologischen Assoziationen natürlich völlig unbeabsichtigt, rein zufällig, oder völlig hypothetisch sind.

[712] ->:ZEIT_METAPHYSIK, p. 316

4.3.2. Zeit und die Metaphysik der Herrschaft

@:ZEIT_METAPHYSIK

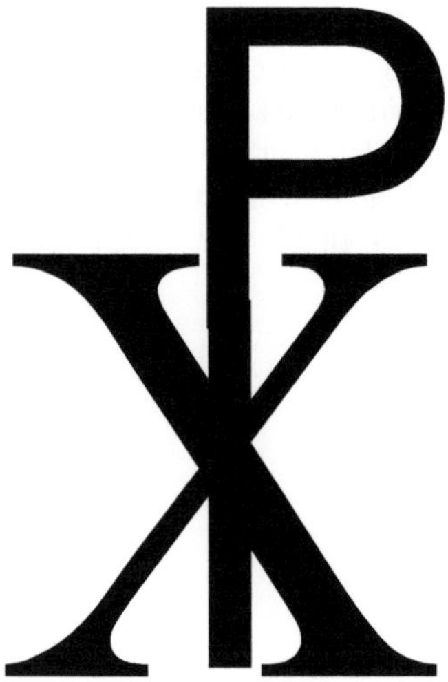

Abb.: Das Chi-Rho Symbol, in der Interpretation von Konstantin: "Unter diesem Zeichen wirst du siegen".

"Gottes Mühlen mahlen zwar langsam,
aber unsere Zeit wird irgendwann noch kommen!"

Mit diesem Motto kann man die Strategie der *Herrschaft über die Zeit* charakterisieren,[713] die die Grundlage der priesterlichen Herrschaft im allgemeinen, und des Christentums im besonderen ist.

@:HERRSCHAFT_ZEIT

Aus soziokybernetischer, herrschafts-theoretischer Sicht stellt das Christentum in der Weltgeschichte insofern eine Singularität dar, als daß hier eine *Epsilon-Koalition* von Underdogs den Aufstieg zur *Alpha-Koalition* schaffte. Kaiser Konstantin hatte das Chi-Rho Symbol auf den Standarten seiner Truppen vor der siegreichen Schlacht an der Milvischen Brücke (312) verwendet und er ließ sich kurz vor seinem Tode christlich taufen (337).

[713] Frei nach Harold Innis.

(Britannica: Constantine): By 313 he had already donated to the Bishop of Rome the imperial property of the Lateran, where a new cathedral, the Basilica Constantiniana (now S. Giovanni in Laterano), soon rose. ... and it was in these early years of his reign that Constantine began issuing laws conveying upon the church and its clergy fiscal and legal privileges and immunities from civic burdens. As he said in a letter of 313 to the proconsul of Africa, the Christian clergy should not be distracted by secular offices from their religious duties " ... for when they are free to render supreme service to the Divinity, it is evident that they confer great benefit upon the affairs of state." ... It is not hard to see why Eusebius regarded Constantine's reign as the fulfillment of divine providence--nor to concede the force of Constantine's assessment of his own role as that of the 13th Apostle.

Daß dieser Marsch durch die Instanzen "zufällig" etwa im Jahre 333 zum Ziel führte, mag Anlaß zu numerologischen Spekulationen um die Zahlen 3, 33, und 333 bieten, aber im vorliegenden Kontext hat es vor allem diese Bedeutung: Es war den Christen gelungen, ein *Herrschaftssystem über die Zeit* zu errichten, bevor sie dann die weltliche Herrschaft über den Raum antreten konnten. *Herrschaft über die Zeit* bedeutet *kollektive Erinnerung* und *Gedächtnis*, sowie kollektive *Zielfassung* und *Zielverfolgung* über viele Generationen hinweg. Nicht umsonst hat Augustinus einen wesentlichen Teil seines Werkes der *Zeit* und der *Erinnerung* gewidmet (Confessiones, 10.-12. Buch).

@:SCHISMA

Die Christen brauchten ca. 10 Generationen für ihren Aufstieg, und das hätte genügend Gelegenheit geboten, daß sich ihre Bewegung wieder zersplittert hätte, und in dem allgemeinen synkretistischen Multi-Kulti- Religionen-Zirkus des späten Römischen Reiches wieder untergegangen wäre. Gegenüber der ebenfalls sehr erfolgreichen Technik der kollektiven Erinnerung der Juden, das auf einem tribalistischen Schema, vor allem auf *Endogamie* (und damit ethnischer Geschlossenheit), beruhte, war das Christentum weit offen für Konvertiten, daraus bezog es seine Expansion, aber dies war auch seine größte Gefahr: denn wenn die vielen Neu-Christen nicht effektiv integriert und ideologisch abgesichert wurden, waren sie schismatischer Sprengsatz für die gesamte Bewegung, und Schismata hat es ja von Anfang an genug gegeben. Davon handelt die Geschichte der Konzilien der frühen Christenheit, bis zu den Ereignissen um 1600.

4.3.3. Das Kreuz mit der Christenheit

@:CHI_KREUZ

Das Kreuz, oder besser: das griechische *Chi*, erweist sich für die Christenheit in vielfacher Hinsicht als äußerst symbolträchtig, nicht nur in der Passionsgeschichte ihres Religionsstifters, sondern die ganze Bewegung stand von Anfang an unter der Zerreißprobe eines *Quattro-Lemmas* (Vierfaches Dilemma, oder auch Spannungsfeld-Quadrant). Dies läßt sich graphisch gut mit der bekannteren christianisierten Version des Chi, dem diagonalen Kreuz (Andreas-Kreuz) darstellen, das die Basis des P-X (Chi-Rho) Symbols ist:

Macht Materie

X

Geist Liebe

Abb.: Das große Kreuz der Christenheit

Das große Kreuz der Christenheit ist, daß sie zwischen diesen Gegensatzpaaren sozusagen in die Streckbank eingespannt ist:

Materie >< Geist
><
Macht >< Liebe

Die *christliche* Religion entstand unter dem Banner der *Liebe*, und im *Geist* des göttlichen himmlischen Reiches,[714] und die Christen waren ursprünglich eine eschatologische Gemeinschaft von Underdogs der Römischen Gesellschaft, denen das irdische Leben sowieso nicht viele Attraktionen zu bieten hatte, und denen daher das Himmlische Leben umso erstrebenswerter erschien, und die eigentlich nur gemeinsam auf den jüngsten Tag warten und beten wollten, aber da sich dieser trotz aller wiederholten Prophezeiungen nicht einstellen wollte, mußte man notgedrungen etwas finden, womit man die *Zeit* bis dahin sinnvoll nutzen konnte.[715] Also mußten sich die Vorden-

---

[714] "Gebt dem Kaiser, was des Kaisers ist", und: "mein Reich ist nicht von dieser Welt". www.disinfo.com/pages/dossier/id310/pg1/index.html

[715] Campbell (1996,III: 428): ... als sich die ursprünglichen großartigen apokalyptischen Erwartungen der vom Judentum geprägten Frühchristen nicht erfüllten, mußte ihre Erwartung irgendwie vergeistigt werden. Diese Funktion erfüllten die gnostischen Lehren, besonders die des *Markion*. (428-430). Die Lehre Markions nahm wesentliche Anleihen bei dem zoroastrischen System, sie wandte sich scharf von der jüdischen Lehre ab und bezeichnete Jahwe als den "bösen Schöpfer", der keinesfalls der Hauptgott war, aber sich fälschlich dafür hielt (428).

ker der Christenheit irgendwie mit den *Antagonisten ihrer Ideale*, nämlich mit *Materie* und *Macht*, ins Einvernehmen setzen.

4.3.4. Die Transsubstantiation des Christentums

@:KIRCHE_MACHT

> Man leite aus den *Handlungen* Innocenz' III., der die Kirche beinahe zur Weltherrschaft geführt hat, die Grundregeln ab und man erhält einen Katechismus der Erfolges, der das äußerste Gegenteil aller religiösen Moral dastellt, ohne den es aber keine Kirche, keine englischen Kolonien, keine amerikanischen Vermögen... weder einen Staat, noch eine Partei, noch überhaupt ein Volk in erträglicher Lage geben würde. Das *Leben*, nicht der Einzelne ist gewissenlos.
>
> Spengler (1980, 1113)

@:MARTYRIUM

> Das gilt endlich auch von den Kirchen, die etwas ganz anderes sind als Religionen, nämlich Elemente der Tatsachenwelt und deshalb im Charakter ihrer Führung politisch und nicht religiös. Nicht die christliche Predigt, der christliche Märtyrer hat die Welt erobert, und daß er die Kraft dazu besaß, verdankt er nicht der Lehre, sondern dem Vorbild des Mannes am Kreuz.
>
> Spengler (1980, 1114)

Das *Chi* ist für das Christentum auch in anderer Hinsicht bedeutsam, in den griechischen Wörtern: *Chimaira* (Fabeltier, Wolpertinger)[716] und *Chameleon*[717]. Man kann sagen, daß das Christentum in der Zeit von 33 bis 333 eine *Transsubstantiation* durchmachte, von einer Außer- und Jenseitsweltlichen Religion, einem Erlösungssystem, zu einem weltlichen sozio-kybernetischen Herrschaftssystem, das sich neben den geistlichen Inhalten auch erfolgreich mit Themen der Macht und der Herrschaft auseinandersetzte: es wurde zur *Staatskirche*, und damit zu einem integralen Bestandteil des etablierten Machtsystems. Es wurde zum Beta-Partner in der Alpha-Beta Koalition.[718] Und damit rückt die Christenheit in den *Focus* der vorliegenden Untersuchung. Mit Konstantins Ausspruch: "es ist klar ersichtlich, daß sie [die Christen] von großem Wert für die Geschäfte des Staats sind" erhalten wir es aus berufenem Munde bestätigt, daß die Christenheit in diesen 333 Jahren offenbar einiges gelernt hatte, das für einen so abgebrühten Machtmenschen wie Konstantin sehr nützlich war. (Campbell 1996,III: 440-443, insb. 442).

---

716 auch bekannt von dem Fabelwesen der Apokalypse des hl. Johannes.

717 Könnte man als Wechselbalg bezeichnen. Für die hier angedeuteten Eigenschaften kann das arme Tier, das so benannt wird, nichts, aber sein charakteristisches seltsames Wechselspiel der Farben kommt zum Beispiel in der jesuitischen Kasuistik in ganz leuchtender Pracht zur Erscheinung.

718 Natürlich bestand auch immer ein Anspruch das Papsttums auf die weltliche Macht. In der Renaissance hatte das Papsttum als sozio-kybernetischer (macht-politischer) Arm der christlichen Religion den Gipfel seiner weltlichen Macht erreicht.

4.3.5. Die Christen und das Römische Reich

Betrachten wir also kurz die Situation des Römischen Reiches zwischen den Jahren -31, dem Beginn der Herrschaft von Augustus, und 337, dem Tod von Konstantin.[719] Beim Tod von Marc Aurel im Jahre 180 befand es sich auf dem Zenith seiner Macht, mit einer Ausdehnung von ca. 4600 km Ost-West, und 3600 km Nord-Süd, rund um das Mittelmeer und die nördlichen Territorien.[720] Das Römische Reich repräsentierte eine der größten Herrschaftsmaschinerien, die die Menschheit je geschaffen hatte. Es hatte wie eine Spinne den gesamten Mittelmeer-Raum und seine angrenzenden Festland-Territorien mit einem dichten Netz von Kommunikations- und Transportsystemen überzogen, den Seewegen und Fernstraßen.[721] Im Zentrum dieses Spinnensystems lag die Hauptstadt Rom, und im Zentrum der Stadt Rom lag der Kaiserpalast, und im Zentrum des Kaiserpalastes saß der Imperator, und bei ihm liefen alle Fäden der Macht zusammen. Die Reichtümer des Territoriums wurden über die Schiffahrtslinien und Straßen nach Rom transportiert, Hunderttausende von Tonnen Getreide aus Ägypten, um die Millionenbevölkerung Roms zu ernähren, Tausende von Tonnen der kostbarsten Luxusgüter aus aller Welt, bis zu Seide aus China, und Gewürzen aus Indien und Ostasien,[722] für die Oberschichten, und jährlich Zehntausende von wilden Tieren aus Afrika und Asien, um sie im Zirkus zur Belustigung des Pöbels abzuschlachten.[723] Gleichzeitig zeigten sich allerlei Verfallserscheinungen und Krisen: Die Verwaltung geriet tiefer und tiefer in die Korruption und die Wirtschaft tiefer und tiefer in Inflation

---

[719] Vertiefende Literatur: Gumilev (1987, 1990); Toynbee (1934-1961); Britannica: Ancient Rome; Campbell (1996,III: 435-448).

[720] Da sich das Reich rings um das Mittelmeer mit seiner Wassermasse herum erstreckte, ist die Landfläche nicht ganz so imposant. Die Land-Ausdehnung war maximal ca. 500 km von jeder Küste ins Landesinnere, in Nordafrika aber nur ca. 100 km. Dazu im Vergleich hatte das Chinesische Reich eine ähnliche Ausdehnung auf dem Festland, aber hier war der größte Teil Wüste oder Steppe. China war seit Ch'in Shih Huang Di 221 BCE unter einer Herrschaft vereinigt. Es hatte zudem eine größere, und ethnisch einheitlichere Bevölkerung (mehrheitlich Han-Chinesen), die die Völkerschaften, die ursprünglich dort lebten, schon vor ca. 4000 Jahren mit der Waffe der Populations-Bombe ausgelöscht und assimiliert hatten. Das Chinesische Reich hatte auch einen viel längeren zeitlichen Bestand: bis zum Ende des 19. Jh., also mehr als 2000 Jahre.

[721] Das Mittelmeer war der große Transportkanal des Reiches, über das Rom ernährt und unterhalten wurde.

[722] Harris (1982: 10-18). Um die Zeitenwende verkehrten 120 Schiffe jährlich über die Monsun-Route zwischen dem römischen Imperium und Indien. Ganze Landstriche in Südindien wie Madras lebten vom Handel mit dem römischen Imperium. Als der Neoplatonist Julianus Apostata zum Kaiser aufstieg, besuchten ihn viele indische Delegationen, aus so weit entfernten Gebieten wie Ceylon und von den Malediven. Die Pali-Schrift "Questions of Milinda" soll ein Dialog mit *Menander* gewesen sein, dem König eines griechischen Territoriums in Indien um ca. -100, welches noch von der Alexander-Eroberung stammte.

[723] Weeber (1990)

und Depression, ganze Landstriche in den Kernländern waren entvölkert. Der Verfall des Imperium Romanum läßt sich ziemlich exakt an der Abnahme des Silbergehalts in seinen Münzen messen: -300: 99,5%, +69 (Vespasian): 80%, +180 (Commodus): 67%, +238 (Gordianus): 30%, +253 (Gallienus): 0,5%. (Neuburger 1919: 20).

Die Koalitions-Struktur des Römischen Macht-Systems läßt sich sehr vereinfacht so darstellen:[724] Die Macht der Kaiser basierte auf den Legionen, und sie hatten eine Art Alpha-Epsilon Koalition mit dem Proletariat gebildet, das sie mit "Brot und Spielen" bei Laune hielten. Die Oberschicht des Patriziats, die etwa 2 % der Population umfaßte, war von den Kaisern aus ihrer politischen Vormacht der Republik-Zeit herausgedrängt worden, und wurde durch das Privilieg einer Herrenmenschen-Vorrangstellung in der scharf getrennten Klassen-Gesellschaft Roms an die Macht-Koalition angebunden. Ihre ökonomische Basis beruhte auf Sklavenhaltung und "Bewirtschaftung" der Provinzen. Sklavenwirtschaft ist abhängig von Eroberungen und Kriegen, um ständig neue Sklaven zu besorgen, weil ihr Bestand ständig abnahm,[725] und man die vorhanden nicht einfach wie Tiere nachzüchten konnte. Sobald dieser Nachschub versiegte, begann das System sich zu destabilisieren. Ein sozio-ökonomischer Teufelskreis war mit der Depopulation der römischen Kernbevölkerung entstanden, deren Männer für die Legionen rekrutiert worden waren, wo sie an den Grenzen des Reiches verbluteten,[726] dies bewirkte ein ökonomisches und Fachkräfte- Ausbluten der italischen Wirtschaft und Industrie, deren freie Gewerbetreibende wiederum in der Vernichtungs-Konkurrenz durch die Sklavenbetriebe standen.

Die Christen waren ursprünglich eine jüdische Sekte, und viele ihrer Neu-Konvertiten waren freigelassene Sklaven, und sie waren, wie schon gesagt, anfangs die Underdogs der Römischen Gesellschaft. Den römischen Machthabern war aber nicht entgangen, daß das Christentum für diese Underdogs durchaus seinen positiven Wert hatte, nicht nur in dem Sinne, wie Marx es später als "Opium für das Volk" bezeichnet hat. Denn er hatte in seiner Polemik übersehen,[727] daß beim frühen Christentum nicht einfache *Betäubung in der Hoffnungslosigkeit* vorlag, sondern auch ein *akuter Lebenswillen*, und

---

[724] Genauere Darstellung in Britannica: Ancient Rome: Political Life; Rome and Italy; Developments in the provinces.

[725] Sklaven, die das Glück hatten, bei menschlich fühlenden Besitzern zu leben, wurden meist freigelassen, die Unglücklichen auf den Latifundien und in den Bergwerken starben sehr schnell, und dann gab es natürlich viele Kinder von Sklavenfrauen, mit ihren Herren, die ja aufgrund der Blutsverwandschaft ebenfalls nicht mehr so leicht im Sklavendasein belassen werden konnten.

[726] Die furchtbarsten Verluste erlitten die Legionen aber, wenn sie gegen andere Legionen kämpfen mussten, wie es in den späteren Zeiten öfter vorkam, so z.B. in den Schlachten des Constantinus. Wenn auf beiden Seiten dieselbe Taktik und Bewaffnung eingesetzt wurde, war das Gemetzel fürchterlich, und die Todesraten lagen bei 70-80% auf beiden Seiten. Das blutete die Reserven des Volkes aus.

[727] Dazu hätte er einen Vergleich des frühen Christentums mit den anderen damaligen Religionen machen müssen, und das damalige Christentum von dem der Neuzeit nach Luther schärfer trennen müssen.

eine höhere *moralische Integrität*, und damit auch *Produktivität*, durch die sich die Christen mit der Zeit als äußerst nützlich und vorteilhaft für die Herrschenden auszeichneten. Diese Art von Überlegungen dürfte der Hintergrund gewesen sein, warum Konstantin den Christen seine Gunst zeigte. (Campbell 1996,III: 440-443).[728] Die römischen Machthaber hatten zwar an den fatalen Entwicklungen erkannt, daß "etwas faul war im Staate Rom" (Spengler 1980: 787), aber selbst wenn sie das sozio-kybernetische System der verschiedenen sich gegenseitig aufschaukelnden sozio-ökonomischen Teufelskreise des Reiches verstanden hätten, wäre eine Lösung wohl nicht zu installieren gewesen. So mußte das Reich, und mit ihm die Antike, seinen Untergang nehmen. Nach 200 häuften sich die Einbrüche von Germanen und Parthern (Persern), und letztlich wurden die Grenzen von den Angreifern endgültig durchbrochen. Rom wurde im Jahr 410 von Alarich erobert und geplündert, was das Ende des Weströmischen Reichs bedeutete.

4.3.6. Die Stärke der Liebe, die Macht des Geistes und die Herrschaft des Wissens

Aus der Konfrontation mit dem Römischen Reich, einem der größten Macht-Systeme, das die Menschheit je geschaffen hatte, entwickelte die Christenheit auf ihrem 333-jährigen "Marsch durch die Instanzen" aus ihrer anfänglichen Position der Ohnmacht heraus ein neues System der Macht, das auf der Welt ebenfalls seinesgleichen suchte. In dem standhaften Martyrium ihrer Glaubensbrüder erkannten die Christen, daß die gewaltige Über- Macht-I der römischen Herrschaft einem determinierten Glauben nichts anhaben konnte, und damit war das Fundament für die Formierung eines Willens, der stärker war als der seiner Gegner, schon gegossen.[729] *Die Stärke der christlichen Liebe* erweist sich insbesondere dann als hilfreicher Leitfaden, wenn eine direkte Aggression aufgrund der aktuellen physischen Ohnmacht nicht in Frage kommt, wie es die Christen aus der Katastrophe der jüdischen Aufstände gelernt hatten.[730] So schuf die Christenheit eine neue Macht: *die Macht des Geistes und die Fundamente für die Herrschaft des Wissens*.[731] Sie legten die Fundamente eines Macht-II Systems.

---

[728] Alles andere muß man nach dem Prinzip des "Geschichte lehrt" als Produkt christlicher Euphemistik interpretieren. ->:ZEIT_HERRSCHAFT, p. 293

[729] Spengler hat den politischen Macht-Faktor des Martyriums klar erkannt. ->:MARTYRIUM, p. 319

[730] Nachdem die Christen die Macht im Staat übernommen hatten, nahmen sie es mit der Gewaltlosigkeit auch nicht mehr so genau, bzw. sie griffen danach genauso oft und gerne zu den Mitteln der Gewalt wie alle anderen auch. S.a. Deschner (1986-1989).

[731] In anderer Sichtweise schloß das Programm aber an die 3000-Jährige Macht-Tradition der ägyptischen Priester-Herrschaft an, und führte sie weiter. Es ist zu beachten, daß ein wesentlicher Teil der Entwicklung des Christentums in Ägypten stattgefunden hatte. Ganz wesentliche ritualistische und Volks-Glaubens-Elemente des Christentums stammen weder von den Juden noch aus dem Hellenismus, und die ägyptische Volksreligion ist die einzige wahrscheinliche Quelle, von der das hätte stammen können. Den *Archae-Typos* des Maria-Kind Motivs findet man z.B. in dem ägyptischen *Isis-Horus* Motiv. (Drewermann 1986). Bzw. Aphrodite und Eros (Campbell 1996,III: 269). Wieviel von der Ritualistik der christlichen Liturgie aus Ägypten entlehnt war, ist nicht sicher (Weihrauch, Priestergewänder,...), und man muß

4.3.7. Der Sauerteig-Effekt

Im *Eu-angelion*, der frohen Botschaft ihres Herrn *Jesus Christus*, war den Christen ein Prinzip verkündet worden, das sich für ihre Entwicklung als entscheidend erweisen sollte: *der Sauerteig-Effekt*. In kybernetischer Sprechweise ist das die früheste Formulierung des *Autokatalyse*- Prinzips. Im Gegensatz zu den Juden, die sich in ihren quasi-tribalen Strukturen abschlossen, öffneten sich die Christen für alle Konvertiten, die zu ihnen kommen wollten, ein äußerst gefährliches Spiel für die junge Religion, wie oben schon angedeutet.[732] Und man kann nicht wirklich behaupten, daß das Christentum darin den Sieg davongetragen hat. Denn schon mit Paulus hatte es sich entscheidend von dem Ur-Christentum (bzw. der jüdischen Sekte) des Petrus und der Jünger, die Jesus noch persönlich gekannt hatten, wegbewegt. Auch die Evangelien sind wesentlich später nach den Ereignissen von Golgatha entstanden, insb. das Johannes-Evangelium, das schon die deutlichen Spuren der geistigen Auseinandersetzung mit dem Hellenismus zeigt: *Die Logos-Doktrin*.[733] Es ist also sicher nicht leicht zu entscheiden, ob von dem Ur-Christentum nicht nur der Name übriggeblieben ist, und ein paar mythische Erinnerungen.

4.3.8. Der Neo-Polemos

@:NEO_POLEMOS

So nahm das Christentum im römischen Reich einen geistigen Kampf auf, in dem es daran ging, sich die Philosophien und Religionen der antiken Welt geistig zu unterwerfen, indem es seine eigenen Prinzipien so dehnte und verallgemeinerte, daß sie die anderen umfassen und letztlich besiegen konnten. Das war nicht als friedliche Koexistenz der geistigen Wege gedacht, sondern eine der frühesten Inszenierungen des *Neo-Polemos*, der Führung eines Krieges mit geistigen Mitteln, ein erbarmungsloser Kampf der Ideologien, in dem die Christen ihre Konkurrenten überwanden und ausrotteten.[734] Keiner hat das besser ausgedrückt als der große Kirchenvater Augustinus:

---

einen allgemeinen "trade of ideas" in der Ritualistik der antiken Welt einbeziehen, der dann in das Christentum Eingang gefunden hat. (Es gibt auch noch Stimmen, die eine wesentliche Beteiligung des Buddhismus in der Genese des Christentums annehmen, so Schmidt-Leukel 1992.)

732 ->:SCHISMA, p. 317

733 Auch hier ist der jüdisch-hellenistische Einfluß von Alexandria, verkörpert durch Philo, aber auch die Neu-Platoniker (Ammonios Sakkas) nicht zu vergessen. Der Logos trat stark in den Lehren der Gnosis hervor, besonders die Johannesakten, die auf dem Konzil von Nicäa verdammt wurden. (Campbell 1996,III: 422-427).

734 Soweit sie nicht in den Lehren der Christen weiterlebten. Das ist nicht so genau zu unterscheiden. Auch hier gab es in den Philosophen-Kriegen Indiens Vorgänger, die aber mehr in einem sportlichen Geist geführt wurden. Bekannt geworden sind vor allem die Dispute aus der Zeit Buddhas, zu den Zeiten Nagarjunas, dann schließlich Shankaras. (Letzterer gewann Indien wieder für das vedisch-hinduistische System). Damals konvertierten ganze Schulen mit Hunderten und Tausenden von Anhängern, wenn ein anderer Meister im Rededuell über ihren eigenen Meister gesiegt hatte. Leider endete diese Tradition aber in der rabiaten Schwert-"Rhetorik" der Moslems.

Die Wirklichkeit selbst nämlich, die man heute als christliche Religion bezeichnet, bestand auch schon bei den Alten, ja, sie fehlte niemals seit Beginn der Menschheit, bis daß Christus im Fleische kam; seither begann man lediglich, die wahre Religion, die schon immer bestand, die christliche zu nennen.

Augustinus: Retractationes, I 12, 3

Im Jahre 529 hatten sie auf ganzer Front gesiegt: Kaiser Justinian schloß die letzten heidnischen Philosophenschulen in Athen und vertrieb die Philosophen aus dem Territorium der christlichen Herrschaft.[735] Im selben Jahr wurde auf dem Monte Cassino das Kloster des Benedikt gegründet. In dem neu entstehenden System des organisierten christlichen Mönchstums hatten die unruhigen Geister der Christenheit, die Mystiker und Visionäre, die früher als Anachoreten in die Wüste oder in die Wälder gegangen waren, die Möglichkeit, in "gutgeführten Heimen mit Hausordnung"[736] den organisierten Aufbau des christlichen Wissenssystems voranzutreiben. In diesem Unternehmen ging es dem Christentum um die Schaffung eines nahtlosen kohärenten Systems der *Hiero-archia*.[737] Dies bedeutet: *Herrschaft des Höchsten Prinzips*, in der christlichen Interpretation also: *Herrschaft Gottes* und *seiner Stellvertreter auf Erden.* Ein Kernstück ihres Systems hatten sie von den *Neo-Platonisten* übernommen und weiterentwickelt.[738] Zwar waren die hellenistischen Neo-Platonisten, vor allem ihr Vordenker *Plotin*, scharf gegen die christliche Lehre eingestellt, aber das war hauptsächlich eine Notmaßnahme, denn sie mußten sich notgedrungen abgrenzen, weil ihr System dem mono-theistischen *Principium* der Christen und Juden (siehe Philo) allzu ähnlich war. Wie die Geschichte zeigt, sind aber bestimmte Entwicklungen aufgrund ihrer Eigendynamik nicht aufzuhalten, und so übernahmen die Christen das Neo-Platonische System, und machten es zu ihrem eigenen, in der Fassung von *pseudo-Dionysios Areopagita*, *Origines*, und *Augustinus*.[739] Als erschwerend erwies sich für die Christen, daß ihr Gott ja eine Drei-Einigkeit war. Das Absolut Höchste liess sich

---

Joseph Campbell (1996,III: 443-447) zitiert eine lange Passage aus dem Werk eines der profundesten Kenner des Untergangs des Altertums, Gibbon, die an Deutlichkeit nichts zu wünschen übrig läßt, mit welcher Brutalität und Ignoranz vor den kulturellen Leistungen der Antike die christlichen Fanatiker ihr kulturelles Erbe vernichteten, und damit das finstere Mittelalter, die Wiederauferstehung des Chaos, heraufbeschworen. Bei Ken Wilber findet sich in EKL 427-433 eine etwas anders eingefärbte Beschreibung dieser Entwicklung.

[735] Diese fanden dann Asyl in Syrien und Babylon, wo ihre Schulen bis zur Islamischen Eroberung weiterbestanden, und später war das Neo-Platonische *Hen* dann bestens unter dem *Allah* der Islamischen Philosophie *aufgehoben* (in Hegelscher Weise).

[736] Gellner (1993: 192),

[737] Dionysios Areopagita (Wilber EKL 36, 412, 433, 494, 504) liefert mit seinem System ein paradigmatisches Prinzip, das sich auch sehr gut auf weltliche Herrschaft ausdehnen liess. Ken Wilber stellt die Entwicklung des Christentums aus seiner Sicht in EKL 424-442 dar.

[738] ->:HOLISMUS, p. 294

[739] Siehe Wilber, EKL 420-442.

aber in einer geradlinigen Logik mit dem Prinzip des *Einen*, dem *Hen* Platons und Plotins, sehr viel eleganter formulieren. Und, ebenfalls als geradlinige Fortentwicklung einer geschichtlichen Dynamik, entstand bald darauf ein System, das das Prinzip des *Einen* mit bisher ungeahnter Schlag- und Durchsetzungskraft in greifbare Realität umsetzen sollte: *Der Islam*.[740]

4.3.9. De Principio, oder: Der Ur-Sprung der Herrschaft

@:UR_SPRUNG

archaen ... eiraeke ton onton to apeiron
Der Ur-Sprung der seienden Dinge ist das Unbegrenzte (apeiron)
ex on de he genesis esti tois ousi
Aus welchen (seienden Dingen) die seienden Dinge ihre Entstehung haben
kai taen phthoran eis tauta ginesthai kata to chreon
dorthin findet auch ihr Vergehen statt, wie es gemäß der Ordnung ist
didonai gar auta dikaen kai tisin allaelois taes adikias kata taen tou chronou taxin
denn sie leisten einander Recht und Strafe für das Unrecht (adikia) gemäß der zeitlichen Ordnung (chronos)[741]
Anaximandros

ex archaes... aetoi men protista Chaos genet, autar epeita Gai' eurysternos
wahrlich, vom Ur-Sprung her entstand das Chaos, aber dann die breitbrüstige Gaia
Hesiodos

en archae en ho logos
Im Ur-Sprung war der Logos
Joh. 1.1

principium non est principiatum
Der Ur-Sprung ist nicht das Ent-Sprungene
Nicolaus Cusanus

Wer heute etwas über den *Ur-Sprung* erfahren möchte, der hat dazu beim *Bungee-Jumping* die beste Gelegenheit. Das Gefühl, das man in der Sekunde vor dem Sprung im Unterbauch und noch etwas tiefer[742] empfindet, ist das authentische Gefühl des *Ur-Sprungs*. Eine andere, etwas weniger die eigenen Nerven kitzelnde Erfahrung kann man erhalten, wenn man bei Regen beobachtet, wie sich auf einem Blatt ein Wasser-Tropfen

---

740 ->:CHARISMA_ISLAM, p. 194; ->:ISLAM, p. 327

741 Diels (1954,I:12); Pleger (1991: 61); Heidegger (1976b: 242):
Allerdings ist dieses erste denkerisch geschlossene Begreifen der *physis* auch bereits der letzte Nachklang des anfänglichen und daher höchsten denkerischen Entwurfs des *Wesens* der *physis*, wie er uns in den Sprüchen von Anaximander, Heraklit, und Parmenides noch aufbewahrt ist.

742 genauer gesagt: Es ist das Schließmuskel-Flattern, das man empfindet.

aus dem Zusammenfluß von kleinen Rinnsalen entsteht und sich ganz, ganz langsam, zitternd und gleichsam zögernd, von seiner Oberfläche ablöst.[743]

@:URSPRUNG_HERRSCHAFT

Das Thema des *Ur-Sprungs* ist im vorliegenden sozio-kybernetischen, herrschaftstheoretischen Kontext von "Wissen und Macht" insofern von entscheidender Bedeutung, als daß das griechische Wort *archae* und das lateinische *principium*[744] nicht nur *Ur-Sprung*, sondern auch *Herrschaft* bedeuten. Und so erscheint es als bedeutsam, daß im Jahre 1459 der Kardinal Nicolaus Cusanus eine Schrift "*De Principio*"[745] verfaßte, deren Inhalt vielleicht doch nicht so ganz ohne Bezug zu dem schon in der Einleitung genannten Werk von Niccolò Macchiavelli: "*Il Principe*"[746] von 1513 steht. Das Werk entstand, als Kardinal Cusanus Oberhaupt des Fürstbistums Brixen war, und nach den geschichtlichen Zeugnissen verstand er es auch gut, mit den weltlichen Mitteln der *Herrschaft* umzugehen. Cusanus argumentiert in seiner Schrift für die Natur Christi als Ursprung, und den dreifachen Ursprung der Trinität, ausgehend von einer Interpretation der Textstelle in Joh. 8, 25, nach der Jesus sich als der Ursprung bezeichnet.[747] Der Ursprung beherrscht die Dinge, indem sie von ihm logisch abhängig sind. "*De Principio*" (wie die anderen Werke von Cusanus) stellt eine Zusammenfassung und Kondensation des 1500-jährigen spirituellen Kampfes der intellektuellen Kräfte der Christenheit um das Systems der *Hiero-archia* d.h. der *Herrschaft des Höchsten Prinzips*.

4.3.10. Herrschaft und das Prinzip der ideologischen Unterwerfung

"Immoral" - das ist nur eine neue Art von Moral, und zwar mit dem gleichen Anspruch des Vorrangs vor allen andern. Der Wille zur Macht ist intolerant. Alles Faustische will Alleinherrschaft. Für das apollinische Weltgefühl - das Nebeneinander vieler Einzeldinge - ist Toleranz selbstverständlich. Sie gehört zum Still der willensfremden Ataraxia. Für die abendländische Welt - den einen grenzenlosen Seelenraum, den Raum als Spannung - ist sie Selbsttäuschung oder ein Zeichen des Erlöschens.

Spengler (1980, 437)

Herrschaft ist umso sicherer und dauerhafter, je besser der Wille der Beherrschten unter die Kontrolle der Herrschenden gebracht wird. Dies wird natürlich entscheidend dadurch gefördert, wenn eine freiwillige Unterwerfung des Beherrschten, das Hingeben des eigenen Willens unter den anderen, als höher, und höherwertig akzeptierten Willen, erfolgt. Das ist das Kernprinzip des Systems der geistigen Macht, der *Hiero-archia.* Heraklit hatte mit seiner Formulierung der Logos-Doktrin den Grundstein dafür gelegt, und das System wurde von den Christen konsequent ausgebaut. Das weltliche

---

743 ->:DESN_SPF2, p. 53

744 Cusanus hat das griechische *archae* mit *principium* übersetzt. Das Wort leitet sich von *princeps*, *Herrscher*, *Fürst* (Ital.: Il Principe) engl.: *prince*, dt.: *Prinz*, ab. *Princeps* war auch der Titel des römischen Kaisers.

745 Cusanus: "De Principio" (1967).

746 ->:PRINCIPE, p. 276

747 Cusanus (1967: 14).

Herrschaftssystem wurde als Reflexion auf das geistige verstanden, und seine irdischen Vertreter installierten eine weltliche Hier-Archia. In den christlichen Mönchsorden findet sich die konkrete Anwendung dieses Prinzips, der unbedingte Gehorsam unter die Autorität der Oberen, der "Fratres Superiores", der Kirche.

4.4. Der Islam und die spirituelle Unterwerfung

@:ISLAM

Ich wiederhole hier, was ich schon unter "Kata Holon" gesagt habe, um eine Fehl-Interpretation meiner Ausführungen zu vermeiden: **Hier behandele ich nur Themen, die den *Wissens-Herrschafts-Aspekt* eines *sozio-politischen* Systems betreffen, davon unbenommen ist, was seine Eigenschaften und Qualitäten als *Religion* angeht.** Viele islamische Mystiker haben uns die tiefe Weisheit gezeigt, die in der *Religion des Islam* enthalten ist.[748] Aber nach den Mystikern kamen immer die Mullahs und die Sharia, die das theokratische Regime des Islam installierten und festzementierten. Und es ist egal, dass die Botschaft des Propheten Mohammed nicht für alle menschenunwürdigen Praktiken islamischer Gesellschaften verantwortlich ist, solange sie als Argument für deren Zementierung gebraucht wird. "Der Islam" heisst im vorliegenden Kontext: "Die unhinterfragten Sitten und Gebräuche oder "Pre-Skripte" islamischer Gesellschaften".[749] Die "Pre-Skripte" des Islam entstanden in der Wüste, und das sozio-politische System der islamischen Gesellschaften ist auf "Kulturen der Wüste" optimiert. Die Wüste ist eine extrem lebensfeindliche Umwelt, aber auch von überwältigender Schönheit und Erhabenheit. Nirgendwo sonst erfährt "Mensch" die Nichtigkeit seines Seins so drastisch wie in der Wüste. Dies prägt jedes spirituelle System unverkennbar. Um dort zu überleben, müssen die Menschen sich starken Zwängen unterwerfen, seien sie nun natur-gegeben, oder durch den Kampf der Stämme gegeneinander, um die knappen Ressourcen. Die "enigmatische" Frage der Noologie ist: wieweit spielen die Pre-Skripte des Wüsten-Lebens noch in ganz anderen Lebensumständen eine entscheidende Rolle? Ja, man kann sogar die Frage stellen, wieweit "Monotheismus" und "Verwüstung" ein einigendes Zentralthema haben. Wenn der Monotheismus eine "Re-Ligion" der "Wüsten-Völker" ist, und je mehr "die Wüste wächst", desto bessor "floriert" diese "Re-Ligion".

Man kann bei heutigen Praktiken des Islam nicht von Toleranz und Koexistenz reden, in dem Sinn, wie es im Westen verstanden wird, solange in Arabien keine Kirche gebaut und keine andere Religion praktiziert werden darf, solange in vielen islamischen Ländern andere Religions-Gruppen unterdrückt werden, solange es nach der Tradition verboten ist, dass eine Muslimin einen "Ungläubigen" heiratet,[750] solange islamische

---

[748] ->:CHARISMA_ISLAM, p. 194

[749] ->:PRE_SKRIPTE, p. 113

[750] Umgekehrt ist es das selbstverständliche Recht muslimischer Männer, mit andersgläubigen Frauen sexuelle Beziehungen zu haben. Denn damit lassen sich auch neue Konvertiten gewinnen. "Liebe" ist im Islam ein genauso praktisches Mittel zur Expansion wie Überredung und Gewalt.

Frauen aus "Ehre"-Gründen straflos ermordet werden,[751] ganz besonders wenn sie sexuelle Beziehungen zu "Ungläubigen" haben, solange Mädchen in islamischen Ländern (mit steigender Tendenz) genital verstümmelt werden,[752] oder solange sich jeder Muslim der Todesstrafe schuldig macht, wenn er sich zu einer anderen Religion bekehrt. Der Islam hat das Judentum in gewisser Weise kat-holisiert, in dem bestimmte jüdische Glaubens-Grundsätze und Praktiken von dem jüdischen Ethnos abgelöst und allen Menschen aller Rassen, Ethnien und Sprachen zugänglich wurden, vorausgesetzt sie anerkennen die Glaubensregeln und Praktiken des Islam. Die wohl wesentlichste Komponente, die der Islam kat-holisierte, war der Gedanke von "Gottes auserwählten Volkes".[753] Und mit einem solchen Gefühl der Auserwähltheit und spirituellen Überlegenheit gegenüber den "Ungläubigen" ist "Toleranz" bestenfalls eine Duldung, aber niemals Anerkennung. Die "manifest destiny" der "Wahren Gläubigen" ist es nach wie vor, bei jeder sich bietenden Gelegenheit die "Ungläubigen" mit guten Worten oder Gewalt (mit Djihad) für die "wahre Religion" zu bekehren. (So wie das heute in Afrika und Indonesien, etwa auf Timor und im Sudan noch immer geschieht).[754] Wenn islamische Teil-Bevölkerungen aufgrund höherer Geburtenrate in einem Land die Mehrheit erlangen, werden auch die Forderungen der Dominanz schnell unüberhörbar. (Siehe Balkan und Kaukasus).
->:KATA_HOLON, p. 314

Aus sozio-kybernetischer Sicht kann das soziale System der Religion Mohammeds, der *Islam*, als die perfekteste Implementation des Herakliteischen Prinzips: "Der Krieg ist der Vater aller Dinge" mit metaphysischer Lackierung angesehen werden, die der menschliche Geist je erschaffen hat. Das Wort "Islam" bedeutet: Vollkommene und unhinterfragte Unterwerfung unter den Willen Gottes, der aber immer von irgend einem Menschen verkündet und interpretiert wird. Dadurch, daß die Botschaft des Islam (der Koran) als direktes Wort Gottes metaphysisch unangreifbar ist, bietet der Islam ein wesentlich "besseres" System der spirituellen Unterwerfung und sozialen Kontrolle als alle anderen bekannten. Im Gegensatz zum Christentum bestand auch kein Grund, die Komponente der Liebe oder der Gewaltfreiheit in den Kanon der Religion aufzunehmen, und so ist Gewalt ein integraler Bestandteil der sozialen Praxis der islamischen Kulturen: der Jihad. Zwar wird, je nach Auslegung des Koran, das Wort "Jihad" auch mit "Glaubens-Anstrengung" übersetzt, aber das ist im wesentlichen abhängig davon,

---

[751] Frauenmord aus "Ehre"-Gründen ist in Pakistan ein "Kavaliersdelikt", das mit der Zahlung einer "Wert"-Entschädigung an die Familie der ermordeten Frau "gesühnt" wird. Aber meist geht der Staatsanwalt einem solchen Fall gar nicht erst nach. Wenn ein Mädchen die Ehre der Familie "besudelt", dann ist es Pflicht ihrer Brüder, sie zu ermorden, um die Ehre der Familie wiederherzustellen.
[752] Google Suche: Fgm: "female genital mutilation."
Dies wird natürlich vor westlichen Medien absolut verborgen, aber vor allem in Asien (Pakistan, Malaysia und Indonesien) steigen die Zahlen rapide.
[753] Den haben die Amerikaner ebenfalls kat-holisiert: God's own country.
[754] Siehe Google Suche: "Forced conversions".
Diese zwanghafte Konversions-Sucht ist aber auch unter "Evangelical Christians" genauso verbreitet, auch wenn man da keine direkte Gewalt einsetzt.

welcher Denklinie der betreffende Imam oder Mullah und seine Anhänger angehören. Nach den politischen Prinzipien des Islam verkündet vor allem derjenige den Willen Gottes, der sich (nach dem Willen Gottes) auf dem Schlachtfeld durchgesetzt hat. Diese post-hoc Logik besticht durch ihre Einfachheit. Was passiert ist, muss eben der "Wille Gottes" gewesen sein, denn sonst wäre es nicht faktisch geworden. Die folgenden Passagen aus dem Koran lassen sich auch als paradigmatisches Programm der Intoleranz und als Aufruf zum Kampf gegen die "Ungläubigen" interpretieren: II, 186, 187, 212, IV, 76, IX, 52, 88-89, 90, XLVII, 4-7, 37, LX 38.

4.4.1. Der Islam und die metaphysische Formulierung des holarchischen Prinzips

Mohammed und seine Nachfolger lieferten auch die bisher perfekteste metaphysische Formulierung und politische Realisation des holarchischen Prinzips der Neo-Platonischen Philosophie des "Hen". Das folgende ist eine kurze Zusammenfassung der Thesen aus Goppold (2001b).[755]

Das Bewußtsein des Abendlandes hat die tiefere geistesgeschichtliche Bedeutung des Aufstiegs des Islam nach 600 vor allem daran wahrgenommen, daß "plötzlich" die gesamte Süd- und Ostseite der antiken Oikumene (und damit die reicheren und wichtigeren Gebiete) in den Händen der Moslems war, und die profitablen Handelswege nach China und Indien ebenso. Das war ein gewaltiger Schlag ins Gesicht für die Arroganz, mit der die Christlichen Machthaber und Chef-Ideologen geglaubt hatten, das römische Imperium beerben zu können, als sie merken mußten, daß ihnen das Patentrezept unwiederbringlich entglitten war, mit dem die Römer die Einheit ihres Systems geschaffen hatten.[756] Denn die Geschichte der Christenheit kann eigentlich nur als eine unheilvolle Kette von Schismata geschrieben werden, die man immer wieder mit den bewährten Methoden der Gewalt zu überkitten versuchte, was letztlich in die bekannten Zivilisations-Katastrophen Europas führte, von denen der 30jährige Krieg die sichtbarste ist.[757] Die Araber hatten das *Patentrezept der Einheit* in völlig neuer Form wieder-erschaffen. Bei ihnen hieß es "Islam", *die absolute Ergebenheit unter den Willen Gottes* (bzw. seiner Stellvertreter auf Erden: den *Khalifen*), und wie der Rest der Welt für die nächsten 700 Jahre feststellen mußte, war das genau das Patentrezept, um den anderen zu zeigen, wie die Herrschaft Gottes auf Erden zu installieren ist. Irgendwann kam auch hier der Niedergang, etwa als die Mongolen unter Hülägü 1258 Bhagdad das erste Mal eroberten und zerstörten, und dann unter (dem islamischen) Timur (Tamerlan) 1401 keinen Stein auf dem anderen von der Herrlichkeit des Khalifischen Islamischen Reiches stehen ließen. Danach übernahmen die türkischen Osmanen das Banner des Islam für weitere ca. 400 Jahre. Aber das ist eine andere Geschichte.

---

755 http://www.noologie.de/symbol22.htm

756 S.a. Campbell (1996,III: 255).

757 Insofern ist die "Kriminalgeschichte des Christentums" (Deschner) ja nur eine lange traurige "Serie von Fußnoten" (diesmal nicht zu Plato), zu dem Grundproblem, daß die Christen wohl irgend Etwas "ganz, ganz Wichtiges" von der Botschaft ihres Herrn und Gründer-Heroen Jesus Christus "nicht so recht verstanden hatten".

Allerdings expandierte der Islam auch mit friedlichen Mitteln. Dabei ist ein wesentlicher Faktor nicht zu vergessen, den der Islam vor seinen Konkurrenz-Religionen Christentum und Buddhismus zu seinem Vorteil hatte: Nicht nur in Europa galt das Prinzip: "Cuius Regio Eius Religio". Auch in Zentral- und Südostasien waren es die lokalen Herrscher, die bestimmten, welche Religion ihre Untertanen anzunehmen hatten, und so war es das unschlagbare Argument der islamischen Missionare, dass sich die Herrscher und mächtigen Männer mit voller spiritueller Legitimation riesige Harems leisten durften. Da Christentum und Buddhismus immer auch ein gewisses asketisches und weltabgewandtes Element beinhalteten, hatten sie in dieser Hinsicht das Nachsehen, da dies den jeweiligen Machtmenschen nicht so sehr behagte.

Um die neuronale Tiefendimension des Islamischen Durchbruchs besser zu verstehen, müssen wir die Theorien McLuhans über einen Punkt hinaus verfolgen, über den er als Katholik nie kommen konnte, weil er selber noch in dem neuronalen Käfig des römischen Katholizismus gefangen war. Er erkannte zwar die Gitterstäbe, aber das reichte nicht. Er sah den fundamentalen Unterschied von visuell-spatialen und auditiv-temporalen Denk-Modi, aber er konnte nicht den Bereich erkennen, in dem der letztere Modus eine ungeheure Überlegenheit hatte.[758] Der neuronal-logische Geburtsfehler des Christentums ist seine Genese als Massenreligion des einfachen Volkes.[759] Das probate Mittel, um die Massen zu beeinflussen ist heute, wie vor zweitausend Jahren, die *Vereinfachung* und *Verbildlichung*. Das ist das Patentrezept der heutigen Fernseh-Medien-Weltherrscher[760] wie auch der damaligen Christen-Chefideologen. Das junge Christentum schlug die wichtigste Injunktion seiner Mutter-Religion, des Judentums, das *Bilderverbot*, in den Wind, und behauptete auch noch, es sei eine Verbesserung der alten Religion. Ja, man hatte mehr Anhänger damit gewonnen, soviel ist gewiß, aber das führte auch zur Verwässerung bestimmter essentieller Grundprinzipien.

Der Islam richtete sich in vielen Dingen konsequent am Judentum aus, und ging darüber hinaus, und das vor allem in dem Kernprinzip des *Bilderverbots*. Am Anfang war der Islam, ebenso wie das damalige Judentum der Kaufmanns-Gilden Arabiens, ein *Elitesystem*. Die frühen Auseinandersetzungen von Mekka und Medina betrafen vor allem so wichtige ökonomische Fragen wie das Handelsmonopol auf den Karawanen-Routen. Das Geheimrezept der islamischen Überlegenheit war, neben dem für jede nur denkbare Führerschaft idealen Prinzip der *absoluten Ergebenheit unter den Willen* (von wem auch immer, der gerade im Namen Gottes die Führung innehatte), daß es auf die maximale Schlagkraft der Elite ankam, die systematisch gezüchtet wurde, einem langen und harten Ausbildungsweg, in dessen Drill die Wüstenvölker der Araber schon seit Jahrtausenden bestens geübt waren. Ihre kriegerischen Erfolge kennen die Christen nur

---

758 Weil er die Über-Zeitliche Komponente des Auditiven und urspünglich Pythagoräischen Denkens nicht verstehen konnte.

759 "Zeit und die Metaphysik der Herrschaft"
->:ZEIT_METAPHYSIK, p. 316

760 Nicht umsonst wurde sogar ein James-Bond Film mit einen ober-bösen Medien-Mogul gedreht. "Der Morgen stirbt nie" (1997). Man hätte den James-Bond Skript-Schreibern eigentlich nicht zugetraut, daß sie McLuhan und Innis gelesen haben.

zu gut, aber das Geheimnis ihrer ideologischen Überlegenheit konnten sie nie wirklich lüften, auch wenn sie dann später einige ihrer Rezepte erfolgreich nachmachten. Das ideologische Geheimnis war: *Abstraktion*. In der Wüste, mit ihrer grausamen Trockenheit, ist Abstraktion sozusagen ein *Modus Vivendi*, man nennt es da nur *Desiccation*. Aber es bedeutet dasselbe.[761] Wenn man von der Religion her mit den schwersten nur denkbaren Injunktionen gezwungen wird, sich von dem wichtigsten, was man sich vorstellen will, "Kein Bild zu Machen", was tut man dann? Wenn man systematisch dazu gezwungen ist, ohne bildliche und konzeptuelle Vorstellung zu denken, dann findet man (vielleicht) *strukturelle Formalismen*: Al-Chemie, Al-Jabr (Algebra), Al-Muqabala,[762] und Al-Chwarzimi (Al-Gorismus, Algorithmus, Computer-Programme). Die Grundproblematik ist die, daß das christlich-westlich-abendländische Denken sich immer in irgendeiner Form "Ein Bild gemacht hat", mit Ausnahme der Mathematik und der mathematischen Theologie des Nicolaus Cusanus. Die Mathematik hat der Westen ja wesentlich von den Arabern. Die Stellenwert- und Null-Rechnung der Inder kam über Vermittlung der Araber ins christliche Abendland.

Aber für die römisch-christliche Theologie war das nicht zu internalisieren, die Mathematik und die Metaphysik mussten getrennt bleiben. Erst mit der Aufklärung, als die Menschen sich schon von den christlichen Denkprinzipien loszulösen begannen, konnten die notwendigen mathematischen Abstraktionen gedacht werden, diesmal aber nur formal und unspirituell. In der Muslimischen Welt dagegen steht die Metaphysik auf allen Monumenten, und auf allen Gebetsteppichen für jeden sinnlich greifbar. Islamische Ornamentik ist figurale Metaphysik, ist bildliche Mathematik, ist mathematisches Gebet.

4.4.2. Die Probleme des Islam

Die kulturelle Überlegenheit und Schlagkraft der ursprünglich arabischen islamischen Expansion ging durch verschiedene Entwicklungen wieder verloren. Das enorme kriegerische Potential des arabischen Kampf-Ethos beruhte ja auf der hohen Aggressivität, die in den Wüsten-Stämmen systematisch gezüchtet wurde, und die sich alsbald in internen Streitereien der Führungs-Ansprüche zeigte. So kam es auch hier bald zum Schisma, als sich die Fraktion der Schiiten abspaltete (die sich auf die charismatische Abstammungslinie Ali's, dem Schwiegersohn Mohammeds, beruft). Wie schon Ibn Chaldun bemerkte, hatte das politische System des Islam schwer an der Polarisation zwischen Stadt- (Händler-) und Wüstenstamm- (Krieger-) Mentalität zu tragen. Die Städter lebten unter der ständigen Bedrohung durch die Wüsten-Nomaden und waren daher nur zu bereit, sich autokratischen und despotischen Herrschern unterzuordnen, die ihnen Schutz vor der Bedrohung aus der Wüste versprachen. (Leider oft vergeblich, wie die Erfahrung mit den Mongolen zeigte). Diese Despotie-Hörigkeit und der immer wiederkehrende Ruf nach einem starken Führer hält sich ungebrochen bis heute. Dahinter steht auch die Sehnsucht, das alte Khalifat in seiner Macht und Pracht wieder

---

[761] Al-ko-hol: die Destillation der Esszenz. Das war von Mohammed dem Propheten (Gott halte ihn für immer selig) ja verboten worden, aber das *Prinzip* (*quinta essencia*), das konnte man trotzdem noch weiter verfeinern.

[762] Besser bekannt als die arabische Version von Kabbala.

zu errichten. Weiter litt das islamische Elite-System darunter, dass man allen unterworfenen Völkern die Konversion zum Islam möglich machte, und damit flossen fremde Elemente in die ursprünglich arabisch geprägte Ethno-Struktur des Islam ein, die Spengler als Fellachentum bezeichnet hatte. So könnte man die lähmende Schrift- und Gesetzes-Fixiertheit des Mullah-Schriftgelehrtentums auch als späteren Einfluss von (ehemals byzantinisch- / syrisch-christlichen) Konvertiten interpretieren, die sich besonders durch Wort- und Buch-Fixiertheit hervortaten. Schliesslich zerstörten die Mongolen die wesentlichen islamischen kulturellen Zentren in Asien und in Mesopotamien. Als Reiternomaden beherrschten sie die ursprünglichen Techniken und Taktiken der arabischen Reiter noch ein wenig besser. Damit ging das Khalifat unter, welches als Einziges eine einigende Funktion in der gesamt-islamischen Welt ausübte. Aber es ist sehr gut möglich, dass der Islam in naher Zukunft einen starken Revival erleben wird, insbesondere seit die Religion als Abgrenzungs-Ideologie gegen den Westen verwendet wird.

Heute ist die Welt des Islam in viele sehr verschiedene Facetten und Machtgruppen aufgespalten, und vor allem Sunniten und Shiiten bilden eine durch lange Feindschaft verfestigte Frontlinie innerhalb des Islam. Allerdings wird die innere Feindschaft dann sofort vergessen, wenn ein starker äusserer Feind existiert, und so bildet die gemeinsame Front gegen das gottlose System des europäisch- amerikanischen Kapitalismus, Konsumismus, und sexuellen Libertinismus eine starke einigende Klammer. Die Religion bildet eine starke Quelle der Selbst-Identität vieler islamischer Völker, die sich von dem westlichen System bedroht fühlen. In den letzten 50 Jahren hat in der islamischen Welt eine starke Rückwärts-Bewegung "hin zum Mittelalter" stattgefunden, die durch den enormen Geld- und Ideologie-Fluss des Saudi-Arabischen Wahhabitentums in alle anderen islamischen Länder "rückwärts"-getrieben wurde. Die Wahhabiten gehören zu den radikalsten und kompromisslosesten fundamentalistischen Fraktionen des Islam, und leider hat genau diese Fraktion durch die enormen Öl-Reichtümer ihren unheilvollen Einfluss auf die ganze Welt genommen. So wurden mit saudischem Geld in aller Welt neue Moscheen und Koranschulen gebaut, und dort wurden dann auch die wahhabitischen Lehren verbreitet. So ist der einstmals relativ gemässigte Islam in Indonesien dadurch extrem auf Mittelalter umgepolt worden, eine ähnliche Entwicklung ist auch in Mittel-Asien nach dem Fall der Sowjetunion zu beobachten. Ein anderer nicht zu unterschätzender Faktor der Radikalisierung ist, dass viele solcher Bewegungen am besten in Ländern florieren, deren Bevölkerung kein Arabisch versteht, also etwa Pakistan und Afghanistan oder Zentral-Asien, wo man keinerlei Ahnung hat, was im Koran wirklich steht, und wo die eifrigen Koranschüler nur die spezielle Interpretation ihrer Mullahs und Imame kennen. Sie lernen zwar den arabischen Text des Koran auswendig, aber dass sie dieses Arabisch dann auch noch verstehen, das ist nicht im Sinne der Indoktrinatoren. Unter solchen geistigen Bedingungen lassen sich Hetz- und Brand-Parolen natürlich am leichtesten verbreiten, vor allem wenn die Bevölkerung dazu noch in grosser Not und Entbehrung lebt.

Es sind auch nur ganz bestimmte Segmente der Bevölkerung, die das explosive Potential des islamischen Ethnos bilden. Man kann mit Sicherheit annehmen, dass die meisten Menschen der islamischen Länder genauso in Ruhe ihr Leben leben wollen, ihre Arbeit machen wollen, und ihre Kinder grossziehen wollen, und ein bisschen das Leben geniessen wollen, wie das auch sonst in der Menscheit die Norm ist. Das explosive Potential kommt nicht von den arrivierten und etablierten Familienvätern, sondern es bildet sich bei den Hunderten von Millionen frustrierter junger Männer, die in einem rigiden patriarchalen System gefangen sind, und die aufgrund der Bevölkerungs-Explosion in diesen Ländern (das Joshua-Genesis-Syndrom)[763] sehr zahlreich, arbeitslos und chancenlos sind. Diese haben aufgrund der rigiden sexuellen Segregation dieser Gesellschaften auch ein ungeheures aufgestautes Aggressions-Potential, das sie aber nicht gegen die Repression in der eigenen Gesellschaft richten, sondern gegen die "Ungläubigen", die nach ihrer Meinung an der Misere der islamischen Völker schuld sind. Es ist völlig unbenommen, was die Vertreter der "gesetzteren" Bevölkerungs-Segmente über ihre Vorstellung zu ihrer Religion sagen. (Und diese Einstellung geht dann natürlich auch mehrheitlich über die etablierten Medien-Kanäle). Das radikale, explosive Potential, nach dem der Islam zur Kampf-Parole wird, geht von diesen Millionen frustrierter junger Männer aus. Dies ist ein Grundmuster, das noch aus dem Wüsten-Nomaden-Leben der Beduinen stammt, als die Stämme in immerwährendem Kampf um die knappen Ressourcen der Wüste lagen, die wenigen Wasserstellen, und die Karawanen-Routen. Die jungen Männer waren das Kampf-Potential dieser Stämme, und die harten und brutalen Techniken, wie dieses Potential "geschärft" wurde, waren in Jahrtausenden der Auslese geprägt worden. Diese beduinische Sozio-Technik wurde mit der weltweiten Verbreitung des Islam ebenfalls kat-holisiert, und beeinflusst alle islamischen Völker, oberflächlich zwar nur locker verbunden mit dem Koran, dem heiligen Text der Religion des Islam, aber durch die geschriebenen und tradierten Lebens-Regeln und Sitten (Hadith) dieser Religion eisern auch für die kommenden Jahrtausende festzementiert.

Weiteres Material dazu unter:
http://www.noologie.de/desn26.htm#hdr20.2.

4.5. Die Jesuiten

Der Jesuitenorden und sein geistiges und politisches Herrschafts-System tangiert die Zentralthemen der vorliegenden Untersuchung aus vielen Perspektiven und Aspekten. Als Produkt der spirituellen Generalmobilisation der "Bataillone des Papstes" (bzw. der katholisch-christlichen Religion als sozio-kybernetisches System) war das System der Jesuiten ein gewaltiger Erfolg gewesen, dessen Tragweite epochale Auswirkungen hatte. Blicken wir zurück in die Zeit der Entstehung des Systems: Im Jahre 1492, ein Jahr nach der Geburt von Ignatius Loyola war mit dem Fall von Granada gerade der letzte Akt der Reconquista vollendet, und die Mächte der Christen-Koalition hatten damit den ersten ersten dauerhaften Gegensieg gegen den mehr als 800 Jahre dauernden Siegeszug des Islam gewonnen. Dies war für ihr Selbstbewußtsein auch bitter nötig

763 ->:JOSHUA_GENESIS, p. 147

gewesen, so kurz nach dem katastrophalen Verlust von Konstantinopel, im Jahre 1453,[764] und dem mehr als schmählichen Scheitern der Kreuzzüge 200 Jahre zuvor.

Ignatius Loyola wuchs als Mitglied einer Kriegerkultur auf, deren vorrangiges Ziel während der ca. 500 Jahre vor seiner Geburt die Wiedereroberung Spaniens von der maurischen Herrschaft gewesen war. Es hatte in dieser Zeit eine starke Beeinflussung der europäisch-spanischen höfischen Kultur durch die Araber und Mauren gegeben.[765] Die Disziplin der Jesuiten hatte eine ähnliche Rolle wie im militärischen Kriegsdienst: Die Mitglieder dieses Ordens, die in die Welt hinauszogen ... mußten miteinander und mit der zentralen Gewalt der Ordensleitung durch eine eiserne Disziplin verbunden bleiben... (Fülöp-Müller 1996: 39). Das Jesuitische System kann als spirituelles Gegengewicht zum Islam, oder gar als christliche Version bestimmter Islamischer Kernthemen angesehen werden. Die militärische Organisation der Jesuiten, mit ihrer Schulung als Streiter Gottes weist von der Struktur große Ähnlichkeit mit den Strukturen der Militär-Orden der Muslime, Murabatim, Mameluken und Janitscharen, auf. Hier ist besonders die Sekte der Ismaeliten, und ihre berühmten *Hashishinen*, oder *Assassinen* zu erwähnen.[766] Die Jesuiten übernahmen fast wörtlich das Prinzip des Jihad, des heiligen Krieges, um die Welt "der Herschaft Gottes unterwerfen" (Fülöp-Müller (1996: 26). Dafür sprechen ihre Maximen: "Die Aufopferung des eigenen Verstandes" ... "schrankenlosen Gehorsam bis zum Opfer der Überzeugung ... So mag wohl Abraham empfunden haben, als Gott ihm befahl, seinen Sohn Isaak zu opfern." ... Unbedingtheit des jesuitischen Gehorsams... Wille und Urteil des Oberen als Maßstab für den eigenen Willen und das eigene Urteil... (Fülöp-Müller 1996: 36-37). Weiterhin weist das System der spirituellen Disziplinen und Übungen des Ignatius Loyola starke Ähnlichkeit mit sufischen Techniken auf.[767] Korvin-Krasinski (1986, 416-434) hat in seiner Studie die para-militärischen Elemente der Meditations-Techniken aus der römischen Legions-Tradition gelistet, ohne die arabische Seite zu erwähnen. Post hoc muss man aber schliessen, dass die Christen nicht die halbe Oikumene an die Araber verloren hätten, wenn sie in der Lage gewesen wären, diese Techniken auch militärisch zu nutzen, was die Araber offenbar beherrschten.

4.5.2. Das System des Teilhard de Chardin

@:TEILHARD_PROGRAM

Das Hauptwerk von Teilhard de Chardin: "Le Phénomène Humain"[768] erschien im Jahre 1955, also genau 333 Jahre nach der Heiligsprechung von Ignatius Loyola, dem

---

[764] Dieser Verlust war aber auch eine direkte Folge der Eroberung und Plünderung Konstantinopels durch die christlichen Kreuzritter 200 Jahre vorher. Damals wurde es zur Losung vieler griechischen Christen, sich lieber der Knute des osmanischen Sultans zu unterwerfen, als der spirituellen Dominanz des römischen Papstes.

[765] Liedl (1990, 1993). Die Beeinflussung fand an allen Kontaktzonen statt, und brachte eine beispiellose kulturelle Hochblüte hervor.

[766] Britannica: Assassin, Rashid ad-Din.

[767] Sein System von Visualisationen weist ebenfalls starke Entsprechungen zu den Meditationen der Tibetischen Buddhisten auf.

[768] Teilhard de Chardin (1981)

Gründer des Jesuitenordens, dem Teilhard de Chardin angehörte.[769] Er durfte seine philosophisch-mystisch-spekulativen Werke auf Befehl seiner Ordens-Oberen nicht veröffentlichen (und so kamen sie erst nach seinem Tode ans Licht der Weltöffentlichkeit), aber das bedeutet nicht, daß sein Leben, Denken, und Wirken nicht doch dem Generalplan seines Ordensheiligen auf das getreueste gefolgt wäre.[770]

Teilhard entwickelt hierin die These von der Vorbestimmung der Evolution als Teil des Plans Gottes und seiner Menschwerdung, und zwar ganz in Konkordanz mit den Prinzipien der Evolutionstheorie (wenn auch nicht exakt ihrer extrem materialistischen Prägung, wie etwa bei Jacques Monod). Das Ziel der Evolution ist hiernach der *Punkt Omega*, in dem das Bewußtsein der irdischen *Noosphäre* zum *Christus-Bewußtsein* aufsteigt.

Die Stärke des Teilhard'schen Systems liegt in der (stillschweigenden) Analogie, die er zu der Anfangsepoche des Christentums zieht.[771] Seine größte Fruchtbarkeit entwickelte das Christentum in der Zeit, als es noch nicht die herrschende Religion war, als es um sein Überleben kämpfen mußte. Insofern ist die heutige Zeit sehr ähnlich der Epoche vor 2000 Jahren. Damals waren die Christen gezwungen, sich die herrschenden Philosophien zu eigen zu machen, und sie so gut oder noch besser zu beherrschen, wie ihre heidnischen Gegner und Lehrer. In derselben Weise nähert Teilhard sich der naturwissenschaftlichen Biologie. Das Christentum ist nach Teilhard vor allem ein dynamisches Phänomen, das sich chamäleonartig an die Umstände anpassen kann, und diese Eigenschaft hat es seiner Meinung nach (trotz der augenscheinlichen Verkrustung der Machtstrukturen der Kirchen) noch nicht verloren. Auf S. 308 spricht er direkt auf das alte Dogma von Christus als Pantokrator an,[772] das als eine von außen auferlegte Gewalt erscheinen mußte, solange man die Natur als statisch betrachtet. Wenn man sie aber als dynamisch-evolutiv betrachtet, so ist Teilhards Synthese, sein Blick aufs Ganze, eine Wiederaufnahme des Neo-Platonischen Programms. Darauf weist auch seine Vorstellung der "Diffusion bis in die Materie" des Geistes hin.

---

769 ->:HIER_ARCHIA, p. 304

770 Wir können das mit dem Rückgriff auf die Numerologie nur unterstreichen. Natürlich soll hier nicht behauptet werden, daß Teilhard etwa *mit Absicht* genau im Jahre 1955 gestorben wäre, noch daß irgendjemand von den Oberen des Jesuitenordens etwa *mit Absicht* dann die Veröffentlichung seiner Werke im Jahre 1955 erlaubt hätte. (Was insofern unwahrscheinlich ist, als daß der Orden wohl gar keine Rechte an den Werken hatte.) Das Argument, das hier zugrundeliegt, wurde von McLuhan formuliert: Es handelt sich bei den Zahlenspielen um "resonating intervals", deren Auftreten natürlich "im Auge des Betrachters" ist (ein Pattern-Gesetz), und wenn dem Ganzen doch noch eine andere, esoterische, arkane Gesetzlichkeit zugrundeliegen sollte, dann ist sie uns mit unseren rationalen Methoden jedenfalls nicht zugänglich.

771 Das Phänomen des Christentums: p. 302-310.

772 Siehe ->:KYBERNETES, p. 344

4.6. (Des-) Information als strategische Waffe im Kampf der Kulturen

@:INFORMATION_WAR

"Nichts ist so fein gesponnen, es käm' nicht doch ans Licht der Sonnen".[773] Wenn wir die historische Epoche um 1450-1633, je nach Präferenz, als *Achsenzeit*,[774] oder als Anfang vom Ende eines erfolgreichen Herrschaftssystems interpretieren, so waren auch die letzten Dekaden des 20. Jahrhunderts als Kandidaten für einen Epochenwechsel geeignet.[775] Allerdings muß man den "Hindsight is 20/20 Sight"-Effekt berücksichtigen: historisch bedeutsame Ereignisse lassen sich normalerweise nur in der Rückschau von ca. 50-150 Jahren einordnen.

Im Jahr 1998 stand das *Ars Electronica Symposion* unter dem Titel: "Info War - Information.Macht.Krieg.[776] Hier wurden aus berufenem Munde einige sehr tiefschürfende Analysen zum Thema "Information War" der nichtsahnenden Öffentlichkeit kundgetan, die den Eingeweihten natürlich schon länger bekannt waren,[777] die aber dank des Aufmerksamkeitsfaktors der AEC in ebenderselben -Ökonomie etwas weitere Kreise zogen. Es war wohl wie zumeist, ein unbeabsichtigter Fehltritt, ein Betriebsunfall. Im Eifer des Gefechts gingen einige der Redner wohl unbeabsichtigt über die Grenzen dessen hinaus, was sie eigentlich hatten sagen sollen oder wollen. Der folgende Absatz wird aus Goppold (1998c)[778] zitiert:
"Das Internet ist nach Meinung einiger Kritiker auf dem besten Wege, das Fernsehen als größte und effizienteste Des-Informationstechnologie der Menschheitsgeschichte überhaupt zu überholen."[779]

Das Kernthema der Ars Electronica Symposions 1998 war:
"Information.Macht.Krieg". Diese vieldeutige Formulierung unterstreicht die schillernde Rolle der Information[780] als Waffe in einem anscheinend schon viele tausend Jahre währenden Kulturkampf der Menschheit. Ganz im Gegensatz zu ihren sonstigen Gepflogenheiten hatte die Ars Electronica für dieses Jahr kaum einen der gehaltenen Vorträge im gedruckten Programm vorliegen. Eine praktische Anwendung der "Waffe Information", um das Exempel zu statuieren? War das Gebotene dann vielleicht doch zu

---

[773] Original: "Nie ward etwas so klein gesponnen, Es kam zuweilen an die Sonnen." Ulrich Bonner, Edelstein, 49, 55.

[774] Jaspers (1955)

[775] Untergang des *Real Existierenden Sozialismus* (damit ist er de Facto zum *Idealismus* geworden), Microcomputer-"Revolution", Internet-"Revolution", Globalisierung, Gentechnik-"Revolution", etc. etc.

[776] http://www.aec.at/infowar/NETSYMPOSIUM/

[777] Man lese z.B. die Heise-Telepolis Diskussionen dazu.

[778] Goppold (1998c)
http://www.noologie.de/diskur5.htm#WAFFE_INFO

[779] Die im Sept. 1998 laufenden "Informations"-Kampagnen über des Sexualleben des US-Präsidenten Clinton mögen ein Beispiel dafür bieten...

[780] oder besser: bestimmter Ansichten zum Thema Information. Die mathematische Informationstheorie von Shannon und Weaver ist damit sicher nicht gemeint.

brisant, und für einige der Beteiligten zu karrieregefährdend, so daß man nicht wagen mochte, es im Druck für die Historie zu erhalten? Auch das wird eines der vielen dunklen Kapitel in der Geschichte bleiben, die deshalb so stockdunkel sind, weil sie eben nicht dokumentiert sind.[781] Besonders erhellend (???) war der Vortrag von Prof. George Stein, seines Zeichens "Member of the faculty of the USAF Air War College and Chairman of the Department of Future Conflict Studies". Stein erging sich in seinem Vortrag in Andeutungen.[782] Er stellte das OODA-Model des Informationskrieges vor: *Observation, Orientation, Decision, Action.* Das effizienteste Vorgehen ist das Eindringen in den feindlichen "Orientation-" Prozess, was soviel heißt: das unbemerkte Beeinflussen der Bewertungsgrundlagen.

Es gibt zwei Kategorien des Informationskrieges: den *indirekten* und den *direkten.* Alle offensichtlichen technischen Varianten, die man sich vorstellen kann, wie z.b. Chiffres, Geheimcodes, Stören und Zerstören feindlicher Informationsanlagen, etc., sind nur den indirekten und sekundären Kategorien zuzuordnen.[783] Der direkte, und damit auch wirkungsvollste Informationskrieg ist der, von dem der Gegner nicht einmal ahnt, daß er stattfindet. Als unscheinbares Beispiel nannte Stein den konfessionellen religionsgebundenen Schulunterricht, der die Kinder auf das Werte- und Wahrnehmungssystem der jeweiligen Denomination einschwört, ohne daß diese die Möglichkeit haben, andere Sichtweisen oder Wertesysteme dagegen zu setzen.[784] Ergänzend dazu Douglas Rushkoff in seinem Vortrag: "Communications is made for controlling the governed, to program the governed populations into accepting the pre-programmed views..."

Wir können daraus (*erst einmal ganz hypothetisch*) folgern, daß es seit Jahrtausenden einen immerwährenden Kulturkampf der Menschheit im Informations-Bürgerkrieg der herrschenden Kreise, Cliquen, Klassen, und Schichten gegen die gerade Beherrschten *geben könnte* (???), und der würde hauptsächlich darin bestehen, daß die Beherrschten eben nicht merken, auf welchen Ebenen und mit welchen Mitteln dieser Krieg geführt wird. Und man sollte Clausewitz wörtlich nehmen, aber sein Wort etwas der Diktion des Informationskriegs anpassen: Immer dann, wenn der Informationskrieg um die Macht und die Kontrolle in den Gesellschaftssystemen *mit den subtilen Mitteln* nicht mehr die gewünschte Wirkung hat, muß mit einem *wirklichen Krieg* den Beherrschten gezeigt werden, wer *wirklich die Macht hat* (bzw. in einer Revolution ein Machtwechsel eingeleitet werden).

Information, oder besser: Des-Informationstechnologien, wären damit die wirksamsten Waffen im Kampf der (Sub-) Kulturen um die Vorherrschaft auf diesem Planeten. Man

---

781 "Die Geschichte wird von den Siegern geschrieben."

782 wahrscheinlich, um einen "Future Conflict" wegen zu großer Offenheit mit seinem Arbeitgeber (und dem CIA, NSA, etc.) zu vermeiden. Als einfacher Zivilist ist er selbstverständlich nicht in die "top secret" Informationskanäle des Militärs eingebunden, aber kraft seines Spezialwissens kann er auch mit den durchgefilterten Nachrichten einiges selber dazu denken.

783 ->:KRYPTO_STEGANO, p. 295

784 Schopenhauer (1977, II: 359-434) "Über Religion".

müßte aber genauer spezifizieren, was hier mit "Kulturen" gemeint ist. Weder die Christlich-Abendländische, noch die Islamische, noch die Chinesische, noch die Kapitalistische, noch die Amerikanische, Englische, Deutsche, oder sonstige leicht identifizierbare Gruppen, sondern eher Netzwerke und Interessen-Verbände kämen als Akteure in Frage. Und es muß nirgendwo ein "Mastermind" oder eine "Kontrollzentrale" existieren, die "alle Fäden in der Hand hat". Hier ergeben sich vor allem durch die neuere Forschung zur Schwarm-Intelligenz, und zu den emergenten Eigenschaften verteilter Intelligenz in Netzwerken interessante neue Perspektiven.[785] Dabei ist es im Sinne des Informationskrieges sicher ratsam, gerade die plausibel klingenden Theorien und herrschenden Interpretationen auf versteckte Fallen zu untersuchen. Also z.B. ob solche Interpretationssysteme als "Trojanische Pferde" gerade im Sinne bestimmter Interessenskoalitionen konstruiert sind.[786]

4.7. Das Jahr des "Großen Bruders": 1984

@:JAHR_1984

Wir kommen nun auf das so bekannte Datum 1984, das nach George Orwell das Jahr des "Großen Bruders" hätte sein sollen.[787] Hat er sich nun gründlich geirrt, oder nicht?

Das Jahr 1984 verzeichnet keinerlei auffälligen Geschehnisse, daß sich irgendwo etwas besonders Macht- Hierarchie- oder Total-Überwachungs- Trächtiges zugetragen hätte, wenn nicht, ja wenn nicht die bekannte Firma Apple just zu dieser Zeit mit ihrem Macintosh Computer eine große Fernsehwerbungskampagne gestartet hätte, in dem genau dieses Thema des "Großen Bruders" das Leitmotiv war. Wir werden gleich sehen, wie es zum *Leidmotiv* wurde, besonders für Apple selber. Der Macintosh war ja eine ziemlich revolutionäre Maschine, so einfach zu bedienen, daß er wie prädestiniert für alle bisherigen Computer-Banausen[788] erschien, nun endlich an dieser neuesten der Segnungen der "brave new world of personal computing" teilzuhaben, der *Personal Empowerment Machine*, des *Microcomputers*, oder wie er damals dank der neuen Kreation von IBM allgemein bekannt war: Des PC. Der weitere Gang der Geschichte ist ja allseits bekannt, und braucht hier nicht mehr nacherzählt zu werden:[789] In der Tat erwies sich das Konzept des Macintosh als revolutionär, und in der Tat revolutionierte es die Industrie, und noch einiges mehr, aber es kam ganz anders als geplant: Denn nicht Apple verdiente die Multi-Milliarden an dem neuen Computer-Konzept, sondern

---

[785] Kevin Kelly: "Out of Control", Howard Bloom: "Globales Gehirn", Joel Kotkin: "Tribes".

[786] Solche Techniken können sich auch auf eine alt-ehrwürdige Tradition berufen, z.B. Julius Evola: "Menschen inmitten von Ruinen", Hohenrain, Tübingen (1991), p. 317-340.
->:VERSCHWÖRUNG, p. 303
->:VERSCHWOERUNG_THEOR, p. 298

[787] http://kulichki-lat.rambler.ru/moshkow/ORWELL/r1984ch1.txt

[788] In Analogie: Die Ana-Compu-Beter. ->:ANA_MATHE_BETER, p. 311

[789] Dazu insb. Goppold (1984c, 1992a-1998a, 1998c, 1999a).

Microsoft. Wie es dazu kam, ist eine verwickelte Geschichte, die auch in genügend vielen Publikationen nacherzählt worden ist.

Hier interessiert uns die herrschafts-theoretische Komponente. Die tiefschwarze Ironie der Geschichte ist diese: Mit dem Microcomputer wurden tatsächlich allerlei Hoffnungen verknüpft, daß diese Maschine dabei helfen könnte, gewisse sehr tief einbetonierte Macht- und Hierarchiestrukturen der kapitalistischen Gesellschaften aufzubrechen.[790] Die Fernsehwerbungskampagne von Apple war nämlich direkt gegen IBMs Mainframe-Computer und ihre Vormachtstellung in allen hierarchischen Groß-Organisationen, Konzernen, Ministerien, etc. gerichtet, indirekt auch gegen den IBM PC, der in den Groß-Organisationen schon sehr populär war, aber mit dem MS-DOS Command-Line Interface immer noch recht kryptisch zu bedienen war. Doch die geniale Strategie von Microsoft lief an Apple mühelos links (oder rechts) vorbei: Denn wie wir heute sehen, sind die MS-Windows-Systeme hauptsächlich deswegen Marktführer, weil alle Groß-Organisationen, Konzerne, Ministerien, etc. nur Microsoft, lauter Microsoft, und nichts als Microsoft-Produkte kaufen.[791] Und damit hat sich die Marketing-Strategie von Apple, Computer an die *Kleinen Leute* zu verkaufen, in ihr genaues Gegenteil verkehrt. Natürlich ist die "von den dümmsten nur denkbaren aller Bediener" zu benutzende Maschine ideal dafür geeignet, in der Personalplanung eines *Groß-Unternehmens* mit genau beschriebenen Aufgaben- und Kompetenzbereich die Arbeiten zu bewältigen, für die ohne die Maschine eine ganze Sub-Hierarchie des mittleren Management zur Planung, Arbeitsvorbereitung und Kontrolle nötig wäre, die nun wegrationalisiert werden konnte.

Paradox wie die Weltgeschichte nun mal ist, kann man erst nach einigen geistigen Rösselsprüngen verstehen, was da passiert ist: George Orwell war "dead right", und er hatte "right in the heart of Darkness" gezielt und getroffen. So hat uns die Apple-Strategie im Microsoft-Mäntelchen ja erst auch die *Globalisierung* beschert, als dann noch Computing- und Kommunikations-Systeme in Form des Internet, im WWW, integriert wurden. Und wer könnte sich als Orwell-Anhänger schöneres wünschen, als eine so vollkommene Herrschaftsform der {Heiligen Trinität /Trilateralen Allianz} des *Big-Brother-Fernseh-Lifestyle-Designs*, des *Brutal-Konsums* und des *Turbo-Kapitalismus*, die damit wohl untrennbar verbunden ist. Eine Totalüberwachung der Menschen ist in genau dem Augenblick unnötig geworden, wenn es gelingt, ihr Denk- und Werte-System so subtil zu unterwandern, daß sich die Masse blind von den vorgegaukelten Medien-Phantomen gängeln läßt. Dies macht die grobschlächtigen Formen von Kontrolle der Widerstrebenden weitgehend unnötig.[792] So war 1984 exakt das

---

[790] Hierzu auch: Richard Stallman und sein GNU Projekt, die Lunix Bewegung, die Wizards of OS Konferenzen.

[791] Jedenfalls fast nur. Und auch nicht deswegen, weil die Arbeiter und Angestellten dieser Groß-Organisationen, Konzerne, Ministerien, etc. diese Produkte so heiß und innig lieben würden.

[792] Siehe auch die Arbeiten von Douglas Rushkoff.
http://www.edge.org/3rd_culture/rushkoff/rushkoff_p1.html
->:MACHT_II, p. 289

Jahr, in dem sich der "Große Bruder" in Form des Microsoft-Monopols und aller seiner Folge-Erscheinungen formierte. Damit lüften wir nun den ersten Schleier[793] (der *Apo-Kalypsis*):

big brother bill -> bbb -> 666

5. Logische Fundamente der sozio-kybernetischen Theorie

5.1. Das Prinzipiensystem des Heraklitos

@:HERAKLITOS

Die Fundamente der *sozio-kybernetischen Theorie* finden wir in den Aphorismen des berühmten "Dunkeldenkers" Heraklit. Sein Werk ist uns nur durch einige bruchstückhafte Zitate aus den Werken anderer Autoren bekannt,[794] die zusammen knapp 15 Seiten Text umfassen.

5.1.1. Die Aphorismen

Ta de panta oiakizei Keraunos
Das Steuer des Alls aber führt der Keraunos

Heraklit, B 64

sophon estin hen panta einai
es ist weise zu sagen: Eins ist alles

Heraklit, B 50

panta rhei
Alles fließt

Heraklit, 65 A 3

phronimon einei to pyr
das Feuer ist vernunftbegabt

Heraklit, B 64 a

Polemos panton men pataer esti, panton de basileus,
kai tous men theous edeixe tous de anthropous,
tous men doulous epoiaese tous de eleutherous.
Krieg ist aller Dinge Vater (fürwahr), aller Dinge König.
Die einen erweist er als Götter, die anderen als Menschen,
die einen läßt er Sklaven werden, die anderen Freie.

Heraklit, B53

Eidenai de chrae to polemon eonta xynon, kai dikaen erin,
kai ginomena panta kat erin kai chreomena
Zu wissen aber tut not: Der Krieg führt zusammen, und Recht ist Streit,
und alles Leben entsteht durch Streit und Notwendigkeit.

Heraklit, B80

[793] Aber das ist bestimmt nicht der letzte Schleier.

[794] Basierend auf Diels (1954)

Hier noch ein anderes bekanntes Zitat ganz im Sinne Heraklits:

Si vis pacem, para bellum[795]

Wenn Du den Frieden wünschst, bereite den Krieg vor.

SPQR

In leichter Umformung eines anderen bekannten Spruchs läßt sich das heimliche Motto des vorliegenden Traktats von "Wissen und Macht" zur Strategie des Informations-Krieges auch so formulieren:

"Stell Dir vor, es ist Krieg, und keiner merkt es!" (Außer vielleicht Heraklit).[796]

@:SPENGLER_KRIEG

Spengler (1980, 1109) u: Der Krieg ist die Urpolitik *alles* Lebendigen und zwar bis zu dem Grade, daß Kampf und Leben in der Tiefe eins sind und mit dem Kämpfenwollen auch das Sein erlischt.

1110: In jedem Kriege zwischen Lebensmächten handelt es sich darum, wer das Ganze regiert... Das Aktionszentrum, die handelnde Mitte einer Menge zu sein, die innere Form der eignen Person zur Form ganzer Völker und Zeitalter zu erheben, das Kommando der Geschichte zu haben... das ist der kaum bewußte und unwiderstehliche Trieb in jedem Einzelwesen von historischem Beruf.

5.1.2. Das vonNeumann'sche Spiel

Natürlich ist die Interpretation von Heraklits knappen Aphorismen wesentlich von der Disposition und Intention des Betrachters abhängig, und so kann man diese Bruchstücke auf recht verschiedene Weise auslegen (IMHO).[797] In der vorliegenden Interpretation bilden sie ein Prinzipiensystem, das wir heute in den neueren thermodynamischen und kybernetischen Theorien von Evolution und Prozess in der Formenbildung des Kosmos wiederfinden können.[798] Mit Macchiavelli verbindet ihn die explizite Nennung des Krieges als essentielles formbildendes Agens. Da der unumwundene Gebrauch des Begriffs "Krieg" heute etwas "politically incorrect" erscheint,

---

[795] Mühlmann (1996). Mit derselben subtilen Ironie, mit der Samuel Colt sein Schießeisen den "Peacemaker" nannte, so nannten die klassisch gebildeten deutschen/schweizer Waffenschmiede die Luger-Pistole auch ihr *Parabellum*. (Britannica: Parabellum).
SPQR: Senatus Populus Que Romanum.

[796] Und natürlich Spengler, der hatte eine eingehende Untersuchung zu den Ansichten von Heraklit gemacht. Bei Spengler (1938: 1-47) finden wir eine passende weiterführende Interpretation der Herakliteischen Prinzipien im hier gemeinten sozio-kybernetischen Sinn.
->:INFORMATION_WAR, p. 336

[797] ->:IMHO_PRINZIP, p. 12

[798] Diese Bewegung ist seit ca. 1950 manifest geworden, d.h. sie hat die öffentliche Aufmerksamkeit erreicht. Ihre Wurzeln gehen aber auf die bei Heraklit erstmals schriftliche dokumentierte Denkform zurück. In der Literatur finden wir hier die Theorien von: H. Bloom, R. Carneiro, J. Diamond, H. Fischer, L. Gumilev, E. Jantsch, H. Mühlmann, J. Neirynck, I. Prigogine, H. R. Smith, H. Spencer, R. Thom.

läßt er sich mit dem weniger anstößigen Ausdruck: *vonNeumann'sches Spiel* euphemisieren.

Krieg kommt bekanntlich von *kriegen*, und vonNeumann'sche Spieltheorie handelt von Gesellschaftsspielen, die nicht der Entspannung und Vergnügung der Teilnehmer dienen, sondern ihrem *Zu-Gewinn* (was identisch ist mit *etwas kriegen*).[799] John vonNeumann war eines der größten mathematischen Genies des 20. Jahrhunderts, und er leistete entscheidende Beiträge zur Formulierung und Fundamentierung des hier thematisierten *Neo-Polemos*, der *Strategie des Informations-Krieges*. *Neo-Polemos* ist *verdeckt geführter Krieg*, und so ist es nicht verwunderlich, daß seine wichtigsten Beiträge auch weitgehend geheim geblieben sind. So z.B. seine entscheidende Strategieformulierung des "Kalten Krieges", mit dem die USA die UDSSR in die Selbstzerstörung zwangen. Da seine Beiträge als Musterexemplare erfolgreicher Schachzüge im Strategiespiel des Informationskriegs anzusehen sind, sollte man nicht erwarten, daß die in seinen offiziellen Veröffentlichungen dargestellten Formeln und Prinzipien davon ausgenommen wären. Sein wohl berühmtester (und gleichzeitig auch fatalster) Beitrag zum *New-Age Informationskrieg* ist sein Vorschlag zur Formulierung der *Informations-Entropie* in der Theorie von Shannon, in Analogie zur thermodynamischen Entropie, die entscheidend mit zu der allgemeinen Verwirrung um den Informationsbegriff beigetragen hat. Siehe: Straub (1990), Wicken (1987).

5.1.3. Die Komponenten im Einzelnen

Das *sozio-kybernetische* Prinzipiensystem beruht auf folgenden Komponenten:

* Der Keraunos
* Der Kybernetes
* Das Feuer (Pyr)
* Der Logos

Der erstgenannte Aphorismus (B 64) von Heraklit: "**Das Steuer des Alls aber führt der Keraunos**" beinhaltet über das Wort *oiakizei*[800] sowohl die in-Nuce-Formulierung des *kybernetischen Prinzips*,[801] als auch die direkte Nennung des *Keraunos*, seines *Wirk-Prinzips*.

---

[799] Siehe dazu auch: Com-Petitio ->:COM_PETITIO, p. 281
Und: Man Bites Dogma: A Conversation with Robert Anton Wilson, "The Theory of Games and Economic Behavior"
[800] Gr.: *oiax*: Griff am Steuerruder, deutsch: *Öse*, Ring. -> gomphos -> omphalos -> (Goppold 2000a: 7.4.1):
"Peri Peirasis. The Journey into, and Beyond, the Boundaries of the Time"
http://www.noologie.de/symbol08.htm#Heading57
[801] (Goppold 2000a: 7.4.1):
http://www.noologie.de/symbol08.htm#Heading57

Heraklits Sprüche sind uns nur als Ungefähr-Zitate durch andere Schreiber erhalten,[802] und so wissen wir nicht, welchen Wortlaut er im Originaltext verwendet hat. Was wir mit ziemlicher Sicherheit annehmen können, ist, daß der Chronist des Heraklitos, der christliche Kirchenvater, Märtyrer, und Heilige Hippolytos den Heraklit sicher nicht ganz genau so verstanden hat, wie der es ursprünglich gemeint hat.[803] In der christlichen Interpretation wurde Heraklits Aussage als Hinweis auf die *Logos-Natur* von Christus (Joh. 1.1.) und seine Eigenschaft als *Pantokrator*[804] gewertet.

5.1.3.1. Der Keraunos

@:KERAUNOS

Die christliche Religion geht in ihrem Gottesbegriff von einer personalen Entität aus, aber dies war von Heraklit nicht beabsichtigt. Wenn wir diesen Interpretations-Bias extrahieren, so ist der *Keraunos* die unpersönliche Formulierung eines *völlig abstrakten kybernetischen Prinzips*, und in heutiger Sprechweise als rein formaler Begriff zu verstehen, wie z.B. die *Superstrings* der Physik, als Name für etwas, das keine vorstellbare Entsprechung hat, und dessen Wirkung nur durch einen Kalkül (oder Äquivalent desselben) {darstellbar / nachvollziehbar} ist.

Der *Keraunos* ist zuerst als *völlig abstraktes kybernetisches Prinzip* zu verstehen, aber auch hier finden sich vielfältige Konkretisationen. So finden wir den *Keraunos* weltweit verbreitet als enigmatisches {Gerät / Wirkprinzip} der Urzeit-Mythologie. Bei den Griechen ist er die Hauptwaffe des Zeus, er erscheint als *Pelekys* in der Odyssee, als *Labrys* bei den Kretern, als *Mjölnir*, *Thors Hammer* in Germanien, als *Vajra(pani)* im indischen und tibetischen Kultkreis, als *Shango-Axt* bei den nigerischen Yoruba. (v.Dechend 1977). Wie H. v.Dechend erklärt, ist der *Keraunos ein Instrument, das die Zeit in Bewegung setzt.* Der dem *Keraunos* nächste philosophische Begriff ist der "*unbewegte Beweger*" des Aristoteles.[805] In anderer Sichtweise ist er der *Ur-Sprung*.[806]

Das Symbol der *Doppelaxt* kennzeichnet das Prinzip der *Zweischneidigkeit* oder *Dichotomie*. Dies bedeutet, übertragen, daß eine {Wirkung / Anwendung / Bedeutung} in zwei verschiedenen disjunkten Domänen {stattfindet / manifestiert}. So ist die *Doppelaxt* sowohl *Werkzeug* als auch *Waffe*. Das Wirkprinzip des Keraunos erstreckt sich sowohl in den *Raum*, als auch die *Zeit*, und sowohl in die *Vergangenheit* als auch

---

802 Das obige aus Hippolytos (Dechend 1977: 105), (Britannica: Hippolytus).

803 Siehe hier auch die Diskussion der "Aufbereitung" antiken Textmaterials durch die christlichen Ideologen.
->:ZEIT_METAPHYSIK, p. 316, ->:NEO_POLEMOS, p. 323

804 Man beachte aber den feinen Unterschied zwischen *Herrschen* (*kratein*) und *Lenken* (*oiakizei*). Während der *Herrscher* oft etwas gegen den Willen der anderen tun muß, um den seinen durchzusetzen, ist der *Lenker* intelligent genug, daß er es immer so einrichtet, als richtete er sich nach den Wünschen der anderen. Im Polit-Jargon haben wir hier z.B. den "Volkstribun".

805 Weitere metaphysische Gehalte werden in (Goppold 2000a: 7.4.1) diskutiert.

806 ->:UR_SPRUNG, p. 325

die *Zukunft*. In logischen Anwendungen ist die Dichotomisierung die Grundlage der *Kategorisierung*.

5.1.3.2. Der Kybernetes

@:KYBERNETES

Da völlig abstrakte Prinzipien sehr schwer zu formulieren, und noch schwerer anderen Menschen deutlich zu machen sind, werden meist konkretisierende, bildhafte Darstellungen (Allegorien) gewählt. So finden wir den *Keraunos* in der bildlichen Darstellung als Instrument in der Hand einer Gottheit oder mythischen Person, so wie auch in der christlichen Interpretation gegeben. Das *abstrakte Prinzip* fällt somit in eine weitere Ebene der Konkretisation, oder Personifikation, die als *Kybernetes* bekannt ist.[807] Dieses Bild findet in den Mythologismen der Macht vielfältige Ausgestaltung: Der *Kybernetes* ist *der Große Steuermann*, der *Lenker*, der *Leiter*, und (im Deutschen nicht ganz so wertfrei) der *Führer*.[808] *Sozio-Kybernetik* ist die Lehre von der Steuerung sozialer Systeme, und in dieser Eigenschaft ist sie auch die *Lehre von der Macht*. Auf Neudeutsch nennt man dies auch *Management* oder *Controlling*. Aus Gründen, die an anderer Stelle erwähnt werden, wird es wahrscheinlich nie eine vollständige derartige Lehre geben,[809] aber im Namen des Gründervaters Heraklit kann eine solche Programmatik wenigstens umrissen werden.

5.1.3.3. Das Feuer

Über die Formulierung: "das Feuer ist vernunftbegabt" macht Heraklit deutlich, daß er es keinesfalls als einseitig materielle Erscheinung des Verbrennungsprozesses versteht, wie es die heutige Naturwissenschaft sieht. Das Feuer ist eine essentielle Charakteristik des *Logos*, und zwar in dem Sinn, wie wir es heute als *autokatalytisch* und *dynamisch* verstehen. Dies deutet auch seine andere Formulierung an: "*panta rhei*". Die *Allbewegtheit* des Alls ist seine *Feuernatur*. Wir finden eine passende weiterführende Interpretation des *Feuer-Prinzips* im sozio-kybernetischen Sinn bei Spengler (1965: 1-34).

5.1.3.4. Der Logos

Der *Logos* als *Wirk-Prinzip ist* äquivalent mit dem *Keraunos*. Wir können die Sichtweise des *Logos* als *strukturell*, die des *Keraunos*, als *dynamisch*, verstehen. Dies verdeutlicht wiederum die grundlegende Dichotomie in Raum (*Struktur*) und Zeit (*Dynamik*). In seiner Eigenschaft als unbewegtes Wirkprinzip bildet der Logos auch die

---

807 Dechend (1993: 365): Mundilföri, *Saekonunga Heitis*, "... Augenmerk ... auf verschiedene Furten, Fährmänner, Steuermänner, personifizierte göttliche Schiffe...". Mundil -> mund Zeit -> Mond, (p. 366) Fährmann der Zeit, "Achsenschwinger". {mandull / möndull / mundil} (Zeit) <-> mundus (Welt) -> manth -> math -> mandala -> {mentula / metula / := das Prinzip der bohrenden Bewegung} -> maedaea -> Venus: *philo-maedaea*.

808 Passenderweise hat der deutsche Volksmund hier den Begriff *GRÖFAZ* := Größter Führer aller Zeiten geprägt.

809 ->:LIMITATIONEN, p. 300

geistige Grundlage heutiger Ideen und Theorien zur *Information*.[810] Das Griechische Wort *Logos* hat viele Bedeutungen: *Rede, Darlegung, Erzählung, Wort, Lehrsatz, Sinn, Erwartung, Verhältnis, Proportion, Vernunft,* und *Logos-Christos*. In der israelitischen *Genesis* formte der *Kybernetes* dieser Religion (auch als *Gott* bekannt) das Universum durch die Kraft seines Wortes, des *Logos*.

5.2. Das Universal-Monopoly

@:UNIV_MONOPOLY2

Das Prinzipiensystem des Heraklit bildet die logische (logos) Basis für die sozio-kybernetische herrschafts-theoretische Interpretation der Universalgeschichte.[811] Hier erfolgt eine vertiefende Wieder-Aufnahme der Explikation des sozio-kybernetischen Spiels des Universal-Monopoly als *vonNeumann'sches Spiel* aus dem früheren Abschnitt. Wir hatten dort definiert:[812]

Das Universal-Monopoly: Ein Macchiavelli'sches, vonNeumann'sches Multiplayer-Spiel um die Herrschaft[813] über Raum und Zeit,[814] über die Kontrolle von Information und Energie.

In den folgenden Absätzen sollen einige der tiefer zu den Wurzeln gehenden (radikaleren) Grundbegriffe dieses Spiels behandelt werden.

5.2.1. Wertungsfreiheit

Die im folgenden definierten und angewandten Begriffe *Macht*, *Herrschaft*, etc. werden im sozio-kybernetischen spieltechnischen Sinne wertfrei verwendet. So sind *Macht*, *Herrschaft* und "*Beherrscht werden*" nicht notwendigerweise automatisch "schlecht oder gut", und *Freiheit* ist nicht notwendigerweise automatisch "gut oder schlecht".

5.2.2. Das Spielfeld des Universal-Monopoly

Das Spielfeld unseres vonNeumann'schen *Universal-Monopoly* sei im Heraklit'schen Sinne definiert als: "Das All" (*Ta Panta*, nach Heraklit), d.h. es dreht sich *Immer* um *Alles*.

5.2.3. Das ERT-System: {Entity - Relation - Transition/Transaction}

Das sozio-kybernetische Begriffssystem basiert auf den folgenden logischen Komponenten:

---

810 ->:INFORMATION, p. 294

811 Die Geschichte, das *Ge-Schichte*; als *historia* und *histion*, nach der morphologischen Charakterisierung von Spengler (1980: 9) als *Logik der Zeit*.

812 Geistige Anleihen "magno cum grano salis" bei Nicolaus Cusanus (1978), Manfred Eigen (1975), Hermann Hesse (1971), Lars Karbe (1995: 123-186), John von Neumann (1961-1963), George Orwell, und der "Big Brother Show" von RTL (2000), seien hier dankend erwähnt.
->:UNIVERSAL_MONOPOLY, p. 281

813 ->:MACHT_SYSTEM, p. 292

814 ->:ZEIT_HERRSCHAFT, p. 293

{Entity - Relation - Transition/Transaction}.[815]

Entity ist der Klassenbegriff für alles, was als Gegenstand, Ding, Organismus, Person, oder Koalition angesehen wird.

Relation ist der Klassenbegriff für alles, was als Eigenschaft von einer *Entity*, oder Beziehung zweier oder mehrerer *Entities* angesehen wird.

Transition/Transaction (Abkürzung *Xaction*) ist der Klassenbegriff für alles, was als Veränderung, Ablauf, oder Prozess angesehen wird. *Xactions* können nur entlang von *Relations*-Pfaden zwischen *Entities* stattfinden.

Basierend auf den Grund-Definitionen der ERT wird das Spielfeld der *Universal-Monopoly*, "Das All", mit seinen Grundparametern definiert. Diese Parameter werden nicht, wie in der früheren Newtonischen Physik als *Absolut* gesetzt, sondern *Relativ*. Selbstverständlich handelt es sich hier um eine andersartige Form von *Relativität* als die von Einstein.[816]

Raum ist dadurch definiert, daß eine *Entity* einem Ort im Raum besetzt, und zwei oder mehr *Entities* auch zwei oder mehr Orte im Raum besetzen.

Zeit ist dadurch definiert, daß eine *Xaction* eine Spanne in der Zeit besetzt (*Duration*). Im Gegensatz zu den physikalisch-mechanistischen Vorstellungen der Zeit, ist die ERT-Zeit irreversibel, also nicht verräumlicht.

Energie ist dadurch definiert, daß eine *Xaction* neben den Kategorien Raum und Zeit eine weitere Kategorie der *Energie* beinhaltet.

5.2.4. Spieler und Elementar-Koalitionen

@:SPIELER

Eine *Entity* wird auch als *Spieler* bezeichnet, sie sei rekursiv definiert aus *Elementar-Koalitionen*. D.h. eine Koalition tritt in dem Augenblick als individueller Spieler X auf, in dem die Bildung der Koalition erfolgt. Der Begriff Koalition wird im Folgenden näher erläutert.

---

815 Siehe eine ähnliche Definition bei *Petri-Netzen*.
Das ERT-System ist näher beschrieben in: Goppold (1997)
http://www.noologie.de/poly.htm und
Goppold (1998a): http://www.noologie.de/inform.htm

816 Das hier verwendete Prinzip ist in dem Sinne *contra-euklidisch*, als daß der Begriff *Raum* ein Abstraktivum *für alle Orte* ist, die durch *Entities* besetzt sind. *Raum* hat nur dort einen Sinn, wo *Entities* sind. Wo nichts ist, hat der Kaiser sein Recht verloren. Dies ist ein Gegenargument zu der alten naturphilosophischen Argumentation der Euklidiker Archytas und Lucretius.

5.2.4.1. Koalition / Kongregation / Koaleszenz

@:KKK_TRIADE

Die Begriffe {*Koalition / Kongregation / Koaleszenz*} kennzeichnen verschiedene Formen von ERT-Strukturen.

Das Spielfeld der heutigen kosmischen Epoche kennt drei Grundtypen von ERT-Strukturen:
An-Organismische (materiale, chemische),
Organismische (belebte), und
Multi-Assoziative (Soziale).

Hierbei lassen sich wieder zwei Grundtypen und ihre Mischformen unterscheiden:
Räumlich umschriebene / lokalisierte und
distributive.

Einzelne Organismen sind gewöhnlich lokalisiert, aber ein Schwamm läßt sich mit einem Sieb in seine Einzelorganismen separieren, und diese können einzeln weiterleben, aber sobald die Umstände es zulassen, finden sie sich wieder zu einem Schwamm zusammen. Ameisenstaaten sind lokalisierte und distributive Koalitionen, Menschen bilden Koalitionen beider Typen.

Ein *Mensch* ist eine Koalition, die aus Elementar-Koalitionen/Koaleszenzen, genannt *Zellen*, besteht. Zellen wiederum bestehen aus Elementar-Koalitionen/Koaleszenzen, genannt *Moleküle*, usf.[817] Menschen schließen sich wiederum in Koalitionen zusammen, wie Familien, Clubs, Vereine, Banden, Verbände, Stämme, Parteien, Völker, Staaten, Reiche, und Imperien.[818]

5.2.4.2. Kongregation und Symbiose

Die ursprüngliche Bedeutung von *grex* bezieht sich auf Tiergemeinschaften und Herden. Hier wird der Begriff als *Kongregation* auch auf die Organismen der Biosphäre und Ökosysteme im allgemeinen ausgedehnt. Im Unterschied zu mechanistischen Aggregationen der unbelebten Materie besteht hier eine *Kommunikation der Konstituenten.* Der für Ökosysteme charakteristische Austausch von organischer Substanz über Fressen und Gefressenwerden kann einerseits als *spezielle Form von Kommunikation* angesehen werden, andererseits als *Rekonfiguration von Koalitionen* organischer Moleküle. *Kommunikation* ist eine Hauptvoraussetzung für *Koalitionen.*

---

[817] Nach Whitehead (1969).

[818] Diese Definition ersetzt die suggestiven, aber irreführenden früheren Darstellungen von *Super-Organismen* a la Spencer und Spengler. Eine genauere Systematik der hierarchischen Systeme findet sich in den Werken von Stan Salthe (1985-1993). Hier muß aber konzeptuell noch ein Abstraktions-Schritt von der biologistischen Paradigmatik durchgeführt werden.

Die Neo-Darwinistische Lehre vom "Kampf ums Dasein" der Organismen läßt sich zwanglos als *Koalitions-Spiel* interpretieren, das in der Biosphäre von Zell-Kolonien durchgeführt wird. Dies ersetzt in anderer Form und auf anderer Basis die "Selfish Gene" Hypothese von Dawkins (1976). Die *Koalitions-Hypothese* integriert das Element der *Kooperation* in der Biosphäre (Kropotkin 1975), und erscheint damit als ausgewogenere Darstellung anstelle des alleinigen (einseitigen) Wirkprinzips der *Competition* nach der Neo-Darwinistischen Lehre.

5.2.4.3. Die Symbionten-Theorie von Margulis

Hierbei dient auch die *Symbionten-Theorie*, die ursprünglich von Lynn Margulis formuliert worden war, als konzeptuelle Basis. Die Begrifflichkeit muß nur in die Richtung der Koalition verallgemeinert werden. Symbiosen sind operational gesehen, Koalitionen, da die Identität der Konstituenten erhalten bleibt. So ist heute in der Biologie allgemein akzeptiert, daß (bestimmte Teile) Eukaryotische(r) Zellen als {Koalition / Symbionten} verschiedener prokaryotischer Organismen zu identifizieren sind, da sie noch ihren ursprünglichen DNS-Reproduktions-Mechanismus besitzen. In der gleichen Weise lassen sich aber auch die verschiedenen Zelltypen, die die Organe / Gewebeformen von Metazoa (Vielzellern) ausmachen, als *Symbionten* ansehen. Die Organismen sind genetisch längst nicht so hermetisch abgeschlossen, wie es das heute dominante biologische Dogma behauptet. Sowohl Viren als auch Bakterien können ganze DNS-Segmente von einem Organismus in den anderen transportieren. Das ist die Grundlage des heutigen Genetic-Engineering, und es besteht kein Grund zu der Annahme, daß genau das Gleiche nicht auch seit ca. 4 Mrd. Jahren in der Evolution der Biosphäre der normale Gang der Dinge ist. Dies käme als besserer Erklärungsmechanismus für die ansonsten sehr schwer zu erklärenden spasmodischen biologischen Formenexplosionen (angefangen mit der Kambrischen Explosion) in Frage. Denn wie die Gegner des Lyell-Darwinschen Gradualismus immer klargestellt haben: Alle verfügbaren fossilen Daten zeigen, daß keinerlei Übergangsformen der Arten zu erkennen sind, sondern immer sehr lange Perioden völliger Konstanz, und dann ziemlich abrupt einen En-Gros-Austausch der Artenmuster in der Biosphäre (wie z.B. am Ende des Saurier-Zeitalters). Auch die berühmten Galapagos-Finken Darwins sind immer das geblieben, was sie schon waren: Finken. Ebenso die Galapagos-Echsen, die keinerlei Neigung gezeigt haben, sich wieder in gigantische Saurier zu verwandeln.

5.2.4.4. Koaleszenz

Koaleszenz: In der obigen Grundlegung des Herakliteischen Prinzipiensystems[819] wurden die *neueren thermodynamischen und kybernetischen Theorien von Evolution und Prozess in der Formenbildung des Kosmos* angesprochen. Diese beinhalten ja die gesamte absteigende Hierarchie[820] der organisierten Formen vom Menschen herunter bis in die Elementar-*Konstituenten* (physikalisch: *Elementar-Teilchen*) und die physikalischen prä-formativen Komponenten, wie Superstrings, Quantenvakuum, etc. Diese *Konstituenten* lassen sich nur schwer im Sinne einer Koalitions-Theorie als handelnde

[819] ->:HERAKLITOS, p. 340

[820] Die *absteigende Hierarchie* ist ein *Neo-Platonisches* Konzept, im Gegensatz zu dem naturwissenschaftlichen Konzept der *aufsteigenden Hierarchie*. ->:HOLISMUS, p. 294

Agenten mit eigenen Interessen verstehen (wie etwa Menschen, oder Organismen im weiteren Sinne). In solchen Fällen, wo der Begriff *Koalition* zu starke Voraussetzungen macht, sprechen wir von *Koaleszenz*. *Koaleszenz* ist im materiellen Sinne als *Zusammenhaften* zu verstehen, was ja eine Grundeigenschaft aller Materie ist.

5.2.4.5. Koalition - Kooperation

Koalition und *Kooperation* definieren sich gegenseitig. *Kooperation* ist die operationale Grundlage einer *Koalition*. D.h. eine Koalition manifestiert sich in der *Kooperation* ihrer *Konstituenten*.[821] Und es ist der *operationale Hauptzweck* einer Koalition, die Kooperation ihrer Konstituenten zu versichern. Dies bleibt unberührt von dem meistens gleichfalls vorliegenden *funktionalen Ziel* einer Koalition (nämlich irgendetwas zu erreichen). Die *Konstituenten* einer Koalition werden im vorliegenden Kontext *Spieler*[822] genannt. Die operationalen *Voraussetzungen* für *Kooperation* sind *Koordination*[823] und *Kommunikation*.[824]

Die *Operationalität* einer Koalition charakterisiert sie als *thermodynamisches dissipatives System*. Eine Koalition unterscheidet sich von bekannteren dissipativen Systemen wie *Organismen*, daß keine *lokale Kohärenz* für die *Operationalität* erforderlich ist.[825]

Die Thematik des *Willens*[826] ist ein entscheidender Faktor von Kooperation und Koalition. Auf den Extremen kann man unterscheiden in *voluntare* (frei-willige) und *involuntare* (un-freiwillige) Kooperation (und Koalition). Der wesentliche sozio-kybernetische Unterschied ist, daß *voluntare* Kooperation prinzipiell *selbstbegrenzend* ist (*negatives Feedback*), und die allgemeine Kooperation in einer Koalition mit der Erreichung der Ziele eines oder mehrerer Spieler der Koalition gegen Null tendiert. Das gegen-Null-gehen der Kooperation führt dann zum *Schisma*. Unfreiwillige Kooperation ist dagegen tendentiell auto-incrementierend (*positives Feedback*), indem Strukturen der *Koerxion* entstehen,[827] die zur Machtvermehrung der Koalition führen, und damit zur Formung von *Machtsystemen* im eigentlichen hier thematisierten Sinne (s.u.).[828]

Zwischen diesen Extremen gibt es einen großen Bereich, in dem eine mehr oder weniger induzierte "*Frei-Willigkeit*" herrscht. So arbeitet heute der Normalbürger der kapitalistischen Gesellschaften zwar meist "*frei-willig*", aber es gibt sicher viele, die nicht mehr arbeiten würden, wenn sie ihren Lebensunterhalt auch so, ohne Arbeit bekommen würden.

---

821 Wenn sie nicht kooperieren würden, wäre es keine Koalition.

822 ->:SPIELER, p. 346

823 ->:KOORDINATION, p. 350

824 ->:INFO_KOMM, p. 294

825 Siehe auch die Devise von Mao Tse Tung: Getrennt marschieren, vereint schlagen.

826 Schopenhauer (1977)

827 ->:KOERXION, p. 284

828 ->:MACHT_SYSTEM, p. 292

5.2.4.6. Persistenz, Trajektorium, Cogent Moment

Die Wirkungsdauer einer Koalition wird *Persistenz* genannt, und die Spanne der *Persistenz* ist ihr *Trajektorium*.[829] *Cogent Moment* (Entscheidungsmoment) ist die Zeitspanne, innerhalb derer eine Koalition interne oder externe Veränderungen feststellen kann, und darauf reagieren kann. Es bestehen große Unterschiede in der *Persistenz* von Koalitionen, von sehr instabil / kurzlebig, bis sehr langlebig.[830] Was als lang oder kurz zu betrachten ist, ist abhängig vom *Cogent Moment*.[831]

5.2.4.7. Fascis - Keraunos

@:FASCIS

Lat.: *Fascis*:, Rutenbündel. Manifestes (sichtbares, greifbares, und fühlbares) Symbol der *Koerxion* des römischen *exercitum*. -> *Faschismus*. Es war ein Bündel von Stäben, die mit einem Leder-Riemen mehrfach (*recursiv*) umwickelt waren,[832] und aus denen ein Beil herausragte, auch *Liktorenbündel* genannt. Die Römische Macht war wesentlich ein Macht-I System. Das *Fascis* als druckbares Symbol kann so dargestellt werden:

|||<)

Mit dem Faschismus des 20. Jh. wurden verstärkt Macht-II Techniken angewandt. Daher können wir diese Macht-I / Macht-II Kombination mit dem Doppelbeil / Doppel-Axt des {altgriechischen / altweltlichen} Symbols des *Keraunos* {assoziieren / äquivalenzieren}.[833] Das Formelzeichen des Keraunos ist:

(>|||<)

Unmittelbar verbunden mit *Fascis* (Rutenbündel) ist das Wort: *Fascinum*: Die Rute.[834]

5.2.4.8. Koordination - Organisation

@:KOORDINATION

Das *Räumliche* und *Zeitliche* Verhältnis (*logos*, *ratio*) der Anordnung und Handlungen der Konstituenten einer Koalition, zwecks gemeinsamen Wirkens. Auch *Organisation* genannt.

---

829 Salthe (1985-1993)

830 z.B. der Unterschied in der Persistenz einer Eintagsfliege, eines Menschen, oder einer Kultur.

831 Salthe (1985-1993)

832 religare -> Religio ->:RELIGIO, p. 290

833 Dechend (1977), ->:KERAUNOS, p. 343

834 Dazu Martin Luthers *fasz*inierender Aphorismus: Ist die Rut' gut, tut's der Fut gut.

Noologie, Teil IV: Natürliche Führerschaft und Charisma.

What They Can't Teach You at Harvard Business School

@:NOO_CHARISMA

Vorwort

Dieser Teil der Noo-Serie ist in der augenblicklichen Fassung eine Inhalts-Programmatik für eine spätere ausführliche Schrift, wie die Handlungs- und Macht-Theorien von Teil I bis III in einem Modell der Führerschaft weiter geführt werden können. Hier sollen die Verbindungen der "Macht mit sanfter Hand", der emotionalen, empathischen Intelligenz, und des Charisma anhand praktischer Anwendungsbeispiele und als Führungstheorie ausgearbeitet werden.

1. Einführung: Die Situation der Führerschaft in Deutschland

Deutschland hat aufgrund bestimmter geschichtlicher Umstände ein "spanngsreiches" Verhältnis zu dem sozial-politischen Thema der "Elite". Man kann das deutsche Stimmungstief zu Beginn des 21. Jh.'s auch als eine "Krise der Eliten" bezeichnen. Dies wurde z.b. unlängst (Mai 2004) sogar von einem der höchsten Repräsentanten deutscher Politik kritisch bemerkt, und zwar in der Abschiedsrede von Ex-Bundespräsident Johannes Rau. Generisch kann man "Elite(n)" als "Führungsschicht(en)" bezeichnen. Hier soll insbesondere das Spannungsfeld von *institutioneller* und *natürlicher* Führung behandelt werden. "Natürliche Führerschaft" oder Charisma ist so etwas wie "der Stein der Weisen" der Führung, denn man kann vieles zu und über Führerschaft lernen, trainieren, und im Assessment Center testen, aber Charisma gehört nicht in diese Kategorie. "What They Can't Teach You at Harvard Business School" kann man dazu mit einen einstmals bekannten Management-Beratungs-Buchtitel paraphrasieren. Das Thema des Charisma wurde in der Soziologie durch eine Diktion von Max Weber bekannt. Gerade in Deutschland hat man aufgrund schlechter historischer Erfahrungen mit "Führer"-Charisma besondere Probleme. Das hat aber anscheinend dazu geführt, dass sich eine Art Anti-"Führer"-Charisma-Unkultur in den deutschen Eliten festgesetzt hat.

Oswald Spengler: Die Prinzipien der sozio-kybernetischen Theorie

@:OSWALD_SPENGLER

Es war hauptsächlich Oswald Spengler, der in seinen Studien einige der essentiellen Elemente der "natürlichen Führerschaft" und des "Charisma" herausgearbeitet hat. Die vorliegende Schrift beruht u.a. auf einer Kenntnis vor allem der wissenschaftlich nicht rezipierten Passagen in den Werken Spenglers.

Oswald Spengler ist so etwas wie der große Dr. Jeckyll und Mr. Hyde der Geschichtsphilosophie. Sein Lebenswerk ist heute praktisch nur noch für die Thesen und Theorien bekannt, in denen er sich irrte, und seine viel tiefer und weiter reichenden Entwürfe sind völlig vergessen. Der Grund dafür ist leicht zu finden: In den letzten 50 Jahren hat kaum noch jemand seine Schriften in Gänze gelesen, und alle, die über ihn schrieben, haben sich an einem Geschichtsbild und -Denken orientiert, das dem Denk-, Ideologie- und Macht-Konstellations-System (der political correctness) der Nachkriegszeit (bürgerlich-freiheitlich-demokratischer, oder marxistischer Provenienz) entstammt. Und unter diesem Bild lassen sich die Irrungen und Wirrungen Spenglers leicht aufzählen: seine bekannte falsche morphologische Kulturtheorie von pflanzenartigen, bodenverwachsenen Kultur-"Organismen", seine These von der zwingend gleichen Phasenfolge der Kulturentwicklungen in allen Weltregionen, ihr natur-gesetzlich-zwingendes Aufblühen, Entfalten, und Absterben, ihre strikte Isolation, und damit äquivalent, ihr Quasi-Parallelismus quer durch die Jahrtausende, in dem sie immer wieder dieselben Stufen und Ausformungen durchlaufen. Beispielhaft für diese Einschätzung ist die Kritik von Jaspers (1955: 264), oder das Nachwort von Koktanek "Oswald Spengler in unserer Zeit" in (Spengler 1980: 1250-1296), oder das Buch von Felken (1988).

Die visionären Beiträge Spenglers wurden dabei wohl übersehen. Ein weiterer wesentlicher Grund dieser Fehleinschätzung ist, daß das morphologische Denken als (mögliche) Kulturtechnologie verlorengegangen ist. Natürlich waren die Kulturmorphologen Frobenius und Spengler in einem Denk- und Wertesystem der Jahrhundertwende befangen, das nach 1945 "zum alten Eisen" gehörte, und da sie einer gewissen Deutschtümelei anhingen, war ihre Denkweise nachher auch nicht mehr "politically correct". Jaspers (1955: 264) drückt es wohl ganz präzise aus: "Morphologische Gestaltfolgen werden kausal aufgefaßt". Nur wer versteht hier wen nicht? Nach Spengler war niemand mehr in der Lage, morphologische Gestaltfolgen auch morphologisch interpretieren. Denn Spengler hat es ausdrücklich klar genug gemacht, dass Morphologisches Denken einen ganz anderen Charakter hat, als kausal / rational basierendes. Aber um das genauer zu differenzieren, fehlte die geeignete Sprache, und so ist es leicht, morphologische Aussagen mit rationalistischer Brille zu fehl-interpretieren.

Wenn man seine Werke mit der entsprechenden Unterscheidung liest, können wir bei Spengler die wesentlichen Prinzipien einer sozio-kybernetischen Theorie schon vorweg-genommen finden. (Natürlich kann man ihn auch als Vorläufer heutiger soziobiologischer Theorien ansehen, wie etwa von Howard Bloom, aber das ist hier nicht beabsichtigt).[835] Man muß nur einige seiner Schlüsselworte, die wie Fußangeln zur Fehl-Interpretation einladen, entschärfen. Das gefährlichste Schlüsselwort ist der Begriff der *Rasse*: So wie er es gebraucht, hat *Rasse* nichts mit Biologie und Darwinismus zu tun, sondern sie ist ein *kulturelles Phänomen*, dessen hervorstechende Charakteristik er mit dem Begriff *Takt* assoziiert. Und Takt ist wiederum eine Erscheinung aus der Phänomenologie der *Neuronalen Resonanz*. Was Spenglers Missverständnis des "Faustischen" bei Goethe angeht, das habe ich in Teil II ausführlich behandelt.[836]

---

835 ->:HOWARD_BLOOM, p. 364

836 ->:NEUR_RESONANCE, p. 203; ->:GOETHEFAUST, p. 231

Die folgenden Zitate sind aus Spengler (1980).

Aber während die Antike, an der Spitze das Forum von Rom, die Volksmasse zu einem sichtbaren und dichten Körper zusammenzog, um ihn zu zwingen, von seinen Rechten den Gebrauch zu machen, den man wollte, schuf "gleichzeitig" die europäisch-amerikanische Politik durch die Presse ein Kraftfeld von geistigen und Geldspannungen über die ganze Erde hin, in das jeder einzelne eingeordnet ist, ohne daß es ihm zum Bewußtsein kommt, so daß er denken, wollen und handeln muß, wie es irgendwo in der Ferne eine herrschende Persönlichkeit für zweckmäßig hält. Das ist Dynamik gegen Statik, faustisches gegen apollinisches Weltgefühl, das Pathos der dritten Dimension gegen die reine, sinnliche Gegenwart. Man spricht nicht von Mann zu Mann; die Presse und in Verbindung mit ihr der elektrische Nachrichtendienst halten das Wachsein ganzer Völker und Kontinente unter dem betäubenden Trommelfeuer von Sätzen, Schlagworten, Standpunkten, Szenen, Gefühlen, Tag für Tag, Jahr für Jahr, so daß jedes Ich zur bloßen Funktion eines ungeheuren geistigen Etwas wird. Das Geld nimmt seinen politischen Weg nicht als Metall aus einer Hand in die andre. Es verwandelt sich nicht in Spiele und Wein. Es wird in Kraft umgesetzt und bestimmt durch seine Menge die Intensität dieser Bearbeitung.

(1137-1138)

Die Demokratie hat das Buch aus dem Geistesleben der Volksmassen vollständig durch die Zeitung verdrängt. Die Bücherwelt mit ihrem Reichtum an Gesichtspunkten, die das Denken zur Auswahl und Kritik nötigte, ist nur noch für enge Kreise ein wirklicher Besitz. Das Volk liest die eine, "seine" Zeitung, die in Millionen Exemplaren täglich in alle Häuser dringt, die Geister vom frühen Morgen an in ihren Bahn zieht, durch ihre Anlage die Bücher in Vergessenheit bringt, und, wenn eins oder das andre doch einmal in den Gesichtskreis tritt, seine Wirkung durch eine vorweggenommene Kritik ausschaltet.

(1139)

Geld ist zuletzt die Form von geistiger Energie, in welcher der Herrscherwille, die politische, soziale, technische, gedankliche Gestaltungskraft, die Sehnsucht nach einem Leben von großem Zuschnitt zusammengefaßt sind. Shaw hat vollkommen recht: "Die allgemeine Achtung vor dem Gelde ist die einzige hoffnungsvolle Tatsache in unserer Zivilisation... Geld und Leben sind unzertrennlich... Geld ist das Leben."(1) Zivilisation bezeichnet also die Stufe einer Kultur, auf welcher Tradition und Persönlichkeit ihre unmittelbare Geltung verloren haben und jede Idee zunächst in Geld umgedacht werden muß, um verwirklicht zu werden. Am Anfang war man begütert, weil man mächtig war. Jetzt ist man mächtig, weil man Geld hat. Erst das Geld erhebt den Geist auf den Thron. Demokratie ist die vollendete Gleichsetzung von Geld und politischer Macht.

(3) Es steht mit dem bürgerlichen Ideal der Freiheit nicht anders. In der Theorie und also auch in Verfassungen mag man grundsätzlich frei sein. Im wirklichen Privatleben der Städte ist man unabhängig nur durch das Geld.

[1] Vorwort zu "Major Barbara".

(1167)

Weltwirtschaft ist die zur Tatsache gewordene Wirtschaft in abstrakten, vom Boden völlig fortgedachten, verflüssigten Werten.

(1167-1168)

Die Erfindung des klassisch geformten Geldkörpers aber ist so außerordentlich, daß wir seine tiefe, rein antike Bedeutung noch gar nicht begriffen haben. Wir halten ihn für eine jener berühmten "Errungenschaften der Menschheit". ... Die Münze als Geld ist eine rein antike Erscheinung und nur in einer ganz euklidisch gedachten Umgebung möglich; ...

(1169-1170)

Aber daneben hat das Abendland in starrer Bewunderung der Antike Münzen geprägt, nicht nur als Hoheitszeichen, sondern in dem Glauben, daß das bewiesenes Geld sei, dem Wirtschaftsdenken wirklich entsprechendes Geld. Ganz ebenso ist schon in gotischer Zeit das römische Recht übernommen worden mit seiner Gleichsetzung von Sache und körperlicher Größe, und die euklidische Mathematik, die auf dem Begriff der Zahl als Größe aufgebaut war. So kam es, daß die Entwicklung dieser drei geistigen Formenwelten sich nicht wie die der faustischen Musik in rein aufblühender Entfaltung vollzog, sondern in Gestalt einer fortschreitenden Emanzipation vom Größenbegriff.

(1175)

Die Banken und damit die Börsen haben sich seit 1789 am Kreditbedürfnis der ins Ungeheure wachsenden Industrie zur eigenen Macht entwickelt und sie wollen, wie das Geld in allen Zivilisationen, die einzige Macht sein. Das uralte Ringen zwischen erzeugender und erobernder Wirtschaft erhebt sich zu einem schweigenden Riesenkampf der Geister, der auf dem Boden der Weltstädte ausgefochten wird. Es ist der Verzweiflungskampf des technischen Denkens um seine Freiheit gegenüber dem Denken in Geld.(1)

[1] Dies gewaltige Ringen einer sehr kleinen Zahl stahlharter Rassenmenschen von ungeheurem Verstand, wovon der einfache Städter weder etwas sieht noch versteht, läßt von fern betrachtet, welthistorisch also, den bloßen Interessenkampf zwischen Unternehmertum und Arbeitersozialismus zur flachen Bedeutungslosigkeit herabsinken. Die Arbeiterbewegung ist, was ihre Führer aus ihr machen, und der Haß gegen die Inhaber der industriellen Führerarbeit hat sie längst in den Dienst der Börse gestellt. Der praktische Kommunismus mit seinem "Klassenkampf", einer heute längst veralteten und unecht gewordenen Phrase, ist nichts als ein zuverlässiger Diener des Großkapitals, das ihn wohl zu benützen weiß.

(1192)

2. Natürliche Führerschaft und Charisma

Definition, ihre Wiedererweckung in einer Welt im Umbruch. Die Grossen Traditionen der Natürlichen Führerschaft. Geschichtliche Beispiele. Heute und Ausblicke in die Zukunft.

Das Gottkönigtum der Altwelt-Menschheit. Die Arbeiten von Julius Evola zur spirituellen Legitimation der Herrschaft. Das Chinesische Kaisertum und das Mandat des Himmels. Seine letzten Rudimente im Japanischen Kaisertum. Das Römische Gottkaisertum und seine Aufspaltung in politische und geistige Führung im Christlichen Abendland. Mohammed und die Begründung des arabisch-islamischen Khalifats (siehe auch die folgenden Kapitel). Versuche zur Wieder-Vereinigung der politischen und geistigen Führung in der Geschichte des Abendlands als Antwort auf die islamische Herausforderung. Die Staufer-Kaiser, die Renaissance-Päpste, die grossen Mönchsorden der Christenheit: Benediktiner, Zisterzienser, Franziskaner, Jesuiten und ihre charismatischen Gründer. Der Jesuiten-Orden als Spiegelbild islamischer Krieger-Orden: Murabatim, Mameluken und Janitscharen. Max Weber und die Ablösung der spirituell- charismatischen Führerschaft durch die institutionell- hierarchisch-organisatorisch- technokratische. Die Untergänge der alteuropäischen Zivilisation von der Französischen Revolution bis zu den 1.&2. Weltkriegen als Fanal / Final. Julius Evola, Oswald Spengler, und die neuzeitlichen Ansätze zur Re-Institution der charismatischen Führerschaft: Faschismus, Mussolini, Hitler und ihre Folgen. Neu-Ansätze der spirituellen Legitimation der Führerschaft: Mutter Theresa, Karol Wojtyla, und die Wiederkunft des Machtpolitik-Papsttums. Ayatolla Khomeini und die Wiederkunft des Islamischen Khalifats. Die Buddhistische Tradition der Spirituellen Führerschaft, Mönchstum und Gottkönigtum, Tulkus, Rinpoches, und der Dalai Lama. New-Age Gurus, Charisma, Sex und Macht. Macht und Herrschaft statt aus den Läufen der Gewehre nun über die Bildschirme der Fernseher und Computer: Technokratie, Mediokratie und Weltherrschaft. Das Imperium von IBM und "veni vidi vici", das Kommen des Gross-Usurpators Bill Gates. Die neuen Kampfzonen des dritten Weltkriegs: Maschinen- und Denk-Software: Computer-Viren, Informationskrieg und der Global-Kampf der Glaubens- und Religions-Systeme.

3. Die fehlende soziale Qualität der natürlichen Führerschaft

Die heutige Zivilisationskrise als Krise der Eliten

Die Auswahlverfahren, Arbeitsweisen, und Denkhorizonte, Verantwortungs- und Maximierungs-Strategien heutiger Politiker und Manager. Warum der Niedergang der Natürlichen Führerschaft die Gefahr des Zusammenbruchs der Zivilisation birgt. Lähmende Folgen der Isolation der universitären Elite von der politischen und wirtschaftlichen. Das Spannungsfeld zwischen Faktenwissen und Handlungsfähigkeit, von rational-kognitiver und emotional-empathischer sozialer Intelligenz. Die Überkomplexität wissenschaftlich-technischer Sachverhalte und Auswirkungen als Bremsfaktor der Entscheidungsfindung. Die ethische Korruption heutiger Macht-Eliten. Der Niedergang der Natürlichen Führerschaft in Deutschland. Die grosse Vision und der Fluch des preussischen Staates. Die Vernichtung der Natürlichen Führerschaft als Folge der Nazi-Herrschaft.

4. Anti-Charisma und genetische Programmierung

Der "Untergang der Abendländischen Zivilisation": Systematische Gründe und genetische Programmierung.

Einige Gedanken zur heutigen Konfrontation westlicher und islamischer Kulturen. Wichtige Vorbemerkung: Der Islam ist zwar auch eine Religion, aber im vorliegenden Kontext wird hauptsächlich seine Eigenschaft als Instrument und Agentium der sozio-politischen Praxis betrachtet. Das ist nicht immer und nicht notwendigerweise aus dem Inhalt des Koran abzuleiten.[837] Die zwei grossen Traditionen des islamischen charismatischen Führertums: Das Khalifat und die Shiitische Tradition der Nachkommen Ali's. Der Islam hat wie kein anderes soziales Grossexperiment der Menschheitsgeschichte die Verbindung spiritueller und politisch- / militärisch- / organisatorischer Führung mit solch unerbittlicher Konsequenz verfolgt, und zu solcher Höhe gebracht. Und deswegen stand das christliche Abend-Land schon mehrmals vor dem "Untergang", und es war sicher auch nicht das letzte Mal. Die heutige Macht-Politik der USA unterstützt einerseits die reaktionärsten Kräfte der islamischen Welt (z.B. die wahhabitischen Saudi-Herrscher) mit Billionen von Petro-Dollars und fordert gleichzeitig mit militärischen Macht-Konfrontationen die radikal-islamischen Kräfte heraus. Dies wird mit grosser Wahrscheinlichkeit genau den entgegengesetzten Erfolg haben, den es bezweckt: Es wird den "schlafenden Giganten" des islamisch-arabischen Khalifats, der "wahren charismatischen Führerschaft" wieder erwecken, und alle "Wahren Gäubigen" zum "Finalen Djihad" aufrufen. In biblischer Version ist das das Armaggedon. Die Muslime haben mehr Erfahrung mit charismatischen Führertum als der christliche Westen (siehe nächster Abschnitt). Und es wird sich noch zeigen, was auf den Schlachtfeldern des "asymmetrischen Krieges" der letztlich entscheidende Faktor sein wird: Ferngelenkte Smart Bombs oder "wirklich" intelligente, mit Atom- / Chemie- / Biologie-Waffen ausgestattete, zu allem entschlossene Gottes-Krieger, denen der eigene oder andere Massentod völlig gleichgültig ist. Die komplexe westliche Zivilisation ist im irregulären Krieg sehr viel verwundbarer als die "self-sufficient" Nomadenkulturen, in denen der Islam einmal entstanden ist. Und wenn erst einmal der Planet eine atomar verstrahle Wüste ist, können sich auch die alten Nomaden-Tugenden wieder bestens bewähren.[838]

---

837 Weiteres Material zu meiner Einschätzung des Islam ist unter:
->:CHARISMA_ISLAM, p. 194; ->:ISLAM, p. 327

838 So ähnlich hat es Frank Herbert mit seinem "Dune"-Epos für eine nicht mehr allzu ferne Zukunft dargestellt.

5. Wer die Geschichte nicht kennt, ist gezwungen sie zu wiederholen.

Georges Santayana and The Lessons of History: Eine "spirituelle" Idee als das grösste eugenische Langzeit-Massen-Experiment im Jahre 1400 vor Adolf. Als Benedikt von Nursia sein mönchisches Programm im Jahre 527 installierte, setzte er zwar einen wesentlichen Grundstein für den spirituellen und organisatorischen Aufstieg Europas. Aber er setzte damit auch ein fatales genetisches Anti-Selektions-Programm in Bewegung. Aufgrund des Massenerfolges der Mönchsbewegung und dem damit essentiell verbundenen christlichen Zölibat wurde in den folgenden 1300 Jahren in Europa mit sehr folgenreichem Erfolg das genetische Potential spirituell und politisch gleichzeitig begabter Menschen aus der Gesamtbevölkerung herausselektiert.

Eine der grossen Tragödien der Menschheitsgeschichte: Was wir heute aus dem Untergang der Buddhistischen Sonnenreiche lernen können, die sich von 200 BC bis ca. 1000 CE von Zentral-Asien, Kushan und Baktrien, über Indien, bis Java und Sumatra erstreckten. Von den Wolkenmädchen zu Purdah und Schleierzwang: Die Zerstörung eines Weltreiches der Toleranz und der Lebens-Leichtigkeit durch den Islamischen Djihad. Die Zivilisations-Untergänge der zentral-asiatischen Seidenstrassen-Kulturen, Dunhuang, Mogao, Bamyian, über Khajurao bis Borobudhur, und ihre heutigen Nachfolger, die nur den einen, exklusiven, und einzig wahren Glauben dulden. Das Symbol-Ereignis: Die Sprengung der Buddha-Statuen von Bamyian durch die Taliban. Das Mönchstum, das den Aufstieg der Buddhistischen Zivilisationen begründet hatte, ist auch eine genetische (Mit-) Ursache für ihren Untergang: Aufsaugen und Eliminieren des spirituell-politischen Potentials durch Selbst-Sterilisation der Elite. Das genetische Kontrast-Programm des Islam: hunderte Frauen (und tausende Kinder) in den Harems der politisch Mächtigen. Zwar sind die Rekorde der Ober-Potenz-Potentaten der Vergangenheit wohl heute kaum noch zu überbieten,[839] aber es lässt sich feststellen, dass in Saudi-Arabien die Königsfamilie mit ihren leiblichen Nachkommen die gesamte Herrschafts-Struktur ihres Landes unter sich aufgeteilt hat. Das sorgt dann für den entsprechenden sozialen Sprengstoff, weil alle anderen jungen Saudis in dieser Struktur keine Aufstiegschance haben.

[839] Der Harem ist auch keine Erfindung der islamischen Gesellschaften, sondern kam in praktisch allen patriarchalischen despotischen Systemen der Menschheit vor. Aber in islamischen Gesellschaften haben sich diese Formen eben noch am längsten gehalten. Siehe: Matt Ridley: "The Red Queen".

6. Das Quartett der Zeitbomben

Oder: Die Vier Apokalyptischen Reiter des Untergangs.

Auf dieser Stufe beginnt in allen Zivilisationen das mehrhundertjährige Stadium einer entsetzlichen Entvölkerung. Die ganze Pyramide des kulturfähigen Menschentums verschwindet. Sie wird von der Spitze herab abgebaut, zuerst die Weltstädte, dann die Provinzstädte, endlich das Land, das durch die über alles Maß anwachsende Landflucht seiner besten Bevölkerung eine Zeitlang das Leerwerden der Städte verzögert. Nur das primitive Blut bleibt zuletzt übrig, aber seiner starken und zukunftreichen Elemente beraubt. Es entsteht der Typus des Fellachen.

Spengler (1980, 681)

Die Vier Apokalyptischen Reiter des Untergangs manifestieren sich als die folgenden Global-Phänomene:

1) Die ökologische Zerstörung der Biosphäre durch Global-Hyper-Kapitalismus.
2) Die galloppierende Vergreisung der westlich-abendländischen Bevölkerungen.
3) Die rapide weiter zunehmende Versteppung und Verwüstung der hauptsächlichen islamischen Kernterritorien. In Folge Wasserknappheit und Kriege um Wasser-Ressourcen. Im Epizentrum des Konfliktgebiets: Israel und Palästina.
4) Die gleichzeitig weiter explodierende Bevölkerung in diesen Gebieten. Hunderte von Millionen unzufriedener verzweifelter junger Männer auf der Suche nach den gelobten Ländern, wo sie ihre weiter explodierende Nachkommenschaft aufziehen können.

Die klare Stossrichtung der Expansion: Europa. Daraus folgt: Das Armaggedon ist in den nächsten ca. 50 Jahren zu erwarten.

7. Ausblicke und Lösungsansätze

Nach den vorangegangenen eher katastrophisch angehauchten Szenarien ist es Zeit, die Marschrichtung umzukehren. Erstens ist es das Privileg jeder Kultur- / Macht- / Polit- / Religions-historischen Theorie, schon nach ein bis zwei Generationen als völlig falsch erkannt zu werden da, anders als in der Naturwissenschaft, kein Experiment wiederholt werden kann, und vor allem weil diejenigen, die sich die Experimente und Theorien ausdenken, meist nicht die sind, die sie dann in die Tat umsetzen. Siehe dazu die katastrophalen Folgen der Aufklärung in der Französischen Revolution, von Marx und dem Kommunismus, sowie die Arbeiten von Evola und Spengler und dem Faschismus.

Wie in den folgenden Kapiteln erläutert wird, liefern uns heutige wissenschaftliche Chaos-Theorie- und Thermodynamik-Modelle (cum grano salis) neue Interpretations- und Erklärungsmöglichkeiten, die früheren Politik- und Gesellschaftswissenschaftlern nicht zur Verfügung standen. Zu Recht kommen uns daher heute die grossen Geschichtsmodelle von Vico, Spengler, Toynbee, Jaspers, und allen weniger bekannten Interpreten des Gross-Dramas der Weltgeschichte etwas altbacken vor. Chaos-Theorie- und Thermodynamik-Modelle lassen sich hervorragend auf die komplex interagierenden Formen anwenden, die in so verwirrenden Faktoren erscheinen, wie menschliche und natürliche Fruchtbarkeit, soziale Permissivität und Rigidität, und wie sie im augenblicklich erscheinenden Kampf der Kulturen (nach Huntingdon) über die Einzelschicksale von Menschen, Nationen und Religionsgemeinschaften zum Grossdrama der Weltgeschichte ausgespielt werden. Lev Gumilev hat hier grundlegende Vorarbeit geleistet.

Vom Islam lernen: Spirituelle Essentials im täglichen Leben

Die Re-Integration gewisser spiritueller Essentials in das tägliche Leben.

Es ist irrelevant, zu welchem Gott man wie betet, Hauptsache man tut es ca. 5 mal am Tag, regelmässig, und alle anderen tun es auch. Das regelmässige Beten des Islam als sozio-hygienische Prozedur ist eine Erweiterung und Verbesserung des jüdischen Prinzips des Sabbath. Es lässt sich auch so ausdrücken: Das Ruhen der profanen Aktivitäten zu ganz bestimmten geregelten Zeiten wirkte für die Integration der Gesamtgesellschaft wie die Pfeiler einer Kathedrale, nur mit dem Unterschied, dass sie aus "Nichts" bestehen, bzw. aus der Umkehrung des Materiellen, was man auch "das Spirituelle" nennen mag, wenn man will. Die mehrfache Verneigung ist auch ohne Beten zu einem Gott als spirituelle Technik sehr wirksam. Im indischen Yoga existiert z.B. die Übung der Surya Namaskar, der "Sonnengruss", die eine ähnliche spirituelle Wirkung hat, wie die islamischen Verbeugungen, und sie ist auch gut geeignet für ganz profane physische Konditionierung. Ebenso gibt es im Tibetischen Buddhismus ähnliche Übungen. Die strikte und regelmässige Unterbrechung der gehetzten Denk- und Handlungsmuster mit einer spirituellen Übunng würde in unseren industriellen Gesellschaften innerhalb kurzer Zeit sehr segensreiche Auswirkungen haben. Ein weiteres wichtiges Element ist der Islamische Umgang mit der Zins-Akkumulation, die eins der grössten Probleme der heutigen kapitalistischen Welt darstellt. So könnten einige wohltuende Anleihen beim Islam auch die alte Feindschaft der Kulturen auflösen und zur nachhaltigen Besserung der Situation der Menschheit beitragen.

8. Führerschaft, Mythologie, Ordnung und Thermodynamik

Die Kämpfe von Chaos gegen Kosmos. Kosmogonien und Urwelt-Schlachten. Der temporäre Sieg von Recht und Ordnung.

Altweltliche Mythologie und Moderne Chaos-Theorie. Thermodynamik, Evolution und Emergenz. Die Mühle des Hamlet. Hertha v. Dechend und die "Achse des Kosmos". Lev Gumilev: "Ethnogenesis and the Biosphere", 198:

... "lightning is energy, in my language anti-entropic impulses that with their rise disrupt the processes of death, the entropy of the Universe. Force, the cause provoking acceleration, saves Cosmos from conversion into Chaos, and the name of this force is Life. But in the eternal war of the protogenic elements, the servants of Kronos, the hundred-handed giants or asura (Sanskrit), lose nothing because they have nothing to lose. Kronos changed their appearance every second, and so deprived them of personal qualities and properties."

In diesem Kapitel sollen einige der weiter reichenden Implikation dieser Theorien für das künftige Sozio- / Politico- / Spiritual- Engineering beleuchtet werden, welches das lernbare Grund- Hand-Werks- Zeug künftiger Eliten darstellen kann, deren Hintergrundwissen die "Natürliche Führerschaft" und das Charisma integriert hat.

Noologie, Teil V: Materialien und Texte

@:NOO_BITS

1. Zitate / Personen

1.1. Die ironische Erkenntnistheorie des Karl Valentin

@:IRONIC_EPISTEMOLOGY

Das Prinzip der ironischen Erkenntnistheorie wurde von Karl Valentin so ausgedrückt: "Nichts genaues weiss man nicht".

1.2. Parmenides: Vom Wesen des Seienden

@:PARMENIDES_SCHRIFT

Parmenides (1974)

B1

Die Pferde, die mich fahren so weit nur der Wille dringt,
zogen voran, da sie mich auf der Göttin vielkündenden Weg
gebracht hatten, der den wissenden Mann durch alle Städte führt.
Auf diesem Weg fuhr ich; denn dort fuhren mich die kundigen Pferde
den Wagen fortreißend; und Mädchen lenkten die Fahrt.
Die Achse in den Naben gab einen hellen Pfeifton,
glühend; so ward sie getrieben von zwei wirbelnden
Rädern zu beiden Seiten, wenn schleuniger sich beeilten
die Sonnentöchter, mich voranzufahren,
hinter sich lassend das Haus der Nacht,
dem Lichte zu, stoßend vom Kopf mit der Hand den Schleier.

Dort ist das Tor der Wege von Nacht und Tag,
und ein Türsturz umschließt es und steinerne Schwelle.
Das Tor selbst, aus Ätherlicht, ist ausgefüllt von großen Türflügeln.
Zu diesem Tor aber hat Dike, die vergeltende,
die ein- und auslassenden Schlüssel.
Ihr nun sprachen die Mädchen zu mit sanften Worten
und beredeten sie klug, daß sie ihnen den mit Bolzen versehenen Riegel
geschwind vom Tor zurückschöbe. Das aber flog auf und
machte weit den Schlund der Türflügel, indem es die erz-beschlagenen
Pfosten, mit Zapfen und Dornen eingefügt, nacheinander
in den Pfannen drehte. Dort also mitten hindurch
gerade dem Wege nach lenkten die Mädchen Wagen und Pferde.
...
Es ist für mich das Gleiche,
von wo ich anfange; denn dahin kehre ich wieder.

B2

Ich werde also vortragen - du aber nimm dich der Rede an, die du hörst -
welche Wege des Untersuchens allein zu erkennen sind.

Der eine, (der da lautet) "es ist, und Sein ist notwendig",
ist der Weg der Überzeugung; denn sie folgt der Evidenz.
Der andere, (der da lautet) "es ist nicht, und Nicht-Sein ist notwendig",
der ist, wie ich dir zeige, ein völlig unerfahrbarer Weg;
denn das Nicht-Seinende kannst du weder erkennen -
denn das läßt sich nicht verwirklichen -
noch aufzeigen. ...
B3
Denn dasselbe ist Erkennen und Sein. "to gar auto noein estin te kai einai"
B6
Richtig ist, das zu sagen und zu denken, daß Seiendes ist;
denn das kann sein;
Nichts ist nicht: Das heiße ich dich bedenken.
Denn zuerst halte dich von dem Weg des Suchens fern ...
...
Es ist oder es ist nicht.
...
Dasselbe aber ist Erkennen und das, woraufhin Erkenntnis ist.
Denn nicht ohne das Seiende, in welchem es ausgesprochen ist,
wirst du das Erkennen finden. Denn nichts anderes ist oder wird sein
außer dem Seienden, weil Moira es gebunden hat. ...

1.3. Dark Energy

@:DARK_ENERGY

repulsive force that opposes the self-attraction of matter (see gravitation) and causes the expansion of the universe to accelerate. The search for dark energy was triggered by the discovery (1998) in images from the Hubble Space Telescope of a distant supernova that implied an accelerating, expanding universe, which in turn required a new cosmological model (see cosmology). Although dark energy is predicted in particle physics, it has never been directly observed. It is generally agreed, however, that dark energy dominates the universe, which is projected to have a composition of c.70% dark energy, c.30% dark matter, and c.0.5% bright stars.

The concept of dark energy was first proposed, and then discarded, by Albert Einstein early in the 20th cent. His theory of general relativity implied that the pull of gravity would make the universe collapse, but, like many scientists of his time, he assumed the universe to be static and unchanging. To make his equations fit these assumptions, Einstein added a “cosmological constant” whose effect was repulsive. When American astronomer Edwin Hubble discovered that the universe was expanding, it was assumed that the universe must be slowing down because of gravity and might even come to a halt. This led Einstein to remove the cosmological constant from his equations and to say that it had been the biggest blunder of his career.

1.4. Dark Matter

@:DARK_MATTER

The Columbia Encyclopedia, Sixth Edition. Copyright © 2004 Columbia University Press.

material that is believed to make up (along with dark energy) more than 90% of the mass of the universe but is not readily visible because it neither emits nor reflects electromagnetic radiation, such as light or radio signals. Its existence would explain gravitational anomalies seen in the motion and distribution of galaxies. Dark matter can be detected only indirectly, e.g., through the bending of light rays from distant stars by its gravity.

Dark matter may consist of dust, planets, intergalactic gas formed of ordinary matter, or of MACHOs [Massive Astrophysical Compact Halo Objects], nonluminous bodies such as burned-out stars, black holes, and brown dwarfs; these are the so-called hot dark matter and would be dispersed uniformly throughout the universe. The discovery in 2001 of a large concentration of white dwarf stars in the halo surrounding the Milky Way indicates that these burned-out stars could represent as much as a third of the dark matter in the universe.

Other theories hold that it is made of elementary particles that played a key role in the formation of the universe, possibly the low-mass neutrino or theoretical particles called axions and WIMPs [Weakly Interacting Massive Particles]; these are the so-called cold dark matter and would be found in clumps throughout the universe.

...

See also interstellar matter.

See R. Morris, Cosmic Questions: Galactic Halos, Cold Dark Matter and the End of Time (1995); T. Van Flandern, Dark Matter, Missing Planets, and New Comets (2d ed. 1998); M. Hawkins, Hunting Down the Universe: The Missing Mass, Primordial Black Holes and Other Dark Matters (1999).

1.5. The Illuminati

@:THE_ILLUMINATI

http://a-albionic.com/pub/vendor/a-albionic/gopher/conspiracy/illuminati/illuminati.txt
Provided courtesy of A-albionic Research, PO Box 20273, Ferndale, MI 48220
fax 313-885-1181
e-mail: jhdaugh@mail.msen.com

...

Goethe and Herder were at times members of the Bavarian Illuminati, and not only the Duke of Gotha, but also the Dukes of Weimar and Brunswick, of course since it was Jesuitic in form and heavily anti-Jesuitic in everything else...

At the end of 19th century the Illuminati-phobia was promoted and used by the "Protokolle der Weisen von Zion" ["Protocols of the Elders of Zion"] rsp. the literary Vorlage, a French anti-Napoleonic fiction, and later by Ludendorff. So the Illuminati-phobia became closely connected with Fascism's conspiracy theories.

The Illuminati no longer exist, but they influenced methods of political conspiracy in 19th century and put the fear of a conspiracy of masons, Jews, etc. in the views of the extreme right.

Informative is the Article Illuminaten in the Theologische Realenzyclopedie (TRE), the large forthcoming protestant encyclopedia, Bd.16,p.81-84, providing with the newest (serious!) literature.

Broader, but older, the article Illuminaten in Realenzyclopaedie fuer protestantische Theologie und Kirche, Bd.9, Leipzig 1901, p.61-68, mentioning the Spanish Alumbrados as using the same name and existing later in France. The Realenzyclopaedie 3rd Edition is a very serious work of late 19th century Historical Research and of course from the viewpoint of German Kulturprotestantism.

Sources could be found sub Knigge and Weishaupt in Wolfsohns Freimaurerbibliographie, Vienna (20's or early 30's). Useful is the Internationales Freimaurerlexikon (Vienna 1932). Both Works are from a (low-degree) masonic viewpoint and esp the latter apologetic against Ludendorff's conspiracy theory.

Edited sources are: Jan Reichold (ed.): Die Illuminaten. Quellen und Texte zur Aufklaerungsideologie des Illuminatenordens, Berlin ((former) DDR) 1984, commentary part of course influenced by Marxism and GDR-ideology, but solid text edition.

Richard van Duelman: Der Geheimbund der Illuminaten, Stuttgart 1975.

If you haven't access to the lexica and could send me a Fax or snail-mail address, I could send you copies from the articles in question.

Roald A. Zellweger
Institut fuer Spezialforschungen
Platz der Goettinger Sieben 2
D-3400 Goettingen
phone : +49-551-39 7127
fax : +49-551-9 75 88
bitnet: RZELLWE@ibm.gwdg.de

1.6. Howard Bloom

@:HOWARD_BLOOM

Vieles verbindet die hier vorgestellten Gedankengänge und Ansätze mit den Arbeiten von Howard Bloom, dessen Buch-Titel "*The Lucifer Principle*" mit diesem kurzen, knappen Begriff die Kernprinzipien seines Denksystems umreißt. Über das Leitmotiv des *Lucifer Principle* ist es auch auf elegante Weise möglich, die subtilen Unterschiede zwischen den Kern-Prinzipien von Blooms Werk und der vorliegenden Arbeit zu umreißen und mit einem kurzen, knappen Begriff zu charakterisieren. Siehe: Bloom

(1995: xiii - 6). Weiter unten ist als Zitat ein kurzer Text von Bloom eingefügt, der das *Lucifer Principle* näher erklärt.

Fressen und Gefressenwerden, der direkte Austausch der Körpersubstanz der Organismen, ist die wichtigste Kommunikationsform in der Biosphäre.[840] Das ist aber nichts besonders Teuflisches, für das man extra den Luzifer herbeizitieren müßte. Bei Organismen niedriger Ordnung, deren Nervensystem keinen Schmerz in unserer Form kennt, kann man auch nicht von Grausamkeit im anthropomorphen Sinne sprechen. Etwas anderes ist Sterben und Töten bei höheren Tieren, und beim Menschen. Aber dies fällt schon in den Bereich von *Kultur. Die *Bestialität*, die Bloom mit dem Luzifer-Bild und den Beispielen in seinem Buch heraufbeschwört, sollte eher als Folge einer bestimmten kulturellen Krankheit angesehen werden, die die Menschen befallen hat (und die nur Menschen befallen kann), und die die Menschen dann wieder in die Natur hineinprojizieren. Solche Retro-Projektionen haben natürlich hauptsächlich den ideologischen Zweck, den Menschen bestimmte Herrschaftsformen als "natürlich" oder "natur-gesetzlich" unterzujubeln, und daher vollziehen Hobbes und seine soziobiologischen Nachfolger auch strikt eine politische Agenda. In biblischer Ausdrucksweise, ist das was Howard Bloom uns da vorführt, der Versuch einer *Austreibung des Teufels mit Beelzebub*. Diese alte Geschichte kennen wir aber schon zur Genüge:
http://www.noologie.de/desn26.htm

Biography

@:BLOOM_BIO

Extrakt aus der Biographie von Howard Bloom:
Bloom (1995: 182), http://www.howardbloom.net/bloombio.htm

Bloom worked with Michael Jackson, Prince, John Cougar Mellencamp, Kiss, Queen, Bette Midler, Billy Joel, Joan Jett, Diana Ross, Simon & Garfunkel, The Talking Heads, AC/DC, Billy Idol, Grandmaster Flash and the Furious Five, Run D.M.C., Simply Red, and the heads of many a media conglomerate. He was adept at spotting new subcultures, entering them, and helping their members achieve their goals... a skill which gave him an inside role in the rise of rap, disco, and punk rock.

The pinnacles of fame provided surprising scientific revelations. "When you're at the center of the sort of attention-storm which hits when you're working with a superstar," Bloom says, "it's as if the laws of physics change. Hormones charge you up in ways you never imagined. Time perception alters. You resolve crisis in minutes, seeing solutions instantly which previously would have taken you weeks.

"More important is the impact of a communal ritual like a rock concert. The star onstage is taken over by a self he doesn't know, one that seems to surge through him as if he were a length of empty pipe. The force of this strange passion welds the audience in an almost transcendent bond." Bloom's task was to first experience the exaltation, then to dissect it. "The model for this work," he says, "came from William James, who attempted to feel the ecstatic experience of mystics, then to probe it scientifically, a process which led to his 1902 book The Varieties of the Religious Experience."

---

840 ->:SEMIOSPHAERE, p. 128

Bloom's forays into power and its manipulations were also intense. "In the music and film industry everyone knew that money and career advancement were on the line. But few realized how deeply what they did affected the lives of millions, and even fewer felt the responsibility that demands. It was an amazing privilege to work as an equal with the entertainment industry's elite, many of whom I either had to woo or thwart to help my clients reach their audience with a message of genuine value. Some executives were master strategists but used their intelligence to increase their own stature, often at a brutal cost to others. Others were far more ethical. Yet even the best-intentioned employed boardroom and backroom tactics handed down from the politics of chimpanzees. Without knowing it, they used tricks of leadership we share with social animals from lizards and lobsters to baboons and mountain apes."

The Lucifer Principle

@:BLOOM_LUCIFER

The Lucifer Principle: A Scientific Expedition Into The Forces of History
by Howard Bloom
http://www.bookworld.com/lucifer/about.html

The Lucifer Principle is a book with a peculiar mission. Its goal is to provide the reader with a new way of looking at his world. The Lucifer Principle takes fresh data from a variety of sciences and shapes them into a perceptual lens, a tool with which to reinterpret the human experience. It attempts to offer a very different approach to the anatomy of the social organism, a new way of understanding the operation of its tendons, bones and joints.

In the process, The Lucifer Principle contends that "evil" is a by-product of nature's strategies for creation and is woven into our most basic biological fabric. This argument echoes a very old one. St. Paul proposed it when he put forth the doctrine of original sin. Thomas Hobbes resurrected it when he called the lot of man brutish and nasty. Anthropologist Raymond Dart brought it to the fore again when he interpreted fossil remains in Africa as evidence that man is a killer ape. Old as it is, the concept has often had revolutionary implications. Why? Because it has been the thread on which men like Hobbes and St. Paul have hung dramatic new visions of the world.

I've attempted to employ the subject of man's inborn "evil" like those who turned to the subject in the past--to offer up a restructuring of the way we see the business of being human. I've taken the conclusions of cutting-edge sciences--ethology, sociobiology, psychoneuroimmunology and the study of complex adaptive systems, among others--to suggest a new way of looking at culture, civilization, and the mysterious emotions of those who live inside the social beast. The goal is to open the path toward a new sociology, one which escapes the narrow boundaries of Durkheimeian, Weberian and Marxist concepts, theories that have proven invaluable to the study of mass human behavior while simultaneously entrapping it in orthodoxy.

The Lucifer Principle is organized as a dessert tray for the intellect. But is the tasting worth the effort? That's for you to say. I can only promise one small thing. When you've finished The Lucifer Principle, you are unlikely to see the daily events around you in the same old way again.

2. Humor

@:NOO_HUMOR

Der Humor bzw. das Lachen ist ebenfalls ein wichtiges Element der Noologie. In den sprirituellen Traditionen sind vor allem die Sufis und die jüdischen Mystiker für ihren Humor bekannt. Im christlichen Abendland gab man sich da eher moralin-sauer, und konzentrierte sich mehr auf das Leiden, und so ist dort in Puncto Humor nicht viel zu holen. Humor ist eine (fast) allen Menschen zugängliche, "kleine" Form der Transzendenz eingefahrener Denkmuster, und damit der Überwindung von Sperren und Einschränkungen, gewissermassen die Pera-Noesis "for the rest of us".[841] Hier sollen ein paar Themen der vorgegangenen Diskussion der Noologie mit Humor illustriert werden. Nicht umsonst ist der jüdische Humor in der dumpfen, stickigen Enge der osteuropäischen Ghettos entstanden und erblüht, in die die Christen die Juden damals eingesperrt hatten. So schuf sich hier der Geist einen Freiraum nach dem Motto: "Wenn schon nicht die Leiber, so sind die Gedanken doch (relativ) frei".[842]

Unkonventionelle Meditationsmethoden und Zen-Koans

@:ZEN_KOANS

Die Gans in der Flasche

Der Meister sprach zum Schüler: Ich habe hier ein Koan, mit dem du zur Erleuchtung gelangen wirst, wenn du es löst. Stell dir vor, du nimmst ein gerade geschlüpftes Gänseküken, und tust es in eine Flasche. Dann fütterst du es, bis es eine schöne grosse Gans geworden ist. Wie bekommst du die Gans nun heraus, ohne die Flasche zu zerbrechen oder die Gans zu Hackfleisch zu machen?
Nach sieben Jahren Meditierens geht der Schüler zum Meister und sagt: Ich habe die Antwort!
Der Meister: Und die ist?

Version I: Der Schüler: Ich stelle mir vor, sie ist schon draussen.
Version II: Der Schüler: Ich habe aufgehört, mir vorzustellen, sie wäre drin.
Version III: Der Schüler: Muh.[843]

Der Hornochse

Der Meister sprach zum Schüler: Ich habe hier eine Meditationsaufgabe, mit der du zur Erleuchtung gelangen wirst, wenn du nur gut genug übst. Wenn du meditieren gehst, stell dir vor, du bist ein Hornochse, und visualisiere dir genau die Hörner, wie sie dir aus dem Schädel wachsen.
Der Schüler geht in seine Meditationshütte, und kommt nicht wieder raus.

---

841 Jerry Pournelle benutzte diesen Ausdruck in seinen Kolumnen in Byte Magazine in den 70er und 80er Jahren, wenn er damit die Computer-Ignoramusse ansprach.

842 Natürlich haben die Gedanken genauso ihre Grenzen und Denk-Bahnen. Das wird noch in einem anderen Kapitel erläutert.

843 Zur Erläuterung von Muh, siehe nächste Fussnote.

Nach sieben Jahren geht der Meister zur Meditationshütte, um nachzusehen, wie es mit dem Schüler steht. Er ruft ihn und sagt: Du kannst jetzt rauskommen.
Von drinnen tönt die Antwort: Muh, kann nicht raus, Hörner passen nicht durch Türe![844]

Sound of One hand clapping

W.s i.t d.r K.a.g v.n e.n.r k.a.s.h.n.e. H.n. ?

Schweige-Retreat

Drei Meditäter sind in einer Hütte auf einem 3-wöchigen Schweige-Meditations-Retreat. Sie dürfen bei Tageslicht nichts essen und vor allem nicht sprechen. Am Nachmittag des ersten Tages schielt der Erste zu den leeren Tellern, und stößt den anderen an und sagt:
Oh, was hab ich für einen Hunger !
Der Zweite, wütend: Du Idiot, du hast das Schweigen gebrochen !
Der Dritte, selbstzufrieden: Ich hab zum Glück mit euren Streitereien nichts zu tun !

Die Nach-Meditations-Retreat-Meditation

Dies ist eine Meditation, die man unbedingt sofort nach jedem Seminar oder Retreat machen sollte, das irgendwie mit Meditation, Erleuchtung, Spiritualität, Non-Dualität, oder sonstigen esoterischen Themen zu tun hat:
Version Sommer: Ziehe Dich nackt aus und bitte eine/n Freund/in, dich für eine halbe Stunde mit einem Büschel Brennesseln abzubürsten.
Version Winter: Ziehe Dich nackt aus, gehe nach draussen, und bitte eine/n Freund/in, dich für eine halbe Stunde mit einem Wasserschlauch mit eiskaltem Wasser abzuspritzen.
Meditere dabei non-dual (one-pointedly) auf die Natur der Realität.
Kommentar: In den ersten 5 Minuten oder so wirst Du kaum etwas anderes tun können, als non-dual bei deiner Empfindung zu sein.

Mind over Matter, Matter over Mind

Version I:
What is matter? - Never mind.
What is mind? - Doesn't matter.

Version II:

---

844 Muh (japanisch) ist im Zen-Buddhismus das Äquivalent für Shunyata (Skrt). Die Zen-Erleuchtung fand meistens nach folgenden zwei Mustern (kata) statt:
1) Der Schüler sagte "Muh" und zerbrach irgendetwas, oder schüttete etwas aus.
Oder:
2) Der Meister sagte "Muh" und zerbrach irgendetwas, oder schüttete etwas aus, auf dem Kopf des Schülers, manchmal auch auf seinem Hinterteil. In extremeren Situationen konnte es auch schon mal vorkommen, dass er ihm etwas abhackte.
(Siehe Paul Reps, "Zen Flesh, Zen Bones").

Now, is it Mind over Matter ?
Or is it Matter over Mind ?
Does this really matter ?
Why should I ever mind ?

Genesis I: Adams Rib

Adam was walking around the Garden of Eden feeling very lonely, so God asked Adam, "What is wrong with you?"
Adam said, "Lord, I don't have anyone to talk to."
God said, "Then I will give you a companion, and she will be called a 'woman'. This person will cook for you and wash your clothes, she will always agree with every decision you make. She will bear your children and never ask you to get up in the middle of the night to take care of them. She will not nag you, and will always be the first to admit she was wrong when you've had a disagreement. She will never have a headache, and will freely give 'love' and compassion whenever needed. She will never question your behaviour or the company you keep. She will support you and understand that you have important decisions to make throughout your life and don't have time for nonsense..."
Adam asked God, "What will this woman cost?"
God said, "An arm and a leg..."
Adam said, "What can I get for just a rib?"

Genesis II: "Where do pets come from?"

A newly discovered chapter in the Book of Genesis has provided the answer to the question "Where do pets come from?".
Adam and Eve said, "Lord, when we were in the garden, you walked with us every day. Now, we do not see you anymore. We are lonesome and it is difficult for us to remember how much you love us."
And God said, "No problem! I will create a companion for you that will be with you forever and who will be a reflection of my love for you, so that you will love me even when you cannot see me. Regardless of how selfish or childish or unlovable you may be, this new companion will accept you as you are and will love you as I do, in spite of yourselves."
And God created a new animal to be companion for Adam and Eve, and it was a good animal.
And God was pleased. And the new animal was pleased to be with Adam and Eve and he wagged his tail. And Adam said, "Lord, I have already named all the animals in the Kingdom and I cannot think of a name for this new animal."
And God said, "Because I have created this new animal to be a reflection of my love for you, his name will be a reflection of my own name, and you will call him DOG."
And Dog lived with Adam and Eve and was a companion to them and loved them. And they were comforted. And God was pleased. And Dog was content and wagged his tail.
After a while, it came to pass that an angel came to the Lord and said, "Lord, Adam and Eve have become filled with pride. They strut and preen like peacocks and they believe

they are worthy of adoration. Dog has indeed taught them that they are loved...but perhaps too well."
And God said, "I will create for them a companion who will be with them forever and who will see them as they are. The companion will remind them of their limitations, so they will know that they are not always worthy of adoration."
And God created CAT to be a companion to Adam and Eve. And Cat would not obey them. And when Adam and Eve gazed into Cat's eyes, they were reminded that they were not the supreme beings. And Adam and Eve learned humility. And they were greatly improved.
And God was pleased.
And Dog was happy.
And Cat didn't give a shit one way or the other.

Genesis III: Zusatzausstattungen...

Gott hatte gerade die grundlegenden Strukturen des Menschen erschaffen und nun war es an der Zeit für die Zusatzausstattungen. Sie sagte daher zu Adam und Eva: "Ok, wir haben jetzt also alles Grundlegende. Wer von euch beiden möchte im Stehen pinkeln können?"
Adam springt auf auf schreit: "Oh ja, ich, ich möchte im Stehen pinkeln können!!"
Gott sprach also: "Dies soll geschehen." Und Adam ging glücklich von dannen.
Dann wand sich Gott Eva zu und sprach: "Nun, sieht es aus als ob alles, was ich noch übrig hätte multiple Orgasmen wären."

Genesis IV: Gott, ich bin einsam...

Eines Tages im Garten Eden sagte Eva zu Gott: "Gott, ich habe ein Problem!" "Was ist das Problem, Eva?" "Gott, ich weiß, dass du mich erschaffen hast, mir diesen wunderschönen Garten und all diese fabelhaften Tiere und diese zum Totlachen komische Schlange zur Seite gestellt hast, aber ich bin einfach nicht glücklich." "Warum bist du nicht glücklich, Eva?" kam die Antwort von oben. "Gott, ich bin einsam, und ich kann Äpfel einfach nicht mehr sehen." "Na gut, Eva, in diesem Fall habe ich die Lösung für dein Problem. Ich werde für dich einen Mann erschaffen und ihn dir zur Seite stellen." "Was ist ein Mann?" "Dieser Mann wird eine missratene Kreatur sein, mit vielen Fehlern und schlechten Charakterzügen. Er wird lügen, dich betrügen und unglaublich eitel und eingebildet sein. Im Grossen und Ganzen wird er dir das Leben schwer machen. Aber er wird größer, stärker und schneller sein und er wird es lieben zu jagen und Dinge zu töten. Er wird dümmlich aussehen, wenn er erregt ist, aber da du dich ja beschwert hast, werde ich ihn derart beschaffen, dass er deine körperlichen Bedürfnisse befriedigen wird. Er wird witzlos sein und solch kindische Dinge wie Kämpfen und einen Ball herumkicken über alles lieben. Er wird auch nicht viel Verstand haben, so dass er deinen Rat brauchen wird, um vernünftig zu denken." "Klingt ja umwerfend", sagte Eva und zog dabei eine Augenbraue ironisch hoch. "Wo ist der Haken, Gott?" "Also... Du kannst ihn unter einer Bedingung haben." "Und welche Bedingung ist das, Gott?" "Wie ich schon sagte, wird er stolz und arrogant sein und sich selbst stets am meisten bewundern... Du wirst ihn daher im Glauben lassen müssen, dass ich ihn zuerst geschaffen hätte. Denk dran, das ist unser beider Geheimnis...Du weißt schon, von Frau zu Frau..."

The Harley Davidson

Arthur Davidson, of the Harley Davidson Motorcycle Corporation, dies and goes to heaven. At the gates, an angel tells Davidson, "Well, you've been such a good guy and your motorcycles have changed the world. As a reward, you can hang out with anyone you want to in Heaven."
Davidson thinks about it and says, "I wanna hang out with God, Himself." The befeathered fellow at the Gates takes Arthur to the Throne Room and introduces him to God.
Arthur then asks God, "Hey, aren't you the inventor of Woman?"
God says, "Ah, yes."
"Well," says Davidson, "you have some major design flaws in your invention: There's too much front end protrusion It chatters at high speeds The rear end wobbles too much, and The intake is placed too close to the exhaust."
"Hmmm..." replies God, "hold on." God goes to the Celestial Super computer, types in a few keystrokes, and waits for the result. The computer prints out a slip of paper and God reads it. "It may be that my invention is flawed," God replies to Arthur Davidson, "But according to my computer, more people are riding my invention than yours."

THE GENIE

A man was walking along the beach and found a bottle. He looked around and didn't see anyone so he opened it. A genie appeared and thanked the man letting him out. The genie said, "For your kindness I will grant you one wish, but only one." The man thought for a minute and said, "I have always wanted to go to Hawaii but have never been able to because I'm afraid of flying and ships make me claustrophobic and ill. So, I wish for a road to be built from here to Hawaii."
The genie thought for a few minutes and said, "No, I can't do that. Just think of all the work involved with the pilings needed to hold up the highway and how deep they would have to be to reach the bottom of the ocean. Think of all the pavement that would be needed. No ... that is just too much to ask."
The man thought for a minute and then told the genie, "There is one other thing I have always wanted. I want to understand women. What makes them laugh? What makes them cry? Why are they temperamental? And why are they so difficult to get along with? Basically, what makes them tick?"
The genie considered for a few minutes; then said, "So, do you want two lanes or four?"

Is Hell Exothermic or Endothermic?

Is Hell Exothermic or Endothermic? Dr. Schlambaugh of the U. of Oklahoma Chemical Engineering Dept. is known for asking questions on his finals like: "Why do airplanes fly?" In May 1997, the "Momentum, Heat, and Mass Transfer II" final exam question was: "Is Hell exothermic or endothermic? Support your answer with proof." Most of the students wrote proofs of their beliefs using Boyle's Law or some variant. One student, however, wrote the following:

"First, we postulate that if souls exist, they must have some mass. If they do, then a mole of souls also must have a mass. So, at what rate are souls moving into hell and at what rate are souls leaving? I think we can safely assume that once a soul gets to hell, it does not leave. Therefore, no souls are leaving. As for souls entering Hell, let's look at the different religions that exist in the world today. Some religions say that if you are not a member of their religion, you will go to Hell. Since there are more than one of these religions, and people do not belong to more than one religion, we can project that all people and all souls go to Hell. With the birth and death rates what they are, we can expect the number of souls in hell to increase exponentially. Now, we look at the rate of change in the volume of Hell. Boyle's Law states that in order for the temperature and pressure in hell to stay the same, the ratio of the mass of the souls and volume needs to stay constant. [A1] So, if Hell is expanding at a slower rate than the rate at which souls enter hell, then the temperature and pressure in Hell will increase until all Hell breaks loose. [A2] Of course, if Hell is expanding at a rate faster than the increase in souls in Hell, then the temperature and pressure will drop until Hell freezes over So which is it? If we accept the postulate given to me by Theresa Banyan during freshman year, that, "It'll be a cold day in Hell before I sleep with you," and taking into account that I still have not succeeded in having sexual relations with her, then [A2] cannot be true... thus, Hell is exothermic."
The student, Tim Graham, got the only A.

Jesus Saves I

Jesus and Satan were having an ongoing argument about who was better on his computer. They had been going at it for days, and God was tired of hearing all of the bickering. Finally God said, "Cool it. I am going to set up a test that will run two hours and I will judge who does the better job".
So down Satan and Jesus sat at the keyboards and typed away. They moused. They did spreadsheets. They wrote reports. They sent faxes. They sent e-mail. They sent out e-mail with attachments. They downloaded. They did some genealogy reports. They made cards. They did every known job.
But ten minutes before their time was up, lightning suddenly flashed across the sky, thunder rolled, the rain poured and, of course, the electricity went off. Satan stared at his blank screen and screamed every curse word known in the underworld.
Jesus just sighed.
The electricity finally flickered back on, and each of them restarted his computer. Satan started searching frantically, screaming "It's gone! It's all gone! I lost everything when the power went out!"
Meanwhile, Jesus quietly started printing out all of his files from the past two hours. Satan observed this and became irate. "Wait! He cheated, how did he do it?"
God shrugged and said, "Jesus saves".

Jesus Saves II

Tafel an einer Kirche in Amerika:
"JESUS SAVES"
mit einer Sprühdose dazugeschriebener Kommentar:

When You Meet God

Two old american confederate civil war veteran colonels dyed in the wool with purest "white supremacy" ideology have for long years been getting together, drinking and cussing and complaining about the constant deterioration of world affairs after the end of the civil war. Now that they are feeling that death is coming close, they make up their minds to question God about why such a bad fortune should befall God's Own Country. They promise to each other that whoever dies first, will ask God this question, and appear to the other in a dream to give him the answer. Soon after, one of them dies, and promptly appears to the other in his dream.
So the fellow asks his dead friend: Now, did you meet God, and what's the answer?
The other, sourly: Never mind, She's a niggra.

Last Supper

Last Supper Every year, just before Easter, the Chief Rabbi in Rome goes to the Vatican and presents an ancient, and by now quite tattered envelope to the Pope. The Pope inspects the envelope, shakes his head, and hands it back to the Chief Rabbi, who then departs.
This has been going on for nearly two thousand years. One year recently, it happened that there was a new Pope and a new Chief Rabbi. When the Chief Rabbi presented the ancient envelope to the Pope, as he had been instructed to do by his predecessor, the Pope looked it over and handed it back as he had been told to, in turn, by his predecessor . . . but then the Pope said, "This is an unusual ritual. I don't understand it. What is in this envelope?"
"Damned if I know," answered the Chief Rabbi. "I'm new here myself. But, hey, let's open it and find out."
"Good idea," said the Pope. So together, they slowly and carefully opened the envelope. And do you know what they found? The caterer's bill for the Last Supper!

HEAVEN'S FULL

One day, Heaven suddenly became extremely full, and something had to be done. So The Lord decided to have St. Peter wait at the gate and ask everyone how they died. If it was a grisly story they told, they could go ahead into Heaven. But if not, they had to go to Hell. The first man walks up and St. Peter tells him what's happening. "You see, Heaven is quite full today, and we have to ask everyone how they died. If it sounds good, you can go ahead. But if not, you go to Hell."

"Ok," the man says. "Well, for awhile I've been suspecting my wife of cheating on me. So today I thought I'd leave work early and catch her. Sure enough, I got to my apartment building and she was lying naked on the bed. I ran all over the apartment searching for the man but couldn't find him. Then I remembered that we live on the 25th floor of an apartment building, and we have a balcony. And there was the man, hanging off my balcony. I beat at his hands and he just wouldn't let go, so I ran and got a hammer and beat his hands until he fell into the bushes below. I saw he was still alive so I got the refrigerator and pushed over the edge on top of him. But the strain of the effort gave me a heart attack and I died. "Wow!" St. Peter said. "That really is bad! You can go ahead..."

The next man walked up and St. Peter gave his spiel about Heaven being full and the man would have to tell his story. "Ok," the second man said. "So I live on the 26th floor of an apartment building, and everyday I do exercises on my balcony. Well, today I fell over the edge, but luckily I caught the railing of the balcony below me. But suddenly, this man came running out and started beating at my hands. He ran back inside and I thought I was safe, but then he came back out with hammer and beat my hands again. I finally fell off, but luckily I landed in the bushes below and they saved my life. But that wasn't enough for the man because he pushed his refrigerator over the edge and it landed on me and killed me. And now I'm here." "Wow, that's a good one too! You can go ahead..."

The third man walked up and St. Peter again gave his spiel about Heaven being full and the man would have to tell his story of how he died. "Ok," the third man said. "I don't know what happened. I was hiding naked inside of a refrigerator..."

The Bible in 50 Words or Less

God made, Adam bit, Noah arked, Abraham split, Jacob fooled, Joseph ruled, Bush talked, Moses balked, Pharaoh plagued, People walked, Sea divided, Tablets guided, Promises landed, Saul freaked, David peeked, Prophets warned, Jesus born, God walked, Love talked, Anger crucified, Hope died, Love rose, Spirit flamed, Word spread, God remained. Amen.

Auswahl-Literatur

@:AUSWAHL_LIT

Das ausführliche Literatur-Verzeichnis ist in:
http://www.noologie.de/bib.htm

Advaita Bodha Deepika: Lamp of Non-Dual Knowledge, Publ. T.N. Venkataraman, Sri Ramanashram, Tiruvannamalai (1979)

Augustinus, Aurelius: Confessiones, übers. Joseph Bernhart, Fischer, Frankfurt/M (1955)

Bachofen, J. J.: Versuch über die Gräbersymbolik der Alten, Helbing & Lichtenhahn, Basel (1925)
Ocnus der Seilflechter, p. 301-422

Barrow, John D.: Impossibility, MIT Press, Cambridge, Mass. (1998)

Bateson, G., Ruesch J.: Communications, Norton, New York (1968)

Bateson, G.: Steps to an ecology of mind, Chandler, Toronto (1972)

Bateson, G.: Mind and Nature, a necessary unity, Bantam, Toronto (1979)

Bateson, Gregory; Bateson, Mary Catherine: Angels fear, Bantam, New York (1986)

Bednarik, R.G.: On the scientific study of paleoart, in: Semiotica, p. 141-168 (1994)

Bee, R.: Patterns and processes, Free Press, New York (1974)

Bellier, C., Chattelain. (1990). *La chasse dans la prehistoire*. Treignes: Ed. du Cedarc.

Beniger, James R.: The control revolution, Harvard Univ. Press, Cambridge (1986)

Berg, E.: Johann Gottfried Herder, in Marschall, p. 51-68 (1990)

Berman, Morris: Die Wiederverzauberung der Welt, Dianus-Trikont, München (1983)
engl. The Reenchantment of theWorld, Cornell Uni Press, 1981

Bertalanffy, L.v.: General systems theory, Braziller, New York (1968)

Bertalanffy, L.v., Rappaport, A. (eds): General systems. Yearbook of the society for general systems research, (16 Vols.), Braziller, New York (1956-1971)

Bloom, H.: The Lucifer Principle. A scientific expedition into the forces of history, Atlantic Monthly Press, New York (1995)
http://www.bookworld.com/lucifer/

Bloom, H.: History of the Global Brain (www)
http://www.heise.de/tp/deutsch/special/glob/default.html
http://www.howardbloom.net

Böhme, Gernot: Am Ende des Baconschen Zeitalters, Suhrkamp, Frankfurt/M (1993)

Breidbach, Olaf: Expeditionen ins Innere des Kopfes, Thieme, Stuttgart (1993)

Breidbach, Olaf; Rusch, Gebhard; Schmidt, Siegfried, (Hrsg.): Interne Repräsentationen, Suhrkamp (1996)

Breidbach, Olaf (Hrsg.): Natur der Ästhetik - Ästhetik der Natur, Springer, Wien (1997)

Bresch, Carsten: Muster und Evolution, p. 109-128, in: Wissensstrukturen und Ordnungsmuster, Proc. 4. Fachtagung d. Gesellschaft f. Klassifikation eV, Salzburg, 16.-19. April 1980, INDEKS Verlag, Frankfurt/M (1980)

Britannica: Encyclopaedia Britannica, Inc., CD ROM Version (1997)
cited as (Britannica: keyword)

Brock, Bazon: Ästhetik gegen erzwungene Unmittelbarkeit, DuMont, Köln (1986)
http://www.uni-wuppertal.de/FB5-Hofaue/Brock/Schrifte/AGEU/
Brock, Bazon: Neuronale Ästhetik (NeuroAe)
http://www.uni-wuppertal.de/FB5-Hofaue/Brock/Projekte/NeuroAe1.html
http://www.uni-wuppertal.de/FB5-Hofaue/Brock/Projekte/NeuroAe2.html
http://www.uni-wuppertal.de/FB5-Hofaue/Brock/Projekte//NeuroAe3.html
Brock, Bazon, Breidbach, Olaf: Neuronale Ästhetik, Zyma Art Today, 2 (1994)
Brockman, John (www): www.edge.org/
Bruno, Giordano: Gesammelte Werke, Hrg. Ludwig Kuhlenbeck, Diederichs, Leipzig/Jena (1904-1909)
Bruno, Giordano: Heroische Leidenschaften und Individuelles Leben. Hrg. Ernesto Grassi, Rowohlt, Hamburg (1957)
Bruno, Giordano: Das Aschermittwochsmahl. Übers. Ferdinand Fellmann, Insel, Frankfurt/Main (1969)
Bruno, Giordano: Zwiegespräche vom unendlichen All und den Welten, Übers. Ludwig Kuhlenbeck, Wiss. Buchgesellschaft, Darmstadt (1973)
Bruno, Giordano: Von der Ursache, dem Prinzip und dem Einen, Meiner, Hamburg (1977)
Bruno, Giordano: Von den heroischen Leidenschaften, Meiner, Hamburg (1989)
Bruno, Giordano: Über die Monas, die Zahl und die Figur als Elemente einer sehr geheimen Physik, Mathematik und Metaphysik, Meiner, Hamburg (1991)
Calvin, W. H. (www): *The throwing madonna*, *The cerebral code.*
http://www.WilliamCalvin.com/
Campell, Joseph: The Hero With a Thousand Faces, Meridian Press (1956)
Campbell, J.: Die Masken Gottes, Vol 1-4, DTV München (1996)
engl: The masks of god, Viking, N.Y. 1968
Canfora, L.: Die verschwundene Bibliothek, Rotbuch, Berlin (1988)
Carneiro, R. L. (ed): The evolution of society: selections from Herbert Spencer's Principles of sociology, Univ. of Chicago Pr., Chicago: (1967)
Cassirer, E.: Freiheit und Form, Berlin (1922)
Cassirer, E.: Das Erkenntnisproblem in der Philosophie und Wissenschaft der neueren Zeit, Stuttgart (1957)
Cassirer, E.: Was ist der Mensch?, Kohlhammer, Stuttgart (1960)
Cassirer, E.: Zur Logik der Kulturwissenschaften, Wiss. Buchges., Darmstadt (1994)
Castells, Manuel: The Rise of the Network Society, Blackwell, Cambridge, MA (1996)
Chandler, D. (www): Media Theory Web Site.
http://www.aber.ac.uk/~dgc/influ05.html
http://www.aber.ac.uk/~dgc/about.html
Clausberg, Karl: Neuronale Kunstgeschichte, Springer, Wien (1999)
Cohen, M.: La grande invention de l'écriture et son évolution, Imprimerie nationale, Paris (1958)
Connerton, Paul: How societies remember. Cambridge University Press, Cambridge New York Port Chester (1989)
Coulmas, F.: Über Schrift, Suhrkamp, Frankfurt/M (1981)

Coulmas, F.: Schriftentwicklung, Schriftverarbeitung: Herkunft und Funktionsweise der japanischen Schrift, in: Coulmas, p. 57-79 (1981)
Cramer, Friedrich: Der Zeitbaum, Insel, Frankfurt/M (1993)
Creveld, Martin van: Aufstieg und Untergang des Staates, Gerling Akademie Verlag, München (1999)
Cusanus, Nicolaus: Über den Ursprung, Schriften des Nicolaus von Kues, F.H. Kerle Verlag, Heidelberg (1967)
Cusanus, Nicolaus: De Ludo Globi, Schriften des Nicolaus von Kues, Meiner, Hamburg (1978)
Dawkins, R.: The Selfish Gene, Oxford Univ. Press, New York (1976)
Dawkins, R.: The Blind Watchmaker, Norton, New York (1986)
Dechend, H v.: Bemerkungen zum Donnerkeil, Prismata, (Festschrift für Will Hartner), Franz Steiner, Wiesbaden (1977)
Dechend, H v., Santillana, G.: Hamlet's Mühle, Kammerer & Unverzagt, Berlin (1993)
Deschner, Karlheinz: Kriminalgeschichte des Christentums, Band 1-3, Rowohlt, Reinbeck (1986-1989)
Deussen: Das System des Vedanta, Leipzig (1883)
Deussen, Paul: Die Sutras des Vedanta, Georg Olms Verlagsbuchhandlung, Hildesheim (1966)
Diamond, S.: Kritik der Zivilisation, Campus, Frankfurt/M (1976)
Diamond, J.: The third chimpanzee, HarperCollins, New York (1992)
Diamond, J.: Guns, germs, and steel, Norton, New York (1997)
Drewermann, Eugen: Dein Name ist wie der Geschmack des Lebens, Tiefenpsychologische Deutung der Kindheitsgeschichte nach dem Lukasevangelium, Herder, Freiburg (1986)
Eco, Umberto: Foucault's Pendulum, Ballantine, New York (1990)
Eigen, Manfred: Das Spiel, Piper, München (1975)
Erdheim, M.: Die gesellschaftliche Produktion von Unbewußtheit, Suhrkamp, Frankfurt/M (1984)
Evola, Julius: Heidnischer Imperialismus, Armanen-Verl., Leipzig (1933)
Evola, Julius: Das Mysterium des Grals, Barth, München (1955)
Evola, Julius: Metaphysik des Sexus, Klett, Stuttgart (1962)
Evola, Julius: Die Hermetische Tradition: von der alchemistischen Umwandlung der Metalle und des Menschen in Gold ; Entschlüsselung einer verborgenen Symbolsprache, Ansata-Verl., Interlaken (1989)
Evola, Julius: Revolte gegen die moderne Welt, Arun, Vilsbiburg (1993)
Evola, Julius: Schritte zur Initiation: Theorie und Praxis des höheren Bewußtseins, Ansata-Verl., Bern (1997)
Evola, Julius: Grundlegung der Initiation: Magie als Wissenschaft vom Ich, Ansata-Verl., Bern (1997)
Felken, D.: Oswald Spengler. Konservativer Denker zwischen Kaiserreich und Diktatur, Beck, München (1988)
Ferrill, A.: The origins of war: from the Stone Age to Alexander the Great. Thames and Hudson, London (1985)
Feyerabend, P.: Against Method, Humanities Press, London (1975)

Feyerabend, P.: Farewell to reason, Verso, London (1993)
Fischer, Hugo: Theorie der Kultur: das kulturelle Kraftfeld, Seewald, Stuttgart (1965)
Foucault, M.: Überwachen und Strafen (1969)
Fuchs, Christian: Selbstorganisation in der Informationsgesellschaft http://stud4.tuwien.ac.at/~e9426503/
Fülöp-Müller, R.: Macht und Geheimnis der Jesuiten, Fourier, Wiesbaden (1996) orig. 1929
Gebser, J.: Ursprung und Gegenwart, DTV, München (1973)
Gellner, E.: Pflug, Schwert und Buch, DTV, München (1993)
Gennep, A.v.: The rites of passage, Univ.of Chicago Press, Chicago (1960)
Giddens, Anthony: The Consequences of Modernity, Stanford University Press, Stanford (1990)
Gold, Thomas (Dept. of Astronomy, Cornell University, Ithaca NY 14853) http://www.users.globalnet.co.uk/~skoyles/gold.htm
Goleman, Daniel: Emotionale Intelligenz, DTV, München (2001)
Goppold, A.: Vom Wesen des Ursprungs: Platon und die Archae-Tektonik (1994) http://www.noologie.de/plato.htm
Goppold, A.: Goethe, Meta-Morphology, and the Polycontexturality of Gotthard Guenther (Polycontexturality, Society, and the Distribution of Subjectivity), Günther-Symposion Universität Klagenfurt, Inst. f. interdisziplinäre Forschung und Fortbildung IFF, 14.12.-15.12. (1997) http://www.noologie.de/poly.htm
Goppold, A. (1998a): Information and Third Order Ontology, FIS96, Vienna, BioSystems, Vol. 46, p. 169-173, April http://www.noologie.de/inform.htm
Goppold, A. (1999a): The Ethics of Terminology and the new Academic Feudalism, Proceedings of TKE '99, 23-27.8.1999, TermNet, Vienna http://www.noologie.de/symbol09.htm
Goppold, A. (1999d): Design und Zeit: Kultur im Spannungsfeld von Entropie, Transmission, und Gestaltung, Dissertation, Univ. Wuppertal, http://www.bib.uni-wuppertal.de/elpub/fb05/diss1999/goppold/ http://www.noologie.de/desn.htm
Goppold, A. (1999e): Spatio-Temporal Perspectives: A new way for cognitive enhancement, HCI International '99, München, August 22-27, 1999, in: Bullinger, H.-J., Ziegler, J. (eds): Human-Computer Interaction: Ergonomics and User Interfaces, Vol I, Lawrence Erlbaum, Mahwah, p. 476-480 http://www.noologie.de/symbol10.htm
Goppold, A. (1999i): Music, Pattern, and the Neuro-Structures of Time. Or: The Infinite Return of the Eternally Unequal, ISSS / IASS, Vienna, http://www.noologie.de/symbol18.htm
Goppold, A. (2000a): Time, Anticipation, and Pattern Processors, International Jrnl. of Computing Anticipatory Systems, CHAOS ASBL, Liège, Volume 7, 2000, pp. 99-120. http://www.noologie.de/symbol08.htm
Goppold, A. (2000b): Neuronal Resonance and User Interface Technology http://www.noologie.de/symbol12.htm

Goppold, A. (2000c): The LPL TLSI Principle: Neuronal Resonance Technology, User Interface Language, and End User Programming Language http://www.noologie.de/symbol13.htm

Goppold, A. (2000d): Neuronal Resonance Technology und das Software-Lego-Prinzip Presentation at IICM, Graz, 2000-03-17. http://www.noologie.de/symbol19.htm

Goppold, A. (2000e): Die neue Kunst der Perspektive: Das Pyramidale Buch, die Neuronale Resonanz, und die Meta Pattern Machines. 2000-02-08, Hochschule f. Kunst u. Medien, Köln http://www.noologie.de/symbol20.htm

Goppold, A. (2000f): Ein Struktursystem zur Klassifikation von *Wissen in der Biosphäre. in : H.P. Ohly (ed.): ISKO '99, Hamburg 23.-25.9.1999, Ergon Verlag, Würzburg http://www.noologie.de/symbol23.htm

Goppold, A. (2001a): Anticipation, Meta-Morphology, and the Promethean Venture of Computing. International Journal of Computing Anticipatory Systems, ed. by D.M. Dubois, publ. by CHAOS, (2001)

Goppold, A. (2001b): Prolegomena to an Art Theory of Event-Scape Architecture, International Journal of Computing Anticipatory Systems, ed. by D.M. Dubois, publ. by CHAOS, (2001)

Goppold, A.: Bibliographie http://www.noologie.de/agbib.htm

Gottwald, T.; Klepsch, A. (hrsg): Tiefenökologie, Diederichs, München (1995)

Groce, Abel: Giordano Bruno, der Ketzer von Nola, Europäischer Verlag, Wien (1970)

Günther, G.: Beiträge zur Grundlegung einer operationsfähigen Dialektik, Meiner, Hamburg (1976), Band 1: Metakritik der Logik - nicht-Aristotelische Logik Reflexion - Stellenwert-Theorie - Dialektik Cybernetic Ontology - Morphogrammatik - Transklassische Maschinentheorie

Günther, G.: Idee und Grundriß einer nicht-Aristotelischen Logik, Die Idee und ihre philosophischen Voraussetzungen, Meiner, Hamburg (1978a)

Günther, G.: Grundzüge einer neuen Theorie des Denkens in Hegels Logik, Meiner, Hamburg, (1978b)

Günther, G.: Beiträge zur Grundlegung einer operationsfähigen Dialektik, Meiner, Hamburg (1979), Band 2: Wirklichkeit als Poly-Kontexturalität - Reflexion - Logische Paradoxie Mehrwertige Logik - Denken - Wollen - Proemiale Relation - Kenogrammatik - Dialektik der natürlichen Zahl - Dialektischer Materialismus

Günther, G.: Beiträge zur Grundlegung einer operationsfähigen Dialektik, Meiner, Hamburg (1980), Band 3: Philosophie der Geschichte und der Technik - Wille - Schöpfung - Arbeit - Strukturanalyse der Vermittlung - Mehrwertigkeit - Stellen- und Kontextwertlogik - Kenogrammatik - Theorie der Zeit

Gumilev, Lev: Searches for an imaginary kingdom: the legend of the kingdom of Prester John, Cambridge Univ. Pr., Cambridge (1987)

Gumilev, Lev: Searches for an imaginary kingdom: the legend of the kingdom of Prester John, Cambridge Univ. Pr., Cambridge (1987)

Gumilev, Lev: Ethnogenesis and the Biosphere, Progress, Moskau (1990)
Halbwachs, M.: Das Gedächtnis, Suhrkamp, Frankfurt/M (1985)
Hamilton, E.: Mythology, Mentor, Boston (1942)
Hardin, Garrett: Filters against folly, Penguin, New York (1985)
Harris, Baine R. (Ed.): Neoplatonism and Indian Thought, Int'l Society for Neoplatonic Studies, Norfolk, Virginia (1982)
Harth, D.: Die Erfindung des Gedächtnisses, Keip, Frankfurt/M (1991)
Havelock, E.: Preface to Plato, Harvard Univ. Press, Cambridge (1967)
Havelock, E., Hershbell, J.(eds.): Communication arts in the ancient world, Hastings House, New York (1978)
Havelock, E.: The muse learns to write, Yale Univ. Press, New Haven (1986)
Havelock, E.: Schriftlichkeit, VCH, Weinheim (1990)
engl: The literate revolution in Greece and its cultural consequences, Princeton Univ. Press, Princeton 1982
Heidegger, M.: Heraklit, Klostermann, Frankfurt/M (1970)
Heidegger, M.: Was heisst Denken?, Niemeyer, Tübingen (1971)
Heidegger, M.: Zur Sache des Denkens, Niemeyer, Tübingen (1976a)
Heidegger, M.: Wegmarken, Klostermann, Frankfurt/M (1976b)
Heidegger, M.: Sein und Zeit, Klostermann, Frankfurt/M (1977a)
Heidegger, M.: Holzwege, Klostermann, Frankfurt/M (1977b)
Heraklit: Fragmente. Übers. Bruno Snell, Heimeran, München (1976)
Hesiodos: Theogonie, Hrsg. Karl Albert, Henn, Kastellaun (1978)
Hesse, Hermann: Das Glasperlenspiel, Suhrkamp, Frankfurt/M (1971) (orig. Zürich, 1943)
Hoffmeister, J.: Wörterbuch der philosophischen Begriffe, Meiner, Hamburg (1955)
Hoffmeyer, Jesper: Signs of meaning in the universe, Indiana Univ. Press, Bloomington, (1996)
Hoffmeyer, Jesper: The Global Semiosphere, In: Irmengard Rauch and Gerald F. Carr (eds.): Semiotics Around the World. Proc. 5th Fifth Congress of the Int'l Ass. for Semiotic Studies. Berkeley 1994. Mouton de Gruyter, Berlin (1997), pp. 933-936.
Hoffmeyer, Jesper: Semiosis and biohistory: A reply, Semiotica 120-3/4 (1998), 455-482
Hofkirchner, Wolfgang (ed.): Vernadsky, Vladimir I., Der Mensch in der Biosphäre, zur Naturgeschichte der Vernunft, Lang, Frankfurt/M (1997)
Hofstadter, Douglas: Gödel, Escher, Bach, Basic Books, New York (1979)
Humboldt, W. v.: Über die Verschiedenheit des menschlichen Sprachbaus und ihren Einfluß auf die geistige Entwicklung des Menschengeschlechts
Werke in 5 Bänden, Bd. III, Hrg. Andreas Flitner und Klaus Giel
Wissensch. Buchgesellschaft, Darmstadt, p. 368-756. (1963)
Illich, I., Verne, E.: Imprisoned in the global classroom, Writers and Readers, London (1976)
Illich, I.: Fortschrittsmythen: Schöpferische Arbeitslosigkeit oder Die Grenzen der Vermarktung, Rowohlt, Reinbek (1978)
engl: The right to useful unemployment

Illich, I.: Schulen helfen nicht: über d. mythenbildende Ritual d. Industriegesellschaft, Rowohlt, Reinbek (1980)
Illich, I.: Entschulung der Gesellschaft: Entwurf e. demokrat. Bildungssystems, Rowohlt, Reinbek (1984)
engl: Deschooling society, Harmondsworth : Penguin Books, 1977
Illich, I., Sanders, B.: The alphabetization of the popular mind, North Point Pr., San Francisco (1988)
Illich, I.: Guarding the eye in the age of show: Marion Boyars, London (1998)
Innis, H. A.: Changing concepts of time, Univ. of Toronto press, Toronto (1952)
Innis, H. A.: Empire and communications, Univ. of Toronto press, Toronto (1972) first printing 1950
Innis, H. A.: The bias of communication, Univ. of Toronto press, Toronto (1991) first printing 1951
Janich, Peter: Das Maß der Dinge, Suhrkamp, Frankfurt (1997)
Jantsch, E.: Die Selbstorganisation des Universums, DTV (1982)
Jaspers, K.: Vom Ursprung und Ziel der Geschichte, Fischer, Frankfurt/M (1955)
Jaspers, Karl: Plato, Augustin, Kant, Piper (1967)
Kant, I.: Beantwortung der Frage: Was ist Aufklärung? Berlinische Monatsschrift. Dezember-Heft (1784). S. 481-494
Karbe, L.: Venedig oder Die Macht der Phantasie, Diederichs, München (1995)
Kauffman, Louis H.: Virtual Logic - The Matrix Full Text, Cybernetics & Human Knowing, Volume 6, No.3 1999
http://www.imprint.co.uk/C&HK/vol6/v6_3-kauffman.html
Kerckhove, D., Lumsden, C. (eds.): The Alphabet and the Brain, Springer, Berlin (1988)
Kerckhove, D.: Schriftgeburten, Fink, München (1995a)
french: La civilization vidéo-chretiénne
Kerckhove, D.: The Skin of Culture, Sommerville, Toronto (1995b)
Kingdon, Jonathan: Und der Mensch schuf sich selbst, Insel, Frankfurt (1997)
Klages, L.: Der Geist als Widersacher der Seele, Bouvier, Bonn (1981)
Korvin-Krasinski, C.v.: Trina Mundi Machina. Die Signatur des alten Eurasien, Grünewald, Mainz (1986)
Kotkin, Joel: Tribes: how race, religion, and identity determine success in the new global economy. Random House, New York (1993)
Kramer, Joel; Alstad, Diana: The Guru Papers, Masks of authoritarian power, North Atlantic/Frog, Berkeley (1993)
Krauss, Friedrich Salomo: Anthropophyteia, 10 Vols., DVA, Leipzig (1904++)
Kropotkin, Peter: Gegenseitige Hilfe in der Tier- und Menschenwelt, Ullstein, Frankfurt / M (1975)
Kuhn, Thomas S.: The Structure of Scientific Revolutions, Chicago (1962)
Leiber, Theodor: Kosmos, Kausalität und Chaos, Ergon, Würzburg (1996)
Lenski, G.: Macht und Privileg, Suhrkamp, Frankfurt/M (1977)
Levi-Strauss, C.: Strukturale Anthropologie II, Suhrkamp, Frankfurt/M (1975)
Levi-Strauss, C.: Strukturale Anthropologie I, Suhrkamp, Frankfurt/M (1977)

Levi-Strauss, C.: Traurige Tropen, Suhrkamp, Frankfurt/M (1978)
orig. Tristes Tropiques 1955

Liedl, Gottfried: Al_Hamra. Zur Geschichte der spanisch-arabischen Renaissance in Granada, Bd. 1, Turia & Kant, Wien (1990)

Liedl, Gottfried: Dokumente der Araber in Spanien. Zur Geschichte der spanisch-arabischen Renaissance in Granada, Bd. 2, Turia & Kant, Wien (1993)

Lommel, Hermann: Die alten Arier, Vittorio Klostermann, Frankfurt/M (1935)

Lilly, John: Programming and Metaprogramming in the Human Biocomputer - Theory and Experiments, Julian Press (1972)

Lippe, Rudolf z.: Neue Betrachtung der Wirklichkeit, Europ. Verl. Anst., Hamburg (1997)

Lippe, Rudolf z.: Neue Betrachtung der Wirklichkeit, Europ. Verl. Anst., Hamburg (1997)

Lotman, Y. M.: Universe of the mind: a semiotic theory of culture, Tauris, London (1990)

Luhmann, Niklas: Soziale Systeme: Grundriß einer allgemeinen Theorie, Suhrkamp, Frankfurt/M. (1993)

Lumsden, C., Wilson, E.O.: Genes, Mind, and Culture, Harvard Univ. Press, Cambridge (1981)

Macchiavelli, Niccolo: Der Fürst, Übers. Friedrich Blaschke, Meiner, Leipzig (1924)

Margulis, L, Sagan, D.: Mystery Dance, Summit, New York, London, Toronto (1991)

Margulis (www): http://www.bio.umass.edu/faculty/biog/margulis.html

Marvin, C.: Innis, McLuhan and Marx, Visible Language, 20, 3, p. 355-359 (1986)

Maturana, H. R.: Erkennen: Die Organisation und Verkörperung von Wirklichkeit, Vieweg, Braunschweig (1982)

Maturana, H. R.; Varela, F.: Der Baum der Erkenntnis, Scherz, Bern (1987)

Maturana, H. R.: Zur Biologie der Kognition: ein Gespräch mit Humberto R. Maturana und Beiträge zur Diskussion seines Werkes, Volker Riegas und Christian Vetter (hrsg.), Frankfurt/M (1990)

Maturana, H. R.: Biologie der Sozialität. In: Schmidt, Siegfried J. (Hrsg): Der Diskurs des Radikalen Konstruktivismus. 4. Auflage, Suhrkamp, Frankfurt/M., S. 287-302 (1991)

Maturana, H. R.: Was ist Erkennen?, München (1994a)

Maturana, H. R., Verden-Zöller, G.: Liebe und Spiel: die vergessenen Grundlagen des Menschseins, Auer (1994b)

McClain, Ernest G.: The Myth of Invariance. The Origin of the Gods, Mathematics and Music from the Rg Veda to Plato, Shambala, Boulder & London (1978)

MacClain, Ernest G.: The Pythagorean Plato: prelude to the song itself, Nicolas-Hays, York Beach, Me. (1984)

McLuhan, M.: The Place of Thomas Nashe n the Learning of his Time, Dissertation, (1943)

McLuhan, M.: The Gutenberg Galaxy: The Making of Typographic Man, Univ. of Toronto, Toronto (1972)

McLuhan, M.: Wohin steuert die Welt? Europaverlag, Wien (1978)

McLuhan, M., Powers, B.: The global village, Oxford Univ. Press, New York (1989)

McLuhan, M., McLuhan, E.: Laws of Media. The new science, Univ. of Toronto Press, Toronto (1988)
Meyl, Konstantin: Potentialwirbel, INDEL, Villingen-Schwenningen (1990)
Mittelstraß, J.: Der Flug der Eule, Suhrkamp, Frankfurt/M (1989)
Mühlmann, H.: Die Natur der Kulturen, Springer, Wien, New York (1996)
Mumford, L.: Technics and Civilization, New York (1934)
Mumford, L.: Mythos der Maschine, Frankfurt/M (1977)
engl: Myth of the Machine, Vol.1, Technics and Human Development, New York 1967, Vol.2: The Pentagon of Power, New York 1970
Nadin, Mihai. (1997). Civilization of Illiteracy, Dresden: Dresden Univ. Press
Neirynck, J.: Der göttliche Ingenieur, Expert, Renningen (1994)
Neuburger, A.: Die Technik des Altertums, Voigtländer, Leipzig (1919)
Neumann, John von: Collected Works, 6 Vols., Oxford (1961-1963)
Nietzsche, F.: Nietzsche Werke, Gesamtausgabe, deGruyter, Berlin (1969)
O'Connor, M.: The alphabet as a technology, in: Daniels, p. 787-794 (1996)
Ong, W.: Rhetoric, romance, and technology, Cornell Univ. Press, Ithaca (1971)
Ong, W.: Interfaces of the word, Cornell Univ. Press, Ithaca (1977)
Ong, W.: Fighting for life: Contest, sexuality, and consciousness, Cornell Univ. Press, Ithaca (1981)
Ong, W.: Orality and literacy: the technologizing of the word, Methuen, London (1982)
dt: Oralität und Literalität, Opladen, 1987
Parmenides (1974): Die Anfänge der Ontologie, Logik und Naturwissenschaft, (Ernst Heitsch ed.), Heimeran Verlag, München
Pleger, Wolfgang H.: Die Vorsokratiker, Metzler, Stuttgart (1991)
Popper, K.: Die offene Gesellschaft und ihre Feinde, Mohr, Tübingen (1992)
Posner, R.: What is culture? Toward a semiotic explication of anthropological concepts. in: Koch W.A. (ed.): The Nature of Culture, Brockmeyer, Bochum, p. 240-295 (1989)
Prigogine, I.; Stengers: Order out of Chaos, Bantam, New York (1984)
Raible, W.(ed.): Erscheinungsformen Kultureller Prozesse, Narr, Tübingen (1990)
Raible, W.(ed.): Symbolische Formen - Medien - Identität, Narr, Tübingen (1991)
Rifkin, Jeremy: Access. Das Verschwinden des Eigentums, Campus, Frankfurt/M (2000)
Roth, Gerhard: Das Gehirn und seine Wirklichkeit, Suhrkamp, Frankfurt (1996)
Schopenhauer, A.: WWV: Die Welt als Wille und Vorstellung, Werke in zwei Bänden, Hrg. Werner Brede, Hanser, München (1977)
Schütt, Rolf: Die Liebhaber der Sophie, Königshausen und Neumann, Würzburg (1989)
Shankara: Viveka Chudamani: Kleinod der Unterscheidung, O.W. Barth Verlag (1981)
Spengler, Oswald: Der Untergang des Abendlandes. Umrisse einer Morphologie der Weltgeschichte.- Verlag C.H.Beck München (1980)
Sturm, H.P.: Weder Sein noch Nichtsein, Ergon, Würzburg (1996)
Wilber, K. (1977): Das Spektrum des Bewußtseins [SP], Reinbek bei Hamburg 1991.
Wilber, K. (1980): Das Atman Projekt [AP], Paderborn 2001.
Wilber, K. (1980): Halbzeit der Evolution, Frankfurt/Main 2001.
Wilber, K. (1996a): Eros, Kosmos, Logos, Frankfurt/Main 1996 [EKL]

Wilber, K. (1996b): Mut und Gnade, Goldmann, München 1996 [MG]
Wilber, K. (1996c): Eine kurze Geschichte des Kosmos, Frankfurt/Main 20004.
Wilber, K. (1997): Das Wahre, Schöne, Gute, Frankfurt/Main 2000 [WSG].
Wilber, K. (1998): Naturwissenschaft und Religion - Die Versöhnung von Wissen und Weisheit [NR], Frankfurt/Main 1998.
Wilber, K.(2001b): Ganzheitlich handeln [GH], Freiamt 2001.
Wilber, K.(2001a.): Integrale Psychologie [IP], Freiamt 2001.
Wilber, K. (2001c): Vom Tier zu den Göttern, hrsg. v. Zundel, E., Freiburg/ Breisgau 2001
Wilber-www:
http://www.imprint.co.uk/Wilber.htm [IMPR]
Wilber, K.: Vorwort zu: Integral Medicine: A Noetic Reader, http://www.ak-kenwilber.org.
Wilber, K.: Shambhala-Interview I, http://www.wordlofkenwilber.com.
Wilber, K.: Der integrale Ansatz, http://www.worldofkenwilber.com.
http://wilber.shambhala.com/
Integral World: Exploring Theories of Everything, http://www.worldofkenwilber.com/
Ken Wilber - an overview, http://www.khandro.com/kenwilber/
Ken Wilber - Wikipedia, the free encyclopedia, http://en.wikipedia.org/wiki/Ken_Wilber
http://www.shambhalasun.com/Archives/Columnists/Wilber/wilber.htm
http://www.ak-kenwilber.org/
http://www.amazon.com/exec/obidos/tg/detail/-/1570623791?v=glance
http://www.elalba.de/visionen/wilber/wilber.htm
http://integralnaked.org/contributor.aspx?id=1
Ken Wilber's Flawed Metaphysics, http://www.hermes-press.com/wilber1.htm
Frank Visser, http://www.lightmind.com/Impermanence/frankv.html
Ken Wilber, http://www.kheper.net/topics/Wilber/
Ken Wilber - encyclopedia article about Ken Wilber . Free access ... http://encyclopedia.thefreedictionary.com/Ken%20Wilber
Whitehead, A. N.: Process and reality, The Free Press, Macmillan, New York (1969) first edition: 1929
Zimmer, Heinrich: Der Weg zum Selbst, Lehre und Leben des Shri Ramana Maharshi, Diederichs Gelbe Reihe, München (1974)